U0857668

上卷

山东大学出版社

李庆臻，1936 年 6 月 13 日生，山东济南平阴县人。1958 年 8 月提前毕业于北京大学哲学系，在北京大学任教。1961 年 2 月毕业于中央党校自然辩证法班，回北京大学哲学系任教。1962 年调山东大学，历任宣传部副部长、政治部副主任、校办公室主任、党委办公室主任、出版社社长，兼任《文史哲》副主委、文史哲研究所副所长。1986 年 7 月任青岛大学副书记、副校长。1990 年 8 月任烟台大学校长、副书记。1993 年 12 月任济南大学校长、副书记。曾获山东省首届拔尖人才、国家有突出贡献中青年专家、山东社科有突出贡献专家、全国优秀教师等称号，享受国务院特殊津贴。1996 年、2000 年两次当选中国自然辩证法研究会副理事长。发表论文 80 余篇，出版著作 20 多部。

溪清水流远
露重花愈红
登高极视野
方觉峰涛平

——赋诗自勉

乐寻新径觅真知

（自序）

如果用两个字概括我的学术之路、工作之路、生活之路，那就是“寻新”——寻找新思想，探索新思路，书写新成果。我的论著就是不断创新的结晶。我的文集选用的十篇文章，就是我在哲学和自然科学之间探寻的新成果。我的六本论著：《大杠杆》《大动力》《大协调》《第一生产力论》《科技生产力论》《科技伦理学》，就是在科技社会学、科技经济学、科技伦理学领域的创新著作。我的散文和诗歌，偏重哲理，言情说理，也有新意。因此，概括我的这些成果，可以用“创新”二字。

为了使成果具有创新性，我总结了治学经验，可概括为“治学十要”：(1)境界要高；(2)思路要宽；(3)基础要厚；(4)方法要活；(5)角度要新；(6)资料要丰；(7)工具要锐；(8)自信要强；(9)实心要虚；(10)兴趣要浓。总结我的读书经验，可概括为“读书十法”：(1)马克思笔记摘录法；(2)毛泽东的四多读书法；(3)朱熹的三到三疑法；(4)秦牧的牛嚼鲸吞法；(5)罗竹风的硬读软读法；(6)杨振宁的渗透读书法；(7)王梓坤的先慢后快法；(8)钱伟长的三级跳远法；(9)牟世金的敌、友、师读书法；(10)我的肯定否定读书法。总结我治学读书的快乐，可概括为“读书十乐”：(1)喜读之乐；(2)艰涩之乐；(3)解惑之乐；(4)精筛之乐；(5)猎取之乐；(6)洞察之乐；(7)同识之乐；(8)纠谬之乐；(9)轻松之乐；(10)笃行之乐。这“十要”“十法”“十乐”，不仅保证我寻新，而且保证我乐在寻新。所以，我的自序就定名为“乐寻新径觅真知”。

治学创新之路

怎样才能创新？从哪里可以创新？我总结了如何创新的办法，取名“创新十法”。

一曰：高可创新。高处不胜寒，高处有新颜。站在别人肩上，易于攀高峰，登上高峰，向上巡视，就可摘到创新成果。我们的《大杠杆》，就是站在奈斯比特《第三次浪潮》的肩上，与其交锋，和其辩论，拿出自己的研究成果，得出自己的创新结论。所以，《大杠杆》出版后，引起轰动，十多家报刊发表书评，高度评价这本书，著名科学家钱学森给我来信说："这本书比时下流行的国内外的著作，都更完全，所以是本好书。"

二曰：深可创新。研究学问，评论著作，较量的就是其有无深度。研究由浅入深，就是由无新意发展到有新意。犹如潜水，下潜越深，越能发现新东西。研究也是如此，越深，越能发掘新成果。在拨乱反正之后，在改革开放初期，在"阶级斗争是社会发展的动力"的观点还有势力的时候，我们系统研究了动力之后，发现科学技术才是社会经济发展的真正动力。我们连续写了三本书——《大杠杆》《大动力》《大协调》，深刻阐明科学技术是经济社会发展的最根本的动力。还特别强调：自然、经济、社会、人类必须协调发展。这些创新结论，为科技是第一生产力的观点和协调发展、可持续发展战略，提供了理论准备和理论根据。

三曰：交叉创新。凡去过趵突泉看金线泉的人，不难发现，何以水呈金线，因东西两股水交叉相会使然。搞学术研究，也需如此。善于把两个门类、两个学科、两个部分、两个课题交叉起来，就能研究出创新成果。我们撰写的《科技生产力论》《第一生产力论》就是科技与经济相交叉的产物。我们撰写的《科技伦理学》就是科技和伦理相交叉的产物。这些创新成果，都是交叉研究的成果。

四曰：综合创新。事物发展多遵循否定之否定规律，事物和现象的发展，先肯定，后否定，再否定之否定。读书要读出新意，也是先肯定，后否定，再是否定之否定。研究要出新成果，同样是先肯定，后否定，再否定之否定。否定之否定就是综合，就是吸收肯定和否定的合理内核，扬弃其糟粕，而形成新事物、新现象、新成果。例如对唯心主义哲学的评价，先是肯定它，后是否定它，特别是新中国成立后，把它视为谬误，等同反动。我觉得太绝对，不符合辩证发展规律，故而写了《历史上唯心主义对自然科学发展只起消极作用吗?》，对唯心主义哲学进行了公正的辩证的评价。这篇有创意的文章，因证据充分，立论辩证，发表至今三十余年，未见驳文，可见，用否定之否定规律，加以综合研究的创新成果，是很难驳倒的。

五曰：边缘创新。一般说来，边缘是坚硬的地方，又是脆弱的地方，在边缘用力，使劲，就能取得新成果。我在自然科学的边缘攻关，又在哲学边缘攻关，在自然科学和哲学的边缘的结合部进行研究，写出十几篇文章，皆为创新成果。如哲学观点与自然科学观点的相互转化问题，就是自然科学的边缘问题，又是哲学的边缘问题。在这里，自然科学家说，不是我研究的问题，哲学家也说，不是我研究的问题，偏偏我说，你们不研究，我来研究，结果研究出不少创新成果。

六曰：角度创新。事物和现象都是立体的，从不同角度看，就会出现不同现象。研究课题也是立体的，从不同方面看，就有不同角度。从不同角度进行比较，总会出现新角度；从新角度研究，就会得到新成果。我有一次在长白山开学术会议，会上组织参观天池。天池四面环山，向北有一缺口，池水下泄，形成瀑布，十分壮观。上山之路，两边丛林，分层铺染，形态迥异，色调斑斓，构成美景，令人陶醉。这生态美，堪称观止。由此生态美景想到研究方式。从研究方式角度看，可以概括为生态研究方式。我回来后，与胡孚琛谈了，他也很赞同，于是合写了一篇文章，论生态研究方式。发表后，受到好评。钱学森先生在党校讲话中说，这篇文章，提出了一个很重要的问题。

七曰：删繁创新。诗曰"删繁就简三秋树"，是说画树的诀窍，只有删繁才能把树画好。研究也如此，也必须删繁。只要删繁，就出新意。2003年我去中央党校学习，党校有个书店，我经常去看书买书。有一次，我看见在书架上放着两大卷《邓小平思想文库》，有千余页。我拿下一阅，觉得太繁琐，越看越不得要领，它把本来很简明的论断搞得繁杂无章。我于是构想：邓小平思想的核心是什么。经过一番研究，看了上百篇邓小平的文章，悟出两条基本原理：一条是解放和发展生产力，一条是改善和提高人民生活水平。我用这两条原理构思一篇文章：《论邓小平思想的两个坐标》，这篇文章很快在《文史哲》上发表，在全国引起很大反响。这是用删繁法写出的有创新性的文章，所以我把删繁法列为我的"创新十法"之一。

八曰：释简创新。删繁可创新，释简也可创新。这是两个相反相成的过程。我也常用释简法写文章，最典型的文章就是《论科学认识发展的渗透律》。在这篇文章里，我把哲学所讲的"渗透"加以解释，讲到渗透的方方面面，既讲了什么是渗透，又讲了渗透的多种方式、模式，还讲到渗透的渠道、中介等等，一个简单的渗透，叫我写得很复杂，这复杂中就带有很多新意，这篇文章也是一篇很有创见的文章，发表后，受到好评。

九曰：方法创新。这是一种最常见最有用的创新方法。钱学森、潘承洞都谈到方法的重要性，都用创新方法研究出创新成果，登上科技创新的高峰。我写了篇论文，题目是《方法孕育成果》，我还主编《现代科技方法大词典》，从各方面论证了科技方法是创造科技新成果的关键，也从各方面论证了新方法是孕育新成果的关键。我的许多文章都是从方法创新角度写的。从论文的标题也可看出这一点。我的论文比别人有新意，就是运用了新方法。在生产力论的研究中，用了一些数学方法，提出一些数学模式，论文就与众不同，特别有新意。

十曰：点睛创新。画龙点睛，龙就活灵活现。卤水点豆浆，立刻成豆脑豆腐。写作也一样，所谓神来之笔，就是点睛之笔，有了点睛之笔，文笔生花，特有神气。我注意将每篇文章都用上点睛之笔。《治校方略，方策百端，聚才为最》这篇文章，这“聚才为最”，就是点睛之笔。我写诗句：“溪清水流远，露重花愈红，登高极视野，方觉峰涛平。”这“峰涛平”，也是神来之笔，是与众不同的，颇有创意的。没上过黄山的人，绝无峰涛平的感觉。上过黄山的人，又有几人感觉峰涛平呢？恐怕也不多。这峰涛平就是创造，就是新意，就是神来之笔，点睛之笔，就是创新之笔。

工作创新之路

工作创新之路，对我来说，主要是治校创新之路。我们搞的是市场经济，大学也必须适应市场经济的需要。这是无疑的。但大学不是生产商品的地方，而是育人的地方。教书育人是大学的根本任务。因此，我主张教师不应以赚钱为目的，而应以育人为目的，教书育人是教师的神圣职责。三十多年前，当时提搞商品经济（还未提搞市场经济）的时候，我就在全省理论讨论会上说，我们都要搞商品经济，但三种人不能搞：一是解放军不能搞，若搞就自毁长城；二是医生不能搞，若搞就难以治病救人；三是教师不能搞，若搞就不能为人师表。二十多年前，我在建设烟台大学的时候，我的担心是在市场大潮冲击下，学校脱离教书育人的主轨道。在那时，在如何建设烟台大学的问题上，我强调说："市场经济大潮在冲击着学校，冲击着教师，也冲击着同学。这种冲击有积极作用，也有消极作用，其积极作用是：我们办学要主动适应社会主义市场经济的需要……社会主义市场经济大潮对学校也有些消极作用。有的教师不安心教学，想'下海'或者已经'下海'；有的学生不很好地学习，搞些干扰学习的活动；社会上一切向钱看的风气，对学校、对我们的学生也有影响。在这种情况下，我们一定要注意在积极适应社会主义市场经济的同时，决不要使我们的教育商品化、市场化、金钱化。千万不要忽视教育规律，忘记教书育人，忘记为人师表。"我是在这样矛盾的心情下办大学的。我也是怀着矛盾的心情去探寻治学办校的创新之路的。按着我的本意，社会主义大学是育人的，教书育人是教师的根本任务，绝不能把教师和学生当作商品推向市场。当前，为什么军民关系好了，因为军队不经商了；医患关系为何紧张，关键是把医生推向市场，医生成了赚钱的工具，不但不治病救人，反而从病人身上赚钱；师德为何下降，教师为何难以为人师表，主要因为这些教师不是一心想着提高自己，教好学生，而是一个心眼去捞钱。因此，我再次呼吁，要恢复教师、医生、军人的本质：教师要为人师表，教书育人；医生要精心医疗，治病救人；军人就是专心打仗，保家卫国。在这个前提下，如何治校，我有几条创见。

一要"从严治校"。我在治理青岛大学、烟台大学、济南大学时，一直强调治校从严。治校从严是总要求，具体说来：在管理上，要从严要求；在教学上，要从严治教；在学习上，要从严治学。我们也不是为严而严，而是严得合法，严得适度，严得活泼，严得有效，严得有情。我在一个大学发现，教师为讨好学生，考试前重点复习，暗示考题，这样做，难以显示教师的教学效果和学生的真实成绩。于是，我决定考教分离，教学的不出题，另选教师拟题。这样，既整治了教师纪律，又约束了学生，促使教师认真教学，学生刻苦学习。有些学校兴起学生给教师打分，打分多的就好，打分少的就差。济南大学也想搞，我坚决制止。因为我认为这样打分会挫伤严师。办大学靠教师，特别靠严师。严师都是敢管严教的人，可能得罪一些不上进的学生，因此，严师往往打分不高。为保护严师，我不主张学生给老师打分。对学校卫生，我提出：地无痰，墙无印，顶无网，厕无垢。看来是琐事，但要达到，绝非易事。你拿这个标准去考察一些大学，远远达不到，汝若不信，不妨巡视，一看便知。

国家教委一司长到烟大开会，知我治校很严，不信，要去私访。我说：好，欢迎检查。他到图书馆，从一楼跑到四楼，观察地上有无痰迹和纸屑，回来告诉我，校长严管，名不虚传，我走遍图书馆，确未发现一口痰一片纸。在济南大学，我发现教学楼墙上有一处脚印，便召集团委、学生工作处、后勤处负责人开现场办公会，讨论脚印问题。这次讨论起了防微杜渐的作用，以后再没发现墙上脚印。从严治校不是一句空话，而是从一点一滴做起。

二要双德互动。何谓双德，即师德和生德。我在治校中，特别强调道德建设。每次会议，必谈道德。我认为在市场经济大潮冲击下，学校最难也是最需要建设的是道德建设。我在烟台大学作报告时曾说："在我们学校，教师有师德，就要有敬业精神、有创业精神、有奉献精神。就应当忠于祖国、献身教育、诲人不倦，热爱学生、严谨治学、勇于创新。而我们的学生，则应当热爱祖国、乐于奉献，勤于学习、严于律己，尊敬师长、学而不厌。学德问题是一个非常重要的问题，可以说在我们学校，应该把学德问题放在首要位置。"正是因为我狠抓了道德建设，我在青大、烟大、济大干了十几年校长，校内未出现令人难堪、叫人痛心的事情。现在有些学校出现有损教师形象的丑事，有损师德的坏事，就是因为这些年，有的大学放松了师德和生德教育。

三要建设"四风"。我在大学狠抓了四风建设。所谓"四风"，就是理论联系实际的作风、密切联系群众的作风、批评和自我批评的作风、公道正派的作风。前三者讲的三大作风，这是历来的主张，我没有好说的。我专门谈一下公道正派的作风。我在担任校长的十几年中，我认为最重要最管用的作风，就是公道正派的作风。道德的力量是巨大的，抓道德要狠抓一个"公"字，公字里包含着各种公，如公正、公平、公道、公开。只要坚持这些公，就一定把事业办好。评职称公正公平、公道、公开，就一定评好；分房子坚持公正、公平、公道、公开，就一定分好。不公，不平，则鸣，则找，则吵，则闹。找得你心烦意乱，吵得你不得安宁，闹得你寝食难安。只要公平公道，则不找、不吵、不闹。办事公道源于正派，正派的人，说话有理，行为端正，不谋私利，不用私权，就有威望，就有权威，说话有人听，办事必成功。在大学里，最难办的两件事，叫人头痛的两件事，就是分房、评职称。山东大学有个校长，分房时他手中握有几套房子，说是谁优秀就分给谁。有个老师，也算优秀。问单位领导，单位领导只说不错，没说优秀。校长对这位教师说：你是不错的，但不是优秀的，房子不能给你。结果这位老师晚上10点后，天天打电话与领导争辩，闹得这位领导寝食难安。我听到后，严厉批评这位老师，告诉他不准再打电话，他以后就收敛了，也因此他就不愿在山大了，后来到中国社科院去读博士，离开了山东大学。我接受这个教训，在我做青岛大学、烟台大学、济南大学的校长期间，绝不手握几套房子。我在分房和评职称时显得很悠闲。我只抓两件事：一抓分房评职称的标准办法，二抓成立公平公道的评委会。我告诉大家，评委会不按规定标准办事，你可以来找我；按规办事，就别来找我。否则，你就是无理取闹。这十几年来，评职称，分房子，几乎无人找我。只有在烟大时，有个老师找我。他说：我是上了“名人传”的，系主任打击报复我，所以没评上教授。我对他说：系主任的爱人也没评上，也是系主任打击报复的结果吗？你是名人，在评副教授时，材料都用上了，这几年，你有什么像样的新材料去参评教授呢？听了我的话，他无言以对，沉思一下，说了两句，以后好好干，多拿成果，明年再评。我说：这就对了。这就是公道和正派的威力。

五要五种育人方式齐抓。在学校里教学育人是主要的，但不是全部，我认为还有四种育人方式也要抓。五种方式齐抓，育人效果最好。我强调学校干部也要参加到育人队伍中来，要求干部通过对学校工作的管理，进行育人，我称之“管理育人”。我要求学生要自尊自爱自强，通过自己的学习活动，自行育人，我称之“学习育人”。我要求后勤干群通过后勤工作，参与育人，我称之“服务育人”。我还要求全校师生员工大抓环境建设，环境造人，我称之“环境育人”。把各项工作提高到育人高度，各项工作的要求就高，成效就大。我还强调育人者首先育己，不能育己，焉能育人，这就逼着干部提高管理者的素质，提高管理水平。逼着教师提高德才水平，把书教好，把人育好。逼着学生提高学习积极性，把课上好，自我育好。逼着后勤干群，努力提高服务水平，把服务搞好，把育人抓好。逼着全校教职员工，都重视环境建设，把环境育人抓好。单木不成林，只抓一个，不抓其他，育人工作无力，育人效果就差。这五种育人方式拧成一股绳，其合力大，其拉力足，其育人效果必显著。我狠抓五种育人方式，因而我的治校成果，有目共睹，都加赞扬。这是我在育人方式上的一个创见，愿善于治校者不妨用用。

六要建设十大环境。我的十大环境建设的论断，是通过我对青岛大学、烟台大学、济南大学的治理，历经十几年逐步形成的。在青岛大学时，我认识到环境建设的重要性，但无具体概括，写了篇《环境漫论》发表在校刊上。到了烟台大学，我就提出了"八大环境建设"。后来，我又任济南大学校长，才提出了"十大环境建设"，并写了篇文章，发表在《济南大学学报》上。我在文章中说，环境有广义和狭义之分。狭义的环境多指自然环境，如地势如何、气候如何、林木如何等等。固然，优美的地理环境，四季如春的气候，茂密清新的林木，对办好大学，提高吸引力，加强凝聚力，是很重要的。然而，只有这些则远不够，还要有个广义的环境，这种环境则是系统的、多方面的。根据我在大学几十年的经历，十几年的治校经验，我认为学校的环境应有十个方面。建设好十大环境，是校长的责任，也是治校的关键。我概括的十大环境建设是：(1)远大崇高的理想环境；(2)民主稳定的政治环境；(3)公道正派的道德环境；(4)宽松和谐的人际环境；(5)团结奋进的工作环境；(6)勤奋刻苦的学习环境；(7)严谨创新的治学环境；(8)丰富健康的文化环境；(9)方便良好的生活环境；(10)风光秀丽的校园环境。有了这十大环境，这环境就可塑造人。人又创造环境，人创造的环境又塑造人，被塑造的人又创造环境，如此反复，以至无穷，其结果是环境不断改善，学人不断提高，学校逐步办好。

生活创新之路

我在生活上也走创新之路。主要表现在以下几个方面；

一是生活必需品，力争多用常新。如电子产品，新产品不断换代，我也不断更新。先用收音机，后用录音机、录像机，再用 MD、PMP，继而用 MP3、MP4。用的电脑，先台式，后手提，再用小笔记本。用的手机电话，更换数代，先用只打电话的，后用可发信件的，再用收录视频的，现用可代替照相机、音响的手机。运用电脑，从不懂到懂、从不能用到能用、从少用到多用，经过了一个长期过程。我学会了，熟练了，毛病能修正，错了知道改，故障也可排除了。这就是我多用常新的结果。十几年前我就用了信用卡，出去旅游网上订机票、订酒店、订旅行社，出行几十次，未有失误过。现在可说能做到一卡一机走遍天下。

二是打太极拳剑，不断有新体会。二十年来，我一直学打太极拳剑，打拳练剑，也走自己的路子，领悟要领，也出新意。我把这二十年打拳的历程分为四个阶段，前五年是学打阶段，又五年是跟打阶段，再六年是群打阶段，近四年则为自打阶段。学打跟打时，我总结了四句话："以腰为轴，双手画圆，刚柔相济，连绵不断。"群打阶段，一群人，跟着音乐，一起打练。这时，主要解决松、柔、圆的问题。到了自打阶段，不用音乐，默记在心，自由挥舞，不受约束。这时，我打拳主要解决慢、通、静的问题。不管体会如何，总是自己的体会，不问架势高低，总是自己的架式。有了静，有了我，就有了自己的体会，不算什么创见，但总是自己的。不少人认为我打的有特点，有味道，不俗。这就是说，打拳有了自己的东西。这也许是我打拳的新意。

三是爬山旅游，积累了一些新经验。我爬了不少山，全国名山大都去过。爬山时，我经常看挑夫脚步，研讨上山下山步履，我总结了两条：上山时慢走斜行，下山时缓步甩腿。1987 年，劳动人事部组织专家游黄山，可带家属，我和夫人桂莺同上黄山，叫她按上述两句话上下山，结果从北海下到温泉，几十里路，下山后腿竟不痛，仍能上楼。同行专家大为惊奇，问有何抄招使腿不痛，我便直言相告，甩腿慢行。大家方悟，早知如此，也该这样，但为时已晚，后悔不已。

四是过候鸟生活，有许多新体会。我在海南过候鸟式生活，冷时在海口，热时回北方。我在海口购房，其标准是：富有人气，方便生活；利于出行，便于交友；医疗要近，环境也好。有的人则不同：房要大，价要廉，院内静。结果，无车不能出进，购物极为不便，似关在鸟笼之中。我劝老友们，转变思想，岁数大了，以吃住行医方便为好。

五是养生，我有自己的新主张。在养生问题上，主要有三个要素：一是健康，二是长寿，三是快乐。这三个要素怎么排列呢？有人说长寿为要，有人说健康为主，有人说快乐也重要。各有各的说法，各有各的排列。我认为，不快乐的健康，是郁闷的、暂时的、易逝的。不快乐不健康的长寿，是痛苦的、难受的，是转眼就无的。因此，我主张快乐第一，健康第二，长寿第三，排列次序则为乐、健、寿。我在网上也曾取过一个名字，就叫“乐健寿”。乐是健康长寿的要素，乐可健身，也可治病。所以，我希望老者，都快乐起来，知足常乐，自寻快乐，闻病则乐。为何闻病则乐呢？去年冬，夫人得了肠梗阻，先是不知何病，心急如焚。后去医院，立即断定梗阻，马上住院治疗。我心压的一块巨石，终于搬开。知病，就好医，就会愈，就高兴，这时，“闻病则乐”四个字，油然而生。我说给查房的大夫听，大家都笑了，从未听到的高见，他们终于听到了。夫人出院后，老朋友见面，我总要给他们谈谈为何要“闻病则乐”。他们听了后都说：虽未听闻，确有道理；老兄高见，令人钦佩。

到此，你终于明白了，我的自序为什么题目定为“乐寻新径觅真知”。

李庆臻

2014 年 12 月 17 日

目 录

上 卷

绪 言

论著选是我的著作和论文的选集。我有论文 80 篇，著作 24 本，只选取部分有代表性的论著。总体来说，论著历程，分两个阶段。1984 年前，在传统哲学领域，自然辩证法领域。主要学术工作：一是解决学习经典著作的难题。学习经典著作难题不少，但主要难题是学习《反杜林论》。干部学习六本书，最难学的是《反杜林论》；在大学教经典著作，最难教的是《反杜林论》。我组织编写了《〈反林林论〉释注》，就是解决这个难题，这本书成为大学教材，并获山东社科著作一等奖。二是解决哲学和自然辩证法的难题。我的不少论文，都为了解决这些难题，一看论文目录，就不言而喻了。这些难题的解决，有创新，但无根本创新。因此，在这两个领域，我的成果不算少，选入文集的不多。

1984 年后，从《大杠杆》开始，闯进一个崭新领域，有了自己的创造。这个创造既和世界接轨，又和我国的经济社会发展相结合，还为我国我党制定发展战略提供理论根据。《大动力》提出科学技术是经济社会发展的根本动力，为把经济放在战略首位，为科技是第一生产力的战略提出作了理论准备。《大协调》提出人、社会、经济、自然的协调发展，为可持续发展战略、和谐发展问题提供了理论根据。

我们写的科技经济学，以《第一生产力论》《科技生产力论》为代表，不仅从理论上回答了科技为什么是第一生产力的问题，而且有力地推动了现代经济学、现代生产力论的发展。

我们写了科技社会学，写了科技经济学，还写了科技伦理学。《现代科技伦理学》的出版，标志着我们的开放式的理论体系的完成。这样一来，科技社会、科技经济、科技伦理这个铁三角才稳稳地鼎立起来，牢牢地结合起来。我的理论创造，集中反映在《大杠杆》《大动力》《大协调》《第一生产力论》《科技生产力论》《现代科技伦理学》这六本书中。令我们欣慰的是，我们占据的理论阵地，或曰理论高地，仍在期待有人超过。

第一编

科学与哲学

自然科学家的科学成果和哲学思想*

常有同志这样提出问题：牛顿信奉上帝，却成为近代科学的泰斗；华莱士崇拜神灵，却创立了生物进化论；海森堡反对唯物辩证法，却对量子力学的发展做出重大贡献。这种矛盾现象应怎样理解呢？

让我们先具体地剖析几位科学家。

先说牛顿。诚然，牛顿在哲学领域里，主要是一个形而上学者，一个上帝的忠实信徒。他在给本特利的信中曾说过："在我撰写关于我们系统的著作时，我曾着眼于这样一些原理，用这些原理也许能使深思熟虑的人们相信上帝的存在；而当我看到它对这个目的有用时，可以说没有别的什么东西能使我更加高兴的了。"②牛顿为什么要我们必得承认一个上帝呢？他的理由也是非常可笑的。牛顿问道：为什么鸟、兽和人都左右两侧形状相似呢？为什么都在面部两边有两只眼睛呢？……他自己无法回答，只好说这是上帝安排的。

然而，牛顿在科学研究领域里，他遵循的道路，基本上是符合唯物论的认识路线的。在牛顿那个时代，科学的主要任务是研究既成事物的性质和规律，科学处于搜集材料的阶段，在这一时期，形而上学的方法也还是有一定作用的。然而，一旦要研究事物的运动和发展，就非用辩证法不可。因此，牛顿在进行科学研究时，思想是矛盾的。例如，他虽然认为美妙的宇宙万物由神来安排，但却坚信物体的属性只有通过实验才能为我们所了解，不能靠自己的空想和虚构来认识自然界。他虽说过"应当力戒去考虑假说"③，然而实际上他在进行科学研究时，也是不断运用假说的。他在1676年给奥尔登堡回信中就曾多次谈到假说的作用。牛顿虽然特别强调归纳法的作用，但在具体的科学研究中他既运用了归纳法，也运用了演绎法，既用了分

---

* 本文与李凤玲合著。

② [美]H. S. 塞耶：《牛顿自然哲学著作选》，上海人民出版1974年版，第54页。

③ [美]H. S. 塞耶：《牛顿自然哲学著作选》，上海人民出版1974年版，第7页。

析方法，又用了综合方法。牛顿在研究物质世界时，由于自发地倾向辩证法，他还初步认识到物质的可分性，曾说："只要有一个实验，能够证明在敲碎一个坚硬的固体时任何未被分割开的微粒都能予以分开；那么，我们就可根据这条法则得出结论说，未被分割开的微粒和已被分割开的微粒一样是可以无限地分割，而且实际上是可以无限地把它们分离开来的。"[①]牛顿还把运动的概念引进了数学，从而成为微积分的发明者之一，对数学发展做出重大贡献。所以，我们说牛顿在科学上的贡献是和他坚持唯物论的认识路线分不开的。

再谈华莱士。华莱士在哲学领域里，在谈到宗教问题时，往往是一个唯心主义者和神秘主义者。他宣扬颅相学，根据所谓头盖骨的厚薄等来判断人的性格和智慧。他崇拜唯灵论，认为"传心术、扶乩，降神等现象""确实是有"，"是真实的事情"。他甚至荒谬地说：上帝设计了整个宇宙，并叫天使按照他的意志"把宇宙中的一切创造出来"。[②] 华莱士的这些谬论，不但妨碍他继续获得新成果，而且也把他已获得的成果歪曲得不成样子。

然而，华莱士在研究生物的进化时，也是遵循唯物论的认识路线的。他尊重客观实际，注重调查研究，为了获取生物进化的材料，他亲到南美的巴西作生物考察旅行，到马来群岛去采集标本，研究生物进化的原因。通过实际调查和科学研究，他深刻认识到："物种的荣枯盛衰取决于对生存条件的适应程度。""野生动物的一生是生存竞争的一生。它们所有的器官和力量都是为了保持它们自己以及子兽幼禽的生存而发挥作用。"[③]还指出：有益变异的个体将在生存竞争中占优势，会趋于增多，而产生无益或有害变异的个体，则趋于减少。这样，占优势的变种最终将取代原始物种，变种的这种"不断地偏离原始类型的前进趋势"就是生物的进化。

在现代，不少著名的自然科学家也像牛顿、华莱士一样。一方面他们在科学上有重大的发明创造，对科学发展做出贡献；另一方面在哲学上又倾向于唯心主义，甚至信奉宗教。

量子力学的创始人、理论物理学家海森堡在研究量子力学和基本粒子时，"他的确是自发地接近了唯物辩证法"[④]。事实上也确是这样，他坚持从实验结果出发建立了他的理论，并以实验结果来检验他的理论；他敢于冲破古典力学的框框，认识到微观世界的物理规律同宏观世界的物理规律的本

---

① [美]H. S. 塞耶：《牛顿自然哲学著作选》，上海人民出版 1974 年版，第 5 页。

② [英]A. R. 华莱士：《华莱士著作选》，上海人民出版社 1975 年版，第 156 页。

③ [英]A. R. 华莱士：《华莱士著作选》，上海人民出版社 1975 年版，第 32、28 页。

④ [日]坂田昌一：《新基本粒子观对话》，三联书店 1973 年版，第 44 页。

质区别；他正视矛盾，自觉地把微观客体的波动性和微粒性辩证地统一起来。

可是，海森堡一从哲学上谈论他的科学成果时，就往往陷入唯心论。例如，他说：原子物理学已经离开了"唯物主义的倾向"①；又说，"基本粒子的客观性"也消失了；还说：在科学中"研究对象也不再是自然界本身，而是人对自然界的研究。这里，人又只是面对着他自己"②。

控制论的奠基人维纳在其所著的《上帝和高兰合股公司》一书中，曾把上帝到机器作为主题，进行分析研究。通过研究，他说："在我看来，控制论至少有三个地方和宗教问题有关。一个是关于会学习的机器；一个是关于自我繁殖的机器；一个是关于机器和人的协调。"③总之，这些科学家的哲学思想、宗教信仰和科学成果的矛盾是非常突出的。这种对立表明，这些科学家在自然科学领域和在哲学社会科学领域所遵循的认识路线，所使用的认识方法，所达到的认识目的，是根本不同的。这些科学家在进行科学研究时，遵循的是唯物主义路线，一切从实验事实出发，坚持实事求是的原则，把实践作为检验科学理论是否正确的标准，以达其认识"科学真理"的目的。而在哲学社会科学领域，特别是信奉宗教时，他们遵循的则是唯心主义路线，把盲目信仰作为认识基础，以达其认识所谓"宗教真理"的目的。

对于这些追求"双重真理"的科学家，我们必须采取辩证的态度，一定要把这些科学家所获得的科学成果和他对这些成果进行的哲学概括和宗教解释严格区别开来。一方面，要充分肯定他们的科学发明和发现，正确评价他们在科学研究中所遵循的认识路线，所运用的辩证方法，所坚持的科学态度。另一方面，也要明确指出，他们迷信宗教，崇拜上帝，坚持唯心论是错误的，这些错误的东西对他们的科学研究总的来说是有害的。这种矛盾现象只能从他们所处的社会制度所固有的矛盾中来寻找答案。

二

我们知道，科学成果的取得是由多方面的因素造成的，有没有正确的哲学思想作为指导，固然是一个重要因素，但不是唯一的因素。其他如思想是否解放，科研的具体方法是否对头，实验手段是否先进，科学知识的准备是否充分等等，也都是重要因素。

---

① [德]海森堡：《物理学与哲学》，商务印书馆1999年版，第25页。
② [德]海森堡：《物理学家的自然观》，牛顿出版社1958年英文版，第24页。
③ [美]诺伯特·维纳：《维纳著作选》，上海译文出版社1978年版，第195页。

搞科学研究，就要勇于解放思想，破除迷信，敢于冲破禁区，打破旧框框。历史上一切有伟大贡献的科学家也都是思想解放的旗手。文艺复兴时代涌现出来的那一批时代的巨人，为了使科学从神学的束缚下解放出来，不是既用笔，又用剑去同旧世界、旧传统进行殊死的搏斗吗？现代的自然科学家每走一步，不都要和旧的传统观念进行决裂吗？20 世纪初，所谓“物理学的危机”，不正是科学的新发现促使物理学发生革命，要求人们抛弃旧传统，创建新理论吗？爱因斯坦是 20 世纪最伟大的物理学家，他的狭义相对论和广义相对论，不都是与古典力学的传统观念相矛盾的吗？为什么爱因斯坦能冲破旧的力学观念的束缚，在物理学中进行了革命性的变革呢？他认为要想使科学发展，必须有一种精神上的自由。“这种精神上的自由在于思想上不受权威和社会偏见的束缚，也不受一般违背哲理的常规和习惯的束缚。”①因此，思想的解放，精神上的自由，这是一个科学家能否作出创造性贡献的重要条件。

搞科学研究，要方法对头。科学能不能有成果，真体的科学方法问题也是个关键。法国生理学家贝尔纳就说过：“良好的方法能使我们更好地发挥运用天赋的才能，而拙劣的方法则可能阻难才能的发挥。因此，科学中难能可贵的创造性才华，由于方法拙劣可能被削弱，甚至被扼杀；而良好的方法则会增长、促进这种才华。”②搞科学研究又要有先进的实验手段。我们的科学家，有了先进的哲学思想，有了正确的科学方法，还不一定能出成果，有贡献。因为现代自然科学的研究，必须具有现代的实验手段。发现和研究基本粒子，没有高能加速器和碰撞机能行吗？当然不行。发现和研究细胞的分子结构，没有电子显微镜能行吗？当然也不行。我国的科学要能攀登科学技术的高峰，光靠辩证思维不行，还要靠现代化的实验手段。有了辩证思维，又有了实验手段，就如同猛虎添翼，必然加快科学现代化的步伐。国外一些科学家取得成就的一个重要的原因就是他们物质基础雄厚，科研手段先进。最近，丁肇中教授领导的“马克-杰”（MARK-J）实验组，（我国唐孝威等 20 多名科学工作者曾经参加这个实验组）曾经宣布他们在正负电子对撞机：“佩特拉”上，观察分析了正负电子湮灭为强子的过程，实验结果为胶子喷注的可能存在提供了有力证据。“马克-杰”实验组所以能观察到这种现象，原因很多，除丁肇中教授的正确领导，中外科学家的密切合作以外，还有被称为“佩特拉”的加速器。没有这样的加速器，并把这种加速器开到最大功率，观察胶子喷注现象是困难的。这说明科学家要取得成就离开了一定

---

① 赵中立等：《纪念爱因斯坦译文集》，上海科技出版社 1979 年版，第 65 页。

② 转引自［澳］贝弗里奇《科学研究的艺术》序言，科学出版社 1979 年版，第 9 页。

的实验手段是不可能的。而这一点是由社会生产力的发展水平所决定的。人们不能自由选择自己的生产力，科学家也不能自由选择自己的实验手段。因此，我们能否攀上科学高峰，建立先进的科学实验基地，运用现代化的科学实验手段，也是一个重要因素。

此外，科学工作者的事业心和进取心，他的创造精神和顽强的毅力，在失败面前的百折不回，在成功面前的虚怀若谷，都是重要的因素。著名微生物学家巴斯德曾说："告诉你使我达到目标的奥秘吧。我唯一的力量就是我的坚持精神。"[①]科学家有了这种精神，有了足够的知识准备，就能胜不骄，败不馁，勇往直前，获取硕果，攀上险峰。

下面让我们再来看看另几位科学家的情况。现代有机化学的奠基人之一肖莱马就是"一个以马克思为代表的唯物主义的自觉拥护者"[②]。他以唯物辩证法作指导，具体地研究了有机化合物中的脂肪烃，揭示了脂肪烃的内在联系，解释了有机化合物中的同系现象和异构现象，阐明了化学结构和性质之间的辩证联系；并深刻指出："分子内部的原子处于不断的运动中，因此化合物的一种形态会变成另一种形态。"[③]他还运用唯物辩证法研究了化学史，认为"化学的发展是按辩证法的规律进行的"[④]。

坂田昌一也是自觉掌握唯物辩证法的著名科学家。他早在学生时代，看了恩格斯的《自然辩证法》和列宁的《唯物主义和经验批判主义》以后，就决心在自己的科学研究中"实际运用自然辩证法作为当代科学的方法论"[⑤]。在《原子物理学的发展及其方法》一文中，他强调指出："自然科学只有同辩证唯物主义紧密结合，才能获得正确的思维方法。"[⑥]坂田昌一由于以辩证唯物主义为指导，因而在基本粒子研究方面做出了重大贡献。他提出了坂田模型，把质子、中子和超子作为强子的三个基础粒子，企图用这些基础粒子及其反粒子复合成强子。坂田的复合模型的提出，首次使物质存在无限层次的观点具体化，对基本粒子的研究起着重要的促进作用，也为以后发展起来的层子模型和夸克模型奠定了思想基础。

我国著名的科学家李四光同志，早在国外时期就认真阅读了恩格斯的《自然辩证法》，逐步认识到唯物辩证法对科学研究的指导作用。回国后，他学习毛泽东同志的《实践论》和《矛盾论》，由于他深知唯物辩证法的重要作

---

① 转引自[澳]贝弗里奇《科学研究的艺术》，科学出版社 1979 年版，第 144 页。

② 《列宁选集》第 4 卷，人民出版社 1972 年版，第 609 页。

③ [德]肖莱马：《有机化学的产生和发展》，科学出版社 1978 年版，第 130 页。

④ [德]肖莱马：《有机化学的产生和发展》，科学出版社 1978 年版，第 201 页。

⑤ [日]坂田昌一：《新基本粒子观对话》，三联书店 1973 年版，第 7 页。

⑥ [日]坂田昌一：《原子物理学的发展及其方法》，(日本)《自然科学》杂志，1947 年 2 月号。

用，因而曾主动建议成立自然辩证法的研究机构，帮助自然科学家自觉地学习和掌握自然辩证法。他的《地质力学概论》就是以唯物辩证法为指导，运用力学规律，研究地质现象，写出的一本名著。他的《论地震》一书，也是以唯物辩证法为指导，总结我国防震抗震工作的经验而写出来的，这本书也包含着许多唯物辩证法的思想。

为什么唯物辩证法能够促进科学研究呢？其主要原因：一则因为自然界是辩证法的试金石，自然界的事物归根结底是按辩证法运动发展的，自然科学研究的对象就是运动发展着的自然事物的辩证本性；二则因为人对自然事物的认识过程，也是按辩证法进行的，基于实践，由感性认识能动地飞跃到理性认识，又从理性认识能动地飞跃到实践，便可逐步揭示自然事物的辩证本性；三则因为人在表达事物辩证本性时总要运用思维规律和思维形式，这些思维规律和形式，也多半是辩证的。因此，当人们运用辩证的思维形式，通过辩证的认识过程，揭示事物的辩证本性时，当然，过程就会更短些，认识就会更深些，成果肯定会大些。

三

如果一位自然科学家的哲学思想基本上是倾向唯物主义和辩证法的，但也夹杂着一些唯心主义和形而上学的因素。在这种情况下，一般地说，科学家世界观中的唯物论和辩证法的因素，总是促进科学研究的进展；而夹杂着的唯心论和形而上学的成分，则妨碍科学成果的获得。为了具体分析这种矛盾现象，我们不妨分析一下门德列也夫的哲学思想和科学成果的矛盾。

伟大的化学家门德列也夫曾“不自觉地应用黑格尔的量转化为质的规律，完成了科学上的一个勋业”[①]。他怎样运用量变质变规律完成科学上的勋业的呢？门德列也夫根据量与质的辩证关系原理，认识到：质与量的统一是元素周期律的基础，把握了这种“统一”，就可找到一条线索，把化学家从“迷宫”中引导出来；认识到量变与质变的统一，认为自然界不仅有量变，而且有质变；也认识到“飞跃”和“中断”在化学中的作用，他曾说：“‘飞跃’或中断说明形成一定化合物时真正的化学作用。”[②]他还强调要认识元素的可转化性，曾深刻指出：“应当说，没有一个化学家敢于否定一个元素能以某种方式转化为另一个元素的事实。”[③]在认识论和科学方法方面，门德列也夫也是

① 《马克思恩格斯选集》第3卷，人民出版社1972年版，第489页。

② ［苏］扎布罗茨基：《门德列也夫的世界观》，三联书店1959年版，第82页。

③ ［苏］扎布罗茨基：《门德列也夫的世界观》，三联书店1959年版，第126页。

遵循唯物论和辩证法的。他非常重视观察和实验，认为我们的一切知识都起源于观察，受实验的检验，观察和实验乃是“科学的躯体”，科学规律只有被实验检证，才具有科学的意义。门德列也夫也很重视理论，他形象地把理论比喻为“科学的灵魂”，认为只有在理论指导下去进行观察和实验，才避免盲目性，少走弯路，少犯错误。他要求把“理论”和“实践”结合起来，因为科学的知识都是理论和实践的相一致的产物。他反对片面夸大归纳法，也反对片面强调演绎法，他要求把二者结合起来，该归纳时，就用归纳法；该演绎时，就用演绎法。门德列也夫在科学上的伟大贡献，和他具有这么深刻的哲学思想和科学方法是分不开的。如果门德列也夫不能认识量与质的辩证关系，没有掌握这样一套科学的研究方法，他想要发现元素的周期律，那是不可能的。

但是，门德列也夫还不是一个自觉的辩证唯物主义者，难以抵挡形而上学思想的侵袭。后来曾一度当了形而上学的俘虏。例如，他到了晚年，政治立场逐渐右转，为了证明社会发展中革命变革的不合理性，他竟然反对自然界有飞跃的思想，说什么：“自然界没有飞跃，一切都是循序渐进的——一个连续函数。”[①]政治立场的右转，影响了他的哲学思想；哲学思想的倒退，又妨碍了科学成果的获得。所以后来他竟公然反对物理学关于原子结构的新发现，否定原子可分解为“电子”，否定元素的复杂性，硬说原子在物理的和化学的意义上是不可分割的东西。然而，谁都知道，门德列也夫所竭力反对的原子结构的新发现，恰恰正是对发展门德列也夫的周期律有重大意义的东西，因为它有助于更深刻地揭示关于化学元素周期律的实质。可惜，门德列也夫没有看到这一点，以致他走了弯路，贻误了时机，妨碍他进一步获取新成果。如果门德列也夫的唯物论和辩证法的哲学思想不发生动摇的话，可以肯定地说，他的科学贡献可能会更大一些。

——原载《哲学研究》1980 年第 8 期

---

① [苏]扎布罗茨基：《门德列也夫的世界观》，三联书店 1959 年版，第 144 页。

论自然科学怎样向哲学转化

自然科学能否和怎样向哲学转化的问题，对深刻认识自然科学到哲学的辩证关系，哲学是自然科学和社会科学的概括和总结，科学上的伟大发现总要改变哲学的形态，以及吸取科学成果丰富发展辩证唯物主义哲学等，都有重要的意义。自然科学能否向哲学转化的问题，有些文章和论著已有论述，本文不再详谈。本文着重探讨自然科学是怎样具体向哲学转化的。这个问题分析透彻了，能否转化的问题，自然也就清楚地得到说明。

一、古代自然科学知识怎样向自然哲学转化

古代自然科学知识和自然哲学往往是混为一体的，不大容易分开。但为了论述的方便，我们不妨分开论述。古代自然科学知识是怎样具体地向古代哲学转化的呢？大体有三个途径。

首先，通过回答自然科学提出的问题。

古代自然科学处于萌芽状态，许多现象不能解释，许多问题难以回答。于是，自然科学就提出一些问题，让哲学去探索，去回答，例如，关于世界的本源问题，就是其中一个重要问题。泰勒士从许多事物中都含有水，地球上也到处存在水，而推断出万物的本源是水。赫拉克利特从一切事物都换成火，火也换成一切事物，而猜测到万物的本源是火。恩培多克利从木材等燃烧，可以看见火光、烟气、水分和灰烬等，曾推断万物的本源是土、气、火、水四种元素，这四种元素以不同比例混合，则生万物。我国则有阴阳五行说，战国后期的荀况就用“气”和“阴阳”“五行”的消长来解释各种自然现象。他认为，万物由“气”构成，借“阴阳”的作用而变化。留基波和德谟克利特则更进一步，他们从水能蒸发、石可碾碎、香气可弥散，而推断出：万物皆由原子和虚空构成。柏拉图是个唯心主义者，他认为物质世界的真正原因不是土、气、水、火，而是两种直角三角形，一种是正方形的一半，一种是等边三角形

的一半,这两种三角形可构成多种正多面体,而土、火,气、水的原子都是不同的正多面体,由这些正多面体构成万物。古代自然哲学家对世界本源的回答,大都概括与总结了古代自然科学的萌芽知识。自然哲学家通过回答这些问题和概括这些知识,从而又促使了自然科学知识向哲学转化。又因为当时的科学知识处于萌芽状态,带有直观性和猜测性,所以古代的自然哲学也必然带有直观性和猜测性。

其次,通过研究古代科学的研究方法。

古代的自然科学家和劳动者,在观察和研究自然事物和现象时,发现和运用了不少科学研究的方法。其中主要有:直接观察法、简单归纳法和演绎推理法。自然哲学家例如泰勒士、赫拉克利特等,在研究世界的本源时,主要运用了观察法和归纳法。柏拉图则推崇演绎法,他的哲学,受算学和几何学的影响很大,他所推崇的理性演绎法,就是从算学和几何学吸取过来的。所以罗素说,算学和几何学对柏拉图的哲学有着“极大的影响”。[1] 古代科学家所发现和运用的科学方法,无论是简单归纳法还是演绎法,都带有直观性和猜测性,用爱因斯坦的话说,都带有直觉推理的性质。凭借这种推理方法所得出的结论,有些是对的,有些是错的。例如亚里士多德,就曾用这种推理方法,得出结论说:外力不再推动物体时,运动的物体便归于静止。这个结论就是虚假的。因而概括与总结这种研究方法的古代自然哲学,不免也带有直观性、猜测性甚至虚假性。

第三,通过概念范畴的渗透和扩大。

古代自然科学家在研究自然现象时,总是要产生和运用一些概念和范畴,例如现象和本质,地点和时间、数量和质量、原因和结果、运动和物质等等。这些概念和范畴是零碎而不系统的,总是和具体现象的论述结合在一起的,这些概念和范畴对哲学家也有影响,在研究世界的本源等哲学问题时,哲学家也经常运用它们并不断扩大它们的应用范围,使其逐渐和哲学问题的论述结合起来。这样,自然科学的一些概念和范畴就逐渐上升为哲学的概念和范畴。例如,“阴”“阳”这两个概念,原来是人们在认识自然现象时提出来的。男为阳,女为阴;干为阳,湿为阴;热为阳,冷为阴;天为阳,地为阴;等等。从这些常见的对立的现象中,抽取出阴和阳两个基本概念,用以说明世界充满矛盾,并在矛盾中发展变化,于是便产生了阴阳这两个哲学概念。

有些哲学家通过专门研究和概括以前自然科学家所使用的概念和范

① [英]罗素:《西方哲学史》上卷,商务印书馆1963年版,第176页。

畴，并使之系统化，也可把科学的概念和范畴转化为哲学的概念和范畴。例如，亚里士多德就对当时常用的范畴进行了综合和分类，他认为范畴可分为十种：一曰本质，二曰数量，三曰性质，四曰关系，五曰地点，六曰时间，七曰姿态，八曰领有，九曰活动，十曰遭受。这十种范畴在具体的科学研究中，是零碎的，不系统的，但经过亚里士多德的综合，形成了范畴论，上升为哲学的范畴。

二、以力学为中心的自然科学怎样向机械唯物论转化

近代，出现了以力学为中心的自然科学发展时期。所以出现这样一个时期，主要是因为：当时工场手工业提出研究的问题多半是力学问题，机械运动是简单的运动形式，所有复杂的运动形式都包括机械运动，只有首先了解了这种运动形式，才能说明更高级更复杂的运动形式，古代继承下来的知识也大都是力学和天文学知识，人们只有在已经占有的知识的基础上前进。近代以力学为中心的自然科学是怎样向机械唯物论这些转化的呢？

首先，从当时自然科学发展水平和任务看。

当时，在自然科学中达到完善地步的只有力学，而且只有天体的和地球上的刚体力学。化学处于幼稚的燃素说的形态中，生物学尚在襁褓中。科学发展的这种水平，则使科学家习惯于用力学的观点看问题，用机械规律解释一切。达·芬奇曾说：力学是最高贵的科学，因为通过力学，一切生物都能作出所有的动作。他还认为：动物的骨头和关节也属于杠杆系统，是由肌肉的力量来操纵的。后来，伽利略把力学搬进生物界。他指出：象的腿在比例上要比虫豸的腿粗得多，因为这样才能支撑体躯。他还发现，中空的圆柱体比合同量材料的中实圆柱体坚固得多，这种形体使骨头的重量最小而支撑力最大。笛卡尔则更进一步认为：所有物质的东西都是由同一机械规律所支配的机器，动物是如此，植物是如此，人体也是如此。

当时，自然科学的主要任务是收集材料，研究既成事物的性质和规律。人们对事物进行这种研究时，可以暂时地有条件地把事物看成孤立的和不变的，这种研究，在当时是必要的，起过积极作用。所以，恩格斯在《反杜林论》中指出："为了认识这些细节，我们不得不把它们从自然的或历史的联系中抽象出来，从它们的特性、它们的特殊的原因和结果等方面来逐个地加以研究。"[①]又说："把自然界分解为各个部分把自然界的各种过程和事物分成

① 《马克思恩格斯全集》第20卷，人民出版社1972年版，第23页。

一定的门类，对有机体的内部按其多种多样的解剖形态进行研究，这是最近四百年来在认识自然界方面获得巨大进展的基本条件。”①概括科学发展的这种状况而形成的哲学，只能是机械唯物论，其典型代表，是拉·梅特里。他很赞赏笛卡儿的“动物是机器”的思想，但又认为笛卡儿的这种观点还不彻底。他继续把这种机械论的思想推向极端，认为人不过是“一架机器”“一架钟表”而已，人与其他动物相比，不过“多几个齿轮”“多几条弹簧”罢了。拉·梅特里把一切运动归结为机械运动，用机械力学的观点解释动物和人类，不但抹煞了无机物和有机物的区别，而且抹煞了动物和人类的区别。

其次，从科学研究的方法来看。

恩格斯曾说，对自然现象进行分门别类的研究，这种做法容易给人留下一种习惯，即把自然界的事物和过程孤立起来，撇开广泛的总的联系去进行考察，因此往往把事物看成静止的、不变的、死的东西。这种考察事物的方法，被洛克和培根从自然科学移到哲学中，就形成了形而上学的思维方式。

当时，自然科学家常用的方法主要有实验分析法、归纳研究法和演绎推理法。

实验分析法，经过达·芬奇、伽利略和牛顿，而日臻成熟。这是一种人们根据研究的目的，利用科学的仪器设备，人为地控制自然现象，以研究自然规律的科学方法。这种方法对当时科学的发展起了促进作用。然而这种方法，在当时有其局限性，容易给人形成孤立看问题的习惯等。由于这种局限性，人们在使用实验分析法时，往往会产生片面性，使思想打上形而上学的烙印。

归纳研究法，也是科学家常用的方法，通过它往往可以找到各种现象和因素之间的因果联系，培根在《新工具》一书中，对科学家所使用的这种方法进行了概括和总结，使这种方法成为比较科学的哲学方法，他曾用这种方法具体地揭示了运功和热的关系。但培根的方法也有局限性，主要是比较忽略与演绎法的相互补充，不大理解分析和综合的辩证关系。例如，培根认为归纳法的目的，就是通过发现事物的有限的固定不变的简单性质和形式，幻想穷尽于一切形式的认识，实际上否认了事物的变化和发展。这种局限性，反映了当时自然科学方法的基本特点。

演绎推理法，古已有之，欧几里得几何学就曾使用过这种方法。欧几里得考察问题的思路和方法，对以后的哲学家和科学家影响都很深远。后来，笛卡尔发展了这种方法，他认为，哲学体系也应从公理出发，一步步推出它

① 《马克思恩格斯全集》第20卷，人民出版社1972年版，第23页。

的全部知识。笛卡尔的这种方法也有很大局限性，它脱离实践，与归纳法相割裂，不能正确处理分析和综合的辩证关系，因而也带有形而上学的性质。

第三，从概念和范畴的渗透和移植方面看。

这个时期，力学成为占统治地位的学科，它提出的一些基本概念和范畴，不仅对自然科学的其他领域有决定性的影响，而且对哲学的形态和发展也有很大影响。对哲学影响较大的科学概念和范畴，主要有以下四个：

一是物质的概念。牛顿等科学家认为，物质是由不变不分的原子构成。物质的量就是质量，它是物体包含着的原子数量的量度，可用物质的密度和体积的乘积来量度，物质的量是不变的，质量也是不变的。在这里，牛顿等科学家，不仅把运动和物质割裂开来，而且把物质和质量等同起来。

二是力的概念。既然牛顿认为物质是不变的，物质和运动是分开的，所以他把物体和某些力联系起来，认为物体由于外力的推动才会产生运动。牛顿说：自然科学所要研究的，就是“各种自然之力”，并用这些力“去论证其他的现象”。[①] 在这里牛顿又把物质和运动割裂开来。

三是绝对时空的概念。牛顿等自然科学家认为，时间和空间是物体运动的根本条件，物体只有在时间和空间中才能运动起来。牛顿通过抽象，提出了“绝对空间”和“绝对时间”的概念。牛顿说：“绝对的空间，就其本性而言，是与外界任何事物无关而永远是相同的和不动的”，“绝对的，真正的和数学的时间自身在流逝着，而且由于其本性而在均匀地，与任何其他外界事物无关地流逝着”。[②] 这就是说，在牛顿看来，空间就像个空无一物的大箱子，时间就像一条川流不息的河流，放进物体也好，取出物体也好，发生事情也好，不发生事情也好，空间还是不动地存在着，时间还是在均匀地不变地流逝着。这就是说，空间和时间都是脱离物质脱离运动的，彼此也是毫无联系的。

四是机械决定论的概念。牛顿还认为：力学规律是支配整个宇宙“机器”的普遍原则，如果我们知道了某个时刻系统的机械状态，即系统的各个组成部分的位置（坐标）和速度（或动量），以及作用于该系统的外力，那么，我们根据力学的原则，列出方程式，就可确定这一系统在将来以及以前任何时刻的状态的情况。牛顿的这种机械决定论对自然科学的影响也很大。牛顿之后，拉卜拉斯进一步认为，现在的世界状态是它以前的机械状态的必然结果，又是决定它以后的机械状态的原因。因此，如果在创造世界的时候，存在于自然界的一切力量以及自然界各个组成部分的详细状态，被一个智

① ［美］H. S. 塞耶：《牛顿自然哲学著作选》，上海人民出版社 1974 年版，第 11 页。

② ［美］H. S. 塞耶：《牛顿自然哲学著作选》，上海人民出版社 1974 年版，第 19～20 页。

慧渊博的数学家所全部掌握，那么，他就可以用公式把宇宙中最大物体的运功和微小原子的运动，都可以详尽无遗地全部推算出来。对于这个数学家来说，一切都可确切地知道，未来犹如过去一样，了如指掌地呈现在他的面前。这就是说，整个自然界的事物及其发展状态，都被一条机械决定的因果链条联系在一起了。

牛顿等自然科学家提出的这些概念和范畴，对18世纪法国机械唯物论者影响很大，他们在构造哲学体系时，就吸取了牛顿力学的一些概念和范畴。18世纪法国唯物主义者虽曾说过物质和运动不可分，是“充满活动和力的”，但他们当中有些人又认为运动最终要归之于外力的推动。霍尔巴赫说：“严格说来，在自然界的各种物体中，并没有什么自发的运动……它们所有的变化都是由一些或者可见或者隐藏的推动它们的原因造成的。”[①]他们也企图利用力学的概念和范畴说明一切观象，把事物之间质的差异简单地归结为量的差异，“用力学的尺度衡量化学过程和有机过程”。他们还认为，自然界的一切都处在必然的因果联系中，自然界的一切运动，都遵循着一些不变的必然的法则。霍尔巴赫曾说：在一阵狂风卷起的尘土漩涡中，在雷电交加的暴风雨中，没有一粒沙或一个水分子是随便地摆在那里的，它们的位置和运动方式都是必然的，都只能如此，而不能那样。在一场社会革命当中，起义者和被打击者双方，没有一个行动、一句话、一个思想、一个意志、一个欲望不是必然的。这种决定论的思想不言而喻，是深受科学家机械决定论思想的影响的，可以很明显地看出以力学为中心的自然科学的概念和范畴向机械唯物论哲学的转化。

三、关于研究过程和联系的科学向辩证唯物主义哲学的转化

从18世纪下半叶开始，欧洲各主要资本主义国家进入了大规模的技术改造和技术革命的阶段，工业由工场手工业转变为机器大工业。生产的发展推动了自然科学的发展，促使自然科学从主要是搜集材料的科学变为本质上是整理材料的科学，从关于研究即成事物的科学变为研究事物过程和联系的科学。这个时期，科学的成果、方法、概念和范畴，不断向哲学转化，为辩证唯物主义哲学的产生奠定了基础。

首先，通过概括科学发展的成果。

这个时期，科学发展最重要的成果：一是关于天体、地质、生物的起源和

---

① 转引自北京大学哲学系外国哲学史教研室《十八世纪法国哲学》，商务印书馆1964年版，第578页。

发展的学说；二是关于能量守恒和转化定律。

研究天体起源和发展的主要代表，首推康德和拉卜拉斯。1754 年康德曾提出地球的自转由于潮汐摩擦而减慢的假说。1755 年在其名著《宇宙发展史概论》中提出天体演化的星云假说。康德的假说吸取了牛顿和笛卡儿的科学成果，用斥力和引力的相互作用，具体地论述了天体的演化，从形而上学自然观上打开了第一个缺口。拉普拉斯的星云说和康德的星云说差不多，由于拉普拉斯《宇宙体系论》的发表，康德的星云说才逐渐引人注目，广为流传。从此，演化发展的思想在自然科学家头脑里才逐渐生根。

研究地质进化的，主要是莱依尔。莱依尔在其名著《地质学原理》中，开宗明义指出："地质学是研究自然界中有机物和无机物所发生连续变化的科学，同时也探讨这些变化的原因，以及这些变化在改变地球表面和构造所发生的影响。"[①]莱依尔具体论述了地质的演化，他认为地质的变化是缓慢的、逐渐的，也有巨变，但非激变；变化的原因，不是上帝，不是神仙，而是自然界中的各种力，主要是水成作用和火成作用；他用火成作用和水成作用的矛盾运动分析了地质的演化，驳倒了居维叶的灾变论，在形而上学自然观上打开了第二个缺口。从此，演化和发展的思想，更加深入人心。

继莱依尔研究地质进化之后，达尔文等进而研究了生物的进化。达尔文的物种进化论，是地质进化论的必然结果。既然地质在演化，在发展，推而广之，在地球上生长的动植物种也必然在演化，在发展。达尔文为了论证生物的进化，从三个方面进行了大量工作：从时间上，在地质学和古生物学方面搜集了大量材料作为论据；从空间上，他乘"贝格尔"号航行时，考察了物种在空间上的地理分布；从家养动植物的培育方面进行典型实验，积累了大量有说服力的材料。达尔文认为生物进化的原因有多种因素，但主要因素有四种：一是自然选择；二是用进废退；三是外界影响；四是自发变异。其中最主要的因素是自然选择。自然选择所以能成为主要动力有三点：一是生存斗争到处存在；二是生物普遍在变异；三是经过选择，有利变异的个体逐代保存、不断进化，而不利变异的个体则渐被淘汰、趋于灭亡。这样生物种在变异性和遗传性的相互作用中不断进化。达尔文的物种进化论，使进化发展的观念，在科学家思想里扎根开花结果。

天体、地质、生物进化的理论，不仅使进化发展的观点日益深入人心，而且使矛盾推动事物发展的观点也渐被人们接受，这些思想一旦被哲学家概括，就会形成辩证法的观点。

---

① ［英］查理士·莱伊尔：《地质学原理》第 1 卷，北京大学出版社 1959 年版，第 1 页。

关于能量守恒和转化定律的发现。18世纪，一些物理学家用静止孤立的观点看事物，他们不但把物质和运动割裂开来，而且否认各种运动形态的相互转化。这种形而上学的观点有两种表现形态，一种是把不同性质的物质运动形态，用“力”来解释，如“重力”“化学亲和力”“电的接触力”“生命力”等等；另一种是把各种运动形态归结为特殊的物质“素”，如“光素”“电素”“磁素”“燃素”“热素”，等等。到了18世纪末，人们开始对形而上学的“力”“素”说进行冲击，不断发现了各种运动形态的相互转化，发现了能量守恒和转化定律。能量守恒和转化定律的发现也有个过程，开始发现这个规律的是青年科学家迈尔。他根据船到热带时船员患者的静脉血比在欧洲时要红，认为在热带高温情况下，人的机体只需要吸收食物中较少的热量，食物在人体内的燃烧减弱，因此静脉血管里剩下的氧气多，血液就比较红，并由此推断，食物所含的化学能和机械运动一样，可以转化为热。后来又用实验证明：水能够由于振动而变热。焦耳进一步研究了电流、机械能和热之间的相互转化，并比较精确地测定了热功当量。赫尔姆霍茨更进一步从机械能、热、光、电磁、化学能等各种运动形式可转化为动能和位能出发，论证了各种运动形式的转化，并用“力的守恒”这个概念表述能量守恒和转化规律。恩格斯发展了赫尔姆霍茨关于“力的守恒”的思想，明确地把这个规律称为“能量守恒和转化规律”，并把这个规律作为辩证唯物主义自然观的自然科学基础。

进化论的创立和能量守恒和转化规律的发现，促使各门自然科学开始进行初步的综合。恩格斯谈到当时的情况时说：“自然科学现在已发展到如此程度，以致它再不能逃避辩证的综合了。”[①]自然科学辩证的综合也是逐步的。能量守恒定律，首先把机械力学、热学、电学等综合起来。门捷列夫的周期律又把化学综合起来，证明世界上几十种不同的元素并不是孤立的东西。达尔文的进化论更进一步把分类学、胚胎学、解剖学、细胞学、古生物学、地质学进行辩证的综合。这样一来，自然科学终于成为把各种自然过程结合为一个伟大整体的联系的科学。概括这种科学，自然就会形成辩证唯物主义的自然观。

其次，通过概括科学研究的方法。

自然科学从分门别类的研究进到分析自然界各个过程的联系，从研究既成事物的特性进到系统研究事物的发展过程，必然要求科学方法也要有相应的变化，于是便出现了一些科学研究的新方法，如比较方法、历史方法、

① 《马克思恩格斯选集》第3卷，人民出版社1972年版，第54页。

分析综合方法和数学方法等。这些方法，有些虽古已有之，但很不成熟，不占统治地位，而这时，却逐渐成熟，并成为占主导地位的方法。这些方法都闪耀着辩证法的光辉，研究和概括这些方法，是会促进自然科学向辩证唯物主义哲学转化的。

比较方法是确定对象之间差异点和共同点的逻辑方法，事物之间都有差异性和同一性，这是比较方法的客观基础。这种方法要求我们在研究事物时，在异中求同，在同中求异。这种方法可以说是辩证思维方法的一种形式，它在科学研究中很重要，可以鉴别事物的性质，也可进行定量分析，还可发现和检证真理。爱因斯坦就说："知识只能从理智的发明同观察到的事实两者的比较中得出。"①历史方法的出现，反映自然科学在研究事物和现象的发展过程，反映人们逐渐把自然事物当作自然历史来研究。因为这个时期，可以说："自然科学不但在字面上而且在事实上就成为自然的历史。"②历史方法的特征就是通过研究事物的发展过程和先后相随的内在联系，来研究事物和观象的变化和发展。这种方法，对于古生物、地质学、天体演化学、进化论等学科的研究有特别重要的意义。

分析综合方法也是辩证思维的一种方法。分析方法是把整体分解为部分，把复杂的事物分解为简单要素分别进行研究的一种思维方法；综合方法则是把对象的各个部分、各个方面和各种因素联结起来进行研究的一种思维方法。这两种方法，都有自己的发展历史，也都有自己的局限性。分析方法不和综合方法相联系，就会陷入形而上学，造成孤立片面看问题的习惯。综合方法不和分析方法相结合，也不能真正认识事物内部的本质联系和整体特征。只有两者结合起来，实现分析和综合的统一，才能体现辩证思维方法的特点。科学发展到19世纪中叶，实现分析方法和综合方法的辩证统一的条件已经成熟，不少科学家适应科学发展的要求，在各自的科学研究中，把分析方法和综合方法结合起来。达尔文在研究物种起源的问题时，就实现了这个结合，所以季米里亚捷夫在谈到达尔文的方法时指出："他的分析工作和综合工作之间从来不发生脱节；这两项工作构成一个整体，一项工作是另一项工作上必要的补充和继续。"③关于数学方法，这是日益成为各种自然科学研究的方法，数学方法和实验方法的结合，逐渐成为科学迅速发展的重要条件。马克思说：科学只有当它达到能够运用数学时，才算真正发展了。麦克斯韦也说：真正的科学的目的就是将自然界的问题，化为数的运算

① 《爱因斯坦文集》第1卷，商务印书馆1976年版，第278页。

② [俄]《季米里亚捷夫选集》第4卷，科学出版社1957年版，第226页。

③ [俄]《季米里亚捷夫选集》第4卷，科学出版社1957年版，第47页。

和量的确定。爱因斯坦还说:“科学家必须在庞杂的经验事实中间抓住某些可用精密公式来表示的普遍特征,由此探求自然界的普遍真理。”[①]这些话,都深刻说明了数学方法的重要性。至于谈到数学方法的作用,恩格斯有句名言:“数学:辩证的辅助工具和表现形式。”[②]因为数学方法可以用数学公式表现事物的辩证规律,可以为科学研究提供数量分析和辩证推理的工具。

19 世纪中叶前后,科学研究所运用的这些方法,都带有辩证思维方法的特点。我们研究和概括这些方法的特点时,必然有助于产生辩证唯物主义的方法论,有助于自然科学方法向哲学方法的转化。对这个问题,恩格斯在《自然辩证法》一书中,进行了深刻的分析和哲学概括。

第三,通过科学概念和范畴的渗透和移植。

19 世纪中叶,自然科学出现许多新的概念和范畴,这种概念和范畴大都带有辩证的性质。黑格尔曾大量吸收这些概念和范畴,从唯心主义立场上,对它们进行了哲学的概括和总结。黑格尔的《逻辑学》和《自然哲学》在这方面就做了大量工作。据有人统计,黑格尔的《自然哲学》就引证了 36 位物理学家、17 位化学家、30 位生物学家的著作,或援引他们的原话,在《逻辑学》中,他在论证观念的发展时,也引证了大量自然科学的材料。他适应科学发展的需要,特别强调要从整体上研究自然,从综合性、过程性、飞跃性、前进性的角度,去研究自然。黑格尔还引用大量科学材料和概念,深刻研究了辩证法的概念发展和基本范畴,如质、量、度、现象本质、原因结果、内容形式、必然偶然、肯定否定等等。这些概念和范畴,在自然科学家的著作中多已使用,但经黑格尔加以概括和总结,便转化为哲学。

恩格斯进一步根据自然科学的新发展,吸取和改造黑格尔哲学的积极成果,通过概念和范畴的渗透和移植,不断促使当代自然科学的成果、方法和概念向辩证唯物主义哲学转化,从而实现了哲学史上的革命变革。

恩格斯在分析量变质变规律时,曾深刻概括了当代生物学、物理学和化学的成果。具体地说,就是能量转化理论、气体动理学理论、原子分子观点、化学结构理论以及门捷列夫的周期律等。在分析对立统一规律时,充分利用了数学、力学、物理学、化学、生物学的科学成果。分析了一与多、零与非零、正与负、有限和无限、直线与曲线、积分与微分、动能和位能、阳电和阴电、南极与北极、光与暗、吸引和排斥、化合和分解、生与死、遗传和适应等一系列的矛盾,把具体科学中许多矛盾的概念和范畴转化为哲学的概念和范畴,丰富了对立统一规律的内容。

---

① 《爱因斯坦文集》第 1 卷,商务印书馆 1976 年版,第 76 页。

② [德]恩格斯:《自然辩证法》,人民出版社 1984 年版,第 3 页。

恩格斯还通过概念和范畴的移植丰富了唯物辩证法的范畴。他运用生理学和进化论的概念和范畴，丰富和发展了同一性和差别性这对哲学范畴；运用达尔文的进化论、丰富和发展了偶然性和必然性范畴，指出“达尔文在他的划时代的著作中，是从最广泛地存在着的偶然性基础出发的”[①]。联系科学发展的历史，认真研究《自然辩证法》，我们可以看到自然科学的概念和范畴，从四面八方向辩证唯物主义哲学转化。

四、现代自然科学的成果丰富发展了辩证唯物主义哲学

20 世纪以来，自然科学发展的新成果、新概念和新方法，为丰富和发展辩证唯物主义的物质观、时空观、运动观、认识论和方法论，提出了许多很有启发的问题。

首先，对物质观的丰富和发展。

现代自然科学的发展，对物质观的发展是很深刻的，主要表现，有以下几个方面：

其一，揭示了物质的质量和能量的内在联系。爱因斯坦发现了 $E=mc^2$ 这个关系式，这是狭义相对论最有意义的成果。原来人们认为物质的质量和能量是两个性质完全不同的物理量，质量就是质量，能量就是能量，泾渭分明，毫无联系。质能关系式的提出，根本改变了人们的看法。这个公式说明质量和能量这两个表征物质不同性质的物理量是有密切联系的，是不可分割的。因为任何能量的改变同时就有对应的质量的改变，任何质量的改变同时就有对应的能量的改变，质量和能量的改变是同时发生的。质能关系式的确定，揭示了质量和能量的辩证关系，丰富了辩证唯物主义的物质运动观。

其二，发现了物质的波粒二象性。在经典物理学中，波和粒子是两种不同的物质形态，是互相对立的。1901 年，普朗克为了解释黑体辐射能谱的分布曲线，提出了电磁辐射的能量不是连续的而是量子化的假设，并把量子的能量与辐射的频率联系起来。爱因斯坦认为，光在传播中具有波动性，但它在发射和吸收过程中可能是粒子性的，揭示了光的波动性和粒子性的统一。德布洛依进而指出，波粒二相性不仅适用于光，对其他物质粒子也是适用的，一切微观粒子既具波动性又有粒子性。物质的波粒二相性的提出，丰富发展了物质的间断性和连续性的观念。

---

① 《马克思恩格斯全集》第 20 卷，人民出版社 1972 年版，第 563 页。

其三，揭示了场和实物的统一。在微观世界里，不仅有波动和粒子性的对立统一，还有物质场和粒子的对立统一。在19世纪，自然科学家认为，物质有两种存在形态：一种形态是粒子，呈分立状态有静止质量；一种形态是场，呈连续状态没有静止质量。场是场，粒子是粒子，连续的场和不连续的粒子之间存在着一条不可逾越的鸿沟。20世纪以来，对基本粒子的研究，进一步打破物质两种状态的对立，揭示了场和实物的内在联系和必然转化。例如，称为“粒子”的正负电子对，可以转化为具有波动性的光；反过来，光又能转化为一对正负电子，等等。不但如此，人们还发现连续的场也具粒子性，间断的实物也具波性。连续性和间断性同时存在于场和实物中。连续的场和不连续的实物这对矛盾的运动，表现了微观世界的多样性的统一。

其四，发展了物质的无限可分性。目前，已发现的基本粒子有二百多种。这些粒子是不是最基本的，能不能分，有没有内部结构，对这些问题，科学界也是有争论的。我国不少科学家以唯物辩证法为指导，认为基本粒子是可分的，20世纪60年代我国科学家提出的“层子模型”，就是在粒子可分的思想指导下制定出来的。美国科学家盖尔曼的“夸克模型”，也是在这种思想指导下提出来的。近十几年来，科学家想方设法去找“自由夸克”“自由层子”，但总找不到。怎样解释这种现象呢？有人就提出了“夸克被禁闭”的理论。是否真的被禁闭了？是永远禁闭，还是暂时禁闭？科学界继续在探讨。有人借口“夸克禁闭”，主张比基本粒子更小的粒子不可再分割，物质的可分性是有限的。这种观念是值得商榷的。“夸克禁闭”等现象，说明物质可分性也是多样的。物质的层次是无限的，每个层次的分的方式是不同的，不能一刀切。宏观客体分为两块，两块合起来，就是一块，微观客体被打碎，“小碎块”可以自动长大，其中每个小块形成的粒子，可能都比原来的粒子大。这种可分性的多样性，是值得我们研究的，它对丰富和发展物质可分性的概念有很大意义。

其次，丰富发展了运动论。

现代自然科学对辩证唯物论的运动论的发展，是多方面的。主要谈两点：

其一，揭示了运动的物质承担者的多样性。恩格斯在19世纪中叶以后，根据当时自然科学的成就，把物质的运动分为机械运动、物理运动、化学运动、生物运动、社会运动，并确定：机械运动的物质承担者是天体和地球上的宏观客体，物理运动的物质承担者是分子；化学运动的物质承担者是原子；生物运动的物质承担者是蛋白体；社会运动的物质承担者是人。随着近百年来自然科学的发展，日益揭示了物质承担者的多样性。人们逐步认识到，一种运动形式的物质承担者不一定是一个，可能有两个、三个或更多几个。机械运动的主要物质承担者是宏观客体，然而在微观客体中，不论分子、原子，还是基本粒子，机械运动还是有的，但不是主要的，或本质的。物理运动的物质承担者是分子，但也有原子、原子核、基本粒子甚至场等。化学运动的物质承担者，除了原子以外，还有离子、原子团、自由基等。生命运动的物质承担者也有发展，光蛋白体不够了，它必须是蛋白质和核酸组成的复杂多分子体系。我们也可把物质层次结构的概念和运动矛盾的特殊性概念结合起来，把运动分为基本粒子的运动、原子的运动、分子的运动、蛋白体和核酸的运动、天体的运动。又可在大的运动层次之间再细分成更小的运动层次，如化学运动可分为量子化学、无机化学、有机化学、生物化学等几个层次，天体的运动可分为行星、恒星、星系等许多层次。不管如何进行运动形态的分类，总的来说，现代科学的发展，丰富了运动的物质承担者的概念，发展了辩证唯物主义的运动观。

其二，发展了物质运动统一性的概念。客观物质世界的运动是多样性的，然而又是统一的。首先，运动的统一性表现在它们之间的相互联系和相互转化。物理运动和化学运动是相互联系和相互转化的，生物运动和化学运动也是相互联系和相互转化的。生物的新陈代谢，就具体地实现了生物运动和物理、化学运动的转化，揭示了生物、化学、物理等运动形态的辩证统一。正是因为各种运动形态有统一性，所以我们既要反对把高级运动形态归结为低级运动形态的机械论或还原论，又要反对完全否认用低级运动形态的概念和方法研究高级运动形态本质和规律的形而上学观点。因为高级运动形态虽不能简单归结为低级运动形态。但不深刻认识低级运动形式就想具体揭示高级运动形式的本质，那也是不可能的。例如：不了解原子内部的结构，就难以理解元素周期律的本质；不认识蛋白质和核酸的内部结构，就很难揭示生物生长和遗传的秘密。其次，运动的统一性还表现在各种相互作用的统一。现在我们已经知道，世界上存在着四种相互作用：引力相互作用、电磁相互作用、强相互作用、弱相互作用。不少物理学家在研究这四种相互作用的性质和统一，在这个面进行尝试的前有爱因斯坦的统一场论，后有规范场论和量子色动力学等。这方面的研究一旦有所突破，四种相互作用的统一一旦揭示出来，物理学理论将可能揭开新的一页，运动的多样性统一将得到科学的具体证实。

第三，发展了时空观。

辩证唯物主义认为，时空和物质是不可分割的，和运动是有联系的，时间和空间是统一的。如何具体地“不可分割”“有联系”“相统一”，由于科学发展的限制，不易具体证明。现代科学，特别是相对论的创立，对辩证唯物论的时空观的发展，起了促进作用，提出许多值得深思的问题。主要有以下两个问题：

其一，关于时间空间和运动状态的关系问题。爱因斯坦创立的狭义相对论和广义相对论，否定了牛顿关于绝对时间和绝对空间的概念，把时间和空间同运动的状态联系起来。他认为空间和时间总是随着物质形式和运动状态的改变而改变，空间和时间的特性是相对的，是随着物质的运动速度的变化而变化。

其二，关于时空特性依赖物质分布的问题。爱因斯坦在《广义相对论》中，进一步把时空的特性和物质分布联系起来，指出在重力场中，空间特性是依赖于物质的质量分布的：质量愈大，密度愈大，重力场愈强，则空间的“曲率”就愈大。他曾预言光线经过巨大星体时，将在引力场作用下发生偏折，这种偏折就是时间和空间弯曲的结果。这个论断，后来在1919年日全食时通过实际观测而得到了证实，当时在世界上，曾引起轰动。爱因斯坦还预言在引力场中钟要变慢，引力场愈强时间流逝得愈慢，时间的进程不同，光的频率也要随之变化。爱因斯坦预言了恒星的光来到地球时，将会发生频率“红移”的现象，结果，也被实验证实。

第四，丰富发展了认识论。

其一，关于机器能否思维的问题。当前，在一些科学比较发达的国家，“人工智能”研究颇为热闹，世界上已成立了人工智能联合会，还出版了《人工智能》刊物。关于人工智能的本质问题，机器能否思维的问题，各派争鸣，众说不一。一种意见认为：机器能够思维。美国数学家图灵说：如果机器能在指定条件下模仿人把问题答好，那么，这部机器就可认为能够思维。苏联数学家索波列夫也认为：人能创造没有人而能思维的大脑。另一种意见认为机器比人更聪明。英国生理医学家阿希贝在《设计一个脑》一文中说：机器将超过它的主人。维纳在题为《比它的制造者更为聪明的机器》一文中认为，机器能够学习，能够制造得比其制造者更聪明。维纳在《自动化的某些道德和技术的后果》一文中，甚至预言，当机器在越来越高的心理水平上运转的时候，人被机器统治的灾难越来越近。阿西莫夫在《人体和思维》一书中曾经设想，人最终造出的机器在各方面，包括智力和创造性上都等同或超过人的话，那么，机器就会取代人。[①] 第三种意见认为：机器可以模拟人的某些思维活动，但与人的思维不同，因此，人工智能既有可能，又有局限性。爱

---

① ［美］阿西莫夫：《人体和思维》，科学出版社1978年版，第200页。

因斯坦曾说，机器无论做什么，它能解决任何问题，但不能提出一个问题。塞缪尔制造了弈棋机战胜了一个州的跳棋冠军，他也认为："我深信机器不能具有维纳所谓的独创性，而且它不能超过人的智力。"①以上三种意见，各有理由。正确的认识和评价应该是：承认人工智能是客观存在的，不能采取不承认主义；承认人工智能在某些方面可以代替甚至超过人的某些智能，如记忆智能等，但不能整个超过人的智慧；人工智能的出现使认识论的某些问题，如思维的定义等有重新研究的必要。这样认识问题，对认识论的发展，是有积极意义的。

其二，信息的本质问题。信息的本质是什么呢？众所纷纭。有的认为信息是非物质的精神实体的一种特性；有的认为信息是物质的普遍属性；还有的认为信息不仅是物质的，有时也是"观念"的等等。由于人们对信息本质的理解是混乱的，有些人就乘机攻击唯物主义。联邦德国的斯坦布赫就说信息概念给唯物主义者以"痛苦"。龚捷尔也说：信息概念证明辩证唯物主义是站不住脚的。还有人说：与物质和意识的概念相并列，出现了第三个更为广泛的概念，即信息，它的天职就是消灭唯物主义和唯心主义之间的对立。这些意见，都是不对的，应当受到批判。

我们应该怎样认识信息这个概念呢？首先，我们承认信息是物质客体的一种属性，但不是物质分泌出来的信息物，如同思维是大脑的属性，但不是大脑的分泌物一样。其次，我们还必须承认信息不是超距传递的，必须有载体才能传递。第三，也得承认，信息和反映有密切联系，信息是反映的一种特殊形式，离开反映，无从谈信息，信息是意识的基础，意识离开信息也不存在。第四，也应看到：既有用物质载体传递的信息，也有用语言文字表达的信息。因此，信息是沟通主客观的桥梁，连接物质和意识的媒介。信息概念的提出，对我们具体认识认识过程的机制，认识反映过程的层次，认识主观和客观的相对性，有重要的理论意义。

第五，推动了唯物辩证法的发展。

这里，主要谈谈系统论的方法对唯物辩证法的发展。系统论的方法要求我们在研究事物和现象时，要把它们当作发展着的系统进行研究，不仅对它们进行分析研究，还要作为整体进行综合研究，作为更大系统的有机组成部分和要素进行研究，不仅要研究事物和现象的性质，而且要综合研究事物和现象的结构、功能、发展、演化等。

系统论的方法，体现了辩证法的精神，实际上，是在唯物辩证法指导下

---

① 转引自《国外社会科学》1978 年第 4 期。

产生并发展起来的。国外有人认为，马克思“是一位早期的系统论者”，是“现代系统方法研究的先驱”①。一般系统论方法的创始人贝塔朗菲也把马克思列为发展系统论有关的思想家之一。波兰希通卡称马克思是“社会科学中现代系统方法的始祖”。有的科学家甚至认为《资本论》就是运用系统原则的第一部著作。我国的著名科学家钱学森也认为，辩证唯物主义体现的物质世界普遍联系及其整体性的思想也就是系统思想，系统思想是辩证唯物主义的内容，它在辩证唯物主义那里取得了哲学的表达形式。当然也有人认为，系统论不但与唯物辩证法无关，而且它的出现，将取代陈旧的辩证法而完成科学上的革命，成为唯一符合现代科学技术要求的世界观。

我们如何看待这个问题呢？一方面，我们必须承认系统论是自觉或不自觉地在唯物辩证法思想指导下产生和发展起来，不然就无法解释唯物辩证法和系统论方法的一些基本原理的一致；另一方面，也应该承认系统论确实也丰富和发展了唯物辩证法。

其一，发展了唯物辩证法关于联系的观点。唯物辩证法是关于普遍联系的科学。系统论也讲联系，如层次联系、结构联系、功能联系、起源联系等等。这些联系的提出，是对唯物辩证法的发展。

其二，丰富了唯物辩证法的范畴。系统论提出了许多范畴，如系统的范畴、结构的范畴、信息的范畴等等。对这些范畴加以概括，定会丰富和发展唯物辩证法的范畴论。

其三，可使唯物辩证法和认识论有机地联系起来。系统论讲了许多原则，这些原则即体现了唯物辩证法的精神，也体现了认识论的精神，从而把辩证法和认识论结合起来。通过这个结合，会更具体地发挥辩证法和认识论的作用。

其四，可以更好地发挥唯物辩证法的指导作用。系统论对具体科学说来虽较一般，但对哲学说来又较具体，因此它可充当唯物辩证法指导具体科学时的桥梁，又可作为具体科学向哲学转化的中介，从而更好地更直接地发挥唯物辩证法对具体科学研究的指导作用。

现代自然科学的成果、方法和范畴对唯物辩证法的丰富和发展是多方面的。以上，只是概括一些同志的分析和自己的体会，进行了一点粗略地分析。但是，仅从上述分析来看。现代自然科学向辩证唯物主义哲学的渗透和转化是相当明显而深刻的。

现在，辩证唯物主义哲学要不要改变其形态或被其他哲学形态代替呢？

① [美]麦奎因和安贝吉：《马克思和现代系统论》，转引自《哲学研究》1980 年第 2 期。

有人认为。要改变,要代替。我们认为,还不需要。为什么呢?一是因为辩证唯物主义哲学和自然科学的发展是一致的,现代自然科学是按辩证规律发展着的,是不断揭示自然界的辩证性质和规律的,它仍然指导并促进自然科学发展,仍然是现代自然科学的唯一正确的科学哲学。二是因为辩证唯物主义哲学本身是开放的体系,是不断地向前发展的,其内容不断丰富,其形式日臻完善。只要自然科学在发展着,它就不断地概括与总结自然科学的成果,丰富自己,发展自己。三是因为辩证唯物主义哲学是无产阶级的世界观和方法论,无产阶级是最伟大、最革命和最有前途的阶级,只要这个阶级的历史使命没有完结,无产阶级要完成认识世界和改造世界的历史使命就需要辩证唯物主义哲学作指导,辩证唯物主义的世界观和方法论就不会过时,就不会被代替。

概括现代自然科学的最新成果,丰富和发展辩证唯物主义哲学的任务是极其艰巨的。我们无产阶级革命者,重任在肩,一定要排除万难,去完成历史赋予我们的伟大使命,为四个现代化建设献身,为丰富和发展辩证唯物主义哲学,使其更加现代化而奋战不息。

——原载《山东大学文科论文集刊》,1981 年

历史上哲学唯心主义对自然科学发展只起消极作用吗?

有同志认为,“唯心主义,无论过去、现在或将来,都没有、也不可能起进步作用”①;有人认为,哲学唯心主义作为一朵不结果实的花,“对自然科学的发展没有给予任何积极的影响”②。我们认为这种观点有点绝对化。在《自然科学家的科学成果和哲学思想》③一文中,我们也曾说,在一般情况下,哲学唯心主义对科学研究“总的来说是有害的”,它“妨碍科学成果的获得”。我们讲的是一般情况,加了个限制词。但对特殊的情况,没进行详细分析。为了弥补不足,我们有必要对哲学唯心主义在特殊情况下对科学发展所起的积极作用加以研究,以便全面评价哲学唯心主义对科学发展所起的种种作用。

在特殊情况下,哲学唯心主义对科学发展起哪些积极作用呢?主要有以下四个方面。

一、哲学唯心主义对旧哲学、旧观念的批判,有助于认识旧哲学的局限性,打破思想僵化

19 世纪 60 年代以前,物理学家认为,物理学的基本原则在牛顿力学的基础上都解决了。19 世纪末 20 世纪初,物理学处于革命时期,其主要标志是放射性和电子的发现;其思想特征,一是要求否定形而上学机械论的世界观,一是要求否定形而上学的绝对化的真理观。面对物理学革命的形势,物理学家有两派。一派是“机械论学派”,其代表人物主要是汤姆逊、赫尔姆霍茨和洛伦兹等。这些人大都坚持唯物主义观点,这是对的。但却认为,力学

① 陈孟麟:《唯心主义能起进步作用吗》,《学术月刊》1980 年第 5 期。

② [苏]普·斯·迪什列维、弗·姆·卡纳克:《唯物主义哲学和自然科学的发展历史概述》,中国社会科学出版社 1984 年版,第 228 页。

③ 参见李庆臻、李凤玲《自然科学家的科学成果和哲学思想》,《哲学研究》1980 年第 8 期。

原理是概括实验上确立的规律的唯一基础，是绝对真理；凡符合力学原理的理论和思想才被认为是正确的。汤姆逊在 1900 年元旦献辞中说：在物理学的太空中，一切都明洁了，只剩下两朵乌云，一朵和迈克尔逊-莫雷实验有关，一朵则和黑体辐射有关。在已经基本建成的科学大厦中，后辈物理学家没有什么好做的了，只做一些零碎的修补工作就行了。而洛伦兹却想用古典力学去解释相对论。当旧观念无法解释新现象时，他就苦恼地说："在今天，人们提出与昨天所说的话完全相反的主张；在这样的时期，已经没有真理的标准，也不知道科学是什么了。我很悔恨我没有在这些矛盾出现的五年前就死去。"①汤姆逊和洛伦兹的这些思想与物理学革命的形势是不适应的，他们的机械论的观点和僵化的思想，对 19 世纪和 20 世纪物理学的革命，是起着消极作用的。

以马赫和彭加勒为代表的另一派是"批判论学派"。他们在哲学上都是唯心主义者，坚持感觉、思维是第一性的，这是不对的，理应批判。但他们在唯心主义哲学的基础上，对机械论的某些观点和经典力学的一些观念，持怀疑的和批判的态度，则要具体分析。该肯定的应当肯定，该否定的就要否定。例如，彭加勒在《科学与假设》这本唯心主义的著作中，曾对牛顿力学的一些原理进行了批判，认为相对运动的力学没有必要把物体置于绝对的时间和空间中，又认为运动的原因的力是一个"形而上学的"概念，等等。彭家勒的这些观点基本上是对的，批判也是中肯的，有积极意义，不要一概否定。但他又宣称：镭的发现推翻了能量守恒原理，电子的发现推翻了质量守恒原理，可逆过程的存在使热力学岌岌可危，以太的被否定推翻了伽利略相对性原理，等等；并得出哲学结论说："凡不是思想的东西，都是纯粹的无。"②彭加勒的这些观点是错误的，对科学的发展起了消极作用。

马赫是奥地利的物理学家和哲学家，在力学、声学和光学上都有一定成就。他的主要哲学著作是《感觉的分析》和《认识与谬误》。马赫是一个唯心主义者。他在《力学及其发展的历史批判概论》一书中认为："化学现象、电学现象和光学现象都要用原子来解释。但是原子这一精神设计物并不是根据连续性原理形成的；恰恰相反，这是为着一定的目的而特别设计的产物。原子不能被感官感知，像一切物质一样，它们是思维的东西。"③马赫这段话是典型的唯心主义，这就是说，既然我看不见原子，那么原子就不存在了，它们只是思维的东西，这是"存在就是被感知"的主观唯心主义谬论的翻版。

---

① 转引自［日］坂田昌一《理论物理学和自然辩证法》，《自然辩证法通讯》1965 年第 1 期。

② 《列宁全集》第 14 卷，人民出版社 1957 年版，第 253 页。

③ 洪谦主编：《西方现代资产阶级哲学论著选辑》，商务印书馆 1964 年版，第 47 页。

对马赫的唯心主义哲学，列宁在《唯物主义和经验批判主义》一书中，已经进行了彻底的批判，我们不再赘述。在马赫的哲学思想中，是不是没有一点积极的东西呢？细察起来，也是有的。例如，他对形而上学的物质观和时空观、对牛顿力学的怀疑和批判，就有积极意义。正因为如此，爱因斯坦对马赫的思想给予较高的评价。例如，他说：动摇了以力学作为一切物理学思想的最终基础这一信念的人，是谁呢？是马赫，他冲击了这种教条式观念，给我以深刻影响。并说："我认为，马赫的真正伟大，就在于他的坚不可摧的怀疑态度和独立性。"[①]又如，在 1930 年 9 月 18 日爱因斯坦在给魏纳的信中曾说"马赫的确通过他的著作对我的发展有相当大的影响"，甚至认为"相对论的思想的整个方向是同马赫的思想一致的，所以可以十分正确地认为马赫是广义相对论的先驱"。[②] 爱因斯坦还说："但是我要说，对于另外一点，即概念是可改变的这一观点，我倒是完全同意马赫的。"[③]马赫站在唯心主义立场上，对经典力学的批判，对旧观念所持的怀疑和批判的态度，以及认为概念是可变化的等观点，对爱因斯坦相对论的建立是起了不小作用的。这难道还不能说明唯心主义哲学对科学发展也起积极作用吗？当然，爱因斯坦对马赫是采取分析批判的态度的。他并没有接受马赫的所有的唯心主义观点，他认为马赫的基本观点是错误的，"是根本站不住脚的"。因此，他称马赫是一位"拙劣的哲学家"。[④]

我们说爱因斯坦受马赫的影响，但也反对夸大这种影响。马赫主义者为了扩大马赫的影响，抬高马赫的地位，竭力夸大这种影响。彼得楚尔特就曾说：相对论在其任何一个重要的论断中都不与马赫的观点发生矛盾。相对论是马赫思想的成果，这些思想生了根并茁壮成长为强大的树干。[⑤] 马赫主义者的这种观点，夸大了唯心主义哲学对相对论产生所起的作用，甚至把爱因斯坦也说成主观唯心主义者。这是完全错误的。然而有人为了割断唯心主义哲学同爱因斯坦的联系，硬说马赫的怀疑和批判的态度等等同马赫的唯心主义哲学毫不相干，这也不是实事求是的态度。马赫的有些观点，对爱因斯坦破除陈旧观点、探索新理论，是起了一些启发和促进作用的。

有人说，列宁是根本否定马赫的，如果肯定马赫哲学还有点积极因素，这不和列宁的批判有矛盾吗？我们说，没有矛盾，是基本一致的。列宁也不

---

① 《爱因斯坦文集》第 1 卷，商务印书馆 1976 年版，第 10 页。

② 《爱因斯坦文集》第 1 卷，商务印书馆 1976 年版，第 273 页。

③ 《爱因斯坦文集》第 1 卷，商务印书馆 1976 年版，第 169 页。

④ 《爱因斯坦文集》第 1 卷，商务印书馆 1976 年版，第 169 页。

⑤ 参见[苏]普·斯·迪什列维、弗·姆·卡纳克《唯物主义哲学和自然科学的发展历史概述》，中国社会科学出版社 1984 年版，第 155～156 页。

是全盘否定马赫的，他在否定中也还包含着肯定。他认为以马赫为代表的物理学唯心主义者，反对片面的机械性，是对的，应肯定。但他们在反对机械性时，却把唯物主义否定了，这是错误的，应批判。他们否定物质特性的不变性和规律的绝对性，也是对的，有积极意义，但否定物质和客观规律性，却又错了，值得批判。过去，我们特别强调列宁批判物理学唯心主义一面，没有注意列宁在批判中还有肯定的方面。因此，在评价物理学唯心主义时有些偏，没有从中吸取有用的东西。这对总结哲学思想发展史的经验和教训没有益处，也对全面评价哲学唯心主义的历史作用带来困难。

二、哲学唯心主义某些观点本身对科学的发展也起积极的作用

唯心主义哲学家的思想体系是复杂的，并不那么纯粹，其中主要是唯心主义因素，但也有唯物主义的成分。一般地说，唯物主义成分对科学发展起促进作用，唯心主义因素对科学发展起阻碍作用，这个问题大家没有争议。需要进一步探讨的问题是，唯心主义哲学某些观点本身，对科学能不能也起积极作用。不少同志对此表示异议。我们认为，在科学史和哲学史上，哲学唯心主义的某些观点对科学发展也能起积极作用。

毕达哥拉斯是唯心主义者。他认为“数是万物的本源”，“万物都是数”，“数就是一切的本质”。他极力把数学与神学结合起来，试图从数中建立宇宙机体。他站在唯心主义立场上，研究了各种形状的数。他研究了长方形的数，如 1、4、9、16 等；也研究了三角形的数，如 1、3、6、10 等。为什么 1、3、6、10 这些数是三角形的数呢？因为它们可排列为：• ∴ ⋰⋱ ⋰⋱ 在这些数中，毕达哥拉斯特别珍爱 10 这个数，因为 10 这个数最圆满，每边有四个点，而 4 又是他很宠爱的数。毕达哥拉斯把数的点排成几何图形后，就研究数点和图形的关系，探索数点和各边的关系。毕达哥拉斯派还搞出一个法则，能求出可排成直角三角形三边的三元数组，从这一法则说明他们已经知道毕达哥拉斯定理。因此，毕达哥拉斯定理的发现，固然主要是由于毕达哥拉斯派注意研究三角形三边的数量关系，但也与他们的数学唯心主义思想有关。

莱布尼兹的单子论是唯心主义的，他的逻辑符号论，唯心主义的味道也很浓。但这些思想对莱布尼兹创立微积分却有一定帮助，不少哲学家和科学家都认识了这一点。克莱因在《古今数学思想》（第二册）一书中，专门对牛顿与莱布尼兹的工作进行了种种比较。在谈到两个人的工作的主要差异

时，克莱因指出：牛顿把 x 和 y 的无穷小增量作为求流数（或导数）的手段。当增量越来越小时，流数（或导数）实际上就是增量的比的极限。而莱布尼兹却直接用 x 和 y 的无穷小的增量（即微分）求出它们之间的关系。克莱因比较了两个人工作的差别后接着说：这个差别反映了牛顿的物理方向和莱布尼兹的哲学方向。在牛顿的物理方向中，速度之类是中心概念。而在莱布尼兹的哲学方向中，则着眼于最终的微粒，即"单子"。波耶在其著作《微积分概念史》中，在比较牛顿和莱布尼兹发现微积分的特点时也曾指出："他们观点的分歧，与其说是数学传统不同的结果，或许倒不如说是趣味不同的结果。科学家牛顿，在速度观念中找到了在他看来很满意的基础；而哲学家莱布尼兹，作为一个科学家，或许可以说同时又是一个神学家，则宁可从微分——在他的哲学体系中起极大作用的单子在思维中的对等物——中去寻找这个基础"[①]。苏联出版的《哲学史》第一卷在介绍莱布尼兹的哲学思想时，也认为莱布尼兹的哲学思想和逻辑方法与微积分的创立有密切联系。"莱布尼兹把自己的逻辑方法首先运用于数学。他几乎和牛顿同时并且根本没有依赖牛顿而制定了微积分的原理。"[②]

根据以上分析，我们不难看出，莱布尼兹创立微积分，确受单子论的启发。可以说，莱布尼兹的单子论，对莱布尼兹创立微积分，是起了一定的促进作用的。也许有的同志要问，莱布尼兹的单子论发表于1714年，而莱布尼兹的微积分著作发表于1684年，单子论发表在后，微积分发现在先，如何谈微积分的发现受单子论的影响呢？其实，这个问题也好解释。因为单子论哲学的形成有个长期酝酿的过程，微积分的创立也有个长期准备的过程。在这个过程中，微积分的概念促进了单子论哲学的形成，而单子论哲学的形成又推动了微积分的创立，它们是相互影响，又互相促进的。

三、唯心主义者对认识规律、辩证范畴和科学方法的研究，可为科学研究提供一定的认识工具，从而促进了科学的发展

唯心主义者比较注意研究人的主观认识过程，比较重视研究概念、范畴和方法。如笛卡尔的《方法论》、莱布尼兹的《人类理智新论》、休谟的《人类理性研究》、贝克莱的《视觉新论》《论人类知识原理》、康德的《纯粹理性批判》、费希特的《知识学基础》、黑格尔的《逻辑学》等等，都对这方面进行过研究，并做出了一定的贡献。他们在这些著作中，宣扬唯心论或不可知论，这

---

① [美]卡尔·B·波耶：《微积分概念史》，上海人民出版社1977年版，第226页。

② [苏]敦尼克等主编：《哲学史》第1卷，三联书店1962年版，第501页。

是不对的。但他们站在唯心主义立场上，对概念的分析、对范畴的研究，以及对认识规律的考察等，在某些方面是深刻的，对科学研究也是有用的。

例如，康德认为，知识的普遍性和必然性是隐藏在经验认识本身中的，但理性不能揭示自然界的规律，而是把规律带给自然界。如果抛弃了唯心主义和不可知论的杂质，康德的思想也有合理的因素，即在经验和实验的研究中，要从普遍的原理出发。康德的错误，仅在于他宣布这些原理是先天具有的。康德通过研究经验和实验揭示普遍规律的思想，对科学的发展是有积极意义的。因为科学就是通过偶然认识必然，透过现象认识本质，考察经验揭示规律。

谢林也是个唯心主义者，他从唯心主义角度考察了自然现象和过程的统一性，研究了自然现象从低级向高级的发展。因此，贯穿在谢林自然科学中关于自然界普遍发展的唯心主义思想，在一定程度上，也促进了自然科学中进化观念的出现。

黑格尔是唯心主义者，他对逻辑学、认识论和辩证法都有深刻的研究。他的研究“对于自然科学认识过程的实质的理解以及具体科学同哲学的联系的理解，提供了比他的任何一位先驱者都要多的东西”[①]。黑格尔在《自然哲学》中，揭示了自然界的统一性和辩证发展，对当时的自然科学发现，进行了辩证的综合。恩格斯高度评价了黑格尔的思想，指出：“黑格尔——他对自然科学的(……)概括和合理的分类是比一切唯物主义的胡说八道合在一起还更伟大的成就。”[②]恩格斯在研究了物理学中各种力的相互关系以后，揭示了自然力相互作用的学说与黑格尔的思想之间的联系。他说：“现代自然科学关于自然力相互作用的学说不过是用另一种说法表达了，或者更正确些说，是从正面证明了黑格尔所发挥的关于原因、结果、相互作用、力等等的思想。”[③]

黑格尔的范畴论，对自然科学家进行科学研究也是起了积极作用的。黑格尔在《逻辑学》中已经认识到化学是研究物体由于量的构成的变化而发生质变的科学。恩格斯深刻揭示了门德列耶夫的元素周期律和黑格尔的量变质变规律的联系，他说：“门德列耶夫不自觉地应用黑格尔的量转换为质的规律，完成了科学上的一个勋业，这个勋业可以和勒维烈计算尚未知道的

---

① [苏]普·斯·迪什列维、弗·姆·卡纳克:《唯物主义哲学和自然科学的发展历史概述》，中国社会科学出版社 1984 年版，第 69 页。

② 《马克思恩格斯全集》第 20 卷，人民出版社 1972 年版，第 546 页。

③ 《马克思恩格斯选集》第 4 卷，人民出版社 1972 年版，第 359 页。

行星海王星的轨道的勋业居于同等地位。”[①]恩格斯之所以说门德列耶夫不自觉地应用黑格尔的辩证法规律，只是说明门德列耶夫不一定读过黑格尔的逻辑学，也没有自觉地意识到要用这个规律去指导研究化学元素的原子量和化学性质之间的辩证关系，根据恩格斯的这个看法，我们不必把门得列耶夫的发现硬和黑格尔的规律联系在一起。只是想说明，黑格尔发现的这个规律，不管科学家自觉与否，对科学研究都是有用的。如果科学家们能自觉掌握它，则它起的作用就会更大些。这难道不同样证明，哲学唯心主义发现的范畴和规律，对科学研究是起积极作用的吗？

达尔文在研究物种的形成和进化的过程时，曾经认识到，动植物的任何变化都可以从积聚无数微小的偶然变异而引起的，只要这些变异对生物是有利的，这些偶然的变异就积聚起来，使有机体发生本质的变化。如陆生的动物最初偶然在浅水里猎取食物，后来逐渐在江河湖海中猎取食物，最后就可能变成水生动物。生物进化的过程，是一个从偶然向必然的转化的过程。恩格斯在谈到达尔文的进化论时，也把进化论的发现与证明黑格尔的范畴论联系起来，指出：“达尔文学说是黑格尔关于必然性和偶然性的内在联系的论述在实践上的证明。”[②]这说明什么呢？这不但说明黑格尔关于必然性和偶然性的内在联系的论述是客观真理，也说明黑格尔的唯心主义的范畴论，对科学研究有着积极作用。如果科学家能够自觉掌握它，就可通过认识的这些“纽结”，帮助他们认识和掌握自然规律。

四、学习辩证哲学可议缩短科学家从形而上学思维过渡到辩证思维的进程

在 18 世纪末以前，自然科学主要是“搜集材料的科学”，到了 19 世纪，自然科学进一步发展，而逐渐变成在本质上是“整理材料的科学”了。研究“搜集材料的科学”时，形而上学的思维方法尚可应付，但到研究“整理材料的科学”时，形而上学的思维方法就不中用了，“成为不可能的了”。然而，当时不少科学家由于缺乏批判的头脑，不懂得辩证思维，因而走上歧途，陷入谬误，甚至成了“降神术”的拥护者。“和达尔文同时提出物种通过自然选择发生变异的理论”的华莱士，就是由于缺乏理论思维，盲信催眠术的实验，对催眠颅相学着了迷，对桌子跳舞等降神把戏信以为真，双脚踏进了神灵世界。著名物理学家和化学家克鲁克斯，由于缺乏“怀疑的批判的头脑”，甚至用各种

① 《马克思恩格斯全集》第 20 卷，人民出版社 1972 年版，第 407 页。

② 《马克思恩格斯全集》第 20 卷，人民出版社 1972 年版，第 650 页。

科学仪器研究降神现象，从而变成降神术的虔诚信徒。德国天体物理学家策尔纳，则埋头研究第四度空间，并要求神媒帮助他证明第四度空间的种种奇迹。化学家维德曼，不懂得相互作用，轻视理论思维，因而当了形而上学的俘虏，阻碍了电学的发展。据恩格斯说，在当时很难拿到一本理论自然科学书籍，正是表明自然科学家被“纷扰”和“混乱”统治着。

自然科学家如何摆脱困难的局面呢？恩格斯指出：要想使科学摆脱困境，“除了以这种或那种形式从形而上学的思维复归到辩证的思维，在这里没有其他任何出路，没有达到思维清晰的任何可能”①。怎样才能从形而上学思维复归到辩证思维呢？恩格斯又指出，主要的道路有两条。一条是自发的路，“它可以仅仅由于自然科学的发展本身所具有的力量而自然地实现”②。但这是一个比较长期比较缓慢的过程，在这个过程中有大批多余的阻碍需要克服，要走许多弯路才能达到。1755年康德提出太阳系起源的假说，这在形而上学自然观上打开了第一个缺口。恩格斯指出：“在康德的发现中包含着一切继续进步的起点。如果地球是某种逐渐生成的东西，那么它现在的地质的、地理的、气候的状况，它的植物和动物，也一定是某种逐渐生成的东西，它一定不仅有在空间中互相邻近的历史，而且还有在时间上前后相继的历史。如果立即沿着这个方向坚决地继续研究下去，那么自然科学现在就会进步得多。”③然而，可惜的是，许多自然科学家并没有立即沿着这个方向研究下去。他们既没有从太阳和地球的演化及时得出地质在演化的结论，也没从地质的演化适时得出物种进化的结论。从康德的天体演化论到莱依尔的地质演化论，再到达尔文的生物进化论，前后历时一百年。如果当时科学家能够掌握辩证思维，可以肯定地说，这个过程会大大缩短。

另一条路，是通过学习辩证法而达到。辩证思维不是人类天生就有的，必须依靠后天的锻炼。怎么锻炼呢？“除了以往的哲学，直到现在还没有别的手段。”④如果科学家自觉地仔细研究辩证的哲学，那么，从形而上学思维复归到辩证思维的过程就可以大大地缩短。在哲学发展历史中，学习哪些哲学成效比较显著呢？恩格斯说，有两种辩证的思维形式对于近代自然科学“特别能收到效果”：一种是古希腊的辩证哲学，另一种是从康德到黑格尔的德国古典哲学。黑格尔的哲学体系中“有一个广博的辩证法纲要”，他是第一个全面阐述辩证法的哲学家。他的出发点是唯心主义的，但含有不少

① 《马克思恩格斯全集》第20卷，人民出版社1972年版，第384～385页。

② 《马克思恩格斯全集》第20卷，人民出版社1972年版，第385页。

③ 《马克思恩格斯全集》第20卷，人民出版社1972年版，第367页。

④ 《马克思恩格斯全集》第20卷，人民出版社1972年版，第382页。

合理内核。研究黑格尔的辩证哲学，对科学家自觉掌握辩证法是大有好处的，对科学家摆脱形而上学的束缚是大有帮助的，对科学家运用辩证思维认识事物的辩证本性是有启发作用的，可以大大缩短认识事物辩证本性的过程。

辩证唯物主义哲学产生以前，科学家要从形而上学思维复归到辩证思维，需要认真学习历史上的辩证哲学。辩证唯物主义哲学产生以后，科学家要实现这个复归，仍然需要学习辩证哲学，特别要注意自觉学习唯物辩证法。英国生物学家海登就曾深刻指出："如果我们以前比较熟悉恩格斯的思想方法，那么在过去三十年中物理学中观念的……变革可能会顺利一点。如果人们一般都知道他对达尔文主义的批评，我个人首先就会避免许多糊涂思想。"[①]日本理论物理学家武谷三男也深有体会地说："关于量子力学的一些困难的概念，《资本论》中关于商品的分析曾给我提供了最好的方法。后来我体会到以上两个根本问题[②]只有唯物辩证法才能给予解决。"[③]学习和掌握辩证思维，主要学习唯物辩证法，这是毫无疑义的；其他的辩证哲学，是不是就不必学了呢？不，还是应该学的。因为历史上的辩证哲学，特别是黑格尔的逻辑学，对训练和发展人类的思维能力还是很有帮助的。所以恩格斯教导我们说："熟知人的思维的历史发展过程，熟知各个不同时代所出现的关于外在世界的普遍联系的见解，这对理论自然科学来说是必要的，因为这为理论自然科学本身所建立起来的理论提供了一个准则。"[④]恩格斯这句话，过去适用，现在适用，将来仍然适用。

通过以上四个方面的分析，我们的结论是：在特殊情况下，唯心主义哲学的某些观点对科学的研究和发展，是起着积极作用的。我们这样谈问题，并不是基于对唯心主义哲学有什么好感，而是要求对唯心主义哲学采取一个比较公正的态度；不是鼓励科学家学习唯心主义哲学，而是注意吸取对科学发展有用的思想；也并不是要求全盘接受唯心主义哲学家的观点，而是要求注意区别精华和糟粕，对唯心主义哲学进行辩证的分析；更不是因为对辩证唯物主义的正确性和生命力发生动摇，而是为了进一步促进马克思主义哲学的发展，使其不断地真正成为唯一科学的世界观和方法论。

——原载《文史哲》1981年第3期

① ［英］海登：《马克思主义的哲学和科学》，正风出版社1950年版，第193页。

② 量子力学和现代物理学在原子核、宇宙线等方面碰到的困难。

③ ［日］武谷三男：《武谷三男物理学方法论论文集》，商务印书馆1975年版，第68页。

④ 《马克思恩格斯全集》第20卷，人民出版社1972年版，第383页。

论自然辩证法对自然科学发展的作用

自然界是自然辩证法的试金石，我们认识自然界，就是认识自然界和自然界事物的辩证本性。现代自然科学证明了自然界的事物是按辩证法的规律运动着发展着，也日益证明“恰好辩证法对今天的自然科学来说是最重要的思维形式”[①]，是“最好的劳动工具和最锐利的武器”[②]，是“唯一正确的方法和唯一正确的自然科学的哲学。”[③]

自然辩证法对自然科学的发展究竟起哪些重要作用呢？

首先，自然辩证法可以给自然科学的研究指明方向。

干什么事，都要有个方向。科学研究也不例外。科学向何处发展，研究从哪儿突破，这些问题都亟须唯物辩证法作指导、指方向。科学发展的历史表明，沿着唯物辩证法指引的道路前进，就一定能获得成果，揭示真理，达到预期目的；而背离辩证法，就要彷徨歧途，陷入谬误，屡栽跟头。

恩格斯的名著《自然辩证法》，就给我们作出了榜样。他运用唯物辩证法概括与总结当代自然科学成果，提出了许多科学的预言和推测，为科学的进一步发展指明了方向。在研究化学运动和物理运动的辩证关系时，恩格斯就曾预言道：“在分子科学和原子科学的接触点上”，“可望取得最大的成果”。[④] 还说：“了解了化学作用和电的作用以及电的作用和化学作用之间的这种紧密联系，就会在这两个研究领域中获得巨大的成果。”[⑤]恩格斯的许多预言都被后来建立起的一些自然科学理论所证实，也被许多著名自然科学家所认识。阿累尼乌斯提出的电离理论和“离子”概念就深刻反映了化学运动和电运动的联系。恩格斯还研究了化学运动和生物运动的相互联系和相

① 《马克思恩格斯全集》第 20 卷，人民出版社 1972 年版，第 383 页。

② 《马克思恩格斯全集》第 4 卷，人民出版社 1971 年版，第 239 页。

③ 《列宁全集》第 14 卷，人民出版社 1957 年版，第 330 页。

④ 《马克思恩格斯全集》第 20 卷，人民出版社 1972 年版，第 635～636 页。

⑤ 《马克思恩格斯全集》第 20 卷，人民出版社 1972 年版，第 508 页。

互转化。预言在化学和生物学之间的边缘领域,可望形成生物化学。他认为:如果化学能制造出有生命的蛋白质,化学运动向生物运动的辩证转化就实现了。奥巴林等研究地球上生命起源的理论,就是沿着恩格斯指引的方向前进的。恩格斯还研究了生物科学和社会科学的辩证联系。《劳动在从猿到人转变过程中的作用》可以说就是论述这个问题的。古生物学和古人类学的研究,可以说在一定程度上也是沿着恩格斯指引的的方向前进的。在19世纪,大多数科学家认为,原子是不可分割的物质微粒。而恩格斯却明确指出:"原子决不能被看作简单的东西或已知的最小的实物粒子"[①],而是不同阶段的各个非连续部分的一个关节点。恩格斯的这个论断,给原子物理学的发展指明了方向。19世纪电的理论是相当混乱的。恩格斯写的论文《电》就揭示了这种混乱状况。他预言在电学中也要和在化学中一样,要有个像道尔顿的发现那样能给电学研究打下巩固基础的发现,并指引科学家要努力去寻找电过程的物质负担者,搞清楚"什么是电运动的真正物质基础,什么东西的运动引起电现象"[②]。1897年电子的发现完全证实了恩格斯的预言。恩格斯还指出:任何平衡都是相对的,只有在相对意义上才能研究单个物体的运动;运动的本质在于空间和时间的直接统一等。这些论断和后来爱因斯坦提出的相对论的一些原理的思想实质,也有不少类似的地方。

以上概述,虽不全面,但仍可看出:《自然辩证法》一书,确为20世纪许多自然科学部门的发展指明了方向。

关于自然辩证法可为科学发展指方向的问题,有些科学家也有深刻体会,日本著名物理学家坂田昌一在《我所遵循的经典恩格斯的〈自然辩证法〉》一文中,就曾深刻指出:我之所以敢同基本粒子是不可分割的观点相抗衡,之所以集中力量用物质的层次的观点来研究复合模型,就是受到恩格斯和列宁有关教导的鼓舞。他还说:恩格斯的《自然辩证法》"就像珠玉一样放射着光芒,始终不断地照耀着我四十年来的研究工作,给予了不可估量的启示"[③]。坂田昌一在他的桌子上经常写着两段话,一段是恩格斯谈新原子论的:"新的原子论和所有以往的原子论的区别,在于它不主张(撇开蠢材不说)物质只是非连续的,而主张各个不同阶段的各个非连续的部分(以太原子、化学原子、物体、天体)是各种不同的关节点,这些关节点决定一般物质的各种不同的质的存在形式。"[④]另一段话是列宁谈电子的:"电子和原子一

① 《马克思恩格斯全集》第20卷,人民出版社1972年版,第614页。

② 《马克思恩格斯全集》第20卷,人民出版社1972年版,第459页。

③ [日]坂田昌一:《新基本粒子观讲话》"坂田昌一教授简介",三联书店1973年版。

④ 《马克思恩格斯全集》第20卷,人民出版社1972年版,第637页。

样，也是不可穷尽的。”[①]这两段话不断为坂田昌一的科学研究指明方向。使他站得高，看得远。在别人认为基本粒子是不可分的时候，他认为是可分的，仍有内部结构。他经过苦心研究，终于提出坂田模型，对基本粒子物理学发展做出贡献。

我国的一些著名科学家对科学研究必须以唯物辩证法作指导、指方向，也是深有体会的。在1956年的一个会谈上，毛主席曾对钱学森等科学家说：你们科学家相信什么粒子，在我们来看，基本粒子不是基本的，也是要分的。钱学森等同志听了毛主席这番话，深有体会地说：毛泽东同志在五十年代就预见到了今天高能物理的发展，这充分证明了唯物辩证法的指导作用和无穷威力。钱三强同志在1978年的一个讲话中也颇有感触地说：我国1965年提出的层子模型，很主要的原因，就是根据毛泽东同志的教导，有意识地运用自然辩证法才取得的。今天我们要想进一步在科学研究中取得重大发展，有所突破，仍须沿着唯物辩证法指引的方向，努力走下去。

第二，自然辩证法可为自然科学研究提供科学的方法论。

唯物辩证法是研究自然、社会、思维最一般规律的科学。它是最一般的方法论。自然科学家必须运用这个普遍方法，并同科学研究的特殊方法相结合，才能掌握最好的劳动工具，洞察自然的奥妙，找出其发展规律，揭示其辩证本质。

第一个学会运用唯物辩证法研究自然科学的科学家，首推肖莱马。他在马克思和恩格斯的直接指导和帮助下，逐步学会自觉运用唯物辩证法研究有机化学。他用辩证法研究烷烃系列（C_nH_{2n+2}），认识到分子式的量变，每一次都引起一个质上不同的化合物的形成。肖莱马把辩证法应用于化学史的研究，使他认识到化学理论不是教条，“而是按辩证法的规律不断变化着”，“化学的发展是按辩证法的规律进行的”。[②] 肖莱马也非常赞同恩格斯关于自然辩证法的一些思想，他看过恩格斯1873年5月30日致马克思的信。恩格斯在信中说：“自然科学的对象是运动着的物质，物体。物体和运动是不可分的……所以，对这些不同的运动形式的探讨，就是自然科学的主要对象。”肖莱马看后，在一旁写道：“很好，这也是我个人的意见。卡·肖。”[③]恩格斯对肖莱马的评价也很高，他在肖莱马的悼文中说：“他还花很多时间研究了所谓理论化学，即这门科学的基本规律，研究这门科学同邻近的各门科学如物理学、生物学之间的联系。”并说：“……他完成了在化学领域

---

① 《列宁全集》第14卷，人民出版社1957年版，第277页。

② ［德］肖莱马：《有机化学的产生和发展》，科学出版社1978年版，第201页。

③ ［德］肖莱马：《有机化学的产生和发展》，科学出版社1978年版，第202页

内的一些划时代的发现。……这样一来,他就成为现代的科学的有机化学的奠基人之一。”①

坂田昌一也是自觉把唯物辩证法当作科学方法论的科学家。他早在学生时代,读了《自然辩证法》和《唯物主义和经验批判主义》以后,在内心深处,就产生一个强烈的冲动,决心在自己的科学研究中,“实际运用自然辩证法作为当代科学的方法论”②。在《原子物理学的发展及其方法》一文中,他强调指出:“自然科学只有同辩证唯物主义紧密结合,才能获得正确的思维方法。”③坂田昌一一生的科学实践,有力地证明了现代自然科学必须自觉地运用唯物辩证法,必须以唯物辩证法作为科学的方法论。

我国著名科学家李四光,也是自觉把辩证法当作科学方法论的人。李四光在国外时,就曾认真读过恩格斯的《自然辩证法》,使他逐步认识到唯物辩证法对科学研究的重大作角。他回国后第二天,周恩来同志就去看他,并同他谈起《自然辩证法》。周恩来同志不仅讲了恩格斯如何评论莱依尔地质学的问题,还高度评价了李四光的地质力学,认为地质力学是第一次把运动、应力带进了动态的地质学,并要求李四光同志更自觉地学习唯物辩证法。李四光同志由于认识到自然辩证法对科学研究的巨大作用,就积极倡议成立自然辩证法研究会;并以自然辩证法为指导写出《地质力学概论》《天文、地质、古生物》等科学著作;还在《地质力学方法》一书中强调指出:“自然科学工作者研究问题总是在一定的世界观和方法论支配下进行的。正确的世界观和方法论为科学研究提供了正确的方向和方法。”④

第三,自然辩证法为科学理论的建立提供一个准则。

恩格斯曾说:“熟知人的思维的历史发展过程,熟知各个不同时代所出现的关于外在世界的普遍联系和见解,这对理论自然科学来说是必要的,因为这为理论自然科学本身所建立起来的理论提供了一个准则。”⑤不言而喻,我们首先应当肯定:实践是科学理论的泉源,也是检验理论真理性的唯一标准。如果一个科学家熟知唯物辩证法的话,也可从中找到一些普遍原则,为形成新的科学理论,提供借鉴,提供评价的准则。因为普遍的原则是从大量的特殊事物中抽象出来的。一般的规律寓于特殊规律之中,而特殊事物的特殊情况必须符合普遍原则,特殊规律也不能背离普遍规律。因此,普遍的

---

① 《马克思恩格斯全集》第22卷,人民出版社1972年版,第364页。

② [日]坂田昌一:《新基本粒子观对话》,三联书店1973年版,第7页。

③ 参见[日]坂田昌一《原子物理学的发展及其方法》,(日本)《自热科学》1947年2月号。

④ 李四光:《地质力学方法》,科学出版社1976年版,第253页。

⑤ 《马克思恩格斯全集》第20卷,人民出版社1972年版,第383页。

东西可作为一个准则，去判断特殊事物，如同能量守恒和转化定律可作为判断永动机不可能制造出来的准则一样。在这个意义上说：凡符合辩证法的自然科学理论，基本上是正确的；凡违背辩证法的自然科学理论，则只能是错误的。

对于这个问题，物理学家郎之万也深刻地认识到了。郎之万是法国著名科学家，他对物理学的发展贡献很大。爱因斯坦曾说："我确切地相信，如果没有在别的地方已经发展了狭义的相对论的话，他一定会把它发展起来的；因为他已经很明显地辨认出其中的主要点了。"[①]郎之万对物理学史也很有研究，他研究了物理学中各种学说的历史发展，深刻指出："我体会到，只有在我认识了辩证唯物主义的基本观点后，才能够彻底地了解物理学的历史。"[②]他又说："只有辩证唯物主义才可以作为引导我们的准绳。"[③]

第四，自然辩证法可以帮助科学家缩短认识事物辩证本性的过程。

恩格斯说："如果有了对辩证思维规律的领会，进而去了解那些事实的辩证性质就可以比较容易地达到这种认识"[④]，即对事物辩证本性的认识。为何呢？因为自然事物的本性是辩证的，人类认识事物辩证本性的过程是辩证的，反映认识事物辩证本性的逻辑形式也是辩证的。因此，当人们以辩证的逻辑形式，自觉地沿着认识的辩证道路前进时，当然就能尽快地认识自然事物的辩证本性。否则，必然会走弯路，碰钉子，延长认识事物辩证本性的过程。

1755年康德提出了太阳系起源的假说，在形而上学的自然观上打开了第一个缺口。由于康德的这个假说，"关于第一次推动的问题被取消了；地球和整个太阳系表现为某种在时间的进程中逐渐生成的东西"[⑤]。如果在这种情况下大多数自然科学家能够有辩证的头脑，比较重视理论思维，那就会从康德的这个天才的发现中得出结论说："如果地球是某种逐渐生成的东西，那么它现在的地质的、地理的、气候的状况，它的植物和动物，也一定是某种逐渐生成的东西，它一定不仅有在空间中互相邻近的历史，而且还有在时间上前后相继的历史，如果立即沿着这个方向坚决地继续研究下去，那么自然科学现在就会进步得多。"[⑥]然而，可惜的是，许多自然科学家并没有立即沿着这个方向研究下去。他们既没有从太阳和地球的演化得出地质也是

① 郎之万：《思想与行动》，三联书店1957年版，第11页。

② 郎之万：《思想与行动》，三联书店1957年版，第103页。

③ 郎之万：《思想与行动》，三联书店1957年版，第104页

④ 《马克思恩格斯全集》第20卷，人民出版社1972年版，第16页。

⑤ 《马克思恩格斯全集》第20卷，人民出版社1972年版，第366页。

⑥ 《马克思恩格斯全集》第20卷，人民出版社1972年版，第367页。

演化的结论，更没从地质演化得出物种进化的结论。如在康德之后的地质学家和古生物学家居维叶，由于缺乏辩证的头脑，因而在其所著《地球表面的灾变论》中还说什么过去的物种和现在的物种一样，是永恒不变的。地层所以会出现不同的物种，是因为现在地球上的生命都遭受过可怕的事件，无数生物变成了灾难的牺牲者，一些陆地上的生物被洪水淹没，另一些水生生物则随着海底的突然上升暴露到陆上，因此，一些群类就永世绝灭了，另一些群类就应运而生。当他的学生问他，其他地方的生物又从何处来的呢？他说：是上帝在大灾变以后重新创造出来的。

到了1830年，赖尔发表了《地质学原理》。赖尔认为地质的变化，不是灾变的结果，而是由于我们日常所见到的风、雨、河流、海洋、地震、火山等各种自然因素长期缓慢地起作用的结果。赖尔的地质演化论，比他以前的一切理论都更加和物种不变的观点不相容。为什么呢？因为既然地球表面和一切生活条件在逐渐改变，那么有机体也就必然会逐渐改变，可是，赖尔虽然把辩证法带进地质学，但并未用辩证的观点去认识物种，因此，他好多年一直认为物种是不变的。

后来，达尔文在乘贝格尔号的环球旅行中，精读了赖尔的《地质学原理》，他不仅赞同赖尔的观点，而且还把他的观点扩大到生物界。经过达尔文从1836年到1856年近二十年的研究，才写出《物种起源》这本名著。达尔文的这本著作，以大量的无可辩驳的科学事实，论证了物种进化，揭示了物种变化的原因和规律。

从康德的天体演化论到赖尔的地质演化论再到达尔文的物种进化论，前后经过一百年（即从1755年到1856年）。如果当时的科学家能够掌握辩证法的观点，可以肯定地说，人类认识生物进化的过程一定能够大大缩短，决不会用一百年，也许七十年、五十年，或更少的时间，就能完成。

许多掌握唯物辩证法的科学家，通过科学实践，逐步认识到辩证法对科学研究的促进作用。武谷三男在《现代物理学和认识论》一文中曾深有体会地说："只要物理学家所持的世界观是错误的，逻辑学是狭隘的，就一定要遭到无谓的失败，一定要走弯路。"又说："如果他们有正确的世界观和高度的逻辑学，他们就能够分析当前面临的各式各样的矛盾，正确地掌握前进的方向，并且能在所研究的范围内正确地理解自然界的本来面目。至少不会遇到问题时无所适从。也就是对于物理学本身说来，具有正确的世界观也能够容易和迅速地取得成果。"①

① ［日］武谷三男：《武谷三男物理学方法论论文集》，商务印书馆1975年版，第65页。

英国生物学家海登在其所著《马克思主义哲学与科学》一书中也曾深刻指出："如果我们以前比较熟悉恩格斯的思想方法，那么在过去三十年中物理学中观念的……变革可能会顺利一点。如果人们一般都知道他对达尔文主义的批评，我个人首先就会避免许多糊涂思想。"①

第五，自然辩证法可以帮助自然科学家战胜理论上的困难。

恩格斯说："只有辩证法能够帮助自然科学战胜理论困难。"②为什么呢？因为客事物的性质和结构都是辩证的，客观事物的发展变化的规律也是辩证的。人们研究客观事物，就是为了认识客观事物的辩证性质、结构和规律。自然科学在建立理论时，必须要反映客观事物的辩证本性，否则就建立不起来。而在建立理论时所遇到的理论上的困难，主要与客观事物的辩证本性暴露得充分不充分有关，也与有没有辩证的思维方法有关。因此，掌握自然辩证法，可以帮助科学家战胜理论上的困难。

量子论的创始人普朗克，研究了黑体辐射现象，认为黑体辐射是由量子不断地发射出来。普朗克的发现，是物理学革命的开端。他提出的概念在当时是最新奇的。为什么普朗克能够得出这个概念呢？这和他能正确地认识"飞跃"有很大关系。自然界不只是连续的，而且是间断的；不只是有量变，而且有质变。普朗克生在德国，德国的辩证哲学帮助普朗克战胜了理论上的困难，普朗克在德国辩证哲学影响下，逐渐认识到间断性和飞跃的重要性。他曾说：从亚里士多德以来，人们把它表述为一个有名的定理——自然界不产生飞跃。可是现代的研究在物理科学的这个受人敬重的堡垒上也打开了相当大的缺口。这一次，公认的原理由于新的实验材料而与热力学的原则发生了矛盾：根据一切迹象来看，它的日子已经屈指可数了。自然界显然是产生飞跃的，甚至是相当奇异的飞跃。由此可以看出，掌握辩证法对自然科学家克服理论上的困难，创造新理论是何等重要啊。

日本的物理学家武谷三男也曾谈到他是怎样解决理论上的困难的。当时，他面对着物理学中两大难题：第一，量子力学的若干概念是超出了以前所有哲学、所有认识论的能力之外的困难问题，哲学家甚至还不理解这个问题的困难性。第二，当时的现代物理在原子核、宇宙线等这样一些现象方面遇到了许多不可挽救的矛盾，完全陷于混乱之中，当时刚刚发现中子和正电子，但它完全违背了当时一般公认的认识论观点。通过研究，他逐渐抛弃了形而上学和唯心主义的哲学立场，接受了唯物主义和辩证法。他也深有体会地说："关于量子力学的一些困难的概念，《资本论》中关于商品的分析曾

① ［英］海登：《马克思主义哲学与科学》，正风出版社 1950 年版，第 192～193 页。

② 《马克思恩格斯全集》第 20 卷，人民出版社 1972 年版，第 384 页。

给我提供了最好的方法。后来我体会到以上两个根本问题，只有唯物辩证法才能给予解决。”[①]他还说：在向黑暗的未知领域进军的整个过程中，是唯物辩证法“指导了我们的研究工作和增强了我们克服困难的决心”[②]。

第六，自然辩证法可以帮助科学家进行哲学上的斗争。

自然科学家总要和实践打交道，也总要和哲学打交道，只有很好地把实践和哲学结合起来，才能揭示自然界的辩证本性，并对这些本性作出正确的哲学解释。

科学家总是要受哲学影响和支配的，关键是用什么哲学支配自己。用正确的哲学支配自己，便可对自然事物的辩证本性和规律，作出正确的解释；用错误的哲学支配自己，便歪曲事物的辩证本性和规律，作出错误的解释。恩格斯告诫自然科学家说：“不管自然科学家采取什么样的态度，他们还是得受哲学的支配。问题只在于：他们是愿意受某种坏的时髦哲学的支配，还是愿意受一种建立在通晓思维的历史和成就的基础上的理论思维的支配。”[③]列宁也说：“任何自然科学，任何唯物主义，如果没有充分可靠的哲学论据，是无法对资产阶级思想的侵袭和资产阶级世界观的复辟坚持斗争的。为了坚持这个斗争，为了把它进行到底并取得完全胜利，自然科学家就应该做一个现代的唯物主义者，做一个以马克思为代表的唯物主义的自觉拥护者，也就是说应当做一个辩证唯物主义着。”[④]这两段话说明三个问题：一、自然科学家必然要受哲学支配，必然要对其科学成果作出哲学解释；二、自然科学家经常要受到唯心主义和形而上学的哲学思潮的侵蚀和影响，如果受到影响，就会对他的科学成果作出错误的解释；三、为抵制唯心主义和形而上学的哲学的侵蚀和影响，为了对自己的科学成果作出正确的解释，自然科学家必须做一个辩证唯物主义者。

有同志问道：既然自然辩证法对自然科学的发展起着这么大的作用，为什么我们国家的自然科学的发展有时却比较迟缓呢？这个问题很复杂，我们应当正视这个矛盾，并对它作出科学的解释。科学发展的水平、成果的大小，不只取决于有无自然辩证法指导，而且还取决于其他因素，如生产力发展水平的高低、科学实验手段是否先进、科学政策是否正确、科学管理是否科学、科学研究的具体方法是否对头等等。过去，我们虽然也谈自然辩证法，但由于林彪、“四人帮”的破坏，由于教条主义的影响，并没真正领会自然

---

① ［日］武谷三男：《武谷三男物理学方法论论文集》，商务印书馆1975年版，第68页。

② ［日］武谷三男：《日本汤川介子理论发展中方法论的探讨》，载《科学史译丛》1980年第1期。

③ 《马克思恩格斯全集》第20卷，人民出版社1972年版，第552页。

④ 《列宁全集》第4卷，人民出版社1957年版，第608～609页。

辩证法的本质，再加上生产发展不够快，管理水平比较低，科技政策不落实，实验手段又比较落后，因而使我国的科学技术发展有时比较迟缓。但只要我们接受过去的经验和教训，一方面真正掌握自然辩证法，重视自然辩证法对科学技术发展的积极作用；另一方面，又要注意大力发展生产，搞好科技管理，落实科技政策，建设先进的实验手段，掌握具体的特殊的科学方法等等，我们就一定能够促使我国的科学技术登上世界高峰。

——原载《文史哲》1982 年第 4 期

论科学认识发展的渗透律

科学认识的发展是有规律的，渗透律就是科学认识发展的重要规律，研究渗透律的表现、根据、动因和模式等，对研究科学认识发展的规律，促进各门科学的发展，有重要的意义。

一、科学认识发展渗透律的表现和根据

任何规律都有其存在的表现，又有其存在的根据，科学认识发展的渗透律自然也不例外。

1. 科学认识发展渗透律的表现。渗透律的表现是多方面的，主要有工具的渗透，方法的渗透，概念的渗透和原理的渗透。

第一，工具的渗透。科学工具是科学认识发展水平的结晶，又是科学认识发展水平的测量器。在近代，由于科学技术的发展，通过科学原理的运用，人们制造出各种认识工具。如压力计、温度计、天平、望远镜和显微镜等。这些工具制成后，不少学科相继采用，促使这些学科向纵深发展，相继使力学、物理学、化学的研究走向定量化和精确化，使生物学和医学的研究进到细胞水平，使天文学发现以前难以观察到的天文现象和规律。到了现代，许多认识工具都是科学认识渗透的结果，这些认识工具的广泛应用，又促使科学加速发展。例如，计算机的研制是多学科交互渗透的结果，是科学认识交互渗透的结晶，作为认识工具，计算机又不断广泛向各学科渗透，促使许多科学学科的发展。现在可以说，它的作用已渗透到各个学科领域，已影响着社会生活的各个方面，充分体现了认识工具渗透所产生的巨大威力。

第二，方法的渗透。科学方法是科学认识发展的结晶，又是科学认识发展的工具。许多科学认识的发展，是通过科学认识方法的渗透而实现的。计量方法渗透到化学，不是大大促进化学的飞速发展吗？英国科学家普列斯特实际上用计量方法发现了氧，拉瓦锡则通过计量方法揭开燃烧的秘密，

真正认识了氧，推动了化学的发展。光谱分析方法渗透到物理学和天文学，大大促进了物理学和天文学的发展。1859 年，德国科学家本生发现元素都有各自的光谱线。这个重要科学研究方法的发现，促进天文学发生变革。德国科学家基尔霍夫用光谱分析法研究太阳光谱，使他发现太阳的化学成分，认识到太阳和地球的元素是基本相同的。英国科学家哈根斯又用光谱分析方法研究恒星和星云，进一步证明天体化学成分的同一性，引起了天文学的革命。

第三，概念的渗透。不同的学科有不同的概念，有时一种学科的概念或思想向另一种学科渗透，并促进另一学科的发展，发现新概念，确立新定律。例如，凯库勒把建筑中的结构概念渗透进化学，发现了苯环结构，促进了化学的发展。又如，进化概念渗透到生物学，促使达尔文创立物种进化论。达尔文受马尔萨斯《人口论》的启发，又把《人口论》中的一些概念引申到生物学，形成了优胜劣败的自然淘汰的进化论观念。当然，如果没有马尔萨斯的人口理论，达尔文按其理论的内在逻辑，也必然得出优胜劣败、自然选择的进化观念，但有了《人口论》，加快了达尔文进化理论的形成过程，这也是应该肯定的。谈到概念的渗透，最突出的应推控制论。把控制论的概念渗透到工程建设，形成了工程控制论；渗透到社会，形成社会控制论；渗透到生物学，形成生物控制论；渗透到军事，形成军事控制论；渗透到经济，形成经济控制论。控制论的概念和方法在到处渗透，促使新学科不断形成和发展。由此不难看出，科学概念的渗透，是促进新学科形成，推动科学发展的重要方法和手段。

第四，原理的渗透。在科学认识发展的过程中，人们一方面总是把低级运动形态的一些规律和原理向高级运动形态渗透，从而进一步认识高级运动形态与低级运动形态的联系，形成研究高低级运动形态相互作用的边缘科学。如物理化学的产生就是如此。在 19 世纪下半叶，在原子分子学说、气体分子运动学说和古典力学这些物理科学的影响下，科学家开始运用物理的规律和原理研究化学。1876 年。英国人吉布斯把 19 世纪发展起来的热力学原理引进化学。从此，热力学就广泛渗透于化学，为判断化学反应的方向及化学平衡提供了根据。1887 年，德国科学家奥斯特瓦尔德与荷兰化学家范特霍夫合办《物理化学杂志》，并发表了几篇物理化学方面的文章，由此形成了新的学科——物理化学。另一方面，人们也可用已经认识的高级运动形态的规律和原理去研究低级运动形态，研究低级运动形态与高级运动形态的相互作用，从而形成研究高低级运动交叉作用的边缘科学。仿生学就是研究生物系统的结构、性质、能量转换和信息过程并将这些高级运动形态的原理和知识运用于低级运动形态，用来改善现有的或创造新的机械、仪器、建筑结构和工艺流程，以提高生产效率、科学精度和分辨能力的一门科学。电磁学的发展，也是通过原理的渗透。俄国科学家埃皮努斯于1759年发表题为《电磁理论的实践》的论文，发展了富兰克林的电学理论，并把它用到磁现象研究上。他认为电现象和磁现象是相同的，是相互作用的。到19世纪，法拉第经过10余年的努力，发表了《电的实验研究》，实现了“将磁变为电”的任务，完成了电学理论和磁学理论的辩证综合，把电磁学的研究推进到一个新阶段。

2.科学认识发展渗透律的根据。科学认识发展渗透律的根据就在于，科学认识的发展是一个认识系统。为了把握认识系统，我们先从物质系统谈起。物质系统是物质要素依照自然界的相互作用而构成的一个与环境有密切关系的物质实体。它有两个显著特征：一是整体性；二是开放性。在物质系统中，既有系统内部诸要素的有机关联，又有系统要素、系统和系统环境的相互渗透。人类认识的总和构成认识系统，和物质系统一样，认识系统内既有认识理论各要素之间的有机关联，又有认识要素与认识环境的相互渗透。科学认识的发展，作为认识系统的子系统，自然也不例外。

二、科学认识发展渗透的中介和层次

为了探讨渗透律的本质特征，我们需要进一步分析科学认识渗透的中介和层次。

1.科学认识渗透的中介。首先，以科学家个体为中介。许多学科的知识、观念、方法、原理为一个科学家所认识、所吸取，通过科学家的分析综合，使各种学科的概念、方法、原理互相渗透，而使科学认识不断深化，从而形成一个新的学科，使科学认识发展到一个新阶段。维纳和控制论的形成，爱因斯坦和相对论的确立都是典型的事例。维纳所以能写出《控制论》一书，与他对科学的广泛兴趣是分不开的。他研究过哲学问题，11岁写出哲学论文《关于无知的理论》；他研究过布朗运动，逐步确立了统计理论思想；他研究过电滤波器噪音和信息问题，形成信息量的概念；他研究过科学发展战略和方法论，认为科学发展最有前途的领域是“科学的处女地”；他研究过高射炮自行瞄准装置，发现人和机器有惊人的相似之处；他研究了机器模拟人的动作的机制，并把工程学的“反馈”概念渗透到生物学。各门学科的概念、方法和原理都被维纳所吸取，通过深入的研究，使其互相作用，彼此渗透，维纳把许多学科的通讯、控制问题集中起来，从而创立了控制论。控制论的创立，是各种学科彼此渗透的结果。控制论本身也成为当代科学知识体制进入新时期的重要标志。

其次，以科学家群体为中介。这里既包括科学家的互动，又包括科学家群体的协作。通过互动与协作，使科学认识相互渗透，进一步深化。科学家相互间的思想接触、情感交流、意见交换，都会刺激科学家的首创性，使其有所发明，有所创造，有所前进。科学史家默顿曾说："没有相互接触，观念和经验将仍然保留为严格地属于个人。可是通过互动的媒介，观念和经验就可以变成创新和发现的要素。一个科学家可以作出一些观察，但他没有作出解释。如果这些观察不交流给其他研究者，那么他们对科学发展就没有意义。但是，一旦它们被提交给别人寻求解释，一旦有了社会相互作用，就有了一种可能性，(更多的思想相互接触，就有更大的可能性)即这些观察可以被一个理论所统一并系统化。"①默顿指出："互动使一些观念纳入科学发展的洪流，否则这些观念可能仍然是私人的。这类事情最著名的例子之一或许就与牛顿的《原理》有关。"②大家熟知，牛顿关于引力思想的较大部分早在1666年就已完成了。由于各种猜想的理由，最可能的也许是他还没有确定一个球体的引力可否被认为集中于球体的中心，牛顿因此把他的工作扔在一旁。后来，牛顿和多恩博士访问了雷恩后，并在胡克1679年11月24日写信要求牛顿对胡克的天体运动理论作出评述之后，牛顿才暂时回到了引力问题上。这样，《原理》才最终出版。

科学家之间的社会互动，随着科学的发展日益频繁，也日益重要。科学认识正是通过科学家之间的社会互动而互相渗透，从而进一步推动科学认识的发展。科学家之间的互动，其发展的更高形式，是科学家群体的协作。这也有个发展过程。开始科学家之间形成小群体，形成无形的学院，然后形成学会、学派，甚至形成国际的协作组织。英国皇家学会就是科学家的群体组织。皇家学会史家曾说，"在会议中，比在他们的私宅中大多数人的才智更为敏锐，他们的理解力更为敏捷，他们的思想更为丰富"③。科学家通过皇家学会，增加了面对面接触的机会，增多了思想渗透的机会。科学认识也通过这种群体渗透的方式而不断向前发展。科学认识发展之所以要通过群体渗透为中介，因为科学的创造是个积累过程。科学家们只有站在前人的肩上，吸取前人和同时代人的研究成果，同其他科学家进行不断的思想交流和

---

① [美]默顿：《十七世纪英国的科学、技术与社会》，四川人民出版社1986年版，第330页。

② [美]默顿：《十七世纪英国的科学、技术与社会》，四川人民出版社1986年版，第332页。

③ [美]默顿：《十七世纪英国的科学、技术与社会》，四川人民出版社1986年版，第337～338页。

密切合作，才能完成创造性的研究工作，才能在科学上有所建树。正如萨顿所说："科学工作是国际合作的成果，这种合作组织日趋完善。成千上万的科学家就像蜂群中的蜜蜂，把毕生贡献给合作事业，但是科学家的蜂房是整个世界，这种合作不但存在于空间范围之内，且存在于时间的延续之中，最古老的天文观测现在仍然有用。"①

第三，以科学学科为中介。科学认识的发展，还必须以学科为中介，不同的科学认识的发展，要以不同的科学学科为中介。例如，金属学与结晶学的发展，是以量子力学这种学科作为中介的。有时一种科学理论的提出，不是以一种学科为中介，而是以几种学科为中介。如分子生物学的产生，是在生物化学、生物物理学的基础上，吸收病毒学、细菌学、生理学等许多学科的知识，加以互相渗透而创立的。

2. 科学认识渗透的层次。世界万物是有层次的，科学认识的发展也是有层次的。研究科学认识发展的渗透律，必须探讨科学认识渗透的层次。科学认识渗透的层次很多，主要有：同层次科学的渗透；科学向技术的渗透；科学向生产的渗透；科学向政治的渗透。这些渗透既包含同层次的渗透，也包括异层次的渗透；既包括直接渗透，也包括间接渗透。科学的某一学科向另一学科的渗透推动了科学认识的发展，前面已从各方面作了论述，下面主要论述其他方面的渗透如何推动科学认识的发展。

首先，科学认识向技术的渗透。这在科学发展史中是经常发生的，在科学技术革命时期，尤为突出。18 世纪，在热学理论初步发展的情况下，人们开始把科学向技术渗透，逐步研制蒸汽机。在蒸汽机的研制和改进过程中，热学理论又不断地向技术转化，从而使蒸汽机不断改进。特别是卡诺热学理论的发展，对蒸汽机的改进起了重大作用。同样，电学理论发展并向技术渗透，引起电动力技术革命，既促进了生产发展，也促进了科学认识的发展。

其次，科学认识向生产渗透。科学向生产渗透，往往通过技术，通过改进生产工具和提高劳动者的知识水平和技能来完成。科学认识的发展渗透到生产过程中，促使生产基本要素的变化，推动了社会生产的发展。生产过程中的劳动工具，是科学认识的物质结晶。有什么样的劳动工具，就有什么样的科学水平。石器工具、铁器工具、自动化工具，都代表了一定的科学认识的发展阶段，又以工具的形态凝聚着与改善着科学认识。生产过程中的劳动对象也受科学认识的制约。科学发展到今天，产生了许多人造的劳动对象。这些劳动对象，均是科学认识发展的聚合物，又促进科学认识进一步

---

① ［美］萨顿：《科学的生命》，商务印书馆 1987 年版，第 36 页。

深化。生产过程中的劳动者，随科学认识的发展而发展，生产过程中的自动化和电脑化，不但可使劳动者的劳动性质发生变化，而且也使劳动者的文化科学素质发生质的变化。人们在科学发展的新形势下，要当一个合格的劳动者，就必须掌握一定程度的现代文化和科学技术知识。一定时期的合格的劳动者，是一个时代科学认识水平的度量器。随着科学认识的发展，不但使生产力的基本要素日益科学化，使社会生产部门日益分化，而且使社会财富日益增加。科学向生产的渗透，在科学技术革命时期，表现尤其突出，作用尤其显著。第一次科学革命的成果，通过向技术和生产的渗透与转化，促使英、法等一批资本主义国家诞生，使世界工业总产值迅速增长。19 世纪下半叶开始的科学革命，通过技术革命，转化为生产革命，不到百年，世界工业总产值约增 20 倍。从 20 世纪 40 年代开始的现代科学的新发展，又通过新技术革命，使生产力大大增长。随着科学认识的发展，科学认识的成果会更快地应用到生产上。

第三，科学向政治和意识形态渗透。马克思恩格斯说：科学是社会变革的"有力的杠杆"①。是历史上革命的力量，它不仅以生产力为中介，促进"生产关系革命化"②，而且也促进政治和意识形态的变革。"科学和实践结合的结果就是英国的社会革命。"③科学技术革命是"更危险万分的革命家"④。又说："从笛卡尔到黑格尔和从霍布斯到费尔巴哈这一时期内，推动哲学家前进的……主要是自然科学和工业的强大而日益迅速的进步。"⑤马克思恩格斯明确揭示了科学认识不仅能为社会革命、哲学发展创造物质条件和思想条件，而且制约着和反映着政治变革的方式和意识形态的形式。就是一般的艺术，包括交响音乐，也与科学技术的进步有关。萨顿说："艺术中也存在技术上的进步。音乐史与科学史一样，可以部分地从工具的角度来撰写。现代交响乐与横越大西洋飞行一样，是工具的胜利。"⑥艺术的胜利即工具的胜利，工具的胜利也即科学技术的胜利。所以研究政治变革和思想艺术发展，必须研究科学技术的变革和发展，因为政治、意识和艺术的发展与科学技术的渗透密切相关。科学技术的渗透，促进政治、思想和艺术发生变革，从而又为科学认识的进一步发展提供更有力、更广阔的政治、思想和艺术背景。

---

① 《马克思恩格斯全集》第 19 卷，人民出版社 1971 年版，第 372 页。

② 《马克思〈机器、自然力和科学应用〉》，人民出版社 1978 年版，第 51 页。

③ 《马克思恩格斯全集》第 1 卷，人民出版社 1971 年版，第 667 页。

④ 《马克思恩格斯全集》第 12 卷，人民出版社 1971 年版，第 3 页。

⑤ 《马克思恩格斯选集》第 4 卷，人民出版社 1972 年版，第 222 页。

⑥ ［美］萨顿：《科学的生命》，商务印刷馆 1987 年版，第 25 页。

三、科学认识渗透的动因和模式

1. 科学认识渗透的动因。首先，经济动因。物质生产力的发展是“构成历史的真正的最后动力的动力”[①]，是“一切重要历史事件的终极原因”[②]，当然也是科学认识发展的动力，是促使科学认识渗透的根本动因。16世纪到17世纪，采掘及冶金工业的需要，促使人们对液体静力学和空气静力学领域进行深入研究。因此，托里拆利、海利克、帕斯卡、威尔金斯、莫雷、惠更斯、波义耳和胡克等科学家，积极进行研究，做出重要贡献。所以内夫认为：“影响深远的英国‘自然哲学家’学派的出现与英国煤炭工业的发展之间存在清楚的联系。”[③]默顿也说：“经济发展所提出的工业技术要求对于科学活动的方法具有虽不是唯一的、也是强有力的影响。”[④]“在限定的意义上就可以说，需要是发明之母。”[⑤]默顿还分析了经济与科学的关系，他认为直接方面，由于经济的需要，人们经过深思熟虑之后，为了功利主义的目的而进行某些科学研究；间接方面，由于经济的需要，某些研究课题受到人们充分的重视，而被选出来进行研究。可以说，“经济要素已经彻底渗透在他们的问题选择之中”[⑥]。进而也可明白，由于经济的需要，促使人们把科学认识渗透到各个领域，使科学认识发展到一个新的阶段。科学越发展，科学认识的渗透越依赖生产和经济的发展，科研成果就越快地应用到生产上，产生越来越大的效益，生产力里面也越来越多地包括更多的科学技术在内。

其次，军事动因。军事的需要和战争的需要对科学认识发展的渗透，也起着重要的作用。以球状抛射体运动为重点的力学在文艺复兴后发展起来，这与大炮的使用有关。在第二次世界大战中，战争的需要使微波技术得到发展，大学的许多理论物理学家都被吸引到这项技术的研究中去，这是物理学分支中应用微电子学技术兴盛的一个原因。运筹学的发展也与战争有关。大战爆发后不久，英国物理学家布拉柯特、贝尔纳等开始研究作战科学化问题，以达到在有效使用雷达的前提下，用少量战斗机压到德国较多战斗机的目的。另外，为了有效地训练技术员和战斗员，也要研究以少量人力取得最佳效果的方法，这种研究促使运筹学创立和发展。自动控制的发展和

① 《马克思恩格斯选集》第4卷，人民出版社1972年版，第245页。

② 《马克思恩格斯选集》第3卷，人民出版社1972年版，第389页。

③ 转引自[美]默顿《十七世纪英格兰的科学、技术与社会》，商务印书馆2000年版，第203页。

④ [美]默顿：《十七世纪英格兰的科学、技术与社会》，商务印书馆2000年版，第206页。

⑤ [美]默顿：《十七世纪英格兰的科学、技术与社会》，商务印书馆2000年版，第208页。

⑥ [美]默顿：《十七世纪英格兰的科学、技术与社会》，商务印书馆2000年版，第247页。

进步也与战争有关，为了高速射击敌机，需要在极短的时间内计算出敌机的位置和速度。这种需求促进了自动控制的进步。现代许多科学家，如弗莱明、贝尔纳、诺伊曼、维纳、哈恩、波尔、费米、爱因斯坦等，也都根据战争的需要，研究了许多科学技术课题，这些研究对科学技术的发展起了积极的推动作用。

第三，内在矛盾动因。一是科学发展与科学实践的矛盾，通过新问题的产生和不断得到解决而推动科学的发展。科学在发展过程中，首先通过认识和实践的矛盾，产生新问题，这样促使人们分析新问题，解决新问题。科学问题的提出，不但是科学研究的起点，也是科学发展的起点，又是科学认识发展渗透的起点。科学问题的提出，意味着认识创造力的发展，意味着科学认识的发展与科学实践的高度统一，也意味着科学认识通过问题的渗透而不断深化。爱因斯坦特别重视问题在科学认识中的作用，他说："我没有什么特殊才能，只不过是喜欢穷根究底地追究问题罢了。"[①]可见，问题是促进科学认识发展的动因。二是认识发展有限性和无限性的矛盾。这也是科学认识发展的一个动因。恩格斯说："这样人们就处于矛盾之中，一方面，要毫无遗漏地从所有的联系中去认识世界体系；另一方面，无论是从人们的本性或世界体系的本性来说，这个任务都是永远不能完全解决的。但是，这种矛盾不仅存在于世界和人这两个因素的本性中，而且还是所有智力进步的主要杠杆，它在人类无限的前进发展中每天地、不断地得到解决……"[②]所谓智力进步的主要杠杆，也是科学认识发展的主要杠杆，即主要动力。在这个无限认识和有限认识的矛盾进程中，知识不断向绝对真理前进，不断给绝对真理的总和"增添新的点滴"[③]。认识无限性和有限性的矛盾，通过过不断产生新的知识，并不断积累和相互渗透，形成更深刻的科学认识。三是分化与综合的矛盾。日本"卡尔·马克思大学哲学研究组"撰写的《科学认识论》认为："分化与综合，作为现代科学发展的对立倾向，是辩证统一，互为前提，互相渗透，融合于一个统一过程之中。"[④]分化和综合的相互渗透也是科学认识发展渗透的一个重要动因。在分化与综合的矛盾发展中，认识不断渗透进各个学科的"处女地"和"荒原"，从而产生边缘学科。边缘学科的形成是科学认识发展渗透的结果。边缘学科不断形成，并不断从一个层次渗透进入另一层次，又使边缘学科织成一个网络。这个网络上的各个纽结，互相渗

① 王福山主编：《近代物理史研究》，复旦大学出版社 1983 年版，第 130 页。

② 《马克思恩格斯全集》第 20 卷，人民出版社 1971 年版，第 40 页。

③ 《列宁全集》第 14 卷，人民出版社 1957 年版，第 134 页。

④ ［日］岩崎允胤、宫原将平：《科学认识论》，黑龙江人民出版社 1984 年版，第 544 页。

透，形成科学认识的整体，促使科学认识不断深化和发展。

2.科学认识渗透的模式。模式是从结构关系的变化上表征科学发展的规律性，结构是由基本元素按照一定的配合方式而形成的。科学认识通过单元渗透，从低层次科学认识跃迁到高层次科学认识。科学认识渗透的单元有三种：一是“知识单元”，通过“知识单元”结合成“知识系列”；二是“问题单元”，通过“问题单元”结合成“问题系列”；三是“学科单元”，通过“学科单元”构成“学科系列”。通过这三种方式，使科学认识进一步深化。构成“知识单元”的主要有基本概念、基本定理、基本关系等。这些概念、定理、关系是知识单元的基本内容。知识单元即是知识的细胞，是构成理论的基础和基本单位。这些单元都是作为整体向另一认识领域渗透，引起该领域的变革并产生更深刻的科学认识。如：把系统概念引进工程学，使工程学发生变化，产生系统工程学；把熵的概念引进经济学，研究环境和资源诸问题，可形成熵经济理论等。构成问题单元的都是根本问题，探索并解决这些问题，必须相应产生一些新的理论。因此，问题单元是潜在的新知识、新理论单元。这些问题单元是研究的起点，也是一门新学科形成的起点，这些问题单元也是构成新学科的基本内容。因此，问题单元和问题系列的解决，就意味着科学理论由低层次深入到高层次。构成学科单元的是基本的理论系统，它是由概念、基本关系和基本定理按一定方式构成的体系。如欧几里得的《几何原本》就是用20多个基本概念、9条公理、5条公式构成的理论体系。爱因斯坦的相对论，则是运用10个左右的基本概念、几条原理推演出的理论体系。这些学科单元是以整体的形式渗透的，一旦渗透，就会形成新的边缘学科，促使科学认识由一个层次跃迁到另一个层次。19世纪的牛顿力学，20世纪的相对论，作为学科单元，曾渗透到各个领域、各个学科，极大地促进了科学认识的发展。

在现实生活中，问题总是复杂的。在科学认识发展的渗透过程中，情况也是多样的。有时低层次科学认识可以同时通过“知识单元”“问题单元”“学科单元”以至“知识系统”“问题系统”“学科系统”渗透而向高层科学认识发展。同时，还有反方向渗透。因此，具体问题要做具体分析。

——原载《文史哲》1990年第6期

论邓小平思想的“两个坐标”

邓小平同志的思想是一个复杂的理论体系，它多方面发展了马克思主义毛泽东思想。对邓小平思想向复杂方面研究，可出版邓小平思想大辞典、邓小平思想研究丛书。也可向简单方面研究，抓住邓小平同志思想的根本。一个中心两个基本点，就可说是邓小平同志思想的根本。这方面写了许多论著加以论述。本文想从另一个角度，寻找邓小平同志思想最根本的东西。我认为，邓小平同志最基本最关键的思想，是邓小平思想的两个坐标，这就是：解放和发展生产力，改善和提高人民生活。抓住这两个坐标，就能深刻认识邓小平同志的思想；就能科学地解释改革开放以来的许多重大问题；就能正确地阐述当前经济社会发展中的许多理论问题；就能适时地解决经济社会实践面临的迫切需要解决的问题。

一、邓小平思想的“两个坐标”的确立

邓小平思想的“两个坐标”的确立，是有个历史过程的。研究这个过程，探讨确立的条件，对深刻认识邓小平同志思想的发展，是很有意义的。

（一）两个坐标思想的历史探索

邓小平思想两个坐标的由来，不是偶然的，而是有历史渊源的。早在抗日战争时期，在他所领导的工作中，就比较强调发展经济，强调注意人民生活。1943 年 1 月 26 日，他在中共中央太行分局高级干部会议上所作的《五年来对敌斗争的概括总结与今后对敌斗争的方针》的报告中，就特别强调在敌占区的活动必须与人民的利益结合起来。他说：“如果我们在敌占区的活动不能与人民的利益结合起来，那么我们不仅不能建立隐蔽游击根据地和发展革命两面派，而且将没有我们立脚的余地。革命两面政策的实质，就是

建筑在保护人民利益基础之上去发展革命抗日力量的。”[①]又说：“在敌占区保护人民利益，包括两方面的问题：一是团结各阶层对敌，减轻人民对敌的负担，一是在对敌负担和日常生活中照顾基本群众的利益。”[②]邓小平同志在这里，把减轻人民负担，保护人民利益，提高到路线政策的实质的高度。因为只有这样，才能使敌占区人民得到实际好处，从而拥护共产党，支持八路军，打败日本侵略者。

在《五年来对敌斗争的概括总结与今后对敌斗争的方针》的报告中，邓小平还讲了“群众运动的规律”。规律有四条：一是发动群众，组织群众，武装群众；二是整理与健全群众组织生活；三是注意群众的政治教育，使群众去参加群众性的游击战争，以巩固既得的政治经济权利；四是把群众的经济斗争、政治斗争约束于统一战线范围之内。[③] 四条规律的目的，就是使群众逐步地提高到自为阶级的阶段，去保卫其既得的利益。既得利益包括政治利益和经济利益。在这里，邓小平实际上把保卫人民的利益，视为群众运动规律的实质和目的。

邓小平在1943年7月2日给延安《解放日报》写的文章《太行区的经济建设》中，特别强调经济战线斗争的重要性。在总结经济战线的经验和教训时，第一条就是“确定了发展生产是经济建设的基础，也是打破敌人封锁、建设自给自足经济的基础，而发展农业和手工业则是生产的重心”[④]。在谈到发展生产的政策和组织领导问题时，又特别强调：“凡是人民有利的事情，无不尽力提倡与实行。正因为我们注意了生产的组织与领导，人民许多困难被克服了，‘增加生产、改善生活、准备反攻’的口号，响遍了太行山的每个角落，获得了生产战线上年复一年的胜利。”[⑤]在讲到经验和教训的最后一条时，邓小平说：“我们采取了减轻人民对敌负担、保护人民的利益的方针，作为一切敌占区政策的出发点。”[⑥]把上述几段话联系起来看，就不难看出，邓小平同志思想的两个坐标已具雏形。一方面，邓小平强调发展生产是基础；另一方面，强调保护人民利益是政策出发点。邓小平在考虑敌占区和根据地的建设和斗争时，非常自觉地围绕上述两条原则去思考和解决问题。

1948年6月6日，邓小平在《贯彻执行中共中央关于土地与整党工作的指示》一文中，在总结新区所犯的急性病的错误时，深刻指出，这是新区违背

① 《邓小平文选》(1938～1965)，人民出版社1989年版，第56页。

② 《邓小平文选》(1938～1965)，人民出版社1989年版，第56页。

③ 《邓小平文选》(1938～1965)，人民出版社1989年版，第69页。

④ 《邓小平文选》(1938～1965)，人民出版社1989年版，第81页。

⑤ 《邓小平文选》(1938～1965)，人民出版社1989年版，第85页。

⑥ 《邓小平文选》(1938～1965)，人民出版社1989年版，第113页。

了中央的工商业政策，造成不良后果，“这样轻率地打乱原有的社会经济结构的结果，使很大数量依靠工商业、副业和市场生活的群众，丧失了固有的谋生道路。这是一个有关广大人民生计的严重的社会问题，还是我们今后在补救上最感棘手的问题”。[①] 怎么办呢？邓小平在谈到如何调整工作时，提出11条措施。其中重要的一条，“为着发展生产，繁荣经济，以便保障人民生计和支援战争，必须注意领导人民加紧生产，不误农时，不荒地，防止地富怠工和破坏；必须坚决执行保护城市、保护工商业的政策，纠正相当普遍存在的轻视城市、放弃城市工作领导的错误倾向”[②]。在这里，邓小平强调的主要问题，一条是发展生产，繁荣经济，另一条是保障人民生计。邓小平思想的两个坐标，在这里可以说渐趋明显。

新中国成立后，特别是中国共产党第八次代表大会以后，邓小平认为，当时的主要矛盾是人民对于建立先进的工业国的要求同落后的农业国的现实之间的矛盾，是人民对于经济文化迅速发展的需要同当前经济文化不能满足人民需要的状况之间的矛盾。这个主要矛盾的表述，已经包含着发展生产力和满足人民需要两个方面，只有不断发展生产力和提高人民生活，才能解决主要矛盾。1957年4月8日，邓小平同志在西安干部会上所作的报告中，又特别强调“今后的主要任务是搞建设”[③]。既然主要任务是搞建设，那么搞建设的指导思想又是什么呢？指导思想主要有两条：一是面对国家的现实，即从国情出发；二是面对群众的需要，即从群众利益出发。他说，我们过去几年，考虑问题常常忽略了群众的需要，“在花钱方面没有面对国家的现实，也没有面对群众的需要”[④]。要面对国家的现实，就要大力发展经济，发展生产力，要面对群众的需要，就要积极改善人民的生活。邓小平思想的两个坐标，在这里可谓更加明显。邓小平考虑问题时，心中总是装着两个问题，一是如何发展生产力，一是如何改善人民生活。可惜，在这以后，由于毛泽东一再强调以阶级斗争为纲，在无产阶级专政下继续革命，邓小平同志思想的两个坐标也被淹没了。十一届三中全会以后，作为中国开放改革的总设计师的邓小平，两个坐标的思想，就逐渐确立起来，并成为我们认识问题和处理问题的出发点和落脚点。

---

① 《邓小平文选》(1938～1965)，人民出版社1989年版，第121页。

② 《邓小平文选》(1938～1965)，人民出版社1989年版，第121页。

③ 《邓小平文选》(1938～1965)，人民出版社1989年版，第249页。

④ 《邓小平文选》(1938～1965)，人民出版社1989年版，第256页。

(二)唯物史观的再认识

邓小平思想的两个坐标的确立,还与唯物主义历史观的再认识,有很大关系。马克思的唯物主义历史观,是马克思的一大发现,是马克思主义思想的理论基础。马克思在确立和发展唯物史观时也有个过程。作为完整的唯物史观是个辩证的系统,可概括为三个矛盾,两种力量。三个矛盾是:生产力与生产关系的矛盾;经济基础和上层建筑的矛盾;社会存在和社会意识的矛盾。矛盾双方虽互相制约,但整体上是生产力决定生产关系,经济基础决定上层建筑,社会存在决定社会意识。两种力量是:阶级斗争和科学技术。阶级斗争是阶级社会发展的直接动力,科学技术在历史上是起革命作用的力量。这三个矛盾两种力量构成了马克思的唯物史观。但在不同的历史时期和历史条件,马克思和恩格斯总是有时强调一个侧面,或另一个侧面。这就给一些人也跟着强调一个侧面或另一个侧面,留下空子。后来,列宁、斯大林,在不同历史时期,都各有侧重,各有发展。一般地说,列宁对唯物史观的认识是比较全面的,而斯大林对唯物史观的认识则比较片面。斯大林时期,由于国际国内的条件,特别强调生产关系的作用和阶级斗争的作用。理论界著书立说,也大都跟着斯大林,强调唯物主义历史观的这两个侧面。相当时期造成一种错觉,似乎唯物史观就是强调不断地变革生产关系和进行阶级斗争。斯大林的这种倾向,在我国也有影响。这种影响因政治气候不同和发展阶段不同,有时大些,有时小些;有时强些,有时弱些;有时重些,有时轻些。

毛泽东在理论和实践上发展了马克思主义,这是公认的。但在理解马克思唯物史观的问题上,也有片面性。我认为最大的片面性,就是过分强调阶级斗争的作用,过分强调变革生产关系的作用,忽视了发展生产力,忽视了发展科学技术。特别是在“八大”以后,根据中国的实际情况和群众需要,本来应该强调发展经济,强调发展生产力,本来应该遵循“八大”确定的路线,确认先进的生产关系与落后的生产力和不能满足人民需要的矛盾,是主要矛盾。可是,毛泽东很快背离了“八大”决议,一方面强调阶级斗争,使反右斗争严重扩大化,使反右倾斗争严重扩大化,在党外整了一批人,挫伤群众的积极性,在党内整了一批人,挫伤党员的积极性。到了文化大革命,大搞无产阶级专政下继续革命,把阶级斗争引向极端。另一方面又强调不断变革生产关系大搞“大跃进”、人民公社化、穷过渡,使经济发展遭受严重损失。这是一个悲剧。这个悲剧告诉我们,要想拨正社会主义的航程,必须对唯物史观进行再认识,必须全面准确地掌握唯物史观。

对唯物史观的再认识，全面准确地掌握唯物史观的基本精神，邓小平在这方面也作出了重要贡献。主要表现在两个方面：一是强调发展和解放生产力的作用；一是强调改善和提高人民物质文化生活的作用。这两方面，看似简单，实很复杂，看似平淡，实很重要，得来不易，认清很难。邓小平之所以深刻认识这两条平凡而重要的真理。一是因为邓小平过去的思想里，已包括这两条真理的成分，如前所述。二是基于对毛泽东重大缺点的认识，诚如他说：毛泽东是伟大领袖，中国革命是在他领导下取得成功的。但是他有一个重大的缺点，就是忽视发展社会生产力，不是说他不想发展生产力，但方法不都是对头的，例如搞人民公社，就没有按照社会经济发展规律办事。三是对马克思主义基本原则的再认识。什么是马克思主义的基本原则呢？邓小平认为："马克思主义的基本原则就是要发展生产力。"[①]邓小平的这些认识，是唯物主义历史观的出发点，又是唯物主义历史观发展的必然结果。发现唯物史观已经有百余年，在这百余年中，对唯物史观的认识，多有偏差，多有误解，其中最根本的一条，就是忽视发展社会生产力。这样，就实际上抽去了唯物史观的物质基石，脱离生产力发展去搞革命，去搞建设，结果唯物史观就很难彻底，就会多少流露出唯心主义历史观的味道。

邓小平重新考察了唯物史观的物质基石，深刻指出："按照历史唯物主义的观点来讲，正确的政治领导的成果，归根结底要表现在社会生产力的发展上，人民物质文化生活的改善上。"[②]邓小平这段话，既切实抓住了唯物主义历史观的根本，又明确提出了邓小平思想的两个坐标。这是邓小平对唯物史观的新发展，又是对自己思想的新概括。正是因为有了这两个认识，因而才有可能对社会主义，对开放改革有一系列新认识。因此，邓小平思想的两个坐标，实质上也是邓小平思想的两块基石。

（三）科学社会主义的新发展

邓小平思想的两个坐标，是对唯物史观重新认识的结果，也是对科学社会主义重新认识的结果。

对科学社会主义的认识，可分三个阶段：一是马克思恩格斯创立科学社会主义阶段。社会主义由空想变成科学，主要靠两条，一条是唯物主义历史观的确立，一条是剩余价值学说的发现。科学社会主义确立后，要转变为革命实践，还要有个过程。按照马克思、恩格斯的设想，社会主义社会的建立，

---

① 《邓小平文选》(1938～1965)，人民出版社 1989 年版，第 174 页。

② 《邓小平关于建设有中国特色社会主义的论述专题摘编》，中央文献出版社 1995 年版，第 59 页。

必须在生产力高度发展基础上，必须在资本主义的基本矛盾充分发展基础上。在马克思恩格斯时代，生产力还不够高度发展，资本主义的基本矛盾还不够十分激化，也就是说，资本主义还有一定的生命力。在这种情况下，发生社会主义革命的现实可能性还不具备，建立社会主义社会的条件还不成熟。

二是列宁毛泽东实践科学社会主义阶段。列宁在生产力落后的资本主义国家俄国，领导进行了社会主义革命，在俄国建立了社会主义社会。无疑，这是列宁的伟大功绩。列宁逝世后，斯大林又领导苏联进行了社会主义革命和建设。但是，一因在生产力落后情况下建设社会主义还没有经验；二因斯大林的社会主义模式有些僵化，且又只搞高度集中的计划经济；三因忽视了轻工业和农业的发展；四因忽视新技术革命的浪潮；五因过分强调阶级斗争，混淆敌我和人民内部两类不同性质的矛盾，结果使社会主义的生产力，时起时伏，时快时慢，曲折发展，总是没有很好地搞上去，人民生活也没有得到很好地改善和提高，这就为后来苏联的解体，埋下种子。毛泽东领导中国人民，在生产力更加落后的半封建半殖民地的中国，进行新民主主义革命和社会主义革命，在中国建立了社会主义社会。无疑，这是毛泽东的伟大功绩。但是，一因毛泽东忽视了生产力的发展；二因学苏联也搞高度集中的计划经济；三因不断搞阶级斗争为纲；四因认为社会主义社会，就是一大二公，因而，使社会主义社会曲折发展，没有“脱贫”，生产力发展不快，社会主义的优越性也没有充分发挥出来。

三是当前实践有中国特色的社会主义阶段。这是反思社会主义的结果，又是科学社会主义的新发展。这个时期，以邓小平为代表。邓小平反思了过去的社会主义实践，对社会主义有了重新认识，这种重新认识是以邓小平思想的两个坐标为理论根据的。邓小平首先认为，“贫穷不是社会主义”。过去总认为一穷二白，好画画；因为穷，而革命；因为穷，而共产，搞平均主义；因为穷，大抓阶级斗争；因为穷，要无产阶级专政下继续革命。结果，越搞越富不起来。邓小平一针见血地指出，贫穷不是社会主义，这就为社会主义正了名，为正确认识社会主义扫清道路。

其次，认为社会主义社会的优越性就是发展生产力和改善人民生活。过去，我们对这个问题的认识，并不清醒。现在，排除对科学社会主义的误解后，应重新认识社会主义的优越性。什么是社会主义的优越性，邓小平认为，社会主义的优越性不是“一大二公”，不是高度集中的计划经济，而是“要逐步发展生产力，逐步改善人民的物质、文化生活”①。这个优越性，恰恰又通过邓小平思想的两个坐标体现出来。

再次，认为社会主义的根本任务就是发展生产力、改善人民生活。社会主义的根本任务是无产阶级专政下继续革命，还是发展生产提高人民生活，这个问题也是长期没有解决好。没有文化大革命的错误实践，要想认识这个问题，会有极大的困难和阻力。文化大革命实践，集中力量抓阶级斗争，搞继续革命，使中国几乎走进死胡同，几乎葬送社会主义的事业。这就促使人们反思，正本清源，重新认识社会主义的根本任务。邓小平在总结了历史的经验教训后，不只一次地强调：“社会主义的首要任务是发展生产力，逐步提高人民的物质和文化生活水平。”②邓小平通过对社会主义根本任务的认识，更加明确地阐明了两个坐标思想。

二、邓小平思想的“两个坐标”的作用

明确了邓小平思想的两个坐标以后，我们就可以用这两个坐标，去解释其他一系列问题，如同有了纵坐标和横坐标，就可以确定坐标图上点的位置。当然，也不能绝对化，因为不同事物是相互作用的，不同思想也是相互作用的。

（一）拨乱反正的有力武器

多少年来，我们一直认为，阶级斗争，一抓就灵；多少年来，我们吃了一个大亏，就是社会主义改造基本完成之后，还要“以阶级斗争为纲”，忽视发展生产力。这个问题能否重新认识，需要极大的理论和实践勇气。在关键时刻，邓小平挺身而出，进行拨乱反正。1985年8月28日邓小平在《改革是中国发展生产力的必由之路》一文中，尖锐指出：“我们拨乱反正，就是要在坚持四项基本原则的基础上发展生产力。”③1985年9月23日《在中国共产党全国代表会议上的讲话》中，邓小平又深刻指出：我们要把全党工作重点转移到社会主义现代化建设上来，要“集中力量发展社会生产力，这就是最根本的拨乱反正”④。这里，我们清楚地看到，最根本的拨乱反正，是集中力

---

① 《邓小平关于建设有中国特色社会主义的论述专题摘编》，中央文献出版社1995年版，中央党校出版社，第45页。

② 《邓小平关于建设有中国特色社会主义的论述专题摘编》，中央文献出版社1995年版，第46页。

③ 邓小平：《建设有中国特色的社会主义》，人民出版社1987年版，第115页。

④ 邓小平：《建设有中国特色的社会主义》，人民出版社1987年版，第120页。

量发展生产力，以便更好地改善人民的物质文化水平。邓小平的两个坐标思想，的确可以成为我们拨乱反正的有力武器。

(二)思想解放的根本目的

解放思想不能空想，不能为解放而解放，要解决实际问题。解决什么问题呢？邓小平同志也有深刻的说明。他说解放思想所要解决的实际问题，就是要“切实地想办法使我们的步伐快一些，使生产力发展快一些，使国民收入增加快一些”[①]。使生产力发展快一些，使国民收入增加快一些，使人民生活水平提高快一些，这就是解放思想的根本目的。因此，在解放思想时，我们要紧紧围绕邓小平思想的两个坐标转，才能使思想解放的方向正确，目的明确，措施得力，成效显著。否则，解放思想就失去正确目的，一解放不是空了，就是乱了，既无实际意义，又无有效成果。

(三)现代化的主要内容

我们要实现现代化。怎样实现呢？只抓阶级斗争不行，光空谈也不行，只抓阶级斗争会误国，空谈也会误国。搞现代化，要真抓实干。抓什么？干什么？最主要的是大力抓发展生产力，积极改善与提高群众的生活。所以，邓小平说：实质是搞四个现代化，最主要的是搞经济建设，发展国民经济，发展社会生产力。发展生产力的目的，主要是为改善群众生活。因此，搞现代化，最主要的关键，就是抓生产力，使生产现代化，抓群众生活，使群众生活现代化。搞现代化要靠调动群众的积极性，怎样调动呢？做思想政治工作是必要的，但重要的是发展生产力和改善群众生活。所以，邓小平说，调动人民积极性的最中心环节是发展生产力，提高人民的生活水平。

(四)经济体制改革的内在根据

在我国社会主义的经济体制，已经建立了30余年。这种体制由许多具体体制所构成。在历史上这些体制有不少曾起过积极作用。但随着历史发展，有些体制也越来越成为经济发展的阻力。不适时改革这些经济体制，经济就很难发展，社会就很难前进。因此，经济体制的改革就势在必行。什么是经济体制改革的内在根据呢？我认为，体制改革的内在根据依然是邓小平思想的两个坐标。这个问题，邓小平讲得很清楚，他说：经济体制、科技体制，这两方面的改革都是为了解放生产力；又说：我们要发展生产力，对经济

① 《邓小平关于建设有中国特色社会主义的论述专题摘编》，中央文献出版社1995年版，第5页。

体制进行改革是必由之路。通过改革这条必由之路，进一步促进生产力的发展，进而进一步促进人民生活的提高，从而引起经济生活、政治生活、工作方式和精神状态等发生一系列深刻变化。邓小平特别强调，改革就是发展生产力，就是解放生产力。解放和发展生产力，既是改革的目的，又是改革的内在根据。我们在考虑改革问题时，要牢牢掌握邓小平思想的两个坐标。从这两个座标出发，才能明确为什么和怎样进行改革，才能正确确定改革的方向和道路。

（五）对外开放的决定因素

中国长期处于闭关锁国状态，这是中国生产力发展不快、人民生活提高不快的根本原因，也是中国长期处于封建社会和半封建半殖民地社会的重要原因。新中国成立后，虽然好了些，但搞一边倒，只学苏联，开放很窄，实际处于半封闭状态，因而生产力虽有发展，但发展不大，人民生活虽有提高，但步子不快。十一届三中全会后，邓小平总结历史的经验和教训，制订了对外开放政策。国门大开之后，逐渐全方位开放，从此生产力逐步得到更大更快的发展，人民生活逐步得到更大更快的改善。实践证明，伴随着开放每前进一步，生产则发展一步，人民生活则提高一步。1992 年同开放改革前的 1978 年相比，进出口贸易总额增长了 5.2 倍，年均递增 13.9%。在世界贸易国家和地位的位次，由 1978 年列世界的第 32 位，上升到 1992 年的第 11 位。邓小平在谈到对外开放的决定因素时，特别强调发展生产力的作用，他说，为了发展生产力，我们必须实行对外开放政策。通过对外开放，吸收资本主义国家的资金、资源和技术，学习发达国家经济管理的先进经验，为的是发展我国的社会生产力，为的是改善我国人民的物质文化水平。所以邓小平思想的两个坐标，是对外开放的决定因素。

（六）四项基本原则的物质保证

我们国家要实现现代化，必须遵循一些基本原则。在政治思想方面，必须坚持社会主义道路，必须坚持无产阶级专政，必须坚持共产党的领导，必须坚持马列主义、毛泽东思想。这四条原则不是新的，是我们党长期坚持的，但可根据不同历史时期和条件，赋予新的内容。过去我们没有很好地强调以经济建设为中心坚持四项基本原则，现在我们就必须强调以经济建设为中心坚持四项基本原则。过去我们认为，搞高度集中的计划经济，搞“一大二公”，就是坚持社会主义道路，现在我们则认为，搞社会主义市场经济，搞公有制为基础多种经济成分并存，也是搞社会主义。过去我们认为党的领导就是党政合一的一元化领导，大事小事都由党委讨论和决定，否则就是削弱党的领导。现在我们如果不分层次和情况，一味坚持老一套，不但不能加强党的领导，反而会削弱和妨碍党的领导。如果现在我们的企业面对市场经济的大潮，继续实行党委一元化领导，或实行一个中心一个核心的领导，生产什么，怎样生产，生产多少，都要党委决定，是很难把生产搞上去的。因此，在企业中就必须实行厂长负责制、经理负责制，党委要监督厂长经理执行党的路线、方针、政策，帮助厂长经理抓好生产，发展经济。过去，我们说坚持马列主义、毛泽东思想，就是狠抓阶级斗争这个纲，现在我们坚持马列主义、毛泽东思想，仍然坚持以阶级斗争为纲，那就大错特错。现在说坚持马列主义、毛泽东思想，最根本的一条，就是解放思想，实事求是，以经济建设为中心。

坚持四项基本原则，也不是为坚持而坚持，而是有其目的和根源，最主要的，就是为了更好地解放和发展社会生产力，为了更好地改善和提高人民群众的物质文化生活。如果我们生产力大大提高，人民生活大大改善，谁来搞和平演变也演变不了。正是因为社会主义国家在这两方面有所忽视，这就为“和平演变”埋下祸根。谈到坚持马列主义、毛泽东思想，最根本的有两条，一是解放和发展生产力，一是改善与提高人民生活。如果不是这样，马列主义、毛泽东思想，就很难获得人民拥护，也就很难指导革命和建设、改革和开放取得胜利。马克思哲学，主要是唯物史观，如果不讲生产力，不讲人民群众，那还有什么唯物史观？政治经济学，如不讲解放和发展生产力，改善与提高人民生活，这种经济学也是无用的经济学。科学社会主义之所以科学，主要是建立在唯物史观和剩余价值学说基础上，也就是说，它是建在两块基石上的，一块是解放和发展生产力，一块是改善与提高人民生活。正是因为这一点，科学社会主义的旗帜才有吸引力和号召力，才使亿万群众前仆后继，出生入死，为之奋斗。如果科学社会主义这两块基石被搬走，科学社会主义就变得不科学，就失去吸引力和号召力，要么搞不起来，要么搞起来又垮台。这个教训，十分沉痛，应当牢记。

三、邓小平思想的“两个坐标”的新发展

邓小平思想的两个坐标，也是不断发展的。发展有两个方面：一方面通过联系实际，不断解决经济社会发展中的许多新问题；另一方面通过不断总结经验，使思想不断丰富和深化。邓小平思想的两个坐标，在1991年《在武昌、深圳、珠海、上海等地的谈话要点》中，进一步得到深化和发展。在南方

谈话中，邓小平着重谈了六个问题：一是坚持基本路线问题；二是改革也是解放生产力问题；三是“三个有利于”问题；四是社会主义市场经济问题；五是社会主义的本质问题；六是抓住时机加快改革步伐问题。这六个问题，都紧密联系邓小平的两个坐标的思想，又都进一步丰富和深化了两个坐标的思想。

（一）坚持基本路线问题

邓小平认为，要坚持党的十一届三中全会以来的路线、方针、政策，关键是坚持“一个中心，两个基本点”。坚持基本路线，主要是明白“四个不”，深刻认识不坚持社会主义，不改革开放，不发展经济，不改善人民生活，只能是死路一条。“一个中心”“两个基本点”“四个不”都同邓小平思想的两个坐标紧密地联系在一起，都紧紧围绕发展和解放生产力、改善和提高人民生活。

坚持基本路线，就要以经济建设为中心。以经济建设为中心，实质上就是集中力量增加生产，发展经济。在这里，“一个中心”和“两个坐标”的思想是直接重合的。以经济建设为中心，在一定意义上，就是以发展生产力为中心。

坚持基本路线就要坚持两个基本点，即坚持四项基本原则，坚持改革开放。这两个基本点，前面已经讲过，都是以发展生产力和改善人民生活为物质基础和理论根据的，不再赘谈。

坚持基本路线就要处理好“一个中心”和“两个基本点”的关系。“中心”和“基本点”的关系，就是基本点要服务中心，促进中心，围绕中心转。“中心”又要促进“基本点”，制约“基本点”，作“基本点”的后盾，为“基本点”奠定牢固的物质基础，充分体现“基本点”的优越性。

（二）改革也是解放生产力问题

革命是解放生产力，这是马克思主义的基本观点。在社会主义社会建立以后，还有没有革命，还有没有解放生产力问题，这个问题没有很好地解决。革命是有，只是政治战线上的和思想战线上的。至于生产力方面，不能说有，只能说无，斯大林否认社会主义社会的矛盾，当然，就谈不上通过革命解决生产关系不适应生产力发展的问题。毛泽东看到社会主义社会还存在矛盾，还需要革命，主要强调政治思想领域的革命，也忽视通过改革解放生产力。邓小平总结历史的经验和教训，在南方谈话中深刻指出：革命是解放生产力，改革也是解放生产力，过去，只讲社会主义条件下发展生产力，没有讲还要通过改革解放生产力，不完全。应该把解放生产力和发展生产力两个讲全了。这段话全面揭示了社会主义社会生产力与生产关系又矛盾又适应的辩证关系，揭示改革的辩证法。因为生产力与生产关系相适应，因而推动了生产力的发展，又因为生产力与生产关系不相适应，因而需要改革，需要通过改革解放生产力。这也揭示了发展生产力和解放生产力的辩证关系，要发展生产力，就必须适时解放生产力；要解放生产力，才能更好地促进生产力的发展。只讲发展，不讲解放，是形而上学；只讲解放，不讲发展，也有片面性；既讲发展，又讲解放，才符合辩证法。这个观点也是马克思主义理论的新发展、新突破，具有重大的理论意义和实践意义。只要我们彻底坚持这一观点，我们就能不断改革不适应生产力发展的生产关系，改革不适应经济基础发展的上层建筑，改革经济体制、政治体制等，以便不断地解放和发展生产力。

(三)关于“三个有利于”的问题

邓小平说：判断的标准，应该主要看是否有利于发展社会主义社会的生产力，是否有利于增强社会主义国家的综合国力，是否有利于提高人民的生活水平。这“三个有利于”是判断什么的标准呢？有不同理解，有的认为是判断姓“资”姓“社”的标准，有的认为是判断改革成败的标准。我认为不能绝对化，这个标准是广义的，既有姓“资”姓“社”问题，又有改革路子问题，还有改革成败问题。符合“三个有利于”，就是姓“社”，改革路子就是对的，改革就是成功的；不符合“三个有利于”，改革路子就是错的，改革就是失败的，可能就姓“资”。如果生产力解放和发展了，国力也有所增强，但贫富悬殊，两极分化，人民生活没有提高，这就是搞资本主义。如果生产力解放和发展了，国力增强了，消除了两极分化，最终达到共同富裕，这就是搞社会主义。

“三个有利于”虽然讲了有利于发展社会主义的生产力、综合国力和提高人民生活水平三个方面，但细究起来，这三个方面实质上是两个根本的东西：一个是有利于解放和发展生产力；一个是有利于提高人民生活水平。增强综合国力问题可以包含在发展生产力和提高人民生活之中。只要我们国家大力发展生产力，积极改善人民生活，我国的综合国力就会自然而然地增强。其实衡量综合国力的各种要素中，主要的是两个要素，一是生产力要素，一是人民生活要素。“三个有利于”，体现了邓小平思想的两个坐标，也发展了邓小平思想的两个坐标。我们用邓小平思想的两个坐标去认识“三个有利于”，才能真正把握“三个有利于”的思想核心。我们把“三个有利于”的思想与两个坐标的思想有机联系起来，才能深刻认识两个坐标思想的丰富和发展。因此，在一定意义说，“两个坐标”的思想，即是“三个有利于”的思想；“三个有利于”的思想，也即是“两个坐标”的思想。二者是一致的、统一的。

（四）社会主义本质问题

邓小平在南方谈话中强调指出：“社会主义本质，是解放生产力，发展生产力，消灭剥削，消除两极分化，最终达到共同富裕。”①还着重强调：“就是要对大家讲这个道理。”②这又是邓小平对科学社会主义理论的新发展、新突破，也是邓小平思想的两个坐标的新丰富、新深化。

长期以来，在传统的意识形态中，大家总是认为，社会主义的本质，就是公有制、按劳分配、计划经济。思维惯性使我们一想到社会主义就立即与这几个东西紧捆在一起。过去，我们判断是否坚持社会主义，也主要看这三条。坚持公有制、按劳分配、计划经济，就是坚持社会主义。不坚持公有制、按劳分配、计划经济，就是背离社会主义。现在经过十几年的改革开放的实践和苏联、东欧演变的教训，再不加分析地坚持这三条，社会主义就再也搞不下去了，还谈什么社会主义本质呢？因为高度集中的计划经济，已经证明不利于现代生产力的发展，不利于提高人民生活水平，因而必须转轨，转为社会主义市场经济；又因为按劳分配因受生产力水平不高的限制，也没有真正的实现过。尽管理论上人们总是把按劳分配作为社会主义的本质特征，但在实践上人们又总是背离按劳分配，搞大锅饭，实行平均主义，甚至脑体倒挂；还因为在公有制问题上，一味地搞“一大二公”，单一的国有国营经济，排斥其他所有制成分，结果不但不能促进生产力发展，反而阻滞生产力发展。因此，才反过来搞公有制为主体、多种经济成分并存，国家、集体、个人一起上，国营、集体、私营一起搞，这样做反而加快了生产力的发展和人民生活水平的提高。现实教育了我们，应重新认识社会主义的本质。

在谈到本质时，我认为，可分层次，有一级本质和二级本质等。公有制、按劳分配、计划经济应该说是社会主义的本质特征。但这个本质是长期才能实现的本质，有的是在生产力高度发展的情况下才能实现的本质。这种本质，我们姑且作为二级本质。社会主义还有一种本质，这种本质是更广泛、更深刻、更基本的本质。这种本质，邓小平深刻地揭示出来。邓小平同志讲的社会主义本质，共五句话，两层意思。前两句话，主要讲的解放和发

---

① 《邓小平关于建设有中国特色社会主义的论述专题摘编》，中央文献出版社 1995 年版，第 57 页。

② 《邓小平关于建设有中国特色社会主义的论述专题摘编》，中央文献出版社 1995 年版，第 257 页。

展生产力;后三句话,主要讲的改善与提高人民的生活。要做到这一点,就要消灭剥削,消除两极分化,达到共同富裕。因此,从特定意义上讲,邓小平谈的社会主义本质问题,反映了两个坐标思想,是基于两个坐标思想谈社会主义本质的。

把问题说到底,无论公有制也好,按劳分配也好,计划经济也好,都是为了什么?还不是为了解放和发展生产力,改善和提高人民生活水平。搞这些东西,必须适应解放和发展生产力的需要,必须适应改善和提高人民生活水平的需要。不适应,就需改革。我们当前之所以搞经济体制、所有制体制、分配制度的改革就是为了更好地解放和发展生产力,更好地改善和提高人民的生活水平。只有这样去认识问题,我们才能辩证地对待社会主义的本质"是解放生产力,发展生产力,消灭剥削,消除两极分化,最终达到共同富裕"和社会主义本质是公有制、按劳分配等不同表述之间的有机联系和辩证关系。二个不同表述统一的基础,就是邓小平思想的两个坐标。

(五)社会主义市场经济问题

在南方谈话中,邓小平认为:计划多一点还是市场多一点,不是社会主义与资本主义的本质区别。计划经济不等于社会主义,资本主义也有计划;市场经济不等于资本主义,社会主义也有市场。计划和市场都是经济手段。这段论述,又是对马克思主义、毛泽东思想的新发展,也是以邓小平思想的两个坐标为理论根据的。

长期以来,人们一直认为,计划经济是社会主义经济的本质特征之一,是社会主义经济制度优越于资本主义制度的重要体现,而把市场经济等同于资本主义。经过十几年的改革实践,证明这种认识是僵化的、片面的,是不符合实际情况的。其实,计划和市场只是资源配置的两种手段和形式,而不是划分社会主义和资本主义的标志。

搞什么经济,是由生产力发展水平决定的,在当前世界生产力发展水平的基础上,只能实行市场经济。而当以后生产力高度发展的基础上建立的社会主义社会,才有可能实行计划经济,目前的生产力水平是没有条件实行计划经济的,硬是实行高度集中的计划经济,是会妨碍生产力发展的。在我国,由于历史的原因,我们超越生产力发展水平而实行的高度集中的计划经济,在一定历史阶段,在一定的条件下,也起过某些积极作用,不能一概否定。但从整体上分析,这种经济不能长久坚持。如果长久坚持,势必阻碍生产力发展,很难满足群众需要。这是我们必须从高度集中的计划经济转向社会主义市场经济的根本原因。搞社会主义市场经济,也是以邓小平思想的两个坐标为出发点和落脚点的。

综上所述，我们只要牢牢把握并不断深化邓小平同志思想的两个坐标，或两块基石，我们就可以进一步深刻认识开放改革以来所采取的许多重大措施和政策；就能进一步把握马克思主义、毛泽东思想的许多理论方面的发展和突破；也就能进一步认识高度集中的计划经济为何和怎样向社会主义市场经济转变；还可以进一步通过不断解放和发展生产力、改善和提高人民生活，实现现代化，充分发挥社会主义制度的优越性，把我国建成生产力高度发展的、人民生活富裕的、高度民主、高度文明的社会主义国家。

——原载《文史哲》1993 年第 6 期

第二编

科技社会学

我国的科技人才群落和人才流动*

当前，世界正面临着一场新的技术革命浪潮，科学越来越成为直接的生产力，传统的工业发展方式正逐步被新的知识密集型工业所取代。在这种新型工业中，大多数人要从事信息工作而不是商品生产，知识已经成为重要的战略资源。这样，社会对大量科技人才的需求就更加突出地表现出来。没有足够的人才，再好的计划和策略也难以实施。我们为了不失时机地赶上世界先进水平，增加我们广大国土的知识覆盖率，就须百倍注意促进全国各地科技人才群落的形成和生长。本文试图通过对科技人才的群落学的研究，揭示出问题和规律，为我国科技发展服务。

一

由于现代科学研究需要大量复杂仪器和设备，需要广泛的图书资料和情报，需要各种专门人才的相互配合，所以科技人才总是以群落的形式出现。人们不难发现，科技人才也像生物一样受地区的限制和周围环境的影响并在相邻个体之间发生相互作用，因而在科技人才群落和生物群落之间进行某种社会生态学的类比是可行的。科技人才的群落学研究就是要探讨经技人才间的相互影响，群落的培植和生长的条件以及优秀人才的新陈代谢和各种外界“因子”的关系，以促使科技人才群落的茂盛生长。

目前，现代化信息经济日趋跃居首位，社会的竞争逐渐转移到文化和教育领域，工厂和研究所将趋向一体化，大学将在社会上居于突出的地位，整个科技管理系统更需要国家的有效控制。这种社会经济发展趋势应该引起我们的重视，我国的科技人才群落也要逐步适应工业发展的趋势。今天，要实现现代化，已经不能单靠把国外的先进东西买进来的方法，而只能依靠本

---

* 本文与胡孚琛合著。

国的科学技术力量和研究工作。“信息社会”要求人才群落能极大地创造知识财富。鉴定一个人才群落的优劣,除了对工厂企业要注重经济效益之外,首先是看一个群落有没有生命力,能不能不断出人才和出成果。

目前,在我国工厂、科研机关和大学对人才群落也有相应的要求。工厂要正常生产,至少需要工艺、设备、产品质量检验、计算机自动控制、系统管理工程师等各类专门人材的合理配套。至于技术的革新和产品的改进,那还得在人才群落中发展创造性的因素。科研机关正是以探索新的科学理论,创造发明新技术新工艺为目标的人才群落。它需要培植起自己确有专长的学术带头人和青年更新力量,既要有精于创造性思维和科学探索精神的人才,也要有精于逻辑推理和严格科学实验的人才,促使他们相互补充、相互配合、相互激励。在科学活动中要不断进行人才的优化,研究课题的优化,要根据科学本身的规律和国家的实际需要定向发展。大学在知识传递中起着重要作用,它可以发挥人才的综合优势,使教学和科研相如互促进,不断开拓综合学科、边缘学科的新领域。在我国,管理队伍的优劣起着至关重要的作用,工厂、科研机关和大学能否生气勃勃地出成绩,和这个单位的人才管理水平(包括后勤工作)几乎密不可分。在当前新的形势下,更要求我们以战略的眼光来调整和规划国内的科技人才群落。

二

邓小平同志极其深刻地指出:“我们过去的一些制度,实际上受了封建主义的影响,包括个人迷信、家长制或家长作风,甚至包括干部职务终身制。我们现在正在研究避免重复这种现象,准备从改革制度着手。”[①]为了真正在我国培植起一批现代化的科技人才群落,也必须像邓小平同志精辟论述的那样对我们的国情作具体的、大胆的、历史的、实事求是的分析,从战略上制定坚定的措施。

目前我国的科技人才群落无论是分布或构成上都存在着一些需要改革的地方。例如多数科技人才长期被束缚在一个地方,大学、工厂和科研机关也和农村一样形成一种十分缺乏流动性的体制,这种状况不适应现代化发展。在一些人才群落里,行政管理人员既脱离业务又长期不变动,也容易思想僵化因袭守旧,导致经院学术和官僚作风的产生。学术单位人才流通渠道堵塞造成的后果更为严重,它使地理因素远远超过其他因素,出现人才群

---

① 邓小平答意大利记者奥琳埃娜·法拉奇问,1980年8月。

落的封闭性和群落间的隔阂感。这使得科技人才群落主要按地理因素划分而不是按研究课题划分，就不利于形成自己的学派。这样的群落往往不能及时得到国内外同行的科研情报，一旦发现新的研究课题就一哄而起，一拥而上，浪费大量人才和资金，出现一些地区乃至全国都在低水平上重复的局面。

还有的群落出现人才“密植”“近亲繁殖”“四代同堂”的现象，这使人才间的抑制作用增强，群落缺少生机，结果多少年总是那么几个权威，总是那么几个项目，中青年人才没特色、没竞争力，出现维持局面的状况。还有一些学术单位甚至连一个像样的人才都没有，优秀的人才进不来，根本无用的人出不去，只好混在一起吃“大锅饭”。我国科技人才的数量和先进国家相比本来还少得多，但由于某些地区人才分布不合理，还没有认真按照党的政策充分调动科技人才的积极性和最大限度地发挥他们的作用，反而显得人多无事，出现各个单位几乎都超编的过剩假象，这实际上是对人才的浪费。

我国大学和科研机关的人才群落中，是混杂进一些非学术人员和不称职的人。某些学术单位管理人员虽有大学学历，但他们在“十年动乱”期间就一直脱离教学和科研，早已学业荒废，有名无实。由于“文革”中不正之风的影响学术队伍中还产生和拉进一些“假牛皮衣”“江湖学派”“关系学家”等不称职的人，他们在群落中只会起压抑人才和煽动歪风邪气的作用。凡是非学术人员和不称职的人多的学术单位，必然不出成果，必然乱哄哄。这是一些人才群落不能发挥实际效力的根源。我们要实现四个现代化的宏伟目标，不下决心对人才群落进行一番去芜存菁的工作是不行的。

我国现行的工资和学术职称晋升制度中也存在某些不完善的地方。对不同质量和水平的人才群落限定比例普遍降雨的方法，就不利于鼓励中青年的优秀人才向国家重点单位流动，并助长群落中论资排辈的自抑制现象。一些人利用制度还不完善的空隙取得高级职称和生活待遇，就会在人才群落中产生不良的示范作用，造成一些人只注意学术论文和专著的数量，而忽视科学本身的发展和社会主义建设实际需要的倾向。科技人员如果不把眼睛盯住科学发展的最高水平，而仅着眼于取得某种职称，“一靠人事，二靠年事，三靠本事”，就会碌碌无为，一旦取得高级职称反而满足现状不图进取。这说明还需要进一步完善工资和职称晋升制度，以鼓励科技人才的责任心和事业心。

我国科技人才群落构成上的不合理，还直接反映了人事制度的缺陷。人事部门的负责人只求控制城市人口，只求减少安排家属和分配房子的困难，只强调计划分配，忽视人才交流，研究生分配和科技人员调动，大城市的人事局只愿接受家在本市的当地人，弄得重点大学和科研单位中"老乡"甚多，使这些本来是全国性的人才群落逐渐地方化，学术水平被降低。在人本工作中不首先坚持因材录用的原则，采取只顾眼前的做法，其结果只能是误国误民，妨碍科学本业的发展。

时至今日，还有人借口劳动力多而拒绝高效率。难道不清楚没有高效率，就有高消耗，就有大量人才和资金的浪费，从而降低经济效益，抵消掉生产力的发展。事实证明，怕出现失业人口，怕调整社会结构而拒绝高效率的道路是走不通的，那就等于不要四个现代化，其结果只能是越来越被动。我们中国应办的事情那么多，只能是人才不足，人力不足。整个民族的创造力和聪明才智充分发挥出来，社会主义建设事业就会生气勃勃。

三

要促进我国科技人才群落的现代化发展，合理解决人才流动的问题是当务之急。人才群落只有在人才流动中才能保持自己的开放性，才能利用自然淘汰的法则淘汰掉不称职人员，防止腐化作风的发生。人才流动可以加速群落的学术更新和人才更新，有利于新学科的建立，有利于进行跨学科的研究，有利于综合技术问题的解决。通过人才流动，可以加强群落和社会的自调节、自组织作用，使科学研究和知识传递自觉地适应科学本身的发展规律和社会的需要，使制度和管理上的许多矛盾得到及时揭露和解决。人才流动本身就会纠正群落分布和结构上的不合理性，加强群落之间的竞争，促使各类学派的形成，在全国范围内造成百花齐放、百家争鸣的局面。

人才流动本身就会造成学术繁荣的局面。党的十一届三中全会后，知识分子政策进一步落实，大量科技人才归队，使各大学的人才群落重新组合，许多新学科也在这时出现。人们知道，德国的科学研究是以大学为中心进行的。根据我们的国情，显然未来的现代化发展也是以逐步转移到大学为研究中心较为合适。德国现在已经作出了可以在别的大学招聘研究者的规定，以这种形式进行人才交流。美国则对年轻的科研人员采用合同制，根据其研究成果来延长合同和提高待遇。为了防止科研和教育机构人才群落的思想僵化，他们还遵守着限定在教学和研究人员中同一个大学毕业的不能超过一定比例的惯例。在著名的贝尔实验室九千多名科技人员中，有一半人工龄不满五年。他们认为人才流动是使研究生命旺盛不衰的重要条件。事实说明，人才群落是一个开放系统，它需要在民主气氛下的广泛学术交流和人才流动。没有人才流动，人才群落的生命力就会窒息。

四

微型电子计算机、遗传工程、光导纤维、激光、海洋开发和新材料、新能源等现代技术的应用，必然引起社会生产力的新飞跃。社会生产力在资本主义国家和社会主义国家将会出现不同的前景。可以预见，新的工业革命不仅不能治愈资本主义制度固有的症结，而且会加速资本主义所有基本矛盾的激化，最终为共产主义在全世界的胜利创造条件。只有社会主义制度才会给高度发展的生产力开辟广阔的前景，新的工业革命也会使我们清除掉旧社会遗留下来的封建主义、资本主义弊病，使我国的社会主义制度进一步完善起来。为了使我国的人才群落适应高速发展的现代化新形势，我们认为以下设想是可行的。

首先要加强社会主义制度下的计划管理，推进科技人才群落体制的改革。从战略观点看，应该根据我们的国情建设起我们自己的新型科研基地和新型工业区。要逐步把科研和教学结合起来，形成既出成果又出人才的科学技术中心，使科学活动变成社会过程合理自我调节的因素。科学技术活动应该适应科学技术本身的发展规律和社会的需要，克服研究课题的无政府状态，把管理科学技术活动，获取最大经济效益作为国家总政策的一部分。对于那些不适应现代化发展，脱离实际，长期不出成果的科研组织要撤销，对适应现代化要求，有前途的新兴领域和边缘学科要扶植，以保持教学、科研和社会需要的一体化及科学活动的高效率。

我们应该用一批有真才实学，有志于献身我国科技事业的管理专家来撤换那些对祖国前途漠不关心的不称职的人。国家要组织科技人员的再学习和再分配问题，加强对科技人才各项指标的统计，及时解决他们生活上的一些实际困难。

同时，为了疏通全国学术界人才流通的渠道，要改革和完善人事制度。重要的学术群落都要保证一定比例的中高级人才特别是中青年人才能畅通流动，并随时安排好他们的家属和住房。如果全国各地的人才流通渠道都畅通了经过一段时期就会达到自然平衡。只要全国各地都能调进调出，就不仅不会造成城市人口暴涨，反而可以把多余的人才疏通出去，这既可以鼓励边远地区采取相应措施吸引他们需要的人才，还可以在自然条件好的地区形成文化城。科技人才不担心进不了大城市，也会安心在小城市工作，有人到沿海城市，也会有人根据自己的条件和科研需要到边疆和内地工作。在流动中要不断整顿学风，淘汰掉那些不合格的群落和不称职的人员，迫使他们改造和提高自己。人才群落的效率是以人才的质量高低为转移的，只有通过人才流动的自然淘汰法则产生出一批学风端正，真正高质量高效率的人才群落，才能使知识分子取得社会上多数人的信任，提高整个民族的科学素养。

重点大学和科研单位一定要采取措施防止群落的人才老化和创造力萎缩。一般说来，全国性的重点人才群落至少应该有40%外省市或外学校培养的人才参加工作，还要在编制中留出大约20%的人员流动指标，以便进行人才交流。研究机关要不断改变人员的组合，要允许研究人员转换协作组和科研部门，乃至改变自己的研究领域，以激发人才的创造力。根据日本学者山田圭一等人的研究，世界上各个科技领域都有自己的兴衰周期。当每个研究领域的极盛时期过后，研究者们就应急速地转移到新的领域中去。当我们意识到某一科技领域同国外的差距而拼命追随外国时，就不如以更大的精力开辟新的创造性研究。

为了鼓励科学技术发明和学术研究成果，根据我国现实情况需要设立起一套合理的学术评议和鉴定机构，以取代各学术团体现行的多标准的大量评议工作，并通过相应的刊物进行争鸣。学术评议机构要主持公道，发现人才，支持创新，及时反映人才群落及其个体的学术水平和研究进展，成为贯彻和落实党的方针政策的重要渠道。在学术上有了客观标准之后，要按照社会主义"按劳分配"的原则逐步使科技人员的工资和生活待遇以学术水平和劳动贡献为主，以利于有真才实学的中青年科技人才把全部精力投入科学事业中去。

——原载《科学学与科学技术管理》1984年第7期

科技对社会发展阶段的制约作用

社会形态和社会发展阶段主要是以生产力发展水平和所有制的形式为标志的。生产力发展水平和科学技术发展水平有密切关系,生产资料所有制形式,在某些方面也与科学技术发展水平有关。历史上每次技术革命都对社会发展产生巨大而深远的影响。当今时代,纵观历史,分析科学技术与社会的协调发展,深刻地认识科学技术对社会发展阶段的影响和作用,对每个国家,民族都具有格外重要的意义。

一、影响原始社会的发展

原始社会的发展,一般地说,可分为三个阶段,即原始群时期、血缘家族公社和氏族公社时期,各阶段的发展都与科学技术的发展有密切关系。

(一)原始群时期的萌芽技术

这个时期应从人类最初分化开始。人猿最初的分化,表现为手足分工和直立行走,这是决定的一步。正如恩格斯所说:“大概首先由于它们的生活方式的影响,使手在攀援时从事和脚不同的活动,因而在平地上行走时就开始摆脱用手帮助的习惯,渐渐直立行走。这就完成了从猿转变到人的具有决定意义的一步。”①

从直立行走到开始制造工具,经历了漫长的时期,这个时期就是原始群时期。此时的人,可称之为“形成中的人”,其古人类化石,早期代表就是腊玛古猿,后期代表则是南方古猿。

据考证,腊玛古猿还尽是使用天然工具,能够利用木石作为工具进行劳动。南方古猿更进一步,据考证,南方古猿近于人,能够使用工具,进行劳

① 《马克思恩格斯选集》第3卷,人民出版社1972年版,第508页。

动。面对凶猛的野兽和残酷的自然环境，南方古猿被迫组成一定的群体，用灵巧的手，持天然木石工具，对抗敌害，获取食物，谋求生存。南方古猿使用天然木石工具进行劳动，说明它已经掌握了萌芽状态的技术。

南方古猿群体是处在蒙昧阶段的最原始的蒙昧人。对此，马克思说："一个蒙昧人（而人在他已不再是猿类以后就是蒙昧人），用石头击毙野兽，采集果实等等，就是进行'有益的'劳动。"①南方古猿正是处于这个发展阶段的人。这时的劳动，是为了集体谋生，是动物式的本能的劳动方式。这种劳动方式也决定原始群内部的相互关系：过着杂乱性交生活，没有婚姻规范，没有家族关系，也无社会组织，但有相当密切的母系关系。原始的这种群居生活与技术低下密切相关。

（二）血缘家族公社时期的原始技术

从原始群发展到血缘家族公社，主要标志就是人工制造工具的出现。恩格斯认为，制造工具进行劳动，才是人类真正的劳动，因为，按严格意义讲，"劳动是从制造工具开始的"②。从严格的意义上讲，真正的技术也是从制造工具开始的。制造和使用工具，都离不开技术。

随着利用天然工具转变为制造工具，原始群的群体劳动方式逐渐过渡到血缘家族公社。这与共同制造和共同使用劳动工具有关。通过这种共同劳动方式形成一定的社会组织形式，即血缘家族公社。

这个时期人类化石的代表很多。中国的"元谋人"就是一个典型。元谋人比北京人要早，是我国目前发现的最早的远古人类。据考古材料的研究表明，元谋人已能制造工具，虽很粗糙简单，但却是人造工具，如各种刮削器、砍砸器等。元谋人的遗址中有许多炭屑，这证明，元谋人已知道用火。

早期直立人的进一步发展，是晚期直立人，北京人是晚期直立人的典型。其他如爪哇人、蓝田人、海德堡人都属晚期直立人。北京人已知穴居、用火、制造工具，他们在这一过程中，逐渐积累了一套技艺，有了一定的技术。

血缘家族公社便是人类历史上第一个社会组织。血缘家族在人类婚姻家族发展史上，也是第一种家庭形式。婚姻已是有规定的，从禁止父母与子女间的婚配，到最后禁止兄弟姐妹间的婚配，这是家庭发展史上的两大进步。恩格斯曾说："如果说家庭组织上的第一个进步在于排除了父母和子女之间相互的性交关系，那么，第二个进步就在于对于姊妹和兄弟也排除了这

① 马克思：《哥达纲领批判》，人民出版社 1965 年版，第 8 页。

② 《马克思恩格斯选集》第 3 卷，人民出版社 1972 年版，第 513 页。

种关系。”[1]

血缘家族公社作为社会群体，其大小、分合、发展，由什么决定的呢？主要是用狩猎工具技术的发展水平和状况来衡量。同时也要参考周围可以利用的天然资源有多少和提供每个人足够食粮的地区范围的状况。有的社会学家对比各种因素，对比现代狩猎团体与古代狩猎群体，可以推测血缘家族公社的规模。这一事实也证明，社会生产力的发展和社会生产关系与劳动工具、技术水平有密切关系。

(三)原始社会氏族时期的简单技术

在长期的社会劳动实践中，旧石器时代初期的原始人类(直立人)，同自然界进行了艰苦的斗争，发展了自己的体质，同时也创造了原始文化。到距今的二三十万年至五万年前，在考古学上的旧石器时代的中期，原始人类从晚期直立人发展到智人阶段。智人体质比直立人进步，智慧也比较发达，生产工具、技术、文化，有了进一步的提高。与此相适应，人们的社会关系和社会结构也引起变化，导致以母系血缘关系为纽带的氏族组织的萌芽和产生。

1. 早期母系氏族的工具和技术

早期智人劳动技术比直立人高，劳动工具有较大改进。石器制作技术有较大进步，制作方法由简单到复杂，由石板备料制成的片器发展为修饰加工的压制石器。工具的器型也开始多样化，并有了初步的分工和定型，由一器多用发展到分工专用。[2] 制造石器的方法也有发展。旧石器初期、中期，有打击和琢磨的方法，后期发明了打制石片的新方法，即间接打击法，又利用压削法对打击下来的石片进行加工，还出现了磨、钻的技术。这些技术，促进了氏族社会的发展，也为新石器时代的磨制石器奠定了技术基础。

石器打击技术的发展，使石器的种类增多，不但有刮削器、尖状器、雕刻器、锥子，而且出现了各种切具，如带角切刀等。有了尖锐的石器，才可能制造骨角器和木器。欧洲的尼人和我国的丁村人，都使用过骨器。技术的进一步发展，可利用骨制尖状器、刃状器或雕刻器等，制作并修整骨、角。技术再进一步发展，骨器又开始专门化：有作为生产工具和武器的骨刀、骨镞、矛头、鱼钩等；有作为日常用具的骨刮、骨钻、骨针等；有作为装饰品的骨制的头饰和耳饰、牙制的项圈等。

随着工具的进一步发展，出现了复合工具和复合武器，这是技术发展中的重要步骤。作为生产工具的石器、骨器装上木柄，便于使用；作为武器的

---

① 《马克思恩格斯选集》第4卷，人民出版社1972年版，第33页。

② 林耀华：《原始社会史》，中华书局1984年版，第136页。

装上木柄，可以投掷得更远，杀伤力更大，如投矛器等。利用这些工具进行劳动，生产力就比以前大有提高。

2.早期母系氏族的经济生活

随着技术的发展，狩猎也在迅速发展，并逐渐成为这个时期人类生产活动的重要部门。狩猎的主要工具是矛，也有用陷阱、石球、弹丸和火猎取动物的。狩猎对象有许多是凶猛的野兽，如猛犸象、毛犀等。这些野兽，毛长皮厚，投矛和尖状器都不易刺入。当时的工具和武器毕竟原始粗陋，因而必须集体劳动，合群协作，共同狩猎。

狩猎的发展和工具的定型化进一步推动生产力的发展。与此相联系的是，氏族内部产生了简单的分工：男子主要从事狩猎，女子从事采集，女子留在住所管理家务，缝制衣服，制造器皿，烹调食物，抚育后代。妇女在社会生活中处于主导地位，受到氏族成员的尊重和崇敬。

到旧石器时代晚期，人类已能人工取火。对火的控制和利用，开创了人类历史的新纪元。恩格斯指出了这个发明的重要意义。他说："毫无疑问，就世界性的解放作用而言，摩擦生火还是超过了蒸汽机，因为摩擦生火第一次使人支配了一种自然力，从而最终把人同动物界分开。"[①]最初的人工取火方法很可能是打击法，从打制石器时由燧石与燧石相击迸发出的火花受到启示而产生的。后来，随着钻孔和磨制技术的发展，人们就学会了摩擦取火。古代取火方法，从考古发掘上尚不能目睹，但现代一些民族，仍保留着多种原始取火方发，有打击、摩擦、钻木、钻竹等等。

摩擦取火的发明，使原始人掌握了一种强大的自然力，促进了生产的发展，也促进了生产工具的改进以及生产技术的提高。因为，取火方法的发明，使人类广泛、经常地用火成为可能，随之而来的是，进一步改善和推广了熟食，熟食又促进人脑的扩大和发展，为古人类体质和智力的进一步发展创造了条件。更重要的是火成为重要的生产手段，不仅驱赶猛兽，还可围攻野兽；同时，可以利用火从事"刀耕火种"，促使原始农业产生，利用火加工武器和工具，促进渔猎业的发展，利用火焙热泥土，逐渐发明了陶器，等等。

随着狩猎技术、用火技术、制陶技术的发展，人们逐渐学会了造屋，并逐步转入相对的定居，从而形成新的生活方式。这种比较永久性的住所，反映当时人类已有比较稳定的社会组织，说明氏族社会已经萌芽。

母系氏族社会的发生、发展，与当时的技术发展是相适应的。初期的母系氏族在经济方面的特征是采集、狩猎和原始渔业。采集、家务、育儿主要

---

① 《马克思恩格斯选集》第3卷，人民出版社1972年版，第154页。

由妇女承担，子女从母居，世系按母系计算，因而妇女占社会的主导地位。

母系氏族社会从早期发展到繁荣期，这与当时的生产工具和生产技术的发展，也有密切关系。在母系氏族社会繁荣期，其生产力和生产工具发展的标志：第一，旧石器时代晚期已经出现琢磨和打火的技术，为新石器时代磨制石器的发展打下基础。为了制造磨制石器，人们首先要选好石料，打琢成形，然后蘸水研磨，使器身锋利，形状准确。与此同时，钻孔技术也发展起来，磨制石器经钻孔加柄，使用起来就更顺手，效能更高。第二，有了陶器，可以蒸煮食物，利于定居。随着生产工具的改进、农业发明，畜牧业产生。这时，人们从单纯依靠自然界，采集天然产物，过渡到利用自然界，依靠技术，通过劳动获得产品。我国考古发掘发现的半坡遗址，就是母系氏族公社的村落遗址。参观半坡遗址，便不难认识母系氏族社会繁荣时期的景象：半坡人主要从事农业，并捕鱼打猎和饲养家畜；房屋密集，且多层叠压，说明定居时间长；半坡人使用的石器，多是磨光，种类很多，骨制工具磨制得也极精致；手工技术已相当进步，人们已会制作毛皮，挖凿容器，编结渔网，缝缀衣服，制作陶器。

（四）原始公社解体时期的技术发展

随着科学技术的进一步发展和生产力的增长，农业、畜牧业和手工业显著发展，男子在这些生产部门的作用愈益重要，逐步处于主导地位。

1. 父系氏族公社的技术和经济

父系氏族公社的技术，主要特征是金属、石器并用，不但有更完善的石器，而且出现了铜器。由于铜器的使用，木器的制作和加工改进；木柄铜锄、铜铲的使用，明显地提高了劳动生产率。铜器的使用，大大促进了农业和手工业的发展，它成为生产力发展的重要标志，也是过渡到金属时代的开端。

手工业的发展，主要表现在制陶技术、冶金技术的发展。和母系氏族社会相比，制陶技术的进步主要表现在制坯、造型、修窑、掌握火候技术等方面。在制坯技术方面，由手工制坯发展到陶轮制坯。用陶轮制坯，不仅形态多，式样美，厚薄均匀，效率也高。据考古发掘，我国大汶口文化晚期，已有了轮制陶器。在烧窑技术方面，由于火膛加深，火口缩小，支火道增多，不仅窑室内受热均匀，而且增加了热力；同时还掌握了高温操作和密封窑室的技术。这些技术为黑陶的出现创造了条件，也为冶金技术的发展，奠定了基础。山东龙山文化发现了不少精致轻巧、薄如蛋壳的黑陶，说明制陶技术已相当发达。

最早发现的金属，是黄金、铜和陨铁。黄金可制作饰物和小用具，陨铁可制作少量铁器，都极有限，对生产的发展作用不大。但是铜器的使用和制造却不然，它的使用和制造，对生产工具的发展意义重大，人类从此进入金石并用的时代。在制造铜器时，最初用冷锻法对天然金属进行锻打，后来用冶炼法进行锻铸。金属工具的先进性表现为，它可熔，便于锻造，又很坚硬；它是金属，具有延展性，可以锤铸成器；而且金属工具更加耐用，如有损坏，可以再熔炼成新工具。

2. 父系氏族社会的社会分工和社会组织

父系氏族社会，由于工艺技术的提高和生产工具的发展，农业、畜牧业、手工业不断分化，出现了第一和第二次社会大分工。

第一次社会大分工是在畜牧业产生的基础上发生的。恩格斯指出："牲畜的驯养和繁殖以及较大规模的畜群的形成，看来是使雅利安人和闪米特人从其余的野蛮人群中分离出来的原因"，"畜群的形成，在适于畜牧的地方导致了游牧生活"。[①] 游牧部落的形成及其从从事其他生产活动的部落中分离出来，标志着人类社会生产第一次大分工。

第二次社会大分工是手工业和农业的分化。父系氏族公社时期，手工业取得更大进步，主要表现在轮制陶器的发展，金属器的制作和使用。由于手工业的发展，于是发生了第二次大分工，即手工业和农业分离了。

随着农业、畜牧业、手工业的分化和发展，社会关系和社会组织也发生了变化。

首先，男子逐渐取代女子而占据社会的主导地位。这时，男子掌握着谋生的手段和劳动技术，掌握着更多的财富。于是男子"产生了利用这个增强了的地位来改变传统的继承制度使之有利于子女的意图"[②]。而这种"希望把财富传给子女的想法导致把世系由女系过渡到男系时，这时便第一次奠定了父权的坚固基础"[③]。

其次，与父权制形成相适应，对偶婚向一夫一妻制过渡。为了保证财产的父系继承，女子要嫁给男子，与丈夫同居，受丈夫支配。

再次，出现贫富分化和私有制萌芽。由于社会生产力的发展，出现剩余产物，出现分工和交换，为私有制萌芽奠定了基础。

随着父系氏族社会的建立，父系家族公社成为基本的社会结构。在父系家族公社里，土地公有，由家庭成员共耕。主要生产工具为家族共有，劳动产品由集体消费。但这种家族公社中，家长是核心，他可以支配其成员，

---

① 《马克思恩格斯选集》第4卷，人民出版社1972年版，第20、21页。

② 《马克思恩格斯选集》第4卷，人民出版社1972年版，第51页。

③ 马克思：《摩尔根〈古代社会〉一书摘要》，人民出版社1965年版，第38页。

支配公社的财产。

在父系家族公社的基础上，又形成了父系氏族公社和部落公社。父系氏族公社是由若干父系家族公社构成的。父系部落公社又是由若干父系氏族公社构成的。作为一个部落，有其共同的特点：各有自己的地域和名称；有自己的方言；各氏族族长组成部落酋长会议作为管理机构；有自己的习惯法；有自己的宗教信仰和崇拜活动。

3.技术、生产的发展，促使血缘公社解体

由于金属器的使用，使生产力得到较大发展。人们在生产上，过去需较大集体才能应付的事情，现在小的集体甚至个体也能做到了。于是，作为社会生产单位的父系家族公社，就逐渐分化出个体家庭来。这些小家庭由过去的单纯消费单位转变为社会生产单位，集体劳动逐渐向分散的个体劳动转化。这种转化，标志着血缘氏族公社的瓦解，代之兴起的是农村公社。

农村公社和氏族公社不同：氏族公社是建立在血缘关系上的，农村公社割断了血缘联系，确立了地域联系，使不同血缘关系的人们组成村落公社。同时，房屋和园地私有，因为个体家庭成为生产单位，个体家庭使用的房屋和园地就变成了个体家庭的财产。虽然耕地公有，但定期重分，公有共耕变为公有私耕。总之，农村公社具有两重性。在所有制方面，表现为集体劳动逐渐为个体劳动和分散经营所代替；在分配方面，导致社会产品私人占有，促使贫富分化加快和私有制的产生。农村公社的这种二重性，在生产和技术发展过程中，逐渐一重化，导致原始社会解体，私有制社会的诞生。

二、制约奴隶社会的兴衰

（一）科技促使奴隶社会的诞生

在原始社会末期，随着劳动工具的改进和技术的提高，以及社会分工的扩大，劳动生产率有了显著的发展，出现了剩余产品，从而导致奴隶制的产生。所以，恩格斯说："一切部门——畜牧业、农业、家庭手工业——中生产的增加，使人的劳动力能够生产出超过维持劳动力所必需的产品。……吸收新的劳动力成为人们向往的事情了。战争提供了新的劳动力：俘虏变成了奴隶。第一次社会大分工，在使劳动生产率提高，从而使财富增加并且使生产场所扩大的同时，在既定的总的历史条件下，必然地带来了奴隶制。"①

① 《马克思恩格斯选集》第4卷，人民出版社1972年版，第157页。

在这个社会过渡时期，铜器和青铜器的制造和使用对于古代东方国家（包括埃及、巴比伦、波斯、印度、中国）的形成起着特殊的作用。可以说，古代东方国家都是在铜器、青铜器时代建立起来的奴隶主占有制的国家。

公元前1400～1100年，青铜器在我国已十分普遍。武器和祭器以及宫殿中的用具和坟墓中的陪葬品，不少都是铜器。我国殷商中期就用青铜铸造农具并开始成为基本的生产工具。公元前1000年左右，在西欧和我国都出现了铁器。铁器在原始社会向奴隶制社会过渡时期，虽然不是占主导地位的生产工具，但它大大提高了生产力，促使原始社会解体。

制造金属工具要有冶炼金属技术。冶炼技术，是采石业中发现的金属矿石和制陶业中高温加热技术的结合。随着制陶业和采石业的发展，冶炼技术也不断提高，出现了金属冶炼，人类开始进入金属用具时代。石器工具和技术向金属工具和技术的转换，为奴隶制的产生奠定了物质基础。

有了金属农具，农耕相应地活跃起来，种植野谷，驯养牛马作动力耕作，使人类由游牧生活进入农业生活。金属工具也促进了手工业的发展。制造金属工具与制造石器不同，它需要人们掌握比较复杂的技术，随着金属工具的发展，单靠农业劳动者兼作已经不行了，需要一部分劳动力从农业中分离出来，成为专门性的行业。还因为农业和畜牧业的发展，提供了越来越多的农产品和畜产品，从而使纺织、酿酒、榨油等手工业也相应地发展起来，并逐渐从农业中分离出来。

生产分为农业和手工业两大部类之后，出现了直接以交换为目的的生产，即商品生产。随后产生了货币，产生了商人阶层。商品生产侵入原始公社内部，便把原始社会集体占有生产资料、共同劳动、平均分配产品的社会经济原则破坏了。氏族部落酋长在各种经济生产和商品交换中，把公社的产品攫为己有，这些酋长积累了越来越多的财富，加快了两极分化。阶级分化的加速，扩大了奴隶的来源，使用奴隶的范围日广，数目日多。量变引起质变，原始氏族社会最终转化为奴隶制社会。

据一些历史学家考察，我国氏族社会向奴隶制国家过渡的时期是夏代。夏代已有冶铜作坊，夏铸九鼎的记载就是证明。制陶技术的发展、青铜器的出现和铸鼎的记载，反映夏代手工业技术已有相当水平，为殷周向青铜器的鼎盛时代发展奠定了基础。

（二）科技制约奴隶社会的发展

在促使奴隶制发展的过程中，有三种分化：

一是商业从农业和手工业中分化出来。这种分化与生产工具和生产技术的发展有密切关系。由于生产工具和生产技术的进步,提高了生产力,出现大量剩余产品可供交换;分工的专门化,使商人阶层形成,促使家长奴隶制转化为发达的奴隶制。

二是脑力劳动与体力劳动的分化。原始社会末期,已经出现了这种分工的某些萌芽形态。到了奴隶社会,由于技术和生产进一步的发展,奴隶劳动可创造较充裕的剩余产品,因而有可能使社会一部分人完全摆脱体力劳动,专门从事管理社会事务和科学、技术、文化艺术活动。这样就产生了脑力劳动与体力劳动的分工,使科学、文化、艺术有了显著发展。反过来,又促进了生产和社会发展。

三是城乡分离。在从原始社会向奴隶社会过渡的时期,就已出现了城市。奴隶制国家出现后,更加剧了城乡对立。城市逐渐成为社会的政治、经济和文化中心。古代城市和现代城市不同,它是建立在土地所有制和农业之上的。城市的出现,使科学技术更加集中,从而方便于技术交流,利于竞争,使其发展更快。

我国的商代,就是奴隶制的发展时期。这时的生产工具和生产技术有了进一步发展。最能反映时代特点和技术水平的,是当时的青铜铸造业。商代的青铜器物主要是礼器和兵器。在商代早期的冶铜遗址中,发现两种炼锅。一种是陶制的缸或大口尊,其内外壁敷上一层较厚的草泥;一种是纯用草泥制成。到了商末,用草泥盘筑的炼锅,容量更大,基本上可以适应大型铜器铸造的需要。重875公斤的“司母戊”大方鼎,就是这个时期铸造出来的。商代青铜制作技术水平很高。“司母戊”鼎结构复杂,耳、身、足分别铸成部件,每个部件需要用范两块到八块不等,各部件分别铸好后,再连铸成整体,若没有较高的铸造技术是难以实现的。

商代的陶器,不但种类多,而且制陶技术发达,已有了带轴的陶器和白陶器。白陶器是用瓷土制坯,经1100度左右高温烧制而成,质地坚硬,吸水性差,色泽洁白,做工细腻,实用价值大,艺术价值高。

到了周朝,特别是西周,冶金技术和制陶技术更有发展。在西周,手工业生产工具已有了斧、刀、锯、钻、凿等;也有了兵车、田车和乘车,车辆制造分工细,技术较精;在天文、历史方面也积累了不少知识。周朝的科学技术水平与奴隶制的发展是相适应的。有什么样的生产工具和生产技术,就有什么样的生产水平,就有什么样的社会及其发展阶段。

(三)科技影响奴隶社会的衰亡

奴隶社会的衰亡,同它的产生、发展一样,也是和生产工具与生产技术的发展有关。

首先，铁制工具广泛使用，促进了生产力的发展。在战争中，兵器渐用铁、铜制造，更加锋利、坚固。农具和手工业工具也主要是铁制的，冶炼技术有了很大进步。

我国战国时期是奴隶制走向衰亡的时期。这个时期，采矿业具有较先进的技术水平，采掘工具主要是铁器，并解决了井下通风、排水、运载、提升、照明和巷道支护等一系列复杂的技术问题，为冶金工业的发展提供了前提条件。冶铁和铁器制造的技术也有相当水平。战国的冶铁，以木炭为燃料，用皮囊鼓风，冶炼出的铁，可打制成犁、铧、镬、斧、锯、钻、凿、锤、针、锥等铁制工具和戈、矛、剑、刀等铁兵器。

其次，科学技术取得辉煌成就。比如，《吕氏春秋》的《上农》《任地》《辩土》《审时》四篇，和古罗马农学家伽图的《农业志》，都提出了许多农学原理。天文学成就尤为突出，出现了专门观测天体运行的占星家和天文学著作。地理学、医学、数学、化学、物理学等都有重要成果。

还有，商品生产有更大发展。由于商业的发展，工商业城市不断兴起。商品交换的发展，促使货币广泛流通，借贷活动也开始盛行。这是社会生产力迅速提高的必然结果。

随着科学技术的发展和生产力的提高，社会必然向前发展。于是，奴隶制反而由繁荣走向衰亡。因为，奴隶制逐步变得阻碍生产力发展。

第一，奴隶制妨碍了生产技术的提高。随着使用奴隶数目的增多和对奴隶剥削程度的加强，奴隶主变得更富有了，于是逐渐脱离了体力劳动，成为专靠奴隶劳动生活的剥削者。从这时起，奴隶主对劳动的态度也发生根本的变化。奴隶主占有制末期，奴隶主的寄生性和腐朽性越是加强，奴隶越仇恨劳动，越丧失劳动主动性，他们就越是采取破坏劳动工具的方式，以示反抗。劳动工具的破坏，使农业、手工业、商业的发展，受到影响。可见，奴隶制妨碍了生产技术的提高，不再适应生产力的发展。

第二，自由农民和手工业者日益贫困和破产。在奴隶社会，自由农民和手工业者在社会中起着重要作用。随着奴隶制的发展，他们由于经受不住奴隶主经济的排挤，奴隶主国家的压榨，以及商人和高利贷者的剥削，而且日益贫困和破产。破产的农民和手工业者，处境悲惨，生活无着，到处流浪，严重影响奴隶制经济的发展。

第三，农业、手工业、商业的衰落。奴隶社会末期，奴隶破坏生产工具，农民、手工业者破产，则使农业、手工业、商业日益衰落。恩格斯在分析罗马奴隶制的衰落时曾深刻指出，商业、手工业和艺术的衰落，都市的衰败，农业的倒退，导致罗马奴隶制衰落。当然，这种衰落是相对的。有的国家，在奴隶制衰落时期，生产也不一定就是倒退、停滞；有的也有发展，不过发展很缓慢罢了。我国战国时期比春秋时期，农业、手工业、商业的发展还是高的。如果不是奴隶制的束缚，生产力可能发展更快，更高。

三、促进封建社会的演变

(一)封建社会产生的重要因素

封建社会历史发展很长，大体可分为三个时期。第一个时期，是中世纪早期(约从5世纪末到11世纪前半叶)；第二时期是中世纪晚期(约从11世纪后半叶到13世纪末)；第三时期是封建社会向资本主义社会的过渡时期(从16世纪末到18世纪的后30年)，也可以叫作资本积累的初期。①

1. 封建社会第一阶段的科学与技术的发展

首先，关于劳动工具的发展。在封建社会初期，炼铁多用土法熔炉。这种土法熔炉每次要取出铁块而拆掉炉子，然后再重新充填垒砌。对钢铁的需求，刺激了技术的改进，主要是通过用水轮代替人力，加强鼓风，提高效率，以增加产量。金属加工技术和生铁铸造工艺也有了发展。金属加工的产品，有各种武器、劳动工具，以及马车、马具等。继而则出现了运输和起重机械，如马拉矿井超重机等。工艺机也获得重要发展，如有了由水轮驱动的风箱和有踏板传动的手工织机。铁器的发展和广泛应用，复杂机械的出现，和各种机械的制造，都为生产力的发展创造了物质基础，也为封建社会的形成提供了物质条件。

其次，动力资源得到利用。封建社会早期，在自然经济条件下，水力和风力的利用，主要是用来推动谷磨。为了使水推动磨，应在磨盘和水轮之间安装让水轮绕水平轴转动的传动装置。这一技术在当时是比较先进、比较复杂的。但是封建社会早期的动力，主要是人力、畜力、水力、风力，还没有发现和使用蒸汽动力，因而还有很大的局限性。

还有，出现了一些科学技术发明。在封建社会早期，最有代表性的技术，如中国汉代的造纸技术、张衡制造的地震仪、马钧发明的陆地上用的指南针等等。

---

① 参见[俄]库德里亚夫采夫等《物理学史与技术史》，黑龙江教育出版社1985年版，第55页。

2. 封建社会生产关系的形式

西欧封建制度是在罗马奴隶制度的废墟上产生的。中国的封建社会是在春秋战国的基础上发展起来的。在罗马帝国末期，奴隶制生产关系已不再适合生产力的发展。一方面，生产工具和生产技术有所发展。另一方面，奴隶起义、逃亡，农业、手工业、商业的停滞甚至倒退。在封建制发展过程中，奴隶社会的奴隶逐渐变为隶农，自由民也沦为依附农民。在封建生产关系业已产生的时候，日耳曼等部落征服罗马帝国，并加速封建生产关系的形成。所以，马克思、恩格斯说："在日耳曼人的军事制度的影响下，现存关系以及受其制约的实现征服的方式发展了封建所有制。"①西欧封建化的过程，从公元1世纪左右开始到10世纪前后才告完成。从5世纪到10世纪前后，这是西欧封建社会的初期阶段。而在中国，西周奴隶制度开始崩溃，"井田制"遭到破坏，诸侯之间的战争，也加速了封建所有制和封建地主阶级的形成。

（二）封建社会繁荣的推动力量

在西欧，封建社会从11世纪后半叶到13世纪末是第二时期，一般地说，在我国，相当于唐、宋、元、明时期。

从科学技术方面看，西欧封建社会之所以发展较快，主要是科学技术发明多，特别是引进了东方的发明，即中国的发明。如12世纪引进指南针等。12世纪，中国的造纸术传入欧洲，西班牙人、法国人先后建成造纸厂。13世纪又传到意大利。印刷术传入西方，促进了欧洲文化科学的普及和提高。中国发明的火药在13世纪传到欧洲，并逐步推广使用，1325年发明了火炮，后来又发展成铸炮。火炮的出现，改变了战争的方法，使欧洲社会发生巨大变革。

12世纪，欧洲出现了大学。波伦亚大学成立于1100年，帕多瓦大学于1222年成立，著名的牛津大学于1229年成立，布拉格大学于1348年成立。

许多古希腊的著作传入欧洲。亚里士多德的著作被重新发现。实验自然科学的先驱罗吉尔·培根的思想对自然科学的发展起了重要作用。他认为："真正的知识是通过实验获得的。"还认为，科学试验的发展将导致巨大的发明。不过，培根的思想是早熟的，是封建社会从繁荣时期走向衰落时期的产物。它出现不久，就受到封建社会的摧残。他本人坐了20多年牢，第二次被释放时，已经74岁。②

---

① 《马克思恩格斯全集》第3卷，人民出版社1971年版，第27页。

② 参见[俄]库德里亚夫采夫等《物理学史与技术史》，黑龙江教育出版社1985年版，第92页。

包括培根在内,13世纪的实验科学造就了一批懂得实验和观察自然现象意义的科学家。其中,有佩雷格伦纳斯和维特里奥等人。1869年佩雷格伦纳斯出版了《论磁学》一书,书中论述了许多磁现象,认为:磁有两极,一为南极,一为北极,南北两极,互相依存,密不可分。他还做过磁球和磁针的实验。维特里奥是光学家,做过不少光学实验,曾指出光束在折射情况下的可逆性。这些科学家的工作表明,科学已开始向实验自然科学过渡,也标志着封建主义的生产关系达到顶点,并开始转向瓦解。

列宁说,技术的极端低劣和停滞是封建主义的经济制度的"前提和后果"[①]。也可以说,技术的进步和发展是封建主义的经济制度解体的"前提和后果"。科学技术的发展,促进生产力的发展,生产力的发展引起封建社会内部分工的扩大和商品生产的发展。商品生产的发展,又引起农村封建自然经济和城市封建行会组织的瓦解,并在这个基础上终于引起城乡资本主义生产关系的产生。

四、决定资本主义社会的起落

(一)蒸汽技术的激发作用

资本主义关系的萌芽,在欧洲,可上溯到14世纪。作为时代,可以说"是从十六世纪才开始的"[②]。但是,资本主义社会的形成是个长期过程,蒸汽技术是一个激发点。

蒸汽技术首先在英国发展起来。英国所以发生蒸汽技术革命主要因为英国废除封建制度后,对科学技术采取保护和奖励政策,促进了科学技术的发展。同时,英国逐步消除农业中的封建制度和小农经济,为资本主义大工业的发展提供了充足的劳动力和广阔的国内市场;并在资本主义的原始积累过程中,提供了大批的自由劳动者和巨额的货币资本。由于分工发达,劳动工具不断改进,熟练工人也日益成长。

1785年,蒸汽机在英国的棉纺业中开始应用。1800年,英国的蒸汽机增加到50台。进入19世纪以后,其发展速度才大大提高。1835年,英国工业中使用的蒸汽机就增到1900台。随着蒸汽机的大量使用,各种配套机器迅速发展,先后制成净棉机、梳棉机、漂白机、染整机等。随着蒸汽机的大量使用,棉花消费量大增。1780年英国棉花消费量只有550万磅,50年后,到

---

① 《列宁全集》第3卷,人民出版社1957年版,第161页。

② 《马克思恩格斯全集》第23卷,人民出版社1972年版,第784页。

1835 年，棉花消费量增到 31800 万磅，增加了 58 倍。棉纺织业的发展，促进了冶铁业、煤炭业和交通运输业的发展。1790 年则开始使用蒸汽鼓风，代替了人力、畜力，从而大大提高炼铁能力。1788 年，英国生铁产量为 6 万 8 千吨，而到 1835 年，则猛增到 102 万吨。蒸汽机的广泛使用和冶铁业的发展，促进煤炭业的发展。1770 年，英国的煤炭产量为 760 万吨，到 1835 年，煤炭产量达 3000 万吨。棉纺业、冶铁业、煤炭业的发展，又促进机器制造业的发展。进入 19 世纪，各种锻压设备和金属加工车床相继问世。19 世纪 30 年代后，又先后发明了切削机、铣床、钻床等。轻重工业的发展又推动运输业的发展，到 19 世纪初，轮船和机车先后制成。19 世纪 40 年代，在英国境内已形成了规模较大的水路运输网，并建成了不少铁路干线，两艘轮船还横渡大西洋成功。由于英国广泛使用蒸汽机器，社会劳动生产率大大提高，从 1770 年到 1840 年，英国工人的平均劳动生产率就提高了 20 倍。1820 年，英国的工业生产额占世界工业生产总额的大约一半。英国大约用了 80 年的时间，终于完成了产业革命。

继英国之后，从 19 世纪到 20 世纪初，美国、法国、德国、俄国和日本等国，也先后完成了产业革命，使资本主义的生产力有了巨大发展。马克思、恩格斯写道："资产阶级在它的不到一百年的阶级统治中所创造的生产力，比过去一切世代创造的全部生产力还要多，还要大。"[①]恩格斯还说："分工，水力、特别是蒸汽力的利用，机器的应用，这就是从 18 世纪中叶起工业用来摇撼旧世界基础的三个伟大的杠杆。"[②]

技术革命推动生产力革命，也促进生产关系革命。马克思早就指出："随着一旦已经发生的、表现为工艺革命的生产力革命，还实现着生产关系的革命。"[③]伴随蒸汽技术革命，手工工场逐步被机器大生产所代替，手工工场的工场主逐步变为支配现代工厂的资本家，从而使资本主义生产关系真正确立起来。

由于蒸汽技术革命，机器大生产逐步发展起来。此时，工人成为一无所有的无产者，靠出卖劳动力维持生活，与资本家形成雇佣剥削关系。在机器大生产中，资产阶级的经济实力不断加强，在政治上上升为统治阶级。同时，无产阶级和资产阶级的矛盾，也日益发展，日益尖锐。恩格斯曾说："十七世纪和十八世纪从事创造蒸汽机的人们也没有料到，他们所造成的工具，比其他任何东西都更会使全世界的社会状况革命化，特别是在欧洲，由于财

① 《马克思恩格斯选集》第 1 卷，人民出版社 1972 年版，第 256 页。

② 《马克思恩格斯全集》第 2 卷，人民出版社 1971 年版，第 300 页。

③ 马克思：《机器、自然力和科学的应用》，人民出版社 1978 年版，第 111 页。

富集中在少数人手里，而绝大多数人则一无所。”[①]

(二)电力技术的凝聚作用

19 世纪 70 年代以后，一场以电磁理论和电机为标志的新的技术革命又相继发生。发电机和电动机的发明，是这次新的技术革命的前奏和先声。继之，电灯、电话、电车、电报等等也相继涌现。电力技术的发展，既推动旧的工业部门，如钢铁工业等，获得迅速发展，贝塞麦、马丁和汤姆士等先进的炼钢法迅速获得推广，钢铁产量很快增加，又促进了新兴工业的产生，如电力工业、化学工业、石油工业、汽车工业等等。电力工业的崛起，为一系列工业的发展，创造了有利的条件。

电力工业的发展在美国特别迅速，1880 年，美国建立了第一个发电厂。到 19 世纪 90 年代，工业中已普遍使用电动机。19 世纪末在电力工业和内燃机的基础上，开始制造汽车。1900 年，汽车产量只有 4000 辆，可是到了 1914 年，则猛增到 568781 辆，净增 140 多倍。继之，石油工业发展起来，1900 年美国年产石油 6362 万桶，1910 年，则增到 20960 万桶，增加 3 倍多。短短几十年，美国成为发达的资本主义国家。从 1870 年到 1913 年美国工业生产增长了 8.1 倍，在世界工业生产中的比重增至 38%，把英国抛在后面，工业产量跃居世界首位。

由于电力技术的发展，其他资本主义国家的生产也迅速增加，从 1870 年到 1913 年，世界工业生产增长了 2.2 倍，钢产量增长了 50 多倍，石油开采量增加了 25 倍，铁路增长 4 倍，世界贸易总额增长 3 倍多。

在生产力发展的基础上，资本主义生产关系发生了许多新变化。列宁在《帝国主义是资本主义的最高阶段》一书中，进行了深刻分析。

第一，生产和资本高度集中，垄断集团主宰了经济生活。例如，德国在 1907 年，3 万多个大企业，即不到百分之一的企业，竟占有总数 3/4 以上的汽力和电力，而 297 万个小企业，占 91%的企业，却只占有 7%的汽力和电力。几万个最大的企业拥有一切，数百万个小企业无足轻重。雇用工人 1 千人以上的企业，有 586 个。它们的工人几乎占总数的 1/10，而汽力和电力几乎占总数的 1/3。这说明，在德国，生产和资本的集中，已逐渐造成垄断。美国所有企业的全部产值，差不多有一半掌握在仅占企业总数 1%的企业手里。列宁说：“这种从竞争到垄断的转变，是最新资本主义经济的最重要的现象之一，甚至是唯一的最重要的现象。”[②]当卡特尔这种垄断组织成为全部经济生

① 《马克思恩格斯全集》第 20 卷，人民出版社 1972 年版，第 520 页。

② 《列宁选集》第 2 卷，人民出版社 1972 年版，第 740 页。

活的基础时，资本主义就变成了帝国主义。

第二，银行资本和工业资本已经融合在一起，形成金融寡头。例如在德国，著名的“电气总公司”，据1912年计算，曾参与175至200个公司，掌握大约15亿马克的资本。据马尔克计算，发行证券数目，1881～1890年为645亿法郎，1890～1900年为1004亿法郎，1901～1910年为1978亿法郎。1910年有价证券数目，英国为1420亿法郎，美国为1320亿法郎，法国为1100亿法郎，德国为950亿法郎。英、美、法、德四国共有有价证券4790亿法郎，占全世界金融资本的80%。在美国，摩根和洛克菲勒两大财团通过金融资本，控制全国120家银行、铁路、工业公司和其他企业。可见金融寡头资本之雄厚、势力之大。

第三，资本输出占有重要地位。20世纪初，资本输出大大发展起来。在大战前夜，英、法、德三个主要国家的国外投资已达1750亿至2000亿法郎。1910年左右，英国在美洲的投资达370亿马克，在亚洲、非洲与澳洲达290亿马克。法国在美洲投资40亿马克，在亚洲、澳洲达80亿马克。德国在美洲投资100亿马克，在亚洲、非洲、澳洲投资70亿马克。到1914年美国资本输出已达35亿美元，15年间增加6倍。资本主义国家通过国外投资，压迫和剥削世界上大多数民族和国家，也影响这些国家的资本主义发展的进程。

第四，瓜分世界的资本家国际垄断同盟已经形成。资本家的垄断同盟卡特尔、辛迪加、托拉斯把国内市场分割霸占后，就向外扩张，造成世界市场，加强资本输出，形成国际垄断组织，并按实力瓜分世界市场。国际垄断组织之间的斗争，由此也加剧。各列强奉行殖民政策，极力霸占各国领土，世界第一次被分割完了，将来只有重新分割。列宁说：“资本主义向垄断资本主义阶级的过渡，向金融资本的过渡，是同分割世界的斗争的尖锐化联系着的。”①

（三）新技术革命的杠杆作用

19世纪末至20世纪初，技术获得了巨大的进步。20世纪以来，新的技术科学又得到进一步发展。以电子技术、电子计算机为主要标志的新技术革命，在资本主义国家应运而生。应当说，垄断意味着腐朽、垂死，垄断阻滞科学技术的发展。但是，由于新技术革命，又使垄断资本主义国家的生产力得到不断的发展，科学技术也得到不断的发展，资本主义似乎又有点生气。这从哪里来的呢？是科学技术。新技术革命通过生产力诸要素的影响，大

① 《列宁选集》第2卷，人民出版社1972年版，第798页。

大提高了劳动生产率，也不同程度地改善了工人阶级的生活状况，使垄断资本主义的生产关系不得不进行某些调整，以适应日益发展的生产力的要求，适应飞速发展的科学技术的要求。

由于科学技术和生产力的发展，垄断资本主义国家的产业结构发生显著变化，钢铁、汽车、橡胶等传统工业，日落西山，成为“夕阳工业”；激光、光导纤维、电子工程、生物工程、海洋开发、新能源等高技术产业，旭日东升，成为“朝阳工业”。高技术产业能够大幅度地提高生产力。这就不能不延长垄断资本主义的生命。

变为第三产业的服务性行业人员和被称为第四产业的脑力劳动人员将大大增加，这为资本主义的就业问题，开辟了一条重要渠道。

新技术革命推动中小企业的发展。由于采用新技术和新设备，使新建的中小企业不断发展。目前，美国中小企业已达1200～1300万家，雇用的劳动力占全国劳动力的一半，创造的产值占全国产值的2/5。当然，垄断资本仍占统治地位，还不能说垄断资本主义的性质已发生根本的变化。

每当资本主义发生重大变化时，一些社会学家、经济学家总是提出一些理论，对资本主义的变化进行解释。第一次世界大战后，有人则提出“有组织资本主义”的理论。第二次世界大战后，有人提出“人民资本主义”和“资本民主化”的理论。近一二十年，资本主义经济结构发生重大变化，加尔布雷恩、贝尔、托夫勒、奈斯比特等，又先后提出“新工业国”“后工业社会”“第三次浪潮”“信息社会”等理论。

60年代中期美国哈佛大学教授加尔布雷恩出版著作《新工业国》。他认为，现在的大公司是“成熟的公司”，这些公司不要求坚持利润最大化原则，只保证公司获得最优利润。在制定生产计划时，还考虑股东和工人的长期利益，因而现代资本主义社会中的“成熟公司”可以消除劳资间的阶级冲突。他还认为，在“新工业国”中，“技术结构阶层”在大公司中代替资本所有者，成为公司的主人，成为现代资本主义社会的领导阶层。

贝尔则提出“后工业社会”理论。贝尔认为“工业社会”在向“后工业社会”过渡，其主要内容是这样的：专业与技术人员取代企业主而居于社会的主导地位；理论知识居于中心，这是社会革新和制定政策的源泉；技术发展有计划、有节制，重视技术鉴定；依靠新的“智能技术”。① 于是，贝尔等学者认为，在科学技术革命推动下美国的社会已逐渐成为“后工业社会”。贝尔认为，“工业社会”中，机器处主导地位，是商品生产的社会，资本家和工人存

① [美]丹尼尔·贝尔：《后工业社会的来临》，科学普及出版社1985年版，第2页。

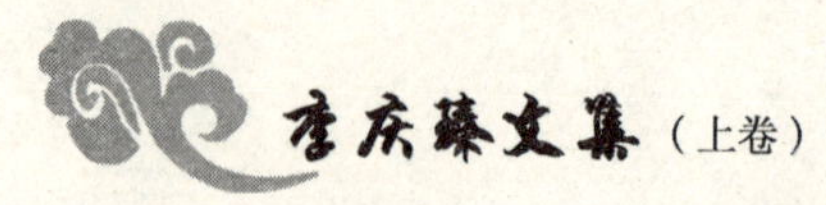

在斗争。而在“后工业社会”，服务性行业成为社会的基础行业，信息成为主要的资源，专业人员成为主要人物，专业人员与民众之间的矛盾，成为“后工业社会”的主要矛盾。

约翰·奈斯比特在《大趋势——改变我们生活的十个新方向》一书中，论述了十大趋势：一是“从工业社会到信息社会”；二是“从强迫性技术向高技术与高情感相平衡的转变”；三是“从一国经济向世界经济的变化”；四是“从短期向长期的变化”；五是“从集中到分散”；六是“从向组织机构求助到自助”；七是“从代议民主制到共同参与民主制的转变”；八是“从等级制度到网络组织”；九是“从北到南”；十是“从非此即彼的选择到多种多样的选择”。奈斯比特接受贝尔的“信息价值论”，反对马克思的“劳动价值论”，认为：“在信息经济社会里，价值的增长不是通过劳动，而是通过知识实现的”。他声称：“我们必须创造一种知识价值理论来代替劳动价值理论。”显然，他否定现代资本主义的剥削关系。

托夫勒的《第三次浪潮》，在西方国家影响较大。他把人类文明或人类社会分为三个时期或三次浪潮。他认为：农业的兴起是人类社会的第一个转折点，历时数千年，这是“第一次浪潮”；工业革命是“第二次浪潮”；二次世界大战后，工业化达到了顶峰，进入“第三次浪潮”。他认为，在资本主义和社会主义国家里，最有权力的，不是企业主，也不是工人，而是技术专家。这些技术专家，既是“第二次浪潮的组织者”，又是“第三次浪潮的代表人物”。在第三次浪潮面前，“传统的经济学思想，无论西方学派还是马克思主义的，都已经脱离了迅速变化的实际。”托夫勒还用“浪潮”“超级斗争”等概念来掩盖资本主义社会的基本矛盾和当代世界的各种矛盾。

以上西方的新思潮具有共同特点：现代科技革命引起的资本主义的经济结构、阶级构成、劳动方式、劳动分工的某些变化，被视为资本主义社会生产关系的根本改变，企图以“后工业社会”“信息社会”和“第三次浪潮”，替代垄断资本主义。因此，他们反对马克思主义，调和资产阶级和无产阶级、生产的社会化与私人占有，以及资本主义和社会主义的矛盾。因此，这些理论既值得借鉴，也值得商榷、讨论。

我们不否认，随着科学技术革命和生产力的发展，资本主义国家的生产关系确有一些变化，有些变化是显著的。问题在于，这些变化是否改变了资本主义的本质了呢？垄断资本主义社会，其基本矛盾是生产的社会化与生产资料私人占有之间的矛盾。这个矛盾依然存在。但表现形式与激烈程度有所不同。矛盾的加剧，会使垄断资产阶级对现在生产关系进行某种调整，或局部改革，以缓和矛盾，加强垄断资本主义的统治。第二次世界大战后，国家垄断资本主义的发展，就是明显的例证。

大战后，随着新技术革命的发展，生产的社会化的高度发展与私人垄断资本主义占有形式之间的矛盾更加尖锐化，资本主义国家面临许多必须解决的问题，主要是：生产能力的巨大增长与有限消费之间的矛盾加剧，从而造成生产和消费之间矛盾的尖锐化；个别企业组织与整个社会无政府状态的矛盾，在更高更深层次上得到发展；现代经济发展所需巨额资本和私人资本积累的有限性发生矛盾，影响生产与资本的国际化发展，影响国际垄断资本的激烈竞争；资本主义生产的高度社会化，迫切要求有计划发展生产力和国民经济协调发展。还应看到，当今资本主义社会和社会主义社会的竞争，发达资本主义国家之间的竞争，以及第三世界的竞争，这都要求垄断资本的发展，国有企业大大发展，以增强竞争能力。事实上，在资本主义国家，国有经济的作用日益增强，国家通过种种渠道对社会进行调节。战后，在科学技术进步与生产社会化程度大大提高的基础上，国家垄断资本主义得到普遍发展，使垄断资本主义进入一个新的阶段。与此同时，私人垄断资本的实力也在增长，对国家的依赖性也在加强。因而生产的社会化与生产资料的私人占有之间的矛盾依然存在，无产阶级与资产阶级的矛盾依然存在，资本主义国家无产阶级革命的可能性也依然存在。

近几十年来，由于新技术革命的发展，促使生产力的提高，以及国家垄断资本主义的发展。这些新情况，在贝尔、托夫勒的心中，都早有反映。这些新情况，能否改变垄断资本主义的经济本质？现在看来，根据还不充分。随着科学技术的进一步发展和生产力的极大提高，超过一定限度，垄断资本主义的经济关系是否会有较大或明显的变化呢？这也许有可能。但是，会发生什么样的变化，还难于得出结论，有待观察、研究。

——原载《大协调——科学技术社会学》第 13 章，
山东人民出版社 1990 年版

科技是社会主义发展阶段的决定因素

社会主义社会的建立和发展，是一刻也离不开科学和技术的。社会主义社会发展的阶段和一般社会发展的阶段一样，都是受生产力发展水平和科技发展水平制约的。深刻认识这些问题，才能够把生产力作为社会主义的根本任务，把科学技术和教育的发展放在首位。

一、社会主义国家形成的科技背景

社会主义国家主要分两批产生，第一批是第一次世界大战后，以苏联的成立为标志；第二批是第二次世界大战后，以东欧各社会主义国家和中华人民共和国的成立为标志。这两批社会主义国家，如果按类型分，大体可以分为三种类型：一种像苏联、捷克、德意志民主共和国，是工业不发达的资本主义国家；另一种类型，像匈牙利、保加利亚、波兰、南斯拉夫、罗马尼亚等，是工业比较落后的国家；第三种类型，像中国，脱胎于半封建半殖民地的国家。这三种不同类型的国家，在无产阶级革命后，建立了社会主义国家，但由于原来的科学技术水平不同，生产力发展水平不同，因而革命成功后，走的道路有所不同，同马克思恩格斯曾经设想的在发达的资本主义国家实现社会主义革命所应采取的种种方式也应有所不同。

（一）第一种类型国家的背景

苏联脱胎于沙俄帝国。沙俄帝国是个资本主义不发达的国家，生产的规模比较小，发展速度比较慢，技术水平比较低，劳动力水平低下，商品生产也不太发达。十月革命前，俄国在1913年，采煤量有2910万吨。石油开采量有920万吨，钢铁产量420万吨，生产的机床数有1490台。没有航空制造业和汽车制造业。动力机器制造业，仅局限于蒸汽机、小锅炉、内燃机和中小型水轮机的生产。沙俄帝国时代运输业也相当落后，全国铁路总长为

70000 公里，每 1000 平方公里的土地上有 3.2 公里铁路。

20 世纪初，俄国资本主义也发展到垄断阶段，各种辛迪加相继成立。1905 年以前，垄断组织遍及主要工业部门的大多数企业。银行资本也较集中，1900～1908 年 12 家最大的股份银行控制着全国银行 68.8%～78.2%的资本。①

但是，俄国垄断资本主义的发展极不平衡，即垄断资本主义和落后的乡村同时并存。进入帝国主义阶段以后，俄国还有 77%的人口从事农业。农业占国民经济总产值的三分之二。俄国垄断资产阶级对沙皇制度存在极大的依赖性。因此，列宁说："一般说来，在俄国占优势的是军事封建帝国主义。"②俄国对西方也有依赖性。在顿巴斯，有外资的股份公司控制了当地采煤量的 70%。在许多银行中，外国资本占 50%～70%。西方国家通过借款，扼制了俄国的工业、金融、财政。因此，列宁把俄国列为帝国主义国家中的次要国家，不是完全独立的国家。在 20 世纪初，沙皇俄国成了帝国主义各种矛盾的焦点。社会主义首先在俄国取得胜利，是有其客观条件的。在这样的国家建设社会主义，也有其特殊性。

在第二次世界大战前，捷克斯洛伐克是个工业比较发达的国家。国民收入中，工业占 53%，农业占 23%。冶金工业和机器制造业已相当发达，产值占工业总产值的 23%。电机设备、运输设备和武器生产也较先进。1937 年，工业品的产量为：发电量 41 亿度，硬煤 1670 万吨，生铁 170 万吨，钢 230 万吨。捷克工业虽较发达，农村仍保存封建土地所有制。捷克还屡遭侵略，1939 年又被希特勒德国占领，经济遭受严重破坏，1945 年的工业产值不到战前的一半，经济千疮百孔，濒于崩溃。捷克革命胜利后，面临恢复经济、发展生产的艰巨任务，也面临继续发展有计划商品经济的任务。

在战前德国的经济发展到很高水平，工业生产占世界第三位，仅次于美国和苏联。但是，战后德国一分为二，战前德国工业主要集中在现在的德意志联邦共和国内，矿产品占全国的 76.8%，煤产量占 82.3%。因此，德意志民主共和国的工业水平虽高些，但与先进国家相比，仍有较大差距。因此，德意志民主共和国成立后，要想发挥社会主义制度的优越性，仍有个大力发展生产力，提高工业水平和技术水平的问题。

社会主义社会的首要任务是发展生产力，提高劳动效率。列宁深刻指出："劳动生产率，归根到底是保证新社会制度胜利的最重要最主要的东

① 参见孙成本等主编《俄国通史简编》，人民出版社 1986 年版，第 270 页。

② 《列宁选集》第 2 卷，人民出版社 1972 年版，第 674 页。

西。”①并断言：“共产主义等于苏维埃政权加上全国电气化”；“电气化将使俄国得到根本的改造。在苏维埃制度基础上实行电气化，会最终奠定我国共产主义的基础”。② 因此，苏联十月胜利后，列宁立即把电气化问题提到重大议事日程。1917 年 12 月，列宁就指示建造图拉水电站，即现在命名的列宁水电站。在 1918 年国内战争艰苦条件下，建成发电量为 3500 千瓦的电站 51 个。1920～1921 年，建成电站 221 个。1920 年，根据列宁的指示，还制定了俄罗斯全国电气化计划。预计建造 20 个火力发电站和 10 个水力发电站，其总发电量能力为 175 万千瓦，发电量为 8.8 亿千瓦时。电气化的结果，大大促进了苏联的生产力，提高了劳动生产率。

同时，由于沙俄商品经济也不发达，因而，列宁很快发现马克思恩格斯关于在发达资本主义国家实现社会主义革命可以不要商品生产的观点对苏联不适用。1920 年，制定了新经济政策，提出要发展商品生产的观点，促进了苏维埃俄国经济的恢复和发展。

（二）第二种类型国家的背景

战前，南斯拉夫是个落后的农业国。1938 年，农村人口占全国总人口的 74.8%，城市人口占全国总人口的 25.2%。在国民收入中，农业占 52.6%，工业和其他部门占 47.4%；其中工业在国民收入中的比重只有 17.8%。人均钢产量，比利时为 324 公斤，英国为 284 公斤，法国为 193 公斤，南斯拉夫则为 15 公斤。人均标准燃料，欧洲人平均为 1.84 吨，南斯拉夫只有 0.18 吨。南斯拉夫的工业落后，分布不合理，外资占优势。如南斯拉夫全国仅有 14 个康采恩，其中 11 个被外国资本家控制。战前，南斯拉夫的农业也十分落后，每 1000 农户只拥有 438 部犁，每 2900 公顷耕地才只有一台拖拉机。由于工农业生产落后，战前南斯拉夫人均国民收入仅为 110 美元，比欧洲许多国家低得多。

战前，罗马尼亚也是落后的农业国。1938 年，工业只占国民收入的 30.8%，农业占国民收入的 38.1%，机器制造和金属加工工业占工业产值的 10.2%。1937 年，人均发电量只及德国的1/12.7。人均钢产量只及德国的 1/28。战前罗马尼亚的工业不但不发展，布局也不合理，还严重存在封建制度剥削关系，也遭受外国资本家的残酷剥削。银行资本 57%掌握在外国资本家手中。

战前，匈牙利是欧洲经济落后的国家之一，半数居民从事农业。1938 年

① 《列宁全集》第 29 卷，人民出版社 1957 年版，第 388 页。

② 《列宁全集》第 30 卷，人民出版社 1957 年版，第 336 页。

的国民收入中，工业占38.4%，农业占44.7%。匈牙利与奥地利相邻，但工业比奥地利落后。能源基础很薄弱，1938年产硬煤100万吨，原油4万吨。工业不但薄弱，分布不合理，且不少为外国资本家控制。战前，匈牙利封建剥削关系严重，占农户1%的1558户地主拥有全国耕地的19.4%。劳动人民深受地主资本家剥削，生活困苦，饥寒交迫。

保加利亚也是落后的农业国。全国人口有80%是农业人口，工业产值在工农业总产值中占24%，农业占76%。人均工业总产值只有28美元，只相当于美国的6%，英国的7%，法国的13%。战前，保加利亚不但工业落后，且在很大的程度上被外国资本家所控制。1937年，外国资本在全部股份公司中占的比重为47%，在工业中占的比重为48%。保加利亚的农业也相当落后，技术水平很低。

波兰也是一个落后的农业国。农业人口占全国总人口的2/3，城市人口占1/3。1937年的工农业总产值中，农业产值占52.6%，工业产值占47.4%。在工业中，机器制造业产值只占工业总产值的7%。1937年，产铁70万吨，发电36亿度。外国资本控制波兰的经济，重要工业部门多为外国资本家掌握。外国资本占的比重，石油工业部门为89.9%，电力工业部门为87.4%，化学工业部门为76,2%。农村中，大量耕地被地主、富农占有，200万农民没有耕地。封建主义剥削和资本主义剥削，严重地阻碍了波兰工农业的发展。

其他国家，如阿尔巴尼亚，更是经济落后的国家。在上述经济落后，商品经济不发达的国家，封建主义和资本主义的剥削关系严重阻碍了生产力的发展。这些国家革命胜利后，中心任务是大力发展生产力，积极发展有计划的商品经济，实现经济的工业化、现代化、社会化。

(三)第三种类型国家的背景

旧中国是个半殖民地半封建的东方大国，是个落后的农业国。1946年，帝国主义在中国的工业资本占全部工业资本总额的32.8%。官僚资本占中国工业资本额的67.3%。1949年，全国工业总产值只有146亿元，其中轻工业产值103亿元，占73.6%，重工业产值仅有37亿元，占26.4%。1949年，以纺织和食品为主的消费资料的产值，占工业总产值的70%。民族资本主义工业中，消费品工业产值竟占81.5%。中国的工业是落后的、畸形发展的，技术水平又是很低的。1949年，中国大规模工业的产值还仅占工农业总产值的17%，比俄国1913年的水平低得多，俄国1913年现代工业产值已占工农业总产值的42.1%。

工业生产水平很低。1949年，原煤产量3200万吨，原油12万吨，发电量43亿度，钢15.8万吨，水泥66万吨，金属切削车床1600台。为了说明中国工业水平低，我们还可和美国与印度比较一下。1949年，美国原煤产量为4.36亿吨，为中国的13.63倍；原油2489万吨，为中国的207.4倍；发电量3451亿度，为中国的80.26倍。1949年，印度原煤为3200万吨，与中国相等；原油25万吨，为中国的2.08倍；发电量为49亿度，为中国的1.14倍；钢137万吨，为中国的8.67倍。[①] 在工业生产这样落后的农业国，在半殖民地半封建的中国，进行社会主义革命，建立社会主义社会，必然有其特殊性，必然有一个长时期的社会主义初级阶段。

二、科技水平制约社会主义社会发展阶段

（一）社会主义社会的阶段论

在19世纪50年代到60年代，马克思恩格斯在总结1848年欧洲革命经验的基础上，明确提出，以资本主义社会向共产主义发展，应有一个过渡时期。但当时还没有提出社会主义阶段问题。到19世纪80年代，特别是在《哥达纲领批判》一书中，马克思才明确地把共产主义分为两个阶段：一是它的低级阶段，在这个阶段实现生产资料的全社会公有制，从而消灭对人的剥削，但是，消费资料的分配还必须以劳动为尺度，实行按劳分配的原则；二是它的高级阶段，在这个阶段，按劳分配将被按需分配所代替，即实现各尽所能、按需分配的原则。马克思的这个设想，是以无产阶级社会主义革命在资本主义最发达的国家首先取得胜利为立论根据的。这些国家生产力水平很高，商品经济很发达，经济社会化的程度也很高，因此，在这些国家，革命胜利后，生产资料即可归全社会所有，实行按劳分配原则。然而，社会主义国家首先在俄国取得胜利，而俄国又是一个商品经济不太发达、生产力水平不太高的帝国主义国家。在这样的国家实现社会主义革命，同最发达的资本主义国家实现社会主义革命，是大有不同的。列宁总结了十月革命胜利后的社会主义建设的经验和教训，根据俄国经济文化比较落后的特点，强调指出："我们在剥夺了地主资本家以后，只获得了建设初级形式的社会主义的可能性，但是这里还丝毫没有共产主义的东西。"[②]到了1920年又指出："怎样想象出一个发达的社会主义社会，这也不困难……怎样具体地从旧的、习

① 参见马洪主编《中国工业经济问题研究》，中国社会科学出版社1983年版，第4～12页。

② 《列宁选集》第4卷，人民出版社1972年版，第142页。

惯了的、大家都熟悉的资本主义过渡到新的、还没有长出来的、还没有稳固基础的社会主义,却是一个最困难的任务。”①列宁这两段话,十分明显地试图解决社会主义的发展阶段问题。可以看出,列宁想把社会主义分为两种形式或两个阶段:一个是初级形式的社会主义,即没有稳固基础的社会主义;另一个是高级形式,即发达的社会主义社会。列宁还进一步探讨建设初级形式的社会主义社会的问题,其中重要的两条就是,一条大力发展生产力,提高劳动生产率,另一条是发展商品生产,解决全民所有制和集体所有制之间商品交换问题。

毛泽东在领导中国人民进行新民主主义革命斗争中,为贫穷落后的农业国开辟了一条走向社会主义的新路。中国无产阶级领导农民坚持长期斗争的结果,不仅使民主革命取得彻底的胜利,而且在革命胜利后无产阶级在政治上占了绝对优势,建立了实质上是无产阶级专政的人民民主专政。革命胜利后,它面临一个新问题,即如何在生产力低下、商品经济不发达的经济落后的小农国家建立社会主义的经济制度。农业、手工业、资本主义工商业的社会主义改造,基本上解决了这个问题,中国成为社会主义国家。但是,脱胎于半殖民地半封建社会的社会主义国家和脱胎于经济文化落后的沙俄帝国主义的社会主义国家,也有很大的不同。中国共产党试图根据马克思主义的原理同中国革命实际相结合的原则,针对中国的国情,建设社会主义。但由于当时对社会主义阶段的认识,时而清楚,时而混乱,搞什么“大跃进”“人民公社”,大刮“共产风”。结果,使经济发展受到严重损失,使社会生产处于停滞状态。中国共产党的十一届三中全会,总结了历史的经验和教训,面对国情,重新思考,遵循实事求是的原则,丰富和发展了马克思主义的社会主义阶段论,把中国的社会主义建设引向健康发展的轨道。

(二)社会主义初级阶段论

从中国共产党的十一届三中全会以来,已为这个理论的提出作了理论准备和舆论准备。主要有四点:一是在恢复实事求是的思想路线的基础上,对唯物主义历史观的再认识,特别是注意生产力的作用,纠正了批判唯生产力论的错误;二是对商品经济的再认识,特别注意发展商品经济,纠正了商品经济是资本主义经济的错误;三是对贫穷不是社会主义的认识,阐明社会主义的优越性只有通过生产力的高度发展和人民生活的不断改善才能逐步体现出来;四是对急躁冒进病的认识,对“左”的错误的纠正,加深了对社会

① 《列宁全集》第30卷,人民出版社1957年版,第299页。

主义必须分阶段的认识。经过九年实践，中国共产党的第十三次代表大会系统地阐述了社会主义初级阶段的理论。

社会主义初级阶段理论的提出，是有其历史必然性和理论基础的。大体有三个重要环节：首先，根据实事求是的思想路线，进一步认识了国情；其次，根据唯物主义历史观，确定了社会主义社会的根本任务是大力发展生产力，发展科学技术；还有，根据经济发展的必然规律，把社会主义的经济确定为以公有制为基础的有计划的商品经济。

1. 实事求是思想路线的再认识

由于思想僵化，不是把人们的思想封闭在假马克思主义的禁锢内，就是一切从本本出发，从领导意志出发，因而较长一段时间，没有从国情出发，没有根据我国的实际情况，确定中国社会主义建设的道路、方针、方法和措施，造成了长期生产力徘徊不前的局面。中国共产党十一届三中全会，总结新中国成立以来，特别是“十年动乱”以来的经验和教训，提出解放思想、实事求是的问题，并通过实践是检验真理唯一标准的争论，重新恢复和发展了党的实事求是的思想路线。

邓小平同志对中国共产党的实事求是的思想路线的恢复和发展，起了特别重要的作用。他积极支持实践是检验真理的唯一标准问题的讨论，深刻指出：“从争论的情况来看，越看越重要。一个党，一个国家，一个民族，如果一切从本本出发，思想僵化，迷信盛行，那它就不能前进，它的生机就停止了，就要亡党亡国。”“只有解放思想，坚持实事求是，一切从实际出发，强调联系实际，我们的社会主义现代化建设才能顺利进行，我们党的马列主义、毛泽东思想的理论也才能顺利发展。从这个意义上说，关于真理标准问题的争论，的确是个思想路线问题，是个政治问题，是个关系到党和国家的前途和命运的问题。”①

思想路线的端正，为确定正确的理论路线、组织路线、政治路线、经济路线打下基础，从实事求是的思想路线出发，在理论上，就可恢复和发展唯物主义历史观；在组织路线上，着重解决最难、最迫切的选好接班人的问题；在政治路线上，解决把着重点转移到社会主义现代化建设上来的问题；在经济路线上，又着重解决以公有制为基础的有计划的商品经济问题。因此，我们论述社会主义初级阶段的理论，必须研究这个理论提出的起点，研究端正思想路线这个关键。因为，思想路线端正了，才能从本国的国情出发，从中国的实际出发，既不照搬马克思主义的理论原则，又不照抄外国的模式，也不

---

① 《三中全会以来重要文献选编》（上），人民出版社 1982 年版，第 21 页。

僵守过去的经验,走自己的路,建设有中国特色的社会主义。

2. 唯物主义历史观的再认识

有了正确的思想路线,才能理解唯物史观。唯物史观的根本问题是强调生产和生产力是基础。回顾过去,很值得反思。

在 1956 年社会主义改造基本完成以后,特别在中国共产党的八届十中全会以后,毛泽东在社会主义时期阶级斗争的理论和实践上,都把阶级斗争看得特别重要,把工人阶级同资产阶级的矛盾作为社会主义社会的主要矛盾,提出“以阶级斗争为纲”的口号,把阶级斗争绝对化和扩大化,并把阶级斗争视为唯心主义历史观和唯物主义历史观的唯一分界,结果导致“文化大革命”十年动乱,使中国社会主义事业受到建国以来最严重的挫折。以阶级斗争作为划分历史唯物主义和历史唯心主义的主要标志,又把社会意识对社会存在、上层建筑对经济基础、生产关系对生产力的反作用,加以极大的夸大,以为人们可以随心所欲地对上层建筑和生产关系进行所谓变革或改造。夸大反作用,背离唯物主义历史观,其结果则是生产力遭到严重破坏,失去社会主义的优越性。

中国共产党的十一届三中全会明确指出:社会主义社会的总任务,就是实现农业、工业、国防和科学技术的现代化;为了实现四个现代化,要大幅度地提高生产力,多方面地改变同生产力发展不适应的生产关系和上层建筑,改变一切不适应的管理方式、活动方式和思想方式。

唯物主义历史观的复归有个发展过程,有个根本环节,根本环节就是重新把历史观建立在生产和生产力的基础之上。因为,唯物主义历史观诸要素中,最根本的要素是生产和生产力。这个问题解决了,才能恢复唯物主义的历史观,建立在唯物主义历史观基础之上的科学社会主义也才能有一个突破性的发展。邓小平同志说:“马克思主义最注重发展生产力”,“社会主义阶段的最根本任务就是发展生产力。社会主义的优越性就是体现在它的生产力要比资本主义发展得更高一些、更快一些”。[①] 他还说:“搞社会主义,一定要使生产力发展,贫穷不是社会主义。”[②]又说:“社会主义就是要发展生产力,这是一个很长的历史阶段。”[③]邓小平同志的这些论述,着重谈了社会主义社会的根本的和首要的任务,使唯物主义历史观重新牢固地建立在生产力的基础之上,并为创立社会主义初级阶段的理论,提供了理论根据。

党的十三次代表大会深刻指出:“在初级阶段,为了摆脱贫困和落后,尤

---

① 邓小平:《建设有中国特色的社会主义》(增订本),人民出版社 1987 年版,第 52～53 页。

② 《邓小平同志重要讲话》(1987 年 2 月～7 月),人民出版社 1987 年版,第 23 页。

③ 《邓小平同志重要讲话》(1987 年 2 月～7 月),人民出版社 1987 年版,第 27 页。

其要把发展生产力作为全部工作的中心，是否有利于发展生产力，应当成为我们考虑一切问题的出发点和检验一切工作的根本标准。”这段话明确告诉人们，社会主义初级阶段，必须把生产力作为中心，必须把是否有利于生产力的发展，作为工作的出发点，和工作成效的根本标准。这些基本观点，发展了唯物主义历史观，使其成为社会主义初级阶段论的重要理论基础。

3. 有计划商品经济的发现

在社会主义初级阶段理论形成的过程中，以公有制为主体的有计划商品经济的发现，也是重要的理论支柱。这一发现，也经历了一个过程，马克思主义创始人曾设想，在生产力高度发展，商品生产高度发达的资本主义社会，被社会主义社会取代后，在全社会将不再存在商品和货币关系，因而也就不再存在价值规律的作用。例如，马克思在《哥达纲领批判》一书中，就曾明确提出：“在一个集体的、以共同占有生产资料为基础的社会里，生产者并不交换自己的产品；耗费在产品生产上的劳动，在这里也不表现为这些产品的价值。”[①]这就是说，在未来的社会主义社会，既无商品生产，也无商品交换。因当时还没有社会主义社会的实践经验，因而这种论断，只是一种合乎科学社会主义理论的“想象”和“构思”。然而，在马克思恩格斯逝世后的几十年里，人们通常把社会主义社会视为没有商品生产和商品交换的社会。

不过，社会主义的首先胜利，不是在最发达的资本主义国家，而是在经济文化比较落后的俄国。在十月革命后，列宁也想按马克思恩格斯的“想象”在社会主义建设过程中，排斥商品关系。1918 年，在列宁领导下制定的俄共纲领，就曾把尽快消除商品货币关系作为自己的奋斗目标。列宁很快发现，这样做不行，认识了错误，立即改过来。1920 年，列宁制定了新经济政策，强调与农民建立经济联系，只能通过商品交换。列宁逝世过早，对社会主义社会的商品生产没来得及作出理论概括。斯大林总结了苏联社会主义建设的经验和教训，在晚年写了《苏联社会主义经济问题》，肯定全民所有制与集体所有制之间，其经济联系仍应是商品关系，但对商品经济的范围大大加以限制，强调国营经济不是商品生产，生产资料不是商品等等。斯大林的这一观点，在社会主义国家影响很大，较长时期成为各社会主义国家占统治地位的经济思想。

虽然毛泽东认识到在社会主义条件下有些生产资料属于商品，在中国要特别发展商品生产，但是在实践中，他总是对商品生产多方限制。到了晚年，他甚至认为：中国存在商品货币，和旧社会差不多，必须加以限制。

① 《马克思恩格斯选集》第 3 卷，人民出版社 1972 年版，第 10 页。

中国共产党十一届三中全会后，我们对商品经济逐渐有了正确认识。由害怕商品生产，变得喜欢商品生产。农村经过改革，商品经济有了较大发展，整个农村搞活了，农民也富起来了。城市大力发展商品经济，城市也搞活了，不少城市生产力大发展，产值翻番。总结实践的经验，中国共产党开始认识到，在整个国民经济中，以计划经济为主，以市场调节为辅。进而，《中共中央关于经济体制改革的决定》明确指出：社会主义经济的性质，是在公有制基础上的有计划的商品经济，应当把计划经济和价值规律结合起来，大力促进有计划商品经济的发展。但对商品经济的范围和作用仍有所限制，强调在我国社会主义条件下，劳动力不是商品，土地、矿山、银行、铁路等国有企业和资源也不是商品。

中国共产党第十三次代表大会的报告，进一步肯定了《中共中央关于经济体制改革的决定》的观点，还进一步明确了社会主义有计划商品经济体制的几个基本观念。第一，明确社会主义商品经济和资本主义商品经济的本质区别在于所有制基础不同。第二，必须把计划工作建立在商品交换和价值规律的基础上。第三，计划和市场的作用范围都是覆盖全社会的。新的经济运行机制，从总体上说，应当是"国家调节市场，市场引导企业"的机制，社会主义市场体系，不仅包括消费品和生产资料等商品市场，而且应当包括资金、劳务、技术、信息和房地产等生产要素市场。还指出，社会主义的市场体系，必须是竞争的和开放的等等。这些论断发展了马克思主义的经济理论，揭示了社会主义初级阶段的经济本质，为社会主义初级阶段论的创立提供了重要的经济理论的支柱。

概括地说，由于对国情的再认识，使得社会主义初级阶段理论，得以创立，并使这个理论成为十三大报告的立论基础。

(三)社会主义初级阶段的决定性因素

科技发展状况和生产力发展水平，是决定中国现阶段处在社会主义初级阶段的主要根据。在考察中国科技发展的总水平时，有几个因素，应当进行全面的分析。

1. 科技水平还不高

经济增长额中，技术进步的因素所占的比重，远不如发达国家。据统计，一些工业发达的国家，其经济增长额中技术进步的因素所占的比重，在20世纪初为20%左右，到60年代，提高到50%～80%，到70年代末期，有的国家已达到80%左右。这个统计准确与否，姑且不论，但可肯定地说，技术进步的因素所占的比重日益提高，并占相当大的比重，这是无疑的。而中国，没有精确统计，但过去，在经济发展中突出科技的作用很不够，把科技摆在战略地位才不过几年时间，这就决定了科技进步因素在经济增长中所占的比重是不够高的。

科学技术在经济增长额中所起作用的大小，可以工农业总产值和国民生产总值增长的速度或翻番的时间，作为标志。西方发达国家，在第二次世界大战以前，国民生产总值翻两番的时间，大体是：英国用了60年以上，法国用了60年以上，德国用了52年，美国用了30年。而战后，由于技术进步，社会总产值翻两番，苏联用了16年，民主德国用了19年，保加利亚、罗马尼亚用了15年，日本国民总产值翻两番只用了14年，西德用了19年，希腊用了20年。[①] 现在，新技术革命正在蓬勃发展，中国从1981年到本世纪末的20年，力争全国工农业的年总产值翻两番，即从1980年的7100亿增加到2000年的28000亿元。今后20年翻两番，仍需20年。这说明，我们的技术基础是比较落后的。在技术现代化的支持下，翻两番是有可能，有把握的，但时间不会太短。

2.技术结构还不够合理

中国在工业体系中，自动化程度不高，手工劳动仍占优势。国际上，通常把生产技术分为五级：一是自动化，二是半自动化，三是机械化，四是半机械化，五是手工劳动。衡量技术结构有几种指标，如以各种不同技术水平装备起来的劳动者人数在社会总劳动者人数中的比重为指标来建造技术结构就是一种。目前，中国的社会技术结构中用自动化设备装备起来的劳动者，人数最少，手工劳动者人数最多。其结构形状，如金字塔。如把金字塔结构变成梯形结构，需大大增加自动化劳动者，减少手工劳动。孙尚清同志认为，应把梯形结构再变形，而形成啤酒桶的形态结构，中间粗，两头细，这需要时间，估计要二三十年左右。[②]

3.智力开发不够

这既不能跟上经济日益发展的需要，又成为提高劳动生产率的障碍。中国人口10亿多，占世界人口的22%左右。其中真正用科学技术武装起来的人是不多的，8亿人口还在农村，而在农村的劳动力，又多半从事简单的手工劳动。文盲约2.3亿，占全国人口的23%，占世界文盲的25.3%。这是一个极大的负担，如不尽快重视，及时改变，将来就会日益成为实现现代化的障碍。中国一方面文盲太多，一方面受过高等教育的科技人员太少。据统计，受过高等教育的工程技术人员、医务人员、教师、农业技术人员和科学研

① 于希礼：《生产力经济学与新技术革命》，浙江大学出版社1986年版，第13页。

② 转引自于希礼《生产力经济学与新技术革命》，浙江大学出版社1986年版，第15页。

究人员，总共只有300万名，不到总人口的0.3%。技术教育的规模也小，全国工程技术和农业、医学的高等院校只有300多所，加上综合大学招收的工科学生，年招收量只有14万人。中国的智力发展水平从总体上看，同发展中国家印度，还有一定差距。印度国家比中国小，人口比中国少，但从1958年到1987年的30年中，也建立了119所大学，下设1650个学院，5个技术研究所，150个工程学院，约100个医学院及350个综合性工学院，每年大约培养15万名科技人才。向国家输送的合格科技人员总数达2503人。印度在人才培养方面，据说已经名列世界第三。① 印度国家研究和开发经费每年增长速度也比较快。1951～1956年，计划和非计划经费总计约2亿卢比；1956～1961年，总计划达6.7亿卢比；1961～1966年，总计达14.4亿卢比；1969～1974年，总计达37.3亿卢比；1974～1978年，总计达101.7亿卢比；1978～1983年，总计达244.5亿卢比；1980～1985年，总计则达336.7亿卢比。30年科学技术费用增加168倍。即使经费增加168倍，人员增加250万，仍跟不上世界科技迅速发展的步伐，与发达国家的差距有些拉大。印度的情况表明，中国应当更加重视，否则与国外差距不会缩小，反而增大，社会主义优越性，怎能充分发挥出来呢？

4. 人均国民收入较低

因科学技术水平发展高低不同，其差距不断拉大，要缩短这个差距，必须经过长期而艰苦的努力。伊·普法明斯著的《科学技术革命对资本主义世界经济的影响》一书，曾据《世界经济和国际关系》1964年第11期提供的材料，指出："据统计，1850年，工业发达的资本主义国家的按人口计算的国民收入，比殖民地国家高出0.8倍，而到1960年，比亚洲、非洲和拉丁美洲发展中国家大约高出11倍。"②又据斯柯洛夫著的《发展中国家的科学技术和经济增长》一书提供的材料，到1974年，人均国民收入的差距又拉大了17倍。中国目前人均国民收入只有300美元，与发达国家相比，差距较大。许多国家的经验表明，只有大力发展科学技术，缩小科技水平的差距，才能逐步缩小人均国民收入的差距，从而充分显示社会主义制度的优越性。

以上问题的解决，需要相当长的时间，做长期艰苦的努力。因此，目前中国科技发展水平所决定的生产力水平，决定了社会主义建设必须有一个初级阶段，经过百年努力，缩短与工业发达国家的科技差距，并以科技进步

① 参见[美]R. D. 拉卡卡、吴明瑜《中国和变化中世界的科技战略》，气象出版社1985年版，第61～62页。

② [苏]伊·普·法明斯：《科学技术革命对资本主义世界经济的影响》，北京出版社1979年版，第96页。

为动力，推动社会主义初级阶段向高一级阶段发展。

(四)把发展科技放在首位

提高生产力要靠科学技术，发展商品经济并使商品具有竞争力，主要的也是要靠科学技术。总而言之，只有把发展科学技术放在首要位置，才能推动社会主义向更高的阶段发展。

1.生产力的要素

生产力是由劳动力、劳动资料和劳动对象三个要素构成的有机整体，三个要素缺一不可。这些子系统的因素是生动的、开放的、不断变化的。随着科学技术、生产力各种子系统的发展其内在因素的作用是不同的。第二次世界大战后，由于新技术革命的兴起和发展，劳动者要素这个子系统中不断分化出许多因素，如劳动者的经验和技能不断提高，科学文化知识不断增加；智力和体力的不断增强，等等。而智力的增强，又分化出许多因素，如管理能力的培养，科技教育的发展等。劳动资料也在不断分化，如可以分化出生产工具、运输工具、通信工具等等。劳动对象，也因科技革命分化出许多新因素，由能源革命产生了许多新能源，如原子能、核能等；由材料革命产生了许多新材料，如高分子材料、超导体材料、光导纤维等；由信息革命产生出的许多信息内容，成为脑力劳动的对象。不管子系统的诸因素，只要科学技术这个因素起了变化，都对生产力的进步发生重大影响。这说明，如果中国切实把科学技术和教育的发展放在首位，或者使劳动者掌握了高技术；或受到良好的中等以上的技术教育；或者使劳动工具自动化，半自动化、机械化、半机械化的水平大大提高；或者使新能源、新材料、新信息有了新发展，都会大大促进生产力的发展。就拿劳动者的智力和体力支出的比例来说吧，随着科技的进步和教育的提高，在生产劳动中，体力和脑力支出的比例将发生很大变化。在机械化程度很低的情况下为 9∶1；在机械化程度为中等水平时为 6∶4；在全自动化的情况下为 1∶9。这个情况启示人们，科技越发展，在生产中越需要劳动者接受更多教育，掌握更多科学知识，因而脑力支出也越来越多。

美国所以生产力水平高，劳动生产率高，是和它的科技和教育特别发达有关。据统计，战后美国劳动生产率的增长，44%是靠高技术取得的。[①] 由于科技和教育的发展，科技水平和管理水平的提高，使美国的生产和生产力，即使在资本主义制度下，也还表现出一定的活力，抵消了一些资本主义

① 钱黄生:《世界科技发展与展望》，1987 年 12 月 9 日《大众日报》。

制度的束缚作用。似乎可以说，只有科学技术发展得比资本主义国家更快些，才能有资格说，社会主义制度比资本主义制度优越。

2.发展商品生产靠什么

发展商品生产靠什么？关键靠科学技术。商品中物化的劳动，既有体力劳动，又有脑力劳动，从发展趋势看，脑力劳动所占的比例会越来越大，在提高商品价值方面，科学技术的作用也越来越高。有时一个工厂，因采用一项科学技术，使产品质量大大提高，数量大大增加，因此扭亏为盈。就以中国安徽蚌埠檬酸厂来说，它因采用中国上海工业微生物所的里曲酶新菌种技术后，月产量由 30 吨提高到 44 吨，原材料消耗减少 36%，成本下降 35%，由 1978 年亏损 24 万元，转变为 1979 年盈利 20 万元，1980 年盈利 56 万元。山东胶南晶体元件厂生产轴承座宝石，由于中国科学院上海硅酸盐所帮助该厂解决了原料提纯、晶体制备等技术问题，使该厂宝石产品合格率大大提高，产量增加两倍多，成本从原来每公斤 720 元降低为 270 元，两个月就转亏为盈。① 因此，在社会主义条件下，发展商品经济，只有重视科学技术，才能发展商品生产。

有人说，商品生产的活力在于竞争，这是有道理的。竞争和商品经济相伴随，有竞争才有商品经济的活力、压力和推力，竞争的消失就意味着商品经济的死亡。商品的价值，是社会必要劳动，是商品经济的核心。社会必要劳动，即价值怎样才能确定呢？只有通过竞争才能确定。社会主义的商品经济也是如此，也必须通过竞争才能确定。马克思说："你每小时工作和我每小时工作是不是等值？这是要由竞争来解决的问题。"②每个生产者为求得生存和发展，就要生产质优价廉、品种对路、规格齐全、花色新颖的商品，通过择优汰劣，通过竞争，促进商品生产的发展。为了使商品质高价廉，新颖多姿，避免淘汰，在竞争中取胜，就必须采用新技术、创造新技术。

近些年来，发展中国家也都特别重视新技术的发展：一方面，大力拨款研制新技术；另一方面，积极从国外引进新技术。这使技术贸易发展迅速。从 1972～1981 年，泰国引进技术增加 8 倍多，从 680 万美元增长到 5790 万美元；从 1975～1978 年，马来西亚与技术有关的对外经费支付增加了 116%。菲律宾增加得更多，技术费用增长了 600%，从 1972 年的 581 万美元增加到 1981 年的 3725 万美元。韩国则从 1974 年的 1780 万美元增长到 1981 年的 1.07 亿美元。印度从 1972 年到 1981 年间，国外技术引进费用增

---

① 参见[美]R. D. 拉卡卡、吴明瑜《中国和变化中世界的科技战略》，气象出版社 1985 年版，第 350 页。

② 《马克思恩格斯全集》第 4 卷，人民出版社 1971 年版，第 144 页。

加了60%,从800万美元上升到1300万美元。发展中国家通过引进技术增强商品的竞争力。

中国,为了提高商品的竞争力,一方面重视技术引进,另一方面增加科研和教育经费。1978年国家用于科研的经费为52.3亿元,占当年财政支出的4.3%。1987年科研经费支出上升到169.2亿元。与1978年相比,9年增加116.9亿元,增长223.5%,占财政支出的6.9%。1978年,国家用于教育的支出为93.8亿元,1987年预计支出218.6亿元,9年增加124.8亿元,比1978年翻了一番多。[①] 这应该说是一个进步,但世界范围内商品经济竞争十分激烈,只有真正解决把科学技术和教育放在首位的问题,才可能在商品竞争中处于不败之地。

三、向高级阶段发展的关键

社会主义如何从低级向高级发展,也与科学技术发展水平息息相关。

(一)特别重视现代科学技术

今天,不论是资本主义制度,还是社会主义制度,仅以电气化为技术基础,都远远不够了。还应立足于现代科学技术之上,才能大大促进现代生产力的发展,为各国创造巨大的经济效益,也大大提高了人类的生活水平。事实上,这个道理已人人皆知了。比方,光纤通信的世界市场销售额年增长率达40%～50%,全世界对光纤产品的需求量在不断增加,1981年,需求量为3.4亿美元,预计到1990年将达到65亿美元,到2000年将高达400亿美元,相当于目前世界钢铁工业的总产值。计算机电脑发展迅速。一般原型计算机的运算速度每秒为24万次以上,最近美国用的超级计算机,运算速度每秒2.5亿次,到1987年该系统的运算速度可达每秒10亿次,10年内将达100亿次以上。据报道,到90年代中期,日本将制成具有分析、推理、辨别声音、决策功能的第五代计算机。此外,现在美、苏、日等国还在研究光学计算机、生物计算机、超导计算机。据说,光学计算机运算速度高达一万亿次,存储容量达100亿二进制信息位,要比目前的计算机的速度快上千倍,存储量大百万倍,这种计算机,可能2000年前能够造成。如果计算机技术发展到如此高超的程度,借助这样的计算机进行的科研和生产项目,则具很高水平。因而科学技术的发展是令人难以估计的,生产的发展也将很难具体想象。

---

① 辅导材料编写组:《为胜利实现十三大的任务而奋斗》,新华出版社1987年版,第32页。

又比如，航空航天技术，在许多国家迅速发展。利用卫星可以转播电视节目，可以寻找矿藏，可以研究太空。研制航天飞机，建立载人空间站和宇宙空间站，对科学研究、交通运输、国防建设都有重要意义。因此，美、苏、日诸国在太空领域的竞争日益激烈。1997 年美国将发射“发现”号航天飞机，1994 年日本也准备研制发射航天飞机，苏联在 2000 年前，也将发射航天飞机。西欧准备在 20 世纪末发射几个太空实验室同美国的空间站连接，形成国际空间站。日本还计划在 2000 年前后建设宇宙空间站。

高技术，已成了发展经济的技术基础。如果科学技术落后，社会主义初级阶段是不可能向高级阶段发展的。

(二)高速发展生产力

发达资本主义国家的生产力，现在的水平是高的，将来随着科学技术的新发展还会更高。第二次世界大战后，从 1950 年到 1970 年，资本主义发达国家的年平均经济增长率达到 4.9%，到 1970 年，美国的国民生产总值已达 13611 亿美元，日本已达 3932 亿美元。联邦德国已达 3795 亿美元。到 1983 年，美国国民生产总值为 33105 亿美元，日本为 11563 亿美元，联邦德国为 6546 亿美元。法国 1982 年国民生产总值为 5430 亿美元，英国为 4566 亿美元。1983 年，汽车产量，美国为 699 万辆，日本为 1073 万辆，联邦德国为 406 万辆，法国为 406 万辆，英国为 133 万 1 千辆。电力生产量，美国为 1985 亿 5100 万千瓦时，日本为 462 亿 5200 万千瓦时，联邦德国为 309 亿 8700 万千瓦时，法国为 247 亿 6700 万千瓦时，英国为 230 亿 1700 万千瓦时。1980 年电视机，美国为 950.9 万台，日本为 1520.5 万台，联邦德国为 442.5 万台，法国为 192.8 万台，英国为 235.7 万台。由以上数字可知，发达资本主义国家的生产力水平是很高的。按市场价格估计的国民生产总值，1978 年中国仅为 2415 亿美元，1982 年仅为 2718 亿美元，1983 年也不过 3007 亿美元。1986 年按美元计算大约 4168 亿美元，相当英法 70 年到 73 年的水平。因此，我国与工业发达国家相比，差距是很大的，如按人口平均计算，则相差几十倍。因此，中国在实现了社会主义初级阶段之后，还需要相当长的时间，大力发展生产力，以便赶上并超过发达的资本主义国家，才能进入社会主义的高级阶段。

(三)高度发展社会主义精神文明

社会主义精神文明，是社会主义的根本特征之一，是社会主义优越性的重要表现。这包括两方面建设：一方面是文化建设，如教育、科学、文学艺术，和人民群众知识水平的提高；另一方面，是思想建设，要着重教育人民，坚持社会主义和共产主义的理想，提高民主意识，振奋民族精神。只有这样，才能通过生产力水平的提高和科学技术的发展，通过社会主义精神文明的建设，努力把中国建设成为富强、民主、文明的社会主义现代化国家。

社会主义高度的文明，不是天上掉下来的，它必须以高度发展的生产力和科学技术为基础。

以民主问题来说，它的完善化也与生产力、商品生产和科学技术的高度发展有密切关系。关于这个问题，党的十三次代表大会的报告讲得很清楚："发展社会主义商品经济的过程，应该是建设社会主义民主政治的过程。"关于科学技术与民主的关系，科学家季米里亚捷夫也讲得很好，他说："科学得到民主的坚决支持，而民主则产生于牢固的科学基础之上，这才是建立各国人民未来幸福生活和强大威力的完整过程。"①以科学技术和商品生产的发展为基础，建设精神文明和民主政治，是社会主义初级阶段的一项重要任务。

（四）大大提高生活水平

社会主义初级阶段向高级阶段的发展过程中，生活水平也应赶上和超过发达资本主义国家。中国至今还是一个穷国，生活水平不高。据《世界经济统计手册》（1983 年）统计（以美元计算），1982 年，美国国民生产总值为 30590 亿元，人均收入 13180 元；日本国民生产总值为 10483 亿元，人均收入 8860 元；英国国民生产总值为 4686 亿元，人均收入 8360 元；联邦德国国民生产总值为 6566 亿元，人均收入 10650 元；苏联国民生产总值为 17150 亿元，人均收入 6350 元；罗马尼亚国民生产总值为 1084 亿元，人均收入 4660 元；台湾省国民生产总值为 489 亿元，人均收入 2640 元；香港国民生产总值为 274 亿元，人均收入 5270 元；中国国民生产总值 3007 亿元，人均收入 290 元②。中国国民生产总值比英国、联邦德国少得多，只及联邦德国的一半，比英国少 1679 亿元。人均收入只是美国收入的 1/57，日本国民收入的 1/38，苏联国民收入的 1/27.6。近几年，差距有所缩小，但相差仍有几十倍。据世界银行提供的资料预计：1975 年至 1990 年工业化国家（占世界人口 13.6%）平均每人每年收入（按 1975 年美元计）将从 5865 元增至 9999 元；第三世界较穷国家（占世界人口 25.2%）将从 1275 元增至 1719 元；最穷国（占世界人口 31.6%），将从 168 元增至 206 元。1986 年，中国职工平均工资为人民币

---

① 转引自 C. P. 米库林斯基主编《社会主义和科学》，人民出版社 1986 年版，第 199 页。

② 《世界经济统计手册》（1983 年），中国对外经济贸易出版社 1986 年版，第 20～27 页。

1332 元，农民平均收入 424 元，折合成美元计算，中国人均收入虽高于最穷国家，但远低于较穷国家。到 20 世纪末，预计中国人均收入达到 1 千美元，也只相当目前较穷的发展中国家的水平。只有收入再增加 10 倍，才赶上现在工业发达国家的人均收入水平。这时，人们才能说，中国已由社会主义初级阶段进入高级阶段。

——原载《大协调——科学技术社会学》第 14 章，
山东人民出版社 1990 年版

第三编

科技经济学

科学技术是生产力的历史考察

一、“知识就是力量”

“知识就是力量”的口号是由弗朗西斯·培根提出来的，在科学史和哲学史上都具有重要意义。培根的思想既为资产阶级反对封建贵族提供舆论工具，又为资产阶级发展生产提供思想武器。

培根的思想形成，是有背景的。他比较重视科学，深刻认识到科学在历史上的作用，注意理论和实践的结合，积极倡导科学，宣传功利主义的科学观，并努力发展实验科学的方法论。关于培根思想形成的问题，沃尔夫在《十六、十七世纪科学技术和哲学史》中已有论述：“培根之前不久进行的地理发现旅行和做出的实用发明给他留下深刻的印象。他认为，印刷术、火药和磁罗盘的发明‘改变了全世界的整个面貌和事态’。给他特别深刻印象的是哥伦布发现新世界和他同时代的伽利略用望远镜揭露了新的景象。培根还亲自作出实用的发明和发现一个新世界，至少是一个‘新的理智世界’。为此，他提议找出当代学者的缺陷，详细制定关于协同研究的新方法的计划，这些新方法能够导致真正的知识和实用的结果。”①这段话深刻论述了培根思想形成的背景，具体阐明了哪些科学发明和发现给培根留下特别深刻的印象，还探讨了培根致力研究科学方法论的原因。

培根认为，传统学术的毛病，主要是依赖几本古书，反复对其内容进行修补，不注意研究事物本身。许多经院哲学家就是这样干的，他们围着几个作者转，编织着学术的物蛛网，编织的网令人赞叹，但是空洞的或无益的。培根反对经院哲学家，也反对怀疑论者，他指出，我们读书，也不能像怀疑论者一样，只是去反驳和驳倒，而应去权衡和思考。

---

① [英]亚·沃尔夫：《十六、十七世纪科学、技术和哲学史》，商务印书馆1985年版，第707页。

培根重视科学，认为科学有一种力量，因此，他竭力主张“人类知识和人类权力归于一”①，宣扬“知识就是力量”。利用知识可以为人类谋利益，可以驾驭自然现象。他反对巫术和占星术，认为这些神秘的操作不能制服自然现象，也不能造福人类，只有认识自然现象的特征和规律，遵守和服从这些特征和规律，才能改造自然，造福人类。

怎样获得科学的知识？培根认为：一要摆脱成见，二要采取正确方法。谈到成见或偏见，主要有四：一是种族假象，由于种族天性的缺陷造成的；二是洞穴假象，由于个人特点的差别造成的；三是市场假象，由于交际词语选择不当造成的；四是剧场假象，由于哲学教条和错误证明规则在人们心中造成的。培根的四假象说揭露了经院哲学违反经验、曲解自然、崇拜古代、追求虚构的实质，解放了人们的思想，促进科学和哲学的发展。谈到方法，主要是实验方法和归纳方法。他主张把经验和理性结合起来，把仔细的观察和正确的推理结合起来，既不要像经验主义者那样，如同蚂蚁，只好堆积不能消化；也不要像理性主义者那样，如同蜘蛛，只会吐丝织网。而应像蜜蜂那样，采花酿蜜，进行加工，把感性与理性结合起来。怎样像蜜蜂采花酿蜜呢？就要采取科学的方法，科学的方法必须从系统的观察和实验开始，达到普遍性有限的真理；再从这些真理出发，通过逐次归纳，达到更广阔的概括，形成更普遍的真理。

培根不仅研究了认识真理的科学方法，而且也接触到了真理标准问题，这个标准是和知识就是力量的论断密切联系在一起的。他认为，在哲学中，实际的效果不仅可以改进人类福利，而且也是真正的保证。真理的确定由于效果的证明，科学的价值也由其效果确定。能造福人类，认识自然，就是科学的认识，就是真理。这一观点，差不多已经接近把实践作为检验真理的标准。

为了形象说明“知识就是力量”，培根还撰写另一著作《新大西岛》。在这个岛上，他企图建设理想社会，这个理想社会实质上是科学技术高度发达，从而促使生产发展、经济增长、生活富裕的资本主义社会。在理想社会里，掌权的是具有科学技术知识的人。这是“知识就是力量”这一口号在政治上的具体运用。

培根的“知识就是力量”的口号，影响数百年，对资本主义社会的发展，起了促进作用。数百年来，资本主义社会所以创造了巨大的物质财富，造成的生产力以前所未闻的规模发展起来，主要是蒸汽机和新工具把旧的工场

① ［英］培根：《新工具》，商务印书馆1984年版，第8页。

手工业变成大工业，这也与“知识就是力量”的口号有密切关系。当然，这一口号还有局限性：一是泛指知识和力量，还未能把科学技术与生产力联系起来；二是夸大知识作用，似乎有了知识就有了一切，就可以支配一切；三是抽象地谈知识，不了解只有在实践基础上产生的科学知识，为劳动人民及其知识分子所掌握，才能真正成为改造自然、改造社会的现实力量。培根提出“知识就是力量”以后，法国启蒙思想家狄德罗等对技术的作用有了进一步认识，他认为：技术就是为同一目的动作所需要的各种工具和规则体系；技术有重要作用，不仅是向自然界作斗争的武器而且是进行社会斗争的武器；掌握技术的工人是革命阶级的主要依靠力量。又经过近百年实践，资本主义制度有了很大发展，资本主义社会的科学技术有了长足进步，科学技术在生产发展中的作用日益强大，日益明显，只有这时，也只有这时才能提出“科学技术是生产力”的观点。

二、科学技术是生产力

马克思、恩格斯关于“科学技术是生产力”观点的提出，与大工业生产所表现出来的改造自然的伟大力量，与自然科学所表现出来的提高生产的伟大力量，与马克思主义唯物史观的创立有密切关系，下面分别加以论述。

（一）科学技术是生产力观点的基本前提

1. 大工业生产的发展

“科学技术是生产力”的观点，是以资本主义大生产和由此造成的无产阶级反对资产阶级的斗争为基本前提的。

18 世纪中期，英国开始产业革命，工厂制度逐渐代替工场手工业。到 19 世纪 30 年代末，大机器生产首先在棉纺织部门和其他轻工业部门逐渐推广，并占优势，在重工业部门也逐渐使用大机器进行生产。随后，美国、法国也发生产业革命。继之，德国大工业生产也较快发展起来。美国利用英国的技术和经验，使产业革命的进程加快，于 19 世纪 50 年代末期完成产业革命的任务。法国在 19 世纪 60 年代末期，德国在 19 世纪 80 年代末期都相继完成了产业革命的任务。产业革命的完成，机器大工业的建立，使社会生产力得到迅猛发展，使科学技术也迅猛发展，从而使资本主义最终战胜封建主义，使 19 世纪发生了伟大的历史转折。

产业革命，大机器生产，不仅改变了人与自热的关系，提高了人们改造自然的能力，而且也改变了人与人之间的社会关系，提高了人们改造社会的能力,还突出了科学技术与生产力的关系,促使人们逐步认识科学技术是生产力。

产业革命加深了工业无产阶级和资产阶级的矛盾,并使阶级斗争从经济斗争发展到政治斗争。1834 年法国里昂工人起义,1836 年英国人民宪章运动,1844 年德国爆发西里西亚纺织工人起义,工人阶级作为独立的政治力量登上历史舞台。

伴随着大工业生产的发展,一方面是科学技术和生产力的发展,一方面是无产阶级和资产阶级的斗争的发展,这种发展,促使人们认识自然和社会发展的规律,为马克思、恩格斯提出科学技术是生产力的观点提供重要的经济政治条件。

2.科学技术的发展

近代自然科学是随着资本主义生产发展起来的,又促进了资本主义生产的发展。近代科学最先发展起来的是力学。18 世纪牛顿力学体系的形成,成为当时最高的科学成果,并推动各门科学向前发展。随后,天文学、地质学、物理学、化学、生物学也相继发展起来,并促使机械自然观向辩证自然观发展。

1755 年,德国哲学家康德提出了星云假说,用引力和斥力的相互作用解释天体的演化,取消了牛顿的第一推动力,成为打破僵化的机械自然观的第一个缺口,成为近代自然科学进步的起点。

1830 年,英国地质学家赖尔发表了《地质学原理》,用地球自身的自然力量论证地层的演化,证明地质是发展的。

1831 年,法拉第发现电磁感应定律,把电与磁有机地联系起来。麦克斯韦发展了法拉第的电磁定律,把电、磁和光看成电磁波,使它们统一起来。热功当量的测定,进一步揭示了能量的守恒和转化。

1838 年,施莱登宣布细胞是一切植物结构的基本的活的单位和一切植物借以发展的根本实体。1839 年,施旺把细胞说扩大到动物界,认为有机体的基本部分都有一个普遍的发育原则,这个原则揭示了所有动物都是由细胞按一定规律分裂、增殖的结果。细胞学说既揭示了整个生物界的相互联系,也探讨了有机界和无机界的联系。

生物通过自然选择而进化的学说,主要由达尔文和华莱士创立。1859 年,查理·达尔文发表了《物种起源》,揭示世界上各种不同的生物,都是由最简单的蛋白质、单细胞的胚芽长期发展、进化而来的。进化论揭示了生物界由简单到复杂、由低级到高级发展的客观规律。

科学的发展推动技术的发展,技术的应用使生产飞速发展。马克思、恩格斯密切注意科学的发展，对每项重大的科学发展都进行过一定的研究，并进行深刻的评论。马克思、恩格斯还密切注意科学推动技术的发展，特别重视科学技术在生产中的应用，并对技术的应用，作出科学的评价。

自然科学和技术对马克思、恩格斯的影响，主要通过两个方面：一是通过自然辩证法研究。为确定辩证唯物主义的自然观，马克思和恩格斯分别研究了数学和各门自然科学，其研究成果，主要在《数学手稿》《自然辩证法》和《反杜林论》等著作中。二是通过产业革命。科学技术对产业革命影响很大，产业革命实际上是科技成果在生产上的广泛应用的结果，科学技术通过产业革命对社会产生重大影响。产业革命突出表现是机器的应用，马克思、恩格斯对机器及其作用的研究，直接和间接地认识了科学技术对生产的作用。这方面的研究成果，具体体现在《机器、自然力和科学的应用》《资本论》《1844 年经济学哲学手稿》《英国工人阶级状况》等著作中。

3. 唯物主义历史观

科学技术是生产力的观点是建立在唯物主义历史观基础上的。早在 19 世纪 40 年代中期，马克思和恩格斯就积极为创立唯物主义历史理论进行思想准备。唯物史观的基本观点经过 1848～1849 年革命实践考验之后，马克思又对资本主义作了深入研究，通过撰写《资本论》使唯物主义历史观成为科学的证明了的原理。

唯物史观的形成，与提出马克思主义的实践观有密切关系，也与提出马克思主义生产力观有密切关系。从实践观出发，马克思、恩格斯进一步提出“物质生活条件”的科学概念，认为“物质生活条件”是决定历史发展的根本条件，又进一步提出生产力和交往形式（即生产关系）的科学概念，认为“一切历史冲突都根源于生产力和交往形式之间的矛盾”①，进而论证了阶级、国家、革命都是生产力和交往形式矛盾的产物。到 1859 年，马克思在写《〈政治经济学批判〉序言》中，对历史唯物主义理论作了经典的概括，这就是：“人们在自己生活的社会生产中发生一定的、必然的、不以他们的意志为转移的关系，即同他们的物质生产力的一定发展阶段相适应的生产关系。这些生产关系的总和构成社会的经济结构，即有法律的和政治的上层建筑竖立其上并有一定社会意识形态与之相适应的现实基础。物质生活的生产方式制约着整个社会生活、政治生活和精神生活的过程。不是人们的意识决定人们的存在，相反，是人们的社会存在决定人们的意识。”②马克思的这一科学概括揭示了社会发展的基本规律，使历史观成为科学。

① 《马克思恩格斯选集》第 1 卷，人民出版社 1972 年版，第 81 页。

② 《马克思恩格斯选集》第 2 卷，人民出版社 1972 年版，第 82 页。

科学技术是生产力的观点，与科学技术迅速发展并在生产中越来越起重要作用有关，也与科学地提出和论证了生产力的观点有关。没有以上两个基本前提，马克思和恩格斯是不可能提出科学技术是生产力的科学论断的。

（二）科学技术是生产力观点的基本内容

1.科学是生产力的观点形成过程

马克思在《政治经济学批判》手稿中，明确提出科学是生产力的观点。他说："同价值转化为资本时的情形一样，在资本的进一步发展中，我们看到：一方面，资本是以生产力的一定的现有发展为前提的，——在这些生产力中也包括科学。"[①]马克思不但提出生产力中包括科学的观点，而且进一步对科学这种生产力进行分析，指出机车、铁路、电报、走绽精纺机等，都是人类劳动的产物，是人类的手创造出来的人类头脑的器官，是"物化的知识力量"[②]。并说："固定资本的发展表明，一般社会知识已经在多么大的程度上受到一般智力的控制并按照这种智力得到改造。"[③]马克思在论述科学是生产力时，区分了直接生产力和一般生产力。直接生产力是一般生产力的物化，当科学知识尚未进入生产过程，尚未物化为直接的劳动要素时，它是以知识形态存在的一般生产力；而当科学一旦转化为劳动者的劳动技能和物化为具体的劳动工具时，便随着劳动力和劳动工具直接进入生产过程，转化为直接生产力。无论是直接生产力和一般生产力，都离不开科学，不是以科学形态存在，就是科学形态的物化。

与马克思差不多同时，恩格斯在1843年年底写的《政治经济学批判大纲》中，在谈到计算生产费用时，也提出科学是生产力因素的观点。恩格斯认为，劳动中包括了科学发明和精神因素在内，因为这些因素没有使资本家花费钱，所以资产阶级经济学在计算生产费用时，总认为"科学与他无关"，不重视科学因素在生产劳动中的作用。这是不对的。在一个合理的社会制度里，精神要素要列入生产要素中，科学工作也在物质上得到了报偿。

不久，在1844年，马克思在批判蒲鲁东唯心史观时，进一步分析科学与生产力的关系，深刻指出科学技术成就决定着生产力的发展。在具体分析英国工业生产率的迅速提高时，马克思认为关键是英国广泛应用了科学技术。他列举材料，加以论证。在1770年，大不列颠联合王国的人口是1500

---

① 《马克思恩格斯全集》第46卷下册，人民出版社1972年版，第211页。

② 《马克思恩格斯全集》第46卷下册，人民出版社1972年版，第219～220页。

③ 《马克思恩格斯全集》第46卷下册，人民出版社1972年版，第219～220页。

万,其中生产人口 300 万。“当时技术成就的生产力大约相当于 1200 万人的生产力;因此生产力的总额是 1500 万。所以生产力和人口的比例是 1∶1,而技术成就的生产率和手工劳动的生产率的比例是 4∶1。在 1840 年,人口没有超过 3000 万,其中生产人口是 600 万,但当时技术成就的生产率已达 6 亿 5000 万人的生产力,和总人口的比例是 21∶1,和手工劳动生产率的比例是 108∶1。可见,英国社会中一个工作日的生产率在七十年间增加了 2700%,即 1840 年每天所生产的是 1770 年的二十七倍。”①这说明:这个时期,新的生产力主要靠科学技术成就获得的,也说明:生产过程成了科学的应用,而科学反过来成了生产过程的因素即所谓职能。

马克思在他的《1861～1863 年经济学手稿》中,专门研究了机器和科学的应用,科学地分析了蒸汽、机械、电、化学等科技成果对生产力的促进作用,深刻指出:“科学的力量也是不费资本家分文的另一种生产力。”②这里所说的生产力,不仅是“知识形态的生产力”,而且包括直接的生产力。因此,只说马克思、恩格斯把科学技术当作知识形态的生产力,而不是直接生产力,是不够的。综观全局,马克思、恩格斯不但认识到科学技术是知识形态的生产力,而且分析了知识形态的生产力向直接生产力的转化,还初步认识科学技术包含在生产过程中,包括在固定资本中,实际上已是直接的生产力的有机组成部分。

2.科学是生产力观点的具体应用

科学技术是生产力的观点是科学认识生产发展、社会变革的强大武器。马克思、恩格斯以科学技术是生产力的观点为指导,深刻分析了科学技术的动力作用和革命作用。

(1)科学技术是社会发展的革命力量

马克思、恩格斯把科学技术看成是“最高意义的革命力量”③,是“一种在历史上起推动作用的力量”④,认为“蒸汽、电力和自动纺机甚至是比巴尔贝斯、拉斯拜尔和布朗基诸位公民更危险万分的革命家”⑤。为什么科学、技术、机器起革命作用呢?因为这些都是生产力的要素,通过促使生产力发展,而使社会工业化,并对社会进行革命变革,工业的革命化,促使生产关系也革命化。所以马克思又说:“机器表现为从资本主义生产方式出发的、使

---

① 《马克思恩格斯全集》第 4 卷,人民出版社 1971 年版,第 135 页。

② 马克思:《机器·自然力和科学的应用》,人民出版社 1978 年版,第 190 页。

③ 《马克思恩格斯全集》第 19 卷,人民出版社 1972 年版,第 372 页。

④ 《马克思恩格斯选集》第 3 卷,人民出版社 1972 年版,第 575 页。

⑤ 《马克思恩格斯全集》第 12 卷,人民出版社 1971 年版,第 3 页。

一般生产方式发生革命的起点。”[①]并说：“随着一旦已经发生的、表现为工艺革命的生产力革命，还实现着生产关系的革命。”[②]这就是说，科学技术的革命，必然导致生产力发展，促进产业革命，从而推动生产关系革命。科技革命——生产力革命——生产关系革命是相互促进，相互推动，互为因果，相互作用的。认识科学技术的革命作用，真正体现科学技术的革命作用，必须有一个关键环节，这就是把科学技术与生产力联系起来，通过认识生产力革命，来认识科学技术的革命作用。如果离开生产力和生产力的变革，既无法认识科学技术的革命作用，也无法掌握科学技术的革命作用。因此，科学技术是生产力的观点，是我们正确认识科学技术的革命作用的关键。

(2)科学技术是社会发展的伟大动力

这种动力作用在奴隶社会、封建社会已有表现，到了资本主义社会，则更明显地表现出来。社会越向前发展，这种动力作用则越大。

马克思认为，中国的火药、指南针、印刷术对人类历史的发展，特别是对欧洲社会生产力的发展，对资本主义社会的产生与发展，都曾起了伟大的动力作用。在分析资本主义社会的产生时，马克思曾说：“火药、指南针、印刷术——这是预告资产阶级社会到来的三大发明。火药把骑士阶层炸得粉碎，指南针打开了世界市场并建立了殖民地，而印刷术则变成新教的工具，总的来说变成科学复兴的手段，变成对精神发展创造必要前提的最强大的杠杆。”[③]

从工场手工业到机器大工业的发展，其动力也是科学技术。没有科学技术就没有机器，就没有机器体系，就没有生产力的发展，也就没有资本主义社会。仅以钟表和蒸汽机为例，进行具体的分析。钟表是一种机器，这种机器很灵巧，也很复杂，制造钟表，要依靠科学技术，依靠力学和机械原理。没有这些科学知识和机械原理，钟表是造不出来的，也是不能改进的。马克思在考察钟表时指出：“钟表是由手工业生产和标志资产阶级社会萌芽时期的学术知识所产生的。钟表提供了生产中采用自动机和自动运动的原理。与钟表的历史齐头并进的是匀速运动理论的历史。”[④]只生产钟表，不能产生大机器生产，更不能导致产业革命，也不能使机器大工业时代的到来。是什么引起第一次产业革命，预示机器大工业时代的到来呢？是蒸汽机。蒸汽机是科学技术发展的产物，是科学技术的凝结，又是推动社会发展的动力。

---

① 马克思：《机器·自然力和科学的应用》，人民出版社1978年版，第200页。
② 马克思：《机器·自然力和科学的应用》，人民出版社1978年版，第111页。
③ 马克思：《机器·自然力和科学的应用》，人民出版社1978年版，第67页。
④ 马克思：《机器·自然力和科学的应用》，人民出版社1978年版，第68页。

制造蒸汽机是以“已有所发展的力学科学等等为基础的”[①]。蒸汽机制造出来以后，推动了英国纺织业的发展，纺织业的发展又推动英国社会生产力迅速发展，从而实现产业革命，使资本主义生产方式得以确立。科学技术作为动力促进资本主义生产方式的产生与发展，而资本主义生产方式又积极使自然科学为直接的生产过程服务，生产的发展又反过来为从理论上征服自然提供了手段，并促使自然科学不断发展以适应生产发展的需要。在这个过程中，科学技术通过物化，制造机器，促使经济发展，成为社会发展的动力。

3.科学技术转化为生产力的具体途径

科学作为一般的生产力，作为知识形态的生产力要想转化为现实生产力，必须通过科学的物化，渗透到生产力诸要素中，并与诸要素结合，产生效益，才能实现转化。马克思、恩格斯具体探讨了科学转化为生产力的一些具体途径。

(1)通过提高劳动者的科学技术水平和生产劳动技能，实现科学向现实生产力的转化，从而使科学成为生产力。马克思一再强调，在劳动过程中，必须把脑力劳动和体力劳动结合起来。即使到资本主义社会，尽管有以脑力劳动为主和以体力劳动为主的分离，在整个社会生产中，也必须实现脑力劳动和体力劳动的结合，并且愈来愈重视脑力劳动，愈来愈注意利用科学技术。所以，马克思说：“随着大工业的发展，现实财富的创造较少地取决于劳动时间和已耗费的劳动量，较多地取决于在劳动时间内所运用的动因的力量，而这种动因自身——它们的巨大效率——又和生产它们所花费的直接劳动时间不成比例，相反地却取决于一般的科学水平和技术进步，或者说取决于科学在生产上的应用。”[②]这是因为，制造大机器需要科学技术，改进大机器也需要科学技术，驾驭大机器还需要科学技术。一个对科学技术无知的劳动者，是不能开动机器进行生产的；机器坏了，出了故障，不会修理，大机器如同废铁，毫无用处。同样，使用一种机器，科学水平高、劳动技能高的劳动者比科学水平低、劳动技能低的劳动者，更能使机器运转得好，发挥机器的效率，生产更多的产品。因此，必须用科学技术武装劳动者的头脑，提高劳动者的素质，使科学技术转化为现实生产力。

(2)通过变革劳动工具，实现科学技术向现实生产力的转化，从而使科学成为生产力。在近代自然科学出现以前，生产以手工劳动为主，生产工具的改革主要靠劳动者的经验和技能，生产工具虽有改进，但改进不大。封建

---

① 马克思：《机器·自然力和科学的应用》，人民出版社1978年版，第111页。

② 《马克思恩格斯全集》第46卷下册，人民出版社1972年版，第217页。

社会上千年，耕地多半靠力拉犁，犁有改进，但变化不大。但是，近代自然科学产生以后，人们对自然的认识更加深刻，形成一系列具有完整形态的科学，人们根据这些科学知识，自觉地制造新的生产工具和设备，改革旧的生产工具和设备，使科学物化为工具，从而大大提高社会生产力。蒸汽机的制造和改进，就需要各种科学技术，需要机械学、力学、热学等一系列科学的物化。没有这些科学的发展，蒸汽机是既不能制造，又不能改进，也不能掌握的。生产工具越复杂、越高级、越发展，需要物化的科学知识就越多、也越复杂、越高级。因此科学物化为生产工具，是科学转化为生产力的重要途径，也是科学技术是生产力的主要表现。

(3)通过物化为劳动对象，实现科学技术向生产力的转化，从而使科学成为生产力。劳动对象是生产力的重要因素，对提高劳动生产力水平关系极大。马克思具体研究了科学技术转化为劳动对象的问题，他还分析了废品如何变为药品。变废为宝，是科学技术作用的结果；新的劳动对象的发现，还是科学技术作用的结果。离开科学技术，劳动对象很难扩大，也很难深化。马克思以化学工业为例，研究科学技术物化为劳动对象时，指出："化学工业提供了废物利用的最显著的例子。它不仅发现新的方法来利用本工业的废料，而且还利用其他工业的各种各样的废料，例如，把以前几乎毫无用处的煤焦油，变为苯胺染料、茜红染料（茜素），近来甚至把它变成药品。"[①] 恩格斯既为丰富发展唯物辩证法，也为注意科学技术对生产对象的作用，研究了无机化学，研究了波义耳、拉瓦锡、门捷列耶夫的理论成果，还认真研究了有机化学，特别是李比希的《化学在农业上的应用》、霍夫曼的《现代化学通论》和肖莱马的《简明化学教程》《化学教程大全》《有机化学的产生和发展》。恩格斯指出："从拉瓦锡以后，特别是从道尔顿以后，化学的惊人迅速的发展从另一方面向旧的自然观进行了攻击。由于用无机的方法制造出过去一直只能在活的机体中产生的化合物，它就证明了化学定律对有机物和无机物是同样适用的。"[②]这也证明了，用无机方法研制出有机物质，使这些人造的物质成为劳动对象，从而大大促进生产力的发展。现代科学制造出种种人造物质，种种自然界没有的材料，也扩大了劳动对象的范围，从而使科学技术通过物化为劳动对象，转化为现实生产力。

4.科学技术转化为生产力的阶级基础

在漫长的封建社会，也有科学成果，但成果往往与生产脱离，因而生产力发展缓慢，经济发展缓慢，社会也发展缓慢。到了资本主义社会，资本家

① 《马克思恩格斯全集》第25卷，人民出版社1972年版，第118页。

② 《马克思恩格斯全集》第20卷，人民出版社1971年版，第369页。

为了竞争，不得不使用科学技术于生产过程，不能不使科学技术转化为生产力。因为只有转化为生产力，资本家才能在竞争中取胜，才能致富。马克思、恩格斯在考察科学技术转化为生产力时，也对资本主义生产方式与科学的利用做了深刻分析。马克思在考察手工业到工场手工业、从工场手工业到机器大工业的发展以后，指出："自然科学本身{自然科学是一切知识的基础}的发展，也像与生产过程有关的一切知识的发展一样。它本身仍然是在资本主义生产的基础上进行的，这种资本主义生产第一次在相当大的程度上为自然科学创造了进行研究、观察、实验的物质手段。由于自然科学被资本用作致富手段，从而科学本身也成为那些发展科学的人的致富手段，所以，搞科学的人为了探索科学的实际应用而互相竞争。因此，随着资本主义生产的扩展，科学因素第一次被有意识地和广泛地加以发展、应用，并体现在生活中，其规模是以往的时代根本想象不到的。"①马克思这段话至少有三个重要思想：一是科学技术的自觉而广泛的应用，是同资产主义生产联系在一起的，科学技术在资本主义社会转化为生产力，是资本家致富的需要，是在资本主义生产的基础上进行的；二是为科学的实际应用而竞争，是资本主义生产的需要，也是科学技术发展的动力；三是资本主义生产也为科学发展创造了进行研究、观察、实验的物质手段。

机器是科学技术的物化，是科学技术的产物，而机器又"表现为从资本主义生产方式出发的、使一般生产方式发生革命的起点"②。机器是从资本主义生产方式出发的，说明机器这种生产工具，是资本主义生产方式的产物，又可使封建生产方式发生革命的起点，从这个起点开始，人们才能自觉运用科学技术的产物，为发展生产，提高生产力服务。

在另外一个地方，马克思强调指出，只有在资本主义生产方式下，"才第一次产生了只有用科学方法才能解决的实际问题"③。也只有在这种生产方式下，"才第一次达到使科学的应用成为可能和必要的那样一种规模"④。两个"第一次"都说明：只有在资本主义生产方式下，才能使资本家利用科学，占有科学，并使科学成为生产财富的手段，成为致富的手段。因此，科学技术转化为生产力的阶级基础是资产阶级利用科学发财致富，科学技术转化为生产力的社会基础是资本主义生产方式的形成和发展。

但还应特别指出，资本主义生产方式使自然科学第一次在生产中系统

① 马克思：《机器·自然力和科学的应用》，人民出版社 1978 年版，第 208 页。
② 马克思：《机器·自然力和科学的应用》，人民出版社 1978 年版，第 200 页。
③ 马克思：《机器·自然力和科学的应用》，人民出版社 1978 年版，第 206 页。
④ 马克思：《机器·自然力和科学的应用》，人民出版社 1978 年版，第 206 页。

应用，从而创造了生产的社会化，使生产资料的集中和劳动的社会化，达到一定高度，则同资本主义生产方式不能相容。科学技术要进一步转化为生产力，必须使资本主义生产方式发生变革。因此，科学技术转化为生产力是以资本主义生产方式为起点，科学技术进一步转化为生产力又是社会主义生产方式的起点，是资本主义生产方式变革的杠杆。尽管现在看来，资本主义的生产方式仍有助于科学技术转化为生产力，但总有一天这种方式会妨碍科学技术转化为生产力，到那时，资本主义的丧钟总会敲响，这是马克思主义发现的社会发展规律所决定的，是不以人的意志为转移的。

三、科学技术是生产力观点的深化和发展

（一）恩格斯对科学技术是生产力观点的深化

科学技术是生产力的观点形成后，随着资本主义生产方式的发展，也随着科学技术的进步，恩格斯不断加以丰富，加以深化。其主要内容，一是继续强调科学技术的革命作用；二是强调资产阶级对科技发展和生产力管理愈来愈不能胜任；三是强调无产阶级进行社会主义革命和建设必须依靠科技力量，依靠科学家。

1.继续强调科学技术的革命作用

在强调科学技术的革命作用时，恩格斯认为，自然科学发展，必然推动社会的进步和变革，因此，他和马克思对科学的新成就，总是感到真正的喜悦，并充分估计科学成就的价值和历史作用。恩格斯在《马克思墓前悼词草稿》中指出：“没有一个人能像马克思那样，对任何领域的每个科学成就，不管它是否已实际应用，都感到真正的喜悦。但是，他把科学首先看成是历史的有力的杠杆，看成是最高意义上的革命力量。而且他正是把科学当做这种力量来加以利用。”[①]在这里，恩格斯把科学当作推动生产力和历史发展的重要动力，不但如此，还看成是最高意义上的革命力量。为何是最高意义上的革命力量呢？因为意识形态革命、生产关系的革命都与生产力的革命密切相关，而生产力革命又与科技革命密切相关，科学技术革命，会促进生产力革命，从而推动生产关系革命和上层建筑革命，所以可视为最高意义上的革命力量。

2.资产阶级与科技进步的矛盾

① 《马克思恩格斯全集》第19卷，人民出版社1971年版，第372页。

在1882年慕尼黑电气展览会上，法国物理学家德普勒展出了他在米斯巴赫至慕尼黑之间架设的第一条实验性输电线路，全长59公里，电压为1500～2000伏。通过这条输电线路，德普勒把远在米斯巴赫的一台发电量仅为三马力的发电机发出的电输送给慕尼黑的博览会上的一台电动机，使这台电动机成功地带动了一只装在喷泉旁的水泵，“德普勒的第一条高压输电线路的发明，使人们看到了远距离送电的光明前景”[①]。马克思、恩格斯在通信中，不但互相询问这一发现的情况，而且找到有关著作和资料进行研究，并深刻认识这一发现的革命意义。在1883年3月1日，恩格斯给伯恩斯坦写了一封信，科学的评价了这一发现的革命作用。他在信中写道：电工技术革命“实际上是一次巨大的革命。……德普勒的最新发现，在于能够把高压电流在能量损失较小的情形下通过普通电线输送到迄今连想也不敢想的远距离，并在那一端加以利用——这件事还只是处于萌芽状态——，这一发现使工业几乎彻底摆脱地方条件所规定的一切界限，并且使极遥远的水力的利用成为可能，如果在最初它只是对城市有利，那末到最后它终将成为消除城乡对立的最强有力的杠杆。但是非常明显的是，生产力将因此得到极大的发展，以致资产阶级对生产力的管理愈来愈不能胜任”[②]。恩格斯从处于萌芽状态的高压输电实验中，不仅看到消除城乡对立的美好前景，而且看到资产阶级对科技和生产力的管理越来越不能胜任，因而社会主义必将代替资本主义，无产阶级的统治必将代替资产阶级的统治。

3.无产阶级要重视掌握科技人才

恩格斯不但重视科学技术的革命作用，注意科学技术在资本主义社会发展中的作用，而且强调无产阶级为了掌握政权、发展生产必须重视科技，注意培养科技人才。1891年10月24日，他给德国社会民主党领袖倍倍尔写了封信，信中强调说：“为了占有和使用生产资料，我们需要有技术素养的人才，而且数量很大。”[③]在1893年12月19日，恩格斯在致国际社会主义者大学生代表大会的贺信中进一步指出：“过去的资产阶级革命向大学要求的仅仅是律师，作为培养他们的政治活动家的最好的原料；而工人阶级的解放，除此之外还需要医生、工程师、化学家、农艺师及其他专门人才，因为问题在于不仅要掌管政治机器，而且要掌管全部社会生产，而在这里需要的绝不是响亮的词句，而是丰富的知识。”[④]恩格斯这些话，深刻告诉我们，无产阶

① 童鹰：《世界近代科学技术发展史》(下)，上海人民出版社1990年版，第505页。

② 《马克思恩格斯选集》第4卷，人民出版社1972年版，第436页。

③ 《马克思恩格斯全集》第38卷，人民出版社1972年版，第187页。

④ 《马克思恩格斯全集》第22卷，人民出版社1972年版，第487页。

级要夺取政权，掌握生产资料，发展生产，必须依靠科学技术，必须培养掌握科学技术的人才。与我们今天讲的尊重知识，尊重人才，是一脉相承的。无产阶级的阶级利益是和发展科学技术一致的，社会主义建设是和科学技术的进步合流的。无产阶级夺取政权占有生产资料要靠科技和科技人才，无产阶级进行建设，解放和发展生产力也要靠科技和科技人才。然而这一点，在无产阶级夺取政权以后，相当一个时期，有些领导人业不认识这个问题，以致使社会主义的劳动生产率总是不能很快的提高，使社会主义的经济建设受到影响，发展不快，从而也使社会主义制度的优越性不能充分发挥。因此，恩格斯的这一思想，至今仍有现实意义。

（二）列宁对科学技术是生产力观点的深化

列宁在深化科学技术是生产力的观点时，一方面强调资本主义制度下科技进步的阶级实质，另一方面强调社会主义制度下科技进步的巨大作用。

1. 资本主义制度下科学技术进步的阶级实质

列宁由于所处的时代，正是自由竞争的资本主义向垄断资本主义过渡的时代，是资本主义发展到帝国主义的时代。在这个时代，科学技术与生产力发展和阶级利益的联系更加紧密。科学技术本身虽然不具有阶级性，但利用科学技术总要受到阶级利益和社会制度的制约。在资本主义制度下，科学技术仍在进步，不进步，资本家就可能在商品竞争中失败或破产，但决定是否利用科技成果为发展生产力服务，是决定于是否对资产阶级谋取高额利润有利。有利，就采取新技术；无利，就拒绝新技术。有利，就推动科学技术发展；无利，就阻碍科学技术进步。列宁曾举例说：“美国有个欧文斯，发明了一种引起制瓶业革命的制瓶机。德国制瓶工厂主的卡特尔收买了欧文斯的发明专利权，可是却把这个发明搁起来迟迟不用。”①垄断并不消除竞争，而是与竞争业存，只要有竞争，就迫使资本家改良技术，采用新技术，降低生产成本，提高利润，从而在竞争中取胜，打倒别的资本家，从而促进科技进步。所以列宁也说：“资本主义不可能有一分钟停止不动。它必须不断地前进。在像我国所经历过的那种危机时期特别尖锐起来的竞争，促进了降低生产费用的种种新发明。”②帝国主义时代，资本家对科学技术既起阻碍作用又起推动作用，这种矛盾状态，伴随着资本主义的发展，时起时伏，时尖锐时缓和。总的趋向是，科技进步总是打破垄断的桎梏，不断推动生产力的发展。这种倾向，伴随现代科技革命的发展，越来越明显。这也是垄断资本主

---

① 《列宁选集》第2卷，人民出版社1972年版，第818页。

② 《列宁全集》第20卷，人民出版社1957年版，第145页。

义又获得一些活力的主要原因。

在帝国主义时代，资本家利用科学技术总是为了压榨无产阶级，科学技术被当作榨取血汗的工具。这一点，被列宁明确指出，他说："技术愈向前发展，劳动力就愈供过于求，资本家就愈能提高对工人的剥削程度。"①又说："在资本主义社会里，技术和科学的进步意味着榨取血汗的艺术的进步。"②当然，对列宁的话也不能绝对的理解。因为从一定角度讲，确实是科技进步，使失业增加，压榨更多，但有时，由于科技进步，形成新的产业部门和工厂，又开辟了新的就业门路，扩大就业机会；由于科技进步大大提高社会生产力，也可能使无产阶级生活有所改善和提高。因此，科技进步既能加剧资产阶级和无产阶级的阶级斗争，又可缓和资产阶级和无产阶级的阶级矛盾。当然，最终还是要加剧矛盾，证明资本主义不适应科学技术的进步，必须用社会主义代替资本主义。

2.社会主义制度下科技进步的巨大作用

列宁在十月革命后，在建设社会主义时期，为了提高劳动生产率，发展社会主义经济，体现社会主义制度的优越性，非常重视科学技术的作用。

他深刻指出，只有社会主义才能真正发挥科学技术的作用。所以他说："只有社会主义才能使科学摆脱资产阶级的桎梏，摆脱资本的奴役，摆脱做卑污的资本主义私利的奴隶的地位。只有社会主义才可能根据科学的见解来广泛推行和真正支配产品的社会生产和分配，也就是如何使全体劳动者过最美好、最幸福的生活。"③为什么这样呢？这是由资本主义和社会主义制度本质特征决定的，因为资本主义生产的目的是获取利润，社会主义生产的目的是满足人民生活需要。

列宁为了强调科学技术的作用，甚至明确提出："共产主义是苏维埃政权加全国电气化。"为什么提出这样的口号呢？因为在列宁看来，"只有当全国实现了电气化，为工业、农业和运输业打下了现代化大工业的技术基础的时候，我们才能取得最后的胜利"④。由此也可以断言，只有苏维埃政权充分同现科学技术相结合的时候，才能实现社会主义的现代化，从而向共产主义过渡。列宁强调要充分利用科学技术进行社会主义建设，为此不借利用资本主义遗留下来的全部文化，用来建设社会主义，为此要尽全力取得全部科学、技术、知识和艺术，建设共产主义社会的生活。

---

① 《列宁全集》第6卷，人民出版社1957年版，第10页。

② 《列宁全集》第18卷，人民出版社1957年版，第594～595页。

③ 《列宁全集》第27卷，人民出版社1957年版，第385页。

④ 《列宁论重工业的发展和全国电气化》，人民出版社1956年版，108页。

列宁还指出：社会主义靠什么最终战胜资本主义呢？靠劳动生产率的提高，靠生产力的发展，社会主义不创造比资本主义高的生产力和劳动生产率，就不能使社会主义制度取得胜利，也不能战胜资本主义。他说："劳动生产率，归根到底是使社会制度取得胜利的最重要最主要的东西。资本主义创造了在农奴制度下所没有过的劳动生产率。资本主义可以被最终战胜，而且一定会被最终战胜，因为社会主义能创造新的高得多的劳动生产率。"①这一至理名言，我们一定牢记。然而，在相当时期，在一些社会主义国家，注意不够，没有创造更高的生产率，没有很快提高生产力，在同资本主义国家竞争中吃了败仗。一些国家"被和平演变"，重要教训就在于此，苏联的瓦解，重要教训也在于此。

(三)科学技术是生产力理论在中国的发展

在建国后，毛泽东、周恩来、邓小平等都很注意生产力问题。早在1956年当我国农业合作化和资本主义工商业改造进入高潮时，周恩来在《关于知识分子问题的报告》中，就很重视科学技术和知识分子在社会主义建设中的作用；为了发展科学技术，并提出制定全国1956～1967年科学发展远景规划的任务；通过尊重知识分子，制定科技规划，积极发展科技，推动生产力发展，促进社会主义建设。

为了发展科学技术和文化，1956年4月，毛泽东在中央政治局扩大会议上提出了"百花齐放""百家争鸣"的方针。他明确指出，科学上的不同学派可以自由争论，科学中的是非问题应当通过科学界的自由讨论和科学的实践去解决，行政强制的办法有害科学技术的发展。毛泽东这一方针的提出，促进了科学技术和文学艺术的发展，为利用和引进先进的科学技术大开了绿灯，奠定了理论基础，也为科学技术转化为生产力创造了有利条件。在"双百"方针指引下，中国的科学技术有了长足发展，中国的生产力也有较大发展。

到了1958年，毛泽东一方面发动了"大跃进"和人民公社运动，一方面又提出向自然界开火，进行技术革命和文化革命。"大跃进"和人民公社运动，受到"左"的干扰，使瞎指挥、浮夸风和共产风严重泛滥起来，违背了科学，阻碍科学技术的发展，破坏了生产力。但提出技术革命，是毛泽东的一大贡献。在技术革命的号召下，农业"八字宪法"应运而生，对促进农业发展起了重大作用。但技术革命的口号喊出后并未很好地坚持，在以后很长一段时

---

① 《列宁全集》第37卷，人民出版社1957年版，第18～19页。

间，毛泽东把阶级斗争不适当地夸大，全力抓阶级斗争，忽视技术革命，错过了迎接新技术革命挑战的机会，在这个时期，不但没有很好地发展科学技术，并及时把科技转化为生产力，反而背离科学，不按规律办事，使科学技术发展受挫，使生产力发展停滞，甚至倒退。

1964 年，我国又出现新的技术革新高潮，这个高潮的特点，是学习唯物辩证法，指导生产斗争与科学实验。这时，大庆油田就是靠毛泽东的《矛盾论》和《实践论》起家的。靠"两论"起家，实际上是靠认识客观规律性起家，是靠科学技术起家。只讲"两论"起家，不讲科技起家，这是片面的，是种误解。这种误解到了"文化大革命"时期则走向极端，走向反面。"四人帮"夸大哲学的作用，提出用哲学代替自然科学的谬论，并批判"科学技术是生产力"等科学论断，批判所谓的"唯生产力论"，其结果，严重破坏了国民经济的发展，使劳动生产率大幅度下降，使社会生产力造成浩劫。历史教训告诫人们，必须重视科学技术，必须正确认识科学技术是生产力的科学论断。

1975 年，邓小平同志在毛泽东支持下主持中央日常工作，不仅对科学技术发展作出一系列指示，而且对科技战线的领导进行必要的整顿。在邓小平同志领导和支持下，胡耀邦等同志制定了向中央和国务院汇报的关于《中国科学院工作汇报提纲》。在这个提纲中，进一步明确提出了"科学技术是生产力"的科学论断，为社会生产力的发展，提供强大的理论武器，为国民经济的发展，指明了前进的方向。不久，"四人帮"进行反扑，攻击科学技术是生产力的理论，反对"科研走在生产前面"的论断，提出要对科技界实行"全面专政"，又使科学技术倒退，使生产力破坏，使国民经济陷入混乱。教训十分深刻，值得牢牢记取。"四人帮"被粉碎后，科技园地焕发春光，科学技术是生产力的理论，得到承认，受到重视，生产力得到很快恢复和迅速发展，国民经济蒸蒸日上，人民生活不断改善。事实证明，科学技术是生产力的论断，确是颠扑不破的真理。

四、科学技术是第一生产力提出的背景

任何一个哲学学说、科学观点、技术成果都有其社会背景，科学技术是第一生产力的观点的提出也不例外。其主要背景，有以下几个：

(一)新技术革命深入发展的产物

第二次世界大战后不断发展起来的新技术革命，日益深入，并不断发展，已到一个新水平、新阶段。特别是近 20 年来，新技术革命又有新的发展，

日益显示科学技术对生产力发展的巨大推动作用。

在分析这场新技术革命对生产力发展的巨大推动作用时，我们首先应对这场革命的特点、进程进行必要的论证。

第二次世界大战以前和战争期间，许多新学科，以相对论为开端，继而量子力学、原子物理学、核物理学、基本粒子物理学、凝聚态物理学、电子学等不断涌现，不断使科学革命深入发展，而且使技术革命不断发展。新的科学理论为新的技术奠定了理论基础，新的发展又为新的科学理论的建立创造物质条件。战后新技术革命，是以微电子技术的发展为龙头的。新技术革命伴随着微电子技术，特别是计算机的发展，而不断深化。在过去几十年来，电子计算机从第一代经过第二代、第三代、第四代的更新，又迈向第五代。第五代计算机是以大规模集成电路为核心部件的计算机。计算机的发展也有其趋势，即巨型化、微型化、智能化和网络化。由于计算机功能的迅速提高和多样化，其使用范围迅速扩大，其用途不断增加，其作用也日益重大。有了功能高的计算机，就可以实现生产的自动化、管理的现代化，从而大大促进生产力的发展；就可为科学发展提供强有力的工具，快速准确的数据，提供设计、模拟、分析的方法，从而促使科学的迅速发展；计算机还可以解放人的头脑，代替人的头脑，促使脑力劳动更加提高，知识分子的作用更加重要。计算机使经济发展、社会进步和社会生活发生显著的变化，也为科学技术成为第一生产力提供了有力证据。

与计算机技术相应发展的同时，空间技术进入一个新阶段。现代空间技术是研究人类如何进入、利用、开发外层空间的工程技术。这种工程技术，由动力推动、空间飞行器、运行制导三大技术系统组成。动力系统主要是各种探空火箭和导弹，导弹又分短程导弹、中程导弹和远程导弹。空间飞行器主要有人造地球卫星、空间探测器、宇宙飞船、航天飞机等。空间科学技术是一种综合的科学技术，是电子学、电子计算机、材料、能源等科学综合发展的产物。通过空间技术，人类将大大提高改造客观世界的能力，大大提高主观能动性。

材料技术空前发展。材料是一切工业和工程的重要物质基础，也是提高生产力的重要因素。新材料的发现、发明和应用对经济和社会发展带来重大影响，经济和社会发展又不断促进新材料的研制。随着新技术革命的发展，金属材料的制作工艺有了新发展，金属材料的品种也日益增多，其功能不断提高，应用范围不断扩大，作用日益重要；高分子合成材料也以更快的速度发展，高分子合成材料具有许多新特性，主要有合成橡胶、塑料、合成纤维等，已逐步取代钢材、木材和棉花以及其他天然材料，并不断克服强度低、燃点低、易老化等弱点;无机非金属材料的发展取得令人鼓舞的成果,近20年来,采用热压烧结法获得的高致密度的碳化硅陶瓷,就是非常好的高温结构材料,其抗弯强度在1400摄氏度高温下仍保持在5000～6000公斤/厘米^{2}以上;复合材料技术发展惊人,60年代以来先后研制成耐1200摄氏度高温的硼铝复合材料等,还有其他钦镍复合材料、碳纤维塑料复合材料等,这些材料对科学技术发展和经济发展,都有重要意义。

能源技术引人瞩目。能源和材料一样,也是人类赖以生存和发展的物质基础。战后能源技术的发展,不但表现在传统能源利用技术的提高,更重要的是表现在新能源的开发,特别是核能源的开发和利用。目前,最重要的是可控热核聚变技术。核子聚变释放的能量比裂变高,聚变所用的燃料氘和氚在海水中含量丰富,足供使用数亿年,是取之不尽、用之不竭的能源。太阳能利用技术也获得可喜进展,1970年法国用比利牛斯山上建造了一座太阳炉,温度可达4000摄氏度,功率可达1000瓦。1980年,美国开始执行研制太阳能卫星电站的计划,准备用航天飞机把它的组件送入太空。这个宏伟计划一旦实现,人类利用太阳能的技术又有很大突破。能源是生产力发展的重要基础,能源技术的发展是生产力发展的关键。伴随能源技术的发展,生产力将飞速发展。

生物技术突飞猛进。生物技术是指人工利用生物的生长、代谢、变异等特性和规律以生产一定产品或实现某种目的的工程技术。主要有生物大分子合成技术、基因重组技术和细胞融合技术等等。基因重组技术又称基因工程,通过基因工程,可以生产人工胰岛素,可以在实验室里,重组生产西红柿、土豆等。细胞融合技术是通过把两种不同的动物或植物细胞融合在一起,使之形成新的动植物品种的生物技术。通过这种技术,可把老鼠的被免疫的B细胞与骨髓瘤细胞进行体外融合,取得单克隆抗体;可把新的基因移植到玉米细胞,使玉米产生新材料,更加适应环境,不断提高玉米的产量和质量。生物技术已广泛用于医药领域、食品工业、农业和环境保护。可以预料,生物技术的发展对人类解决粮食、能源问题,战胜疾病,改善环境,有重要意义,对生产力的发展有极大的促进作用。

这次新技术革命有许多特点,许多专家学者从不同角度进行了分析,综合概括,我们认为,有以下四点:一是以电子技术为龙头。和其他技术革命不同,这次新技术革命是以电子技术作为龙头的。有人认为,电子技术是产业的火车头,这话是很有道理的。许多新技术都和电子技术有关,呈现出一幅以电子技术为核心的新技术群的画面。二是以科学理论为指导。任何技术革命同科学理论有关,这次新技术革命尤为明显。战后陆续出现的主要新技术，大都是科学的自觉应用，大都以科学理论为指导。所以，罗斯托认为，新的技术革命同基础科学领域密切结合起来，产业部门同大学的研究室及其他研究机构结合起来，是这次新技术革命的重要特点。我们认为，这话是很有道理的。三是影响更加广泛深刻。不但影响社会经济，而且影响文化生活，不但影响生产力，而且影响生产关系；不但影响第一世界各国，而且影响第二、第三世界各国。一种新技术的出现，很快扩散到世界各地，很快影响到社会生活的各个方面。四是快速向生产力转化。技术是生产力，在生产中应用新技术，会大大提高生产力。技术在生产中应用，有个转化过程，现代新技术不但发展快，而且向现实生产力的转化也快。技术发展有个加速过程，技术向生产力转化也有个加速过程。一般地说，新技术越发展，转化也就越快，新技术越发展，在生产力发展中的作用就越大。近 20 年来，科学技术在生产发展中越来越起首要作用，越来越表现出是第一生产力的趋势。科学技术是第一生产力的科学论断，就是在这科学技术发展的背景下提出来的。

（二）生产发展新趋势的反映

第二次世界大战结束以来的 40 多年，尤其是近 20 年，在科学技术革命推动下，生产发展出现一些新趋势和新特点，这些新趋势和新特点逐渐表明，科学技术渐成第一生产力。

首先，从产业结构上看。发达国家，随着新技术革命的发展，产业结构不断发生变化，这种变化反映了科技因素在产业中的作用大小不同。据统计：1979 年，美国的第一产业所占比重仅占 3%，第二产业比重占 35%，第三产业占 62%，在第三产业中信息产业已占全产业的 50%以上。第三产业比重占 62%，信息产业又占第三产业的 50%以上，足以说明，科学技术在产业中的地位已占首位。

其次，从国民生产总值方面看。新技术革命发展，科技进步因素在国民生产总值增长中的比重不断上升，到 80 年代，发达国家科技进步的因素已达 60%～80%。科技进步因素在国民生产总值增长中已占首位，也显示科技因素渐成第一生产力。

第三，从劳动力年产值看。农业劳动力、传统工业工人和新技术产业从业人员的年产值是不同的，一般地说，新技术产业从业人员的年产值总是大于传统工业工人的年产值，传统工业工人的年产值又大于农业劳动力的年产值。这种情况，在我国尤为明显。我国目前农业劳动力平均年产值只有数千元，传统产业工人的平均年产值不过 1～2 万元，而高新技术产业从业人员的平均年产值可达10～20万元。高新技术产业蕴含的技术因素大，因而年产值高，这也从另一个侧面反映科技因素在生产发展中的决定作用。

第四，从对劳动力要素的作用看。劳动力有许多要素，主要的有三个要素，即劳动者、劳动工具和劳动对象。这三个要素的发展都与科学技术有关。科学技术成为生产力三要素发展的关键因素。生产力三要素的飞速发展，是由科学技术飞速发展决定的。各种数据表明，科学技术成为生产力发展和决定生产力水平的第一位的原因。

(三)实现现代化的迫切需要

早在1978年3月邓小平同志就曾指出："四个现代化，关键是科学技术现代化。"这个科学论断，现在看来，更加正确，更有生命力。不但发展了马克思主义的生产力学说，而且对我国社会主义现代化事业有着极为重要的指导作用。13年的建设实践和取得的伟大成就，都充分证明，只有牢牢掌握现代化建设的这一指导思想，农业现代化、工业现代化和国防技术现代化才有可能实现。

改革开放以来，我国的农业有很大的进步，就农业总产值讲，由1978年的1397亿元增加到1988年的5865亿元，按可比价格计算，平均每年增长6.2%，大大超过前26年平均每年增长2.7%的速度。1987年农村非农业总产值首次超过农业总产值，1988年达到6669亿元，按可比价格计算，比1978年增长7倍左右①。农业总产值的提高，一则表明农村承包制的生命力，二则表明科技在农业中作用大大增加。仅举数例，则可看出科技作用的大小。1988年与1952年相比，我国农业机械总动力拥有量增加1475倍，机耕面积增加300倍，化肥施用量增加274倍，农村用电量增加1423倍，农用大中型拖拉机增加665倍，农用小型及手扶拖拉机起码增加6482倍，联合收割机增加122倍。② 从纵向比较，农业机械化水平确有很大提高，但从横向比较，我国农业机械化水平和工业发达国家相比还有很大差距，在农村，很多劳动依然依靠手工劳动，实际上，我国农村劳动工具是处在手工工具向机械转换的过程中，离农业现代化还有较长路程。要实现农业现代化，农业机械化必须有一个大的发展。农业现代化、机械化靠什么？要靠政策，要靠投入，还要靠科学技术。在某种意义上讲，应当说，主要靠科技。因为，制定正确的政策，必须靠科学决策；减少投入的盲目性和提高投入的效益，必须依靠科学技术，挖掘农业潜力，提高单产等，也必须依靠科学技术。

---

① 国家统计局：《奋进的四十年》，中国统计出版社1989年版，第10页。

② 参见熊映梧《当代中国社会生产力考察》，人民出版社1991年版，第48页。

改革开放以来，我国的工业发展也有很大发展，工业总产值由1978年的4237亿元增加到1988年的18224亿元，按可比价格计算，平均每年增长12.8%，快于前26年平均每年增长11.4%的速度。[①] 1989年，我国主要工业产品质量在世界上的比重和位次都有所上升，煤、水泥、布、电视机等产品的产量已居世界首位。从纵向比较，中国工业产量和技术水平都有很大提高。但从中国工业技术水平来看，有的高，有的低，总水平相当国际上70年代中期水平，大约落后于国际先进水平30年。[②] 开放改革后的10年，我们引进不少国际先进技术设备和比较先进的技术设备，但是与原有设备存量比较起来，比例不大，不占优势，技术水平较低的状况，难以从根本上得到改变。在工业大中型企业的工人中，自动化作业的极少，机械化作业的也不多，大多数仍以手工操作和半机械化作业为主。要想实现工业的现代化，必须大力发展科学技术，经过相当一段时间，才能从根本上解决我国工业技术水平较低的状况，逐步使机械化、自动化作业占优势。

改革开放以来，我国的国防现代化建设取得巨大成就。1980年，向太平洋海域发射运载火箭成功；1981年，"一箭三星"发射成功；1982年潜艇水下运载发射成功；1984年以来，实验通信卫星、实用通信卫星、太阳同步卫星相继发射成功。到目前为止，我国共进行了200余次导弹飞行试验，几十次核爆炸试验，成功地发射了不同类型的人造地球卫星30颗，准确地回收了其中11颗返回式卫星，回收率为百分之百。[③] 这些成就，都说明我国国防现代化在某些方面已达世界先进水平。但从横向比较，从整体比较，我国的国防力量还不够强大，现代化水平还不够高，高技术的武器还不够多，仍然不能完全适应现代化战争的要求。特别是海湾战争，使我们更加清醒，进一步认识到科学技术在现代战争中的作用，进一步促使我们必须加快国防现代化建设的进程；而要加快国防现代化的进程，最重要的也是依靠科学技术。

（四）生产力理论研讨的必然结果

党的十一届三中全会后，随着党的工作中心转移到社会主义建设上来，越来越多的经济工作者和经济理论研究者重视对生产力的研究，重视科学技术是生产力的研究。在探讨生产力发展的源泉时，有的论著开始注意科学技术对生产力的推动作用。实际上，逐步认识到科学技术也是推动生产力发展的动力。在探讨生产要素时，有的则认为科学技术也是生产力的一

---

① 国家统计局：《奋进的四十年》，中国统计出版社1989年版，第10页。

② 熊映梧：《当代中国社会生产力考察》，人民出版社1991年版，第118页。

③ 宏伟的任务编写组编：《宏伟的任务》，中国工人出版社1991年版，第246页。

个重要因素;有的则认为科学技术是生产力三要素发展的关键因素。在探讨科学技术是生产力时,不少同志逐步深刻认识到,科学是社会重要的产业,不仅是精神生产力,而且是物质生产力。科学技术对经济影响很大,作用途径也很多,大体有六个方面:"(1)提供生产理论的新思维和规律性的认识,为生产提供新的可行手段;(2)通过转化为新的技术,应用于生产,产生'技术推力'和'需求引力',从而成为经济发展的启动枢纽;(3)制约着资源的合理开发和利用,从而制约着经济发展的速度;(4)使经济管理成为一门科学,大大提高了经济效率;(5)不仅创造良好的经济效果,也创造巨大的社会效果和生态效果;(6)提供的信息,可以成为生产发展的重要资源,带来经济上的'加速度'。总之,科学是生产的'先导',而且转化成为生产技术的速度日益加快,创造的经济效益也愈来愈高。"①不少论著也论述了教学是生产力的重要因素,教育既是上层建筑,又是生产力。教育的功能主要有三个:一是教育关系劳动力的再生产,通过教育使受教育者逐渐成为现实生产力的主体;二是通过教育可把科技和知识继承下来并加以传播;三是通过教育为媒介可变知识形态的生产力为物质生产力。因此,教育"是决定生产发展最具有战略意义的资源和部门,是社会生产力进步的决定性因素"②。

通过理论研讨,进一步提高了我们跟踪世界新技术革命的进程和发展我国的高新技术的自觉性。为了迎接世界高新技术革命的挑战,我们一方面努力发展电子工业。十余年来,国家在电子工业上投资160亿元,用外汇30亿美元,通过内涵式技术和产品,调整了电子工业产品的结构,使电子工业有了长足进步,有了突飞猛进的发展,并在生产力发展中发挥巨大的作用。另一方面,我们又制定了具有深远意义的"高技术研究发展计划纲要",短短四年,我国高技术研究工作已取得重大进展和累累硕果,有些项目已处于世界先进水平。这些科技硕果一旦转化为生产力,将对我国的现代化产生重大影响。

理论的探讨和实际的成果,都需要我们从理论上确认科学技术是生产力,不但是生产力,而且是第一生产力。

五、科学技术是第一生产力观点的发展

党的十一届三中全会以后,邓小平从认识中国的国情开始,从建设有特色的社会主义出发,反复强调发展生产力的伟大作用和意义,并再三强调科

① 项启源:《马克思主义的经济理论与中国社会主义》,重庆出版社1991年版,第392页。

② 项启源:《马克思主义的经济理论与中国社会主义》,重庆出版社1991年版,第392~393页。

学技术是生产力，“四化”的关键是科学技术现代化，这些观点的逻辑发展，必然导致提出科学技术是第一生产力的科学论断。

(一)社会主义的根本任务是发展生产力

邓小平同志说：“一个真正的马克思主义政党在执政以后，一定要致力于发展生产力。”[①]指出社会主义的根本任务是发展生产力。集中力量发展生产力，把国民经济搞上去实现社会主义现代化，为社会主义制度的巩固和发展打下更加坚实的物质技术基础，具有重要意义。

为了强调发展生产力，邓小平同志把发展生产力，搞四化建设，提高到政治路线的高度去认识，他说：“我们党在现阶段的政治路线，概括地说，就是一心一意地搞四个现代化。”[②]又说：“我们的政治路线是把四化建设作为重点，坚持发展生产力。”[③]

邓小平同志并从理论上阐明社会主义的根本任务为什么是发展生产力。

首先，发展生产力是社会主义优越性的根本表现。邓小平指出：“我们是社会主义国家，社会主义制度优越性的根本表现，就是能够允许社会生产力以旧社会所没有的速度迅速发展，使人民不断增长的物质文化生活需要能够逐步得到满足。”[④]目前，由于中国生产力比较落后，人民需要的满足程度比较低，社会主义制度的优越性不能充分发挥。必须尽快发展生产力，才能消灭贫困，使劳动人民过上富足的生活，体现社会主义制度的优越性。

其次，发展生产力是巩固人民民主专政的需要。生产力不发展，人民民主专政也难巩固，工人阶级的领导地位也会动摇，其先进性和革命性也很难体现，工农联盟就没有牢固的物质基础。只有生产力尽快发展，才能使党的领导更有凝聚力，使工人阶级的领导地位更加巩固，使工农联盟不断得到加强。因此，能否尽快把生产力搞上去，能否实现四个现代化，决定着党的命运，国家的命运，民族的命运。

第三，发展生产力是实现现代化的保证。农业现代化、工业现代化、国防现代化，都是以生产力发展为物质基础的。只有一心一意发展生产力，尽快把生产力搞上去，才能有雄厚的物质基础和先进的技术设备，才能用现代化的高新技术武装农业、武装工业、武装国防，实现农业现代化、工业现代

---

① 《邓小平文选》第3卷，人民出版社2001年版，第264页。

② 《邓小平文选》第2卷，人民出版社1994年版，第276页。

③ 邓小平：《建设有中国特色的社会主义》(增订本)，人民出版社1987年版，第54页。

④ 《邓小平文选》第2卷，人民出版社1994年版，第128页。

化、国防现代化。

第四，发展生产力是战胜资本主义最终实现共产主义的有力武器。邓小平认为，社会主义的任务根本的一条是发展生产力。其作用有两方面：一方面为共产主义创造物质基础，因为共产主义的特征是产品极大丰富，生产高度发达，实行按需分配，没有极大丰富的物质条件，要实现共产主义是不可能的；另一方面在发展生产力的基础上体现社会主义优于资本主义。优于资本主义不但在所有制和分配制方面，而且在生产力水平和群众生活水平方面，社会主义的生产力水平和群众生活水平比资本主义高，社会主义就优于资本主义，就为战胜资本主义提供了强大武器和物质条件。

最近，邓小平又强调，社会主义不仅要发展生产力，而且要解放生产力，发展和解放生产力是建设社会主义的根本任务，再次强调加快经济发展，必须依靠科技和教育，这些思想又不断深化科学技术是第一生产力的科学论断。

（二）依靠科技提高经济效益和产品质量

在经济建设中，在发展生产力时，最重要的要注意什么？邓小平特别强调要注意经济效益和产品质量。他认为，社会主义的根本任务是发展生产力，并强调要“迅速发展社会生产力”要“大幅度地改变目前落后的生产力”[①]，社会主义要比资本主义“更快地发展生产力”[②]。“要迅速”“要大幅度”“要更快”，但不是越快越好，越快越有利。邓小平认为，不能“超高速发展”，否则会带来一些问题，需要调整；不能“速度发展太快”，急于求成，脱离实际，犯急性病。怎么办？要把速度和效益结合起来，要在提高效益的基础上，追求高速度。所以，他说：“讲求经济效益和总的社会效益，这样的速度才过得硬。”[③]邓小平特别强调艰苦创业，要求我们必须懂得生产出来的东西是来之不易的，因此，无论在生产建设以前，生产建设过程中间，还是在生产建设得到了产品以后，都不允许有丝毫的大手大脚。要求我们到本世纪末实现国民生产总值和工业年总值翻两番。在提出这个战略目标时，又强调指出，这个翻两番，不只是数量，而是“在不断提高经济效益的前提下”[④]的翻两番。邓小平速度和效益相结合的思想，在提高经济效益的前提下提高经济发展速度的思想，是指导经济建设的根本方针。只有坚持和贯彻这一方

① 《邓小平文选》第 2 卷，人民出版社 1994 年版，第 135 页。

② 邓小平：《建设有中国特色的社会主义》（增订本），人民出版社 1987 年版，第 123 页。

③ 《邓小平文选》第 3 卷，人民出版社 2001 年版，第 143 页。

④ 邓小平：《建设有中国特色的社会主义》（增订本），人民出版社 1987 年版，第 6 页。

针，社会主义建设才能健康发展，经济建设才能依靠科学技术。

邓小平在谈到生产时，又特别强调产品质量的重要性。他认为，发展生产，必须抓好产品质量，提高产品质量，才是最大的节约；质量好了，在国际市场上才有竞争能力；在编制计划时，光计算产值，只讲数量是不行的，最重要的是产品质量。

经济的效益如何提高？产品的质量如何提高？如何使产品质量好，在国际市场上有竞争力？其关键是依靠科学技术，增加产品中的科技投入，不断提高设备的技术水平，不断提高劳动者的科技意识和素质。这一思想的逻辑发展，必然导致重视发展科技，认识科学技术对发展生产的极端重要性。

(三)科技现代化是四个现代化的关键

邓小平一再强调科学技术与经济发展的辩证关系，认为发展经济，提高效益和质量的关键是依靠科学技术进步。又一再强调科技技术现代化同工业现代化、农业现代化、国防现代化的关系，认为工业现代化、农业现代化、国防现代化的关键是科学技术现代化。

工业现代化要求我们，在工业经济的增长时，要以内涵扩大再生产为主要特征，走内涵扩大再生产的路子，要不断发展高新技术产业，逐步使高技术产业成为带头的产业，这就要求我们必须大力发展科学技术研究和科学技术教育，积极调动科学技术工作者和教育工作者的革命积极性，把科技当作工业发展的关键。农业现代化要求我们，在农业经济的增长时，在实现农业现代化时，必须运用农业机械，化肥和优良品种，必须使农业走集约化经营的路子，必须大力发展生态农业、立体农业和工厂化农业。这就要求我们在实现农业现代化必须紧紧依靠科学技术的现代化。国防现代化的关键也是科学技术的现代化，因为现代战争实际上是高科技的竞争，高科技日益使军事技术和武器系统发生质的变化，现代战争离开高科技是寸步难行的，现代科学技术的发展又促进战争手段、军事装备的现代化。所以，邓小平反复强调："没有现代科学技术，就不可能建设现代农业、现代工业、现代国防。没有科学技术的高速发展，也就不可能有国民经济的高速发展。"①

(四)科学技术越来越成为重要的生产力

当今世界，科学技术与经济发展的关系日益密切，科学技术与生产力提

---

① 《邓小平文选》第2卷，人民出版社1994年版，第86页。

高的关系也日益密切。邓小平牢牢把握时代的脉搏，体察科学技术的作用，深刻指出："科学技术作为生产力，越来越显示出巨大的作用。"[①]现在，用同样数量的劳动，在同样的劳动时间里，可以生产出比过去多几十倍几百倍的产品，这是为什么呢？主要是因为科学技术的进步，主要是因为现在有了微电子学、电子计算机、控制论、自动化技术，科学越发展，经济越发展，生产越提高，在诸多力量中，越来越显示"最主要的是科学的力量、技术的力量"[②]。邓小平依据马克思关于科学技术是生产力的理论，概括近百年来，特别是新技术革命以来经济发展的实际，大大推进了科学技术生产力的理论，还深刻指出："科学技术正在成为越来越重要的生产力。"[③]

邓小平的这些论述，揭示了科学技术是生产力科学论断的一个重要发展趋势。这个重要趋势，就是科学技术"越来越重要"，越来越成为"最主要的力量"，"越来越显示出巨大的作用"。这些论断必然的逻辑发展，一定会导致得出"科学技术是第一生产力"的科学论断。瓜熟蒂落，水到渠成。因此，1988 年 10 月，邓小平明确指出"科学技术不仅是生产力，而且是第一生产力"[④]，把科学技术是生产力的理论又发展到一个新阶段。这也是邓小平同志对马克思主义、毛泽东思想的一个伟大贡献。

——原载《烟台大学学报》（哲学社会科学版）1992 年第 3 期

① 《邓小平文选》第 2 卷，人民出版社 1994 年版，第 87 页。
② 《邓小平文选》第 2 卷，人民出版社 1994 年版，第 87 页。
③ 《邓小平文选》第 2 卷，人民出版社 1994 年版，第 88 页。
④ 参见 1988 年 10 月 25 日《人民日报》。

论科学技术为什么是第一生产力

1988年邓小平同志指出："科学技术是生产力，而且是第一生产力。"这个观点，发展了马克思主义的生产力理论。坚持科学技术是第一生产力的观点，把经济建设真正转移到依靠科技进步和提高劳动者素质的轨道上来，是以经济建设为中心的重点转移的进一步深化，是又一次重点转移，是一场广泛而深刻的变革，具有重要的理论意义和现实意义。

科学技术为什么是第一生产力呢？这个问题需要认真探讨。理解这个问题的关键，是要说清楚科技不但是生产力，而且是"第一"生产力。为何说是"第一"呢？言其重要，重要的程度是第一位的。这个第一位是相对的，是相对其他生产力而言的。在当代，生产力中科学技术的作用越来越大，渐占首位。

提出科技是第一生产力的观点，有其深刻的背景。

首先，是新科技革命挑战的需要。新技术革命在深入发展，在整个世界引起强烈反响，各国都纷纷寻求对策，都在惊呼"不要错过新技术革命这班车"。这场新技术革命，将向人们宣告：不久的将来，整个世界生产力将有一个巨大的飞跃。日本在20世纪80年代就曾提出"创造性的技术立国"战略，明确指出："科学技术的进步，是经济发展的动力，是国民生活提高的基础。"[①]如果在新技术革命时代，我们仍不能高度重视发展科技，我们就会错过时机，生产力就得不到飞速发展。

其次，是充分体现社会主义优越性的需要。第二次大战后，世界有两大潮流：一是世界社会主义革命的潮流；一是新技术革命的潮流。这两股潮流本应紧密结合，使社会主义国家经济迅速发展，科技蓬勃发展，人民生活水平迅速提高，然而因种种原因，在有些时候有些国家却错过机会，没有跟上新技术革命的潮流，一次次错过时机，结果本应与社会主义革命潮流相结合

① 转引自黄顺基、李庆臻：《大动力——科学技术动力论》，中国人民大学出版社1990年版，第11页。

的新技术革命的潮流，却被资本主义世界利用，给资本主义注入强心剂，经济不断发展，物质文明有所提高，阶级矛盾也略加缓和，危机暂时解脱。在"利平演变"的无硝烟的战争中，有的社会主义国家被颠覆，社会主义前途被葬送。这个教训很值得记取。

第三，是我国经济发展实现第二个战略目标的需要。第二个战略目标如何实现？靠什么？主要靠科学技术。以经济建设为中心是实现第一个战略目标的需要，在实现第二个战略目标时，只提经济建设为中心还不够，因为还未解决发展经济的关键问题。发展经济关键何在？主要在发展科技。要从以经济为中心转到以科技为中心。这样就抓住发展经济的根本，也符合当代经济发展的规律。因此科学技术是第一生产力的观点，是时代的最强音，是发展社会主义制度的大杠杆，是反对和平演变的强大武器。我们必须站在时代的高度，站在反和平演变的高度认识科学技术是第一生产力的观点。

科学技术为何是第一生产力呢？当前，在分析这个问题时，遇到不少难题。都说科技是第一生产力，多么重要，但这不够。为何是第一生产力，根据何在，还需集思广益、认真探讨。本文做些尝试，观点尚不成熟，谈点看法，以促研讨。

科学技术为什么是第一生产力，我认为可从五个方面思考。

1. 科学技术在现代社会经济发展过程中可起第一位的变革作用

这个问题，江泽民同志在全国科协第四次代表大会上的讲话已讲得很清楚，他说：现代，世界各国都谈改革，改革生产力，改革经济结构，改革政治体制，改革思想观念。如何改革？都是为了适应新技术革命的发展。科学技术在历史上"是比巴尔贝斯、拉斯拜尔和布朗基诸位公民更危险万分的革命家"。新技术革命在现代更是危险万分的革命家。生产关系如何变革？产业结构如何变革？第四产业如何独立？主要因电子技术、信息技术的发展。劳动方式如何变化？群体式、群落式劳动方式如何应运产生？主要是因科学技术的渗透综合。管理方式如何发展，当代管理方式如何改革，也受科学技术发展的制约。甚至革命方式和战争方式，都紧密同科学技术发展有关。海湾战争双方，所采取的战略、策略，都同双方掌握的科学技术装备有紧密联系。硬武器的杀伤与软武器的较量和相互补充，构成海湾战争科技战的种种画面。人们在陆、海、空战场上看到的各种武器的对抗，可以称为"硬件对抗"，或称战争的"硬形态"。在战场上进行的电子战，可称为"软件对抗"，或称为战争的"软形态"。由微电子和信息技术构成的软系统，或战争的软形态，突出体现了现代战争的高技术化特征。在现代战争中，软武器、软系统、软形态的地位和作用明显提高。利用软武器破坏对方的软系统，可以使对方“耳聋眼瞎”，联系中断，甚至不战自乱，不战自败。美国在海湾战争中，就先对伊方的软系统进行大规模干扰，这是伊拉克战场失败的重要原因。所以，美国认为“运用对抗战术去对付敌人的电子战有可能决定部队的生死存亡”。苏联也认为：“夺取电磁优势已成为夺取地面、海上、特别是空中战斗、战役胜利的重要因素。”[①]

2.科学技术是当代社会发展的最主要的推动力

在社会发展动力问题上，马克思、恩格斯虽注意了科学技术的动力作用，明确说过“科学是一种在历史上起推动作用的革命的力量”[②]，指出分工、蒸汽力和机器的应用，是“从18世纪中叶起工业用来摇撼旧世界基础的三个伟大的杠杆”[③]。他们“还把科学首先看成是历史的有力杠杆，看成是最高意义上的革命力量”[④]，但随着大工业的发展，随着资产阶级取得的政治统治的发展，随着无产阶级和资产阶级的阶级斗争的日趋尖锐，为了发动无产阶级革命，马克思、恩格斯在19世纪中叶，以至此后，列宁、斯大林、毛泽东，都特别强调阶级斗争的作用，这也是可以理解的。但有时过分强调阶级斗争的作用，对科学技术的作用在一定时期一定程度上有所忽视，在社会主义建设中产生了某些副作用。为什么社会主义国家的建设时快时慢、时好时坏、时进时退？这与有时过分强调阶级斗争有关，也与忽视科学技术的作用有关。在阶级社会，推动社会发展的，主要是阶级斗争，但也有科学技术，有时科学技术在一定意义上起决定作用。中国的社会主义建设，有三个阶段发展比较好。一是建国初期，这时既搞社会主义革命，又注意生产力发展，注意向科学进军。二是1976年粉碎“四人帮”后到1980年前后，这是经济迅速恢复，经济增长加快的时期，又是“科学的春天”，明确了科学技术是生产力。全国科学大会的召开，特别是党的十一届三中全会确定党的工作重点转移到现代化建设上来，对我国经济社会发展，给以巨大的推动，带来深刻的影响。三是1981年至1991年，这10年我国的经济稳定发展，科学技术不断提高。这个时期，由于以经济发展为中心，重视发展科学技术，因而顺利完成第一阶段战略目标。我国的历史发展证明，什么时候重视科学技术，什么时候经济就发展，社会就进步，社会主义优越性就能很好地体现。当前，我们

① 转引自于德惠、赵一明《科技发展与战争形态》，《新华文摘》1991年第4期。

② 《马克思恩格斯选集》第3卷，人民出版社1972年版，第575页。

③ 《马克思恩格斯选集》第4卷，人民出版社1972年版，第481页。

④ 《马克思恩格斯全集》第23卷，人民出版社1972年版，第964页。

国家进入第二个十年发展时期，国民经济要实现第二个战略目标。要想实现第二个战略目标，必须重视科学，技术的作用，把发展科学技术放在首要地位，因此，在这个时期坚持科学技术是第一生产力的观点具有决定性的意义。

对照他国经济发展的经验，我们更应注意发展高新技术。日本在20世纪50年代中后期，经济开始起飞，并高速增长，其根本经验就是教育先行，重视科技。早在1962年，日本文部省发表著名报告《日本的经济发展和教育》就明确指出："在激烈的国际竞争中，科学的创见、技术的熟练、劳动者的素质等因素，对经济发展所起的作用，不亚于增加物质资本和劳动者的数量。"由于日本重视教育和科技，从1956年起到1974年止，仅用18年的时间，便实现了资本主义现代化，一跃成为经济大国。韩国在50年代，经济也并不发达，人均国民生产总值还不足100美元，但他们很有远见地大力发展教育，重视科学技术，很快使经济发展起来，成为亚洲一小龙。

3.科学技术是经济增长的核心因素

经济增长主要因素有三个，即生产资料的数量的增加，劳动力总量的增加和科学技术投入的增加。在这三个要素中，最活跃的因素是科技进步。科技进步的主要标志：科技基础理论研究不断获得进展，基础研究成果不断向生产力转化；不断采用新设备、新材料、新工艺，使整个经济基础不断得到改善，不断发展新产品、新品种；在利用科学技术基础上提高管理水平，国民经济部门结构合理，技术密集部门较为迅速发展。美国在60年代，经济增长2/3靠推广新技术和新工艺。科学技术投资与经济效益之比是1∶23。美国在20世纪初到70～80年代，国民生产总值的年平均增长速度为3.3%，其中劳动力增加的作用是年增长率的1.5%，其余的1.8%是种学技术进步带来的劳动生产力的提高。其他发达国家也如此。据统计，到20世纪70年代，发达国家经济增长的50%～70%，是靠科学技术进步得到的。70年代后，经济增长更需靠科学技术。据1987年1月7日《每日新闻》报道，日本企业规划厅在有关"技术革新与经济增长"的报告中指出：从1982年到1986年5年间，技术的年平均速率为2.4%，每年实际经济增长的大约60%是由技术进步作出的贡献。[①] 现在世界上集成电路销售额年增长率为68%，计算机销售额年增长率为52%，微电子产业平均年增长率超过20%。据统计，当前

---

① 参见李庆臻、卢继传、李春国《大协调——科学技术社会学》，山东人民出版社1990年版，第134页。

发达国家工业总产值中58%与微电子技术应用有关。

又据美国国会工作人员在一项研究报告中指出："美国的农业生产，在生物技术和计算机科学重大进展的推动下，预料今后20年，为满足世界需要，年产量需增加1.8%，而其中仅有0.3%的产量来自生产土地面积的增加，另外1.5%产量增加主要是靠新技术"。

丹尼逊对美国1929～1982年间的经济增长进行了分析，指出美国这个时期的经济增长55%是靠科技进步取得的。日本经济企业厅在报告中也指出：1982～1986年间，日本的技术进步对经济增长所做的贡献为60%，这说明，经济增长主要靠科学技术，科学技术确是第一生产力。

而我国在这方面还有不足，前不久，中国社会科学院同美国哈佛大学一起对中美日三国的生产率与经济增长进行比较研究，结果发现，我国40年来的经济增长90%是靠资本和劳动力的投入取得的，而技术进步的作用还不到10%。近十年，由于改革开放，重视科技进步，因而技术进步对经济增长的贡献已占30%。[①]

4.科学技术是提高生产力要素的关键要素

生产力诸要素，主要有劳动者、劳动资料、劳动手段和科学管理等。这些要素，都受科学技术的制约。

首先，科学技术决定劳动者的数量、质量。人口数量是由生产力水平决定的，生产力的高低取决于科学技术的进步，劳动者的数量和实际参加劳动时间的长短，也与科学技术有内在的联系。公元前4万年前后，世界只有50万人口，平均寿命也只有18岁左右。进入铁器时代，技术有了进步，人口增至2.5亿，寿命增至30岁左右。近现代科学技术进一步发展，人口急骤增长，1656年世界人口5亿，1830年是10亿，1930年是20亿，1965年是50亿，1975年是40亿，20世纪末可达70亿，寿命提高到60～70岁。随着科学技术的发展，不但劳动者的数量不断增长，而且质量和素质不断提高，随着科技发展，劳动者创造的财富日益增多。就美国而言，在第二次世界大战期间，一个农业劳动力一年生产的产品只能满足11个人的需要，随着科技进步，实现农业现代化后，一个农业劳动力可养活70多个人。1769年美国人琴纳发明预防天花的方法后，人均寿命逐渐提高达到40岁。20世纪发明青霉素、链霉素等抗生素以后，一些国家的平均寿命高达60～70岁。

随着科学技术的飞跃发展，智力知识成为生产力中决定的因素。智力

① 参见孙明泉《再次掀起向科技进军的新热潮》，1991年7月12日《光明日报》，第3版。

在生产中的作用越来越大，因而对劳动者文化程度的要求越来越高。据统计，在机械化的初级阶段，体力劳动与智力劳动消耗的比例为 9∶1，对劳动者相应的文化程度的要求是普及初等教育；在中等机械化程度的条件下，劳动者的体力支出与智力支出之比是 6∶4，要求劳动者有相当于初中的文化程度；在全自动化的条件下，劳动者的体力支出和智力支出之比是 1∶9，不仅要求劳动者有相当于高中的文化程度，而且要经过专门的职业训练。①

其次，科学技术决定劳动资料的提高。科学技术的进步，引起劳动资料结构和形式的变化。技术的改革，可以引起劳动资料的提高，如发明纺纱机等，可纺出均匀纤细结实的纱。科技原理的发明，可引起劳动资料的提高，如蒸汽动力技术的出现，发明新的劳动手段，引起技术发展的连锁反应，使蒸汽技术广泛应用。科学原理的创立，也可引起劳动资料的提高，如普朗克量子力学和爱因斯坦相对论的提出，固体物理学、电子学、核物理、高分子化学以及分子生物学的创立，为技术发展提供理论基础，从而使原子能发电工业、微电子工业、电子计算机等相继诞生，使劳动资料迅速提高，使生产力提高到前所未有的水平。

第三，科学技术是劳动对象改革的杠杆。自然资源作为劳动对象数量的多少、质量的好坏、利用率的高低，都同科技进步有关。由于科技进步，劳动对象不断扩大，向大处扩大，向小处扩大，向深处扩大。空间技术的产生和发展，使人类对宏观世界、宇观世界有更多的了解，从而使宇宙天体成为劳动对象。核技术的产生和发展，使人们对微观世界的粒子，有更多的了解，从而使微观粒子成为劳动对象。由于科技进步，大批的人工产物成为劳动对象。不少废物仍可应用，并可变废为宝。

第四，科技进步使管理要素不断改革。科学管理一般地说，是科学技术进步的产物，又是生产力的一个重要因素。管理的现代化，是生产力迅速发展的杠杆，是现代科学技术发展的产物。管理现代化，离不开系统论、控制论、信息论、决策理论、预测理论等，也离不开计算机的硬件和软件。在一定意义上说，管理要素在生产力诸要素的地位也在不断提高。著名美国社会学家丹尼尔·贝尔曾认为：发展一种管理社会系统的智能技术“到本世纪结束时，有可能像机械技术在过去一个半世纪中那样在人类事物中占有同样突出的地位”②。贝尔的预见能否兑现姑且不说，但其中一个思想也有合理

---

① 参见黄顺基、李庆臻《大动力——科学技术动力论》，，中国人民大学出版社 1990 年版，第 168 页。

② [美]贝尔：《后工业社会的来临》，商务印书馆 1984 年版，第 36 页。

因素，这就是管理和管理技术在生产力发展中的作用日益增加，将占突出地位。

5.科学技术在商品价值中的含量渐占优势

商品有两种价值，即使用价值和价值，使用价值随着科学技术进步不断增加，价值随着科学技术进步也不断增加。关于使用价值的增加问题，马克思曾说过："由于应用了发明，使生产力提高了，即同人数的工人在同一时间内生产了更多的使用价值。"[①]这段话可以理解为由于科技进步情况不同，不同企业在单位时间内，生产的使用价值不同，科技进步快，生产的使用价值就多，科技进步慢，生产的使用价值就少。也可引申为，随着科学技术的发展，同一商品的使用价值可不断发现并不断增加。

商品价值由商品中蕴含的抽象劳动所决定。蕴含的劳动，既包括体力劳动，又包括脑力劳动。马克思说："作为相同的或抽象的人类劳动，它形成商品价值。"[②]并说这种人类的一般劳动，就是"人的脑、肌肉、神经、手等的生产耗费"[③]。这段话显然是说，形成商品价值的劳动，既包括脑力劳动又包括体力劳动。包括脑力劳动，即包括科学技术。在历史上，重视体力劳动是对的，但忽视科学技术，则是片面的。轻视科学技术的价值的倾向，由来已久，对此，马克思也很有意见，曾指出："对脑力劳动的产物——科学——的估价，总是比它的价值低得多。"[④]建国以来，我们也有一些同志，忽视脑力劳动，轻视科学的价值，致使我国经济发展受到影响，这个教训亟须记取。自邓小平同志力倡科学技术是生产力，特别是第一生产力以来，形势大有好转，情况大为改观，出现可喜兆候。

商品的价值，随着科学技术的发展，其趋向在商品价值中，脑力劳动所创造的价值日益增加，科学技术创造的价值也日益增加，并渐占优势，成为占主导地位的因素。

商品的竞争靠什么？靠科学技术。为什么国外产品有的竞争力大，有的竞争力小，有的商品拿到市场上，一抢而空，有的则积压，卖不出去？主要因为，商品中所蕴含的科学技术不同。商品中先进科学技术创造的价值越多，则越有竞争力。因此，为了使商品质高价廉，新颖多姿，避免淘汰，在竞争中取胜，就必须采用新技术，创造新技术。我国是社会主义国家，要在与

---

① 《马克思恩格斯全集》第47卷，人民出版社1972年版，第364页。

② 马克思：《资本论》第1卷，人民出版社1975年版，第60页。

③ 马克思：《资本论》第1卷，人民出版社1975年版，第57页。

④ 《马克思恩格斯全集》第26卷(1)，人民出版社1972年版，第377页。

资本主义竞争中不断发展,并逐渐使社会主义制度代替资本主义制度,最终也要靠科学技术。科学技术不仅决定着商品竞争的成败,也制约两大制度竞争的成败。因此,我们提高对科学技术是第一生产力的认识,切实把经济发展转移到依靠科学技术的轨道上来,这不但对实现我国1991～2000年的经济发展的战略目标,充分发挥社会主义制度的优越性,有重大意义,而且对反对和平演变,战胜资本主义,实现共产主义,也有重大的意义。

——原载《东岳论丛》1991年第5期

科技是提高劳动生产率的关键要素

人类社会是不断发展的，发展的一个重要标志是人们劳动能力的不断提高，社会的劳动生产率不断提高。劳动生产率随着科学技术的发展越来越快。原始社会，劳动生产率极低，提高的速度也慢，据估计，劳动生产率每万年才能提高1%～2%。奴隶社会的劳动生产率比原始社会要高，据估计，每百年提高近4%。封建社会的劳动生产率以每年平均0.2%的速度提高。资本主义社会，产生了近现代大工业，产生了近现代科学技术，劳动生产率水平大大提高，增长速度大大加快。1770～1840年的70年间，主要资本主义国家的工业劳动生产率提高了20倍。而后增长更快，1870～1913年劳动生产率平均增长速度各国虽不一样，但发展都很快，美国年平均增长1.9%，德国年平均增长1.6%，英国年平均增长1.1%。所以马克思恩格斯指出："资产阶级在它的不到一百年的阶级统治中所创造的生产力，比过去一切世代创造的全部生产力还要多，还要大。"[①]还说："使得一个小孩在今天所生产的东西，比以前的100个成年人所生产的还要多。"[②]社会主义要想战胜资本主义，必须努力提高劳动生产率，创造比资本主义社会更高的劳动生产率，对这一点，列宁早就提出："劳动生产率，归根到底是使新社会制度取得胜利的最重要最主要的东西。资本主义可以被最终战胜，而且一定会被最终战胜，因为社会主义能创造新的高得多的劳动生产率。"[③]列宁的这段话，非常重要，切不可忽视，必须高度重视劳动生产率的提高，否则社会主义就不能战胜资本主义，更不能巩固和发展社会主义。

劳动生产率是发展的，随着科学技术的发展而不断发展。社会越发展，生产力越提高，科学技术越发展，劳动生产率发展也就越快。社会发展到今天，生产力高度发展，劳动生产率不断提高，其关键是科学技术的不断进步，

---

① 《马克思恩格斯选集》第1卷，人民出版社1972年版，第256页。

② 《马克思恩格斯选集》第3卷，人民出版社1972年版，第458页。

③ 《列宁全集》第37卷，人民出版社1986年版，第18～19页。

科学技术正在和已经成为劳动生产率提高的关键因素。

一、劳动生产率的含义及其计量

在论述科学技术是劳动生产率提高的关键因素时，我们必须首先弄清什么是劳动生产率，劳动生产率怎样计量。只有在这个基础上，我们才能进一步分析生产率提高的原因，进一步认识科学技术的关键作用。

一般地说，劳动生产率是劳动者的生产效果或能力。通常是用劳动者在单位劳动时间内所生产的产品数量计算；或是用单位产品所耗费的劳动量计算。在同一劳动时间内生产的产品数量愈多，从而单位产品所包含的劳动量愈少，劳动生产率愈高，反之则愈低。

劳动生产率实质上就是时间。这一点，马克思早就深刻指出，他说："进行集体生产，确定时间自然就具有极其重要的意义。社会用来生产小麦和牲畜等等所需要的时间愈少，用来进行其他的生产——物质和精神的生产的时间就愈多。无论是个人，无论是社会，其发展、需求和活动的全面性，都是由节约时间来决定的。一切节省，归根到底都归结为时间的节省。……因此，节省时间以至在各个生产部门中都有计划地分配劳动时间，就成了以集体生产为基础的首要的经济规律。"①还深刻指出："真正的经济——节约——在于节约劳动时间；即最低限度的、降低到最低限度的生产成本；但这种节约就等于发展生产力"。"节约劳动时间＝发展生产力。"②

提高劳动生产率，关键就是节约劳动时间，增加财富。我们和工业发达的国家的差距，是时间的差距，是单位时间生产的产品多少的差距。我们国家现在的劳动生产率差不多等于工业发达国家的5％，在亚太地区的15个国家和地区中，我们的劳动生产率处于倒数第2位。所以，我们要千方百计发展生产力，提高劳动生产率，在单位时间中生产更多的工业产品，这样，才能缩短和工业发达国家的差距，才能更充分地体现社会主义制度的优越性。邓小平同志告诫我们说，搞社会主义，搞四个现代化，"必须解决效率问题"③。这里所说的效率，即是工作效率，也有劳动生产率。

一般地说，劳动生产率是通过单位劳动时间所生产的产品数量计量的。单位时间生产的产品数量多，劳动生产率就高；单位时间生产的产品数量少，劳动生产率就低。由于劳动数量和产品数量有各种计算方法，因而劳动

---

① 《马克思恩格斯论共产主义社会》，人民出版社1958年版，第65页。

② 马克思：《政治经济批判大纲》第3分册，人民出版社1963年版，第364页。

③ 邓小平：《建设有中国特色的社会主义》（增订本），人民出版社1987年版，第147页。

生产率又有不同表现形式，这些表现形式，都可从不同方面反映劳动生产率。①

活劳动生产率。就是通常讲的劳动生产率。通过每一个劳动者在一定时间中的劳动成果来计量，或通过取得一定劳动成果所消耗的活劳动量来计量。

全部劳动生产率。活劳动生产率有一个缺点，就是反映不出物化劳动消耗的情况，要想反映物化劳动消耗的情况，必须考虑全部劳动生产率。全部劳动生产率，主要是指一定的生产成果与包括活劳动和物化劳动在内的全部劳动耗费的比率。这一点，马克思讲得很明白，他说："商品的价值，取决于加入商品的总劳动时间，即过去劳动的时间和活劳动的时间。"②

个别劳动生产率。按个别劳动者的劳动耗费计算的劳动生产率和按个别企业的劳动耗费计算的劳动生产率，都是个别劳动生产率。个别劳动生产率是社会劳动生产率的基础，要提高社会劳动生产率，首先必须重视提高个别劳动生产率。

社会劳动生产率。主要是指整个工业或整个国民经济一定时期劳动成果与劳动消耗的比率。社会劳动生产率不是个别劳动生产率的简单相加，而是一定时期中劳动者具有中等技术熟练程度，应用中等技术设备和占用中等物化劳动的情况下，所生产的平均劳动成果的比率。

使用价值劳动生产率。商品都有价值和使用价值，单位时间所生产的合格的产品数量和使用价值量，可称为使用价值生产率。

价值劳动生产率。商品的价值是凝结在商品中的一般的无差别的人类劳动或抽象的人类劳动。各种商品是按其价值互相交换的。可用货币的形式，以产值或净产值的形式进行计算。

二、劳动生产率提高的原因

劳动生产率的提高有多种原因。劳动者的数量和质量、劳动手段的先进与落后、劳动对象的水平和质量、劳动管理的科学与不科学、科学技术水平的高和低以及自然资源的多和少等，都影响着劳动生产率。现在看来，科学技术的水平，越来越成为提高劳动生产率的关键因素。

劳动手段是劳动生产率提高的重要因素。劳动生产率是随着劳动手段的进步而提高的。有怎样的劳动手段，就有怎样的劳动生产率。公元前 100

① 参见宗寒《中国工业劳动生产率概论》，江苏人民出版社 1991 年版。

② 马克思：《资本论》第 3 卷，人民出版社 1975 年版，第 294 页。

万年到公元前7000年，是原始社会，劳动手段为石器，劳动生产率增长的速度为每万年1%～2%。公元前2000年后，是奴隶社会和封建社会，劳动手段为青铜器和铁器，劳动生产率增长的速度为每百年4%。公元1760年后，是资本主义社会，约200年，每年为1.5%～3%，1950年后，劳动手段逐步使用自动控制机构、动力机构、传动机构、工作机构，劳动生产率每年约提高4%～5%。① 劳动手段之所以能提高劳动生产率，主要是因为劳动手段延长了人手和人脑。通过延长人手和人脑，大大提高劳动生产能力和劳动生产率。据统计，美国现计算机所完成的工作量，相当于4000亿人的工作量，也即等于美国现有人口工作量的2000倍，现有脑力劳动者工作量的4000倍。可见劳动手段对劳动生产率提高的巨大作用。

我国劳动生产率之所以比较落后一个重要原因，是我国的设备技术水平低，劳动手段不够先进。据对1.9万个重点工业企业的调查，有近四分之一的设备已经老化，主要设备性能达到近期国际一般水平的仅占12.9%，电力工业主要生产设备性能达到国际一般水平的只占5.8%，机械工业占4.8%，有色金属工业占6.1%，建筑材料工业占4.9%，通信设备制造业占11.2%，化学工业占10.3%，森林工业占2.4%。② 因此，要想提高劳动生产率，必须注意劳动手段的更新。例如，日产5000吨的大型现代化高炉比日产50吨的小高炉相比，所用的劳动者差不多，但劳动生产率高相差百倍。但是由于我国一些工业部门劳动手段更新不及时，投入与产出不成比例，导致经济效益不理想和劳动生产率较低。因此，要提高劳动生产率，必须注意加快劳动手段技术改造和更新的步伐，必须减少手工劳动，提高机械化、自动化的水平。1990年1月公布的首批审定的45家国家一级企业，经考核的352种主要产品，达到国际先进水平的有110种(类)，占30.9%，其余242种(类)达到或相当国际20世纪70年代末80年代初的先进水平，全员劳动生产率平均达到7.8万元，这种生产率水平，相当美国1988年工业劳动生产率的47.8%，英国的69%。

劳动对象对劳动生产率提高的影响。劳动对象的数量、质量、结构、利用程度等，都会积极影响劳动生产率的提高。在我国，有时劳动对象对劳动生产率提高的影响作用是很大的。据《中国工业经济统计年鉴(1988)》：我国的轻重工业中，原材料、燃料、动力费在成本中所占的比例是较大的。钢铁工业占80%，机械工业占67%，电子工业占81%，电力工业占50.2%，化

① 参见中国生产力经济学研究会编《生产力规律研究》，经济科学出版社1985年版，第198页。

② 参见宗寒《中国工业劳动生产率概论》，江苏人民出版社1991年版，第95页。

学工业占77.3%，食品加工业占88.7%，纺织工业占81.4%。[①] 一般地说，占工业产品成本的75%左右。如以75%左右计算，也可以说，劳动对象在75%的程度上影响劳动生产率的提高。

劳动对象的数量和质量对劳动生产率提高有较大影响。劳动对象的充足不充足，对保证生产顺利进行至关重要。劳动对象不足，连生产都不能进行，还谈得上什么提高劳动生产率呢？选择质量好的劳动对象，有助于迅速提高劳动生产率。例如，日本用陶瓷制成的柴油机，可节油30%，提高热机效率50%。用钛合金制造飞机，可使机身表面耐550℃温度，提高了飞机的飞行速度，用钼或钨为体，表面喷镀防氧化材料，制成耐高温合金，可进一步提高机身表面耐高温性能，从而进一步提高飞机的速度。

劳动对象的利用程度也对劳动生产率的提高有很大影响。我国劳动对象的利用程度，随着科技进步，有不同的程度的提高，但和发达国家相比，仍有不少差距。例如，我国工业能源利用率仅为39%，而美国为78%，日本为77%，英国为67%。我国的能源利用率如果能提高10%，就相当于增加四五千万吨标准煤，在不增加其他设施的情况下，约可增六七百亿元的工业产值。能源利用率能达到工业发达国家的平均水平，则能增加一两千亿元产值。如能提高能源利用率10%，全国工人平均劳动生产率，可提高7%～8%。如能达到工业发达国家的水平，劳动生产率可提高14%～24%。[②]

劳动者是提高劳动生产率的决定因素。劳动者是生产的主体，是提高劳动生产率的决定因素。劳动生产率不但取决于劳动者的数量，而且取决于劳动者的质量。

我国的劳动者数量很多，人口多，劳动力资源丰富，是生产力发展的有利条件，也是提高劳动生产率的有利条件。劳动力数量与劳动生产率提高在适当条件下，是成正比的。例如，我国工业劳动力从1952年的240万人，增加到1988年的9661万人，增加了6.7倍。与其相应，工业劳动生产率则从人均4184元提高到15835元，提高了2.78倍。但劳动力太多，供过于求，又制约我国劳动生产率的提高。上面讲的劳动者增加6.7倍，而劳动生产率提高2.78倍，也说明了这个问题。1952～1986年，我国工业总产值增长了33.2倍，工业职工人数增大6.2倍，而工业劳动生产率仅增2.69倍。劳动力多，人浮于事，又端“铁饭碗”，干好干坏一个样，就会严重影响劳动生产率。今天，我们国家要提高劳动生产率，必须调整机制，打破“一大三铁”，充

① 参见国家统计局工业交通统计司《中国工业经济统计年鉴（1988）》，中国统计出版社1989年版，第64～66页。

② 参见宗寒《中国工业劳动生产率概论》，江苏人民出版社1991年版，第154页。

分调动职工的积极性，才能提高劳动生产率。

提高劳动者素质，也是提高劳动生产率的关键。提高劳动者素质，主要是提高劳动者的政治素质和业务素质，提高劳动者的操作能力和创造能力。美国心理学家梅约曾分析人的心理情绪对劳动生产率的影响，并提出，良好的人际关系、“士气”，对劳动生产率有决定性的作用。① 苏东水在《管理心理学》中也说：强调目标管理，调动职工的积极性，“无形中激发了职工努力学习科学技术的积极性与热情，促进了职工个人工作能力的自我提高，从而普遍提高了职工队伍的政治和技术业务素质，劳动生产率和经济效益也随之大幅度提高”②。职工受教育的水平，与劳动生产率的提高关系很大。山西省对 7 万余名职工进行了调查，工人平均受教育的水平每高一个学年，劳动生产率平均高 6%；文化水平高比文化水平低的工人，高 28%；经系统培训的比未经系统培训的，高 1.2 倍。③ 据国外统计，小学毕业的工人比文盲劳动生产率平均高 43%，中学水平的工人比文盲劳动生产率平均高 108%，大学毕业的职工比文盲劳动生产率平均高 300%。马克思从理论上阐明了提高职工教育水平与创造更多价值和使用价值的关系。他说：复杂的劳动比普通的劳动力需要较高的教育费用，它的生产要花费较多的劳动时间，因此它具有较高的价值。既然这种劳动力的价值高，它也就表现为较高级的劳动，也就有同样长的时间内物化为较多的价值。同样时间物化较多的价值，就意识着劳动生产率的提高。

管理水平是提高劳动生产率水平重要因素。管理是个系统。企业管理是部门系统工程，企业管理的内容很多，包括生产过程、分配过程、流通过程、交换过程的管理，包括人员管理、物资管理、设备管理、财务管理等等。这些管理的好坏，都直接影响劳动生产率。高水平的企业管理，能够作出正确的决策、适宜的目标，能够运用科学的方法组织协调生产经营活动，从而就能形成新的生产力，提高劳动生产率。

在生产中，有的厂劳动生产率上去了，有的厂劳动生产率则下降了，为什么？细究起来，很多都与决策正误有关，决策及时而正确，产品先于别人、别厂、别部门，质量又好，就能迅速占领市场，提高劳动生产率。决策不及时而又失误，信息不灵，当断不断，错过时机，市场饱和，生产出的产品只好积压，还谈什么劳动生产率呢？

在生产过程中，每一个步骤、一个阶段、一个过程，都要占用劳动时间，

① 参见卢盛忠等《管理心理学》，浙江教育出版社 1985 年版，第 43～45 页。

② 苏东水：《管理心理学》，复旦大学出版社 1989 年，第 178 页。

③ 参见李耀国《职工教育及经济效益计量》，《宁夏社会科学》1984 年第 3 期。

消耗一定的劳动时间。如果生产过程管理组织得好，增加作业时间，减少非作业时间，合理安排休息时间，就能提高劳动生产率；如果作业时间不能保证，非作业时间多，工时利用率低，劳动生产率是上不去的。

在作业时间内，如果注意技术改造，提高设备的技术水平，调整流水作业线，加强关键工序，协调作业程序，也可大大提高劳动生产率。

管理有宏观与微观之分，不但微观管理与提高劳动生产率关系极大，而且宏观管理也同提高劳动生产率密切相关。宏观经济管理对劳动生产率的提高，主要通过方针政策、经济调控实现出来。我们要通过制定正确的方针政策，加强经济调控，也可大大提高劳动生产率。

三、科学技术进步是提高生产率的关键因素

随着科学技术的进步，特别是随着战后第三次科技革命的发展，科学技术日益成为提高劳动生产率的关键因素。从1951年到1987年，主要资本主义国家的国内生产总值的增长，主要是靠劳动生产率的提高来实现的，这可从1989年的《美国总统经济报告》看出。该报告第150页指出：1951年～1987年，美国的国内生产总值的平均增长率为3.2％，劳动生产率为2.0％；日本的国内生产总值增长率为7.5％，劳动生产率为6.7％；法国的国内生产总值平均增长率为4％，劳动生产率为4.1％；英国的国内生产总值平均增长率为2.5％，劳动生产率为2.7％。[①] 生产总值的平均增长率和劳动生产率增长率，大体相当，相差无几。这足以说明，国内生产总值的增长，主要依靠劳动生产率的提高，而劳动生产率的提高，又主要依靠科学技术的进步。

技术进步成为劳动生产率提高的主要因素。早在一百年前，马克思就曾说过："随着大工业的发展，现实财富的创造较少地取决于在劳动时间和已消耗的劳动量，较多地取决于劳动时间内所运用的动因的力量，而这种动因自身——它们的巨大效率——又和生产它们所花费的直接劳动时间不成比例，相反地却取决于一般的科学水平和技术进步，或者说取决于科学在生产上的应用。"[②]马克思早已看到，科学技术对劳动生产率的提高和生产力的发展，日益起着重要的作用。随着科学技术的进步，科学技术日益进入生产过程，成为直接促进生产力发展和劳动生产率提高的最重要因素。如果说在20世纪50年代以前，科学技术对劳动生产率的提高，还不占主导地位，还不是主要因素，然而到了20世纪60年代以后，科学技术对劳动生产率的提

① 参见吴大琨《资本主义：结构·特征·走向》，上海人民出版社1991年版，第482页。

② 《马克思恩格斯全集》第46卷（下），人民出版社1972年版，第217页。

高已成主要因素,已占主导地位。据统计:美国在1929～1978年工业劳动生产率的增长中,40%以上是靠应用和推广现代科学技术实现的,而其他因素的影响大致是:增加投资占15%,资源的有效分配占20%,工业规模扩大13%,劳动力素质的提高占12%。从所占比例看,主要是科学技术进步,所以说,科学技术成为劳动生产率提高的主要因素,是完全有根据的。

各国在提高劳动生产率时,都非常重视科学技术的进步,凡重视科技进步的,劳动生产率提高就快。日本比较重视科学技术的作用,因此,1967～1979年劳动生产率提高了1.3倍。法国、联邦德国也比较重视,因而在这期间,劳动生产率分别提高90%和98%,有的国家不太重视科学技术的作用,例如英国,在1967～1979年其劳动生产率只提高了33%。①

技术上的突破,往往使劳动生产率增长百倍、千倍、万倍。例如大规模集成电路的制成可使每块硅片上集成10万、100万,甚至1000万个晶体管,这样的集成电路在生产中的运用,劳动生产率就可比小规模集成电路要高千倍、万倍。集成电路的发展,一直以3年更新一代产品的速度向前发展。从1970年到1985年集成电路线宽缩小到原来的1/10,存储量增大1000万倍,从1985年到2000年仍按此趋势发展,从1970年到2000年的30年间,集成电路线宽缩小100倍,存储是增大100万倍,那么,这种集成电路在生产上的应用,将更加大大提高劳动生产率。光导纤维可以每秒30万公里的速度传输信号、每条光导纤维可传上万路电话,如按制造铜线传输等量电话所需的劳动时间和劳动量计算,其劳动生产率可提高几千倍。可见,技术上的突破,对劳动生产率的提高的作用何等巨大。

技术进步如何影响劳动生产率的提高。技术进步对劳动生产率的影响是通过多渠道、多方面实现的。前面我们曾谈到提高劳动者素质、改进劳动手段、提高劳动对象质量、加强企业管理等,都可提高劳动生产率。另外,还有许多情况,也可提高劳动生产率。

(1)通过技术进步节约物化劳动可提高劳动生产率。物化劳动多少,一般与技术进步水平有关。在我们国家,人口多,劳力多,活劳动多,但物化劳动较为缺乏,因此,通过技术进步,节约物化劳动,是提高工业劳动生产率的重要措施。美国1988年工业劳动生产率每人每年是43892美元,而我国仅为4259美元,美国的工业劳动生产率水平,是我国的9.29倍。日本1988年工业劳动生产率每人每年46492美元,是中国劳动生产率的9.90倍。英国1988年工业劳动生产率每人每年30981美元,是中国劳动生产率的6.27

---

① 参见经济工作者学习资料编辑部《经济工作者学习资料》,1985年第22期。

倍。中国与西方国家的差距原因很多，主要原因，不但表现在活劳动的节约，而且表现在物化劳动的节约。

（2）通过科技进步节约活劳动可提高劳动生产率。通过科技进步改造劳动手段，可大大节约活劳动。手工工业代替人体的一种功能，延长人们四肢的一种作用，从一个方面节约活劳动，提高了劳动生产率。机器代替人体的多种功能，延长四肢的多种作用，从多方面节约活劳动，可较大提高劳动生产率。自动化机器代替人体和人脑的多种功能，延长人体和人脑的多种作用，从更多方面节约活劳动，从而可大大提高劳动生产率。

（3）通过投入不变增加产出提高劳动生产率。投入不变，如何增加产出呢？可采取各种方式，这些方式都和科技进步有关。例如，可采用先进的劳动手段、先进的工艺流程、先进的劳动对象，使生产力提高，使产品增加，则可提高劳动生产率。薛永应主编的《生产力经济学》对科学技术进步与投入产出的关系进行了分析。他指出：科学技术进步和经营管理的改善，一方面使生产力基本要素在投入质量上有所变化，另一方面也使之在投入数量上有所变化。科学技术进步和经营管理改善通过使生产组合、生产工艺等方面发生有利变化，能大大提高生产能力，增加产品产出量。“使用新设备，采用新工艺，有可能降低消耗、提高速度，从而在不增加原材料投入量、不增加人力的情况下，使产品产出量大大提高。”①

（4）通过投入下降产出增加提高劳动生产率。投入不变，可增加产出；投入下降，也可增加产出。靠什么？都靠科技进步。在一般情况下，不论生产中哪一个环节采用新技术、新工艺，都会使投入下降产出增加。因为新技术的采用，必然会节约活劳动和物化劳动，必然会提高劳动手段的功能，提高劳动对象的质量和数量，必然节约能源、原材料，也就必然导致投入下降产出增加，提高劳动生产率。

我国提高劳动生产率必须依靠科技进步。我们国家，产值的提高，多半靠劳动力的贡献，其次靠资金的增加，再次才是依靠科技进步。技术进步较慢，技术进步在工业劳动生产率提高中的作用也低，近几年虽有改进，但问题仍然不少，同发达国家相比差距较大。目前，我国工业技术约有2/5达到国际60～70年代的水平，达到80年代水平的仅占10％～20％，其余大多是传统产业和传统技术。因此，我国工业生产的增长约20％，靠技术进步，而工业发达国家70％～80％靠科技进步。与此相应，在我国，劳动生产率的提高也主要是靠劳动和资金，而不是靠科技进步。如果我们通过改革开放，大

① 薛永应：《生产力经济学》，浙江人民出版社1986年版，第316页。

力发展新技术，运用新技术，加强技术进步在工业劳动生产率提高中的作用，我国的劳动生产率还会大大提高。朱丽兰在《自觉认真地解放第一生产力》一文中，也分析了我国生产率低的原因，他认为："……我们经济管理的整体水平、技术水平低，所以，劳动生产率上不去。"①

为了提高科技进步在提高劳动生产率中的作用，我们必须提高全民族的科技意识，确认科学技术是第一生产力，并从行动上自觉支持科技进步，只有理论上认识了，行动上跟上去，才能真正依靠科技进步，提高劳动生产率。

依靠科技进步提高劳动生产率，还有一些体制上、政策方面的问题，我们必须改革妨碍科技进步的旧体制，加强科技与生产的相互作用，促使科技进步转化为现实生产力，并在政策上给以保证，消除多种障碍，使依靠科技进步提高劳动生产率的战略思想落到实处。首都钢铁公司对二号高炉进行了技术改造。在改造过程中，用了23项高新技术，使高炉用计算机自动控制，结果使日产铁的产量从3000吨增加到5000吨，大大提高了劳动生产率。所以，我们国家要想提高劳动生产率，必须加强科学管理，提高人员素质，加快科技进步的步伐。

——原载《自然辩证法研究》1992年第7期

① 朱丽兰：《自觉认真地解放第一生产力》，1992年1月15日《科技日报》。

论科学技术在现代商品价值形成中的作用

任何商品都有价值，价值是凝结在商品中的一般的无差别的人类劳动或抽象的人类劳动。劳动创造价值，凝结在商品中的抽象劳动，说明了价值的实质。考察商品的价值，不仅要了解它的质的规定性，而且要了解它的量的规定性。商品的价值量是由生产该商品所耗费的人类劳动量来决定的。人类劳动量，不但包括体力劳动，而且包括脑力劳动。随着科学技术的进步，越来越使脑力劳动占优势。商品中的价值，随着科学技术投入的增加，科技创造的价值也越来越占优势。可以说，在现代商品价值中，科学技术创造的价值，日益成为主要因素，成为第一位的因素。这种情况，也从一个角度反映了科学技术是第一生产力。

一、脑力劳动与商品价值和使用价值的提高

研究这个问题，对尊重知识、尊重人才，提高知识分子的地位和作用，有理论指导意义和现实意义。

商品是价值和使用价值的统一。生产商品的价值和使用价值，需耗费人类的体力劳动和脑力劳动。人类在生产中，不能只有体力劳动的耗费而无脑力劳动的耗费。体力劳动在商品价值和使用价值形成中起作用，脑力劳动也在商品价值和使用价值形成中起作用。脑力劳动又可分发明革新者的脑力劳动和一般人员的脑力劳动，它们在商品价值和使用价值形成中又各不相同，分析发明革新者的脑力劳动对价值和使用价值形成中的作用，可使我们进一步认识科学技术日益成为商品价值形成的主要因素。

（一）脑力劳动与商品使用价值的提高

商品是用来交换的劳动产品，必须首先是一种有用物，能满足人们的某种需要。例如粮能充饥、衣可御寒。所以马克思说："物的有用性使物成为

使用价值。”[①]使用价值可从质和量两个角度来考察。从质上看，每一种有用物有不同属性，因而有不同效用；从量上看，使用价值总是以一定量为基础，不同的物，有不同的计量尺度。随着科学技术的进步，人们生产的商品越多，使用价值愈多，社会财富愈多，就能生产出更多更好的使用价值来满足日益增长的物质生活和精神生活的需要。随着科学技术进步，脑力劳动在使用价值形成中，不论在量的方面和质的方面，也都有提高。

1. 从量的方面考察

科学技术越发展，劳动生产率越高，商品使用价值数量就越多。某一企业由于技术先进，劳动生产率高于同行业其他企业，在单位时间内，它生产的商品使用价值量也就高于同行业的其他企业。整个社会提高了劳动生产率，在相等的时间内，就能创造更多的使用价值量。所以马克思说：“由于应用了发明，使生产力提高了，即同等人数的工人在同一时间内生产了更多的使用价值。”[②]应用了发明，生产出更多的使用价值，充分说明科学技术成为使用价值提高的主要因素。

同一种商品的各种自然性能，同一商品的多方面的使用价值，也是随着科学技术的进步而陆续地被发现、被使用。所以马克思又说：“每一种这样的物都是许多属性的总和，因此可以在不同的方面有用。发明这些不同的方面，从而发现物的多种使用方式，是历史的事情。”[③]这也就是说，发现物的多种使用价值，也要靠脑力劳动，靠科学技术的进步。居里夫人发现镭和镭的多种使用价值就足以说明这一点。没有居里夫人富有创造的艰苦的脑力劳动，镭及其多种用途的发现，是不可能的。

2. 从质的方面考察

从质的方面考察使用价值，主要指考察商品的耐用性和物质效果的多样性等。在物质资料生产中，单位时间内生产的使用价值量虽然不变，只要提高产品的质量，提高耐用性，就意味着使用价值量的增加。大家都知道，一身质量好的衣服，可顶两身用；一双耐穿的鞋，可顶两双穿；一台质量好的复印机，可顶两台用。为什么我们反对假冒低劣产品，就是因为假冒低劣产品质量低，使用价值低，两件顶不了一件用。商品的耐用性提高，质量的提高，主要靠什么？主要靠科学技术进步，靠工艺水平提高，即主要靠脑力劳动。

① 《马克思恩格斯全集》第23卷，人民出版社1972年版，第48页。
② 《马克思恩格斯全集》第47卷，人民出版社1972年版，第364页。
③ 马克思：《资本论》第1卷，人民出版社1975年版，第48页。

(二)脑力劳动与商品价值的提高

劳动创造价值,体力劳动创造价值,脑力劳动也创造价值。从历史发展趋势看,过去商品价值主要靠体力劳动创造,今后商品价值的创造越来越靠科学技术,越来越靠脑力劳动。脑力劳动如何创造价值呢?我们分析一下发明革新家的脑力劳动如何创造价值。毋庸置疑,发明革新家的脑力劳动,是形成商品价值的总劳动的一部分。其劳动的结果,首先形成理论原理、计划方案、设计图纸等等。就是说,他们的脑力劳动,首先对象化或凝结在理论原理计划方案和设计图纸等成果中。这种对象化或凝结,在社会必要劳动的范围内,同样形成商品的价值。发明革新家拥有专利权,发明创造可当商品出售,即证明其具有价值,否则不能出售,不能转让。

凝结在设计、方案、图纸等成果中的劳动又是如何物化和转移到商品里去的呢?体力劳动把设计方案、图纸、专利等科学成果,付诸实施、生产使用价值和创造价值时,通过他们的具体劳动,就把凝结在方案、图纸等中的劳动,分期分批地转移到许许多多的商品中去。这个过程类似把凝结在生产资料中的死劳动,通过体力劳动者的劳动转移到新产品中去一样。由此可见,单个商品和整个商品的价值中,包含着脑力劳动形成的那一部分。[①] 科学技术成果,转移到商品中去,也可形成商品价值,并日益成为价值的主要因素,随着科学技术进步,日益明显,日益突出。

发明革新者的脑力劳动,是具有“格外生产力”的劳动,它提高了商品总量的价值总额,是能够创造更大价值的劳动。两个工厂,一个用新技术,一个不用新技术,一个尊重发明革新者,一个不尊重发明革新者,这两个工厂生产的产品价值是不同的。用新技术并尊重发明革新者的工厂,可形成超额剩余价值。超额剩余价值的出现,虽然意味着单个商品中的价值量减少了,但从这一行业或全社会考察,价值总额是增多的。这个超额,是体力劳动和脑力劳动相结合的产物,主要是脑力劳动的结果,是采用新技术的结果。

就国际范围来考察,也有类似的情况。工业发达国家生产某类产品,最先采用新的科技成果,可降低单个商品的价值量。这些商品根据价值规律,其价值量取决于国际上一般生产力水平条件下耗费的劳动量。出售这些商品时,按照国际标准的价值量进行交换。结果是,最先采用新科学技术成果的工业发达国家,则可获得“超额剩余价值”。马克思说:“有格外生产力的

---

① 参见李庆臻、张志辉《论脑力劳动在商品价值和使用价值形成中的作用》,《文史哲》1980年第5期,第68～69页。

劳动,会当作加强的劳动来发生作用,或者说它会在同时间内比同种社会平均劳动创造更大的价值。”[①]马克思所强调的“格外生产力的劳动”,或“加强的劳动”,主要指脑力劳动,主要指科学技术在价值创造中作用的提高和加强。

二、科学技术对剩余价值的影响

就资本主义社会而言,剩余价值是被资本家所雇佣的工人在生产过程中所创造的价值超过其创造劳动力价值的部分。剩余价值由雇佣工人的剩余劳动所创造的,被资本家无偿占有。榨取剩余价值是资本主义生产的主要目的,所以马克思说:“生产剩余价值或赚钱,是这个生产方式的绝对规律。”[②]由于科学技术发展,剩余价值生产本身,也发生了很大变化,也可说科学技术对剩余价值的变化也起变革作用。其具体变化,吴大琨主编的《当代资本主义:结构·特征·走向》一书,进行了深刻分析,我们结合科技的进步,具体探讨一下科学技术对剩余价值生产变化的变革作用。

(一)科学技术促进剩余生产部门发生变化

在第二次世界大战以前,剩余价值生产主要表现在物质生产部门,也就是我们现在说的第一产业和第二产业部门。这种情况,是和生产力发展水平和科学技术发展水平相适应的。当时,物质生产部门占主导地位,服务行业不发达,居附属地位。第二次大战后,随着科学技术的发展,第三产业渐居优势。就美国而言,1950 年,第一产业比重占 10.44%,第二产业比重占 33.72%,第三产业比重占 55.84%。1987 年,第一产业比重占 3.95%,第二产业比重占 23.67%,第三产业比重占 72.33%。[③] 这说明剩余价值生产的部门结构已经改变,可以认为剩余价值来源的主要部门,逐渐转移到第三产业。从产值方面计算,1987 年,美国第一产业产值是 1803 亿美元,第二产业产值是 10721 亿美元,第三产业产值是 32743 亿美元。第三产业产值是 32743 亿美元,而第三产业雇佣职工的工资远低于产值,这比工资多的部分作为剩余价值而被资本家占有,形成增殖了的资本。从第三产业不占优势,创造较少价值,到第三产业占优势,创造很多的价值,这不能不说是个质的

① 马克思:《资本论》第 1 卷,人民出版社 1975 年版,第 336 页。

② 《马克思恩格斯全集》第 23 卷,人民出版社 1972 年版,第 679 页。

③ 参见吴大琨主编《当代资本主义:结构·特征·走向》,上海人民出版社 1991 年版,第 239 页。

变化。这个质的变化，是由科学技术进步决定的，所以说科学技术对剩余价值的主导部门的变化起了变革作用。

（二）科学技术促使剩余价值生产的主体发生变化

剩余价值生产的主体，随科学技术的变化，发生了质的变化。这个质的变化主要有两种形式，一是由直接物质生产部门向第三产业的转化，二是从体力劳动者向脑力劳动者转化。“这两种变化，都是当代科技革命的后果，同剩余价值生产部门的变化一样，反映出劳动者脱离直接生产过程的趋势。”①

现在，生产力高度发展，科学技术高度发展，生产只有靠全社会通力合作才能顺利进行，这时，只有这时，资本主义才把广告、计算机、管理、咨询，公共关系、数据处理、信息资料、金融保险、医疗保健、会计统计等等纳入生产过程，成为剩余价值的生产部门，从事这方面工作的人，成为剩余价值生产的主体。主体的这一变化，是科学技术进步的结果。

（三）科学技术促使剥削的主要手段发生变化

在当代，随着科学技术的高度发展，生产剩余价值的主要手段发生了质的变化。以前，资本家的主要剥削手段是绝对剩余价值的生产，而现在，资本家的主要剥削手段则成为相对剩余价值的生产。主要剥削手段的变化，科学技术起了杠杆作用。资本家利用科学技术大大提高劳动生产率，劳动生产率的提高超过工人实际工资的增长，从而使剩余价值的增长超过工资的增长，这样一来，资本家又大发其财。例如，1988 年，美国制造业劳动生产率比上年提高 3.3%，而工资增长率为 2.2%。1989 年，美国劳动生产率增长 4.0%，而工资增长 3.1%。

同时，绝对剩余价值的生产，仍是资本家的剥削手段。近年来，随着科学技术的进步，美国又呈现工作日延长的趋势。美国原来实行每周 40 小时工作制，但 80 年代以来，工作时间上升，1988 年每周达 41.1 小时，非制造业中的金属矿产部门，更高达 45.4 小时。工作时间的延长，固然工人也可得到一些实惠，工资略有增加，但更多的剩余价值，则被资本家榨取。

（四）科学技术促使剩余价值的物质载体也发生变化

第一产业创造价值和剩余价值，第二产业创造价值和剩余价值，第三产

---

① 吴大琨主编：《当代资本主义：结构·特征·走向》，上海人民出版社 1991 年版，第 243 页。

业同样创造价值和剩余价值。第一产业的物质载体，主要是农业商品；第二产业的物质载体，主要是工业商品；第三产业的物质载体，主要是劳务商品。劳务商品和其他商品是不同的，其差别主要是："劳务商品价值从而剩余价值的载体虽然仍是商品的使用价值，但已没有物质形态。换句话说，劳务商品的有用性成为其价值的载体。在这里，价值的载体是否是物质的丝毫不影响抽象劳动的凝结（即价值的形成），就像劳动产品是否是物质的丝毫不影响其成为商品一样。"[①]这种分析，是很有道理的。劳务部门的产值增长很快，增长最快的是通信业，1950～1955年间，美国的国民生产总值增长13倍，而通信业的产值却增加了23倍。可见，随着科学技术的进步，剩余价值的物质载体不但发生了变化，而且其增长速度加快。

三、科学技术是提高商品价值的主要因素

随着科学技术的发展，第三产业渐占优势，第一、第二产业也渐被现代科学技术加以改造，因而，不论是农业商品、工业商品、劳务商品，其价值中科学技术的应用所创造的价值，比重日益增加。有的商品的价值，科学技术所创造的价值，已占主要地位。因此，提高商品价值，必须增加科技投入，已成为世界各国的共识。

(一)利用技术提高工农业产品的价值量

利用新技术，改造传统产业，可以促进传统产业提高劳动生产率，增加产品数量和质量，提高传统产品的价值量。根据美国经济学家爱德华·丹尼逊对经济增长所进行的定量计算：在1929～1982年的53年间，美国全部经济部门职工实际的人均国民收入年增长率为1.5%，其中55%是由"知识进步"作出的贡献。[②] 又据日本经济企划厅报告说，从1982～1986年的5年间，每年的实际经济增长的大约60%是由技术进步作出的贡献。美国的第一产业，由于科技进步，机械化程度高，劳动生产率高，1930年到1980年，每个农业劳动力的耕种的土地增加了5倍，每个农户劳动力的固定资产装备则增加15倍以上。因此，每个农户劳动力所创造的农产品的价值也很高。美国人口只占世界人口总数的5%，农业就业人数只占美国劳动力的3%，谷物产量却占世界总产量的20%，1984年，美国人均谷物产量为1328公斤，出口谷物总量超过1亿吨。这种情况，主要是因为美国的科学技术发达，机械化

① 吴大琨主编：《当代资本主义：结构·特征·走向》，上海人民出版社1991年版，第247页。

② 参见[美]丹尼逊《1929～1982年美国经济增长的趋势》，布鲁金斯学会1985年版，第30页。

水平高。农业化学发达，重视品种培养，因而使农产品价值中所包含的科学技术创造的价值就高。

利用新技术对传统工业进行改造，不但加快了工业的技术进步，而且使传统产业的商品价值中所包含的科学技术所创造的价值日益增多。电冰箱、洗衣机、缝纫机、钟表等传统耐用消费品采用微电子技术后，大大提高了产品的性能，也大大提高了产品的价值。汽车是传统工业产品，应用高技术武装后，出现许多汽车电子产品，实现了自动点火、燃料喷射控制以及发动机运行最佳控制等一系列节能措施，大大降低了油耗，也大大提高了质量，并大大增加了汽车的价值。高新技术在传统技术改造中的应用，主要有四个方面：一是改进原有产品，加快产品设计；二是改造落后设备，提高装备水平；三是改革传统工艺，实现自动控制；四是改善管理手段，促进科学管理。[①]技术改造后，传统产品质量提高了，价值也提高了。我国有色金属工业的10个重点企业，18种金属加工材料的产量增加7.6万吨，其中靠技术改造挖潜增加的占88%。产量靠技术挖潜增加88%，在另外意义上，也可说出新增产品价值的88%，是由技术进步创造的。据前两年的统计，到1986年，我国对已有的4000多台旧机床应用数显装置进行改造，应用数显装置改造的大多数企业提高经济效益30%～100%。[②]提高的这些经济效益，也可看成产品价值的提高，这价值的提高，毫无疑问是科学技术进步的结果。技术创造的价值在工业产品中日益增加，并有渐占优势的趋向。

（二）利用高新技术创办高新产业

第二次世界大战以来，世界高新技术取得很大进展，各国竞相发展高技术，创办高技术产业。美国在高技术领域占领先地位，主要有七大技术，以及与七大技术相对应的七大产业。一是通信技术和通信设备产业。这种产业是美国最大的高技术产品制造部门，年销售值约1750亿美元。二是航空航天技术和航空航天产业，年销售值约900亿美元。三是计算机与软件技术和计算机工业，是美国获取大量贸易盈余的高技术产业之一。四是电子技术和电子元件工业。五是医药技术和医药产业，由生物产品医学和植物产品、药物制造三部分组成，1985年总产值为320亿美元。六是实验与科学仪器产业，1985年，销售额达47亿美元。七是新材料技术和新型材料产业，是发展高技术产业的物质基础，销售额也相当可观。上述七种高技术产品，其

---

① 中共中央办公厅调研室：《新科技革命的趋势和对策》，法律出版社1991年版，第316～318页。

② 中共中央办公厅调研室：《新科技革命的趋势和对策》，法律出版社1991年版，第322页。

价值多半是高技术投入创造的。因而可以说，高技术产品中的价值中高技术所创造的价值肯定是主要的。

电子计算机的飞速发展和广泛应用，促使以处理信息和软件产品开发服务的第四产业的兴起和发展。据 1980 年统计，美国从事信息业的人员已占 51%，日本从事信息产业的人员已占 38.3%。最近十多年来，美国生产设备的全部增长都同信息技术有关，后者在总投资中的比重由 20%跃升到 45%。所以有人认为信息技术是带动经济发展的“火车头”，也可说信息产业是带动所有产业的“火车头”。在资本主义国家，信息技术和信息产业已成为资本家的“摇钱树”和“聚宝盆”。在美国，1985 年信息技术产品每年提供大约 1100 亿美元的收入，到 1994 年，信息产业的年收入可达 3300 亿美元。

由于高技术和高技术产业能创造更多的价值和使用价值，因而国际高技术和高技术产品的竞争在国际上是非常激烈的。为了发展高技术，发达国家研究和开发经费逐年提高。1964 年，日本在西方主要发达国家研究与开发经费占国民生产总值中的比重最低，只有 1.5%。80 年代后，日本加快了对研究和开发的投资，经费逐年提高，到 1987 年，日本的比重已达 2.9%，成为西方国家这一比例最高的国家。美国科研经费绝对金额仍在逐年增长，1989 年，美国全国科研经费总额为 1320 亿美元。研究和开发经费的增加，必然使高技术大量涌现，使高技术产业加速发展，从而使高技术产业的产值迅速提高，使高技术产品中高技术所创造的价值日益占主导地位。例如 80 年代，半导体芯片的生产成本，原料与能源只占 2%，半导体行业完全是知识密集型的产业，这种产业，主要靠科学技术创造商品的价值和使用价值。从这个角度讲，也体现了科学技术是第一生产力，说明科学技术是创造现代商品价值的主要因素。

——原载《自然辩证法研究》1993 年第 9 期

科学技术与现代化理论

现代化的问题，是一个重要的实践问题，又是一个重要的理论问题。作为实践问题，发达国家经过或长或短的历史时期，大都实现了现代化。发展中国家都在这样或那样地奔向现代化，以不同的方式实现现代化。现代化作为实践问题，已积累了不少经验。现代化作为理论问题，早有研究，成果不少，但作为系统化的理论研究，还不算多。在我国，罗荣渠教授进行了系统研究，取得可喜成果，但从总体上讲，研究刚刚起步，亟须深入提高。在实践过程中，由于缺乏系统理论指导，不少部门和地区，在摸索着实践，在探索中前进。由于对现代化的标准认识不一，因而对实现现代化的时间估计不一，有的估计在21世纪中期，有的估计几年即可。因此，从实践和理论的结合上去研究现代化，应该成为理论界的重大课题。本章主要探讨现代化的历史进程、现代化概念的历史综述、现代化理论的重大问题以及科学技术在现代化中的巨大作用。

一、现代化的历史进程

讨论现代化的历史进程与讨论工业化的历史进程是分不开的。应该说，工业化的历史进程，是现代化历史进程的最重要的组成部分，工业化是现代化的核心和实质。

罗荣渠教授对现代化的进程进行了深刻分析。他认为，在历史上推进现代化有三次大浪潮。罗荣渠的分析，我们很赞同。但我们认为说三次浪潮不如说三个阶段。现在参照罗荣渠教授的分析，结合历史发展的实际，谈点我们的看法。

（一）现代化的第一阶段

现代化的第一个阶段大体时间是从18世纪后期到19世纪中叶，具体地说，大约从 1780 年到 1860 年，前后约 80 年。这个阶段是从英国的工业革命开始的。

英国的工业革命，实质上是经济大革命、政治大革命、文化大革命。把工业革命仅仅归为经济问题、生产问题、生产结构问题是不够的，不全面的。这个历史时期，在英国开始了工业革命，1776 年在北美发生了独立革命，1789 年在法国发生了大革命，接着又发生了 19 世纪 40 年代欧洲许多国家的革命。经济的革命与政治的革命相互结合，相互促进，相互推动，"形成了推动社会巨变的最大冲力，首先把西欧和北美局部地区卷入工业化和现代化的大浪潮之中"[①]。也就是说形成了现代化的第一阶段。

在这个历史阶段，科学技术促进了现代化的发展。这次工业革命所使用的能源是蒸汽，这是非生物能源；所使用的劳动工具是机器，尽管开始时还较粗糙；所依靠的物质技术材料主要是煤和铁。

在这个历史阶段，最有代表性的是机器——蒸汽时代技术体系的形成。最有代表性的机器：一是蒸汽机。从 1800 年到 1825 年，英国蒸汽机的台数和功率数猛增几十倍。到 19 世纪 40 年代，欧洲各主要国家和英国都普遍推广使用了蒸汽机。[②] 蒸汽动力不仅推动了整个工业的机械化进程，同时也促进了燃料及采矿业、机器制造业、钢铁冶炼业、交通运输业等有关部门的发展，也促使这些部门科学技术在生产上的应用。二是纺织机。纺织机和织布机的改进有一个长期过程，经过凯伊、惠勒、哈格里沃斯、阿克莱特利、克伦普顿、卡特赖特等一系列努力，使纺织机功能日益增高，效率日益增大。纺织机大大提高了纺织效率，促进纺织工业的发展，并带动其他工业的发展。三是轮船、火车等运输工具的发展。英国的默克多 1787 年制造了无轨火车，特里维西克 1802 年制造了蒸汽机车，史蒂芬逊 1814 年制造出可实用的蒸汽机车，并解决了脱轨问题。1825 年从斯托克顿到林顿的铁路正式通车。从此，火车便登上历史舞台，成为强大的运输工具。由此开始，修建铁路的热潮从英国蔓延到欧洲各国，开辟了陆上运输的新纪元，大大促进了欧洲经济的发展。轮船的发明，也开辟了海上交通的新纪元。第一艘实用的轮船是美国富尔顿发明的。后来史密斯在 1838 年建造了第一艘用螺旋桨推进的轮船。从此轮船逐渐取代帆船，其技术远胜帆船，其经济效益也远胜帆船。轮船的制造，促进了海上运输，促进了世界贸易，也促进了欧洲各国的现代化。

蒸汽机、纺织机、火车、轮船的使用，促进了产业结构的变化。首先在英

---

① 罗荣渠：《现代化新论》，北京大学出版社 1993 年版，第 132 页。

② 参见关士续主编《科学技术史教程》，高等教育出版社 1989 年版，第 190 页。

国，使英国的经济产业结构发生了革命性变化。这一变化的主要标志就是由第一产业即农业向第二产业即工业转变，并使第二产业占优势，逐步实现工业化。蒸汽机、纺织机、火车、轮船等的使用，也促使世界经济的大分化，这是自农业革命以来发生的第二次大分化。这次分化的突出表现是：世界的一端是新的工业国，在这些国度里，现代生产力在新技术的作用下持续增长；另一端是传统的农业国家，在这些国度里，缓慢发展的农业生产力在原始技术的作用下低效率发展，甚至停滞、徘徊、倒退。

在第一阶段，经过几十年的发展，英国终于成为世界上第一个初步工业化的国家。到了1841年，农业产值下降为全国产值的22%，农业劳动力下降到只占23%。到1860年时，占世界人口2%的英国的工业品占世界工业品总产量的45%。英国商船舰队数量占世界商船舰队数量的1/3。英国出口总额占世界出口总额的1/4，进口总额占世界进口总额的1/3。① 然而，在这个阶段，英国的工业化仅仅是开始，现代化也仅仅是开始，其他国家，如法、德、美等国更是如此。

（二）现代化的第二个阶段

现代化的第二个阶段大约是在19世纪下半叶到20世纪中叶。在这个时期，英国的现代化继续深入发展，法、德、美、日、俄等国也先后相继现代化。比利时、瑞士、加拿大、澳大利亚、新西兰等，也逐步走上现代化的道路。

这个阶段是个较长历史时期。蒸汽机使机器动力机发生革命性变化，蒸汽机车使大陆上交通发生革命性变化，蒸汽轮船又使海上交通发生革命性变化。这些革命性变化，都推动了工业化，促进了现代化。在欧洲，经过几十年漫长时期，继英国进一步现代化以后，德国通过政治革命实现政治统一，科学技术革命中心转移到德国，经过几十年努力，逐步实现现代化。法国、意大利经过半个世纪的探索，资本主义的市场经济逐步建立起来，资本主义的现代文明也逐步建立起来，现代化建设向前大大迈进一步。在俄国和东欧各国，首先废除农奴制度，解放生产力，在此基础上逐步建立资本主义经济，也逐步实现现代化。十月革命后，又建立了社会主义经济，又进一步实现了社会主义的现代化。

在美洲，美国率先实现现代化，受其影响，加拿大也逐渐走向现代化的道路。在拉丁美洲，由于长期受欧洲人统治，长期未改变殖民地型经济，也长期找不到维持政治稳定的办法，工业化的进程大大推迟，现代化步履维

① 参见罗荣渠《现代化新论》，北京大学出版社1993年版，第133页。

艰。只是在相继独立之后，才慢慢开始探索工业化的道路，走上现代化的历程。

在亚洲和非洲，虽都受到西方工业化和现代化的巨大冲击，也都或多或少、或大或小作出反应，因情况各异，回声不一，探索现代化的路子也各不相同。在这个时期，真正走上工业化道路、实现现代化的，首推日本。日本的现代化是从明治维新开始的。明治政府采取种种措施，反对封建制度，为工业化奠定了政治基础和经济基础，经过几十年的努力，终于摆脱了封建经济，建立起现代化经济体制，并从农业国发展成为工业国家。在第二次大战后，在美国推动下进行了又一次社会大改革，这次改革的结果，不仅建立起现代资本主义国家的各种体制，而且推动了社会生产的发展，“成为东方第一个实现现代化的国家”①。

现代化第二阶段与科学技术第二次革命有密切联系。作为第二次科学革命，具有代表性的科学成果，一是X射线、放射性和电子的发现。这些发现向经典物理学发出挑战，成为物理学革命的先声。二是爱因斯坦的相对论。相对论的创立，是最伟大的科学成果，是人类思想史中最伟大的成就之一，是现代物理学革命主要标志。三是量子力学的创立。海森堡、狄拉克、薛定谔、玻恩都做出突出贡献。这一理论的创立，不仅把粒子和波作为物理学所研究的物质实在最终统一起来，而且改变了对微观客体运动的描述方式，成为现代物理学革命的重要标志。四是对原子结构的探索。在这方面汤姆逊、卢瑟福、盖革、玻尔、泡利、居里夫妇、费米、哈恩等都做出突出贡献。这些发现，不仅深化了对原子结构的认识，也为利用原子能奠定了基础。

作为第二次技术革命，最有代表性的发现和发明，有以下几个：一是电能的开发和利用。这是第二次技术革命的主要标志，其主要的发明创造有直流电机的研制和改进、交流电机的制造和改进、发电厂的建造、电能远距离传输等等。二是通讯技术的发明和应用。其主要发明有：电报，主要发明者科克、惠斯通、莫尔斯等；电话，主要发明者贝尔、华生等；无线电通信，主要发明者马可尼、波波夫等；电视，主要发明者贝尔德等，1930年电视机进入市场。三是内燃机的发明和改进。内燃机的发展，从采用的燃料看，经历了从火药机、煤气机到柴油机、汽油机的演变，从能量转化方式看，经历了从真空机、爆发机到压缩机的转变。在内燃机的发明和改进方面，里诺、奥托、戴姆勒、狄塞尔、斯托兹、霍兹华尔斯、汪克尔等做出了突出贡献。由于内燃机的发明和改进，汽车、内燃机车、燃气轮机驱动的飞机相继问世，并不断发

① 刘天纯：《日本现代化研究》，东方出版社1995年版，第104页。

展。第二次科学革命和技术革命，为现代化提供了雄厚的科学技术基础。没有第二次科技革命的这些科技成果，现代化的第二阶段不可能产生，也不可能发展。

（三）现代化的第三阶段

现代化的第三阶段开始于20世纪下半叶。现在正在进一步发展。这个阶段，全球采取不同的道路和方式，都在奔向现代化，有的发达国家开始奔向信息社会、后工业社会。通向现代化的道路更加多样化、复杂化。

西方发达国家在第二次世界大战后，通过对资本主义市场经济的调整，通过不断进行结构改革，实现了长达20年的持久繁荣，使20世纪前期实现了工业化的国家，如西欧等国、北美等国以及日本等国，进一步实现了工业化，进一步实现了现代化，相继进入了现代化的高级阶段。

第三世界各国，由于战后殖民主义体系的瓦解和民族解放运动的兴起，使一大批国家和地区“几乎是齐头跑步奔向现代化”[①]。我们中国，经过曲折过程，终于走向有中国特色的社会主义道路，终于找到适应国情的现代化的道路，并在现代化道路上迅跑，取得令世人瞩目的成就。亚洲“四小龙”——韩国、新加坡、中国台湾、中国香港，经济高速发展，工业化程度日益增高，正从现代化的中级阶段向高级阶段发展。西亚、北非的新兴石油输出国，以石油工业为支柱，经济迅速发展，在现代化道路上迅速前进，取得重要进展。拉丁美洲诸国，如墨西哥、巴西、阿根廷、智利、委内瑞拉等国，都在探索自主性工业化的道路，正在向现代工业社会过渡。其他经济发展落后的国家，正在苦苦挣扎，也在探索走向现代化的道路，其时间更长，其道路更复杂。通向现代化道路的大门始终给这些国家敞开着，这些国家应不失时机，迎头赶上。

现代化的第三阶段与第三次科学革命和技术革命有紧密的联系。可以说，第三次科学技术革命的成果，是现代化第三阶段的科学技术基础。作为科学革命，这个时期分子工程学、分子生物学、基因工程学、高分子化学、凝聚态物理学、基本粒子理论都有了长足发展，并取得一系列成果，为生产力发展，为经济发展，为现代化发展提供了坚实的科学基础。

作为第三次技术革命，其代表性成果主要有：一是核能的发现与利用。重核裂变，费米、哈恩、施特拉斯曼等的这一发现为人类利用核能做出突出贡献。目前世界发达国家都很重视利用核裂变发展核电事业，我国也建成

---

① 罗荣渠：《现代化新论》，北京大学出版社1993年版，第140页。

秦山核电站，于 1991 年并网发电。轻核聚变，泰勒、欧洲核聚变实验室的科学家，以及前苏联、美国、日本的科学家都做出贡献，利用的前景是广阔的，所获电能比重核裂变还要多，但距达到工业和商业利用的程度，还有较长距离。二是电子计算机的发展。电子计算机诞生后不断发展，第一代计算机是电子管计算机；第二代计算机是晶体管计算机；第三代计算机是集成电路计算机；第四代计算机是大规模集成电路计算机，朝巨型化、微型化方向迅速发展；第五代计算机正在研制中，可能在本世纪末有重大突破；功能更高的光计算机、生物计算机可能在 21 世纪初出现。三是空间技术的兴起。其中主要有：短程、中程、远程导弹的研制和使用；航天飞行器、人造卫星、通讯卫星、气象卫星、资源卫星以及空间探测器制造和使用等。四是激光技术的发展。激光器的研制和应用；激光医疗、激光工艺、激光通信、激光电视唱片、激光武器的相继出现，都对经济、军事、医疗、文化产生深刻影响。五是材料技术的进展。金属材料品种日多，功能日强；高分子合成材料技术快速发展；无机非金属材料成果喜人，复合材料性能更多，等等。六是生物技术的崛起。其中最主要的是基因工程。基因重组技术的发展前景尤为引人瞩目。酶技术、发酵技术、细胞融合技术不断发展，不断提高，不断取得成功。

正是因为在现代化的第三阶段，第三次科学革命和技术革命取得丰硕成果，并为生产力、经济发展、社会进步奠定了坚实的自然科学技术的基础，使生产力大大发展，使经济增长不断提高，使社会不断前进，因而使现代化走上新的阶段。

从未来学的观点，当现代化发展到高级阶段后还要向前发展，其趋向就是“后工业社会”“信息社会”，或称为后现代化社会。贝尔、托夫勒、松田米津等都对这个问题有系统论述，本书前面均已讲过，不再赘述。

二、现代化理论的历史发展

现代化问题由来已久，现代化的论述也由来已久，现代化的理论研究则是在 50 年代末和 60 年代中迅速兴起的，首先是由经济学家、政治学家、社会学家提出来的，逐渐形成一门社会科学的边缘学科。现代化理论有一个形成和发展的过程，欧、美、日等国家的学者做出了贡献，马克思主义者也做出了贡献。为了论述的方便，我们分四个问题进行探讨。

(一)现代化研究的萌芽时期

“现代”一词，英文 modern，由来已久，是文艺复兴时期人文主义者的著作中最先使用的，当时用这个词表达一个新的观念体系，即把文艺复兴看成一个与中世纪对立的新时代。马克思在著作中多次提到“现代”这个概念。

在19世纪后期至20世纪初，现代化、工业化在西欧和北美取得决定性胜利。由于工业革命的胜利，过去人们对人类社会“文明”与“野蛮”的划分，就被“现代工业社会”和“非工业社会”的划分所代替。西方国家谈的“现代化”，实质上有“西方化”的味道，因为在他们看来，“现代化”的典型就是“西方化”。日本学者在20世纪60年代前，早有人研究日本现代化问题，其中典型代表：一是福泽渝吉，曾撰写《文明论概论》《劝学篇》等著作，探讨日本现代化建设。二是“克服封建与现代化”讨论。1946年美国学者出版《菊花和刀》一书，引起日本的讨论。围绕“克服封建与现代化”，大冢久雄、丸山真田、川岛武宜等日本学者又进行了热烈讨论。大冢久雄发表了《现代化的人类基础》的论著，阐述日本建立现代化社会的条件和现代化的标志。

在中国，早在20世纪30年代，就开始讨论“现代化”。严既澄的文章《评东西文化及其哲学》就提出“近代化的孔家思想”。柳克述在所著《新土耳其》一书中，就提出“现代化”，并把“现代化”与“西方化”相提并论。胡适在其发表的论文中，也不时提到现代化，在《文化的冲突》一文中，还正式使用了“一心一意的现代化”的提法。1933年7月《申报月刊》，刊出“中国现代化问题号”特辑，编者前言写道：“须知今后中国，若于生产方面，再不赶快顺着‘现代化’的方向进展，不特无以‘足兵’，抑且无以‘足食’。我们整个的民族，将难逃渐归淘汰、万劫不复的厄运。”[①]这次讨论会共收到10篇短论和16篇专论，观点各异，对现代化的理解很不一致，有的主张走资本主义道路，有的主张走社会主义道路，多数主张走节制的资本主义或非资本主义发展道路。1935年又进行了中国文化出路的大讨论，几个月就发表150多篇论文，有主张西化论者，有主张中国本位论者，不论何种主张，都亮出“现代化”的旗帜，都想用“现代”这个概念取代“西化”“中国化”等概念。在讨论中，对中国现代化问题，提出四点重要意见：一是发展自然科学，这是现代化的根本基础；二是促进工业发展；三是提倡各种现代学术；四是思想方面的科学化，以使我们的思想、态度、做事的方法都尽量现代化。[②] 这次讨论，认识到自然科学是现代化的根本基础，现代化的涵义是广泛的，既有科技现代化，又有工业现代化，还有学术、思想的现代化。这是难能可贵的，是比较正确的，比西方现代化理论研究要早20年。但因种种原因，这种理论探讨未能付诸实

---

① 《申报月刊》，第2卷第7号，转引自罗荣渠《现代化新论》，北京大学出版社1993年版，第356页。

② 参见罗荣渠《现代化新论》，北京大学出版社1993年版，第364页。

践，后因战事频繁，未能继续发展，甚为可惜。

(二)现代化理论的形成时期

现代化理论研究的形成时期，主要是在20世纪60年代到70年代。

在20世纪50年代末和60年代中，现代化的理论研究形成热潮，这一理论的特点，是以西方关乎经济增长理论为核心的发展经济学形成契机，促进了现代化理论的研究。

发展经济学，开始是由美国麻省理工学院教授罗斯托提出来的，他早在50年代就开始研究现代经济增长理论。在1960年出版专著《经济成长的阶段》一书，副标题为《非共产党员宣言》，直接向马克思主义挑战。书中错误颇多，但对现代社会发展阶段的研究，有合理内核，值得肯定。他认为现代社会形成可分五个阶段，即“传统社会”阶段、“为起飞创造前提条件”阶段、“经济起飞”阶段、“向成熟推进”阶段、“高额大众消费”阶段。1975年该书新版时，又加了第六阶段，即“追求生活质量”阶段。这种划分有合理因素，但也有不全面的地方。发展经济学在60年代以后又有新的发展，逐步形成一门新学科。

现代化是广义的，除经济现代化外，还有政治现代化。1966年出版的阿尔蒙德主编的《发展中地区的政治学》就是一部研究政治现代化的著作。60年代中期韦伯尔·摩尔和斯梅尔塞合编丛书《传统社会的现代化》，共12种，从不同角度对现代化社会进行了理论研究。同期，布莱尔出版《现代化动力——比较历史研究》一书，对现代化的进程、现代化国家的分类进行了系统研究。

1960年8月底，在日本箱根举行近代日本研究会议，日本、美国、英联邦的学者参加会议，进行讨论。美国著名日本问题专家赫尔和赖肖尔在会上首次提出用“现代化”这个概念作为研究日本近代历史的工具。在这次会议上，大家通过讨论，对世界现代化和日本现代化问题的研究，有深入的理解。会议还提出了现代社会的基本标准，也可以看成是现代化的标准。①

(三)现代化理论的发展时期

现代化理论在20世纪60年代初步形成，70年代经过反思，有所提高，到了80年代，经过理论的修正，又有新的发展。对这种发展，罗荣渠教授进行了概括研究。他认为，从学术源流上划分，现代化理论的研究可归纳为五

① 参见刘天纯《日本现代化研究》，东方出版社1995年版，第36页。

大流派。现在参照罗荣渠教授的分析，谈点看法。

1. 从社会学角度研究现代化理论

这一派根据社会进化论和社会变迁论，运用社会分析方法，以“现代化”这个概念来概括现代社会变迁的总过程，研究现代社会的发展规律。由于现代社会十分复杂，又不断发展，因而产生许多社会学的新领域。其中主要有：发展社会学，以韦伯斯特的《发展社会学导论》（1984 年）和宾德的《发展理论自然史》（1986 年）为代表，着重研究现代社会的结构分化、都市化、工业化、世俗化等方面。历史社会学，用社会学理论和方法研究现存历史因素与当代各种社会现象之间的关系。经济社会学，以富永健一的《经济社会学》为代表，主要用社会学的概念来分析经济行为和经济体系。未来学，以托夫勒的《第三次浪潮》《第四次浪潮》和佩奇的《世界的未来——关于未来问题一百页》和卡恩的“大过渡理论”为代表，研究现代工业社会向未来社会的发展。这些理论，大都以西方社会学家为代表，既有精华，又有糟粕，既有合理的东西，又有错误的地方，具体问题要具体分析。

2. 从经济学角度研究现代化理论

这一派，主要研究西方发达国家的经济增长问题，进一步深化，对第三世界新兴国家经济增长、发展战略、发展模式、发展道路也进行了研究。这派理论，按研究方法区分，可分为两种理论形式：一种是抽象模式的增长理论，如刘易斯、哈罗德、多马等的理论；另一种是历史分析的增长理论，如罗斯托的经济成长阶段论。80 年代后，又有许多经济学家继续研究经济增长、经济发展问题，我国的谭崇台教授的《发展经济学》（1985 年），金德尔布格等的《经济发展》，马尔科姆·吉利斯等的《发展经济学》等，就是代表。吉利斯等的《发展经济学》从经济发展的角度提出现代化理论的一些见解，力图为缺乏发展经验的国家科学地处理解决实际问题、少走弯路提供借鉴。①

3. 从政治学角度研究现代化理论

战后西方政治学有一个大的变化，原来主要研究现代社会的政治权力的分配形式和政治体制，后来主要研究建立不同政治制度和政府典型的分析模式，探索不同区域的不同模式的政治发展战略，其研究范围从欧美扩大到全世界。这一变化是现代化比较政治研究中发生的“一场知识革命”。现代政治学家在从政治学角度研究现代化问题时，主要研究权威的理性化、结构的分化、政治参与的扩大等现代政治的重大问题，并用比较历史分析法研究政治发展的过程及其规律，开拓了发展理论学者的新视野，对各国政治的

---

① 参见［美］马尔科姆·吉利斯《发展经济学》，经济科学出版社 1989 年版，第 2 页。

现代化提供了有益的借鉴。这方面的论著不少,已译为中文版的主要论著有:阿尔蒙德、鲍威尔的《比较政治学:体系、过程和政策》,由上海译文出版社 1987 年出版;亨廷顿的《变动社会的政治秩序》,由上海译文出版社 1989 年出版;迪韦尔热的《政治社会学》,由华夏出版社 1987 年出版。

4. 从激进发展主义角度研究现代化理论

激进发展主义主要是拉丁美洲国家的学者提出来的,他们与西方发达国家提出的现代化理论针锋相对,创立了激进的发展经济学和发展社会学。其主要贡献是提出了"低度发展"的概念,对第三世界的经济、社会、政治落后的历史根源作了新的分析,对第三世界的现代化理论进行了新的探索,试图为拉丁美洲以至整个第三世界发展问题开拓一条新路。对依附理论进一步深化发展,又提出"依附性发展""边缘资本主义""世界体系"等理论。这种理论可参看的著作有:柯克洛夫特、弗兰克的《依附与低度发展:拉丁美洲的政治经济学》和霍浦金斯、沃伦斯坦的《世界体系分析:理论与方法》。

5. 以西方新马克思主义观点研究现代化理论

西方的新马克思主义与"西方马克思主义"是一脉相承的,都是一种极左的思潮。西方的新马克思主义者认为与现代化范式相联系的所有概念都是"非历史的"。为什么呢?因为我们现实世界的特征是资本主义世界经济体系与非资本主义社会体系的并存,而不是现代体系与传统体系的划分,因而"现代化"一词是毫无内容的。他们认为,第三世界国家的经济落后与低度开发,主要因为第三世界依附于资本主义世界的经济体系,这种依附的实质,是剥削与被剥削的关系,外在的依附关系与内部收入结构的不平等及其相互作用,使发展中国家工业化进程遭到扭曲。发展中国家怎样才能实现工业化和现代化呢?必须与资本主义体系脱钩,才能实现工业化,实现现代化。西方新马克思主义者否认现代化是不对的,但强调摆脱对资本主义世界经济体系的依附,有可取之处。

以上五派现代化理论,我们都应认真研究,弃其糟粕,取其精华,补其不足,加以综合,深化提高,逐步建立马克思主义的现代化理论体系,指导我们的现代化建设。

现代化理论的研究,在西方发达国家出现新的势头,呈现新的趋向,其中一个就是出现后现代化和后工业化的研究。我们应密切注视这一研究倾向和势头,加以借鉴,以推动和促进世界和我国的现代化进程。

(四)马克思主义论现代化

马克思、恩格斯早在 19 世纪 40 年代在《德意志意识形态》《共产党宣言》

等著作中，就明确指出，由蒸汽机和机器引起的工业革命开辟了世界历史发展的新时期，这就是现代时期。现代时期西方政治经济发生了重大变化，这些变化，马克思着重提出都有现代性，如“现代私有制”“现代工人”“现代意识上的资本”“现代国家”“现代工业”等等。在《资本论》第一版序言中又明确指出：“本书的最终目的就是揭示现代社会的经济运动规律。”[①]

在马克思、恩格斯提出的“现代”理论中有几点，我们应当很好研究，认真汲取，发扬光大。一是现代社会发展理论的理论基础，就是现代社会革命论、辩证唯物主义和历史唯物主义、剩余价值学说。二是现代社会经济发展阶段的划分，有两种分法：一种分法是前资本主义社会，即农业社会和资本主义社会，即工业社会；另一种分法是行会手工业时期、工场手工业时期、机器大工业时期。三是现代社会的发展动力问题，主要动力是：现代社会生产方式的矛盾运动，科学技术是生产力。四是现代社会的主要经济特征是发达的商品经济，生产资料的集中和劳动的社会化、工业化、城市化、机器的采用以及生产组织更加复杂化，等等。五是现代化社会的前途：现代社会生产方式的矛盾激化，资产阶级和无产阶级的矛盾激化，生产的社会化与生产资料私人占有的矛盾激化，社会主义、共产主义必然要代替资本主义。

列宁对“现代问题”非常感兴趣，也有不少深刻论述。列宁读《资本论》第一版序言后，敏锐地提出：“为什么马克思以前的所有经济学家都谈论一般社会，而马克思却说‘现代’(modern)社会呢？他究竟在什么意义上使用‘现代’一词，按什么标志来特别划出这个现代社会呢？”[②]列宁一下子就抓住问题的关键，抓住“现代社会”不放。列宁进一步思考，现代社会划分，根据是生产方式的变化。列宁根据现代社会生产方式的理论，具体地剖析了俄国的社会，写出著名著作《俄国资本主义的发展》，并在以后的著作中探讨了资本主义经济的矛盾运动，揭示社会主义可以在一国取得胜利的可能性和必然性。列宁早在十月革命胜利之初，就提出著名公式：“共产主义就是苏维埃政权加全国电气化。”这个著名公式把社会主义与科学技术有机结合起来，特别重视科学技术在社会主义建设中的巨大作用，强调科学技术在现代化中的巨大作用。列宁不仅提出这个公式，并对全国电气化和巩固苏维埃政权的关系，进行了具体分析。他说：“共产主义就是苏维埃政权加全国电气化。不然我国仍然是一个小农国家，这一点我们必须清楚地认识到。……我们已经认识到这一点，并且一定要努力把经济基础从小农的变成大工业的。只有当国家实现了电气化，为工业、农业和运输业打下了现代大工

① 马克思：《资本论》第1卷，人民出版社1975年版，第11页。
② 《列宁选集》第1卷，人民出版社1972年版，第4页。

业的技术基础的时候,我们才能得到最后的胜利。”[①]

列宁的这一思想是非常深刻的,如能坚持实施列宁的思想,努力实现科学技术与无产阶级政权的统一,社会主义事业与科学技术革命的统一,社会主义国家就会立于不败之地,就会大大提高生产率,创造高于资本主义的生产率,加快实现现代化的历史进程。

列宁之后,斯大林虽然在实践上努力使苏联走上现代化,但在理论上没有进展,把斯大林的模式绝对化,夸大阶级斗争的作用,不研究生产力只强调研究生产关系,忽视商品经济和价值规律,使“发展理论处在停滞和冷落状态”[②]。其结果,不但对资本主义的经济增长缺乏认识,对社会主义的经济发展缺乏应有的认识,更对现代科学技术对现代经济和社会的发展缺乏应有的认识。这是导致后来苏联解体和东欧剧变的重要原因,教训是深刻的,应永远记取。

现代化理论的研究,在社会主义国家沉寂了几十年,生产力经济学的研究,在社会主义国家也沉寂了几十年,社会主义革命与新科技革命的脱离也有几十年。直到新中国成立后,现代化的口号才响亮喊起。周恩来早在1954年就明确提出,要把我国建设成为“一个强大的社会主义的现代化的工业国家”[③]。毛泽东在《正确处理人民内部矛盾》一文中也深刻指出:“社会主义革命的目的是为了解放生产力”,“我们的根本任务,已经由解放生产力变为在新的生产关系下面保护和发展生产力”。后来,周恩来在1963年又进一步谈到现代化,他说:“我们要实现农业现代化、工业现代化、国防现代化和科学技术现代化,把我们祖国建设成为一个社会主义强国,关键在于实现科学技术的现代化。”[④]周恩来的提法非常全面、非常深刻。他的这个观点把科学技术与建设现代化强国有机地结合起来,把社会主义建设与科学技术革命有机地结合起来。毛泽东在1964年12月明确提出:“在一个不太长的历史时期内,把我国建设成为一个社会主义的现代化的强国。”[⑤]在这里“社会主义的现代化”的概念已经提出来,如果我们全党能坚持这些思想,中国的现代化定会早日到来。可惜的是,此后不久中国便陷入“文化大革命”的泥沼,大批“唯生产力论”,大批科技决定论,使社会主义与解放和发展生产力相脱离,使社会主义建设与现代科技革命相脱离,因而生产倒退,科技倒退,

① 《列宁选集》第4卷,人民出版社1972年版,第399页。

② 罗荣渠:《现代化新论》,北京大学出版社1993年版,第89页。

③ 《周恩来选集》下卷,人民出版社1984年版,第136页。

④ 《周恩来选集》下卷,人民出版社1984年版,第412~413页。

⑤ 《毛泽东著作选读》下册,人民出版社1986年版,第849页。

现代化的历程遭到挫折和破坏。

(五)邓小平论现代化

1978年,粉碎“四人帮”后,邓小平力挽狂澜,进一步高举起“现代化”的旗帜。他在谈到四个现代化时,特别强调“关键是科学技术的现代化”,并重新肯定和发展马克思主义关于科学技术是生产力的观点,还深刻指出现代科学技术正在经历一场伟大的革命。

邓小平的现代化理论是与中国特色的社会主义理论密切结合在一起的,现代化理论实质上是有中国特色社会主义理论的重要组成部分。邓小平现代化理论的要点有以下几个方面;

1. 现代化必须适合中国国情

邓小平在谈到这个问题时强调说:“现在搞建设,也要适合中国情况,走出一条中国式的现代化道路”,“中国式的现代化,必须从中国的特点出发”。[①] 中国的国情是什么呢？有什么特点呢？邓小平在具体分析这个问题时指出:要使中国实现四个现代化,至少有两个重要特点是必须看到的,一个是“底子薄”,一个是“人口多,耕地少”,这两个特点,也使中国的现代化有不同于其他国家的新特点。

2. 现代化必须分阶段实现

现代化是有阶段的,外国是如此,中国也是如此。中国的现代化有初级阶段、中级阶段、高级阶段之分,现在要实现的现代化是初级阶段的现代化。这初级阶段的现代化,又分三步走。第一步实现国民生产总值比1980年翻一番,解决人民的温饱问题;第二步到20世纪末,使国民生产总值再增长一倍,人民生活达到小康水平;第三步到21世纪中叶,人均国民生产总值达到中等发达国家水平,人民生活比较富裕,基本实现现代化,然后,在这个基础上继续前进。如果发展得顺利,也许到21世纪中叶,我们的国家可能从现代化的初级阶段走向中级阶段,并从中级阶段向高级阶段过渡。我想这个预测,也是有一定道理的。

3. 实现现代化关键是发展生产力

对这个问题,我们过去的认识不全面,不清醒,时有反复。为此,我们必须明确认识“马克思主义最注重发展生产力”,必须明确认识“社会主义阶段的最根本任务就是发展生产力”[②],还必须认识,实现现代化关键是发展生产力。

---

① 《邓小平文选》第2卷,人民出版社1993年版,第163页。

② 《邓小平文选》第2卷,人民出版社1993年版,第63页。

4. 现代化必须是社会主义的现代化

现代化有多种道路和模式，有资本主义的，有社会主义的，有非资本主义的。我们搞的现代化是社会主义的现代化，这一点必须明确，必须坚持。关于这一点，邓小平谈得也很明确，他说："我们要实现工业、农业、国防和科技现代化，但在四个现代化前面有'社会主义'四个字，叫'社会主义四个现代化'。"①怎样才能使现代化保持社会主义方向呢？最根本的有两条：一条是坚持公有制为主体；一条是防止两极分化，共同富裕。

5. 现代化必须是改革开放的现代化

我们国家的现代化是在不断改革中实现的，改革是现代化的动力，是中国现代化的必由之路，没有改革，就无法实现现代化。这个问题，邓小平是很明确的。党的十三大报告进一步明确指出："改革是社会主义生产关系和上层建筑的自我完善，是推动一切工作的动力。"党的十四大报告继续明确指出："在社会主义的发展动力问题上，强调改革也是一场革命，也是解放生产力，是中国现代化的必由之路。"在现代，封闭起来搞现代化是不行的，封闭起来只能停滞，难以前进，是永远实现不了现代化的。现代化必须是开放的，开放也是现代化的巨大动力。所以江泽民于 1995 年 1 月 23 日在中央纪委第五次全会上的讲话中深刻指出："改革开放是一场新的革命，是建设有中国特色社会主义的强大动力。"他还说，我国的社会主义现代化建设所以取得举世瞩目的伟大成就，就是因为有了改革，有了开放。

6. 现代化必须是整体的现代化

现代化不仅是经济现代化，而且应是政治的现代化、科技和文化的现代化，包括人的现代化。经济、政治、文化是有机统一的、不可分割的整体。因此，我们在实现工业、农业、国防、科技现代化的同时，也要实现政治现代化、文化现代化和人的现代化。在现代化的有机整体中，经济现代化起着根本性的作用。政治现代化、文化现代化和人的现代化对经济现代化也有巨大的反作用。

三、科技是实现现代化的关键

实现现代化的因素和条件是很多的，我们着重分析科学技术如何推动和促进现代化的实现。在分析这个问题时，我们进一步讨论现代化的实质、动力、模式、标准以及现代化的发展趋势。

---

① 《邓小平文选》第 2 卷，人民出版社 1993 年版，第 138 页。

(一)现代化的实质

"现代化"一词的确切涵义及其实质究竟是什么?众说纷纭,学术界迄今没有一致的看法,更没有大家公认的定义。但有一个共同的趋向,大都强调科技的作用。在这方面,罗荣渠教授进行了深刻研究,并把现代化涵义归纳为四类。这种归纳是有道理的,参照罗荣渠的分析,结合自己的认识,谈点看法。

第一种看法:现代化的实质是发展中国家通过科技革命和改革开放实现现代化。这是马克思主义的观点,是我国的主张。建设社会主义的现代化强国,毛泽东、周恩来早有论述。前面已引用,不再赘述。建设社会主义现代化强国,在经济发展中实现现代化,最重要的靠什么?靠科学技术,靠改革开放。因此第一种看法可以概括为:现代化的实质是经济落后和经济发展中国家通过大搞科技革命在经济和技术上赶上世界先进水平。[①]

第二种看法:现代化的实质是经济落后的国家通过工业化实现现代化的进程。这种观点坚持现代化的实质是工业化。现代化不分阶段,西欧、北美各国的现代化,到20世纪中叶,已进入成熟的高度工业化的阶段,也即现代化的高级阶段,开始进入后现代化和工业化阶段。日本也进入现代化的高级阶段。韩国、新加坡等国也应该说开始向现代化的高级阶段过渡。第三世界的新兴国家都在不同程度上搞工业化和现代化,有的步入现代化的初级阶段,有的向初级阶段过渡,有的还是经济落后的国家。人类社会从传统农业社会向现代工业社会的转变、从经济落后向工业化转变、从低级工业化向高级工业化转变,靠的是生产力的不断发展,靠的是科学技术水平的不断提高。

第三种看法:现代化的实质是在科技革命影响下社会制度和结构发生的功能性变化。这种观点侧重于研究科技革命、知识增长与社会制度和结构变化的关系。美国普林斯顿大学比较历史学教授布莱克的观点是典型代表,他说:"现代化是指科学革命以来,由于人类控制环境的知识空前增进,在历史中演进的制度不断改变其功能以求适应的一种过程。"[②]

第四种看法:现代化的实质是人的素质现代化。这种观点主要从社会学、文化人类学、心理学的角度考察现代化。强调发展的最终要求是人在素质方面的提高,由传统人转变为现代人。这种看法的典型代表是帕森斯和英格尔斯。帕森斯认为现代化就是人类对自己的自然环境和社会环境合理

---

① 参见罗荣渠《现代化新论》,北京大学出版社 1993 年版,第 9 页。

② 转引自方雷《现代化战略与模式选择》,山东人民出版社 1996 年版,第 13 页。

性的控制的扩大。英格尔斯认为片面强调工业化和经济现代化是不够的，只有使人具备现代人格、现代品质才能使经济落后国家实现现代化。

这四种观点，从不同角度谈了现代化的实质，各有其含义，各有其作用，各有其效果。罗荣渠教授对现代化问题，也概括了自己的看法，其看法有广义和狭义之分，他认为：从历史的角度来透视，广义而言，现代化作为一个世界性的历史过程，是指人类社会从工业革命以来所经历的一场急剧变革，这一变革以工业化为推动力，导致传统的农业社会向现代工业社会的全球性的大转变过程，它使工业主义渗透到经济、政治、文化、思想各个领域，引起深刻的相应变化。他又认为：狭义而言，现代化又不是一个自然的社会演变过程，它是落后国家采取高效率的途径(其中包括可利用的传统因素)，通过有计划的经济技术改造和学习世界先进经验，带动广泛的社会改革，以迅速赶上先进工业国和适应现代世界环境的发展过程。从历史角度透视，罗荣渠的狭义和广义的现代化概念，是比较全面、比较科学的。但从经济学和科技学的角度论述不够。对现代化的问题，可否这样表述：现代化是传统农业社会和初步工业化社会利用科学技术不断发展生产力、改造自然和社会、向现代工业社会或工业社会的高级阶段转变的历史进程。这个概述，把科学技术、生产力、社会进步有机地结合起来，把现代化的不同阶段和不同任务联系起来，既有历史学角度，又有经济学、科技学、社会学的角度。[①]

(二)现代化的动力

现代化的动力问题，早在100年前，马克思在分析社会发展动力时，已有论述。这个问题，在《大动力——科学技术动力论》[②]和《论马克思恩格斯的系统综合动力论》[③]中已有详细论述，现在只谈要点。马克思、恩格斯的动力论有个发展过程，这就是由劳动、生产动力论、生产关系动力论、阶级斗争动力论发展到系统综合动力论。系统综合动力论中有诸要素的相互作用，最重要的起决定作用的是生产力的作用，还有科学技术的革命作用、生产关系对生产力的反作用，阶级斗争对历史发展的推动作用也是不可忽视的。把这个动力论移植到现代化问题上，我们首先应强调生产力和科学技术的动力作用。应当看到推动现代化的关键要素是生产力的不断提高和科学技术的不断进步。我们在强调这两个关键因素时，也不能降低生产方式的矛盾运动和阶级斗争的动力作用。

---

① 参见罗荣渠《现代化新论》，北京大学出版社1993年版，第16～17页。

② 黄顺基、李庆臻主编：《大动力——科学技术动力论》，中国人民大学出版社1990年版。

③ 李庆臻：《论马克思恩格斯的系统综合动力论》，《青岛大学学报》1990年第6期。

美国学者布莱克曾写了一本专著，书名就是《现代化的动力》。他在书中写道："如果必须给'现代化'下一个定义，那么可以这样说，它是历史形成的各种体制对迅速变化的各种功能的一个适应过程，这些功能因科学革命以来人类控制环境的知识空前激增而处于迅速变化之中。"[①]在这个定义中，布莱克把科技革命、知识激增看作现代化的动力。

综合我们的观点，分析现代化的动力时，我们必须用系统综合论的观点，不搞单因素，也不搞一刀切。在现代化历程中起动力作用的，主要有四个要素：一是生产力和生产方式的动力作用；二是科学技术的动力作用；三是改革开放的动力作用；四是人的素质的动力作用。

（三）现代化的战略

如何搞现代化，各国都在制定实现现代化的战略，即制定一系列带有全局性指导意义的路线、方针、政策。作为战略又包括战略指导思想、战略重点、战略目标、战略阶段、战略措施。我们在分析各国现代化战略时，着重分析战略重点和战略目标。

世界上有近200个国家和地区，作为战略类型，大体可分三类：一是发达国家的现代化发展战略，如美、英、法、德、日等国的发展战略；二是发展中国家的现代化发展战略；三是比较发达的和发展中的社会主义国家的现代化发展战略，例如前苏联和中国等国的发展战略。在分析不同类型的国家的战略时，着重分析现在采取的战略，战略的历史演变暂不分析。

1.发达国家的现代化发展战略

美、英、法、德、日等发达国家，都走上现代化发展的高级阶段，为了进一步实现现代化都制定了新的战略。美国的战略可称为"再工业化"战略，就是对现有的经济结构加以改造，用高新技术改造传统工业的同时，积极发展新兴的工业，把工业化水平提高到一个新的阶段。日本的战略可称为"技术立国"战略。20世纪70年代前日本现代化战略的核心是"贸易立国"，70年代后强调发展科学技术提高经济竞争力，提出"技术立国"。其他发达国家也相应制定了发展战略，战略强调两条，更加工业化，更加科技化，通过提高科技水平，把工业和经济发展提高到一个更现代化的阶段。

2.发展中国家的现代化发展战略

发展中国家由于发展水平不一，国家制度不一，因而发展战略也不相同。其中，比较典型的有"变通发展战略"，或曰"满足基本需要战略和科教

---

① 转引自罗荣渠《现代化新论》，北京大学出版社1993年版，第97页。

兴国战略”。这些战略的基本点有两条:一是强调适度发展和采用适用技术;二是强调人的发展和满足人民需要。各国因发展水平不一,发展速度不一,那么战略也不是一成不变的,即是战略重点有变化,战略措施有变化,战略目标也有变化。发展中国家应互相学习、互相支持、互相补充,尽量找到适合本国现代化实际情况的发展战略,以便在不远的将来,相继实现现代化。

3.社会主义国家的现代化发展战略

社会主义国家有两种类型:一种类型是属于发达国家和比较发达国家,如前苏联和东欧各国;一种类型属于发展中国家,如中国。发达和比较发达的社会主义国家,有的解体,有的剧变。从未解体和未剧变前的情况看,大都采取赶超战略,从优先发展重工业到把农业、轻工业放在重要位置;从不强调提高人民生活水平到强调提高人民生活水平;从实行粗放式经营到实行集约化经营,大多数国家都基本上或已经实现了现代化。

发展中的社会主义国家,例如我们中国,过去曾采取一些战略,这些战略有的已经过时,有的变成错误。“文化大革命”后,特别是近几年,我们已经找到实现现代化的战略,即科教兴国战略和可持续发展战略。这个战略正逐步深化,并逐步实施。真正地切实地实行这两个战略,我们的国家一定会按我们制定的战略目标逐步实现现代化。

(四)现代化的标准

现代化的标准问题,是个长期探讨、颇有争议、迄今还无统一认识的问题。需要我们深入研究,继续探讨,统一认识,统一标准,以指导现代化的进程。

以布莱克为代表的一派认为,现代化的进程涉及政治的、经济的、社会的、思想的各方面的变化,因而现代化的标准也是多方面的,具体地说有:国际相互依赖的加强,工业、服务业比重的提高,经济持续增长,收入分配逐渐拉平,技术专门化增加,群众参与政治,教育水平的提高,等等。具体说来,现代化的特征大体有:①民主化;②法制化;③工业化;④都市化;⑤均富化;⑥福利化:⑦社会阶层流动化;⑧宗教世俗化;⑨教育普及化;⑩知识科学化;⑪信息传播化;⑫人口控制化,等等。[①] 这12大特征,也可在某种意义上说是12项标准。但这些标准还比较笼统,没有量化。

美国社会学家英格尔斯认为现代化是多方面的,不仅是经济现代化,还

---

① 参见杨国枢《现代化的心理适应》,台北巨流图书公司1978年版,第24页;转引自罗荣渠《现代化新论》,北京大学出版社1993年版,第14页。

要政治现代化和文化精神现代化。他将现代化的指标加以量化，其具体参数如下：①人均国民生产总值(GNP)——3000美元以上；②农业产值占国民生产总值的比重——12%～15%；③服务业产业占国民生产总值的比重——45%以上；④非农业劳动力占总劳动力的比重——70%以上；⑤识字人口的比重——80%以上；⑥适龄年龄组中大学生的比重——10%～15%以上；⑦每名医生服务的人数——1000人以下；⑧平均预期寿命——70岁以上；⑨城市人口占总人口的比重——50%以上；人口增长率——1%以下。[①] 英格尔斯的量化标准有不少是可取的，有参考价值，但也不能机械硬套，削足适履，具体情况应具体分析。

1960年8月，日本现代研究会在箱根召开了“关于近代日本国际学术研讨会”，会议提出了现代社会的基本标准，也可以看成是现代化的标准。要点有七个：

第一，人口比较高度向城市集中，整个社会群体的“城市中心化”倾向增大；

第二，人们比较高度地使用无生物动力工具，商品广泛流通以及社会公共服务事业发达；

第三，社会成员有广泛接触空间，人们参与社会的经济、政治问题的机会扩大；

第四，读书能力普及，个人对环境的适应能力及科学的志向增强；

第五，作为大众传播工具的广播电视网发达；

第六，大规模兴建政府及各种流通机构的社会服务设施；

第七，确立单一的由国家统治的较大的“人口集团的综合体”，增大各单位间及国际的相互联系。[②]

后来，詹森在《日本对现代化态度的变化》(1965年出版)一书中，对现代化问题进行了研究。他提出现代化的标准有八条，除上面七条外又加了第八条，内容是“公社性和世袭性集团的普遍瓦解，造成个人社会流动性和多样性活动”。

在我们中国，也有人在探索现代化的指标体系，这些体系与英格尔斯的体系有些是相同的，当然也有些是不同的，这些指标体系，在我们制定战略目标和战略措施时，都值得参考。这些指标有八项：①人均国民收入；②人均消费水平；③社会积累效率；④人均从食物中摄取的热量；⑤就业率；⑥成人识字率；⑦平均寿命；⑧人口自然增长率。这八个指标，前四个是经济指

① 参见罗荣渠《现代化新论》，北京大学出版社1993年版，第16页。

② 参见刘天纯《日本现代化研究》，东方出版社1995年版，第36页。

标，后四个是社会指标，总体上看，有可操作性，也较全面。我们国家在制定战略目标和标准时，是参考了这些指标的。

林兆木、邵宁主编的《跨世纪的发展思路研究》一书，结合我国的实际，在分析 1996～2010 年我国经济相社会发展的主要目标和重大政策时，实际上也提出一个新的现代化的指标体系。① 我们综合分析如下：

1. 经济总量目标

实现国民经济持续、快速、健康发展，使人均国民生产总值到 2000 年比 1980 年翻两番，到 2010 年比 1980 年翻三番。按 1900 年不变价格计算，国民生产总值到 2000 年应达到 45000 亿元，到 2010 年应达到 92500 亿元。

2. 经济结构目标

有效推进产业结构的调整和升级，实现国民经济结构以较大的步伐转向现代经济结构。就第一、第二、第三产业的结构而言，2000 年应为 17：52：31，到 2010 年应为 12：53：35。就劳动力在三个产业的比重而言，到 2000 年应为 45：29：26，到 2010 年应为 28：35：37。城镇人口比例，到 2000 年提高到 38%，到 2010 年应达到 50%以上。

3. 人民生活质量目标

在经济发展的基础上，到 2010 年使我国人民生活达到相当于世界中等收入国家居民的生活水平。按 1990 年不变价格计算，到 2000 年全国居民人均消费水平约为 1440 元，到 2010 年约为 2850 元。人民的营养状况、平均寿命、健康水平等生活质量指标，将超过中等收入国家。

4. 社会发展目标

大力发展教育事业，严格控制人口增长，规范社会秩序，净化社会风气，提高全民族的科学文化素质，促进社会主义精神文明建设。到 2000 年普及小学阶段义务教育，到 2010 年普及 9 年制义务教育，高等教育也有更大发展。

以上四个主要目标，实际上反映了现代化指标体系中的四个指标。其他两个指标，如社会积累效率、人口自然增长率也多少隐含在四个主要指标中。林兆木等同志在“1996～2010 年我国经济发展若干问题”中谈到农业发展及农村城镇化、我国的储蓄和投资时，在“重大政策要点探讨”中谈到我国经济和社会发展的指导方针、宏观经济政策、主导产业和机电工业进口替代政策、区域发展政策、对外经济政策、社会发展政策时，都涉及现代化的一些指标内容，我们不一一列举。这里只是想说明，在我国有一些学者，正在探

① 参见林兆木、邵宁主编《跨世纪的发展思路研究》，中国计划出版社 1995 年版，第 29～31 页。

讨适合中国国情的现代化指标体系，这一探讨必将促进我国的现代化事业的发展。

当前国际上对现代化指标的研究，有两种倾向，一是列举多项指标，一是寻求一种综合指标，不论何种倾向，探讨总是有益的。相信将来，通过一定方式，也许能制定出国际上公认的全面综合统一的指标体系。从当前的情况来看，用人均国民生产总值(GNP)的数值作为现代化的综合指标，是可取的，渐被人们接受。因为这个指标是根本的，这个指标达到一定数值，其他指标也会相应达到一定数值。当然这也不是绝对的，也有一定差异，但从总体上讲，大体如此。

按国民生产总值计划，我国现代化的目标，邓小平早有估计。1979 年底，邓小平会见日本首相大平正芳时说，到本世纪末，争取国民生产总值每人平均 1000 美元，算个小康水平。1980 年 12 月 25 日，邓小平在中央工作会议上正式提出："经过二十年的时间，使我国现代化经济建设的发展达到小康水平，然后继续前进，逐步达到更高程度的现代化。"[①]这就是说，到 20 世纪末达到小康水平，即算初步实现现代化。在 1984 年到 1987 年，邓小平又提出第三步战略设想，在本世纪末翻两番后，我们还有一个新的目标，再花 30 年至 50 年时间接近经济发达国家水平。这就是说，到 21 世纪 30～50 年代，中国就基本实现了现代化，使中国处于现代化的中级阶段，甚至高级阶段。党的十三大和党的十四大在此基础上，也明确提出近期、中期、远期三个奋斗目标，明确提出到建国一百周年时，就能够达到第三步发展目标，基本实现社会主义现代化。至于中国实现现代化的具体目标，因中国的国情不同，与世界进程是有区别的，与世界标准也会有出入的。对此，罗兹曼主编的《中国的现代化》也曾谈到。"如果中国的确达到了高阶段的现代化，我们势必可以预期，它的某些指标，比如人均收入水平，将会与其他国家有惊人的不同。"[②]

(五)现代化的模式

现代化的模式问题，有些著作已经涉及，也有论述，但不系统，比较系统研究的有方雷著的《现代化战略与模式选择》。下面参照方雷的"现代化的模式比较"[③]，结合当前中国的和外国的实际，进一步谈点看法。

---

① 《邓小平文选》第 2 卷，人民出版社 1993 年版，第 356 页。

② [美]罗兹曼主编：《中国的现代化》，江苏人民出版社 1988 年版，第 648 页。

③ 方雷：《现代化战略与模式选择》，山东人民出版社 1996 年版，第 177～180 页。

1.西方发达国家资本主义现代化模式

这种模式从所有制方面看，是资本主义的私有制；从经济类型看，是自由市场经济，从实现现代化的主要手段看，是科技进步和工业化；从国家机构看，是分权型或集权型现代国家机构。

模式可写成：

资本主义私有制+自由市场经济+科技进步与工业化+分权型或集权型现代国家机构

这种模式比较典型的代表，主要有英国现代化模式、美国现代化模式、法国现代化模式、德国现代化模式、日本现代化模式等。

2.前苏联社会主义现代化模式

这种模式，从所有制看，主要是社会主义公有制；从经济类型看，主要是计划经济；从实现现代化的主要手段看，主要是发展重工业；从国家机构看，是集权型现代国家机构。

模式可写成：

社会主义公有制+计划经济+重工业化+集权型现代国家机构

这种模式的主要代表有前苏联现代化模式、前南斯拉夫现代化模式、前捷克、波兰、匈牙利现代化模式。

3.发展中国家混合型现代化模式

这种模式，从所有制看是混合经济，有公有制，也有私有制；从经济类型看，主要是自由市场经济；从实现现代化的手段看，主要是科技化和工业化；从国家机构看，主要是集权或分权型现代国家机构。

模式可写成：

混合经济所有制+自由市场经济+科技化和工业化+集权或分权型现代化国家机构

这种模式的主要代表有印度现代化模式、东亚现代化模式、埃及现代化模式、巴西现代化模式等。

4.中国特色的社会主义现代化模式

这种模式，从所有制看，以社会主义公有制为主体；从经济类型看，主要是社会主义市场经济；从实现现代化的手段看，主要是科教兴国与工业化；从国家机构看，是实行国家机构的民主化和法制化。

模式可写成：

社会主义公有制为主体+社会主义市场经济+科教兴国和工业化+国家机构的民主化和法制化

中国特色的现代化模式，是历史经验的总结，适合中国国情，又适应历史趋势，有助于我国实现现代化。

(六)现代化的趋势

二百年来，各国的现代化进程，起点不一、水平不一、阶段不一、趋向不一。研究现代化的趋势，对各国实现现代化，均有指导意义。

1.梯式前进

现代化的浪潮是一浪接一浪的，一个梯级接一个梯级的。在现代浪潮中，已有三个浪潮，或说三个梯级。第一梯级的国家主要有英、法、德、日、意等国，这些发达国家已经步入现代化进程的高级阶段，并继续在高级阶段攀登。第二梯级的国家主要有韩国、新加坡、东欧各国、西亚各国，这些国家或处于现代化的中级阶段，或向高级阶段过渡。第三梯级的国家主要有中国、印度、巴西等国，这些国家基本处于向现代化初级阶段过渡的时期，或处于低级阶段。还有一些经济特别落后的国家，离现代化的距离较远，我们把这些国家仍放在第三梯级，因为这些国家总有一天向现代化的初级阶段过渡。这三个梯级的国家，各有自己的现代化的路线、现代化的目标和现代化的战略，依照各自的路线、目标、战略，梯次前进，向前发展。

2.波浪式发展

现代化的进程不是直线式的，而是波浪式的；现代化进程的阶段，也不是直线式的，而是波浪式的。这种波浪式发展的原因，是和技术革命发展的波浪式和经济发展的波浪式紧密联系的，实际上现代化过程的波浪式是由科技革命发展的波浪式和经济发展的波浪式决定的。技术革命有三次大的波浪：第一次技术革命浪潮，主要是在19世纪下半叶到19世纪末；第二次技术革命浪潮，主要是在19世纪末到第二次世界大战时期；第三次技术革命浪潮，主要在第二次大战后到70年代，又一直延续到现代。与此相应，经济大发展的时期，生产力大提高的时期，与技术的三次革命基本上是相对应的。现代化的波浪与科技革命的波浪和经济发展的波浪也基本上是一致的。

现代化的初级阶段、中级阶段、高级阶段也是有波浪的，有曲折，有迂回，有起伏。我们的国家，在向现代化的过渡的进程中，受科技革命的影响，受经济发展的影响，受政治气候的影响，也是有波浪的，是曲折前进的。新中国成立后一段时间，经济发展快，科技发展快，现代化处于波峰，发展也快。粉碎“四人帮”后，通过改革开放，紧跟第三次技术革命的步伐，紧跟国际经济大发展的步伐，我国的现代化又处波峰时期，现代化的进程发展又很快。而在“文化大革命”时期，与科技革命相脱离，与国际经济发展相脱离，生产力停滞，科技发展停滞，经济受到破坏，现代化处于波谷时期，困难很大，前进很慢，甚至有时中断或倒退。今后，我国的现代化仍要波浪式前进，但不要起伏太大。只要我们紧紧跟上科技革命的步伐，紧紧跟上国际经济发展的步伐，大力发展科学技术，大力依靠科技发展生产力，我们的现代化就一定能够一浪高过一浪，赢得较大进展，取得更大胜利，获得更多成果。

3. 从局部到全球

各国因情况不同，工业化的水平不同，因而现代化的进程和阶段也不同。原来是一小部分国家，实现了工业化，进而实现了现代化。后来局部地区，如西欧、北美实现了工业化，进而实现了现代化。到目前，现代化的浪潮波及全球，现代化的火炬照亮全球，第三世界各国根据自己的特点，制定现代化的路线、战略和目标，竞相奔向现代化。现代化已经从局部走向全球。

按工业化水平，世界各国可分为四种类型，海伦·休斯在《工业化发展的估量》一文曾作过具体分析。这四种类型，包括世界各国，都在向现代化进军，现代化成为全球的大趋势。休斯认为：①工业化国家，其工业产品占商品生产总值60%以上，人均工业品产值在1500美元以上，有成熟的工业结构，在高科技领域占优势；②半工业化国家，其工业制品占商品生产总值40%至60%，工业集中局部地区，工业结构不够成熟，技术水平也不够高；③正在进行工业化的国家，即初步工业化的国家，其工业制品占商品生产总值约20%至40%，多是劳动密集型工业，基础设施不足，农业仍是国民经济的主要部门；④非工业化国家，其工业品在商品生产总值中低于20%，大多是加工工业，其居民对工业品的需求量很小。[①] 这四种类型的国家，都在向工业化或更加工业化前进，都在向现代化或更加现代化前进。全球各国，不论工业化的、半工业化的、初步工业化的、非工业化的，都在向现代化前进。现代化的浪潮，席卷全球，形成全球浪潮。

4. 由单方位向全方位

现代化的发展趋势，总是由单方位走向全方位。由于技术进步和经济发展，首先工业现代化，进而农业、第三产业现代化。经济现代化又推动政治现代化，使国家机构民主化和法制化。工农业的现代化，促使工农业结构发生变化，进而引起城乡结构的变化，产生都市化的趋势。伴随工业现代化、农业现代化、科技现代化和政治现代化，工作方式、生活方式、家庭方式、思维方式也逐渐现代化。现代化从点到面，从面到体，从单方位向全方位发展。

① 参见[美]海伦·休斯《工业化发展的估量》，载[美]海尔布罗纳等著《现代化理论研究》，华夏出版社1989年版，第206～209页。

5.由工业社会到后工业社会

后工业社会，即信息社会。从生产力发展的角度，从技术结构的角度，去研究工业化或现代化以后的社会，有可取之处；但从生产关系角度，从社会性质角度，去研究工业化和现代化以后的社会，这种说法不够全面，值得商榷。后工业社会，或信息社会，贝尔在《后工业社会的来临》中有详细论述。简述其特征，有五个方面：

(1)经济方面：从产品生产经济转变为服务性经济；

(2)职业分布：专业与技术人员阶级处于主导地位；

(3)中轴原理：理论知识处于中心地位，它是社会革新与制定政策的源泉；

(4)未来的方向：控制技术发展，对技术进行鉴定；

(5)制定决策：创造新的“智能技术”。①

目前，西方一些社会学、未来学著作中把人类社会的演变分成渔猎社会、农业社会、工业社会、信息社会，反对马克思关于社会分为原始社会、奴隶社会、封建社会、资本主义社会、社会主义社会、共产主义社会的学说，这种反对是不对的。但从生产力和技术结构角度看，有一定的合理因素。在工业社会，有资本主义的工业社会和社会主义的工业社会之分。在未来社会，也应有社会主义的信息社会，或后工业社会和资本主义的信息社会，或后工业社会之分。这个问题，留待以后详论。我们所要说的，从生产力和技术结构的角度看问题，现代化的趋势是由工业社会向后工业社会或信息社会的过渡问题，这个问题，我们也应面对现实，进行研究。

在当前由于现代化问题有着重要的理论意义和实践意义，又由于现代化理论的研究还不够系统，科技与现代化的关系的研究还不够充分，从理论上研究科技是生产力的问题也远不够深入，因而我们用了比较大的篇幅，去阐述科学技术与现代化的关系问题，以从理论上进一步说明科学技术是生产力，从实践上更好地实现现代化。

——原载《科技生产力论》第 11 章，山东大学出版社 1998 年版

① 参见[美]丹尼尔·贝尔《后工业社会的来临》，商务印书馆 1986 年版，第 20 页。

第四编

科技伦理学

科技伦理思想的历史发展

人对自然的看法,即自然观,在以往历史中,大体已走过三个阶段:一是古代朴素的自然观;二是近代机械唯物的自然观;三是现代辩证系统的自然观。人与自然的关系,在已往的历史发展中,大体上也走过三个阶段:一是古代的"天人合一";二是近代的天人分离、对抗;三是现代的"天人协调"。人与自然统一的哲学认识大体经历了三个历史阶段:一是朴素的唯物论辩证法;二是机械的唯物论形而上学;三是辩证的唯物论辩证法。与此相应,人类科技伦理思想的发展,大体上也经历了三个阶段:一是古代朴素的科技伦理观;二是近代机械的科技伦理观;三是现代的辩证的科技伦理观。有的学者在研究伦理学发展历程时,也提出伦理学发展三阶段论。其中生态伦理学创始人利奥波德和奥汀最为突出。利奥波德在《沙乡年鉴》中曾经提出:伦理学发展有三个阶段,第一个阶段,以欧洲的基督教伦理和中国的儒家伦理为代表,讲人与自然的关系,更讲人与人的关系,着重以仁爱的观念调整人与人之间的关系;第二个阶段着重用民主、自由、人权的观念调整人与社会的关系;第三阶段着重用自然价值、生态价值观念,调整人与环境的相互关系。① 利奥波德讲得很有道理。我们将综合各种观点,从不同角度,探讨科技伦理学的历史发展。

一、古代科技伦理思想的发展

古代的科学和古代的哲学很难截然分开,科学包括在哲学中,哲学蕴涵在科学中,古代的科学家和古代的哲学家也很难截然分开,科学家即是哲学家,哲学家即是科学家,但为了叙述的方便,分三个问题探讨。

① 参见[美]奥尔多·利奥波德《沙乡年鉴》,吉林人民出版社 1997 年版,第 192 页。

(一)古代哲学家的科技伦理思想

古代哲学家的伦理思想，主要发源于古希腊、罗马时期。之所以发源于古希腊、罗马时期，主要是因为在这个时期，古希腊、罗马的科学和哲学有了长足的发展，生产和商贸也有了长足的进步，再加上学术环境比较好，学术民主空气较浓，崇尚科技的风尚较好。古希腊、罗马时期，出了一批很有成就和影响的哲学家，这些哲学家兼通自然科学，有的就是科学家，如毕达哥拉斯、德谟克利特、柏拉图、亚里士多德、卢克莱修等。

1.毕达哥拉斯的科技伦理思想

毕达哥拉斯是古希腊数学家、哲学家。其主要科技伦理思想有以下几点：

一是德行根源于数。毕达哥拉斯非常崇拜数，认为数是万物的本源、本质，一切起源于数，一切归属于数。道德、伦理也起源于数，归属于数。他认为，从某些方面看，数的属性是正义，从另一方面看，数的属性是理性，是灵魂，是机遇；又认为，“恶属于无限，善则属于有限”①；还认为，“1”是宇宙中一切善的、平等的、平衡的东西的源泉，“2”是恶的、不平等、不平源的源泉，“4”是正义，“5”是婚姻，“8”是友谊和爱情，“10”是完善和满意，等等。世界上的万物都根源于数，归属于数，用数来表示，用数来说明。毕达哥拉斯关于伦理源于数的观点，既有可取之处，又是片面的，他试图把伦理归之于数，这是片面的。亚里士多德早就指出，毕达哥拉斯将德性归之于数，是不正确的，是偏离主题的。亚里士多德的批评是中肯的，是有道理的。

二是道德是数的和谐。他认为和谐是美德，数的和谐是奇偶数的调和，“10”是最完满的数，是由4个基本数，即1、2、3、4构成的，这4个基本数之和就是10。10种基本的对立关系，即奇数与偶数、一与多、有限与无限、左与右、阳与阴、动与静、直与曲、明与暗、善与恶、方与长的调和，构成万物的和谐与秩序。和谐是善，不和谐是恶。德行之好坏、善恶、对错，皆由数是和谐与否所决定。

三是知识是最有力量的东西。毕达哥拉斯及其学派，既创造性地从事科研活动，又带有某些神秘色彩。这个学派在科学上有许多发现，因而在中世纪，毕达哥拉斯被当作算数、几何、音乐、天文的创建人。这个学派又认为最有力量的东西就是知识。他说：“最聪明的事物是什么？数。……我们能力中最有智慧的是什么？医术。最优美的事物是什么？和谐。最有力量的

① 苗力田：《古希腊哲学》，中国人民大学出版社1989年版，第74页。

事物是什么？知识。最美好的事物是什么？幸福。”[①]毕达哥拉斯学派认识到最有力量的事物是知识，这是很了不起的。要知道：一千多年后，培根才得出“知识就是力量”的名言。

2. 德谟克利特的科技伦理思想

德谟克利特是“经验的自然科学家的希腊人中第一个百科全书的学者”[②]。他的著作很多，据第欧根尼·拉尔修的统计有 13 组 73 种，几乎包括人类知识的各个领域。因著作多焚毁流失，仅剩几百个残篇，有不少是谈及科技伦理方面的。其中主要观点有：

一是伦理根源于原子。德谟克利特认为，宇宙万物都是由原子构成的。物体的形成或崩坏是原子的结合或分离的结果。人的身体由原子构成，人的灵魂也由原子构成。所不同的是灵魂的原子是圆形的原子。人的生与死都同原子有关，死亡就是由于空气的压力，灵魂原子从体内溢出去，又不能从空气中吸收灵魂原子。灵魂比肉体高，因为完善的灵魂可改善坏的身体。“幸福和不幸居于灵魂之中”[③]，所以灵魂的宁静是最终的善，又是最高的道德境界。因而道德境界的善恶，与灵魂原子的状态有密切联系。

二是知识与道德统一。德谟克利特认为贤与智是同一个高尚灵魂的两个方面，是统一的。所谓的贤就是道德，就是善，所谓的智就是智慧，就是知识。因而道德与知识也是统一的。他再三强调行为要公正。行善或作恶，都有其道德上和知识上的原因。因为人所以迎合坏的东西，主要就是因为人的盲目和无知。他还认为道德对知识也有重要的意义，知道预防不公正的事，是有见识的表现，“对善的无知，是犯错误的原因”[④]。讲道德，讲知识，讲智慧，就是要公正。公正的力量就是基于判断的坚决和无畏，不公正的结果，就是对不幸的恐惧，因而人们要公正，就必须有知识，做到德行和知识的统一。

三是要努力求善。德谟克利特从德知统一出发，要求人们要不断地努力去追求善，达到善。他强调说：好的、善的因素只有经过自己的努力才能获得，只有经过千辛万苦才能发展好的禀赋，才能寻求善的东西。至于恶，不用找则可自来。培养自己成为有德性的人，就要努力择善去恶，就要不断加强道德教育和道德修养。

---

① 苗力田：《古希腊哲学》，中国人民大学出版社 1989 年版，第 68 页。

② 《马克思恩格斯全集》第 3 卷，人民出版社 1960 年版，第 146 页。

③ 周辅成：《西方伦理学名著选辑》上卷，商务印书馆 1987 年版，第 79 页。

④ 周辅成：《西方伦理学名著选辑》上卷，商务印书馆 1987 年版，第 84 页。

3. 苏格拉底的科技伦理思想

苏格拉底是古希腊哲学家，也是著名的伦理学家，他的科技伦理思想，有两点值得我们发扬。

一是“美德即知识”。苏格拉底在讨论美德问题时，深刻指出：“美德即知识。”这里所说的美德，主要是指道德品质，所说的知识，主要是指道德知识，也包括自然知识、技艺知识。在他看来，认识自己，认识事物，就不犯错误，避免祸患，得到幸福。反之，不认识自己，不认识事物，就要犯错误，陷入祸害，失掉幸福。苏格拉底强调知识对道德的重要作用，甚至认为美德即知识，这是很有启示的，对促进道德建设和知识发展有积极作用。

二是求真和求善相结合。苏格拉底既然认为“美德即知识”，必然要求求真和求善相结合。他认为，思想完美的人，从自然科学学得知识，学得门径，得到提高。在船上，老练的专家当指挥，因其有知识，其他人要顺从。这样做就是善的行为。在医学上，医生最有知识和技术，病人要听医生的。这样做也是善的行为。在纺织上，妇女是最有知识和技能的，男人要听女人的。这样做同样是善的行为。总之要把求善和求真结合起来，以求善促进求真，以求真促进求善。

4. 柏拉图的科技伦理思想

柏拉图是苏格拉底的学生，古希腊哲学家，著作有 30 多种，不少涉及伦理学。其科技伦理思想，主要有以下几点：

一是：“真理就是善。”苏格拉底提出美德即知识，柏拉图进一步分析，道德虽与知识有关，但知识有个是否真实的问题，因此真理就是善。所以，他说：“真理和知识看成就是善，善是更可敬得多的。”①知识有两类，一类属理念世界的知识，另一类属现实世界的知识。理念世界是可知世界，用人的理性借助辩证法的力量则可认识。现实世界是可见世界，依赖感官也可感知，但不一定真实。柏拉图认为通过学习自然科学，特别是数学，人们可以认识藏在万物后面的“善”。

二是求善和求爱相结合。柏拉图认为，要求善，讲道德，必须泛爱万物。爱是善的表现，善是爱的追求。所以他说：“就爱的最广义来说，凡是对于善的事物的希冀，凡是对于快乐的向往，都是爱，强大而普遍的爱。”②男女之间有男女之爱，医生和病人之间有健康之爱，爱适用于一切动物身体，爱也适用于万事万物。爱来自“爱神”的启示，人类通过爱的启示获得德行和幸福，因而善与爱是统一的。

---

① 柏拉图：《理想国》，商务印书馆 1986 年版，第 267 页。

② 柏拉图：《柏拉图文艺对话集》，人民文学出版社 1959 年版，第 243 页。

三是学科学和育德行相结合。柏拉图十分强调自然科学教育，强调统治者要花10年时间学习科学技术。学科学不但为了学知识，而且为了培育德行。他说，学习算术，不只为了当商人做小贩，学做买卖，而是将灵魂升华，从变化世界转向真理和实在。学几何学，不只是为了安营扎寨，排列队伍，而是为把握善的理念，培育德行。学习天文学，也不能只考虑功利，而应引导心灵向上看，向高处看，成为德知完善的人。科学技术有净化灵魂，陶冶情操的作用，要把学习科学与净化灵魂结合起来。

5. 亚里士多德的科技伦理思想

亚里士多德是柏拉图的学生，希腊哲学家、科学家，著述甚丰，论著很多，是百科全书式的学者。其科技伦理思想主要有以下几点：

一是学习科技为了求善。亚里士多德认为世界上的万事万物，人们认为都是向善的。因此，科学技术要以追求善为其目标。所以他在《尼各马可伦理学》第1卷中说："一切技术和研究，正如一切行为或选择，看来都是趋于某种善的，所以善被合理地认为是万物所追求的目的。"[①]他还认为，各种科技有各自特殊的善，也有共同的善，即善的总和。善于思辨，善于思考，勤用理智，则快乐，则幸福，则为善。高尚活动之源泉的德性，就在勤勤恳恳、含辛茹苦的科学活动中。

二是智德和行德和统一。亚里士多德把德行分为智德和行德。智德主要包括技艺和科学，技艺是通过运用推理以制造物品的才智，科学是通过寻求必然和永恒的东西的才智。智慧，即知识的最高形式。只有智还不行，还要有行，只有智德和行德相统一，才能形成美德。一个人，懂建筑，又去从事建筑事业，就会变成建筑师。一个人懂音乐，又去从事演奏工作，就会变成音乐家。一个人懂得公正，并实行公正，才能变成公正的人。一个人懂得节制和勇敢，并实行节制和勇敢，才能变成节制和勇敢的人。

三是理论和实践都重要。亚里士多德很重视知识，重视智慧，要大家努力追求"中道"，追求"真实"，追求真理。他认为追求真理乃是一切理智的功用。人们要注意寻求对人最有功用的东西，不要考虑那些没有实用价值的问题。明智地追求真理的人，不但要善于认知，而且要勇于实践，要深刻认识"理论和实践两者都很重要"[②]。

(二)古代科学家的科技伦理思想

古代科学家有不少都提出一些科技伦理思想。这些科技伦理思想，都

① 亚里士多德：《尼各马可伦理学》，中国社会科学出版社1990年版，第123页。

② 亚里士多德：《尼各马可伦理学》，中国社会科学出版社1990年版，第1～6页。

与他们的科技研究和科学创造有密切联系。其中突出的代表人物就是阿基米德和希波克拉底。通过对这两位古代科学家的研究，便可通晓古代科学家科技伦理思想的概貌。

1.阿基米德的科技伦理思想

阿基米德是古希腊数学家、物理学家、机械学家。他在科学上有许多发明创造。主要发明创造有：在数学上，他确定了多种物体体积、面积等计算方法，算出圆周率在223/71与22/7之间。在机械学方面，他发现了杠杆原理和浮力定律，制造了举重滑轮、灌水机、扬水机和投射器等。在天文学上，他设计制造了多种天文仪器。阿基米德的科技伦理思想主要反映在他的科研活动中，其中有不少传说和故事，概括言之，有以下几点：

一是科技为爱国服务。阿基米德把一生献给科学，也把一生献给祖国，并坚持科技为爱国服务。叙拉古在遭到罗马军队侵略时，阿基米德挺身而出，用科技抵抗侵略，保卫祖国。罗马军队用云梯攻城，他发明抛石机，远距抛石，打击敌人，摧毁攻城机械。他还发明太阳聚光镜火烧敌船，发明弩炮杀伤敌人，致使罗马军队进攻失利，只好改变策略，实施围而不打，如此对峙三年，因缺援兵，无粮草，内奸出卖，而城被攻占。据说，阿基米德在城陷时，正聚精会神地思考设计一种更有效的武器以御敌，因而被杀。总之，科技为爱国服务的思想鼓舞阿基米德去研究、去战斗、去发明创造。

二是理论研究和实际应用相结合。阿基米德努力实现科学理论研究和技术的实际应用相结合，既注意解释自然现象，又注意改造自然现象。他发现了杠杆定律，从理论上说明了杠杆原理，并注意用杠杆原理移动物体，并说："给我一个支点，我就可以移动地球。"他虽然注意理论研究和实际应用的结合，但结合得不够，仍然有重视理论研究轻视实用技术的倾向。他认为搞机械学和实用研究是不够高尚的，高尚的是有雅兴的研究。所以，尽管他有许多发明创造，但没有把他的发明创造写成著作传留后世，这方面，暴露了其局限性。

2.希波克拉底的科技伦理思想

古代科技伦理思想发展的顶峰主要是希波克拉底的医学伦理思想。希波克拉底是古希腊著名的医学家。其父是名医，他从小随父学医，后又师从德谟克利特等哲学家。他和他的学派有丰富的医学和医德思想。主要反映在他的后继者编撰的《希波克拉底全集》中。柏拉图和亚里士多德很推崇他，认为他是"古代希腊最有名望的人之一"，古罗马医学家盖仑尊称他是"医圣"，中世纪后又被人赞为"医学之父"。他的医学伦理思想主要反映在《誓词》《箴言论》《艺术论》《礼仪论》《医师论》《法则论》等多篇文章。其中尤以《誓词》最为明显。希波克拉底的医学伦理思想主要有以下几点。

一是为病家谋利益。这是希波克拉底医学伦理思想的核心，是医生的最高行为准则。希波克拉底在《誓词》中写道："我愿尽余之能力及判断力所及，遵守为病家谋利益之信条，并检束一切堕落及害人行为……无论置于何处，遇男遇女、贵人及奴婢，我之唯一目的是为病家谋幸福。"[①]希波克拉底的医德观，为后世医学和医德的发展奠定了良好的基础，激励后世医学家奋斗终生，直到今天，仍放射着不朽的光芒，成为现代医学伦理学的基本内容。

二是正确处理医患关系。希波克拉底提出许多处理医患关系的规范和准则，协调"疾病、患者和医生"的关系。要求医生对病人要多关心、多同情、多宽容、多平和、多廉洁、多保密。希波克拉底认为，医生治病，病体康复，主要是人体本身战胜疾病，医生要对症下药，关心病人，调动病人自身的抵抗力，促其病愈，使其康复。他再三强调，医生对病人要有同情心。医生看到可怕的场面，碰到不愉快的东西，听到有害的要求，无论何时，遇到何种情况，都要同情病人，宽容病人，不能怪罪，不能惩罚。医生行为不能冲动，不可放荡，应医行端正、医言诚恳、态度平和、性情敦厚。医生必须医德廉洁、为人公正、信誉为重。他亲切地说："医生切不可斤斤计较报酬并为此担心。此者担心无益于患者；若病情紧急尤其有害，病情速变，不可逆转；治疗失机，医家之憾。宁可图名，不可图利，方为良医。"[②]还说：遇有经济困难的病人，也要毫不犹豫地帮助他们。希波克拉底还强调，要注意保守医密，不泄露病人的隐私，不透露有碍病人康复的情况，只有这样医生才赢得病人信任，取得病人协作，不致损害病人名誉。所以希波克拉底在《誓词》中明确表示："凡我所见所闻，无论有无业务关系，我认为应守秘密者，我愿保守秘密。"[③]

三是正确处理医生关系。在处理医生之间或医护之间的关系时，希波克拉底要求要尊师重德。对我的老师，要敬之如父母，作为终身同业伴侣，如有急需，我便接济之，视老师的子女，如同兄弟，如欲受业，免费教之。他还要求医生同行，相敬如宾。同行要互相帮助，共同努力，以提高医术，治愈病人。医生因无经验，如遇困难，可请人会诊。会诊时不要吵架，也不互相嘲弄，不嫉妒他人。

四是要重视医德教育。要求医生一定要忠于医业，忠于职守；一定要勤奋治学，精益求精；一定要严谨求实，追求真理；一定要反对庸医，破除迷信。

---

① 转引自曹开宾《当代医学伦理学》，上海人民出版社 1990 年版，第 262 页。

② [古希腊]希波克拉底：《希波克拉底文集》，安徽科学技术出版社 1990 年版，第 74 页。

③ 转引自曹开宾《当代医学伦理学》，上海人民出版社 1990 年版，第 262 页。

为此要牢牢抓住事实，亲自占有事实，要把经验和理智结合起来，不要怕失败，不要相信神秘的原因，不要相信庸医，要千方百计获得真正的知识，积累医疗经验，掌握医疗技术，提高医疗水平。

希波克拉底的医学伦理对后世影响很大，直到今天，世界不少国家的医学院校在举行学位授予仪式时，仍要庄严诵读《希波克拉底誓词》，当今世界各国要制定医疗法规时，都吸收了《誓词》的内容。

（三）中国古代学者的科技伦理思想

与古希腊哲学家和科学家一样，在东方，在古老的中国大地上，在春秋战国时代，也涌现出一批哲学家和科学家，其中主要是孔子、老子、墨子、孟子、荀子等为代表，对伦理学的问题，也包括科技伦理，进行了研究，提出不少科技伦理思想，对中国伦理思想的发展起了奠基作用，对现代科技伦理思想，特别是生态伦理思想，提供了启示作用。择其要者，概括说明。

1.孔子和儒家的伦理思想

孔子名丘，字仲尼，是春秋末期的伟大学者，“仰之弥高”的圣人。孔子的儒家学说，主要是伦理学，在讲伦理学时，也涉及一些科技伦理思想。其中主要有：

一是天人合一。孔子和儒家主张天人合一。其主要目的就是通过研究人与自然的关系，为仁义道德寻求理论根据，即以“天道”解释人伦，人伦不过是效法自然的产物。君臣有上下之礼，这上下之礼就是效法天地、山泽有高低之分；夫妇有内外之分别，这内外之别就是效法自然有阴阳二性之别；人类讲仁义道理，这仁义道德就是效法自然界的养育之恩。[①] 孔子天人合一论，在荀子那里，得到进一步发展。荀子认为：天是客观实在的；天地合而万物生；天行有常，有规律可循；人对天有反作用，可制天命而用之；等等。孔子的儒家的天人合一思想在为封建伦理辩护方面是错误的，但要求我们爱护自然、效法自然方面，则是合理的。

二是仁义结合。孔子认为仁义是道德的核心。“仁”是最高的道，也是最高的善。“仁”源于血缘关系，亲亲构成仁的基础。他说：“弟子入则孝，出则悌，谨而信，泛爱众，而亲仁。”（《论语·学而》）。仁的基本含义是爱，“樊迟问仁，子曰爱人”（《论语·颜渊》）。仁者，不仅表现在人与人的关系，进而扩展到人与自然的关系，所以孔子说：“知者乐水，仁者乐山”（《论语·雍也》）。孔子这个思想很了不起，它告诉我们：道德不仅是指“爱人”，而且也

① 张华夏：《现代科学与伦理世界》，湖南教育出版社1999年版，第171页。

意味着“爱物”。①

“义”是实现“仁”的途径。义是理，是行为准则，凡符合义的，去做；不符合义的，不去做。仁是道德的最高境界，义要为达到这个境界服务。仁义结合，则道德高尚。

三是仁礼联结。孔子认为仁是美德的最高境界，又是美德的内在规定。通过修养，立志向善，则能达到仁人境界。礼是仁的具体体现，是实现仁的有力手段，也是仁的实践经验。孔子力倡行礼以成德，以实现仁。人通过仁的内在修养和礼的外在实践，实现仁礼结合，才能达到仁人境界，成为最有道德的人。

四是智者利仁。孔子认为智与仁是相辅相成的。只有具备知识，特别是道德知识，具备理解行为境况的能力，又具备审慎判断的智慧才能达到仁，达到道德高峰，体现完善道德。因此仁和智是不可分的，仁者必须是智者，智者应当成仁者，智者利仁，智利结合，加强学习，加强修养，加强锻炼，才能真正成为有道德修养的人。所以，孔子特别重视道德教育。

五是重义轻利。孔子既讲义，又讲利，更重视义。求利，求富，于人有益，使人满足，可以求之。于道德有悖，于人没有好处，就应安贫乐道。所以，孔子说：“不义而富且贵，于我如浮云。”德行和善高于求利、求富、求贵。

六是与天地参。孔子提出“与天地参”的概念，主要用来表述人与自然的相互协调的状态。早在《国语・越语》中，中国的祖先就曾提出：“夫人事必将与天地相参，然后乃可以成功。”孔子进一步提出“人能弘道”，孟子提出“天时、地利、人和”。荀子又提出：“天有其时，地有其财，人有其治，夫是之谓能参。”（《荀子・天论》）根据与天地参的原则，则可因时制宜，因地制宜，人有其治，把天地人三要素统一协调起来，则可夺得农业丰收。

七是仁民爱物。孔子和儒家，坚持善的原则，不仅要爱民，而且要爱物，要爱护自然，要保护自然。孔子提出“节用而爱人”，要体察民众痛苦，使其休养生息。荀子进一步又提出：“万物各其和以生”（《荀子・天论》）；“万物各得其宜”（《荀子・儒效》）；“各得其养以成”（《荀子・天论》）。孔子和儒家的关于环境与发展协调的思想，对当代生态伦理学的发展，有一定的启示作用。

2.老子和道家的伦理思想

老子其人其书的论争，由来已久。据说老子名聃，为楚人，是道家学派的重要代表，老子和道家的伦理思想主要有以下几点：

---

① 参见徐嵩龄《环境伦理学进展：评论与阐释》，社会科学文献出版社1999年版，第261页。

一是道德统一。老子的“道”，是宇宙万物的本源，他说：“有物混成，先天地生，寂兮寥兮，独立不改，周行而不殆，可以为天下母。吾不知其名，字之曰道，强为之名曰大。”（《老子》第二十五章）老子认为：道产生万物，他说：“道生一，一生二，二生三，三生万物。”（《老子》第四十二章）庄子则认为：道是一种抽象物，是无声、无形、无体，“物得以生谓之道”（《庄子·天地》）。总之，“道”是万事万物的根据。而德是具体的，一事一物之所以为自身的根据。某物得到了“道”，可以称之为“德”。所以庄子说，物得以生谓之德。天下万物都是尊道而贵德的。道德是有密切关系的。道如果是全，德就是分，道德是整体，德就是部分，道决定着德，德以道为根据，德要服从道，“惟道是从”。道与德不但人要遵守，物要遵守，天地也要遵守。道与德和善有紧密联系，是“善人之宝”，而所谓的善，是伦理学的根本问题，是道与德的根本问题。人要遵从道德，天地也遵从道德，人有人的伦理学，天有天的伦理学，自然有自然的伦理学。在这里，已经萌发了生态伦理学的思想。

二是人与自然和谐。老子认为生物生存是离不开环境的，所以他说“鱼不可脱于渊”（《老子》第三十六章）。庄子认为生态环境制约生物的生存和发展，万物皆来自更细微的物质，又复旧于细微物质。天人合一，天与人要和谐相处，人与万物也要和谐相处，人要不自高，不自足，不自伐，不自矜，只有这样才能善待万物。

三是道法自然。老子提出道法自然的原则，并提出道的首要品德就是“慈”，把慈与道法自然有机地结合起来。因有慈，才能海纳百川，才能虚怀若谷，才能善利万物。所以老子说：“上善若水，水善利万物而不争，处众人之所恶，故几于道。居善地，心善渊，与善仁，言善治，事善能，动善时。”（《老子》第八章）道法自然要求我们无为，无为的目的就是让自然自由发展，“行于无为者，道也。”（《庄子·天地》）当然，无为者并不是什么都为，而是有所为而又有所不为，是有为无为的辩证统一。

四是和谐天下。老子讲和，认为和是理想境界，所以他说：“万物负阴而抱阳，冲气以为和。”（《老子》第四十二章）通过和将人与自然和谐地融为一体。庄子也讲和，用和来解释德。所以他说：“游心乎德之和。”（《庄子·德充符》）讲和，就需讲“天钧”，讲“天倪”，就是讲自然要均平，平等看待自然物。老庄学派认为德性完备的人，才能与自然界万物相交融，“古之人其备乎？配神明，醇天地，育万物，和天下，泽及百姓，明于本教，系于末度，六通四辟，小大精粗，其运无乎不在。”（《庄子·天下》）老庄关于和谐天下的观点也很重要，对现代生态伦理学的建设，有启示作用。

3. 韩非和法家的伦理思想

管仲、商鞅、韩非均属法家。韩非约生于公元前 280 年，韩国公子，师从荀子，著《韩非子》一书。韩非和法家学派的伦理思想，有别于儒家和道家，有其特殊性，主要有以下几点：

一是依法治国。法家认为，要想治国，必须依靠法，必须务法治。要想务法治，必须强调威刑，使人不敢为恶，使人不敢不收敛。道德是需要的，但不能禁恶，只有靠法治，才能禁恶。道德的力量比法的力量弱，法的约束力比道德的约束力强，因而法更具强制性。治国主要靠法的力量，主要靠法治。也不应忽视道德的作用，应当刑德并用，以刑为主。

二是养德向善。韩非子认为，人是好利恶害的，欲利之心，人皆有之，私利本能，人皆有之，因此人的利害关系很重要，人是自私而无情的。人性有好恶，可用赏罚，使人向善，使恶低头，使善之生如春，恶之死如秋。因此可利用养德，促民向善。韩非力争确立公平原则，主张以自足自力为德，这一思想，有利鼓励进取有为。他极力主张作为统治者，要把养力养德结合起来，要把刑法和伦理结合起来。

三是惩恶扬善。韩非子赞赏君主治政，依靠明智的君主，通过惩恶扬善，实现富国强兵，实现道德准则。君主要惩恶，主要是惩治暴乱、奸诈、奢侈、懒惰等恶的表现。君主要扬善，主要是奖励诚实坦率、尽力致善、勇敢立功等善的表现。君主要惩恶扬善，君主本身既要掌握赏罚大权，又要成为道德化身。君主要想成为道德化身，就必须公平无私，是非分明，任贤使能，一心治国。

4. 墨子和墨家的伦理思想

墨子生平不详，是战国初中期人，据说生于鲁国，为宋之大夫，技艺出众，其学说载于《墨子》一书，其科技成就也载于《墨子》一书。在书中也涉及不少伦理思想，主要有以下几点：

一是爱人利人。墨子主张兼相爱，爱人即要视人如已，爱人如爱己，兼则能爱人，能爱人则人必爱我，故能兼相爱。爱人利人是墨子最重要的道德原则，大家都是人利人了，就没有人间的伤害侵凌，就没有偷盗，就没有战争。如果相贼相恶，诸侯之间必有战争，君臣人间导致犯上凌下，人与人之间则相互残害。所以他根据兼爱互利的原则，要求“视人之国，若视其国；视人之家，若视其家；视人之身，若视其身”（《墨子·兼爱中》），并断言：“爱人利人者，天必福之；恶人贼人者，天必祸之。”（《墨子·法仪》）

二是选贤任能。在政治生活中，侯王要有美德，是贤能的人，又能选贤任能，治理国家。选贤时，不党亲戚，不偏富贵，不察颜色。要遵循兼爱的原则，以兼爱为义，把义作为任贤标准。以义为标准，把贤选出来，举而上之，富而贵之，以为官长。选贤任能，则使人向善、向义、向贤。所以墨子说：不义不富，不义不贵，不义不亲，不义不近。是以国之富贵人闻之，皆退而谋曰："始我所恃者富贵也，今上举义不辟贵贱，然则我不可不为义。"（《墨子·法仪》）

三是求义兴利。墨子既主张求义，又主张兴利。他坚决主张利人则为，不利人则止。道德的衡量标准，就是"合其志功而观焉"，既度其志，又审观其功，动机重要，效果更重要，知重要，行更重要。墨子认为，什么是善，善就是给人带来功用惠利的行为和措施，给人带来功用惠利则有道德，则可达到善。

二、近代科技伦理思想的发展

公元476年西罗马帝国被推翻，逐渐建立起一些封建小国，从此，欧洲便进入中世纪，前后近千年，直到15世纪以后解体。中世纪末期，学者和科学家在向神学挑战，也向封建社会冲击，科技道德问题的研究，又逐渐多起来。既有新观念，又有旧痕迹；既与神学对抗，又向宗教妥协。紧接着，在欧洲，开始了文艺复兴。罗吉尔·培根、达·芬奇等一批哲学家、科学家、艺术家向神学发起总攻，为近代科学的发展扫清道路，奠定基础。也为近代科技伦理学的发展铺平道路，创造条件。

哥白尼是近代自然科学的开创者。《天体运行论》的出版，宣布了自然科学的独立，标志着科学从神学的统治下解放出来，揭开了科学向宗教宣战的序幕，揭开了近代科学技术发展的序幕，也揭示近代科技伦理学的序幕。因此，在探讨近代科技伦理学的发展时，首先要研究哥白尼。研究近代科学技术伦理学时，既要同经济发展的历史阶段联系起来，又要同科技发展的革命变革联系起来，因为经济发展和科技革命是密切联系、相互渗透、相互促进的。

（一）近代前期科技伦理思想的发展

16世纪上半期到18世纪上半期是近代科技伦理思想发展的前期。这个时期是资本主义经济初步发展时期，又是第一次重大的科技革命时期。在这个时期科技伦理学有了长足进步。

1. 哥白尼的科技伦理思想

尼古拉·哥白尼（1473～1543）是波兰杰出的天文学家，是近代自然科学的开创者，因此，研究近代自然科学，理应从研究哥白尼开始，研究近代科技伦理学，也理应从研究哥白尼开始。哥白尼是承前启后的人物，是中世纪和近代之间的过渡人物。哥白尼的科技伦理思想，拉开了近代科技伦理思想的序幕。哥白尼的科技伦理思想相当丰富，择其要者，论述如下：

一是技艺的道德功能。哥白尼认为科学技术和艺术是人类的精神食粮，具有净化灵魂的道德功能，可以引导人们去恶从善。他说："一切优良的技艺的特点是引导人们的心灵摆脱邪恶，趋向善良，这些技艺使得我们心灵上得到难以相信的更多更高的满足。"①在诸门自然科学的道德功能中，天文学道德功能最高，因为天文学是各门"高尚科学之首"。天文学所研究的对象，如"天穹""宇宙"等，其词义本身就有智慧与道德的意义。研究天文学，不仅有重要的实践价值，而且有重要的道德价值。其他一切科学，只要是优良的，都有道德价值，都可使人类灵魂净化、道德升华、伦理高尚。

二是敢于挑战的创新精神。哥白尼敢于向托勒密的"地心说"挑战，对托勒密的地心说的可疑之处，长时间进行了思考，发现许多在日月运动的研究方面不可信的东西。他认为，地球既不是平面形，也不是鼓形、碗形、凹形、圆柱形，而是圆形。他说："我深深地意识到，由于人们因许多世纪来的传说观念，对于地球居于宇宙中心静止不动的见解深信不疑，所以我把运动归之于地球的思想肯定会被他们看成荒唐的举动。"②但哥白尼坚持真理，坚持创新，力主日心说的地球运动说，向天文学权威挑战，向神学挑战，高举起自然科学从神学解放出来的大旗。

三是客观公正的评价准则。哥白尼认为，研究科学，进行科学评论，都应采取客观公正的态度，进行实事求是的评论。既不要贬低古人，又不要依靠幻想，更不要独断。要感谢那些说得对的人，也要感谢那些说得不对的人，因为已经得到证实的错误往往能给那些想沿着正确道路前进的人带来不少好处。在评论中，不要谩骂指责，不要讽刺挖苦，不要阿谀奉承，要虚心听取意见，要清楚地说明问题，要通过评论，摆脱错误，求得真理。

哥白尼还没有彻底同神学和宗教决裂，他认为：天文学是"上帝的科学"，应在上帝允许的范围内追求真理。这是时代的局限性，也是哥白尼的局限性。

2.弗兰西斯·培根的科技伦理思想

弗兰西斯·培根（1561～1626），是近代英国杰出的哲学家、科学家，是

① 哥白尼：《天体运行论》，科学出版社1973年版，序言。

② 哥白尼：《天体运行论》，科学出版社1973年版，序言。

“英国唯物主义和整个现代实验科学的真正始祖”[①]。著有《道德政治概论》《学术的促进》《新工具》《论说文集》等著作。其科技伦理思想主要有以下几点：

一是知识就是力量。培根重视科学，认为科学有一种力量，因此，他竭力主张“人类知识和人类权力归于一”[②]，宣扬“知识就是力量”，利用知识可以为人类谋利益，可以驾驭自然现象。培根还把效果与真理联系起来，认为在哲学中，实际效果不仅可以改进人类福利，而且也是真理的保证。真理的确定是由于效果的证明，而科学的价值也是由此效果来确定。能造福人类，能认识自然，就是科学的认识，就是真理。这一观点，无疑是正确的，在当时，也是个进步，颇为接近实践作为检验真理的标准。但仍有局限性，主要是泛指知识，没把科技与生产力直接联系起来，不了解只有在实践基础上产生的科学知识，为劳动人民和知识分子所掌握，才能真正成为改造自然、改造社会的现实力量。

二是科技具有道德价值。培根认为科学技术是有道德价值的，科学技术专家是品德高尚的人。道德的重要概念就是善，善的主要内容就是有利于人类。所以，他说：我认为善的定义就是有利于人类，利人的品德就是善。科学家、发明家最能造福人类，给人类带来利益，因而被尊为圣，视为善，列为恩主，奉为英雄。之所以给发明家以神圣的尊荣，主要是因为这些发明可造福整个人类，发明成果包含着更普遍更高的科学精神，因而也具道德精神。科技有利人类，因而是善的，科技的滥用也会产生邪恶，需要有健全的理性和真正的宗教加以管理。

三是求善于自然。培根进一步探讨道德的根据和基础，在探讨这个问题时，他求教于自然，求善于自然。他用自然科学中物体的吸引力、向力来说明道德现象和伦理根源。他说：铁在受到吸力时，就趋向磁石。铁块大磁石小，超出一定范围，就抛弃对磁石的受力磁石就吸不起铁块。如同一个忠贞爱国者一样总是向着地球移动。地球又被宇宙中更大的天体吸引，地球和地球上的物体又趋向宇宙天体。这说明，人们之间的爱力是自然具有的，如同物体的吸引力一样。这又说明，力小者被力大者吸引并趋向力大者，因而善小者必被善大者吸引并趋向善大者，部分、局部的善必然趋向整体的善。培根认为向善的倾向人皆有之，人的仁爱之心，可施于人，也可施于生物。培根用自然现象，求善于自然，对探讨道德的根据，善的根源，有一定帮助，对道德发展起了促进作用，对科技伦理学思想的发展也有推动作用。

---

① 《马克思恩格斯全集》第2卷，人民出版社1957年版，第163页。

② ［英］培根：《新工具》，商务印书馆1984年版，第8页。

四是品德在于求真求善。培根赞美真理，追求真理，并把求真与求善结合起来，把求真与道德结合起来，所以他说，人性中最高的品德就是追求真理，人生中最高的幸福，就是追求真理，道德的最高价值，就是追求真理。如果一个人追求真理，永不自满，心中充满博爱，不断追求真理，虽在人间，也等于生活在天堂。培根认为，要培养道德品质，提高道德修养，关键就在求知。培根说，人的天性既趋善，又向恶，既萌生香花，又萌发毒草，为了使人趋善避恶，生香花去恶草，就必须加强学习，认真求知。人身上的毛病，头脑中的缺陷，可通过学习，通过求知，来改善，来治疗。

3.伽利略的科技伦理思想

伽利略(1564～1642)是意大利著名天文学家、物理学家，被誉为“近代科学之父”，著有《论重力》《星际使者》《关于托勒密和哥白尼两大世界体系的对话》。其伦理思想也很丰富，在科技伦理思想，主要有以下几点：

一是要勇敢地追求科学。伽利略认为：“追求科学，需要特殊的勇敢。”①正是因为伽利略有特殊的勇敢，他才能起来反对托勒密的地球中心说，反对亚里士多德的“天体是完美无缺”的论断。他勇敢地支持哥白尼的太阳中心说，受到教会传讯，不准他宣扬哥白尼学说，他依然不听恫吓，继续研究，并出版《关于托勒密和哥白尼两大体系的对话》，批驳地心论，论证日心说。教会迫害伽利略，严刑审讯，迫其写悔罪书，不得不签字后，马上又说：“但是，地球仍然在转着！”伽利略这种勇敢地追求真理和坚持真理的精神是很值得学习的，这是伽利略的高尚品德留给我们巨大财富。追求真理，要勇敢；宣传真理，要勇敢；坚持真理，仍要勇敢。

二是正直诚实的道德价值。伽利略反对教条主义的价值观，反对迷信权威的价值观，更反对虚伪欺诈的价值观。他认为：正直诚实比欺诈和虚伪更美好，坚持正直诚实的道德价值观。伽利略认为亚里士多德的著作，可精心研究，但不能盲信，不能把亚里士多德的话当作教条，当作神旨。对《圣经》和其他权威著作，也不能盲信，只知校勘，默读词句，当作教条。要正直诚实，就要重视观察实践，就要坚持理论与实验相符合。

三是谦虚谨慎的高尚品德。伽利略一生有许多发明创造，是一个杰出的科学家、发明家，可以说是经典力学和实验物理学的先驱者的奠基人。但当他历数人类在艺术上和文学上所发明的那些神妙的创造时，回顾自己获得的知识时，他觉得自己简直是浅陋之极，谈不上能发明什么新事物。伽利略这种谦逊精神，也是很值得学习的。科学家有这种品德，才能在前人的基

① 安徽省自然辩证法研究会：《科学史的启示》1983年，第37页。

础上，有所发明，有所创造，有所前进。

4.开普勒的科技伦理思想

开普勒（1571～1630）是德国天文学家和物理学家，后人称其为“天空的立法者”，著有《宇宙的奥妙》《宇宙的和谐》。其科技伦理思想，主要的有：

一是和谐即善。开普勒认为宇宙是个和谐的整体，像和谐的音乐一样，宇宙天体的天文音乐是和谐的，可用数学语言表达。人间和天上都有和谐的乐曲。和谐就是道德上的善，不和谐就是道德上的恶。在世间，与人合作，就是和谐，就是善，这种和谐，保证研究顺利进行，并获硕果。他与弟谷的合作，同伽利略的友情，充分体现了天普勒和谐即善的思想。他认为，灵魂中的罪恶，生物中的怪兽，天上的日食、月食，都是不和谐，都是恶。不和谐，对天，对人，对物，都是不好的。和谐的事是和谐的人做出来的，最美的事是最善的人做出来的。哥白尼的日心说，是和谐的体系，是善的人做出来的。

二是坚信客观规律存在。开普勒精于计算，善于思考，坚信自然规律的存在，并为寻找这些规律，进行顽强的战斗。第谷经长期研究，倾毕生精力，给开普勒留下堆积如山的材料。第谷不能正确地利用这些材料，开普勒则经过思考，提出假说，进行几十次试探，碰了成千上万次壁，战胜无数挫折，历经 17 年的艰苦探索，终于发现行星运动的三大规律。他坚信世界存在客观规律，并为发现这些规律而不懈地钻研，这是开普勒获得成功的关键所在。爱因斯坦对开普勒很赞赏，深刻指出：开普勒“专心致志的十年艰辛的和坚忍的工作，从事行星运动的经验研究以及运动的数学定律研究，使他获得这种力量的，是他对自然规律存在的信仰”①。

三是坚持理论符合实际。开普勒对科学成果，采取客观公正的态度，即不夸大，又不缩小，尊重事实，以是否符合实际为依据。他认为，不符合实际的假说是没有意义的，没有价值的，只有假说、理论、研究成果符合客观自然时，才能获得那种能够真正说明一切天体现象的理论意义。正是因为开普勒有了这种精神，因而，他不怕任何麻烦，不辞劳苦，夜以继日地进行计算，其目的就是使自己的假说符合客观实际，符合自然规律。

5.牛顿的科技伦理思想

牛顿（1642～1727），美国物理学家、天文学家、数学家，在天文学、物理学和数学上作出划时代的贡献，被封为勋爵，逝世后举行国葬。主要著作有《自然哲学的数学原理》《光学》《一般算术》《流数和无穷级数法》。他的科技

---

① 《爱因斯坦文集》第 1 卷，科学出版社 1979 年版，第 274 页。

伦理思想比较丰富，主要有：

一是勤奋的探索精神。牛顿认为，进行科学研究，来不得半点虚夸和马虎，最好和最可靠的方法，是勤恳地去探索事物的属性，并用实验证明这些属性，然后提出一些假说，用以解释这些事物本身。牛顿勤奋探索自然规律，达到废寝忘食的地步，晚间工作常常熬过午夜，经常忘记吃饭，把所有时间都用到研究上，有时边吃边想，边散步边思考，一旦有所收获，立即跑回书房，写下来，以便系统研究。因为忘我研究，终身未娶。正是这种忘我的精神，使他获得一系列重要的科学发现，成为科学的巨人。

二是忠于实验的科学态度。牛顿坚持实验科学的方法，非常重视实验事实，设计实验检证理论，用来发现自然界的结构、作用和规律。在假说和理论的争论中，牛顿不固执己见，总是以实验事实为依据。当有人告诉他有些观察到的天文现象与他的理论有矛盾时，牛顿说那是很可能的，但是事实与实验是不容争辩的，就应尊重事实，忠于实验。

三是谨慎的科学品德。牛顿很谦虚也很谨慎，在这两方面，都有一些动人的故事，他在科学上很有成就，登上当时的科学高峰。当有人赞扬他时，他在致胡克的信中说：如果说我比一般人看得远些，那是因为我站在巨人的肩上。他在病床上对人说：我不知道世人怎样看待我，但我自己觉得，我不过像一个在海滨玩耍的小孩，为时而拾到一片比寻常更为莹洁的卵石，时而拾到一片更为绚丽的贝壳而雀跃欢欣，而对展现在我面前的浩瀚的真理的海洋，却茫然无知。牛顿研究问题非常谨慎，没有十分把握，是不轻易发表的。早在 1665～1666 年牛顿就发现了万有引力定律，但由于论证时数据不足就搁置一边。16 年后，又进行计算、论证，找到答案，又塞进抽屉。1684 年哈雷前去请教，他才告诉哈雷，在哈雷敦促下，才发表论文，公布万有引力定律。

6. 卢梭的科技伦理思想

卢梭(1712～1778)，是法国启蒙时期著名哲学家和伦理学家，著有《论科学和艺术》《论人类不平等的起源的基础》《新爱洛伊丝》《社会契约论》《爱弥尔》等著作。其科技伦理思想主要有：

一是人性善。卢梭认为人的自然本性是善良的。他说：“人是一种天生善良的存在物，他爱公正和秩序。在人的心中最初没有堕落，自然最初的行为总是正确的。”[①]人开始是野蛮人，野蛮人没有技艺，无奴隶和主人之分，是自由平等的，有“自然美德”。对自己关切，对他人怜悯，生活得自由、健康、

① 转引自周辅成主编《西方著名伦理学家评传》，上海人民出版社 1987 年版，第 428～429 页。

善良而且幸福。

二是科技导致道德堕落。卢梭把科技进步和艺术进步同道德堕落联系起来，认为随着科学和艺术的光芒在我们的地平线上升起，德行就逐渐退步，甚至消逝。科技与艺术不断进步，臻于完美，我们的灵魂则日益变坏，越发腐败。所以，卢梭说：天文学诞生于迷信；雄辩术生于野心、仇恨、谄媚和撒谎；几何学生于贪婪；物理学生于一种虚荣的好奇心；所有一切，甚至于道德本身，都诞生于人类的骄傲。因此，科学和艺术都是从我们的罪恶诞生的。卢梭认为，科学本身产生于卑劣的动机，加深了道德的沦丧，产生闲逸和奢侈，有损于风尚，导致道德败坏。卢梭的认识是片面的，的确有时错误地运用科学，可导致道德败坏，但正确地运用科学，造福人类，启迪心灵，有利于道德建设。

三是科技有利人类。卢梭一方面认为科技导致道德败坏，因而否认科技对道德的积极作用；另一方面又认为动机正确，科技会给人类带来好处，有益于人类的发展。因此，他攻击的不是科学本身，而是与科学有关的不良德行，不是主张取消科学，回到原始社会，同熊一起生活，而是要正确对待科学，正确对待科学研究，正确对待科学家，特别要正确对待有才华的科学家，使有才华的科学家手中握有一定的权，利用优秀的科学成果，为人类造福，促进人类社会的发展。

（二）近代中期科技伦理思想的发展

18世纪中后期到19世纪的中期，是近代科技伦理思想发展的中期，这个时期，资本主义经济得到迅速发展，欧洲的经济和政治发生剧变。以蒸汽机为代表的技术革命，促进资本主义经济的发展，推动科学技术的发展，也促进科技伦理学的发展。科技伦理学的发展，主要体现在三个方面：一是科技道德与社会发展紧密结合；二是科技道德和科技成果紧密结合；三是科技道德更加系统化、规范化。这个时期以圣西门、傅立叶和欧文为代表的空想社会主义者和以法拉第、爱迪生为代表的科学家，都对科技伦理学的问题进行了深入研究，提出许多科技伦理思想，大大推动了科技伦理学的发展。

1.圣西门的科技伦理思想

圣西门（1760～1825）是法国空想社会主义者。其主要著作多载于《圣西门选集》中，其主要科技伦理思想散见于其论著《组织者》《以促进欧洲社会改组为目的的哲学·科学的诗学研究》《实业家问答》《十九世纪科学著作导论》中，主要科技伦理思想有以下几点：

一是高度评价科技专家。圣西门对科学史进行了研究，通过研究深刻认识到科学家的作用，对科学家给以高度评价。他认为哥白尼、伽利略、培根、笛卡儿、牛顿和莱布尼兹都是从事最伟大事业的伟人。学者、艺术家、实业家是最发达、最广博和最有益的才能的人。并说："在科学园地耕耘的人，是道德最高尚的人，而且也是最幸福的人，因为他们的工作对全人类都有益处。"①还说："学者、艺术家和实业家无论在发明创造方面，还是在应用发明创造方面，都能最大地促进民族的繁荣。"②他认为，科学家是真正的法国社会之花，是最能生产的法国人，是制造最重要产品的法国人，是对祖国最有用的人。圣西门用"最"来形容科学家的作用，说明圣西门是真正高度赞扬科学家的，是充分肯定科学家历史作用的。

二是把权力交给科学家和实业家。圣西门认为，为了摆脱社会危机，保证社会安宁，实行实业制度，唯一的手段就是剥夺神学家、贵族、军人的权力，把权力交给科学家和实业家。圣西门说："政权应由两个阶级分掌：一个阶级以管理社会的精神福利为目的；另一个阶级则管理社会的物质福利。"③交给哪两个阶级呢？圣西门说：必须把精神权力交给学者，而把世俗权力交给实业家。由最有才能的学者组成"最高科学委员会"，主管科学，文化和教育事业；由最优秀的实业家组成"实业家委员会"，掌管行政、生产和财务工作。

三是道德随实业完善而发展。圣西门认为实业制度要建立在大工业生产基础上的制度，既有利于科学进步和实业繁荣，又有利于道德的发展。他说："道德实际上是随着实业的完善而发展的。"④要为人类造福，造福手段就是科学技术，要满足人们的需要，就需要适用科学、技术、艺术、工艺。要造福社会，满足人们的需要，就要人人参加劳动，劳动应受到人们的尊重，最有益的劳动，应当最受尊重，从事劳动的人是幸福的人。⑤"劳动是一切美德的源泉。"⑥劳动给人幸福，劳动是美德的源泉，圣西门的这些思想是正确的、伟大的。圣西门还认为，实业制度会带给人幸福，带给人欢乐，这种幸福不仅是精神幸福，而且是物质幸福，只有既有物质幸福，又有精神幸福，这种幸福才是最完满的幸福。圣西门的这一思想无疑也是正确的，是幸福观的一大进步，是伦理观一大进步。

2.傅立叶的科技伦理思想

① 参见《圣西门选集》第3卷，商务印书馆1985年版，第109页。
② 《圣西门选集》第2卷，商务印书馆1985年版，第289页。
③ 《圣西门选集》第1卷，商务印书馆1985年版，第15页。
④ 《圣西门选集》第4卷，商务印书馆1985年版，第302页。
⑤ 参见《圣西门选集》第3卷，商务印书馆1985年版，第109页。
⑥ 《圣西门选集》第2卷，商务印书馆1985年版，第71页。

傅立叶(1722～1832)是法国空想社会主义者。主要著作收入《傅立叶选集》。其科技伦理思想散见于《经济和协作的新世界》《关于普遍命运的几个方面的说明》《经济的新世界或符合本性的协作的行为方式》等著作中。其主要科技伦理思想，概括以下几点：

一是反对科学的道德沦丧。傅立叶认为，在资本主义社会里，科学和技术是受到压制的。他说：抵制发现，并且侮辱发现者，这是文明制度的人固有的一种怪癖。疫苗、蒸汽机、轮船、煤气照明等发明制造，开始时都受到抵制。在资本主义社会里，科学家受到迫害。傅立叶说，在资本主义社会里，"再没有比学者和艺术家的地位更受奴役、更受压迫和更受鄙视"①。作为学者，作为艺术家，是所有的受教育的阶级中"报酬最少、最受奴役、言论最不自由的一个阶级"②。科学家和艺术家的发现越有创造性、越辉煌，他受到的迫害就越残酷。傅立叶深刻指出，这种对科学技术的压制和对科技专家的迫害，造成"科学的道德沦丧"③。

二是抨击利用科技败坏风俗。傅立叶指出，有些卑鄙的小人，不是利用科技为民造福，而是利用科技制造伪劣产品，毒害群众，牟取暴利，这是不道德的行为，败坏风俗，沦丧道德。所以，傅立叶说：化学的发展，使有些人利用科技，恶化产品，使人民大众无法买到真正的产品，真正买到的，只是一些慢性的毒物。在社会上，由于法律失控，也由于道德失调，因此社会上到处都是赝品，到处都充满欺骗。由于科技发展和工业发展，伴随而来的是风俗败坏，道德沦丧。为防止道德沦丧，要正确对待科学，正确利用科学。

三是倡导科技道德。傅立叶认为，科学史上许多科学家的道德品质是值得我们学习的。倡导科技道德，就是要很好地向科学家学习高尚的道德品质。科学家的哪些高尚品质值得我们学习呢？首先学习科学家的不迷信权威，敢向传统挑战的精神；其次学习科学家意志坚强，信念坚定，刚直不阿的精神。他说："阿基米德研究几何学时，林奈研究植物学时，拉瓦锡研究化学时，绝不是出于获利的动机，而是出于爱好科学的热情。"④

四是重视生态伦理。傅立叶认为，人们应热爱自然，珍惜自然。在和谐的制度下，从儿童到成人都非常热爱自然，不迫害动物。傅立叶在谈到生态伦理时，有一段很精彩的话，发人深思。他说："凡是虐待牲畜、禽鸟、鱼和昆虫的人，在工作中残忍地对待牲畜或在屠宰场折磨牲畜的人，都将被告到儿

---

① 《傅立叶选集》第2卷，商务印书馆1981年版，第285页。

② 《傅立叶选集》第3卷，商务印书馆1981年版，第135页。

③ 《傅立叶选集》第2卷，商务印书馆1981年版，第311页。

④ 《傅立叶选集》第1卷，商务印书馆1979年版，第190页。

童的咨议会里去,不管他年龄多大,都会被作为一个在理性上低于儿童的人而受到儿童法庭的传审……凡是虐待这些不能有所反抗的生物的人,他本身比受他迫害的牲畜还要低下。"[①]傅立叶这种热爱动物、热爱自然的生态伦理思想,对后来以动物权利论为基础的环境伦理思想有一定的启示作用,对科技伦理学的发展有一定的促进作用。

3. 欧文的科技伦理思想

欧文(1771～1858)是英国空想社会主义者。主要著作集中在《欧文选集》中,其科技伦理思想散见于《论工业体系的影响》《致拉纳克郡的报告》《人类思想和实践中的革命或将来从无理性到有理性的过渡》等论著中。其主要科技伦理思想有:

一是揭露科技与道德对立的根源。欧文认为,由于人们奉行金钱利益的原则,竭力倡导金钱第一,因而利用科技制造低劣产品,降低产品质量,破坏人的坦率、诚恳的本质,从而破坏他人的幸福,破坏自己的幸福,败坏个人的道德,败坏社会道德。欧文把科技进步导致道德败坏,与财富使用不当,与资本主义制度联系起来。他说:"我们在科学技术方面的一切辉煌改进,直到现在所起的作用只是败坏社会道德,其原因是新生产的财富使用不当。"[②]又说:科学技术"这一巨大的力量在我们不合理的制度下未能得到正确的应用,以致造成贫困和犯罪,而没有制造财富和美德,这是多么愚蠢啊!"[③]

二是探讨善恶与环境的关系。欧文认为,善恶与环境有密切联系,科学技术的发展和合理的利用为善的社会环境创造了条件。而科学技术的滥用,为恶的社会环境创造了前提。他说:"恶是没有经验和无知的人所造成和支持的恶劣环境的后果,善是优良环境所产生的结果。"[④]欧文认为,现在的科学技术,为人们形成良好的性格准备了最充足的手段和力量。只要合理利用,就能使人民康乐形成善良的性格;只要人们很好地利用蒸汽力、电力,很好地培育人成为善良的人,人们就能把世界变成人间天堂,就能进入消灭恶而代之善的时代。

三是通过学习科技培育和提高道德。欧文认为,在未来社会里,其成员要认真学习科学技术,把学习科学技术当作道德责任,当作一种荣誉。其成员的子女也要认真学习科学技术,掌握技能和手艺,从而处于光荣的地位。

---

① 《傅立叶选集》第 2 卷,商务印书馆 1981 年版,第 54～55 页。

② 《欧文选集》第 2 卷,商务印书馆 1979 年版,第 168 页。

③ 《欧文选集》第 2 卷,商务印书馆 1979 年版,第 139 页。

④ 《欧文选集》第 2 卷,商务印书馆 1979 年版,第 51 页。

要教育孩子一方面学知识，一方面学道德，成为既有知识又有道德的人。所以欧文深刻指出，通过对孩子们的德智两方面的教育，使孩子们“在知识和道德方面都成为人类性格的最优秀的创造者或工程师，比至今世界上存在过的这类创造者都高明”①。

4. 法拉第的科技伦理思想

法拉第(1791～1867)是英国物理学家。其主要著作有《电学的实验研究》《化学操作法》《化学与物理学的实验研究》等。其主要科技伦理思想有以下几点：

一是把追求真理当作首要目标。法拉第是自学成才的，为了追求真理，不惜牺牲一切，既不计较荣辱，又不考虑得失。他谦虚谨慎，倾听每种意见，不偏爱每一种假设，不从属任何学派，不盲从权威，要重事不重人，“追求真理应当是他首要的目标”②。法拉第认为，科学家的价值不是用虚名和实利来衡量，而是以发现真理的多少来衡量，发现的真理多，则价值高。科学家在发现真理和获得名利发生矛盾时，要把发现真理放在首位，作为首要目标。在坚持真理和修正错误发生矛盾时，首先要坚持真理，为真理而乐于放弃错误。在发现真理和珍惜荣誉发生矛盾时首先是发现真理，不过分追求荣誉。他说：“我不能说我不珍惜这些荣誉，并且我承认它很有价值，不过我却从来不曾为追求这些荣誉而工作。”③

二是利用科技为民造福。法拉第认为，发现真理为了应用，利用科技改善人们的生活条件，提高人们改造自然的能力，从而为民造福。法拉第认为磁能产生电流，为了实现他的这一想法，法拉第做了大量实验，历经 10 年艰辛工作，终于获得成功，为人类用电能创造了条件。利用科技为民造福，就要注意安全，没有安全保证，谈何幸福，谈何为民造福，因而法拉第特别注意技术应用一定要安全可靠。在使用他和戴维合作发明的安全矿灯时，他的态度很明确，也很坚决，他认为矿工的生命比什么都重要，一切从保证矿工的生命出发，既不考虑盈利，也不应过分考虑老师的荣誉，因为矿工的生命比老师的荣誉是更加重要的。

三是甘愿做一个平凡的人。法拉第的一生是不平凡的一生。由于他的科学成就被选为英国科学院主席，获得许多荣誉。对待这些荣誉，法拉第坦然处理，讨厌用荣誉、头衔、金钱标榜伟大，决心一辈子当一个平凡的法拉第。平凡而崇高，正是法拉第道德情操的真实写照。

---

① 《欧文选集》第 2 卷，商务印书馆 1979 年版，第 51 页。

② 转引自束炳如《物理学家传》，湖南教育出版社 1985 年版，第 231 页。

③ 转引自梁国钊《科研与道德》，广西人民出版社 1986 年版，第 98 页。

5. 麦克斯韦的科技伦理思想

麦克斯韦(1831～1879)是英国著名物理学家。其主要著作有《电磁通论》《热的理论》《物质与运动》。主要科技伦理思想有：

一是倡导健康的批评精神。麦克斯韦认为科学要发展，科学学派要发展，必须有健康的批评精神。在科学团体中，每个成员在讨论科学问题时，没有虚伪的意见陈述，也没有暧昧的表白，而是要有互相紧密的接触、不同观点的交流、充分自由的讨论，从而接近真理、发现真理，并形成科学团体。所以，他说："如果用自由而充分地讨论不同科学程序的相对价值的方法，我们就会形成一个科学批评的学派。"① 又说："我们所提供的不仅仅是要普及和培养各种真实的科学原理，而且也要普及和培养健全的批评精神。"②

二是培养诚实的道德精神。麦克斯韦要求重视观察实验，倡导数学分析与物理实验相结合，综合方法和数理分析方法相结合。只有这种结合，才能取长补短，从而揭示真理。揭示真理，来不得半点虚假，重要的要诚实，要实事求是，要以客观事实为基础，做一个诚实的劳动者。

三是坚持科研的创造性。麦克斯韦非常重视科学研究的创造性，他本人就是善于进行创造性思考的伟大科学家。他的想象力丰富，经 10 多年的研究，把电场和磁场统一起来，把电、磁、光统一起来，实现了物理学的伟大结合。他还鼓励他的学生要有创造性，要大胆实验，不固执守旧。他说："最好让学生用他自己的力量去努力克服他的种种困难，而在教师方面，与其把这些困难给他移开，不如鼓励他和它们奋斗为好，他喜欢学生们自行去想一个题目。"③ 让学生能想问题，能设题目，就能逐步培养起学生的创造性。有了创造性，在科学研究中，才能有所发现，有所发明，有所前进。

(三)近代后期科技伦理思想的发展

19 世纪中后期到 20 世纪初期，是近代科技伦理思想发展的后期，是现代科技伦理学的序幕。这一时期资本主义进一步发展，以电力为基础的技术革命，推动了经济和科技发展，也促进科技伦理学的发展。这一时期科技伦理学发展主要体现在：一是进化论的伦理观逐步确立和发展起来；二是科技伦理同政治经济和科技发展的联系更加紧密。这个时期伦理学主要成果，一是以达尔文、斯宾塞、赫胥黎、海克尔为代表的进化论伦理思想，二是以诺贝尔为代表的和平人道的伦理思想。

---

① 包连宗主编：《科技伦理学基础》，华东师范大学出版社 1989 年版，第 36～37 页。

② 包连宗主编：《科技伦理学基础》，华东师范大学出版社 1989 年版，第 36 页。

③ 转引自安徽省自然科学研究会《科学史的启示》，1983 年，第 112 页。

1.达尔文的进化伦理思想

达尔文（1809～1882）是英国科学家、生物进化论的奠基者。其主要著作有《物种起源》《人类由来》等，这些著作奠定了生物进化论的基础，也奠定了进化伦理学的基础。其主要进化伦理思想有：

一是否定宗教道德的科学性。达尔文原本信仰上帝后创立进化论，证明人是由猿进化来的，而非由上帝创造的，从而对上帝的存在提出质疑，对宗教进行抨击。他明确指出基督教的《旧约》，同印度教徒的圣书和野蛮人的信仰并没有更值得相信的地方，甚至说，《圣经》明显地伪造了世界历史。《圣经》写得很漂亮，但缺乏完整性，是靠隐喻和寓言解释自然现象和伦理现象，因而是不科学的。认为世界上的一切都是仁慈的上帝安排的观点，是由神设计的观点，都是站不住脚的。生物通过自然选择而进化，而发展，决不是来自上帝的仁慈和智慧，人类是通过自然选择，而非盲目机会，亦非上帝和神的力量而产生而发展的。宗教利用人们对大自然的神秘性与好奇心，灌输对宗教的信仰，从而相信上帝和鬼神的存在。达尔文说："把一种对上帝的信仰向孩子思想中反复灌输，这对他们尚未充分发育的头脑将会产生一种非常强烈的，也许是遗传的效果，以致他们很难放弃对上帝的信仰，这正如一个猴子很难放弃对蛇的本能的恐惧和厌恶一样。"①

二是奠立进化道德观的科学基础。达尔文否定宗教道德的科学性，否定人类道德来自上帝启示的观点，进而探讨了进化论道德观。在研究道德性情怎样来的问题时，达尔文根据生物进化论，科学地指出："所有道德是由于进化而发展起来的。"②生物从低级发展到高级，动物的心理能力也由低级发展到高级，最后发展到人类心理。人类的道德品质的基础，也应到动物身上去寻找，到进化论中去寻找。正如他说要到动物的"社会本能中去寻找"③。达尔文具体地研究了进化道德的起源，有两段话，对这个问题从进化论的立场上，作了比较科学的说明。一段话是："道德感这样东西有着若干不同的来源，首先来自动物界中维持得已经很久而到处都有的种种社会性本能和自然本性，第二来自人对他的同类所表示的赞许或不赞许能有所领会，第三是来自他的心理才能的高度活动能力。"④另一段话是："不论任何动物，只要在天赋上有一些显著的社会性本能，包括亲慈子爱的感情在内，而同时，又只要一些理智的能力有了足够的发展，或接近于足够的发展，就不

① 引自[英]F.达尔文编：《达尔文生平》，科学出版社1983年版，第54页。

② [英]达尔文：《人类的由来》，商务印书馆1983年版，第924页。

③ [英]达尔文：《人类的由来》，商务印书馆1983年版，第925页。

④ [英]达尔文：《人类的由来》，商务印书馆1983年版，第149页。

可避免地会取得一种道德感,也就是良心,人就是这样。”[①]达尔文在揭示道德的根源时,非常明确地揭示了根植于动物的社会性和心理性。在论述根植动物社会性时,他进一步指出:人类的社会和社会生活,是人类道德形成的根源。当人们在社会生活中,对称赞感到满足、对非难感到难过时,人的道德感就逐步确立,人的道德观就逐步形成。

三是揭示了道德发展的科学根据。达尔文认为人的社会性本能,不但是道德产生的内在根据,而且是道德发展的重要动力。道德发展表现在两个方面,一方面是道德标准的提高,另一方面是拥有优良道德品质的人数的增加。道德由低级向高级发展,高级的准则是建立在一些较高级的社会性本能之上的,如照顾他人福利,受到旁人赞许,进行理性思考等方面的东西。比较低级的准则,则主要是关涉个人的一些东西。道德的发展虽以社会本能为基础,但人类走向文明,后天的因素如社会生活、教育、习惯等,所起的推动作用就会日益增大。达尔文还进一步论证了文明时期道德进展的六个重要原因,这六个原因是“旁人的毁誉——同情心通过习惯而得到的加强——榜样与模仿——推理的能力——经验教训,乃至单纯的个人的私利——幼年所受的教诲和宗教恋情”[②]。达尔文关于道德发展的科学根据,一个是人的社会本能,一个是人的社会生活,这个观点是正确的,是值得肯定的。

四是揭示了道德的社会功能。达尔文认为人类的一些美德,如勇敢、忠诚、献身、服从、人道、仁爱、团结、热爱真理、热爱祖国等等,是最为高贵的,这些高贵品德,可鼓舞人冒生命危险,去挽救他人的生命,为伟大的事业而献出生命。一个民族国家之所以兴衰,主要原因是道德水准的高低和道德高尚人数的多少。智能高、精力盛、勇气大、爱国心强、仁爱胸怀广大的人的民族国家,就比较团结,比较兴旺,比较发展,比较占优势。而一些不团结、不爱真理、生活淫侈过度、腐化堕落的人逐渐多起来的民族国家,就会丧失优势,逐渐衰落。达尔文还认为道德进化的总趋势是不断由低级向高级发展的,但也有暂时倒退的情况,认为道德从高级向低级退化的观点,是站不住脚的。

2.斯宾塞的进化伦理思想

斯宾塞(1820～1903)是英国思想家,进化论者。其科技伦理思想主要反映在他的《社会静力学》《进化的假说》《伦理学原理》等著作中,具体说来,主要有以下几点:

---

① [英]达尔文:《人类的由来》,商务印书馆1983年版,第149页。

② [英]达尔文:《人类的由来》,商务印书馆1983年版,第212页。

一是把进化的观念引入伦理学。斯宾塞受拉马克进化论的影响，1852年就提出“进化假说”，1857年将贝尔关于生物个体发育的观点应用于社会，1862年又用进化论观点研究伦理道德。他认为世界上的事物都是进化的，物理世界是进化的，精神世界是进化，道德学说的真理类同于自然界的真理同样是进化的。他深刻指出：“一些被称作……道德学说的真理，其实，类同于自然界的真理。人类所渴望的……理所当然的东西，也正是整个自然所渴望的同样的东西。”①德国生物学家海克尔对斯宾塞的进化伦理学给以高度评价。他说：“伟大的英国哲学家赫伯特·斯宾塞创立了一元论伦理学。”②

二是把善同进化论联系起来。斯宾塞认为动物的行为是进化的，人的生物行为也是进化的。发展到人的社会行为的进化，由生物行为进入社会伦理行为，便产生了道德，便产生了善。善的行为就是相对进化的行为，恶的行为就是相对退化的行为。在种族的社会里，善的行为促使个体生活力量增强，种族保有力量加强，个人间团结互助行为和团体间友好合作行为增多。善的行为使种族的社会更能适应环境，因而不断进化和发展。怎样判断善恶的行为呢？斯宾塞认为断定善恶的具体标准，就是看是否使人们更适应环境，是否给人带来快乐。不利于适应环境，带来痛苦，就是恶。有利于人类和社会进化的，就是善；不利于人类和社会进化的，就是恶。

三是区分绝对的善和相对的善。斯宾塞不但用进化区分了善与恶，而且区分了绝对的善和相对的善。绝对的善产生于纯快乐。绝对的善是使个人快乐又使他人快乐的行为。如母亲喂养婴孩时，母亲得到满足，得到快乐，婴儿也得满足，得到快乐，就是绝对善的表现。但是在社会生活中，人们的行为不是绝对正当，绝对快乐，绝对善，有时会使他人有点痛苦，这种善是相对的善。母亲喂养许多子女，一方面得到快乐，得到满足，一方面又有痛苦，总体上快乐大于痛苦，因而是相对的善。绝对的善和相对的善是统一的，绝对的善通过相对的善而进化，绝对伦理通过相对伦理而进化。在消灭了战争的永久和平的社会里，绝对的善或绝对的伦理是能够实现的。

四是论证道德的科学基础。在道德领域中绝对道德和相对道德，绝对的善和相对的善的关系，如同力学的某些绝对真理和相对真理的关系。不但如此，斯宾塞还想用力学、物理、生物学的观点解释伦理道德，为伦理道德行为提供自然科学的根据。他说，人的活动要消耗能量，应符合能量守恒定律，必然与物理学相一致。在物理学上，活动表现均衡、协调，在生物学上，

① 转引自[苏]伊·谢·康主编《伦理学辞典》，甘肃人民出版社1983年版，第376～377页。

② [德]海克尔：《宇宙之谜》，上海人民出版社1974年版，第373页。

表现为动物官能的平衡。在道德行为上，快乐就表现为官能的合理的运用。他说："在一定意义上说，各种官能的运用是一种道德义务。"①斯宾塞还想利用心理学的成果为其伦理学奠定科学基础。断言人的道德可随经验的积累形成遗传因素而世代相传。其具体观点不尽科学，但为伦理学奠定科学基础的指导思想，还是有一定价值的。

3. 赫胥黎的进化伦理思想

赫胥黎(1825～1895)是英国生物学家，达尔文进化论的支持者。主要著作有《人类在自然界的位置》《进化论与伦理学》等。其主要科技伦理思想有：

一是揭示进化伦理的特殊性。赫胥黎的进化伦理想，既不同于达尔文所说的道德是高等地动物社会本能发展的产物，也不同于达尔文所说的道德是高等动物社会本能发展的产物，还不同于斯宾塞的道德是由动物行为进化而来的观点，而是坚持道德来自社会进化。其进化伦理思想有其特殊性。这种特殊性既不同宇宙进化，又不同于物种进化。主要不同在于：人的社会进化是根据一种对人有用或使人感到满意的理想而进行的，而这种理想，自然状态是不知道的；在社会进化过程中集中力量和智慧同自然过程的严重威胁进行斗争，排除乃至消灭自然过程的破坏作用；在社会进化过程中法律和道德对人的行为进行约束和制约，约束要适度，过度也会对社会起破坏作用；在进化过程中也存在生存斗争，但这种斗争不是生物之间争夺生活的资料，而是为了争夺享受资料，在斗争中名列前茅的一些富有者和有权势的人未必是最强最优者，失败的也未必是最劣最弱的。在社会进化过程中，"这个过程的结局，并不是那些碰巧最适应于已有的全部环境的人得以生存，而是那些伦理上最优秀的人得以继续生存"②。

二是阐明伦理进化的关键因素。赫胥黎认为人类道德是随着人类自身的发展而发展的。在人类自身发展过程，有两个关键因素，即"情感的进化"和"社会结合的强化"，促进了人类伦理道德的进化。在谈到"情感的进化"和"社会结合的强化"促进道德进化时，人类开始就产生了父母和子女的互爱，这种互爱促进家庭的发展，使成员间生存斗争受到限制，从而提高了对外竞争的能力。家庭互爱扩大到部落，使部落成员互爱，从而促进了部落的结合，并使内部稳定、外有支持的部落将生存下去，发展起来。这种道德行为进一步扩大，从而形成人们的基本道德感，形成道德评价和道德舆论，促使人们在相互交往中要遵守这些道德规范，进而逐步形成人们共同认可或

① 周辅成主编：《西方著名伦理学家评传》，上海人民出版社1987年版，第634页。

② ［英］赫胥黎：《进化论与伦理学》，科学出版社1971年版，第57页。

遵守的道德行为准则或结成共同遵守的道德行为协议。人们在行为过程中一定要遵守这些公认的规定。用公认的伦理规定进行赏罚，就是正义，反之，就是非正义。

三是明确指出善德的基本要求。善德与生存斗争是不符合的，有其特殊性，也有其基本要求。基本要求主要有三点：一点是“为人类至高无上的事业服务”，赫胥黎说：“只要我们具有能改善事物的能力，我们首要职责就是利用它并训练我们的全部智慧和能力，来为人类至高无上的事业服务。”[①]如果有些人不为人类服务，那就联合起来强制他们对社会贡献一份力量，防止他们用尽全力去破坏社会。第二点是使更多的人适于生存。在生物界，生物个体要生存斗争，优胜劣败。在社会里，人们之间要讲尊重，讲支持，讲帮助，讲合作，适者生存不能应用于人类社会。因此，赫胥黎说：“与其说是在于使适者生存，不如说是在于使尽可能多的人适于生存。”[②]第三点是要加强修养与私心搏斗。动物的特性，构成生存斗争本质的“自行其是”。随着人类进到社会组织，随着文明价值的增长，“自行其是”越来越成为缺陷，成为社会发展的破坏因素，因此，人类要加强修养，克服这种动物的特性，开展“与私心搏斗的持久战”[③]。

赫胥黎捍卫生物进化论，反对宗教道德，重视道德作用，强调社会责任，强调反对私心，强调进化伦理，对促进进化伦理学的发展，是起了积极作用的。

4.海克尔的科技伦理思想

海克尔（1834～1919）是德国生物学家，达尔文进化论的捍卫者。主要著作有《生物体普通形态学》《人类起源》《宇宙之谜》等。其科技伦理思想主要体现在《宇宙之谜》一书中。主要观点有以下几点：

一是伦理要符合自然规律。赫克尔指出，实际生活向人们提出一定的伦理要求，只有当这些要求符合理性世界观时，才能合理地实现。又说：整个伦理学与统一的宇宙观是一致的，两者存在着合理的内在联系。为什么呢？因为无限的宇宙是一个巨大的整体，人类的伦理生活只是宇宙的一个部分。因此，伦理观是和世界观、宇宙观一致的，也是世界观、宇宙观的一部分。宇宙观是通过不断认识自然规律而实现的，因而伦理观必须以承认和符合自然规律为前提，必须以承认物质的世界和道德世界不可分离为前提。这样一来，上帝、自由意志、不死的灵魂，就没有存在的理由。因为这些都是

① ［英］赫胥黎：《进化论与伦理学》，科学出版社1971年版，第56页。

② ［英］赫胥黎：《进化论与伦理学》，科学出版社1971年版，第19页。

③ ［英］赫胥黎：《进化论与伦理学》，科学出版社1971年版，第36～37页。

虚妄的假说，不符合进化伦理学。

二是探讨了道德的最高目标。海克尔认为道德的理想，应该是真、善、美的统一。道德有其目标，有其最高目标，道德的最高目标又有其建立的基础。道德的基础是立足于高级动物所共有的社会本能的基础上的。道德的最高目标，则是“建立利己主义和利他主义、自爱和博爱之间的健全的和谐”①，也就是把利己和利他、自爱和博爱有机地结合起来。只要把二者有机地结合起来，使其和谐统一，便可达到道德最高目标。

三是提出道德的基本原则。海克尔从道德最高目标出发，进一步探讨了道德的基本原则。道德的基本原则是什么呢？海克尔认为，道德的基本原则就是“利己主义和利他主义的等值”“自爱与博爱的平衡”。这个原则是同社会性动物的双重责任引发出来的。人类是社会的脊柱动物，像所有的社会性动物一样，具有双重责任：一是对自己，要自爱，有利己主义；一是对社会，要博爱，有利他主义。这两条原则，是缺一不可的。这两条原则也是互相关联的。一个人要想在有秩序的社会中生存，并过得舒服，不仅要追求个人幸福，而且要追求他人的幸福，把利己主义和利他主义结合起来，把自爱与博爱结合起来。

四是阐明道德的黄金律。海克尔从道德基本原则出发，并从中阐明道德的黄金律。道德的黄金律就是仁爱、容忍、同情、助人，是指“你们愿意人怎样对待你们，你们也要怎样对待人”。这个道德的黄金律不是海克尔提出来的，而是海克尔进行论证的。这个道德的黄金律，实际上与《圣经》中的“爱人如己”、孔子的“己所不欲，勿施于人”是一致的。

五是探讨生态伦理的某些思想。海克尔从达尔文的生物进化论出发，提出我们要热爱自然，要爱护动物等一系列的思想。这些思想有些是符合现代生态伦理思想的。海克尔认为按照进化论的观点，人是从古代哺乳动物演化而来，首先是从灵长类动物演化而来的，这些动物都是我们的兄弟。我们这些兄弟和我们人类一样，也有喜怒哀乐，也有欢乐和痛苦。我们怎样对待这些动物呢？我们应当对它们充满爱，对它们有“恻隐之心”。不仅如此，扩而大之，对大自然也要热爱。只有这样，才能维持动物的平衡、人类的平衡、大自然的平衡。所以，我们说海克尔的热爱自然和爱护动物的思想是符合生态伦理学思想的。

5.诺贝尔的科技伦理思想

诺贝尔(1833～1896)是瑞典化学家，主要研究成果是研制硝酸甘油炸

① [德]海克尔:《宇宙之谜》，上海人民出版社1974年版，第311页。

药、三硝基甘油与硅藻土混合的安全烈性炸药，以及“无烟火药”等。诺贝尔的发明，为人类现代化建设，为人类的物质文明建设，作出巨大贡献。诺贝尔的品德，为人类的道德伦理，为人类的精神文明建设，也作出巨大的贡献。诺贝尔奖金的设立，为现代科学的发展，为科技道德发展，起了巨大的推动作用。因而我们研究近代科技伦理的发展，就不能不研究诺贝尔的科技伦理思想。其科技伦理思想主要有以下几点：

一是发明要为人类造福。诺贝尔把毕生精力，用来研究炸药。诺贝尔曾有女友，但是未结婚，他把研究当作“妻子”，把发明当作“孩子”。他一心一意搞研究，一心一意搞炸药，为的什么呢？就是为大家造福，为人类造福。他说：我要当个科学家，用我的发明为人类造福，诺贝尔发明炸药获得许多专利，成为富豪，但他不追求享乐，继续进行研究，又有许多发明，并积累更多财富，正确处理财富与道德的关系，用发明为人类造福，用财富也为人类造福。为人类造福，是诺贝尔研究的宗旨、发明的动力、人生的真谛，也是诺贝尔科技伦理思想的“核心”。正像诺贝尔所说：我选择科学研究的道路，是为了人们的幸福，是为了对文明的发展作出自己的一点贡献。

二是为了发明不怕牺牲。诺贝尔发明炸药、制造炸药，都是冒着生命危险进行的。为了制造炸药，造福人类，他的弟弟埃米尔被炸身亡。他做每次实验，都甘冒风险，不怕牺牲。使用炸药，或不明性能，或大意，或运输不当，都能发生爆炸，造成生命死亡。面临危险，面临死亡，诺贝尔虽然忧心忡忡，胆战心惊，但仍顽强拼搏，不怕危险，不惧死亡，继续研制，继续发明，不断获得成功。诺贝尔曾说：“威力强大的爆炸物的出现最后必将造福人类，而所有为此工作的人都是冒着生命的危险从事的。”[①]的确如此，如果没有诺贝尔的不怕牺牲精神，诺贝尔的发明创造是根本不能实现的。别的研制，别的发明，也许有危险，但危险不大，不是动不动就是生命存亡的问题，而诺贝尔研制是烈性炸药，这种工作随时都有生命危险，这种明知山有虎，偏向虎山行的精神，是值得所有科学家学习的。

三是追求和平，倡导公心。诺贝尔发明和改进了烈性炸药，他主张用炸药造福人类，反对用炸药挑动战争。他曾对大炮和弹药有关的材料发生兴趣，后深感不安，并自我批评，通过自我批评，洗刷丑恶，张扬正义，追求和平。他认为制造炸药，为人造福，反对制造武器，防止侵略战争，必须遵守这个宗旨，如违背这个宗旨，就要把作恶分子送进地狱。诺贝尔用他的遗产设诺贝尔奖金并设诺贝尔和平奖，其用意就是为了弘扬研制炸药造福人类的

① 转引自[美]尼古拉斯·哈拉兹：《诺贝尔传》，天津人民出版社1985年版，第48页。

宗旨，倡导发明创造必须用于和平建设，必须为人类造福。诺贝尔时刻想着他人，他同情人，关心人。他从不考虑私人的利益，总想和自身的利益对着干。他说："有钱不能使人幸福，幸福的源泉只有一个——使别人过得幸福。"[①]这种使人幸福的幸福观充分体现了诺贝尔高尚的道德情操。

四是设立基金，推动科学和和平事业。诺贝尔一生发明很多，获专利的就约有2252项。一生积累的财富颇丰，有3300多万瑞典克朗，约折合920万美元，成为欧洲的大富翁。1895年11月27日，曾写下遗嘱，将其财产，换成现金，设立基金，促进科学与和平事业。他要求把基金的利息奖给在前一年中为人类作出杰出贡献的人，并要求把利息分成五份："一份奖给在物理学界有最重大的发现和发明的人；一份奖给在化学上有最重大的发现或改进的人；一份奖给在医学和生理学界有最大发现的人；一份奖给在文学界创作出具有理想倾向的最佳作品的人；最后一份奖给为促进民族团结友好，取消或裁撤常备军队以及为和平会议的组织和宣传尽到最大努力或作出最大贡献的人。"[②]诺贝尔奖的设立，对科学发展和和平事业起巨大推动作用，在世界上引起极大的反响，人们以获得诺贝尔奖为最大荣誉。

三、马克思主义科技伦理观的发展

马克思主义科技伦理观是科学的伦理观，是伦理科学的革命性的变革，这个科学的伦理观是不断发展的，是随着社会经济和科学技术的发展而不断发展的。在研究课题中，我们不是系统研究马克思主义科技观的发展史，而是研究马克思主义科技伦理观的基本内容。我们认为，马克思、恩格斯的科技伦理观和邓小平的科技伦理思想充分体现了马克思主义科技伦理观的基本内容。因此，我们在探讨马克思主义科技伦理观时，重点分析马克思、恩格斯的科技伦理观和邓小平的科技伦理思想。

(一)马克思恩格斯的科技伦理思想

马克思(1818～1883)、恩格斯(1820～1895)是马克思主义的创始人。其主要著作集中在《马克思恩格斯全集》中，在科技伦理学方面，作出划时代的贡献，使科技伦理学建立在唯物史观基础上，实现了科技伦理学的革命。其主要科技伦理思想，有以下几点：

1. 揭示道德是社会经济状况的产物。马克思、恩格斯创立了唯物史观，

---

① [美]尼古拉斯·哈拉兹：《诺贝尔传》，天津人民出版社1985年版，第124～125页。

② [美]尼古拉斯·哈拉兹：《诺贝尔传》，天津人民出版社1985年版，第242页。

按照唯物史观，生产力决定生产关系，经济基础决定上层建筑，生产力和生产关系、经济基础和上层建筑的矛盾推动社会经济发展。按照唯物史观，哲学、文化等作为意识形态，是由社会经济状况决定的。因此，道德作为意识形态，也是由社会经济状况决定的。他们深刻指出："一切已往的道德论归根到底都是当时的社会经济状况的产物。"[①]马克思、恩格斯根据唯物史观阐明了生产力革命化、生产关系革命化和意识形态革命化的关系。他们认为：生产力革命化决定生产关系的革命化，又决定意识形态的革命化。由此出发，他们还论证了工业发展与传统关系革命化和头脑革命化的关系，提出："日益发展的工业使一切传统关系革命化，而这种革命化又促使头脑革命化。"[②]这种头脑的革命化，当然也包括道德观念的革命化。马克思、恩格斯把道德观建立在唯物史观的基础上，从而使道德观成为科学的道德观。

2.论述科技与道德的相互作用。马克思、恩格斯创立了辩证唯物主义哲学，并揭示了自然、社会和思维发展的一般规律。他们根据辩证法的规律，揭示了科技与道德的相互作用。他们认为，从历史总趋势来看，科技与道德是发展的，都是统一的，又都是相互作用的，科技发展推动道德进步，道德进步又促进科技发展。道德观念，包括良心等，与知识和知识进步有密切联系。所以，他们说："良心是由人的知识和全部生活方式来决定的。"[③]又说："凡是表现为良心的进步的东西，同时也是一种知识的进步。"[④]

3.强调科技要为人类服务。马克思、恩格斯认为，科学研究不是一种自私的享受，科学家在进行科学研究时，一定要克服贪图个人名利和享受的自私的思想。马克思说："有幸能够致力于科学研究的人，首先应该拿自己的学识为人类服务。"[⑤]他认为，为大多数人带来幸福的人是最幸福的人，为同时代的人的幸福和完美而工作，才能使自己幸福，也才能使自己高尚而完善。高尚而完善的人，即道德高尚和人格完善的人，是最有道德的人。要为人类服务，就要为人类福利而斗争，为人类的解放而斗争。要斗争就要克服私心，树立公心，不受名利诱惑，不向私心屈服。所以马克思说，幸福就是为人类福利斗争，不幸就是向私利屈服。[⑥]

4.揭示科技和道德对立的根源。马克思、恩格斯认为，从总体上看科学与道德是一致的，是相互统一的，但有时二者又是对立的。之所以是对立

---

① 《马克思恩格斯全集》第38卷，人民出版社1972年版，第561页。

② 《马克思恩格斯全集》第3卷，人民出版社1971年版，第134页。

③ 《马克思恩格斯全集》第6卷，人民出版社1971年版，第152页。

④ 《马克思恩格斯全集》第40卷，人民出版社1972年版，第257页。

⑤ 《马克思恩格斯全集》第31卷，人民出版社1971年版，第588页。

⑥ 参见《马克思恩格斯全集》第31卷，人民出版社1971年版，第588页。

的，与生产力和生产关系的性质有密切关系。在资本主义社会里，科技之所以与道德对立，是由于资本主义生产和资本主义制度造成的。马克思说："在我们这个时代，每一种事物好像都包含有自己的反面"；一方面表现出"不能想象的工业和科学的力量"；另一方面却"显露出衰颓的征象"，"技术的胜利，似是以道德的败坏为代价换来的"。[①] 道德与科技之所以是对立的，科技之所以换来道德败坏，主要是因为在资本主义社会里，生产力的生产关系之间的对立而引起的。要克服道德与科技的对立，必须克服资本主义社会里生产力和生产关系的对立。

5. 重视生态伦理问题。恩格斯强调人与自然的和谐一致。他说：我们统治自然界，决不能像征服者统治民族那样，也决不能像站在自然界以外的人那样，我们要认识到自身和自然界的一致。人类对自然界不能为所欲为，不能不计后果，不能不考虑自然界对我们的报复。恩格斯在《自然辩证法》中深刻指出："美索不达米亚、希腊、小亚细亚以及别的地方的居民，为了得到耕地，毁灭了森林，他们梦想不到，这些地方今天竟因此成为荒芜不毛之地，因为他们在这些地方剥夺了森林，也就剥夺了水分的积聚中心和贮存器。阿尔卑斯山的意大利人，当他们在山南坡把那些在北坡得到精心培育的枞树林滥用个精光时，没有预料到，这样一来，他们把他们区域里的山区牧畜业的根基挖掉。"[②]这种对大自然的破坏，破坏了生态平衡，破坏了自然界的和谐，大自然发怒了，给人以报复，使人不得不低头来沉思，低头"认罪"，反省自己，我们在征服自然界、统治自然界时，必须同自然界和谐一致，友好相处。同自然界一致，是个知识问题，是个道德问题，也是个制度问题。我们同自然界一致，必须全面认识自然界。认识自然界的本质，把握自然界的发展规律，才能懂得怎样和为什么同自然界和谐一致。我们同自然界一致，必须善待自然，尊重自然，认识自然界的价值，不能为私利而滥用权力、滥用资源，破坏自然事物之间的有机联系。我们同自然界一致，必须改革制度，自然资源的破坏，大自然的失调，往往与制度有关。资本主义制度为追求利润，总想把人与自然对立起来，总想破坏人与自然的和谐。所以，恩格斯说："西班牙的种植厂主在古巴烧掉山坡上的森林，发现在木灰中有能获得最高利润的咖啡树的足够用一个世代时的肥料，——以后热带的大雨会冲掉得不到任何保护的腐殖土而只留下赤裸裸的岩石，那对他们来说又有什么相干呢？"[③]20 世纪资本主义制度的发展，一方面继续破坏人与自然的关

---

① 《马克思恩格斯全集》第 1 卷，人民出版社 1971 年版，第 78～79 页。

② 恩格斯：《自然辩证法》，于光远等译编，人民出版社 1984 年版，第 205 页。

③ 恩格斯：《自然辩证法》，于光远等译编，人民出版社 1984 年版，第 307～308 页。

系，一方面又不得不注意人与自然的和谐，因而在人与自然对抗加剧的同时，又出现人与自然的一致。20 世纪生态伦理学的发展，完全证实了恩格斯生态伦理思想的正确性，又进一步发展了恩格斯生态伦理思想，使生态伦理成为一门系统的科学。

6. 重视地球伦理。恩格斯还特别强调地球中心问题。各门科学要以地球为中心，并要为地球服务。恩格斯说，天文学中的地球中心的观点是褊狭的，并且已合理地被推翻了，太阳中心说代替了地球中心说。这种代替是正确的、科学的。但是我们在研究问题时，却发现我们的研究都是在地球上进行的研究，都是以地球上的事物为研究对象，都是从地球出发，以地球为中心，并为地球服务。因而对待以地球为中心的科学，也有个道德问题。因为服务问题，实质上是个道德问题。恩格斯说：当我们在研究工作中愈益深入时它又愈来愈出头了。太阳等等服务于地球……我们只可能有以地球为中心的物理学、化学、生物学、气象学等等。以地球为中心，为地球服务，为地球适用，为地球建立等等，都有个地球伦理问题。也可说 20 世纪诞生的地球伦理学，与恩格斯的以地球中心的思想也是一致的，因为地球伦理学研究的主要是人与自然的关系、人与地球的一致。对地球伦理学的产生和发展，恩格斯的思想也是可起启示作用的。

7. 全人类的道德问题。马克思、恩格斯首先认为道德是经济基础的反映，是阶级关系的反映，因而在阶级社会中，道德是有阶级性的。由于所处时代有不同的阶级，因而在同一时代有不同的道德并存，只是所处地位不同，处统治地位的阶级，其道德则处统治地位，处被统治地位的阶级，其道德则处被统治地位。恩格斯在《反杜林论》中，曾经指出，在他生活的时代，存在三种道德：一是代表封建贵族利益的道德；二是代表现代资产阶级的道德；三是代表无产阶级未来的道德。这三种道德同时并存，在现实生活处于不同地位，起着不同的作用。

马克思、恩格斯还认为，不同的阶级同处于一个时代，处于同样的经济发展阶段，处于同一发展过程不同阶段，因而阶级的道德又有共同之处。在论述这个问题时，恩格斯说："这三种道德论代表同一历史发展的三个不同阶段，所以有共同的历史背景，正因为这样，就必然具有许多共同之处。不仅如此，对同样的或差不多同样的经济发展阶段来说，道德论必然是或多或少地互相一致的。从动产的私有制发展起来的时候起，在一切存在着这种私有制的社会里，道德戒律一定是共同的：切勿偷盗。"[①]这种共同的道德。

① 《马克思恩格斯全集》第 20 卷，人民出版社 1971 年版，第 102～103 页。

是社会全体成员都共同认同、共同遵守的道德。但是这种共同的全体成员遵守的道德在阶级社会里是不占统治地位的道德，真正的全民道德和全人类道德在这个时代是不可能真正实现的。真正实现全民道德是在什么时候呢？恩格斯又深刻指出："只有在不仅消灭了阶级对立，而且在实际生活中也忘却了这种对立的社会发展阶段上，超越阶级对立和超越对这种对立的回忆的、真正人的道德才成为可能。"[①]在当时的情况下，实际上马克思、恩格斯是承认存在着全体成员、全体人类共同遵守的道德。在当时，科技发展、社会发展、自然发展带来的全球问题，还不多，也不严重，因而全人类的道德问题还难以提到日程上来。现在的问题是，由于科技发展、社会发展、自然发展带来的全球问题，特别是生态问题，日益严重。许多全球问题严重威胁人类的生存和发展，因而，全人类共同遵守的道德问题，逐渐提到日程上来。在制定全人类共同遵守的道德原则时，一要考虑阶级对立淡化甚至消灭，二要考虑人类的共同利益、共同生存和发展的需要。

(二)邓小平的科技伦理思想

邓小平对马克思主义的伦理观的发展，是全面的、系统的、深刻的。邓小平在发展马克思主义伦理观时，一方面紧紧跟随经济社会和生产力的发展，一方面紧紧抓住现代科技革命的脉搏。邓小平的科技伦理思想是多方面的，限于篇幅，择其要者，略加分析。

1. 实事求是，求真求实。"实事求是"马克思主义伦理观的精髓和基础，又是邓小平伦理观的出发点。我们要加快科技的步伐，加速实现科学技术的现代化就一定要实事求是，按科技工作与科技发展的客观规律办事，按科技伦理的基本原则办事。实事求是，就必须解放思想。科学的事业，是解放思想、破除迷信、冲破传统、发明创造的事业。只有求实的精神，才能尊重事实，忠于事实，确保事实的准确性。科学家要认识客观规律，必须在观察、思考、概括问题时，务必做到求实。

能否坚持实事求是的思想路线，不仅是辩证唯物主义认识论的根本问题，也是马克思主义伦理学的根本问题。迷信传统的人，不能实事求是；弄虚作假的人，不能实事求是；夸大个人作用的人，不能实事求是；抑善做恶的人，也不能实事求是。弄虚作假、迷信传统、夸大自我、抑善做恶，关键是"私"字蒙住眼睛，因而不能"求真""求善"。因此，实事求是既是邓小平建设有中国特色社会主义理论的精髓，也是邓小平科技伦理观的精髓。

---

① 《马克思恩格斯全集》第20卷，人民出版社1971年版，第103页。

2.两个文明，都要狠抓。邓小平曾明确指出，我们要建设社会主义国家不但要有高度的物质文明而且要有高度的精神文明。所谓精神文明，不但指教育、科学、文化（这是完全必要的），而且是反映共产主义的思想、理想、信念、道德、纪律，革命的立场和原则，人与人的同志式关系，等等。邓小平关于两个文明都要狠抓的思想，不仅是建设社会主义国家的指导方针，也是建设社会主义伦理思想的基本原则。

科学技术是物质文明的基础，也是精神文明的重要组成部分。科学技术促进了物质文明建设，也推动了精神文明建设。科学技术伦理在物质文明建设中起重要作用，也在精神文明建设中起重要作用。科技伦理随着物质文明和精神文明的发展而发展，也随着科学技术的发展而发展。科技伦理为建设物质文明和精神文明服务，又推动着物质文明和精神文明建设。这是邓小平伦理观的基本内容和主要原则。

3.尊重知识，尊重人才。邓小平说："中国的事情能不能办好，社会主义和改革开放能不能坚持，经济能不能快一点发展起来，国家能不能长治久安，从一定意义说，关键在人。"[①]他又说："改革经济体制，最重要的、我最关心的，是人才。改革科技体制，我最关心的，还是人才。"[②]邓小平把人才问题，提到事业成败、国家兴衰的高度去认识，正是因为他站得高，看得远，想得深，因而提出"尊重知识，尊重人才"[③]和"珍视劳动，珍视人才"[④]的战略思想和伦理原则。邓小平是"尊重知识，尊重人才"的典范，是"珍视劳动，珍视人才"的榜样。对知识特别尊重，对劳动特别珍惜，对人才特别重视，这是邓小平伦理观的根本观点，是邓小平伦理观的出发点和落脚点。在现代，科学技术突飞猛进，科技人才大量涌现，知识经济初见端倪，尊重知识，尊重人才，是立国之本，也是科技伦理之本。只有抓住这个问题才能抓住现代社会的主题，抓住时代的最强音，构建现代科技伦理学。

"尊重知识"就是尊重客观规律，尊重真理，尊重人和自然的关系，也就是发展生产力及科学技术，达到人和自然的和谐统一，达到经济与社会的协调发展。"尊重人才"就是尊重现代生产力和现代科技的主体，就是尊重人和人的关系，就是要求发现、培养、利用人才，发展经济，改造社会，达到人和人的和谐统一。人与人的和谐统一，人与自然的和谐统一，这正是现代社会伦理学和现代科技伦理学研究的基本课题，也正是邓小平伦理观的根本

---

① 《邓小平文选》第3卷，人民出版社1993年版，第105页。

② 《邓小平文选》第3卷，人民出版社1993年版，第90页。

③ 《邓小平文选》第3卷，人民出版社1993年版，第162。

④ 《邓小平文选》第3卷，人民出版社1993年版，第380页。

要求。

要尊重人才,就要注意发现人才。而要发现人才,就要“广开进贤之路”[①]。这有许多伦理问题要解决。是人才,就要有能力与成果,其衡量的标准有许多具体的标准和原则,伦理标准和原则是其中的重要内容,如“本事”“能力”“成果”中是非善恶问题。因而广开进贤之路的“贤”人就是既有真正本领,又是高尚道德的人。

4. 人才标准,又红又专。邓小平认为,我们培养的人才,应该是又红又专的人才。红是政治标准,也是伦理标准;专是业务标准,也与伦理有关。红是与白相对立的,红与白作为政治标准,在不同的历史时期有不同的内容,红与白不能混淆,红、白与专也不能混淆。过去有一个时期,曾把有这样那样毛病的人说成白,把努力钻研业务的人称为白,混淆了红与白、专与白的界限,打击了知识分子,挫伤了科技人员的积极性,严重制约了经济的发展。

邓小平指出,为了尊重人才,就必须解放人才。要解放人才,就要从理论高度论证红与专的辩证关系,划清红与白的政治界限和伦理界限。邓小平在1978年全国科学大会上的讲话中深刻指出:“白是一个政治概念。只有政治上反动,反党反社会主义的,才能说是白。怎么能把努力钻研业务和白扯到一起呢!即使是思想上作风上有这样那样毛病的科学技术人员,只要不是反党反社会主义的,就不能称为白。我们的科学技术人员,为社会主义的科学事业辛勤劳动,怎么是脱离政治呢?”[②]又深刻指出:“世界观的重要表现是为谁服务。一个人,如果爱我们社会主义祖国,自觉自愿地为社会主义服务,为工农兵服务,应该说这表示他初步确立了无产阶级世界观,按政治标准来说,就不能说他是白,而应该说是红了。”[③]1978年12月邓小平又一步说:“用人的政治标准是什么?为人民造福,为发展生产力、为社会事业作出积极贡献,这就是主要的政治标准。”[④]邓小平在这里所说的政治标准和世界观标准也蕴含着伦理标准,从伦理标准考察人,主要就是看他的作为对谁有利,为谁服务,替谁造福。只要为人民服务,对人民有利,替人民造福,就应该说是高尚道德的人才。

邓小平还深刻指出:“专并不等于红,但是红一定要专。”为什么呢?他分析道:“不管你搞哪一行,你不专,你不懂,你去瞎指挥,损害了人民的利

① 《邓小平文选》第3卷,人民出版社1993年版,第108页。
② 《邓小平文选》第2卷,人民出版社1994年版,第94页。
③ 《邓小平文选》第3卷,人民出版社1993年版,第92页。
④ 《邓小平文选》第3卷,人民出版社1993年版,第151页。

益，耽误了生产建设的发展，就谈不上是红。”①又分析道：“我们的科学事业是社会主义事业的一个重要方面。致力于社会主义的科学事业，作出贡献，这固然是专的表现，在一定意义上也可以说是红的表现。”②在这里，邓小平不仅深刻地论述了红与专的统一，论述了专必须以红为指导，红又必须以专为依托，而且论述了专和红本身，既有政治标准，又有业务标准，还有伦理标准。“瞎指挥”“损害人民利益”“耽误生产建设”，从根本上讲，都是违背道德原则的。“瞎指挥”难以求真，“损害人民利益”难以求善，“耽误生产建设”，使国家、人民受损，既不是真又不是善。

5.科技成果，又多又好。邓小平在科技人才方面，要求红专结合，红专统一，又红又专。邓小平在科技成果方面，要求多好结合，多好统一，又多又好。他说：“科学研究机构的基本任务是出成果出人才，要出又多又好的科学技术成果，出又红又专的科学技术人才。”③出成果，要又多又好，这里有个数量标准问题，也有个质量标准问题。多要受好制约，即在好的前提下要多，好也受多制约，即在多的基础上求好。求好，是质量标准，表示成果水平高、质量高、效益好，对人民对生产有利。质量高又有利，从伦理学的角度看，即是否有利于全球发展、生态平衡，是否有利于生产力发展、社会进步，是否有利于人民物质生活和精神生活的提高。

6.善于学习，善于创新。邓小平在论述掌握新技术的时候，强调指出，要善于学习，更要善于创新。他在论述引进国外先进技术时又强调指出：“第一要学会，第二要提高创新。”④“会不会”“创新不创新”，有伦理原则问题。“会不会”“创新不创新”又和“善于”联系起来。善于学会、善于创新，既有善于求真问题，也有善于求善问题。是真技术、善技术的，我们要认真弄懂，务必学会。创新本身，有真创造与假创造、善创造与恶创造之分。生物克隆技术是真创造、真技术，但用得合理，就是善技术；若用得不合理，就可能成为邪技术，对人类有害。因此，善于创造问题，也有个必须用伦理原则去规范的问题。

7.人类希望，依靠科技。邓小平认为：“要提倡科学，靠科学才能有希望。”⑤又强调说：“实现人类的希望离不开科学，第三世界摆脱贫困离不开科学，维护世界和平也离不开科学。”⑥邓小平关于人类希望依靠科技的思想，

---

① 《邓小平文选》第3卷，人民出版社1993年版，第252页。

② 《邓小平文选》第3卷，人民出版社1993年版，第92页。

③ 《邓小平文选》第3卷，人民出版社1993年版，第97页。

④ 《邓小平文选》第3卷，人民出版社1993年版，第129页。

⑤ 《邓小平文选》第3卷，人民出版社1993年版，第121页。

⑥ 《邓小平文选》第3卷，人民出版社1993年版，第183页。

也是邓小平伦理观的重要内容。现代人类的希望是什么呢?最大的问题是和平发展问题、东西问题、南北问题、环境问题、生态问题、全球问题。这些问题是科技发展带来的问题,又是通过科技发展解决的问题。第三世界之所以贫困,除历史原因外,一个重要原因,是发达国家凭着雄厚的科技实力,不断增加科技投入,促进科技发展,推动经济增长,并通过“科技殖民地”政策,控制关键技术,向发展中国家转让过时技术,以限制发展中国家的发展速度,保持对发展中国家的智力剥削。发达国家还将一些能耗高、污染严重的技术和产业转让给发展中国家,给发展中国家的资源和环境造成严重破坏,使广大发展中国家同发达国家之间的差距进一步扩大。发达国家和发展中国家的差距问题,是技术问题,也是伦理问题。破坏发展中国家的资源和环境,是技术问题,也是伦理问题,是发达国家的不道德行为造成的恶果。因此,发展中国家要解决与发达国家的差距问题,既要解决经济问题,又要解决技术问题,还要解决伦理原则问题。

其他全球问题,特别是生态问题和环境问题,无不包含伦理原则问题。为了挽救自然危机、环境恶化,为了解决全人类面临的全球问题,生态伦理学、环境伦理学、全球伦理学等应运而生。这些伦理学,把人与人之间的“真”和“善”和问题,扩大到人与自然之间的“真”与“善”的问题。生态伦理学主要研究生态环境中的伦理问题,环境伦理学主要研究地球环境中的伦理问题,全球伦理学主在研究全人类面临的伦理问题。邓小平的伦理观提出的基本原则,特别是人类希望依靠科技的论断,对于我们解决生态危机、环境危机、全球危机有重大的指导意义;对于我们研究生态伦理、环境伦理、全球伦理,也有重要的指导作用。

邓小平的科技伦理思想有重要的理论意义和实践意义,主要有:

1.有助于全面系统认识邓小平科技思想和邓小平理论。邓小平科技思想博大精深,内容丰富,几乎涵盖了科学技术的方方面面。其中主要有:关于科技是生产力和第一生产力的思想;关于科技在经济发展和社会进步中巨大作用的思想;关于科技发展规律性的思想;关于知识分子是工人阶级一部分的思想;关于尊重知识,尊重人才的思想;关于科技体制改革的思想;关于发展高科技,实现产业化的思想;关于人类的希望依靠科技的思想,等等。邓小平的科技思想,与邓小平的哲学观、经济观、有中国特色的社会主义理论、社会主义市场经济理论有密切联系。只有真正认识邓小平的科技思想,才能深刻认识邓小平的哲学观、经济观、有中国特色的社会主义理论和社会主义市场经济理论。因为邓小平的经济观与科技是第一生产力的观点紧密地联系在一起,有中国特色的社会主义理论也把科技是生产力的观点作为重要的理论基础。邓小平全面发展了马克思主义唯物史观，其中一个重要内容就是科技生产力论和科技伦理观。因此，深刻认识邓小平科技伦理观，有助于全面系统认识邓小平科技思想，有助于全面系统认识邓小平唯物史观，也有助于全面系统认识邓小平理论。

2.有助于正确处理现代社会中的种种矛盾。在我们面前有两种矛盾：一类是人与人矛盾，其中包括工人和农民的矛盾、先富与后富的矛盾、领导与被领导的矛盾、人民与敌对势力的矛盾等等。另一类是人与自然的矛盾，其中主要有人征服自然界的矛盾和自然报复人的矛盾等等。这些矛盾要通过发展生产力与科学技术来解决，也要通过批评和教育及运用伦理规范来解决。在人与人的系统中，很多是利益方面的矛盾，是道德伦理问题。调整利益，解决矛盾，须靠道德，就是说要个人利益服从集体利益，集体利益也要照顾个人利益。邓小平一再讲贫穷不是社会主义，共同富裕才是社会主义。他强调指出："社会主义的本质，是解放生产力，发展生产力，消灭剥削，消除两极分化，最终达到共同富裕。"[①]邓小平所说的社会主义本质，实际上也是社会主义伦理学的基本原则，同时也是解决人民内部矛盾的基本方针。在中国，人与人之间的矛盾，就要通过解放生产力和发展生产力，消灭剥削，消除两极分化，最终达到共同富裕来解决。

在人与自然的矛盾中，也有很多利益方面的矛盾，生态问题、环境问题，都反映了人与自然的矛盾。在人与自然的矛盾中，人作为主体，也与人发生许多关系，从而产生种种矛盾，只有既照顾人类主体的利益，又照顾自然客体的利益，实现人与自然的和谐相处，共同发展，才能使人与自然在更高基础上相互结合、相互补充、相互促进，实现人与自然的统一，才能得到解决。如何实现人与自然的统一呢？必须通过解放和发展生产力，通过大力发展科学技术，通过提高人类的道德水平，通过人和自然的互相尊重。因此，只有坚持正确的伦理原则，才能正确处理人与自然的矛盾。邓小平科技伦理思想给我们正确处理人与自然的矛盾，提供了强大的思想武器。

3.有助于促进现代科学技术的健康发展。现代科学，特别是高新技术，在发展过程出现了许多新情况、新问题。这些新情况和新问题，影响着现代科学技术的发展，如不加以规范，会给人类带来损失，甚至灾难。

电脑的发展，对经济增长和社会发展起着巨大的推动作用，正地使用电脑和电脑传递的信息，对人类及科学发展非常有益。但电脑失误，或出现故障，也会造成悲剧。如欧洲航空公司生产的空中客车400型全部是电脑操作

① 《邓小平文选》第3卷，人民出版社1993年版，第373页。

的全自动化飞机，生产出来的五架飞机已有两架因电脑问题而失事。又如电脑可以诊断疾病，美国犹他大学开发的医疗软件可对1000多种疾病做出诊断，但需人做最后诊断，不然会有失误。电脑网络虽然很有用，但如果用来宣扬种族仇恨、封建迷信、垃圾信息、黄色色情，也会道德沦丧，毒害社会，危害人民，造成犯罪。

基因技术的发展，对生物学、农业、医学等的发展，起了革命性的作用。无怪乎从1958年至今与基因理论有关的成果，获诺贝尔医学奖就达17次之多，约占诺贝尔医学奖的一半。从本世纪以来，共有38位科学家因研究DNA而获得诺贝尔奖，可见基因研究对科技发展的重大作用。但是在基因犯罪、基因治疗、基因杂交、基因专利等问题中，有许多重大的伦理问题。这些问题不解决，基因研究也会走进邪路。我们必须遵守两条伦理原则：一条是有关人类基因的研究不能用来伤害个人，而应用于造福人类；另一条是在人类身上实施的基因破译、基因工程，只能用来治病，而不能用来搞邪门歪道。

医学技术的发展是惊人的，但每走一步，都必须接受伦理原则的审查。例如人工生殖技术就有许多伦理问题，如胎儿能不能供科学研究，什么时候对胎儿研究是可以的，什么时候对胎儿研究是不道德的。在伦理辩论中，欧美国家同意一个折中方案，认为14天以前的胎儿可供科学研究，胚胎刚发育，可以不被当做人。14天以后，胎儿就成为人，不能对其研究，否则就是不道德的。又如器官移植问题也有许多伦理问题。器官移植是一种新技术，也是一种新风尚，死后捐器官是爱心和奉献的表现，是高尚道德的体现。但器官移植也必须遵循伦理规范，其中主要有脑死亡的伦理、器官资源分配的伦理、胎儿组织移植伦理等等。最近由克隆羊引发的克隆人的争论，实质上是伦理问题的争论，许多医学家企盼有法律、公约来制约“克隆人”问题。1998年1月13日，欧洲19个国家在巴黎签署了一项禁止克隆人的公约，这个公约称为《人权与生物医学公约》。此后，日内瓦举行的第55届世界卫生大会通过的决议也指出：运用无性繁殖技术复制人类是违背人的尊严和道德的，因此必须严加禁止。

世界上，最新技术的发展无不渗透着伦理问题，因为只有把最新科技成果和伦理问题有机结合起来，使科技成果的“真”和科技成果的“善”有机结合起来，才能使最新科学技术朝着有利于人类、有利于自然界的方向健康地向前发展。邓小平的科学伦理思想是指导现代科技健康发展的有力武器。

4.有助于现代科技伦理学的研究和发展。现代伦理学，特别是现代西方伦理学，有一个突出的特点，就是特别关心现代科学技术中的伦理问题，特别注意运用现代自然科学改造传统伦理学，解决现代人的伦理问题，应该说，这是一大进步。面对科技革命的新发展，面对现代科技的新问题，着力研究现代科技中的伦理问题，其方向是正确的，其方法是科学的，其效果也是良好的。例如，核伦理问题、战争与和平问题、种族与民族歧视问题、穷国与富国问题、人与自然的关系问题等等，都成为现代伦理学研究的热门问题。对现代科技中伦理问题的研究，相应出现了许多现代伦理学的分支学科，如生命伦理学、生态伦理学，环境伦理学、宇宙伦理学等等。托马斯·比彻姆和詹姆斯·奇德雷斯所著《生命伦理学原则》一书中，就提出四条生命伦理学的原则。这四条原则是：自主原则、不伤害原则、行善原则和公正原则。[①] 莱奥波尔和施韦泽等提出的生态伦理学，也依据着几条生态伦理学的原则，这就是："爱护从而尊重生命和自然界"；"反对生态毁灭战争，反对掠夺性开发资源"；"经济和社会生活生态化，即选择符合生态道德的人类发展途径"。[②]

邓小平科技伦理思想有许多是和现代伦理学的思想不谋而合的。现代伦理学所关心和研究的问题，如战争和和平问题、核伦理问题、穷国与富国问题、人与自然关系问题、全球战略问题、全人类希望问题，这也是邓小平理论、邓小平科技伦理观研究的重大问题。邓小平科技伦理观不仅涉及了这些问题，而且不断寻找解决这些问题的办法，并为这些问题的解决指明了方向。可以说邓小平科技伦理思想为现代伦理学的发展提供了理论指导。因此，我们说邓小平科技伦理思想有助于现代伦理学说的研究和发展。

通过以上论述，我们不难看出，邓小平科技伦理观，是邓小平理论的重要组成部分，是邓小平理论中的一朵奇葩，很值得我们学习，也很值得我们发扬，以促进现代化健康发展，以推动现代科技健康发展，以规范社会主义市场经济健康发展。

——原载《现代科技伦理学》第 1 章，山东人民出版社 2003 年版

① 参见陈瑛、廖申白主编《现代伦理学》，重庆出版社 1990 年版，第 296 页。
② 参见陈瑛、廖申白主编《现代伦理学》，重庆出版社 1990 年版，第 306～307 页。

现代科技提出的伦理问题

现代科技主要指高科技。高与低是相对的,所谓的低,是相对二战前的科技水平而言的;科技高科技是当代新兴科技与高水平的新技术。高科技主要有10项:光电子科学和光机电一体化技术;生命科学和生物工程技术;材料科学和新材料技术;能源科学和新能源、高效节能技术;生态科学和环境保护技术;地球科学和海洋工程技术;基本物质科学和辐射技术;医药科学和生物医学工程等。[①] 这些高科技发展于20世纪40年代,成熟于20世纪70年代,现仍在发展。高科技有许多特征,概括起来,有以下几点:

一是高科技具有高创新性。现代科学技术,如核技术、电子技术、生物技术、航天技术、激光技术等,都是建立在现代基本粒子物理、天体物理、核物理、电子学、遗传学、分子生物学、系统论、信息论、控制论基础上的,具有很高的创新性。

二是高科技具有高渗透性。当代高科技具有极强的渗透性。每一高科技的发现,都会很快地向其他技术领域渗透,通过渗透形成许多新的综合、交叉技术。电子学与数理逻辑的结合,产生了计算机技术。分子生物学与遗传学的结合,产生了生物工程技术。微电子学与空间科学的结合,产生了现代通信和信息技术。微电子技术和电子计算机技术渗透力特强,这种技术渗透到各个领域,并开拓出一批又一批的产业。由于高科技的渗透性极强,将不同性质的新技术加以综合、渗透,便开发出许多新技术和新产品,从而大大推动了生产力的发展。

三是高科技具有高智能性。当代高科技特别是以微电子技术为核心,以电子计算机为主要工具,广泛运用于通信技术、宇航技术、生物工程技术、新能源和海洋开发等高科技领域,也广泛用于劳动工具、企业管理、劳动和信息服务诸领域,并使这些技术、部门、领域逐步智能化。这种智能化表现

① 参见童天湘等《高科技与社会》,社会科学文献出版社2000年版,第1页。

在生产自动化系统，网络管理系统，办公自动化系统，机器人和人工智能系统等等。

四是高科技具有发展高速性。由于高科技具有高创新性、高智能性、高渗透性，因而其发展又具高速性。技术的更新换代越来越快，微处理器已换代6次，现已进入第6代。计算机网络加速世界经济的信息化，极大地推动国际社会面貌的快速改变。仅仅40年左右的时间，国际社会发生巨大变化，生产力高速发展，各国经济跳跃式前进，逐步形成经济全球化趋势。①

五是高科技具有高伦理性。高科技是把双刃剑，运用得好，会极大地促进经济和社会的发展，运用不当，则对社会安全、经济发展产生破坏作用。核技术的积极作用和消极作用是相当明显的。生物技术的有益作用和有害作用，也是相当明显的。高技术越发展，这种两面性越突出，因而必须建立一系列现代科技伦理原则，发挥高科技的积极的有益的作用，限制高科技的消极的有害的作用。早在十几年前，我们在《大杠杆——震撼社会的新技术革命》以及以后的《大协调——科技社会学》《大动力——科技动力论》《第一生产力论》《科技生产力论》等著作中，再三强调科技要与高伦理相结合。今天看来，高科技与高伦理的结合问题，日益重要，为了深入探讨高科技提出的伦理学问题，更好地实现高科技和高伦理的结合我们应系统研究科技伦理学。

一、现代核科技与核伦理

20世纪40年代，核技术得到发展，科学技术进入一个新时代，即所谓的核时代。核时代的核技术提出许多伦理问题。

（一）现代核技术的发展

核时代是以人们对原子结构的认识为起点的。在20世纪30年代，人们则根据相对论和量子力学的理论，研究物质的深层结构。1932年英国科学家查德维克发现中子。1934年法国科学家约里奥·居里夫妇发现人工制造的放射性元素。意大利科学家费米用中子轰击各种物质，发现大量的放射性同位素。1983年底德国物理学家哈恩和斯特拉斯用中子轰击铀，铀核分裂，并释放大量能量。铀核分裂，所得到的元素，经梅特涅研究，是钡元素和锝元素。1939年3月，费米、西拉德等人在哥伦比亚大学实验室中发现铀裂

① 参见童天湘等《高科技与社会》，社会科学文献出版社2000年版，第1～26页。

变过程，不仅产生大量的能量，还产生大量的中子，为研制原子弹奠定了理论基础。

第二次世界大战前夕，匈牙利血统的美国物理学家西拉德就研制原子弹问题说服爱因斯坦，爱因斯坦 1939 年 8 月 2 日上书罗斯福，建议研制原子弹。信中说："在过去的四个月中，通过法国的约里奥和美国的费米进行的工作，已经有几分把握地知道，在大量的铀中建立起原子核的链式反应会成为可能，由此，会产生出巨大的能量和大量像镭一样的元素。现在看来，几乎可以肯定，这件事在不久的将来就能做到。这种新现象也可用来制造炸弹，并且能够想象由此可以制造出极有威力的新炸弹来。"[①]罗斯福同意了爱因斯坦的建议和计划，成立了关于铀的"顾问委员会"。爱因斯坦 1940 年 3 月又给罗斯福写信请总统积极行动，尽快研制。1941 年罗斯福下决心批准原子弹的研制计划。由奥本海默领导研制，进展顺利。1942 年 12 月费米、西拉德建成世界上第一座原子反应堆，并用它实现了世界上第一次链式反应。到 1945 年，已研制提纯足够量的铀 235 和钚 239，可供制造原子弹。1945 年 7 月美国已研制了三颗原子弹。1945 年 7 月 16 日，第一颗试验原子弹在美国新墨西哥州爆炸成功。1945 年 8 月 6 日，第一颗军用原子弹投在广岛，第二颗原子弹 1945 年 8 月 9 日，又投在长崎。原子弹在广岛爆炸，有 32 万人受到影响，在长崎爆炸，死伤 28 万人。战争空前残酷，破坏空前巨大，后果空前悲惨。

第二次世界大战结束后，核军备竞赛激烈起来。1949 年 8 月苏联爆炸了第一颗原子弹。1952 年 1 月英国也爆炸了原子弹。核军备竞赛在 1958 年和 1962 年达到高潮。1962 年美国进行了 96 次核试验，苏联进行了 42 次核试验。直至 1985 年底，全球共进行 1045 次核试验。据联合国秘书长的估计，1981 年美国拥有核弹头 25000～33000 枚，苏联则为 11000～15000 枚。在这种情况下，如果爆发一场核战争，则意味着人类的巨大灾难，甚至是人类的毁灭。

(二)现代核技术的问题

核技术的发展带来许多问题，其中不少是伦理问题。在这些问题中，最突出的问题是核毁灭和核冬天问题。早在 1983 年，美国化学家鲍林就提出核毁灭问题。他根据当时核武器已储存数万枚，爆炸总量达 160 亿吨 TNT 当量的情况，如果核大战爆发，用 100 亿吨 TNT 的核弹互相攻击，全世界就

① 《爱因斯坦文集》第 3 卷，商务印书馆 1979 年版，第 77 页。

会有一半人口死伤,其余的人也活不多久,这种情况一旦发生,"世界末日"就要到来,地球文明时代就将结束。鲍林在《告别战争》一书中指出:"30年来世界处于极大危险之中,一场核战争会爆发的危险,几乎可以肯定将导致人类的灭绝。虽然这种危险的存在尽人皆知,但是我们没有能够采取行动以减少这种危险并使军国主义得以控制。相反,我们已经使得核武器系统和运载它的工具越来越复杂化,这种不断增长的复杂化增加了这种机会,即一个技术上或心理上的错误将导致一场灾难性的核战争,这场核战争将会带来地球文明时代的结束。"①

"核冬天"的概念是美国气象学家萨根在1983年10月召开的关于"核战争后的世界"的学术讨论会上提出的。他指出当核爆炸当量达到50亿吨TNT时,所产生的尘埃云将在北半球的中纬度地区造成一个黑幕,遮掩了正常的太阳光的5%,于是北半球温度突然降到-23摄氏度并终年霜冻。地球上有30%的地方,辐射量达到250伦琴,这个剂量再增加一倍,就置人于死地。大气为城市大火引起的有毒烟雾所污染,破坏了大气上层的氧化氮带,于是人们暴露在紫外线的辐射下,人体的免疫系统遭到破坏,人的眼睛导致失明。美国斯坦福大学的生物学家埃尔里奇对核冬天进一步加以描述。他指出,在黑暗的、烟雾弥漫的寒冷的世界里,许多生物就会饿死,家畜也会荡然无存,植物的光合作用则会停止,这样,"核冬天"就要降临。"核冬天"的降临,就意味着"世界末日"的到来。

(三)现代核技术的伦理

核技术的发展过程自始至终都涉及许多伦理问题,主要的伦理问题有四个,即核保密问题、核控制问题、核人权问题、核和平问题。这四个问题是主要问题,另外还有些问题,限于篇幅,不便赘述,只想择其要者,略谈一二。

1. 核保密问题

因为核武器有巨大的破坏力,搞不好,会给人类带来一场空前的灾难。因此,在核科学的研究过程中一直就存在保密问题,这个问题又同伦理问题紧密相连,核保密问题成为核伦理的重要问题。匈牙利物理学家西拉德首先提出原子核能链式反应假说,认识到如果根据链式反应制造炸弹,其毁灭能力比普通炸弹大好几千倍,因而他首次提出核保密问题,并在各种场合反复强调要建立保密制度。英国的科学家认为保密的想法是不能接受的,不仅阻碍科学进步,还会使科学走上邪路,因而是不必要的。美国科学家费米

① [美]鲍林:《告别战争》,湖南出版社1992年版,第121页。

等，也反对保密制度，他认为公开发表论文是基本的科学道德。后来经过西拉德、韦斯科夫的再三努力，终于说服科学家和科学杂志主编，同意协议保密工作。法国的约里奥仍不同意保密。后来，1939 年 9 月爆发了第二次世界大战，核科学保密问题逐步得到解决，战争导致西拉德等人的保密计划的实行。核科学的保密问题逐渐成为重要的道德问题，后来，又逐渐成为法律问题，违反保密，不但要受到道德规范的约束，还要受到法律的制裁。

2.核控制问题

绝大多数科学家都是主张核控制的。他们从制造原子弹一开始，就站在人类利益的立场上，站在世界主义的立场上，反对使用原子弹，反对核战争，反对核威慑，要求全面禁止核试验，主张销毁一切核武器。在核控制问题上，西拉德于 1945 年 3 月向罗斯福总统递交一份备忘录，首先提出了这个问题。他在备忘录中强调必须建立得到苏联和英国支持的对核武器的国际控制系统，避免搞核武器竞赛，只有这样，才能免遭城市覆没，保证全球安全。1945 年 7 月，有 60 名科学家签名，由西拉德起草了《致美国总统的请愿书》，请愿书要求美国总统命令美国不要在现在的战争中使用原子弹，1945 年 8 月美国在使用原子弹对日作战问题上，当时的美国陆军部和科学家有很大分歧，科学家大都主张不使用原子弹，因为使用原子弹有许多道义问题，其中有不少伦理问题。当时，爱因斯坦就说，美国人作出使用原子弹的决定，可能已经是个错误。

后来，核竞赛，特别是苏联和美国的核竞赛日益加剧，核辐射对人类生存的威胁日益严重，许多科学家，特别是爱因斯坦、罗素、鲍林等，再三呼吁核控制。相继发表宣言、报告、文章，阐述核控制问题。罗素和爱因斯坦发表宣言指出：要记住人性忘掉其余，不要用核竞赛，使人类陷入普遍死亡的危险，要敦促各国寻求和平方法去解决它们之间的一切争端。1957 年 7 月召开第一次帕格瓦什会议，通过了三个报告——《在和平与战争期间使用原子能引起的危害》《核武器的控制问题》《科学家的社会责任》，呼吁核控制，倡导核伦理。1957 年 5 月 15 日鲍林写了《美国科学家向世界各国政府和人民呼吁书》，强烈要求制定停止核试验的国际协议，作为普遍裁军和彻底销毁核武器的第一步，呼吁书很快得到美国 2875 位科学家的签名，后来又得到全世界 11021 位科学家的签名，成为《科学家致联合国请愿书》。这些呼吁，对核控制问题起了重要作用，对冷战降级也起了促进作用。1963 年的部分禁止核试验条约、1970 年的防止核扩散条约、1972 年的禁止生物武器包括反导弹在内的第一次限制战略武器会议和 1978 年的第二次限制战略武器会议，都标志着核控制取得重大成果，也标志核控制伦理逐渐被人接受，并成为核伦理的一个原则。

3. 核人权问题

核技术和核武器的发展，给人们提出一个迫切需要解决的问题，就是研讨问题和解决问题，是站在国际立场上还是只站在国家立场上，是奉行国际主义还是奉行国家中心主义，是站在全人类的立场上还是站在民族主义立场上。对这个问题，张华夏教授的《现代科学与伦理世界》已有比较详细的论述。[①] 我们认为是正确的，是深刻的。这里就核伦理问题来说，最重要的，就是扩大了人权和人道的概念。人权问题是近代历史和现代历史的一个关键问题。随着历史的发展，人权概念在发展，各个国家和民族对人权的理解，又有所不同，因而直到现在也不能完全统一，强调的重点和内容不尽相同。但是有一点是相同的，就是主张要有人权，都主张要发展人权，面对威胁，又都主张推行国际人权。在西方，启蒙时代的人权，主要指生存权、平等权、自由权和追求幸福权。20 世纪上半叶，人权有所发展，强调人人具有经济、社会和文化的权利。到了 20 世纪下半叶，面对核竞赛、生态恶化、贫国富国差距拉大，人权又有新的发展，发展权、和平权、环境权变成基本人权。人权的这一发展，要求扩大人权的外延，将国内人权扩大为国际人权，从地域性人权扩大为世界性的人权。在这种情况下，我们在思考解决世界问题时，必须将国内人权和国际人权相结合，把地域人权和世界人权相结合。核时代的核伦理要求我们："走出国家民族主义，全面彻底裁军，创造一个无核武器无战争的世界，保障世界人权，进行全球经济合作，建立世界和平稳定合作共处的新秩序，并逐渐过渡到成立世界政府来保证世界主义道德原则的实现。"[②]这些伦理要求，我们是基本同意的，只是世界政府是难以成立的，但一旦实现世界大同，世界政府能否成立，如何成立又将是一个通过实践长期探讨的问题。当前，可通过联合国或各国互相协议，达成共识，维护国际人权的原则，监督人类道德原则的实现。

核科技的发展提出的这些伦理学问题，迫切要求扩大和深化传统伦理学的原则，迫切要求传统伦理学进行革命性的变革，以适应核技术的发展，以便用核伦理规范核技术，促使核技术健康向前发展。

二、现代生物工程技术和生命伦理

现代生物工程技术的蓬勃发展，提出许多生命伦理的问题。这些问题

---

① 参见张华夏《现代科学与伦理世界》，湖南教育出版社 1999 年版，第 240～259 页。

② 张华夏：《现代科学与伦理世界》，湖南教育出版社 1999 年版，第 259 页。

值得我们深入研究,以便使生命伦理规范生命科学和生物工程技术的发展。下面分三个问题,系统论述这个问题:

(一)现代生物工程技术的发展

现代生物工程技术有个发展过程。为现代生物工程奠定理论基础的是分子生物学。分子生物学的主要成果是揭开基因的秘密,破译遗传密码。在这方面英国生物学家沃森、物理学家克里克、美国化学家考拉那、生物学家尼伦伯格和法国分子生物学家莫诺,作出了突出贡献,并为基因工程的应用研究打下理论基础。

20世纪70年代,基因工程开始进行研究。1972年美国斯坦福大学的保罗·柏格第一次把两种不同的DNA重组在一起。1973年柯恩等人首次在体外将重组的DNA分子导入大肠杆菌中,建立了分子无性繁殖系。这两件事标志基因工程的开始。

20世纪80年代,基因工程进一步发展。其主要表现有三个方面:首先,转基因植物、转基因动物和转基因微生物的开发,这些开发打破了物种之间的界限,甚至打破了动物、植物和微生物之间的界限。例如:1978年德国创造出地下结土豆,地上结西红柿的植物品种;1980年美国制造出抗霜冻细菌,洒在植物上可抗霜冻;等等。其次,人体基因显示和基因疾病的诊断。有些遗传病通过基因诊断,加以治疗。80年代开始,科学家拟定计划,准备绘制人类基因总图,以搞清每个人可能出现的遗传疾病的条件,搞清由遗传决定的个人品性。再次,基因治疗和优生学的发展。科学家通过对人类基因的控制,消除人们的一些不愿意有的品质或疾病,改进人们存在的一些品质,使基因治疗成为提高人类素质,消除某些疾病的有效方法,实现动物和人类优生的目的。

到了20世纪90年代基因工程又有新的进展,最突出的就是克隆技术的出现。由于克隆技术的发展,人们可以克隆动物,克隆羊多利的诞生,在全球引起轰动。克隆羊多利是怎样诞生的呢?是由科学家从一只6岁多成年母羊的乳腺下取出一个体细胞,将它的核移植到另一头母羊的去了核的卵子中,把其培养成胚胎后,再移入第三头母羊子宫中去,成长发育后,便生下一头小羊。这头通过无性繁殖的小羊,取名多利。克隆羊多利是成年哺乳动物无性繁殖成功的第一个例子,在胚胎发育理论上和在基因工程技术上取得了划时代的突破。1996年3月2日,美国科学家公布了用胚胎细胞复制了猴子,只要进一步研究,用成年猴,通过无性生殖,克隆出小猴,是完全可能的,进而克隆人也将成为可能的。这个巨大成功,提出了许多严肃的生物伦理学问题。

(二)现代生物工程技术的问题

现代生物工程技术的发展也存在一些问题，主要问题，一是基因争夺战问题，二是无性生殖问题。

人类基因工程取得巨大的进展。人类基因组的破译工程大致分三个阶段：第一个阶段是绘制出人类遗传基因分布图谱，在这幅图谱上，可以标明在长长的染色上各个遗传基因分布在哪些段落上。第二个阶段是具体确定各个遗传基因的正确位置。第三个阶段是破译各个遗传基因上所携带的遗传信息，即破译出遗传基因密码。第一个阶段的工作由法国的杰勒通花了6年时间而完成了。第二阶段正在进行，第三个阶段的工作，约到2005年也可实现。①

西方许多国家的不少企业，投入巨资，研究“人类基因组工程”。编写基因图谱像开发各种专利一样，是有知识产权的。在争夺基因密码方面，开始真正的战争。如果我们自己的基因密码自己不能破译而是被别的国家和别人破译出来，这就意味着在基因争夺战中失败，缴械投降。在这场基因争夺战中，我们面对严峻的挑战和考验。我们必须尽快拿出措施，在这场争夺战中获得胜利。为此，我们应取三个措施：一要制定“中国人基因资源保护法”，防止基因资源的流失；二要大力进行宣传使更多的人认识这项工作的重要意义；三要组织攻关，加大投入，用新技术加快对中国人基因的研究，使我们国家在这场争夺战中立于不败之地。②

无性生殖，特别是多利的诞生，令世界震动，让世人不安。多利羊，用克隆方法孕育出来，克隆人用克隆方法也可孕育出来。主持多利孕育的科学家威尔姆特曾说：复制羊的诞生从理论上证实了复制人类的可能性。还说：“如果有人将此技术用于人类将是极其可悲的，任何负责任的生物学家都不会支持人类复制的研究，我们注意到这项技术可能被滥用，在此我们已向人类胚胎学会和伦理学家作出说明。我们认为，应由社会决定该如何使用这项技术，并保证不会超出社会所允许的范围。”③多利羊的诞生，引起世界不安，许多政治家和科学家都纷纷表态，表示要慎重处理这个问题，要利用这项新技术造福人类，切勿滥用，陷入歧途，危害人民。罗马教廷受到最大的震动，梵蒂冈报纸《罗马观察家》发表社论，题为《对理性及人道的紧急呼

---

① 参见贾放《报应——人与自然的失衡》，中国林业出版社1999年版，第17页。

② 参见贾放《报应——人与自然的失衡》，中国林业出版社1999年版，第18页。

③ 转引自贾放《报应——人与自然的失衡》，中国林业出版社1999年版，第21页。

吁》,呼吁要求各国制定法律禁止人类无性生殖。社论说:"人类有权以人类的方式出生,而不是在实验室。任何一种反人类的方式都是令人难以接受的,因为这彻底违反了上帝的造人计划。任何性关系以外的生殖努力都将被认为是违反道德、人类生育和夫妻关系尊严的行为。"①

(三)现代生物工程技术的伦理

现代生物工程技术伦理的问题,邱仁宗研究员在其所著《生命伦理学》中,已有详细论述,张华夏教授在其所著《现代科学与伦理世界》中,也有概要说明。我们结合现代生物工程技术的实际,吸收邱仁宗、张华夏的研究成果,对几个重要问题,进行简要分析。现代生物工程技术从诞生之日起,就与科技伦理紧密结合在一起,在现代生物工程技术的整个发展过程中,每时每刻都提出科技伦理问题。许多生物技术的问题,既是科技问题,又是道德问题,有时道德问题更为重要,如克隆人的问题,不解决伦理问题则难以解决技术问题。只有解决了生物工程技术的伦理问题,才能使生物工程技术本身的问题,得到顺利解决。生物工程技术伦理,我们主要探讨 20 世纪 70 年代基因工程创立以来提出的伦理问题。

1. 破译遗传密码的伦理问题

20 世纪初,人们发现基因是按顺序排列在细胞核染色体上的。一个人从受精卵发育起,直到生命结束止,都受身上基因的支配。如果认识基因的结构和功能,就能破译人类遗传的全部信息,揭开生、老、病、死之谜。

人类身上有 23 对染色体,这些染色体上含有 10 万～20 万个遗传基因,使用着约 30 亿个碱基对。揭示基因遗传密码,工程十分浩大。如用巨型计算机,每秒运算几千亿次,揭示和编制基因图谱,则有了可能。如果将全部基因的遗传密码破译出来,编译成册,就相当于 1000 本《辞海》那样巨大的篇幅。分析一个碱基对的排列,如需 3～5 美元,全部搞清 30 亿个碱基对,则需 150 亿美元。② 现在我们已经掌握 6678 种由基因引起的疾病,利用基因谱,破译基因病,可采取有效措施,治疗这些基因病。在基因谱的问题上,有许多伦理问题值得研究,其中主要的有如何对待基因争夺战和诊断问题。

人类基因图谱工程,有巨大的科学意义和经济效益。编定基因图谱,如同专利一样,也有个知识产权问题。在知识产权中,就有权利、利益许多伦理问题。在绘制基图谱时,也还面临着如何利用和开发基因资源问题。我国有 12 亿人口,基因资源十分丰富,是自己开发还是被别人开发,是自己占

① 转引自贾放《报应——人与自然的失衡》,中国林业出版社 1999 年版,第 22 页。

② 参见邬秀基《全面破译人体基因码》,载 2000 年 4 月 14 日《光明日报》。

有还是被别人掠走，是在争夺基因战中立于不败之地还是被打败，这里有许多伦理问题。基因图谱、基因疾病、基因治疗之间，也有许多伦理问题。例如，如何对待有基因缺陷的妻子、丈夫、孩子，如何正确对待有基因遗传疾病的病人，又如何保护诊断出有基因缺陷的胎儿等等，都有许多伦理问题，需要我们研究、探索，需要我们正确对待。

2. 基因重组工程的伦理问题

基因重组工程从一开始，就开始了伦理学的争论。1973 年重组 DNA 工程开始不久，美国斯坦福大学伯格教授，就起来反对动物肿瘤病毒植入大肠杆菌。为什么反对呢？他认为这样做会对人类带来危险。因为改变细菌的基因，一旦从实验室中泄露出来，人们缺乏对这种细菌的抵抗力，因而会危害人类。1974 年夏，美国科学院成立由伯格任主席的特设委员会，建议暂禁重组 DNA 的研究，直到订出适当的安全措施为止。美国随即又建立重组 DNA 咨询委员会，研究重组 DNA 的安全和伦理问题，研究后表示，可以开放重组 DNA 的研究，但必须严格监控并厉行严格的审批手续。

重组 DNA 的伦理问题还在于：宗教原来认为生命不是进化来的，而是上帝造的，现代通过重组 DNA，人类也可以创造生命了。所以美基督教教堂联合会秘书长、美国犹太教联合会秘书长、美国天主教会秘书长认为：一旦基因工程在技术上可能，扮演上帝这种诱惑就会比以前任何时候都要大。后来，他态度又有所软化，认为基因工程不是禁止问题，而是责任问题，利用基因改进人类生活状况，应当称赞，而滥用人类的自由，则会造成邪恶。① 因而，不论从宗教的观点，还是从科学家的观点看，大都认为，重组 DNA 的问题，不但是个技术问题，而且是个伦理问题，必须注意把技术问题和伦理问题结合起来，才能健康地解决重组基因工程的问题。

因此，我们在从事一项重组基因工程的研究时，首先，要问一下，这项研究是否符合“三个有益于”，即有益于人类的健康，有益于人类的进步，有益于人类的环境。如果是有利于，则鼓励其研究，支持其研究，促进其研究。如不利于，则限制其研究，禁止其研究。如果这种判断在开始时是否有益还不清楚，尚待考察，在这种情况下，我们的研究必须慎之又慎，必须把问题想得多一些，把危害想得多一些，把问题及时解决，把危害及时消除。在这个问题上，张华夏在《现代科学与伦理世界》中，作了比较深刻的研究。他说：“我们认为干预自然必须符合客观的自然规律，符合我们的基本道德准则，以这样的观点看待基因重组工程的伦理问题，就不是基因重组工程本身一

① 参见张华夏《现代科学与伦理世界》，湖南教育出版社 1999 年版，第 280～281 页。

般地应不应该进行的问题,而是我们必须对每一项基因工程本身进行道德决策,考察它们是否符合自然规律,符合人们的基本道德规范,考察它所具有的伦理价值的大小,特别要考察它是符合环境伦理的要求,以不带宗教的和自然主义背景来看待基因重组的伦理问题。这个问题便首先是个环境伦理问题,一项基因工程应不应该进行首先应该看它是否对人类环境和人类安全带来危害,然后看它对人类是否带来实际的利益,权衡利弊,权衡得失,在价值协调和价值冲突中确定去留。"[①]张华夏还提出在进行基因工程的决策时,必须考虑的三个因素:"(1)它是否对社会产生较大的利益,即它是否符合行为功能的原则。(2)它是否对环境带来破坏,破坏的程度如何,即它是否符合环保的原则。(3)它是否有损人们的生命尊严,是否侵犯了少数人的利益,即它是否符合正义的原则和仁爱的原则。"[②]我们认为,我们提的三个有益于和张华夏的三个因素有相同之处,也有不同之处,但基本方面是一致的。在进行基因工程决策时,每个科学家都应考虑这些原则。权衡利弊,权衡得失,权衡善恶,只有这样,才能保证重组基因工程沿着健康道路发展,使基因工程即符合自然规律,又符合道德原则。克隆羊多利是符合自然规律,又符合道德原则,因而克隆成功,是基因工程的胜利,也是道德原则的胜利,尽管有争议,但肯定者占上风。但克隆有损于人类健康,有损人类进步,有损失人类环境的东西,则既违反自然规律,又有损道德原则,则是不允许的,应该严加禁止的。

3. 克隆人的伦理问题

克隆羊多利的诞生,引起轰动,掀起轩然大波,有人赞同,有人反对,经过争论,从总的趋向看,这是件好事,是基因工程的胜利,也是科技进步的一大胜利,预示生物技术的时代,已经敲响世纪的大门。

克隆羊多利的诞生,又引发一场克隆人的论战,少数人赞同克隆人,多数人不赞同克隆人。不赞成者,主要考虑克隆人的伦理问题。克隆人是基因工程最高成果,从科学角度讲,只是个时间问题。但从伦理角度讲,能否实现,是个未知数。如果全世界通过基因立法,一致反对克隆人,也许克隆人就难以诞生,即使诞生,群起反对,也难推广。个别国家和个别科学家,虽口头讲不搞克隆人,但实际上是默许克隆人研究,总有一天,克隆人就摆在人类面前,人类如何对待这个人类的"兄弟"呢?这是一个复杂的问题,需要全世界协同研究才能得到解决。但有一点,我们是肯定的,克隆人和优生基因工程本身应该说只有严格按伦理原则办事才是道德的,才是允许的。错

① 张华夏:《现代科学与伦理世界》,湖南教育出版社1999年版,第283页。

② 张华夏:《现代科学与伦理世界》,湖南教育出版社1999年版,第284页。

误地运用克隆技术和优生技术且违反伦理原则，则是不道德的，应严加禁止的。和一切技术一样，技术本身没有阶级性，但使用技术和技术后果则深深打着阶级烙印。先进武器，各国都在研制，资产阶级在研制，无产阶级也在研制，资本主义国家在研制，社会主义国家也在研制，无所谓阶级性。但是谁掌握先进武器，谁使用先进武器，使用先进武器的后果如何，则有强烈的阶级性。以此类推，克隆技术，包括克隆人的技术，是没有阶级性和道德性的。但使用克隆技术，克隆人达到何种目的，确是即有阶级性，又有道德性。如果有一天，人类能保证人类基因的安全性、多样性、优化性，如果有一天人类将保证遵守基本伦理原则和人类一般道德原则，如果克隆技术和克隆人的技术有益于人类的健康、有益于人类的进步、有益于人类的环境，克隆人摆在我们面前时，我们会按照和克隆人共同遵守的道德原则，学会共处，进行互补，加强合作，对人类的发展也许不是一大祸害。现在，迫切需要的是尽快研究基因工程技术的伦理原则，尽快研究关于能否克隆人和如何克隆人的立法原则，严格用这些伦理原则和立法原则，约束、调整、引导人类正确运用克隆技术进行克隆人的研究，进行优化基因的研究。现在，我们一味地禁止恐怕难以办到，与其如此，不如严加控制，主动引导。因此在克隆人的问题上，我们的态度是：一要反对，二要立法，三要道德规范，四要引导，要慎之又慎，严之又严，决不可麻痹大意，决不可放任自流，决不可横加干涉，否则，一着不慎，造成千古遗恨。

三、现代信息技术和信息伦理

信息技术是现代技术最重要的技术，是起决定作用的技术，是高技术的核心。当代信息技术，作用很大，影响很广，问题很多，当代信息技术中的伦理问题，又特别复杂，特别丰富，特别重要，亟须我们重点剖析，深入研究。

（一）现代信息技术的发展

现代信息技术是发展神速的技术，世界上没有哪种技术比信息技术发展那么快，也没有哪种技术比信息技术对各方面影响那么深远。我们分三个问题，探讨信息技术的发展，研究信息革命的进程，以及信息技术的社会意义。

1. 计算机技术的发展

信息技术的发展是一个非常复杂的发展过程。摘其要者，加以简述。

(1)计算机的发展

信息技术的发展与计算机的发展是密不可分的。关于计算机的发展,《福布斯电脑革命史》进行了详细分析。在这本书中,杰弗里·杨通过一个有趣的故事,讲到计算机的诞生。他在书中说:计算机以及我们今天所说的计算,从真正意义上说始于1937年12月的一个夜晚。那天晚上,衣阿华州大学物理系34岁的副教授阿培纳索夫乘车外出兜风。在车上不由想起一直萦绕心头的事,建造一架更好的计算机,停车饮酒,在餐巾纸上写下构思,这些粗略的构思,逐步得以实现,他首先提出二进制数字方案,通过电子电路进行直接加减法的计划,以及使用电子存储器将数字馈送进计算机器中。后来毛赫利和艾克特,在阿塔纳索夫的基础上,提出ENIAC计划,项目逐步实施,使用电子电路和电子管制造计算机的思想,慢慢地就记在毛赫利的功劳簿上。ENIAC计划到1945年才完成,第一台电子计算机被制造出来。这台机器包含19000只电子管,重量超过30吨,占地面积1800平方英尺,耗电175千瓦,每秒执行5000次计算。这台计算机体积庞大,用电极多,运算又慢,亟须改进。①

1945年出现第一台电子管计算机以后,计算机迅速发展,并经过几个阶段,从电子管计算机,发展到晶体管计算机,从集成电路计算机到大规模和超大规模集成电路计算机。20世纪70年代,出现了微型机,这是计算机发展史上的一次质变,微机的出现,标志着计算机进入普及推新阶段,计算机可以进入寻常百姓家。从20世纪70年代到2000年,差不多有20多年时间,计算机的性能在不断提高,已超过100万倍以上,价格在不断下降,不足原来的万分之一。计算机在应用推广时,又大致呈现4个阶段。第一个阶段,1945年～1955年,计算机主要运用于军事和重大科技项目;第二个阶段,1955年～1980年,运用于企业管理和政府机构;第三个阶段,1970年～1999年,运用于社会各行各业和各门社会科学;第四阶段,1975～2000年计算机进入家庭。② 这4个阶段的划分,只有相对的意义,因为这个划分只就发达国家计算机应用推广而言的,因为发展中国家,特别是不发达国家,则不能按上述时间划分。因为这个划分,时间有穿插、重叠,有的时段相当长,因此时段划分是相对的,我们根据时段处理问题时,不能绝对化。在我们国家,近10年来,电脑的研制和应用都很快,进入政府、企业和家庭几乎是同时的,有先有后,时间很短。这也是后来居上的缘故吧。

当前计算机发展正从第四代走向第五代。第五代计算机在元器件、原

---

① [美]杰弗里·杨《福布斯电脑革命史》,海南出版社1999年版,第3～26页。

② 参见李惠国、吴元梁《高科技时代的社会发展》,中共中央党校出版社1996年版,第9页。

理与功能等方面都不同于第四代计算机，且呈现多样化发展的特点。据有关材料，就第五代计算机的问题，略谈几句。第五代计算机一般说来有以下几种：

人工智能计算机。这种计算机在继续提高运算速度和加大存储量的基础上，适应逻辑思维的知识处理，使计算机具有判断、联想和学习等功能。1997 年 8 月在日本东京举行的“纪念日本机械学会创立 100 周年国际研讨会”上，著名美国未来学家托夫勒和人工智能专家等 22 位世界知名学者预测，在 20 年内，人同机器人自由交谈将成为可能。“家庭机器人”将在 10～20 年内开始制成，并上市销售。还有人预测，“凭自己的判断采取行动的机器人”将会问世。据有的学者预测，人工智能计算机不仅要有智能，而也应有感情。罗莎琳德·皮卡德在《情感计算》一书中，就曾相信，情感也许正是计算机有效工作所需的性能，计算机需要人工情感来更好地理解它们的人类使用者，并实现自我分析和自我改进。① 计算机有了智力又有了感情，人与计算机对话时，就有许多伦理问题值得研究。

人工神经网络计算机。这种计算机靠人工神经元的动态互联沟通自己的结构，形成自己的工作程序的方式。1991 年国际人工智能会议上，专家们就曾指出，今后不是再建立更大规模的知识库，而是研究人脑的构造机制，今后计算机发展的主要方向是神经网络计算机，它们的工作方式更接近人的右脑，可以进行“形象思维”。现在这种计算机正在研制中，一旦这种计算机研制成功，这对于电脑独立进行工作和担负更大工作，具有极其重要的意义。②

光子计算机。这种计算机是经光子为信息载体，来实现信息的存储、处理和传输的计算机。其基础元件是集成光路。集成光路可以将光开关、光存储器，甚至光源、光波等集成在一块芯片上，之间用光导纤维互相联结，就构成一台光子计算机。用光器件制成的光子计算机，其存储容量可达电子计算机的 100 亿倍运算速度或达 1 万亿次以上。光子计算机已在研制，我国“863”计划也包括研制光子计算机问题。这种计算机的雏形已研制成功，但离普及应用还有相当距离。

网络计算机。这种计算机是在计算机网络化中出现的新型计算机。这种计算机不是把数据和程序存在自己的硬盘上而是从中央伺服器上去取用，因此费用低，性能好，效率高。

生物计算机。这种计算机是用遗传工程的方法，以超功能的生物化学

① 参见姜岩《千年挑战——知识经济时代面临的重大问题》，科学出版社 1999 年版，第 249 页。
② 参见郑积源主编《跨世纪科技与社会持续发展》，人民出版社 1998 年版，第 119 页。

反应模拟人体的机能来完成大量复杂的信息存储和处理，由于这种计算机用有机分子取代半导体制造元件，以蛋白质分子作为光存储器件。因而元件比电子元件小得多，甚至可小到几十亿分之一米，计算速度比运行每秒3280亿次的计算机快10万倍，能量消耗仅相当于普通计算机10亿分之一。[①]

(2)软件技术的发展

在信息技术中，微电子技术是基础，计算机技术及通信设施是载体，计算机软件技术是关键，是核心，是枢纽，是灵魂。没有软件，计算机就不能运行，不能应用，难有作为。计算机有了软件，就像插上翅膀，可上天揽月，可下海捉鳖，可翱翔太空，可细探原子，可研究生命，可管理国家，可治理企业，可窥视人生，就是说有了软件什么都能干，没有软件，什么都不行。

软件一词，从1956年FORAN语言等高级语言相继问世，操作系统，如OS/60等开始出现以来，在20世纪60年代，广为流传，渐为人知。60年代后期，由于软件系统复杂度迅速提高，研究周期变长，正确性又难保证，于是出现所谓的“软件危机”。为了克服这一危机，把工程化方法引入软件研制。1968年提出了软件工程，软件工程不断发展，不断成熟，为软件产业形成奠定基础。软件作为独立发展的产业，其产值已超过硬件，微软公司的盖茨成为世界首富，就是最好的证明。至于微软公司和盖茨遇到的困难，面临肢解的危险，那是另外一个问题。

现在软件技术的发展简直可谓是日新月异的，今天是先进的软件，明天就变得不那么先进。从面向对象语言的突起，以SMALLTALA80语的出现为标志，相继出现了许多软件技术，在操作系统方面，就相继出现POSIX国际标准、DOS系统、WINDOW系统、网络操作系统等等。在支撑软件方面、出现了计算机辅助软件工程(CASE)技术、对象软件开发方法学等。在人机交互方面，出现了多媒体技术、可视化技术和虚拟现实技术。在网络分布系统领域，又相继出现了CLIENT/SERVER技术、并行处理技术及INTERNET技术。[②] 在我国，20世纪80年代，软件产业开始起步，经过近20年的发展，已有初步基础。我们应在已有基础上，加大措施，加大投入，加快速度，尽快发展，以追赶世界软件潮流，并想方设法，竭尽全力，迎头赶上，为世界软件产业的发展，作出更大贡献。软件开发中，伦理问题很多，在下面我们还要进行探讨、分析、论述。

---

① 参见郑积源主编《跨世纪科技与社会持续发展》，人民出版社1998年版，第121～122页。

② 参见郑积源主编《跨世纪科技与社会持续发展》，人民出版社1998年版，第120～124页。

(3)信息网络的发展

信息技术的发展，一靠计算机，二靠软件，三靠网络。信息网络的发展，先是互联网，后是信息高速公路，有人认为互联网实际上是“初级的信息高速公路。”

Internet 的正式译名为“互联网”或“因特网”，是目前世界上最大的计算机网络。通过一根电话线或一部手机，与互联网相连接，用户可以使用电子邮件与网上任何用户交换信件，查询有关资料，获取各种信息，取得所有数据。通过计算机联网与计算机检索获取科技文献资料是当今科研的重要方法之一。资料收集之快，研究效率之高，是难以比拟的，是前所未有的。互联网日前正以高速度发展着，据 1998 年统计，网内用户数量将超过 1 亿。现在恐怕超过 1 亿 5000 万户。互联网上的网民们，相互联系敏捷、快速、紧密，许多技术问题和伦理问题大量涌现，需我们研究、规范，使之健康交往，顺利发展。

信息高速公路是 1993 年 9 月提出的，是一项高科技的系统工程，称为国家信息基础设施，英文简称 NII，俗称信息高速公路，英文简称 IH，其实质是高速信息电子网络。美国 1993 年 9 月制定的《国家信息基础结构行动计划》就曾指出：“国家信息基础结构是一个能给用户随时提供大量信息的，由通讯网络、计算机数据库以及日用电子产品组成的完备(Seamless)网络。”①这项工程的目标，就是用光纤和相应的硬件软件及网络技术把所有的企业、机关、学校、医院、图书馆以及普通家庭联结起来，使人们拥有最好的信息环境，做到无论何时、何地能以最好的方式与自己想要联系的对象，进行信息交流。②

信息高速公路由 4 大部分组成：一是通信网，包括主干网和接入网。主干网主要使用已有的各种区域的通信技术，如光纤、卫星和微波等。接入网主要是使用户设备与主干网连接，接用的东西主要有光纤、电缆、铜线和微波。二是信息服务设备，包括各种超级、大中型计算机、微型机、并行机以及网络终端大量用户的设备。三是相关的软件的工具，主要指帮助用户在信息高速公路上漫游的各种软件、硬件工具以及新一代的中间件等。四是信息资料，信息高速公路上所载有的信息和用户信息，均可作为信息资料为全社会和网民所用。

信息高速公路是以强大的通信网为基础的。通过无所不在的网络，把

---

① 国家科委科技信息司等编：《美国国家信息基础结构行动计划》，科学技术文献出版社 1994 年版，第 1 页。

② 参见郑积源主编《跨世纪科技与社会持续发展》，人民出版社 1998 年版，第 137 页。

全世界联系起来，把全世界的信息联系起来，把全世界的网民联系起来。信息高速公路研究专家迈克尔·沙利文—特雷纳在《信息高速公路透视》一书中描述道，当今的技术的信息高速公路的形式出现，是一种以交换思想、信念和商品为目的的概念，至少也是使任何地方的任何人都能保持联系的手段。对于一个普通人来说，无穷无尽的商业机会向他敞开大门。一个全球性图书馆将会创建起来，供人们存入和共享全世界的知识。有了信息高速公路，这些甚至更多的业务将会成为21世纪人们生活的一部分。美国微软公司总裁比尔·盖茨则把信息高速公路想象成一个市场和交易所，他说："当你听到信息高速公路这个词儿而不是看到一条公路时，你应该把它想象成一个市场或一个交易所。"[①]盖茨正是驾着微软这部汽车，在信息高速公路上行驶，在信息高速公路这个超级市场上大做买卖，大发其财，大获利润，成为美国首富。

信息高速公路的信息基础结构进一步发展就是全球性的信息高速公路和全球性的信息基础结构，实质上就是全球性的信息网络。通过这个网络，信息能够以光速传播，刹那间从这一城市到那一城市，从这一国家到那一国家，从这一洲到那一洲，从这个人到那个人。世界通过信息网络联在一起，广大的地球成为地球村，地球上的居民成为地球村民。地球村一旦实现，地球村民的伦理的研究，就摆到日程。

(4)信息社会的端倪

信息高速公路的建设，全球网络的建设，有其重要的社会意义。信息技术是现代技术的核心，信息技术正成为社会发展最重要的动力，随着信息技术日益成为起决定作用的技术，信息社会则初现端倪。

贝尔在《后工业社会的来临》一书中，曾考察了社会结构的变化，把社会发展分为三个阶段：一是前工业社会；二是工业社会；三是后工业社会。前工业社会主要考虑土地和资源的问题；工业社会主要考虑国家和私人投资的问题；后工业社会主要考虑理论知识的中心地位问题。这后工业社会，实质上是知识社会。

托夫勒则把社会发展分为三个浪潮：一是农业浪潮；二是工业浪潮；三是第三次浪潮，即以知识起主要作用的浪潮，也可称为信息浪潮。他认为第三次浪潮建立起来的社会是"超工业社会"。在这种"超工业社会"里，知识就是财富，就是资源，就是资本，就是权力。他说："随着电子网络的扩展，权

① [美]比尔·盖茨：《未来之路》，北京大学出版社1996年版，第8页。

力开始发生转移。"[①]又说："知识产生最高质量的权力。"[②]

奈斯比特在《大趋势——改变我们生活的十个新方向》一书中，对美国社会发展的趋势归纳成10个方面。其中第一个就是从工业社会到信息社会。奈斯比特认为，在未来的信息社会里人们主要进行知识生产，而知识生产已成为决定生产力、竞争力、经济发展、社会进步的关键因素。在信息社会里，商品的价值随知识的增加而增加，新权力的来源不再是人手中的金钱，而是手中的信息。

尼葛洛庞帝在《数字化生存》一书中，又提出"后信息时代"。这个时代也就是电脑时代。他认为后信息时代是数字化时代，将消除地理的限制，超脱时间和空间的束缚。在后信息时代，数字化的生存将成为现实。而数字化生存有四个特征：一是分散权力，电子网络和个人电脑使分权心态逐渐弥漫整个社会；二是全球化，信息技术打破民族和国家和壁垒，逐渐迈向全球化；三是追求和谐，以合作代替竞争；四是赋予权力，使权力易于进入群体和个体，具有流动性。[③]

比尔·盖茨在《未来之路》中对信息高速公路的论述中，不时提到信息高速公路的社会意义。他认为，信息革命的发展，使我们的时代对信息的解释和掌握更深刻了，我们将看到未来信息几乎都是数字的，数字信息的存储、利用日益重要。为我们提供信息、教育服务、娱乐、购物、通信，对社会各方面都有深刻的影响，特别是对教育方式、交往方式、商业方式、金融方式有重大影响。

信息经济学家W.J.Martin进一步研究了信息化的标准问题。他认为，信息化社会的标准有五个：一是技术标准。信息技术必须是这个社会和关键性能动力量。二是社会标准。信息必须保证提高人们和生活质量，整个社会要有广泛而强烈的信息意识。三是经济标准。信息必须成为关键的经济因素，是资源，是服务活动，是流动的商品，也是就业和增值的源泉。四是政治标准。信息能够增强民主和自由，加强人们的各种参与和妥协。五是文化标准。信息具有文化价值。[④]

对信息社会来临问题，国内外也有争议。美国历史学家罗斯扎克在《信息崇拜》中就比较全面、比较深刻地批判人们对信息的崇拜。美国一位社会学家发表文章，批评信息时代和信息社会，认为我们面临的社会和时代，是

① [美]托夫勒：《权力的转移》，中共中央党校出版社1991年版，第132页。

② [美]托夫勒：《权力的转移》，中共中央党校出版社1991年版，第489页。

③ 参见郑积源主编《跨世纪科技与社会可持续发展》，人民出版社1998年版，第156～157页。

④ 参见郑积源主编《跨世纪科技与社会可持续发展》，人民出版社1998年版，第160页。

“泛工业时代”。在我们国家，有的学者，如童天湘教授，他认为信息社会只是一个过渡阶段，未来社会可称为“智能社会”。刘吉教授认为，未来社会不应称为信息社会，当前科技革命也不宜称为信息革命，应怎样称呼呢？他说，我们面临的这场革命是“科业革命”，科业革命造成的社会可称为“科业社会”。[①] 在称呼问题上，我们认为不必争论，随着经济和社会的发展，随着研究的逐步深入，如何称谓，会有个大家认同的称呼。不管称呼如何定，信息革命已成气候，信息社会初见端倪，渐成事实。因而围绕信息技术提出的伦理问题，是我们必须尽快深入研究的问题。

（二）现代信息技术的问题

现代信息技术的发展大大促进了现代高技术的发展，推动了现代经济的发展，加快了现代社会的发展，现代信息技术成为高技术的核心，成为经济发展的第一推动力，成为社会进步的加速器。其积极作用是主要的、巨大的。其消极作用也有，并不断增多，如不加以解决，信息技术的进一步发展就受到愈来愈大的阻力。信息技术带来的问题很多，其中最主要的，和伦理问题联系最紧密的，有以下几个问题：

1. 数字化犯罪问题

英国学者尼尔·巴雷特专门写了本书研究数字化犯罪问题。他在《数字化犯罪》一书中说，数字很重要，大量的数据资源，有各种各样的价值，是非常宝贵的资源，是十分重要的财富，是信息时代的基本组成部分，数字化使大量的数据被储存、分析和应用成为可能。商家为了盈利，为了在商战中取胜，都在收买信息，收集信息，并研究信息。计算机本身有价值，计算机内存储的上百万上千万的信息也是有价值的。从计算机中获取信息，关系事业的成败，关系商战的胜负，关系商家的生死。所以说，“信息就是财富”，“有财必遭贼”[②]。数字化的信息，通过拦截、偷窃，即可窃取，掌握了数据库中的数据，可以为非、可以作歹、可以破坏。有的数据被犯罪团伙掌握后，通过引爆物破坏信息传输，导致整个工作机关的瘫痪；也可以通过发射很强的电子磁场去破坏存储的数据。数据的得失，事关重大；数据被偷，后果难堪。所以巴雷特说：“电子偷窃不仅仅是犯罪行为（或者至少是捣乱行为），而且它和我们整个社会有战略甚至政治关联。因为信息时代不仅仅改变了我们日常的工作和生活，也同时改变了我们社会的基础设施和经济。”[③]

---

① 参见刘吉《匣中剑声》，上海人民出版社 1995 年版，第 151～153 页。

② ［英］尼尔·巴雷特：《数字化犯罪》，辽宁教育出版社 1998 年版，第 5 页。

③ ［英］尼尔·巴雷特：《数字化犯罪》，辽宁教育出版社 1998 年版，第 5～6 页。

2. 电脑病毒问题

电脑病毒是一种特殊编制的计算机程序，能搅乱、改变或摧毁计算机中的软件，使计算机网络瘫痪。计算机病毒，像感冒病毒一样，传染性极强，只要你的计算机同其他计算机联网，或者使用新的软件，计算机病毒就可能传染到你的计算机，使你的计算机得病，到一定时候，病毒肆虐，系统就会瘫痪，难以动弹。据英国《金融时报》1998 年 2 月报道，目前全世界已知计算机病毒有 1.8 万多种，并不断增长，每月增长 500 种左右。1988 年 11 月2 日，美国康奈尔大学的学生莫里斯将自己设计的电脑病毒打入美军电脑系统，使 6000 多台计算机瘫痪时间达 24 个小时之久，直接损失 1 亿美元，可见电脑病毒危害之剧。如果某一种电脑病毒侵入世界范围的计算机，病毒产生的损失，就更难估计，恐怕数 10 亿美元计。

随着电脑的普及，电脑病毒传染日剧，造成的危害日大，因此，认识电脑病毒，诊断电脑病毒，治疗电脑病毒，消除电脑病毒的问题，日益摆在人们的面前，被提上议事日程，于是相应地就产生了抗电脑病毒的软件产业。要预防计算机病毒，用户应使用抗计算机病毒软件防止病毒感染，不要随便交叉使用软盘，不要使用盗版软盘，不要主动向别的计算机传送软件；要及时发现病毒，进行防备、消毒，防止病毒扩散；要加强伦理教育，提高计算机使用者，特别是青少年的道德品质，使其不随便制造病毒、传送病毒；还要加强法制建设，采取有力措施，采取严厉手段，打击计算机杀手，防止计算机病毒蔓延。因此，解决计算机病毒问题，不只是个技术问题，还是个道德问题和法制问题。[①]

3. 电脑黑客问题

“黑客”是英文“Hacker”的译音，原意为热衷于电脑程序的设计者。在整个 20 世纪 70 年代，黑客被认为是那些沉迷于了解和掌握计算机系统的人。这些人制作电脑程序，入侵其他电脑，搅乱其他网民。这些黑客，有的是网络朋客，有的是害客。作为害客和黑客，会造成危害。网络黑客和电脑病毒一起，已经成为全球性两种独特的但同时威胁也极大的顽疾。

黑客问题是个复杂的问题，也是个极有争议的问题，有的褒，有的贬，有的推崇，有的反对。电脑史学家史蒂文·利维曾对这个问题发表一通议论，提出一些见解。他认为：20 世纪 60 年代，第一代电脑捣乱分子聚集在大学计算机系教室里，利用分时技术允许多个用户同时执行多道程序，扩大了计算机及网络的使用范围。第二代人在 20 世纪 70 年代发明并生产了个人计

① 参见姜岩《千年挑战》，科学出版社 1999 年版，第 137～139 页。

算机，推动了计算机的平民化，其领头人是苹果公司的创建人史蒂夫·乔布斯，使计算机王国的老大 IBM 公司脸面丢尽。第三代是软件设计师，包括盖茨，他们在 20 世纪 80 年代为个人计算机设计了各种应用软件。第四代人前人未曾谈到，但今天已经出现，他们也许就是真正的黑客。①

不少黑客认为网络是大众的工具，对计算机网络是无限制的，认为信息应该不受限制，应建立一个平等共享信息的"公平社会"。因此，黑客们在信息高速公路上，不受限制、不受约束地乱跑乱闯，因而不免造成损失，出些乱子，受到抨击，是可以理解的。

黑客们在网上四处游荡，无孔不入，特别是他们对一切加密信息系统有极大兴趣，总想闯入，打探一番，因而造成了网络安全、信息安全以及他人隐私安全等的巨大威胁。所以有的学者说："我们必须指出的是，从总体上看，网络黑客及其行为构成了对网络信息、网络资源、网络安全的巨大威胁，扰乱了网络社会的基本秩序，给他人、社会造成了或物质或精神或心理上的损失，因而是一种不道德的网络违法行为。"②我们认为，这种认识是深刻的。因而，解决黑客问题，也必须从道德的高度去解决。研究对待黑客问题的技术问题和道德问题是刻不容缓的，必须尽快提到日程，认真地、全面地进行研究。

4. 电脑垃圾问题

电脑信息流通是好事，但信息过多、过杂、过滥又是叫人头痛的事，打开电脑，上了网络在网上驰骋，有用的信息和无用的信息一大堆，叫人无所适从，眼花缭乱，目不暇接，信息垃圾泛滥成灾。1998 年 4 月 3 日美国《科学》杂志发表论文指出，当前互联网上的网页天天在增加，月月在增加，年年在增加，增加之快令人瞠目。据统计，近 30 年来，人类生产的信息已超过过去 5000 年的信息总和。据美国国际两用机器公司(IBM)的测算，目前许多企业建立起来的信息库，只有 7%的信息是有用的。又据美国有线公司 1998 年初的统计，该公司每天处理 3000 万份电子函件，其中有三分之一是网上垃圾。

信息垃圾大量泛滥，浪费了网民的精力，荒废了网民的时间，降低了网民的工作效率。大家逐渐认识到信息垃圾的危害性。1998 年在瑞士达沃斯召开的世界经济论坛，专门讨论了这个问题，寻求有关对策。有的信息专家提出"信息节食"，尽量节约精力，制造与传播精简而有用的信息。美国政府为了解决信息过剩的问题，准备拨款 2500 万美元，设立专项研究计划，尽快

① 参见孙伟平《猫与耗子的新游戏——网络犯罪及其治理》，北京出版社 1999 年版，第 214 页。

② 孙伟平：《猫与耗子的新游戏——网络犯罪及其治理》，北京出版社 1999 年版，第 216 页。

解决这个让人头痛的问题。

解决信息过剩，消除信息垃圾的问题，日益成为全世界网民的共识。不少国家、不少企业、不少公司、不少网民，都在想方设法从网上清除信息垃圾，但效果不太明显，垃圾泛滥的趋势，没有得到遏止，仍有蔓延趋势。怎样解决这个问题呢？有三条路要走：一是走技术之路，发明新技术，阻止信息垃圾上网，及时清除网上垃圾，限制信息垃圾在网上的传播；二是走道德之路，对全世界网民要进行道德教育，建立道德新规范，用来规范信息的制造、传播和利用；三是走法规之路，要搞信息立法，通过国家制定法律清除网上的垃圾，使垃圾不合法，使清除信息垃圾的工作受到法律保护。三管齐下，加大措施，也许能遏制住信息垃圾泛滥的势头。

5. 网上黄毒问题

网上“黄潮”泛滥问题，也是个严重的社会问题和道德问题。有些不道德的人，制造淫秽色情信息，危害社会，危害青少年，造成人性堕落，犯罪增加。世界各国的有识之士，早已认识到这个问题的严重性，呼吁国家政府和民众起来，制定有力措施，禁止黄毒传播，保护民众，特别是青少年的身心健康。

据英国《每日电讯报》1995 年 9 月 13 日报道，英国哈罗德·蒂姆莱贝教授，经过研究统计，发现在互联网上非学术性的信息中，有 47％的信息与色情有关。互联网上色情信息的传播，大体有三种途径：一是一些色情机构在网上公开发布色情消息，用户找到他们的电子网址就可调阅欣赏；二是一些不法分子或沉溺于色情信息的人利用互联网组成的信息交流，在网上输入大量色情信息；三是一些不法分子或沉溺于色情的人利用电子邮件的形式向其他人散发色情邮件。[①] 许多有识之士强烈呼吁制止黄毒泛滥，救救孩子们。1998 年 6 月 29 日在芬兰首都赫尔辛基召开研讨会，大家呼吁，必须立即行动起来，制止“黄潮”泛滥。并严厉指出：在互联网上散布毒害儿童、诱导儿童犯罪信息的行为，绝不是应该保护的个人隐私言论自由，而是犯罪行为。解决黄毒犯罪行为，也有三条措施：一是利用技术，禁止黄毒在互联网上传播；二是利用道德，造成传播黄毒可耻的氛围；三是利用法律，打击制造和贩黄的不法分子。

6. 网上赌博问题

互联网上，什么事都可干，干好事，也干坏事，干善事，也干恶事。在网上赌博，大赚网民的钱，就是一件坏事，一件恶事，是应该受到道德谴责，法

① 参见姜岩《千年挑战——知识经济时代面临的重大问题》，科学出版社 1999 年版，第 10 页。

律惩罚的。有些发达国家，对网上赌博是明文禁止的，谁在网上赌博，一旦发现，就被指控，严重的绳之以法。美国联邦法律就明文规定禁止任何人利用州际或国际通信线路，其中包括互联网和电话等，从事与体育比赛有关的赌博业务。法令虽禁止，赌博之风仍劲吹。过去两年里，在美国通过体育赌博，利润从 6000 万美元猛增到 6 亿美元。又据估计，在互联网上从事体育赌博的公司有几十家，年营业额可能多达 10 亿美元。[①] 比尔·盖茨在《未来之路》一书中也谈到这个问题。他说："信息高速公路将会对合法及不合法赌博有更重大的影响。我们肯定会看到在每个服务器上所下的赌注。电子邮件作为一种打赌的工具，电子货币用来下赌注并清盘。……信息高速公路使将来的赌博比现在的赌博更难控制得多。"[②]

在网上赌博，如果不加限制，面更广，人更多，控制更难。赌博公司和赌徒们发现，不少国家是禁止开赌场的，例如，我们国家就是如此。因此，许多赌徒希望在网上设赌场，在网上设赌场投资少，占地少，人员少，成本低，利润高，因而赌博公司有利可图，便纷纷上马。有的还在全球组织"赌博社团"或"赌博虚拟共同体"。据有关方面的统计，美国现在每年总投注金额约为 5500 亿美元，赌博公司总收入 444 亿美元，而目前网上赌场的营业额据估计已经占总金额的 5％～10％，其发展速度实在不容低估。[③]

解决网上赌博的问题比解决日常生活中的赌博问题更困难，更复杂。因为上网太易，一点键盘，即可参与，监督极难，检查极难，审理极难。难是难，但不能因难而放任自流，不予理睬，任其泛滥，毒害社会。解决网上赌博问题也有三个渠道：一是技术问题，利用技术限制赌博；二是道德问题，通过教育，提高品德，不去参赌；三是法律问题，制定条文法，对赌博依法办理，也可解决网上赌博问题。

7. 网上盗骗问题

偷盗和诈骗是古已有之的犯罪行为，古代许多法规和道德规范都有禁止偷盗和诈骗的规定。因有了四通八达、操作简便、管理松散的互联网，因而网上偷盗和诈骗问题，又以新的形式，在网上泛滥起来，利用计算机进行偷盗和诈骗的活动的案犯越来越多，危害也越来越严重。

为了禁止利用计算机偷窃，许多国家和单位，都对网上偷盗问题，从道德规范上加以制止。如美国计算机伦理协会制定的十条戒律中，就有"你不应该用计算机进行偷窃"的训诫。南加利福尼亚大学的网络伦理声明中，也

---

① 参见姜岩《千年挑战——知识经济时代面临的重大问题》，科学出版社 1999 年版，第 112 页。

② ［美］比尔·盖茨：《未来之路》，北京大学出版社 1996 年版，第 260 页。

③ 参见孙伟平《猫与耗子的新游戏——网络犯罪及其治理》，北京出版社 1999 年版，第 157 页。

把“偷窃资料、设备和智力成果”列为应禁不道德行为。①

偷窃种类很多，择其要者，主要有四：

一是偷信息数据。在网上，信息极其丰富，目前全世界每天约有100亿信息单元的信息量在传递，年产约720亿条信息，并以每年递增15%～20%的速度发展。信息多，漏洞就多，被人偷窃的可能性就大。信息被盗，数据被窃，转手倒卖就可盈利。有些国家的机密被盗，还会产生严重后果和巨大损失。

二是偷窃钱财。在网上，建立了许多电子银行、电子商场、电子公司以及信用卡、储值卡支付系统，这些网上银行、商场、公司、卡都是有钱的。如果把密码破译，通过一定技术手段，则可把钱从甲方划归乙方，从某银行转到另一银行。为了防止盗窃，不少银行花钱保密，有的甚至装了“防盗网”“防火墙”，但仍被盗窃。据1995年8月21日美国《华尔街日报》报道：花旗银行装备了“防火墙”，仍被前苏联克格勃特工通过计算机网络盗窃1160万美元。

三是家贼自盗。公司雇员利用计算机盗用、篡改数据，偷窃信息情况比较严重，这种“家贼难防”的情况，造成的损失也难以估计。因此，不少人认为，现在看来，网络内部隐患威胁的问题越来越大，必须严肃处理。

诈骗问题也日益严重。据路透社1998年3月30日报道，北美证券管理协会说，网上诈骗是世界上第二种最常见的投资诈骗形式。该协会估计，所有类型的诈骗每年使投资人损失100亿美元，即大约每小时损失100万美元。②

网络骗子也有多种行骗方法，主要的有三种：

一是非法传销。在商业中，非法传销的问题，十分严重，屡禁不止。在我国，禁止非法传销，又是下文件，又是见诸报端曝光，但非法传销，因利益驱动，经常死灰复燃，转变传销方法，继续非法传销。在网上也是如此，非法传销方便易行，市场又大，诈骗分子屡用网络进行传销，以售其奸，以销其假。

二是假冒拍卖。网络骗子经常假冒拍卖活动，骗取钱财，买空卖空。用假身份证向用户拍卖并不存在的东西，乘机骗取用户的钱财。

三是冒名顶替。网络骗子利用网民心存侥幸等心理活动，盗用网民的信用卡，骗取银行信任，冒名顶替，诈骗取款，取走网民钱财。

---

① 参见孙伟平《猫与耗子的新游戏——网络犯罪及其治理》，北京出版社1999年版，第57页。

② 参见姜岩《千年挑战——知识经济时代面临的重大问题》，科学出版社1999年版，第94页。

8. 电脑隐私问题

隐私，主要指个人信息中不想让人知道的那些内容，如某人的生理和心理特征信息、经济信用信息、个人感情生活信息等等。这种隐私是不让人知道的，是拥有隐私权的。这种权利不能分配、不能买卖、不能让予、不能公开。保护隐私权，不是保护不道德、不合法的行为，更不是保护罪犯免受道德和法律的制裁，而是保护个人这部分信息的保密权利，对个人人格、自由的一种尊重。在文明国家，尊重隐私是公民的权利，也是基本素质。

在网络世界里，在网络中，通过匿名上网或更换网名，将自己的一些隐私输入网内，输入的隐私在网上可以保密，不受侵害。由于人们把许多信息都可收集起来，使人们的信息不断增多，可以说应有尽有，有些信息就是隐私的信息。因为信息越来越多，可保密的东西越来越少，因而《数字化生存》的作者尼葛洛庞帝预言说：未来将"一网可以打尽全世界"！既然一网可以打尽全世界，当然一网也可打尽人们的隐私。

网民们通过各种渠道搜集人们的隐私，有的通过登陆人的信息，有的通过电子函件，有的通过网上记录，有的通过档案传输，有的通过网上交谈，把人们的隐私逐渐积累起来，集中起来，就可把人们的隐私揭露出来。隐私的揭露，可以损害人的名誉，达到政治上、经济上的目的。不少国家通过揭露政治家的隐私，把其搞臭，遭到道德和法律谴责，让其辞职，逐其下台，达到党派纷争的目的，实现政权更迭、财权更换。

因为隐私问题很敏感、很复杂、很严重，因而有关国家和团体，召开会议，研究对策。1996 年 3 月 27～30 日，在美国波士顿举行了第六届计算机、自由与隐私国际研讨会。会议认为，应该寻找出一条既尊重个人隐私，又允许个人自由，同时也允许政府为防止犯罪和保护国家利益不受侵犯而以恰当方式进行统治的道路。①

9. 网上毒瘾问题

由于计算机的普及，互联网上的网民日多，特别是一些青少年网民，整天沉溺于网上，似有毒瘾，上网之后，很难下网，不能自制，难以自拔。就像玩游戏机一样，也像吸毒一样，上网有瘾，网瘾难耐，甚至忘掉吃喝，连夜不眠，有的精神失常，严重的还会犯罪甚至自杀死亡。早在 1995 年，英国心理学家麦克·格里费斯博士就曾对一些青年网民进行过分析，经过分析，发现这些网民一接触互联网就异常兴奋，没有机会上网，就犯了网瘾，这网瘾表现，如同吸毒，如同酗酒。其他科学家还发现，因上网有瘾，网瘾难耐，患互

① 参见孙伟平《猫与耗子的新游戏——网络犯罪及其治理》，北京出版社 1999 年版，第 95 页。

联网综合征者逐渐多起来，这种网病表现特征，一是满脑不想别的只想上网，不上网就难受，二是手指不停敲动，似点鼠标。

网民所以上网有瘾，同网上色情、诈骗、暴力内容过多有关。因此上了瘾，心理变态，头脑恍惚，如患重病。有的成年人也可得互联网综合征，得了这种病的人，什么家庭观念，什么爱情观念，什么价值观念，统统淡薄了、淡忘了。有位妇女因迷恋互联网，忘了丈夫，弃掉孩子，将床搬到电脑边，与电脑同眠。有位青少年因迷恋互联网，忘了父母，忘了吃喝，玩得茶饭不思，父母只好配备轮椅，吃饭时，把他推开，饭后再玩电脑。有的人，迷恋电脑，玩得迷迷糊糊，忘了爱情，把电脑当情人，把互联网当情人，只要网络爱情、虚拟性生活就够了。这种人像精神病患者一样，得了"网络癖"，患了"网络病"。有的重者，真的成了神经病，成了犯法的罪人。因此"网络综合征"，也是人类的大敌，应该去研究，积极治疗。如何治疗"网络病"呢？治疗网络病：一要严格控制上网时间，不能让网民上瘾，更不能让青少年上瘾；二要整顿上网内容，尽量增加内容健康、积极向上的内容，尽量减少和禁止色情、暴力、消极颓废的内容；三要加强法制和道德规范，用法制整顿网上秩序，用道德整顿网民头脑，使网上秩序井然，使网民健康上网。

（三）现代信息技术的伦理

现代信息技术伦理，主要是计算机技术的伦理问题。美国理查德·A·斯皮内洛著《世纪道德——信息技术的伦理方面》一书中，对信息技术伦理作了比较全面的分析，他认为："计算机技术的伦理问题似乎成了90年代以后的主要问题。"[①]这一论点，渐被证实。进入21世纪后，现代信息技术伦理、计算机技术伦理、网络伦理发展更加迅速，日臻成熟，日益重要，成为伦理学的主流。经济生活、政治生活、文化生活，每时、每事、每地都与这些新的伦理学发生紧密联系，都要用信息技术伦理、网络伦理协调人们的经济生活、政治生活和文化生活。

许多机构、协会、学校都很重视信息伦理的研究和教育。1995年11月18日，加利福尼亚大学柏克利分校举行研讨会，专门研讨互联网的伦理学问题。美国华盛顿布鲁克林计算机伦理协会从1992年开始每年都召开关于计算机伦理的年会。美国乔治亚州律师协会计算机法律部就设有网络伦理委员会。美国杜克大学给学生开设了一门课程，课程就是"伦理学与互联

① ［美］理查德·A·斯皮内洛：《世纪道德——信息技术的伦理方面》，中央编译出版社1999年版，第5页。

网”[①]。目前,有关信息伦理、网络伦理的论著越来越多,信息伦理、网络伦理的研究,日益成为热门学科。在信息技术突飞猛进迅速发展的时候,信息技术伦理、网络伦理的研究,日益重要,日益紧迫。

1.现代信息技术伦理的基础

任何道德都是有特殊的政治和经济的基础的,都是一定的社会交往方式的反映。信息技术伦理也不例外。从总体看,信息技术道德是信息社会、信息经济的反映,是电子信息网络交往方式的反映。

信息社会和知识经济一样初露端倪。许多学者对其进行了深入的研究,并出版了许多论著。代表性的有:托夫勒的《第三次浪潮》《第四次浪潮》《权力的转移》,贝尔的《后工业社会的来临》,奈斯比特的《大趋势——改变我们生活的十个新方向》《90年代世界发展10大趋势》《亚洲大趋势》《高科技高思维》,堺屋太一的《知识价值革命》,施赖贝尔的《世界面临挑战》,吴季松的《知识经济》,李京文的《知识经济:21世纪的新经济》,黄顺基、李庆臻的《大杠杆——震撼社会的科学技术革命》,等等。

信息技术和网络技术对社会产生广泛而深刻的影响,改变着社会的经济结构和形式,改变着社会的政治结构和形式,改变着社会阶层的结构和地位,改变着人们和生活方式、交往方式、战争方式等等,使社会经济政治文化出现许多新情况、新现象、新特点。这些新的东西集中到一起,就呈现出一个新社会的雏形,这就是信息社会的雏形。

信息伦理就是对信息时代人们通过信息技术和信息网络而发生的社会行为进行规范的伦理准则。这些伦理规范由无到有,由少到多,从不完整到完整,从不系统到系统,而不断发展着。信息伦理的建立有一个长期过程,这个过程与信息时代和信息社会的长期发展相适应的,信息伦理是信息时代和信息社会的产物,是以信息社会、信息经济为基础的。

严耕、陆俊、孙伟平著《网络伦理》一书中也探讨了网络社会是新型的网络伦理的基础,比较详细地论述了网络道德是信息社会生活的反映。作者说:“道德关系的变化是一定社会经济基础和社会生活变化的反映。当人们的交往方式和交往的物质手段发生了变化,同时带来的将是道德关系的变化。”[②]又说:“道德关系的变化和发展离不开人类社会本身生产方式和交往实践方式的变化和发展,我们只有充分把握电子信息网络已经或将要对社会各个层面产生的影响,理解网络社会的一些基本面貌和特征,我们才能理

① 参见严耕、陆俊、孙伟平《网络伦理》,北京出版社1998年版,第7~8页。

② 严耕、陆俊、孙伟平:《网络伦理》,北京出版社1998年版,第20页。

解建立新型网络道德的必要性和可能性。”①我们认为，作者的观点和方法是唯物主义的，是辩证的，是研究信息的正确观点和正确方法。我们在研究信息学时，要坚持马克思主义的辩证唯物主义和历史唯物主义的观点和方法，参考严耕等同志的有关思路，对信息伦理的有关问题，进行深入的分析。

2. 信息价值伦理

价值问题是伦理学的根本问题，当然也是信息伦理的根本问题，不理解价值，就不能理解伦理学的发展。价值的概念不断扩大，不断深化。由于人们逐渐对人的价值有了深入的认识，因而就逐渐形成以人的价值为研究对象的各种伦理观念和道德学说。人们进一步开阔眼界，逐步深入认识了自然界的价值，因而各种环境伦理学、生态伦理学、地球伦理学，便应运而生。人们再进一步开阔眼界，逐步深入认识了知识和信息的价值，因而各种信息伦理学、网络伦理学、数字化犯罪伦理学也就相继诞生。

信息是有价值的，其价值越来越重要，越来越高。在现代商品中信息的价值的比重越来越大。信息本身就有价值，而且价值也越来越大，信息创造的价值，日益在价值总体中所占的比重也越来越大。因此如何认识信息的价值，如何对待信息的价值，如何正确处理信息的价值，都有许多伦理学方面的问题。

信息有各种价值，必须全面认识这些价值，才能正确对待这些价值。信息有经济价值，信息是财富，是重要的生产要素，是知识经济的关键要素，都说明信息确有经济价值。信息有政治价值，信息促进社会发展，推动政治民主化、法制化。信息有文化价值，可推动文化的繁荣，促进道德观的发展，激励文学艺术的创作，推动教育的改革。信息还有生态价值、医学价值、军事价值等等。应该说，各个领域，各个方面，只要有信息，就有信息的价值。

信息是双刃剑，有积极信息，有消极信息，有善的信息，也有恶的信息。用信息谋取不义之财，发动侵略战争，侵犯他人隐私，散布淫秽文化，制造杀人武器等等，这些都是恶的事情、坏事情、消极的事情，都要受到道德的谴责、伦理的批判、法律的惩罚。

信息有许多特性，许多专家学者也做了研究，概括起来主要有六点：一是信息有可扩充性；二是信息有可压缩性；三是信息有可替代性；四是信息有可输送性；五是信息有可扩散性；六是信息有可分享性。信息的这些特性都很重要，我们认为，尤为重要的是信息的价值性。以上六大特性，都与信息的价值性相联系，都与价值的增减相联系，一般地说，扩充过程、压缩过

① 严耕、陆俊、孙伟平：《网络伦理》，北京出版社1998年版，第26页。

程、替代过程、输送过程、扩散过程、分享过程都有个价值变化问题。在价值变化过程中,又都有个价值伦理问题,这些问题亟须我们进行深入研究,以便使信息的创造、传送、接受都遵循道德规律健康的发展。

3.现代信息产权伦理

对信息是否有产权的问题,学者们是有争议的。计算机分析家和评论家马科夫认为:“这些开脱和借口反映出一种广泛的心态,即电子信息实际上是公共领域的内容而不应作为私有财产加以保护。”①在马科夫看来电子信息不是私有财产,因而无所谓产权问题,更无所谓产权伦理问题。然而,大多数学者,还是认为信息有个产权问题,有个财产的归属问题,无非是归于社会还是归于个人,还是归于社会又归于个人。理查德·A·斯皮内洛认为:知识产权保护问题不是一个简单的问题,而是一个相当复杂的问题。为什么呢?首先,因为智慧的思想在传统上一直被视为属于公共领域,如数学和科学的概念,就通常认为是公共财产,由社会的全体成员所共享。但是在处理软件和软件程序合为一体的算法和思想时,是作为公共财产,还是作为专利权、著作权加以保护,就有了分歧。斯皮内洛倾向认为应该作为专利权加以保护。其次复制软盘无疑是错误的,但其他事宜在伦理上则是含混不清的。斯皮内洛倾向应尽力解决这些伦理问题,以利软件事业的发展,以利信息事业的发展。所以他就深刻研究了软件的法律保护、专利和著作权法等问题。通过这些问题的研究,探索信息专利和信息专利伦理问题。

关于软件的法制保护问题。如果软件中包含着重要的经济价值的信息,而这些信息来之不易,是公司耗费大量时间和金钱而取得的,这些信息有重要价值,是重要财富,不容别人任意占有、使用。这些信息是秘密的信息,不应泄露,不应盗用,是可以作为专利性质的东西,是可以视为个人的财产和公司的财产。这些公司的秘密信息,一旦泄露出去,一旦被别人盗走,会给公司造成不可估量的巨大经济损失。信息秘密的保护十分困难,要解决这个问题,一靠法制完善,二靠伦理规范。

专利问题,也是个信息问题。但根据旧的专利法,则很难把程序、算法放进去,因此,程序及其算法问题是否符合专利法的问题,法律界进行了长期争论。直到1981年法院裁决“钻石公司诉迪尔公司案”,才将计算机程序及其算法列入专利。这一判决结果,使越来越多的公司寻求可行的形式来保护知识产权。信息可获专利,对软件开发者来说,有很大的好处。因而他们争相开发软件,获得丰厚回报,赢得巨大财富。微软盖茨曾成为美国首富

---

① [美]理查德·A·斯皮内洛:《世纪道德——信息技术的伦理方面》,中央编译出版社1999年版,第215~216页。

就是明证。

关于软件的著作权问题。这个问题，在20世纪60和70年代，就颇有争议。1980年通过一项对1976年《著作权法》的修正案，赋予软件开发者与小说家、剧作家、歌曲作者同样的保护，因而软件也有了著作权。

软件成为专利，有了著作权，也间接地证明信息是有专利权的。信息和软件有了专利和著作权，就有个如何正确对待信息和软件的专利权和著作权的问题，因而也就有了信息专利伦理的问题。例如，有的软件开发者肆无忌惮地复制源码，然后将其作为自己的程序卖给别人，有的人随意复制成品软件而不去购买或登记自己的复本，有的人抄袭程序的逻辑结构、顺序和一般设计，将其嵌入自己的源码当中，有的不法商人明目张胆地制造盗版，大发不义之财等等，都涉及信息伦理问题。这些行为，都是不道德和不法行为，应当劝阻，应当制止，应当处罚，严重触犯刑律者，还应绳之以法。

4.现代信息竞争伦理

理查德·A·斯皮内洛在其所著《世纪道德——信息技术的伦理方面》一书中，专门论述了信息技术和反竞争措施。在一开始，他就开门见山地指出："竞争和公平交易问题一直是商业伦理学严重忽略的课题。"①近几年来，对信息竞争问题的研究越来越重视，这对信息企业的发展，信息技术的进步，市场经济的繁荣，都有重要意义。

信息技术的优势，能转化为企业和公司的竞争优势，能提高企业和公司的竞争能力，也能改变公司和企业的竞争方式。信息技术占优势的企业和公司，往往在竞争中取胜，并获得发展；而信息技术占劣势的企业和公司，往往在竞争中失败，并遭受巨大损失。公司和企业间结成伙伴关系，信息资源共享，可以互惠，互相补充，互相激励，互相促进，对公司和企业的发展，有极大的促进作用。

信息自由流动，对经济社会发展有积极作用，对市场经济发展也有积极作用，但是信息的垄断，对市场经济的发展却起着消极和阻滞的作用，因此，要反对信息垄断，反对信息技术垄断。当前，在美国，再三裁决、肢解、起诉微软的种种原因和企图，都是力图反对微软在信息业和信息技术的垄断地位，以促进信息业的发展，推动信息技术的进步。

在信息和信息技术的自由竞争和垄断问题上，有许多伦理问题，信息和信息技术应该公平竞争，如不公平、不公正，搞信息垄断，则有碍进步，有碍发展，有碍提高，因此，公平竞争则为善、则为好，信息垄断则为恶、则为差。

---

① [美]理查德·A·斯皮内洛：《世纪道德——信息技术的伦理方面》，中央编译出版社1999年版，第68页。

信息垄断伤害了竞争对手，也对企业和公司未来发展不利，会对整个行业带来负面影响。理查德·A·斯皮内洛认为：信息对任何产业都是稀缺商品，因而为了保证产业的生机，这种重要的资源应公平享受，不应受到垄断并被作为挤压对方的手段，把对手赶出竞技场。至少，这些大公司在其自然竞争的本能上应有所节制，多想一下别人的利益，尤其是利害关系人的利益。从以义务为基础的角度来看，他们必须考虑如何使其义务与各利害关系人协调的问题，同时要考虑社会的信息需求。他又说：对信息技术而言，为了使每一家公司均有竞争的机会，必须对信息资源的不平等加以控制。但是竞争也不能无秩序，不能过度，不能随意。过度竞争，无秩竞争，也不利进步，不利发展，不利提高，因此，必须受到市场经济法规的控制，受到政府的干预，也受到伦理规范的限束。特别是在我们社会主义国家，在公正的社会里，要允许合理的竞争，反对不合理的垄断。只有这样，才能更好地促进信息技术的发展，推动信息经济的发展，促进信息社会的进步。

5.现代信息隐私伦理

信息越多、越快、越重要，价值越大，保护隐私问题，也越来越复杂、越重要。华盛顿电子隐私信息中心主任罗滕伯格曾说："隐私之于下世纪的信息经济，如同消费者保护问题和环境问题之于20世纪的工业社会。"[①]在隐私问题上，长期以来，不少文献曾有论述，也有争议，但大都主张保护隐私。保护隐私所以重要，是因为隐私和人的基本权利、人的自由和自主权紧密连在一起的，要尊重个人的自由和自主权，就应保护人的隐私。不尊重他人的自由和自主权，就必然侵犯人的隐私，不尊重他人的隐私，必然干涉他们的自由。在这方面，理查德·A·斯皮内洛有深刻的论述。他说："隐私与尊重人的自主、自由、理性之间有着密切关系。某人作为理性和自主的人而被尊重的事实，意味着人们应该尊重他或她的隐私，因为这是那种自主的必要条件。"又说："在一般情况下，隐私必须受到尊重，因为它是保护我们自由和自决的一张重要的盾牌。"[②]

在信息时代，计算机技术发展，使信息的采集、存储量大大增加，信息传递效率大大增强，什么都可进入计算机，什么都可上网，在网上什么事情都可以传播。在这种情况下，保护隐私问题日益显得更加重要，不然，通过电脑任意搜集、传播别人的隐私，岂不"天下大乱"了吗？保护隐私，不只是保

① 转引自[美]理查德·A·斯皮内洛《世纪道德——信息技术的伦理方面》，中央编译出版社1999年版，第2～3页。

② [美]理查德·A·斯皮内洛：《世纪道德——信息技术的伦理方面》，中央编译出版社1999年版，第168页。

护个人生活方面的隐私，而且要保护生产者和消费者的隐私。在信息时代，这个问题日益引起人们的重视。因而，在这方面保护隐私问题也日益显得重要。过去，我们注重保护个人生活方面的隐私，而不大注意保护作为生产者和消费者在生产方面和消费方面的隐私。我们应当注意：由于特殊目的提供有关我们自身的信息时，要慎重考虑这些信息是否应该保密的。因为，在信息时代，信息已经成为商品，个人的消费习惯、购物货款、电话号码等等情况，都可作为有价值的信息进行销售，都可成为生产手段和消费手段的工具和砝码，转手出售，以牟私利。现在有的传销者也在利用网络和辞书、电话号码簿搜集信息，变相传销；有的利用名人效应，大量搜集个人信息，名为编辞典，实为牟暴利。这些，我们都应警惕。不要因为我们一时疏忽，泄露个人的一些隐私或秘密，使别有企图的人利用来获取私利。

信息何时公开，何时保密，应有个界限。个人的信息，何时公开，何时仍是隐私，也应有个界限。这里有个道德问题，消费者的隐私权一旦受到侵犯，就会对消费者带来损害，甚至伤害，带来最重的后果，就会使自由的价值降低，使自主权降低，使个人价值降低。现在，在电子信息网络发达的国家，对个人隐私权能否得到有效保护的担心已经成为社会性的忧虑。为了解决这个问题，发达国家在召开研讨会，不断深入研讨自由与隐私的问题，讨论个人隐私和社会监督的关系问题。协调个人隐私与社会监督的平衡，保护主体的权益，约束网络社会的道德机制的建立，社会安全的保障，都需要我们完善信息隐私伦理。在信息时代，隐私道德基础的关键，是控制有关自己信息的权利。而恰恰是这种权利在数字技术进步和过程中处于最危险的境地。我们必须深刻了解信息隐私道德基础的这个关键，我们也必须清醒认识我们实际上所处的最危险的境地，只有有了这种认识，我们才能深刻理解加快研究隐私伦理的重要性和紧迫性，才能加大力度建立与信息相适应的信息伦理学，与信息隐私相适应的信息隐私伦理学。

6.信息安全伦理

信息安全伦理与信息知识产权伦理和信息隐私伦理有紧密的联系。信息知识产权和信息隐私都有个保密问题，也都有个安全问题。这些信息对个人、对公司、对集体、对国家都是重要的资源，重要的财富。重要的信息一旦泄露，就会对个人、集体、公司、国家造成不应有的损害。因此，信息安全问题是个非常重要的问题，必须严加管理和严格遵守，与此相应，信息安全伦理问题，也是个非常重要的问题，必须认真研究和严加控制。

随着计算机技术的发展，随着计算机网络化的进步，信息安全和信息安全伦理问题，更加复杂化。为了防范信息泄露，保证信息安全，所采取的对策和应变措施，也更加复杂化。这里有许多情况值得我们研究，有许多新的政策值得我们探讨。在安全问题上，有个故意和恶意、还是粗心和意外的问题。对粗心和意外造成的信息泄露，要总结经验教训，制定防范措施，不断提高信息安全的自觉性，使信息安全得到保证。对故意和恶意破坏信息安全，造成重大经济损失和政治损失的，要视其情况和态度，或解除公职，或处以罚款，或绳之以法。

信息盗窃是信息安全的最大敌人，是最常见和损失最大的计算机犯罪形式。在信息时代，人们为了共同的利益，而互通情报，互通信息，信息共享，利益同获，对人们的物质生活和精神生活产生正面的积极影响。人们又为了个人的私利而封锁情况，垄断信息，出卖信息，以得私利，对人们的物质生活和精神生活又产生了负面的和消极的影响。

确保信息畅通又确保信息安全，这里有复杂的法规问题，也有复杂的道德规范问题。解决这个问题，一方面要加强信息安全的法规建设。在道德建设方面，斯皮内洛的《世纪道德信息技术的伦理方面》、严耕等人的《网络伦理》等著作，进行了比较系统而深刻的研究，提出不少值得研究的问题，发表了一些值得思考的见解，提出了一些应该遵循的道德规范，值得借鉴，值得深入探讨。理查德·A·斯皮内洛谈到数据库问题时曾深刻指出："有的数据库含有高度敏感的信息——医疗记录、信用和财务记录等，如不予以妥善保护，无辜的人们就要受到伤害。因而，提供充分的安全保障的道德义务在某种程度上是基于无害原则之上的，也就是说基于防止伤害他人和一般道德义务之上的。由于粗心或冷漠而未能保护信息，表明缺乏对隐私权的尊重。提供恰当的安全保障的义务正好也落在了应用开发者和其他信息技术专业人士身上，原因在于以下两个因素：知情和能力……事实上，他们最清楚安全风险可能在何处，而且他们的专业知识和资源能够最大限度地减少这些风险。"[①]他还说："从道德的角度来看，说重一些，电子侵害就是一种严重的犯罪，因为它侵犯了财产权，浪费了计算机资源，能够造成负面的结果，虽然它可能是无意的。"[②]严耕等人在《网络伦理》一书中，用较大篇幅论述了"极端不道德行为——网络犯罪"，论述了网络冲突和网络时代中的国家安全问题。网络犯罪是网络道德时空中飘荡着的一朵朵乌云，网络安全伦理则给社会的新型道德吹进一缕缕的春风。

---

① ［美］理查德·A·斯皮内洛：《世纪道德——信息技术的伦理方面》，中央编译出版社 1999 年版，第 279 页。

② ［美］理查德·A·斯皮内洛：《世纪道德——信息技术的伦理方面》，中央编译出版社 1999 年版，第 284 页。

7.现代信息战争伦理

信息技术应用于军事，并作为武器在战争中使用，成为克敌制胜的重要武器，于是就出现了“信息战”。“信息战”是一种新形式的战争，是战争形式的一次革命。美国军事战略家安德鲁·马歇尔曾说：我们正处一个现有技术将导致我们未来的作战方式发生改变的时期。为了进行现代战争，就要拥有高科技武器，而高科技武器的基础技术是信息技术、功能强大的传感器和计算机、雷达躲避技术、精确制导武器和光纤通信系统。要进行“信息战”，还要注重开发信息收集和通信领域的技术，包括空间红外照相机、无人航空侦察机、卫星通信网和全球指挥控制系统，形成各军兵种相互支持和配合的组织方式。这些信息技术和高科技武器，就可使陆、海、空军的传统界限非常模糊，因为陆、海、空都要运用信息技术和高科技武器，都要运用信息技术进行信息战争。安德鲁·马歇尔的这种思考被称为“21世纪战争新思维”。

军事新思维的形成和发展，信息技术的发展，信息战正在部署实施，海湾战争成为信息战的初次尝试。在这次尝试之后，一些新的军事现象相继出现。电子计算机网络士兵被称为“21世纪战士”，未来的战争被称为数字化的战争。

由于信息和信息武器，可以在信息高速公路上运载、畅通。及时提供大量而准确的信息，对于获得战争的胜利，日益变得更加重要。在一定意义上讲，信息和信息武器成为决定信息战胜负的关键因素。信息是可以泄露的，信息武器也是可以破坏的。美国组建的“信息战中队”，其主要任务就是通过破坏和保护信息安全，进行网上的信息战，就是防御、防止（或拖延）电子黑客闯入施放病毒或逻辑炸弹；就是通过信息进攻，对敌人主动透露错误的数据，或在对方信息公路上做手脚，毁坏对方的信息。[①] 对于信息战的危害，虽有初步研究，有何具体危害尚不清楚。应当要进行深入研究，以便去其害，兴其利，为富民兴国服务。对信息战，我们不一味地反对，也不能无条件地赞同。信息和信息战，是客观存在的事实，只有认真研究，正确对待，才能立于不败之地。为了规范信息战，也需我们认真研究信息战争伦理。我们反对战争，但不反对正义战争；我们反对信息战，但不反对正义的信息战。对于信息战来说，也有正义、非正义之分。正义的信息战，是符合道德原则的，我们不应反对；非正义的信息战，是不符合道德原则的，我们反对。在信息问题上，正义与非正义、善与恶等道德规范还是适用的，不过在表现形式

① 参见余谋昌《高科技挑战道德》，天津科学技术出版社2000年版，第84～88页。

上各有不同罢了。我们还要根据信息战的实践，不断总结经验教训，不断根据战争的新情况、新现象，提出一些规范信息战的道德原则，以便人们能合理地控制信息战，使其尽量减少对人类的损害，尽量增加对人类和科技发展的积极作用。更何况信息战又有多种形式，除国与国之间作为政治继续的信息战以外，还有企业与企业、公司与公司之间为争夺生产和销售信息的信息战。这种信息战同国与国之间的信息战是根本不同的，但也是需要我们认真研究、认真对待、正确处理的，以便使人们合理运用“信息战”，提高商品质量，增强企业竞争力，推动经济和社会进步。

8. 现代信息智能伦理

现代信息智能伦理是人工智能的产物。人工智能作为一个研究领域早在50年代就正式形成。“人工智能”一出现，就引出两个伦理问题：一个是从伦理角度，如何看待人工智能和人类智能的关系问题；一个是人工智能能否战胜人类智能的问题。

关于人工智能和人类智能的关系问题。人工智能是人类智能的产物，是人类智能设计创造了人工智能。人工智能可部分代替人类智能，并促进人类智能的发展。人工智能和人类智能都是思维系统，有其共同性，又有其不同性。其共同性，都执行着思维系统的各种功能。这各种功能是：输入符号功能；输出符号功能；存储符号功能；复制符号功能；建立符号结构；条件性转移功能。正因为人脑系统和计算机系统有这六大功能，所以计算机系统能模拟人脑系统、模拟人类智能，从而实现人工智能，或曰机器智能。

人工智能，或机器智能，也是由低级向高级发展的。机器智能发展到今天，确能代替人脑进行计算，有时还完成人脑难以完成的计算任务。例如，1999年1月27日，美国加州州立大学一名19岁的学生罗兰·克拉克森，利用电脑，发现当时已知的最大素数。这个素数是 $2^{3021377}-1$。这是一个909526位数，如用普通字号将数字连续写下来，它的长度可达3000多米。计算机在运算速度方面已经在某些方面超过了人脑。现在，人工电脑的运算速度越来越快。1998年6月，日本电气公司研制成功运算速度高达每秒4万亿次的超级计算机。1998年10月，美国IBM从公司也研究出一台运算速度高达每秒3.9万亿次的计算机。这台超级电脑有强大的数字存储能力，能把美国国会图书馆所有图书的内容存储起来。工人智能在存储能力和计算能力也许在某些方面能超过人类的智能，但在学习、联想，特别是直觉、想象、创造等方面是很难超过人类的。即使有一天人类把学习、联想的工作赋予计算机，但人类还有一些特有的思维功能，是计算机永远难以达到的。我们必须辩证地看待个问题，既不要因电脑的某些功能超过人类而惊慌失措，又不要在电脑的某些功能永远不能超过人类而高枕无忧。

关于人工智能战胜人类智能问题。这个问题的实质是人机对立，即智能机器能不能、会不会奴役人类的问题。这个问题由于“深蓝”计算机战胜国际象棋世界冠军卡斯帕罗夫而日益重要。1997 年 5 月 11 日，在国际象棋“人机大战”最后一局较量中，IBM 超级计算机“深蓝”仅用了一个小时就战胜国际象棋特级大师卡斯帕罗夫，并以 3.5 比 2.5 的总分赢得胜利，获得了 70 万美元的奖金。应该说“深蓝”计算机下棋有了人工智能的味道。“深蓝”计算机虽战胜了象棋冠军，不能说人工智能战胜了人类智能。其因有二：一是“深蓝”计算机的智能是电脑专家设计的，“深蓝”计算机背后，实际上有 5 位计算机专家为其编写程序，有许多棋坛高手为它出谋划策，“人机大战”的背后，依然是人人大战。二是卡斯帕罗夫自身的弱点，怕挫折不敢主动出击，处于守势，最后败北，如能去掉恐惧，放手下棋，主动出击，也许最后能操胜券。即使以后“深蓝”计算机的后代有更丰富的人工智能，可以对付所有象棋大师，我们也应坚信这些人工智能是人类智能给予的。从局部而言，就个体而言，人工智能在一定条件下可以战胜人类智能，但人工智能从整体上看，是永远不能超过人脑智能的。

人既然有能力创造人工智能，制造出具有人工智能的计算机，人当然也有能力来控制被他制造出来的计算机。人类制造的计算机，应当是行善而不是为恶，是对人谋利而不是对人危害。这些伦理观念，都体现着人类的伦理观念，是人类赋予计算机的，是人类伦理观念通过计算机表现出来罢了。计算机本身无善恶，是人类赋予的程序有善恶，人类的观念有善恶。即使将来人类制造的计算机有了创新能力，有了某种意志，也有了点滴伦理观念，我们也没有可怕的，我们只好开展“人机对话”，同具有人工智能的计算机坐下来“谈判”，尊重具有人工智能的计算机，与其“和平相处”，共谋人机世界的和谐统一。当然，这是就极端的可能而言。实际上，从伦理学的角度看，“智能机器充其量只能成为对于人而言的伦理客体、伦理手段。人永远是机器和技术的主人”①。因此，机器奴役人的情况实际上是不存在的。

四、现代生态科技和生态伦理

在现代科学技术中，生态技术日益重要，对社会、经济、文化的发展，日益起突出的作用，生态产业渐成支柱产业，生态社会显露端倪，与其相适应，

① 周昌忠：《普罗米修斯还是浮士德——科技社会伦理学》，湖北教育出版社 1999 年版，第 113 页。

生态伦理也渐成现代科技伦理最重要的组成部分，研究生态伦理已经成为现代伦理学的迫切而重要的任务。

(一)现代生态科技发展

生态科技的萌芽古已有之，生态学的思想萌芽也古已有之。从近代而言，生态学的近代历史始于18世纪，可以说塞尔波恩、怀特、林奈就有一些生态学思想。“生态学”这个词是1866年才出现的，此后百余年广泛利用，蓬勃发展，成为重要的科学门类之一。作为真正的独立的生态学，是20世纪60年代勃然兴起的新兴科学。[①] 而作为真正意义的“生态技术”，是20世纪中叶以后蓬勃发展起来的新兴技术。[②] 生态科学是研究生物或生物群体与其环境的相互关系的科学。生物群落与非生命环境功能一起组成生态系统。生态系统就是生态学的研究对象，研究生态系统的技术就是生态技术。美国著名生态学家巴里·康芒纳说：地球的生态系统是一个相互联系的整体，在这个整体内，是没有东西可以取得或失掉的，它不受一切改进措施的支配，任何一种由于人类力量而从中抽取的东西，都一定要放回原处。要为此付出代价是不能避免的，不过可能被拖欠下来。现今的环境危机在警告：我们拖欠的时间太长了。生态技术是在治理和控制环境灾害和污染的实践中逐渐产生并不断发展的。生态科学和环境科学是一致的，可以交互混用，可以互相代替，可以合而为一。生态技术和环境技术也是一致的，可以互相混用，可以互相代替，也可合而为一。因此，我们在谈生态科学时，有时实际上在谈环境科学，在谈生态技术时，有时实际上在谈环境技术。在这里是没有严格界限的。

现代生态技术和环境技术主要有四类：

1. 环境保护技术

这种技术是为了控制污染开发和采用消除污染物质的技术，实现有害有毒的废弃物净化处理。通过环境保护技术，可进行大气污染防治工程、水污染防治工程、噪声污染防治工程、固体废物处理工程、环境污染综合防治工程等等。通过这些工程，运用高新技术，治理大气污染、水污染、噪声污染。

关于治理大气污染技术。目前已知的大气污染物约100种左右。影响范围广，对环境危害较大的主要污染物有颗粒物质、硫化物、氮氧化物、碳氧化物、卤元素化合物等。大气污染控制技术主要针对颗粒物质、二氧化硫和

---

① 参见[美]巴里·康芒纳《封闭的循环》，吉林人民出版社1997年版，第36页。

② 参见唐纳德·沃斯特《自然的经济体系——生态思想史》，商务印书馆1999年版，译者序。

氮氧化物。颗粒物又称为尘，尘按重点可分为飘尘和降尘，同时又可分为尘粒、粉尘、雾尘、烟、化学烟雾、煤尘等。颗粒物的除去或降少，主要靠除尘技术。除尘技术有多种，机械除尘技术、洗涤除尘技术、过滤除尘技术、静电除尘技术。发展较快的是静电除尘技术和高梯度磁分离技术。①

关于治理水污染技术。淡水资源的危机已成全球性危机，治水首先要节水。防治水污染要和保护节约水资源的任务结合起来。治理水污染的技术很多，目前有两种新技术是非常重要和有效的。一是研究、发展废水生物处理技术，其中包括纯氧曝气法、生物接触氧化法、两段活性污泥法、深井曝气法、硫化床工艺等。二是污水的深度处理技术，主要包括凝聚沉淀法、活性炭吸附法、离子交换法、膜分离法等。现在各国都在研究治理污染的其他新技术，以治理水污染方面取得的成绩最为显著。

2.绿色技术

这种技术主要是开发废弃物利用的技术，实现废弃物资源化。通过绿色技术，使废弃物资源化，是控制污染的重要途径。传统生产工艺运行的模式是：原料—产品—废料。绿色工艺运行的模式是：原料—产品—剩余物—产品。我们要摒弃传统生产工艺运行的模式，实行绿色工艺运行的模式。只有这样，才能通过开发废弃物再利用的技术，实现废弃物资源化。

绿色技术主要是模仿自然本身的特点进行设计，通过资源（原材料和能量）的多层次利用，物质从一种形式变为另一种形式。在工业系统中不断循环，进入生产循环的全部物质都是有用的，都在工业循环中被利用，以废物质最少化的方式完成产品生产。生产过程是高效率、高产出和低污染的。在这样的生产过程中，污染被视为一种设计上的缺陷，即未能充分利用某种可利用的资源，一旦出现污染将在生产中被排除。这种技术是先进技术，有利于环境保护，有助于废弃物的资源化。世界资源研究所所长詹姆斯·G·斯佩斯说："我们必须抛弃20世纪的技术，迅速采用21世纪的技术。我们在环境方面的宿敌——现代技术——应该成为我们的朋友。只有新技术能够救我们。"救我们的新技术，乃是"绿色技术"。②

3.清洁技术

这种技术主要是开发不产生污染物的技术，实现生产过程净化。欧共体委员会1985年曾对"清洁技术"下了个定义："旨在减少甚至消除产生污染或浪费的根源，并有助于节省原材料、自然资源和能源的技术措施。"这个定义涵盖的面非常广泛，未来的发展也非常深远。现在有关国家对清洁技术

① 参见郑积源主编《跨世纪科技与社会可持续发展》，人民出版社1998年版，第460页。

② 参见童天湘等《高科技与社会》，社会科学文献出版社2000年版，第61～68页。

的研究开发是多方面的，主要集中两个方面，一是材料替代，二是能源替代。在现代生活中，我们经常碰到的用干净能源替代肮脏能源问题，大力发展太阳能能源，水电能源等，就是能源替代问题。用无害材料替代有害材料，如对损害臭氧层的氟利昂替代规定了时间表，就是材料替代问题。

4. 生态技术

生态技术主要是学习大自然的智慧模拟自然界物质生产过程创造的一种新的技术形式。生态技术作为一种新的技术形式，是运用生态学原理和现代科技成果，如微电子和计算机技术、航天技术、生物技术、新能源技术、新材料技术等，通过物质和能量的多层次分级重复利用，把进入生产系统的物质尽可能多地转化为产品，实现废物最少化，或变废为宝。因而这种技术是经济的、高效的，对环境是安全的，是真正的生态技术。

生态技术有其特点，主要特点是：

①生态技术是以人与自然和谐发展为价值方向。生态技术价值观的前提：一是自然资源是有限的，要合理开发和科学利用；二是自然资源是有价值的，要有偿使用自然资源；三是自然环境消纳废物的能力是有限的，要保护环境，勿滥用资源，尽量减少废物。生态技术，既要考虑经济增长，更要考虑环境和谐，既要考虑现代人的利益，更要考虑后代人的利益，既要注意利用自然，又要注意尊重自然，以实现人与自然的和谐发展。

②生态技术是以现代生态学和现代生物学为其科学基础的。生态科技是现代生态科学与现代科学技术的有机结合。既要考虑自然的整体和谐，又要考虑高科技的具体应用，既要考虑现代科学的专业性，又要考虑现代科技的综合性，既要考虑近期自然与人协调的目标，又要考虑人与自然和谐的远期目标。因而生态技术具有有机性、系统性、整体性。

③生态技术是模仿自然特点遵循生态规律而兴起的工艺学为特点的。生态技术一方面要模仿自然界事物的特殊规律和特性，另一方面要综合利用现代科技的最新成果，把生态特性和规律同现代科技高度结合起来，从而也使生态技术真正成为高科技的新技术。随着微电子技术和信息技术的发展，微小的集成电路芯片、人工智能越来越多地植入生态技术，从而使生态技术具有智能化，在人与自然协调发展过程中越来越起重要作用。

④生态技术是利用废物、减少废物达到保护环境目标的新技术。生态技术在生产过程中的利用，形成生态工业和生态农业。生态技术在生态工业和生态农业中应用时，其整个生产过程都要考虑把废物减少到最低限度，使“废物最少化”。为了使“废物最少化”，从产品设计、生产技术和生产工艺的采用，到生产原料、能源形式、产品生产、产品使用、废品回收等等，所有的

程序和技术，都要全面考虑生态环境问题。为了达到减少废物的目的，一要采用新的生产技术，使用减少废物或不产生废物的设备；二要改革工艺，在新的生产线上通过工业循环提高废料回收率；三要用干净能源替代肮脏能源；四要利用对环境安全的材料替代对环境不安全的材料；五要改进生产过程，加强原料、能量、产品的废物管理。①

（二）现代生态环境问题

生态问题和环境问题基本是一致的，如果有所区别，就是环境问题比生态问题的含义更广泛些，环境问题不但包括自然环境而且包括社会环境。生态问题与社会环境有关，但主要是自然环境问题。环境问题很多，主要是两个方面、十大问题。两个方面是：环境污染和生态破坏。十大问题是：大气污染；水体污染；垃圾泛滥；生物多样性减少；森林危机；粮食、能源和其他资源短缺；酸雨污染；地球增温；土壤退化；声、电磁波污染；臭气层破坏。② 环境生态的这些问题的解决，既要创造许多新的生态技术，又要规范许多生态伦理道德。因此，生态问题和生态技术问题，应联系起来分析，才能深刻认识生态环境问题，才能努力寻求解决生态环境问题的生态技术。对于环境问题的概括，不同的学者有不同的观点。有的学者认为，当前人类关注的主要环境问题是以下十个：大气污染问题；酸雨问题；温室效应与全球气候；平流圈臭气层的耗蚀；水污染和淡水资源危机；土壤资源破坏和生态恶性化；全球森林危机；生物多样性资源的锐减；海洋污染与海洋环境保护；固体废弃物污染和有毒有害化学物质的越境转移。③ 这十个环境生态问题，基本方面是一致的，次序有些差异，表述略有不同，我们兼用两者的表述，具体分析当前生态环境的十大问题。

1. 大气污染

目前，已知的大气污染物约100种左右，对大气污染影响较大的污染物，主要有颗粒物质、硫化物、氮氧化物、碳氧化物、碳氢化物、卤元素化合物等。这些污染物有许多是由取暖、运输、工业生产带来的污染物。

这些污染物不仅污染了大气，而且威胁人类的健康和生命，据估计，每年空气污染物对40亿～50亿人的健康产生不良的影响。死于受空气污染引起呼吸道疾病的儿童，每年大约有400万。④ 随着汽车数量的急剧增加，

---

① 参见童天湘等《高科技与社会》，社会科学文献出版社2000年版，第65～68页、第88页。

② 参见余谋昌《生态伦理学》，首都师范大学出版社1999版，第130～131页。

③ 参见郑积源主编《跨世纪科技与社会可持续发展》，人民出版社1998年版，第465页。

④ 参见章海山、张建如编著《伦理学引论》，高等教育出版社1999年版，第209页。

汽车尾气对大气的污染更加严重，随着信息技术的迅速发展，电磁污染对大气污染造成日益严重的危害。煤、石油的燃烧也会大量增加，将使大气污染更加严重。1990 年 1 月，设在巴黎的国际能源机构总部发表研究报告指出：今后 15 年内，全世界能源消耗大约增长 50%，与其有关而释放的二氧化碳也应递增 50%。世界卫生组织和联合国规划署调查报告也指出：大多数城市居民正呼吸着严重污染的空气。在 20 余亿人口居住的城市中，通过 15 年的监测证明：二氧化碳悬浮颗粒物，每年平均散发 1.8 亿吨。粉尘和烟雾 1 亿吨左右。这样的情况，使 12.5 亿城市居民生活在“不能接受的条件中”。①

大气污染有两类污染源：一类是人为的大气污染，前已简述。另一类是天然污染。天然污染源主要来自火山爆发和煤田、油田泄漏出的气体和腐烂动植物散发的气体，这些自然污染源还难以有效地控制。世界上还有 500 多座活火山，每年有 50 座左右的火山爆发，喷出气体，有害人类。有不少国家引发森林大火，过火面积较大，燃烧的云雾，遮天盖日，对大气损害较大。天然气的泄漏和煤的自燃，也造成无法控制的烟尘，成为污染大气的重要污染源。这些污染虽难控制，但随着科技的发展，对其进行适当控制，也渐提到日程。解决这些污染源的问题，不仅靠技术，而且靠伦理。森林失火，除自然原因外，还有人为因素。人为失火，就有道德问题。从道德上规范，也是减少人为和自然污染的重要手段。

2. 水体污染

人既要吸气，又要喝水，大气污染对人体损害极大，水体污染对人体损害也很大。水体有淡水咸水之分。98%的水体是咸水，人不能喝，陆上动植物也不能用。陆上淡水缺少，且遭污染，海里咸水，也遭污染，人类的生存正受到威胁。

淡水资源日益缺乏，造成全球性危机。不少国家和城市水源告急，影响这些国家和城市的生存和发展。短缺的水源，又遭到污染，更加重了水源危急。西欧有 8 条大河，对这 8 条大河水质进行化验，其中不少河遭受到污染。其中罗纳河每升河水中的氨气含量为 20.1 毫克，超过规定的标准 40 倍。俄罗斯的伏尔加河，由于受到工业污水的侵害，有害物质太多，黑海鲟鱼无法在河内产卵。中国的黄河水体污染，也使“黄河鲤鱼”大大减少。

由于海洋污染，许多海湾几成“死海”。纽约湾、东京湾、墨西哥湾、地中海、亚速海、波罗的海污染都很严重。被污染的地中海，海洋动物无法繁衍，

---

① 参见马翼《人类生存环境蓝皮书》，蓝天出版社 1999 年版，第 2～3 页。

海豹海龟面临绝迹。海洋污染，一是海洋运输业和海洋采油采矿业的损害。有人计算，流入大海的氨联苯有2.5万吨、锌390多万吨、铅30多万吨，放射物质2000万居里。二是油轮漏油，漏油事件自20世纪60年代以来愈演愈烈，几乎每年都有报道，有的油输巨大，一旦漏油，就是几十万桶甚至上百万桶；远洋商船每年丢弃大海的塑料垃圾就达63.9万件，这些塑料垃圾严重影响海洋哺乳动物、海鸟、海龟的生存。

水体污染，特别是淡水污染已成为世界性公害。淡水污染源主要是生活污水、造纸污水、食品加工废水、废油污、有机物、贵金属等等。为了保证经济发展、保障人类身体健康，水体治理迫在眉睫。①

3.森林危机

森林对生态环境很重要。森林是地球生物圈中有巨大能动性的生态系统，是经济和社会发展以及生活中不可缺少的自然资源，是环境净化的巨大容库，是人类生存和发展的必需条件，保护森林和发展森林对保护生态系统的协调发展有重要意义。

据估计，过去全球森林总面积达六七十亿公顷，全球陆地面积有2/3被森林覆盖。但是，由于人口增长、农牧业的发展，特别是近代工业的发展，森林渐被砍伐，森林面积逐渐减少，森林危机日益严重。到1954年，森林和林地面积就减少了1/3左右，到1978年，森林和林地面积只剩下31亿公顷。也就是说砍伐消耗过半。现在，热带森林每年以1130万公顷的速度减少。全球森林几乎每年减少1%。森林危机不仅表现在量的减少，而且表现在质的降低，表现在林木的密度、森林组成、森林生产力的变化等方面。这些变化，导致土地荒漠化，大量水土流失，洪水泛滥成灾，旱灾连年逞凶，环境功能严重减弱，自然灾害频频发生。②

森林危机引起生态危机，必须引起足够的重视，否则森林危机的加重，生态危机的加剧，导致人类生存和发展的条件恶化，给人类的生存和发展带来严重的损害。为了减轻森林危机，我们必须认真研究对策，消除和减轻导致生态危机的主要原因。造成森林危机的主要原因：一是为了暂时的局部的经济利益，森林资源砍伐过度；二是大气污染，酸雨增多，气候干旱造成森林火灾；三是有些国家地区比较落后，砍树当柴，火种毁林，加重森林危机；四是法律不健全，宣传不到位，保护森林的意识淡薄，对毁林事件制裁力度不够；五是造林的技术还不够先进，人工造林不广，成活率不高，造林赶不上毁林的速度；六是保护森林、珍惜林木的道德规范还有待完善，有待发扬，有

① 参见马翼《人类生存环境蓝皮书》，蓝天出版社1999年版，第9～12页。

② 参见郑积源主编《跨世纪科技与社会可持续发展》，人民出版社1998年版，第473～474页。

待遵守。林木有情，可以净化人的心灵，心灵不净化，毁林则难止。

4.土壤退化

配第曾说：劳动是财富之父，土地是财富之母。没有水没有土地，就不能种庄稼、放牲畜，人就难以生存和发展。土地非常可贵，人们应十分珍惜它。但长期以来，人们对生存的大地过于冷漠和无情，导致土壤退化，对人类的生存和发展造成严重威胁。

土壤退化主要表现在三个方面。一是水土流失。据联合国环保署公布的资料，世界每年水土流失非常严重。美国每年被水冲刷掉的土壤有30亿吨。我国每年冲刷掉的土壤恐怕会高于30亿吨。据《世界资源》1992年5月17日出版的手册，自第二次世界大战以来，12亿公顷的耕地遭到不同程度的退化。

二是土地沙漠化。据有关部门提供的资料表明，世界每年有2100万公顷肥沃的土壤无法生产粮食，有600万公顷的土地变成沙漠。全球有35%的地区处在沙漠化的进程中，或已变成沙漠。非洲撒哈拉大沙漠，每年以6公里的速度向北挺进，有可能越过地中海，抵达西班牙、希腊。中国的呼伦贝尔大草原由于盲目开荒，致使沙漠化面积每年以100万亩的速度增加。我国的沙尘暴天气日益加重，和土地沙漠化扩大有很大关系。中国是受荒漠化危害最严重的国家之一，荒漠化总面积达262.2万平方公里，占国土地面积的27.3%，荒漠化已涉及18个省区，471个县。世界沙漠化面积总计有700万平方公里，人类活动直接造成的沙漠面积，相当于巴西领土的面积。目前，约有12亿人受到沙漠化的威胁和危害。①

三是土壤的盐碱化。过去，有机肥在农业生产中占有重要的位置。农民施肥多用有机肥，使土壤肥沃，收成增加，不易板结，不易盐碱化。后来，随着现代工业和现代农业的飞速发展，大量使用化肥、农药，虽解决了肥效和病虫害问题，也使土壤板结，结构变化，性能降低，土地贫瘠硬化，种出的谷物蔬菜味道欠佳。化肥、农药、污水灌溉等等，导致土地碱化，也导致粮菜污染。为了保护土壤，控制施用化肥农药的谷物和蔬菜，也为了防止土壤盐碱化，人们纷纷推出无污染的“绿色食品”“绿色庄稼”，这些都是有利土壤保护的措施。

由于水土流失、荒漠化和盐碱化，造成土壤退化和生态环境的恶化。造成这一后果的原因很多，主要原因：一是自然因素；二是人为因素。自然因素和人为因素交互作用，使人类赖以生存的土地出现危机。解决土壤退化

---

① 参见马翼《人类生存环境蓝皮书》，蓝天出版社1999年版，第58～59页。

问题，要通过加大技术投入，增加抗击自然因素和人为因素破坏的能力，要通过建立和完善生态伦理的规范，提高人们防止土壤退化献计献策，贡献力量，有力制止土壤退化，防止土地生态继续遭受破坏。

5. 酸雨问题

酸雨有150年的历史。1852年，在英国曼彻斯特出现第一次酸雨。1852年出版的《大气和雨——化学气象学的开端》一书中第一次使用“酸雨”这个术语。

酸雨指的是pH值低于5.6的天然降水。酸雨的主要前提是硫氧化物和氮氧化物。当人为排放的这些酸性污染物将环境缓冲物质碱性物逐渐消耗完了时，酸性物质同云雾结合，酸雨则从天而降。酸雨从小到大，影响范围日益扩大，危害程度日益增加。现在，酸雨已成为全球性的危害，成为20世纪，甚至21世纪重大全球环境问题之一，控制酸雨和全球酸化将成为必须解决的重大环境问题。①

酸雨被称为“生物圈的疟疾”，酸雨跟雨的降水过程一样，具有可播性、渗透性、跨国界性和季节性。它一旦与泥土相融合，能排出铅和锰，使树根生病，树叶枯黄，并慢慢萎缩而导致死亡。它会使土壤酸化、土壤板结、缺少磷钙，从而导致农作物减产。还可使暴露在酸雨区内的所有物体，包括建筑、桥梁、铁路等，都受到腐蚀，减少其使用寿命。酸雨又使河流、湖泊污染，鱼类、藻类难以生存，使全世界上百个湖泊变成死湖。酸雨还可使人丧命，有关报告指出，在酸雨严重的国家，上千人上万人死于酸雨污染。② 酸雨还污染海洋，是造成海洋赤潮的重要原因。美国的调查表明，造成赤潮的富营养盐类，有25%是由酸雨带来的。

酸雨的成因是多方面的。酸雨的出现不是孤立的现象，是和空气污染、全球气候的变化密切相关，它们都是全球大气化学成分变化的表现，都涉及化石燃料的燃烧问题。酸雨的形成，有其自然原因，也有人为因素，自然原因是多种自然因素相互作用的结果，人为原因也是多种人为因素相互作用的结果。研究和克服自然因素，主要靠技术手段，研究和克服人为因素，主要靠法制和伦理力量。通过长期治理，人类总有一天能解决酸雨问题。

6. 物种濒危

地球上现有物种数目估计不一，一般认为现有物种在300万至500万之间，也有估计高达5000万种。其中经科学家研究的约150万种，未经研究的还有数百万种，尽管物种看起来还不少，但每年却以惊人的速度灭绝，使人

---

① 郑积源主编：《跨世纪科技与社会可持续发展》，人民出版社1999年版，第469～470页。

② 马翼：《人类生存环境蓝皮书》，蓝天出版社1999年版，第51～52页。

触目惊心。世界野生动物基金会生物学家托马斯·洛夫乔伊推测，到2000年可能灭绝的生物物种占总数的15%～20%。许多科学家预言，由于工业化造成的污染和生态失衡，在几十年内，地球上植物和动物的绝种数量将超过包括恐龙消失在内的发生于6500万年前的那次大规模生物灭绝的数量。[①]

物种的灭绝，也有自然和人为两大原因。在人类产生前，物种的灭绝是自然原因造成的，在过去5亿年间，地球上6次大范围的物种灭绝就是如此。在人类产生以后，物种灭绝多为自然因素和人为因素双重作用的结果，有时自然因素大些，有时人为因素大些，从总的倾向看，人为因素越来越起重要作用。具体分析起来，可概括为三类。第一是生活环境的破坏，特别是森林、草原、湿地的破坏。第二是温室效应成为物种灭绝的"杀手"，由于气候因温室效应而不断变暖，这种气候变暖现象，改变了生物生存环境，使野生动物分布有了新变化，使生物的迁徙加快，生物的迁移则加快了物种灭绝。第三是人为捕杀也加快了物种的灭绝。人为捕杀和人为造成的环境破坏都是人为因素，人为因素逐渐成为物种灭绝的主要因素。这是必须引起我们好好深思和反省的。

现在，全世界的生物有不少面临濒危状态。由于20世纪以来，自然环境和自然资源造成严重的破坏，森林由76亿公顷减少到不足28亿公顷，森林的减少大大加快了物种濒危的速度。据世界自然保护联盟公布的数字，全世界大约有1000多种野生哺乳动物、1000多种鸟类和20000多种野生植物面临濒危。有关专家预测，如果人类对自然资源的消费程度和破坏活动仍保持目前态势不加改变，到20世纪末，地球上现存的物种将进一步减少15%～20%，其消失的速度将由大约每天一种提高到每小时一种，比物种自然消失的速度要快1000倍。[②] 这是多么可怕的预测啊？物种灭绝、物种濒危，使物种多样性受到严重威胁，使人类的生存环境受严重威胁，不但给生物界造成无法挽回的损失，也使人类造成无法估量的损失。

20世纪60年代以来，物种濒危引起人们的严重关切，物种保护问题，引起人们的高度重视。国际性自然保护组织相继成立，如国际野生生物基金会(WWF)、世界自然保护联盟(IUCN)、人与生物圈协调委员会(MAB)、濒危野生动植物国际贸易公约组织(TTES)、全球环境基金会(GEF)、湿地国际(WI)等，这些组织召开各种会议研讨物种保护等。[③] 1992联合国在巴西

---

① 参见贾放《报应——人与自然的失衡》，中国林业出版社1999年版，第127页。

② 参见贾放《报应——人与自然的失衡》，中国林业出版社1999年版，第140～141页。

③ 参见贾放《报应——人与自然的失衡》，中国林业出版社1999年版，第141页。

的巴西利亚召开了由各国政府首脑参加的世界环境与发展大会，会上还签署了《生物多样性公约》，并提出了可持续发展战略，由此在全世界掀起了保护环境、保护自然、保护生物多样性、挽救濒危生物的热潮。

保护物种，挽救濒危，一靠法律，二靠伦理。为了保护大象，使其免于灭绝，国际上可制定禁止象牙、毛皮交易等法律。1989 年，由于全球禁止进行象牙交易，东部非洲濒危的大象得到挽救。各国政府还可设立动植物保护区，以便使濒危动植物得到有力保护。有些国家还搞野生动物园，不仅保护了动物，还有一定的经济效益。卢旺达政府为了保护大猩猩，下令设立了大猩猩保护区和观光景点，不仅有力地保护了大猩猩，还获得了极大经济效益。我们既从法律上又从道义上加大保护动植物物种的措施，保护生物多样性的目的就不难达到。

7. 声、电磁波污染

声、电磁波污染是现代污染的新污染源，是现代七大公害之一。

声音污染，主要是噪声污染。噪声污染有两种：一是自然噪声污染，如过大的雨声、风声、雷声、地震声、火山爆发声、动物虫鸣声等等。这些噪音，是暂时的，除地震声、火山爆发声外，一般危害不大。二是人为噪声污染，如工业噪声、交通噪声、建筑噪声等等，这些噪声持续时间长，危害很大，时刻包围着居民生活，使人们身体和精神受到损害。

工业的噪声，轻则使人烦躁不安，影响休息，重则造成耳膜穿孔，听力下降，以致造成其他疾病。据统计，美国有 40％的人口在噪声的侵扰下生活。汽车噪声、火车噪声、飞机噪声扰民也很厉害。世界上有名的航空港，平均每分钟有一架飞机起落，跑道两侧 1 公里内无法交谈，4 公里内无法休息和睡眠。①

电磁辐射造成的电磁污染，渐成现代人生活的重大公害，渐成看不见的杀手，渐对人体和人脑造成重大损害。世界上的通信设施、发电输电线路、工业设备等，已经形成一个庞大的电磁辐射场覆盖地球，有人称其为“电子雾”。这种“电子雾”，实际上是长、中、短波和微波辐射，笼罩着整个世界，对人类产生不良影响。现代生活中，人类无处无时不在同电子设备打交道，无时无处不在利用电脑和手机，无时无处不在看电视、听音响，因而也就无时无处不在处于电磁污染中。电磁污染对地球上几乎所有的居民都造成一定影响，对不少居民造成身体损害、头脑损害、心理损害、精神损害。长时间看电视、用电脑、打游戏机造成的身心损害，几乎每时每刻都见诸报端，真是触

---

① 参见马翼《人类生存环境蓝皮书》，蓝天出版社 1999 年版，第 17 页。

目惊心,令人惶恐不安。治理电磁污染日益成为各国政府和人民紧迫的任务,成为法律界和伦理界的义不容辞和任务。

8. 温室效应

地球上有大气层,这层大气发挥着温室的作用。地球大气层有多种气体,每种气体对温室效应各有其不同贡献。在形成温室作用方面,大气层中的二氧化碳起着重要作用。二氧化碳对太阳对地球的热辐射,即红外辐射,有很强的吸引作用,使地上的热量难以散发到宇宙空间,使地球保持一定的温度,为人类造成良好的生活环境。由于大气层的温室效应,使地球表面平均温度由−23℃升高38℃达到15℃,才使地球上动物大量繁殖起来,形成绿色的地球。①

但是,现在地球的温室效应在慢慢地发生变化,一个非常重要的变化,就是大气层中二氧化碳的比重在不断增加。1860年,大气中二氧化碳的平均含量为2.8‰;1986年,大气中二氧化碳的比率就增加到3.48‰;到1997年,据报道,空气中的二氧化碳含量已达到4.4‰。这些增加的二氧化碳从哪里来的呢?主要是煤炭、石油、天然气燃烧造成的。据测算,1990年全世界二氧化碳的排放量是61亿吨,1996年全世界的二氧化碳的排放量是65亿吨,到2000年全世界二氧化碳的排放量则达385亿吨。二氧化碳增多,其重要后果,就是地球变暖趋势增加。地球变暖,不仅与二氧化碳增多有关,也与大气中氯氟氢、各种氮氧化物和甲烷的浓度增加有关。② 地球气温上升对自然、经济、社会都会产生重要影响。尽管对变暖的利弊有不同观点,有的认为有利,有的认为不利,但从总趋向看,一旦失衡,后果不堪设想,应当引起人们的警觉,等到难以控制,则悔之晚矣。

9. 臭氧层破坏

臭氧层很重要,如同地球的保护伞,对人类生存有很大影响。臭氧的重要作用,是能吸收来自太阳的紫外线,减弱接近地球表面的紫外线的浓度。近来人们发现,臭氧层在变薄,南极上空“天塌了一个洞”,空洞面积可达南极洲表面面积的10%。1997年5月10日,智利科研人员发现,从4月下旬到5月上旬,在智利的中部和南部上空出现新的臭氧层大空洞,直径为1000公里。据西班牙科学家近几年研究的结果证实,大气中的臭氧层每年减少3%。果真如此,地球大气层将遭到日益严重的破坏,会对人类的生存安全造成日益严重的危害。

臭氧层遭到破坏,是什么原因呢?主要是氟利昂作怪,除氟利昂外,甲

---

① 参见贾放《报应——人与自然的失衡》,中国林业出版社1999年版,第307页。
② 参见贾放《报应——人与自然的失衡》,中国林业出版社1999年版,第311页。

烷、一氧化碳等30多种物质，都在破坏臭氧层，使臭氧层浓度变薄，使紫外线更多地辐射到地球表面，威胁人类的生存安全。有些地方患白内障和皮肤癌的人为何增多，主要原因是臭氧层变薄，出现空洞。

为了保护臭氧层，使人类免受紫外线辐射的危害，1998年世界发达国家首先在蒙特利尔签订了公约，限制氟氯碳化合物的生产，并要求在20世纪末停止使用。如果不重视这个问题，任紫外线透过臭氧层泄到地球表面危害人类、危害大地和海洋，海洋中的鱼类会大量死亡，农作物将减产或绝产，人类患皮肤癌的病人将大量增加，气候变化将更加恶劣，更加失衡，更加难以控制。

要保护臭氧层，就要禁用氟利昂。这可能会使使用氟利昂的空调、冰箱等厂家受点损失。但禁用氟利昂，暂时使生产厂家受点损失，换得臭氧层得到保护，使人们的生命安全得到保证，也是很值得的。生产厂家应从大局利益出发，尽快禁用氟利昂。各国政府和国际社会都要遵守有关公约，都要加强立法和道德建设，使利用氟利昂或是其他物质破坏臭氧层的人遭到法律制裁和道义谴责。只有这样，臭氧层才能得到保护，陆地海洋才能得到保护，人类的生存安全才有保证。

10.固体废弃物污染

固体废弃物是指人类在生产和消费活动过程中，排弃到环境中去的固状或泥状物质。按其化学性质，可分为无机废物、有机废物和放射性废物。按废物来源，可分为矿业废物、工业废物、城市垃圾、农业废物和放射性废物等。

固体废弃物，如处理不当，可污染大气、水体、土壤和生物，还可危及人类健康，以至生命安全。垃圾不断增长，已成公害，如不及时处理，对环境产生严重影响，对人体产生严重危害。

工业废弃物、农业废弃物的治理也很重要。粉煤灰的资源化、煤矿石的资源化、废塑料的资源化就是工业废弃物和农业废弃物的重要治理方法和途径。我们要高度重视固体废弃物的污染，千方百计变废为宝。

（三）现代生态环境伦理

自然生态环境是人类生存和发展的必要条件。自然生态环境的破坏和环境恶化对人类造成日益严重的危害和威胁。人类要想生存和发展，必须重视环境问题，必须从法律上和道德上规范和约束自己对待自然生态环境的行为，必须走上与环境协调发展之路，必须尽快建立和发展生态环境伦理学。

1. 现代生态环境伦理思想的发展

生态环境伦理有一个长期发展过程，我们分三段简述：

(1)古代环境伦理思想

无论中国，还是外国，古代环境伦理思想都有素朴的表述。这些表述是十分可贵的。在古希腊哲学、印度佛学、中国儒学和道学里都有素朴的生态环境伦理思想的萌芽。

环境伦理学，根源于对人与自然界关系的认识，来研究这一关系对人类道德行为的影响。古希腊的哲学家对人与自然的关系有一定的认识，出现过一些朴素的辩证的环境伦理思想萌芽。古希腊的辩证法思想、整体论思想里，就有一些表述，就基本符合环境伦理思想的原则和范畴。如亚里士多德的"中道"原则，公正、友爱两个道德规范，就比较符合环境伦理思想。但从西方哲学家普罗泰戈拉的"人是万物的尺度"，到《圣经》的世界是上帝创造的，人主宰和统治万物，到笛卡儿的人是自然的主人和统治者，到康德的人是自然界的最高立法者，到培根的知识就是力量，为统治自然而认识自然，都是讲的人与自然的对立，这种思想倾向影响着人类千百年，是自然生态环境危机产生的思想根源。

中国儒、道哲学里有不少环境伦理思想的萌芽，对这些萌芽，国际和国内都有研究。在国际上，生态伦理学创始人之一施韦兹(1875～1965)就很重视儒家、道家的生态伦理思想。他说："中国伦理学的伟大在于，它天然的、并在行动上同情动物。"[①]但是，施韦兹还不能全面认识中国儒道哲学的环境伦理思想。后来有些学者继续研究，深刻阐述儒道思想的生态学的含义，并把主要精力集中在对"道"和"德""道"和"气""阴阳"与"五行""阴"与"阳""自然"与"无为"等范畴的生态伦理学诠释上。[②]

在国内，对儒家、道家生态伦理思想的研究，比较系统、比较深刻的主要有：余谋昌的《生态伦理学》、张云飞的《中国儒道哲学的生态伦理学阐述》、张华夏的《现代科学与伦理世界》、章海山、张建如编著的《伦理学引论》等等。概括当前的研究成果，结合我们的认识，儒道哲学的环境伦理思想有以下几点，值得借鉴，值得发掘，值得光大。

一是"天人合一"思想。人与自然的和谐是生态伦理学的哲学基础，儒家的"天人合一"思想和道家的"天人一体"思想，都强调人与自然的统一、一致、相谐。在这一点上，与生态伦理学的哲学基础和基本原则是相通的，如

① [法]施韦兹：《敬畏生命》，上海社会科学出版社1992年版，第75页。

② 参见徐嵩龄主编《环境伦理学进展：评论与阐释》，社会科学文献出版社1999年版，第256～258页。

墨家提出的“兼爱”，庄子提出的“天地与我并生，万物与我为一”，惠施提出的“泛爱万物，天地一体”。张戴提出的“儒者则因明至诚，因诚至明，故天人合一”，程颢提出的“仁者以天地万物为一体”等，都程度不同地与生态伦理学的思想相符合。在建立和发展现代环境伦理学时，要注意吸收古代环境伦理思想的精华。

二是“仁民爱物”思想。儒家生态伦理思想的核心是仁民爱物。“仁”是儒家思想的核心。“樊迟问仁。子曰：爱人。”“颜渊问仁。子曰：克己复礼为仁。”（《论语·颜渊》）又说：“仁者，义之本也。”（《礼记·礼运》）荀子认为：“万物各得其和以生，各得其养以成。”（《荀子·天论》）孟子认为“仁”的含义是爱人，特别强调要“仁民而爱物”（《孟子·尽心上》）。董仲舒进一步又说：“至于爱民，以下至鸟兽昆虫莫不爱。不爱，奚足以谓仁？”（《春秋繁露·仁义法》）到董仲舒，儒家“仁”的学说，就从“爱人”，扩大到爱物、爱大自然、爱鸟兽昆虫。宋代张载也认为“爱必兼爱”（《正蒙·诚明》）。

三是“道法自然”思想。“道法自然”思想，是老子哲学的主要思想。“道法自然”的思想主要意思就是“居善地，心善渊，与善仁，言善治，正善治，事善能，动善时”（《老子·第8章》），让自然万物自由发展。“道法自然”的思想在庄子那里有所发展，庄子认为要“惟自然是从”，要按自然的本性和规律办事，不要违背自然本性和规律办事，按自然本性办事，譬如养鸟，应是“以鸟养鸟”，使鸟“宜栖之深林，游之坛陆，浮之江湖，食之鳅鲦，随行列而止，委蛇而处”（《庄子·至乐》）。不要“以己养鸟”，御觞于庙，奏韶以乐，大宰为膳，违背鸟性，三日而死，导致自然事物的灭亡。

四是“与天地参”的思想。儒家崇尚“和为贵”，讲“智者乐水，仁者乐山”，讲“天地之和”，到了董仲舒则进一步讲：“和者天地之所生成也。”（《春秋繁露·循天之道》）儒家在“和”的思想的基础上，提出“与天地参”的思想。什么叫“参”呢？就是天有其时，地有其财，人有其治，就是天时、地利、人和，就是讲人与自然要协调发展。天、地、人相协调，与天地参的精神，是非常符合生态伦理思想的，对现代生态伦理学的发展有重要的启示作用。

（2）生态伦理思想的前奏

从古代生态伦理思想的萌芽到现代生态伦理学有一个过程，有一些生态伦理的先驱者，作为桥梁，作为渡船，完成了这个过渡，促使科学的生态伦理学的诞生和发展。其中有几个思想家、文学家值得一提。

一是边沁（J. Bentham）。边沁是英国哲学家。他主张把道德的范围从人扩大到动物，能否享受道德待遇，不是人的推理和说话的能力，而是感受苦乐的能力。只要人和动物都能感受苦乐，都有感受苦乐能力，就应该获得平等权利。

二是劳伦斯(J. Lawrence)。劳伦斯是英国文学家。他反对只把动物供人使用、为人的目的服务的存在物的观点，认为人和牲畜都有生命、智力和情感，因而都拥有权利，人应承认牲畜的权利，保护牲畜免遭人类不负责任而又毫无顾忌的残酷行为的伤害。如果人仅仅以自身存在为目的，无视大自然中动植物的权利，那么人类最终会发现他践踏生物原来也是在践踏自己。

三是塞尔特(H. S. Salt)。塞尔特是美国思想家，1892年曾出版《动物权利与社会进步》一书，认为人和动物之间没有过时的"道德鸿沟"。人和动物都拥有天赋的权利和自由权，所有生命都是神圣可爱的，都有共同的道德基础，因而人类的道德也要扩展范围，能适用于动物的就尽量适用于动物。

四是索罗(H. D. Thoreau)。索罗是美国学者，他认为自然界是节约的和经济的，要维护地球生命的有机整体性。道德原则是人要与自然和谐相处，人没有权利滥用资源，人没有权利使地球只适合于自己。人、动物、植物和星星是伙伴，是邻居，是社会共同体的成员。如果毁坏森林、残害动物，就要受到谴责。

五是穆尔(J. Muir)。穆尔是美国思想家。他认为，大自然及其所有存在物都是有价值的，它是人类所属的、由上帝所创造的共同体的一部分，因而也拥有权利。既然大自然拥有权利，因而人类应当把大自然当作教堂，尊重大自然，爱护大自然。

六是伊文斯(E. P. Evans)。伊文斯是美国学者。他在《人与牲畜之间的道德关系》的论文中，批评了人类中心主义的宗教基础，人所谓要有统辖地球的权利，实质上是一种专制权利。他在《进化论伦理学与动物心理学》一文中，认为人和动物一样，都是大自然的一部分，都是大自然的产物。因而人和动物一样都是有生存权利的，道德共同体不但包括人和动物，而且还包括石头和矿物这类无生物。

七是摩尔(J. H. Moore)。摩尔是美国思想家。他认为地球上所有的栖息者，在生理、精神和道德上都是相互联系在一起的。道德情感不仅适用于人类自身，而且适用于所有存在物。因而所有存在物不仅拥有平等权利，而且拥有所有的权利。①

(3)现代生态伦理学的发展

现代生态伦理学发展的奠基者，有的学者认为是施韦兹，有的学者认为

---

① 参见余谋昌《生态伦理学》，首都师范大学出版社1999年版，第25～27页。

是莱奥波德，有的学者认为施韦兹是奠基者，莱奥波德是创始人。我们不用争论这个问题，施韦兹和莱奥波德都对生态伦理学发展起了奠基作用。应该说，到现在为止，还没有一部举世公认的系统而完善的生态伦理学，因而所有在这方面的研究工作和学术著作，都对生态伦理学的发展，起到添砖加瓦的作用，都对构筑现代生态伦理学起了积极的作用。因而，择其要者，尽量做些简介，以理出生态伦理学发展的概貌。

一是施韦兹的“敬畏生命”的生态伦理学。

施韦兹（A. Schweitzer），又译史怀泽。是法国思想家，现代生态伦理学的奠基人。1954 年获诺贝尔和平奖。1965 年逝世，享年 90 岁。

施韦兹伦理思想的核心是“敬畏生命”，其基本含义并不是对生命持一种畏惧感，而是持一种敬重感，所以生命的全部内涵就是保护生命，爱护生命，既包括人的生命，也包括一切具有生命的存在物的生命。[①]

施韦兹的“敬畏生命”的伦理学的主要观点就是把善恶的本质与生命联系起来，认为善的本质是保持生命，促进生命，促进生命发展；恶的本质是毁灭生命，损害生命，阻碍生命发展。因此，人类要扩大爱的要求，善待任何生物，关怀人和所有生物的命运。施韦兹说：“要教导我们敬畏一切生命和爱一切生命的伦理学，必须同时断然使我们明白：我们一直处于毁灭和伤害生命的必然性中，如果我们敢于，并不由于无思想而麻木不仁的话，我们就会陷入多么尖锐的冲突啊！”[②]又说：“只有当一个人把植物和动物的生命看得与他的同胞的生命同样重要的时候，他才是一个真正有道德的人。”[③]

二是利奥波德的大地伦理学。

利奥波德（A. Leopold）是美国思想家、生态学家，是生态伦理或环境伦理的奠基人。1948 年 4 月 17 日，他的著作《沙乡年鉴》，终被牛津大学出版社答应出版，他非常欣喜。4 月 21 日晚，因扑救草场大火心脏病发作，突然逝世。

《沙乡年鉴》1949 年出版，全书分三部分，第一部分是“一个沙乡的年鉴”，记载他在威斯康星河畔的农场中 10 年的经历；第二部分是“随笔——这儿和那儿”，描写美国各地的生态概况，阐述他的生活经历中的一些插曲和回忆；第三部分是“结论”，是他有关道德哲学的四篇论文，其中一篇就是《大地伦理学》。他的主要伦理思想，集中反映在《大地伦理学》中。

利奥波德认为伦理道德观念有三个层次或三个步骤。第一个层次或第

---

① 参见李培超《环境伦理》，作家出版社 1998 年版，第 41 页。

② 转引自余谋昌《生态伦理学》，首都师范大学出版社 1999 年版，第 32～33 页。

③ 转引自余谋昌《生态伦理学》，首都师范大学出版社 1999 年版，第 33 页。

一个步骤，是伦理学研究人与人的关系；第二个层次或第二个步骤，是人与自然或人与社会的关系；第三个层次或第三个步骤，是人与自然或人与大地之间的关系，人应当而且必须对其生存的大地环境表示尊敬。所以，他说："道德向人类环境中的这种第三因素（大地）的延伸，就成为一种进化中的可能性和行为上的必然性。按顺序来说，这是第三步骤，前两步已经被实行了。"[①]又说："大地伦理学只是扩大了共同体的边界，把土地、水、植物和动物包括在其中，或把这些看作是一个完整的集合：大地。"[②]

利奥波德进而认为大地是个共同体，这是生态学的基础概念。大地是可爱的且应受到尊重。道德的规范应当扩大，从调节人与人的关系、人与社会的关系，扩大到人与大地的关系，把道德的权利从人扩大到动物、植物、土壤、水域以及其自然界的实体。这样一来，人的角色就要转变，即从征服者变成普通公民。所以，他说："大地伦理学改变人类的地位。从他是大地社会的征服者，转变为他是其中的普通一员和公民。这意味着人类应当尊重他的生物同伴，而且以同样的态度尊重大地社会。"[③]

利奥波德还探讨了大地伦理学的基本道德原则，这个原则就是"当一个事物有助于保护生物共同体的和谐、稳定和美丽的时候，它就是正确的；当它走向反面时，就是错误的"。也就是说保护生态的和谐稳定，保持生物存在的多样性，保护土地的完整无损的行为就是合乎大地伦理规范的行为。[④]

为了能够实现大地伦理学提出的基本道德原则，利奥波德认为要采取多种措施控制为了经济私利而利用大地和共有资源的行为。其中主要措施有三：一是用法律措施，通过立法和实施法律条款，控制人类私利的扩张；二是运用利益调节，通过制定相应的行政和经济措施，与人的利益挂钩，以便限制人类私利的膨胀；三是伦理调节，通过制定相应的道德规范，以便用公众舆论限制人类私利的欲望。

三是卡逊的尊重自然伦理学。

雷彻尔·卡逊(Rachel Carson)，美国著名海洋生物学家，曾出版三本有关海洋的著作：《海风下》(1941)、《我们周围的海洋》(1951)、《海洋的边缘》(1955)。他的生态伦理学的著作是1962年出版的《寂静的春天》，也被看成生态伦理或环境伦理的奠基之作。1963年全美野生动物联盟就授给他首次设立的保护主义年度奖。

---

① 转引自余谋昌《生态伦理学》，首都师范大学出版社1999年版，第39页。

② 转引自余谋昌《生态伦理学》，首都师范大学出版社1999年版，第38页。

③ 转引自余谋昌《生态伦理学》，首都师范大学出版社1999年版，第39页。

④ 参见李培超《环境伦理》，作家出版社1998年版，第33页。

本来，春天是充满生机活力的季节，是鸟语花香的季节，是万物复苏的季节，然而为什么在卡逊眼里春天是“寂静”的呢？卡逊不但用优美而带有伤感的笔触虚构了一个春天走向寂静的故事，而且深刻具体地探讨了造成春天“寂静”的主要原因。春天寂静的最主要原因就是自然环境受到可怕的污染，特别是受到严重的化学药品的污染。由于环境污染，人与环境之间的和谐状态被破坏了。人类不断和化学毒品打交道，不少野生动物和家禽也被化学药物侵害。化学杀虫剂汇成溪流，渗透到母奶里，渗透到胎儿细胞里，给人类造成巨大损害。化学药物也污染了水源，污染了土壤，破坏了植被，打破了人与自然的平衡。

人类为什么把大量化学药剂投放到自然界破坏人与自然的和谐平衡呢？主要因为人对自然的态度不对头，以个人私利决定动植物的存亡。认为对自己有用的，就让其活，让其保留，让其发展，而把对自己所谓不利的，就让其死亡，让其不复存在。人的这种征服自然的心理，使人骄傲自大，目空一切，从而破坏了人与自然的和谐统一。怎么办呢？人类必须放下自然征服者的架子，不要动不动就征服自然，而应当换一种道德态度，由征服自然变为尊重自然。只有尊重自然、尊重自然万物，才能使寂静的春天不再寂静，人与自然又处在和谐平衡之中。

四是辛格的解放动物的伦理学。

辛格(P. Singer)是澳大利亚的哲学家、伦理学家，1975 年出版著作《动物解放:我们对待动物的一种新伦理学》。他把尊重动物的权利，保护动物的利益与当代尊重和捍卫妇女、黑人和同性恋者的权利，以及没有认知能力的婴儿和功能不健全的成人的利益和权利联系起来。为此，他要求扩大道德的范围和视野，把只适用我们人类这个物种所有成员的平等原则扩展到其他物种上去。

为什么要扩展到其他动物上去呢？因为所有的动物是平等的。为什么所有动物是平等的呢？因为所有动物都有感受痛苦、愉快和幸福的能力。感受苦乐的能力，是一个存在物获得道德权利的根本特征；平等地关心所有能感受苦乐的动物，是基本的道德原则。这是辛格尊重感觉伦理学的核心内容。

辛格的“动物解放”的伦理学，虽然赋予动物一定的权利，使动物和人类是平等的，但是人和动物拥有的权利也不是完全相同的。因此，他反对以一刀切的方式来对待团体之间、人与人之间、人与动物之间的平等原则。平等的基本原则是关心的平等，对不同存在物的平等关心可以导致区别对待不同的权利。人与动物的权利是有差别的，但不应以这种差别拒斥两者具有平等的权利。平等的原则是一种道德规范，要求我们平等地对待人和动物，不能只强调自己种族成员的利益，而忽视其他种族成员的利益，也不可能只强调人类这一物种的利益，而忽视其他物种成员的利益。重此轻彼或重彼轻此，都是违背了平等的原则。

五是丸山竹秋的地球伦理学。

丸山竹秋是日本伦理学家。1992 年，他在《伦理研究所纪要》创刊号上发表《地球人的地球伦理学》一文，成为地球伦理学的代表作。

丸山竹秋认为伦理对象范围应当扩大，怎样扩大呢？一要包括人以外的生物；二要包括地球上的非生物；三要包括地球本身和它的存在；四要包括太阳、星球、天体的各种现象；五要包括风、云、雨等各种大气运动。要把“人之道”，扩大到动物，扩大到大地，甚至扩大到太阳和宇宙。他说：“我们应该把称为生命之源的大地，作为敬畏的对象。”又说：“敬畏作为生命之源的太阳，就是把天道作为人道，可以说是对宇宙的人之道。”①

丸山竹秋认为伦理学的目标有大有小，伦理学的最大和最终目标就是保护地球。因此将地球作为对象的伦理学就叫作地球伦理学。这种伦理学不仅包括人与人之间关系方面伦理学，而且包括环境伦理学、生命伦理学和景观伦理学。这种伦理学以地球的安宁、保全、健康发展作为最高、最大及最终的目标，是地球人以地球环境、太阳系等宇宙为基础的伦理学。

六是罗尔斯顿的环境伦理学。

罗尔斯顿(H. Rolston)，美国著名伦理学家，国际环境伦理学会前主席，出版了 3 本生态伦理学专著，发表了 50 多篇专题论文，把现代生态伦理学的研究提高到一个新阶段，初步建成了现代生态伦理学的科学体系。

1986 年，罗尔斯顿出版生态伦理学著作《哲学走向荒野》，被评为“生态伦理学的划时代文献之一”。本书有 5 章：第一章是伦理学和自然；第二章是自然界的价值；第三章是实践的环境哲学；第四章是经验的自然界；第五章是全球环境伦理学。这本书提出了生态环境伦理学的最重要的概念，论证了生态规律转换为道德义务的必然性，阐明了自然界的价值和自然界的权利，建构了生态伦理学的基本理论，提出了全球环境伦理学。

1988 年，罗尔斯顿出版第二本伦理学专著《环境伦理学：自然界的价值和自然界的义务》。这本书被评价为“环境伦理学的经典著作”。本书共分 9 章，分 5 部分，主要讲了 5 个问题：第一个问题主要讲生命和自然界的评价；第二个问题主要是讲生命和自然界的权利；第三个问题主要讲自然界的

---

① 转引自余谋昌《生态伦理学》，首都师范大学出版社 1999 年版，第 46 页。

价值；第四个问题主要讲环境伦理学基本理论的实践应用；第五个问题主要讲环境伦理学是一种新的世界观。这 5 个部分构成比较完整的生态伦理学的体系，对生态伦理学的发展作出了重要贡献。①

1995 年，罗尔斯顿出版了第三本生态伦理学专著《自然界的价值》。全书分 7 章：第一章“自然价值和文化价值”；第二章“多样性和复杂性的价值”；第三章“生态系统完整性和健康的价值”；第四章“野生生物的价值”；第五章“人类中心论的价值”；第六章“自然界的内在价值”；第七章“地球家园”。

在这本生态伦理学著作中，罗尔斯顿提出了“遵循自然”的伦理思想。并从七个方面论证了遵循自然的问题。在绝对意义上要遵循自然；在人为意义上要遵循自然；在相对意义上要遵循自然；在动态平衡上要遵循自然；在拟人伦理意义上要遵循自然；在价值论意义上要遵循自然；在师法自然的意义上要遵循自然。

2. 现代生态伦理学的具体内容

现代生态伦理学涉及的内容很多，几乎有多少环境和生态问题，就有多少伦理学。我们择其要者，简述六种：国际层面环境伦理学，政治生态伦理学，森林生态伦理，土地生态伦理，温室效应生态伦理，生物多样性伦理。

(1)国际层面环境伦理

生态伦理学所涉及的范围大都是国际性的，其伦理原则都是国际适用的。这里所说国际层面是指发达国家和发展中国家共同接受的环境伦理学。这个国际层面环境伦理价值观的基础，就是“可持续发展”，就是“全球可持续发展”。因为它是以全球可持续发展为目标，从而与以牺牲环境作为发展代价的传统人类中心主义相区别，又同建立在国家利己主义上的狭隘的可持续发展相区别。在全球可持续发展概念中，主要讲的是国家之间在发展权利上的平等，在地球公共资源享用权上的平等，在全球环境问题上的责任与义务的平等。②

国际层面的环境伦理规则的目的，是为了在解决国际环境问题及相关的经济、政治问题时促进国际合作和协调。这种合作和协调也是建立在正义原则的基础上的。罗尔斯对“作为公平的正义”又提出两个原则。第一个原则，主要是每个人对与其他人所拥有的最广泛的基本自由体系相容的类似自由体系都应有一种平等的权利。第二个原则符合正义的社会、经济不平等，必须适合于最少受惠者的最大利益，必须在机会公平平等的条件下职

---

① 参见余谋昌《生态伦理学》，首都师范大学出版社 1999 年版，第 47～54 页。

② 参见徐嵩龄主编《环境伦理学进展：评论与阐释》，社会科学文献出版社 1999 年版，第 378 页。

务和地位向所有人开放,使所有人机会均等。

国际层面的环境伦理规则,具体分析起来,应体现以下六个方面的平等原则:

一是发展选择权的平等原则。由于各国的发展先后不同,发展条件不同,发展水平不同,因而在选择继续发展道路时都有平等的自由选择的权利。发达国家有平等和自由选择的权利,发展中国家也有平等和自由选择的权利。在发展选择权方面,不论发达国家,还是发展中国家,甚至发展落后的国家,都有平等的发展选择权。

二是地球公有资源享用权平等原则。在国际层面上,分析环境资源的所有权问题,可有三种情况,国家所有的资源,多国所有的资源和全球共有的资源。全球共有的资源,在全球环境问题中是最重要的资源。例如,大气资源、海洋资源等,各国对这种全球公共的资源,都应有平等享用的权利。

三是资源耗用效益的平等原则。资源耗用的低效益会浪费资源,从而破坏环境;资源耗用的高效益会节省资源,从而保护资源。因此,各国在平等地享用资源时,应达到一定的效益标准。但是,由于各国发展水平不同、技术水平不同,要求各国按统一标准办事,既不符合实际,也不合理。因为从总的方面说,发达国家资源耗用效益高,发展中国家资源耗用效益较低,要求发展中国家和发达国家效益一样高,也是无法实现的。应当从总的发展倾向的要求,要从低效益走向高效益,共同达到高效益。但在发展过程中,只要确保发展国家的资源耗用不高于发达国家历史上的相应时期,力争后发展国家的资源耗用低于发达国家历史上的相应时期,就应该说基本上遵循了资源耗用效益的平等原则。

四是环境成本分摊的平等原则。一般地说,在合法的范围内,地球公共资源的享用是免费的。如对大气的享用,对风雨的享用等等。但超越一定范围,超越合法范围,应计成本,成本也应分摊。

五是国际贸易中环境规则的平等原则。国际贸易中的环境规则是有助于环境保护的重要措施。应包括两项内容:其一是防止污染物的国际转移,如发达国家向发展中国家进行生态垃圾倾卸;其二是防止产销中过度地占用环境资产。

六是国际环境政治的平等原则。国际环境政治的平等原则,应包括三个方面的问题:其一,确保全球各国(不论大小贫富)对自身环境与发展问题的主权地位。其二,在解决国际与全球环境问题中,应倡导协调与合作,反对各种形式的对抗。其三,应把环境的国际合作与其他国际政治问题有机地结合起来。[①]

(2)政治生态伦理

生态环境问题与政治问题有紧密联系,环境问题被提到政治问题的高度才能很好地解决,环境问题在一定意义上讲也成为政治问题或政治问题的重要组成部分。在解决环境生态问题的过程中,伴随着一系列人民群众的政治活动,一系列绿色运动、政党、组织相继产生,促使现代政治的"绿化"。环境问题被提到政治的高度。

环境不但提到政治高度,而且它又可引起国际政治的变化:

第一,环境问题成为地缘政治学的一个中心问题。现代许多政府的领导,大都注意开展控制污染和改善环境质量的活动,纷纷高举保护环境的旗帜。只有这样,才能取信于民,受到民众拥护。反之,则失信于民,遭到民众反对。环境问题已成为关系政府形象的重大问题。注意环境建设,政府形象就好;不注意环境建设,政府形象就差。西方报刊对政治"绿化"问题发表了不少评论,其中有篇报道的题目就是《西方政治正在绿化》。文中说:环境问题被忽视了几十年之后,正从地球政治学的边缘移向中心位置,环境问题成为地球政治学的一个中心问题。

近几年来,我们中国有许多城市非常重视环境"绿化",改变了城市形象,提高了政治威望,改善了投资环境,净化了市民灵魂,促进了经济发展,受到民众好评。如桂林、杭州、深圳、大连、青岛等等。这些城市的环境优化也与这些城市变化紧密结合起来,与政府形象的提高紧密联系起来,改善了这些城市的政治生态环境,提高了这些城市的政治生态伦理。

第二,环境问题成为国际政治和环境外交的重点。国际上许多政治家逐步认识到,环境问题是战略问题,是外交活动优先议程之一,是国际环境外交应当特别重视的问题。美国前副总统戈尔曾写了一部书,书名是《濒临失衡的地球——生态与人类精神》,主要讲环境与政治的关系问题。这本书出版后受到好评,《基督教科学箴言报》称这本书为同类著作中最出色的一部。《西雅图时报》称这本书是"划时代的著作"。戈尔早就注意全球生态危机,在竞选总统时戈尔就说:"实际上,我参与竞选的原因之一就是想把环境危机上升到政治问题的高度,我的竞选宣言强调了全球变暖、臭氧层损耗以及全球环境恶化。我宣布,这些主题,以及控制核军备,将是我竞选的核心

---

① 参见徐嵩龄主编《环境伦理学进展:评论与阐释》,社会科学文献出版社 1999 年版,第 384～387 页。

内容。”[①]戈尔不但把环境问题提到政治高度，而且把环境污染视为真正的战略威胁。

“环境外交”，首先是日本人提出的概念。近些年来，国际环境外交异常活跃，1992 年 6 月召开的第二次联合国环境会议，就是环境外交的重要成果之一。会议发表了《里约环境与发展宣言》《21 世纪议程》等 5 个文件。在会议期间，召开了各种形式的环境外交研讨会，讨论地球增温、保护臭氧层、控制酸雨、保护世界海洋、保护热带雨林、禁止有毒废物国际性转移、保护生物多样化等问题，制定了有关国际性公约、协定和法规，以便处理环境问题纠纷和地球资源的合理分配。

政治生态伦理，也要贯彻公正的原则，为此就必须反对生态帝国主义，反对唯利是图的“垃圾买卖”行为，反对借口环境保护干涉他国内政，坚持五条政治生态伦理原则：①维护国家独立、主权和不干涉别国内政的原则；②坚持国际经济秩序中公平、正义、平等、互惠的原则；③尊重各国根据自己的情况独立自主地发展经济的原则；④承认和尊重社会、经济、文化和信仰多样性的原则；⑤尊重生命和自然界、保护生物多样性和自然多样性的原则。[②]

(3)森林生态伦理

森林被称为“地球之肺”，它与环境进行物质交换，维护全球气候平衡，特别是对人和其他生命至关重要的氧平衡、碳平衡、氮平衡和其他化学平衡。地球上出现的许多灾害，都与森林生态遭受破坏有关。我们应当重视森林生态问题，森林的重要性，既关系到全人类生存的问题，又关系到人类的吃饭问题。余谋昌认为，“从生态学的角度，森林是地球生命维持系统中最重要因素或关键因素”，是“地球上人和其他生物的生命线”，“是把太阳能转变为地球有效能量的枢纽，是陆地生态系统中最强大的第一生产力”。[③]

森林生态伦理逐渐成为生态伦理的重要组织部分，其发展也有个过程。利奥波德提出大地伦理学、奠定了生态伦理学的基础之后，影响力逐渐扩大。森林生态伦理就是在大地伦理学基础上发展起来的。1989 年，美国纽约大学林学院教授库福尔提议，把“大地伦理学”纳入林业工作者的伦理规范。他主编《大地伦理问题》一书，书中收入利奥波德和其他学者有关森林

---

① [美]阿尔·戈尔：《濒临失衡的地球——生态与人类精神》，中央编译出版社 1997 年版，第 20 页。

② 参见徐嵩龄《环境伦理学进展：评论与阐释》，社会科学文献出版社 1999 年版，第 352～355 页。

③ 参见徐嵩龄《环境伦理学进展：评论与阐释》，社会科学文献出版社 1999 年版，第 352～355 页。

生态伦理问题的论著。1990年，美国林业工作者年会根据伦理委员会的提议，把“大地伦理”作为该学会的伦理准则。此后《林业杂志》开辟“大地伦理学”专栏，发表一系列有关森林生态伦理的论文，从而逐步使森林生态伦理成为科学的生态伦理的重要分支。

森林生态伦理有许多原则，其主要原则，可概括为以下几个：

一是森林生态可持续发展原则。林业问题涉及全球生态问题，涉及我们这一代人和子孙后代在社会、经济、文化和精神方面的需要。这些需要包括森林产品和服务，例如木材和木材产品、水、粮食、饲料、医药、燃料、住宿、就业、娱乐、野生动物住区、风景多样性、碳的汇和库以及其他森林产品，应采取各种有力措施，保护森林，使其可持续发展，不仅满足我们这一代人对森林的多种需求，而且要满足我们的子孙后代对森林的多种需要。凡是符合可持续发展的保护森林的道德规范，都是善的；凡不符合可持续发展的破坏森林的行为，都是恶的。

二是森林开发的整体性原则。森林系统是生物圈最强大的生产力，是保护地球生态平衡的基础，因此，在开发利用森林时，一定要遵守森林整体性原则。在开发森林时，一定要保持森林开发与保护之间的平衡、林木砍伐和种植之间的平衡，永远保持森林的整体性。

三是尊重森林的内在价值的原则。森林是有其重要的内在价值的，其内在价值不容破坏。保护森林，保护森林的内在价值，是森林生态伦理重要原则和规范。我们应当根据这个原则，制定社会的森林生态道德规范，制定林业工作者的职业行为的道德规范，要同有害森林内在价值的行为进行斗争，控制空气污染、酸雨、滥伐对森林的破坏，为绿化大地、绿化地球作出更大的贡献。

(4)土地生态伦理

从生态学观点来看，土地是一种生命共同体，包括土壤以及土壤上生长的植物、动物和微生物所形成的土地生态系统。从经济学角度讲，土地是人类劳动的重要对象，是重要的劳动资料，是一系列经济活动的基础。土地很重要，土地是有价值的。也有许多学者认为，经过劳动加工的土地才有价值，没有经过加工的土地就没有价值，土地有无价值，是土地生态伦理的依据，必须加以确认。

1986年，美国哲学家罗尔斯顿出版了《哲学走向荒野》一书。在这本书中，罗尔斯顿论证了自然界价值，特别是论证了荒野的价值。利奥波德也论证了荒野的价值，他认为荒野是人类从中锤炼出的那种被称为文明成品的原材料，荒野是一种只会减少而不能增加的资源。因此，我们要“像保存博物馆的珍品一样保护荒野”[①]。我们也必须承认荒野是有价值的，必须尊重和保护荒野。当今荒野在逐渐消失，带来生态危机，特别是带来土地生态危机。

关于土地的价值问题，我国学者余谋昌等也进行了深刻剖析，他在《生态伦理学》一书中，专门一章讲“土地生态伦理”，具体分析了土地的文化层次价值和自然层次价值，分析了土地的内在价值和外在价值。土地的外在价值，是土地作为人的工具的价值，土地是人类生活的生命线；土地的内在价值，是土地作为自我保护的生命系统，决定着陆地生态系统的生命生存，因而它是所有生物的生命线。[②]

土地又面临危机。主要表现为表土流失、土地肥力衰减、土地荒漠化、侵占耕地严重等等。因水土流失和占用耕地，每年有10.3万平方公里的土地被毁掉，有100万公顷土地将成为不毛之地。因而保护土地已成为全球的共识，成为全球刻不容缓的任务，我们必须严肃对待这个问题，尽快减少和解决土地生态危机。

解决土地生态问题，要立法，用法律保护大地；也要用德，用道德保护土地。利奥波德早就指出：“我不能想象，在没有对土地的热爱、尊敬和赞美以及高度认识它的情况下，能有一种对土地的道德关系。”[③]怎样建立对土地的道德关系？要扩大我们道德规范和道德原则的边界，从人与人的关系扩大到人与土地的关系。利奥波德也早就指出：土地道德只是扩大了共同体的界限，包括土壤、水、植物和动物，或者把它们概括起来，称为土地。

扩大人类道德规范，建立土地生态伦理，是构架土地生态伦理学的根本途径。土地生态伦理应遵循哪些伦理道德呢？主要的有以下几点：

一是坚持“热爱和尊重土地”的原则。只有热爱和尊重土地，才能建立人与土地的和谐关系，摆脱只为经济私利而滥用土地的现象。在这方面政府职能部门和私人所有者要共同担负道德上的责任，共同保护土地生态，共同热爱和尊重土地。

二是贯彻“使用应得其宜”的原则。我国古代对土地开发利用的原则是“因地制宜”“地尽其利”，就是说要按照土地的特性和结构开发利用土地，适宜种植的就种植，适于种什么庄稼的就种什么庄稼，只有使土地得其宜，才能使土地尽其利。这种原则是符合土地生态规律的，符合土地特性和结构的。如果不管土地生态规律，不管土地特性和结构，盲目向山要粮、毁林造

---

① [美]利奥波德：《沙乡的沉思》，经济科学出版社1992年版，第185页。

② 参见余谋昌《生态伦理学》，首都师范大学出版社1999年版，第175～178页。

③ [美]利奥波德：《沙乡的沉思》，经济科学出版社1992年版，第221页。

田、破坏森林生态平衡，盲目向湖要粮、围湖造田、破坏湖泊生态平衡，盲目向草地要粮、毁草种地、破坏草原生态平衡，其后果就是破坏土地生态平衡，造成土地生态危机，使土地不能制其宜，使土地不能尽其利，就是严重破坏人类赖以生存和发展的条件和基础，其后果是难以想象的。

美国学者福格特在其所著《生存之路》一书中，提出“使用应得其宜”的土地利用原则，这个原则是和中国古代提出的“因地制宜”“物尽其用”的原则是一致的，也是符合土地生态规律和特性的，因此应成为土地生态伦理的重要原则之一。福特格认为，我们不能迫使土地服从于我们的需要，而必须使我们对土地的利用服从于土地，服从于土地的能力和土地所受的限制。福格特的这一观点是正确的。我们不能为所欲为，按照人们的欲望，让土地服从人们的需要；反之，人们应服从于土地，掌握土地的特性，使用应得其宜。只有这样，才能保护土地，保护土地生态，使之尽其利。

在我们中国，因地不能制其宜，造成土地生态破坏，产生严重后果，教训是深刻的。长江洪水泛滥，黄河的干涸，草原的沙化，北方的沙尘暴，滇池的污染，北大荒垦殖等，都对土地生态造成很大影响，其中有些教训是非常深刻的，值得我们总结，值得我们记取，值得我们深省，需要我们改正。

三是坚持平等公正分配土地利益的原则。人类在开发土地资源时，要注意平等公正地分配土地的利益。要做到这一点必须正确处理四个关系：一是公正平等地处理当代人群之间的土地资源和土地利益的分配，不能重此轻彼，或轻此重彼，注意人群之间的公正和平等；二是公正平等地处理城乡之间的城市，既要考虑发展城市的需要，又要考虑发展农村的需要，在一定条件下，要制止城市滥用耕地，侵占农村土地。现代城市的盲目扩大，滥用大量农村土地，造成土地生态的失衡，应引起重视，尽快整顿。三是公正平等地处理当代人和后代人之间的土地资源和土地利益的分配，我们应当明白土地是从我们的祖先父辈继承下来的，又是从我们的子孙们借来的。要兼顾当代人和后代人的利益，要平等地和公正地处理我们当代人和后代人的土地利益分配，尽量要给子孙留下良好的土地生态资源，照顾子孙在土地资源和土地利益分配方面的权利。四是公正平等地处理人与其他生物之间的土地资源和土地利益的分配。土地是我们人类生存和发展的生命线，也是其他动植物生存和发展的生命线，我们人类不能只顾自己，无休止地榨取土地，不管其他生命的死活，肆意破坏土地生态平衡。破坏其他生命的生命线，到头来也破坏人类自己的生命线。因此，公正平等地对待其他生物对土地的需求，也是保护土地生态平衡和土地生态伦理的重要原则。

(5)生物多样性生态伦理

生物多样性问题是一个重要的生态伦理问题，是备受关注的全球环境问题。这个问题又与南北问题密切联系。所谓"北方"主要指发达国家，所谓"南方"主要指发展中国家。由于南方虽有生物性资源却无力进行开发，北方有开发和发展能力，但缺乏足够的生物多样性资源；又由于生物多样性资源的主要受益者不是南方而是北方，因而南北在生物多样性保护方面的利益是不同的。生物多样性的保护问题，受制于南北的利益，难以统一。在生物多样性保护问题上，协调南北利益成为重要问题。

在里约热内卢签订的《生物多样性保护公约》就是南北利益协调的产物，它既考虑了南方的利益又照顾了北方的利益。这一折中性的立场表述如下：

承认北方国家有权对生物种质申请专利，以此作为资助生物技术 R&D 活动的条件。同时，承认南方国家有权对它们的领土获取使用费，条件是它们应同意不对指定地区进行任何开发。这个方案是怎样折中的呢？就发达国家而言，在这个方案中放弃了生物多样性资源应当免费使用的观点，而以对使用土地付费的方式及资助生物技术开发的方式，作为对生物多样性所有国贡献的经济补偿。就发展中国家而言，它们承认对生物多样性保护的责任以及生物多样性开发者对生物技术的专利权。[①] 显然，这个保护公约向着公正性前进了一大步。

直到现在，在国际生物多样性保护事务中起支配作用的环境伦理学，基本上是人类中心主义的。这类人类中心主义的伦理学，强调以人类的利益为中心，着眼于功利主义，受传统的市场伦理观的支持，是国家利己主义的。这样的伦理学不但不能保卫生物的多样性，相反在不断破坏生物多样性。这样的伦理观，不但对发达国家和发展中国家带来了不可弥补的损失，也对当代人类和后代人类带来了不可弥补的损失。为了更好地保护生物多样性，尽快解决生物多样性的危机，我们必须以平等公正的观点出发，兼顾发达国家和发展中国家的利益，兼顾现代人和后代人的利益，建立和发展在全球可持续发展意义上的国际层面环境伦理学。这样的伦理学，应遵循以下原则：

一是坚持生物多样性的整体性原则。生物是多样性的，生物又是整体性的，各国、全人类都要维护生物多样的整体性原则，不要因一国一民族的利益，损害生物多样性原则。各国各民族都有责任和义务保护国家和民族

① 参见徐嵩龄主编《环境伦理学进展：评论与阐释》，社会科学文献出版社 1999 年版，第 401～403 页。

所在区域的生物多样性，同损害生物多样性的行为进行毫不妥协的斗争。为了全人类和全球的利益，应对国家和民族的暂时利益作出必要的牺牲。

二是坚持生物多样性的经济公正性原则。在生物多样性的价值方面，要坚持经济公正性原则，把环境资源，包括生物多样性资源的全部价值，包容在市场之内。这样一来，环境资源的全部价值主要由三部分组成，即：天然生物种质在新生物技术与生物产品中的价值；生物多样性国家放弃对生物多样性所在地的土地开发而承受的损失；为生物多样性所在地的保护性管理而支付的成本。① 根据上述情况，为了做到经济公正性，生物多样性的享用国应向生物多样性的提供国进行补偿，只有这样才能既调动起生物多样性享用国的积极性，又能调动起生物多样性的提供国的积极性。

三是坚持生物多样性的公正合法交易。为了保护生物多样性，除在国与国之间坚持经济公平的原则外，在生物交易时也要坚持合法公正的原则。对稀有动物和濒危动物，不少国家都制定了法律条款，有些国家还下禁令禁止买卖，有些国家还开辟生物保护区，在保护区内，禁止狩猎，禁止捕捞。这些为了保护生物多样性的法规，我们必须遵守，对违背者必须视情依法惩处。在动植物交易中，也要合法公正。不准上市的就严禁上市，不准滥用的就严禁滥用，只有这样，从买卖双方卡住非法的动植物交易，才能切实保护好生物多样性，解决生物多样性危机。

(6)温室效应生态伦理

温室效应引起全球气候的变化正成为人们关注的焦点，成为全球性环境保护的一个热点。这个问题达到一定程度，就会引起地球上生命系统基本生存条件发生变化，从而对人类和自然界生物的生存造成致命的威胁。因此，这个问题是至关重要的问题，引起人类的特别重视是理所当然的。

造成全球温室效应的原因很多，一个重要原因，是地球上人类人为地影响温室效应气体的排放，最主要的是二氧化碳的排放。因此，控制因温室效应而引起全球气温变化的有效办法，是全球联合起来一致行动，对温室气体排放量进行减排，使其控制在一定量内，防止温室效应引起的气候变化。对二氧化碳的排放量，因各国发展程度不同而有所不同。从历史上讲，二氧化碳的排放量，一般地说是发达国家排放得多，造成的影响大，而发展中国家相对来说排放得少，造成的影响也小。从现实讲，二氧化碳的排放量，一般地说，仍是发达国家排放得多，发展中国家排放的少。因此，造成温室效应引起的气候变化，发达国家应负主要责任，限制排放二氧化碳，也应主要限

---

① 徐嵩龄主编：《环境伦理学进展：评论与阐释》，社会科学文献出版社 1999 年版，第 404 页。

制发达国家。因温室效应而引起的气候变化，既有正面效应，又有负面效应，以负面作用为主；对一个国家和地区，有的是正面影响，有的是负面影响。因此，在核定二氧化碳排放量时，应全面衡量效应的正负和责任的大小。衡量一个国家对温室效应的责任，主要依据这个国家二氧化碳超排量的大小。超排量大的，责任大；超排量小的，责任小。在限定二氧化碳的排放量方面，在界定温室效应引起气候变化的责任方面，有许多伦理问题，这些伦理问题是需要温室效应伦理认真加以研究的。其原则如下：

一是坚持平等享用大气资源的原则。大气资源是全球人类共同享用的资源，在大气资源享用方面，必须坚持平等享用的原则。既然大气环境属全人类所有，因此人人有权获得相同的份数，人人有权排放相同的份额。享用和排放额平等的原则，渐成人类共识，渐成温室效应伦理的重要原则。

二是坚持提高减排二氧化碳的经济效率的原则。人人有平等的二氧化碳的排放权，但不能滥用权利，要讲经济效率，要不断提高减排二氧化碳的经济效益。现在，二氧化碳排放的经济效益，是按人均 GDP/吨 CO_2 计算的。发展中国家二氧化碳排放的经济效益尽量不低于历史上发达国家在相同阶段时的经济效益。应不断提高二氧化碳排放的经济效益，使经济效益比历史上发达国家在相同阶段的排放的经济效益要高。

三是要坚持风险共担、成本分摊的原则。这个原则也体现了平等公正的原则。全球气候变化的风险，一般说来是全球性风险。有些风险虽出现在局部地区，但原因却可能是全人类活动造成的跨地区影响的结果。二氧化碳是全球飘散的，局部地区的二氧化碳可能是跨地区飘散的结果，因而风险必须共担。治理环境支付的经费，必须要合理分摊，一般地讲，排放量大的，分摊成本也要大，排放量小的，分摊成本也应小。具体衡量应有个明确的量度，分摊额应按照一个国家的二氧化碳累积超排量在大气二氧化碳超额存量中的比例计算。现在世界上提出不少方案解决二氧化碳的减排问题，我国也提出了自己的方案。在我们提出的二氧化碳减排方案中，特别强调公正性，把公正性和平等发展权密切联系起来。①

五、现代医学技术和医学伦理

现代科学技术，特别是现代生物工程技术和生命技术以及医学技术，使现代医学走向一个新的阶段，同时也促使现代医学伦理走向一个新的阶段，

---

① 参见徐嵩龄主编《环境伦理学进展：评论与阐释》，社会科学文献出版社 1999 年版，第 387～389 页。

只有研究这些医学的新技术和新伦理，才能推动医学技术和医学技术伦理健康发展。

(一)现代医学技术的发展

在论述医学技术的发展时，我们不能面面俱到，只能择其要者简单分析，主要分析基因技术、生殖技术、器官移植技术、克隆技术、死亡技术与医学技术的关系。现代医学技术是以基因技术、生殖技术、器官移植技术、克隆技术、死亡技术为基础和手段发展起来的。没有这些技术的发展，就没有现代医学技术的发展。因此，分析现代医学技术就要首先分析上述这些技术。

1. 基因技术

基因技术前已论及，现结合医学技术，再略加论述。基因技术又叫转基因技术或生物工程技术。这种技术是在生物细胞水平上，把一种生物的遗传物质基因除去，把另一种生物的基因植入到已除去遗传物质的细胞中，产生具有新的遗传特性的新物种。这种技术应用到植物育种，便产生转基因作物。1997 年中国转基因杂交水稻培育成功，1998 年又培育成功抗除草剂直播稻，可大面积提高水稻产量，大大节省除草的劳动力。美国科学家培育成功转基因猪 CENIE，这种猪的奶含有人体 C 蛋白，是一种急重病人的药物。有人预计，2025 年基因技术产量将占美国国内生产总值的 20%，约 2 万亿美元。①

转基因技术对医学带来重要影响，这种影响是多方面的，归纳起来，对人体健康有影响的主要有以下几个方面：一是是否对人有害、致人生病。如果致人生病，医学就要早做准备，一旦对人体有害，致人生病，就要找出对策，去除危害。二是对自然生态系统的影响。如果转基因生物有破坏生态平衡的表现，对其他物种也产生危害，就要尽快加以制止，使转基因生物顺应生态平衡，有助于自然生态平衡。三是警惕有人利用基因技术制造基因武器。一旦出现这种武器，就是一种毁灭性武器，对人类的生命和健康，造成巨大危害，因而人类要竭力防止基因武器的研究。一旦有了这种武器，人类也要找出防范措施。四是基因技术在人类自身上的应用。要尽量防止副作用，尽量防止不健康的因素，尽量防止致病因子的出现。在人类自身上的应用，很重要的方面就是基因治疗。基因治疗是将外性基因导入体内治疗疾病的一种方法。要搞好基因治疗，必须注意三个问题：第一个问题，就是

---

① 参见余谋昌《高科技挑战道德》，天津科学技术出版社 2000 年版，第 106～117 页。

人们必须知道是什么部位的基因和具体哪一种基因有缺陷，而且能找到并拥有这种正常的基因。第二个问题，必须有定向导入正常基因的载体。第三个问题，基因导入人体后必须控制它的表达，使其既能治病，又不至于过分表达或引起人体内原有基因的突变而造成危害。[①]

约翰·奈斯比特在《高科技高思维》一书中，在谈到现在全世界都很重视基因治疗的研究时，曾谈到：美国专利局估计，到1999年初，已发出约1800项植物、动物与人类基因的专利权，另有7000件正在申请中。还指出，现在导致超胖、癫痫、目盲、高血压、哮喘、骨质疏松、黑素瘤、关节炎、乳癌及卵巢癌、心血管疾病以及帕金森氏病的基因，都已经辨认出来，排好了序列。[②] 如果这些病的基因都已辨认出来，排好了序列，那么总有一天，人们会找到具体的医学技术的方法，治疗这些病，造福于人类，使人类更健康、更长寿。

2. 生殖技术

人类生男生女，本来都是不以人的主观意志为转移的。人类的生育，是自然界的一种现象，是依照生育规律和生态规律进行的，男女是平衡的。然而有了现代医学技术，还可借助人工生殖技术搞试管婴儿等，这样人类原有的"有性生殖"，即男女性交、输卵管受精、受精卵子进入子宫、子宫内妊娠、十月怀胎、一朝分娩、婴儿出生的生殖过程就逐步改变，改变成"非性生殖"，即不通过性交，而用人工方法，或把精子注入妇女子宫，实现受孕和生育，或把人的精子注入妇女子宫，实现受孕和生育，或把人的精子和卵子放在试管中受精后，胚胎植入人造子宫生育。随着现代生物工程技术和医学技术的发展，也许将来还可通过克隆技术干预人的生殖。这样无性生殖，就有了三种形式或三个阶段：一是人工授精；二是体外受精；三是无性生殖，即克隆。这是人类应用高科技于自己的生殖的三种形式，它对解决不育的难题和提高人口质量具有重大意义。[③]

无性生殖技术也是不断发展的。从人工授精到体外受精，再到试管婴儿，生殖技术逐渐由低级向高级发展。美国《时代》周刊到1998年1月号发布科学家的预测，到2022年人们可通过制造人造子宫孕育胎儿。那时，体外受精形成的胎儿可以在培养箱里进行发育，并在足月后出生，无须进入人的子宫。到那时，人类生命的创造不仅无需男女性交，而且可以无须进入妇女子宫。[④] 这样一来，无性生殖的问题，不仅要解决一系列的高技术问题，而且

---

① 参见张田勘《科学的沼泽》，民主与建设出版社1998年版，第154～158页。

② 参见[美]奈斯比特《高科技·高思维》，新华出版社2000年版，第145页。

③ 参见余谋昌《高科技挑战道德》，天津科学技术出版社2000年版，第17页。

④ 参见余谋昌《高科技挑战道德》，天津科学技术出版社2000年版，第31～32页。

要解决一系列高伦理问题。

3.器官移植技术

人类对用器官移植方法战胜疾病的愿望由来已久。早在2300年前，中国的神医扁鹊就曾进行过简单的器官移植，后人称扁鹊为器官移植的始祖。19世纪人们就开始了器官移植的实验研究。1936年，弗尔里医生进行最早的同种移植，把尸体肾移植于急性肾功能患者的腹股沟里，因免疫排斥反应，病人手术后84小时就去世。1954年美国波士顿医院的瑟夫·默里医生首次在一对孪生兄弟间移植肾脏成功，开创了人类器官移植的新纪元。接着康纳尔·托马斯医生于1956年第一次给一位白血病患者进行骨髓移植。两位医生同获1990年诺贝尔医学奖。1967年南非巴纳德医生进行首例心脏移植。1963年3月美国一位医生在临床上进行首例肝脏移植。接着，肺脏移植、胰脏移植、骨髓移植、角膜移植、骨组织移植、皮肤移植相继成功。各种器官移植，正成为人类医治某些疾患的有效手段。据统计，这项技术已挽救了几十万人的生命。①

现在，器官移植越来越普遍、越重要，每年仅在美国就有18000多例移植手术。还有4万个病人等待器官移植。器官移植最大的问题是可移植器官数量不足，难以满足器官移植的需要。怎么办呢？一方面要进行宣传，转变观念，扩大器官移植所需器官的来源；另一方面，在实验室中或别种动物身上培植器官。“生物医学研究就是朝着这方面努力——在实验室中或别种动物身上培植器官。交换基因器官移植的概念并不新鲜，但技术是刚刚才有的。”②奈斯比特的论断，为器官移植指明了方向。交换基因器官移植虽刚刚起步，但未来是大有发展前途的。

4.死亡技术

有生物就有死亡。死亡，对于一切有生命的动植物来说，都是必然的归宿，对人来说，也是必然的归宿。什么是死亡？人们认为死亡标准是一个人心脏停止跳动和停止呼吸。这种观点已延续了几千年。但是传统的死亡标准在实践中多次遇到挑战。最典型的事例，就是苏联著名物理学家兰道的生与死。1962年，苏联著名物理学家惨遭车祸，4天后停止心脏跳动，血压降为零，但经医生抢救后，心脏又恢复跳动。第二周他的心脏又停止跳动3次，每次都又活过来了。活了6年后，到1968年，因过量使用药物使肠道受损才真正死亡。这个典型事例给传统医学的死亡标准提出了挑战。1968年8月，世界医学会在澳大利亚悉尼召开了第22次大会，专门讨论了“死亡的

① 参见郑振禄主编《医学道德与生命伦理》，华中师范大学出版社1992年版，第234页。

② [美]奈斯比特：《高科技·高思维》，新华出版社2000年版，第167页。

确定”问题，并发表了《悉尼宣言》。该宣言指出：大多数国家，死亡时间的确定将继续是工程医师的法律责任；近代的医学实践使得进一步研究死亡时间成为必要；问题的复杂性在于，死亡是在细胞水平上的逐渐过程；人的死亡时间的确定使得停止抢救在伦理上被许可，并且如果履行了通行的法律，在法律允许的国家内从尸体中取出器官被许可。《悉尼宣言》虽然指出了确定死亡标准的重要性，但尚未提出新的死亡标准。1968 年，美国哈佛大学的一个特别委员会发表报告将死亡定义为“不可逆转的昏迷状态”，提出 4 条诊断标准：无感知和无反应；没有运动或呼吸；没有反射；脑电图平直。[①] 1968 年，世界卫生组织建立的国际医学组织委员会规定死亡标准为：对环境失去一切反应；完全没有反射和肌肉张力；停止自发呼吸；动脉压陡降和脑电图平直。这个标准与哈佛委员会的标准基本一致。1972 年，北欧提出的死亡标准是把临床特点、大脑电活动和通往脑部的血液循环停止结合起来，认为病人有已知原发或继发的脑损伤、无反应的昏迷、呼吸停止和不存在包括脑干反射在内的所有脑功能就是死人。脑死的客观证据是：没有生物学活动的脑电图，脑血管内没有血液循环。脑死亡的定义引起激烈争论。医学界有越来越多的人接受死亡的脑死定义，因为脑死比心死更可靠、更科学。但传统的死亡标准和观念，仍在起着作用，仍成为某些医生判断死亡的标准。1983 年美国医学会、美国律师协会、美国统一州法律督察全国会议以及美国医学和生物医学及行为研究伦理学问题总统委员会建议各州采纳下述标准：“一个人或(1)循环和呼吸功能不可逆停止，或(2)整个脑，包括脑于一切功能不可逆停止，就是死人。死亡的确定必须符合公认的医学标准。”[②]这个意见实际上是让两个死亡定义和标准并存，在目前情况下不失为一种较妥当的解决办法。

死亡问题，包括安乐死亡问题，有一系列医学技术需要解决，也有一系列伦理问题需要解决，在现代技术和现代伦理高度结合的情况下，死亡问题，包括安乐死问题，才能得到妥善解决。

5. 克隆人问题

克隆了动物，克隆了植物，必然联想到克隆人问题。而这是一个更复杂的技术和伦理高度结合的问题。克隆技术是发展的，克隆动物植物是必要的，对科学技术发展是有益的，能造福人类也是好事。但滥用克隆技术，可能造成祸害，有害人类，则是坏事。克隆人的问题，争议很大。1998 年，美国第一期的《自然生命》杂志刊登了一篇题为《38 位诺贝尔奖得主的研究代

① 参见郑振禄主编《医学道德与生命伦理》，华中师范大学出版社 1992 年版，第 22 页。

② 邱仁宗：《生命伦理学》，上海人民出版社 1987 年版，第 184～187 页。

价——DNA 的前景绝不是克隆人》的文章，文章的标题便开宗明义地否定了基因和基因工程用于克隆人的动机和做法。有些国家政府甚至立法禁止进行克隆人的研究。这些都是正确的，也是必要的。但克隆人的研究，恐怕有些科学家还要进行下去。1998 年 1 月 6 日，美国芝加哥一名叫作理查德·锡德的物理学家就公开声称可以克隆人，而克隆人的目的：一是可以帮助不育者养育后代或者帮助绝症人通过克隆重新获得新生；二是可以使人产生全新的免疫系统，既可以使人抵御癌症和其他疾病的侵袭，又可以使人延年益寿，长生不老。看来，克隆人的问题，不管禁止不禁止，有的人是要研究下去。我们的态度应该是：一要反对，二要不怕，三要研究对策。真的有人把克隆人研制出来，我们怎么办呢？必须把克隆人的技术与克隆人的伦理结合起来，把克隆人纳入法律轨道和伦理轨道。在整个研制过程中，我们都要进行严格的法律监督和道德监督，不要等到事后算账，到那时想要解决问题，避免危害，恐怕就来不及了。所以，锡德的复制人的狂言一出，立即受到美国人和世界各国的反对。美国生殖医学会有 9500 多名妇科和泌尿科的专家一致同意并通过了一份禁止克隆人的文件，明确表明，任何人将任何生者或死者的体细胞核植入除去细胞核的卵子中来培育人类的婴儿都是不合法的。在锡德发表狂言后 6 天，即在 1998 年 1 月 13 日，欧洲 19 个国家在巴黎签署了一项严格禁止克隆人的协议。这个被称为《人权和生物医学公约》的协定书是第一个禁止克隆人的国际法律文件。此后，在日内瓦举行的第五十五届世界大会上通过一项决议指出，运用无性繁殖技术复制人类是违背人的尊严和道德的，因而必须严格禁止。①

（二）现代医学技术的问题

现代医学的问题和现代医学的发展是一个问题的两个方面，有发展就有问题，有问题就有发展，发展和问题往往是孪生兄弟，有其一，必有其二，有此必有彼。因此，在论述现代医学的问题时，必然和医学的发展对应起来。

1. 基因治疗的副作用

基因治疗是利用基因技术进行治疗的方法，是将外源性基因导入体内治疗疾病的方法。基因治疗要用基因载体，不论用逆转录病毒、还是腺病毒，或是脂质运载基因，都有副作用，都有隐患，特别是把转基因动物的细胞和组织移植到人体时，要严加防止某些特殊动物的疾病通过移植传染给人。

① 参见刘烨主编《科技大反扑》，民族出版社 2000 年版，第 179 页。

用基因技术培育的基因作物和产品，也会给人带来无法预测的风险。英国《欧洲人报》1998年5月18日，在报道基因技术促进绿色革命新潮流消息时，曾援引英国遗传学家对转基因技术的告诫。这位英国遗传学家说："我们正面临一场潜在的健康灾难。这场灾难将使疯牛病相形见绌。只要对一种主要作物实施的转基因失败，就能导致一场大规模健康危机的发生。"①

更危险的是战争狂人也可能制造基因武器，进行灭绝种族的战争。他们在制造基因武器时，有可能采用目前人们正在使用的有选择地瞄准不同族群的医疗技术或基因疗法，通过基因疗法制造基因武器，达其灭绝种族的罪恶目的。我们必须保持高度警惕，绝不让战争狂人实现其罪恶目的，因而我们对基因治疗的负面作用和危害，一定不容忽视，通过改良技术，提高德行，完善法律，加以解决。

2. 人工生殖的局限

采用人工生殖技术必须在法律上和道德上加以规范，不然会出现意想不到的问题。如通过生殖技术，进行胎儿性别鉴定，多数人生男不生女，就会产生男女性别比例失调。印度有些人用羊膜穿刺或用B超鉴定胎儿性别，使男女比例出现严重倾斜，男女比例为115∶100。如不加调整，任其发展，比例更加失调，就会造成更多更严重的社会问题，甚至引发更多更严重的犯罪行为。我国也有类似问题，在些地方，男女性别比例也已失衡，达到110∶100，应当重视，尽快解决，调整比例，防范危机。我国卫生部门早在1989年就发出通知，要求任何医疗部门不得以任何理由用医疗技术鉴定胎儿性别，这是必要的，也是正确的，应坚决贯彻执行。

由于不适当的利用人工生殖技术，双胞胎和多胞胎越来越多。这就孕育着很大的危险，有的人甚至利用生殖技术一胎生下7个胎儿，这就会产生更大的麻烦，福音很可能会变成灾祸。还有的人想用诺贝尔奖得主的生殖细胞孕育下一代，也有的母亲不愿忍受妊娠的痛苦而雇用代孕母亲，如此等等，这些问题，都会引发许多社会问题和伦理问题。

3. 器官移植的弊端

器官移植使人延长生命，固然是件好事，但也存在许多弊端，应当引起注意，认真加以解决。器官移植供应不足而造成的器官分配问题，有钱有权的人先分配，就不公正，不合理。二是器官移植中接受器官的人还存在一个心理负担问题。如心脏移植，利用死人赚活人的钱，就会使供需双方受到很大压力。三是利用死囚的器官，特别是心脏器官，会影响病人的情绪和性

① 转引自余谋昌《高科技挑战道德》，天津科学技术出版社2000年版，第116页。

格，造成难以预料的后果，更需建立严谨的法律，以避免产生灾难性后果，使世界陷入一片混乱。

4. 脑死亡的幽灵

是否死亡，主要以“脑死”判定，当然，也应根据“心死”。但“脑死”应有严格而明确的标准，如果标准不严格、不明确，就会有一个幽灵游荡，这个幽灵，就是谋杀问题。如果一个人没有真正的“脑死”，就摘取其器官，就会受到法律制裁和道义的谴责，就等于谋杀。为了防止脑死亡判断失误，应当由几个医生共同诊断，或组成委员会来决定，不给谋杀以可乘之机。但在医疗实践上做起来是有很大困难的，不管有多大困难，脑死亡的标准问题和判定问题，应当更加规范、更加完善。当然，脑死亡的问题还很多，我们不一一详述。

（三）现代医学技术的伦理

现代医学的发展和问题，必然引发出现代医学伦理，因为伦理问题紧密地和科技发展联系在一起，有时伦理问题就潜在于科技发展的问题之中，医学技术的伦理也潜在于科技发展的问题之中，因而，我们在论述现代医学技术的发展的问题时，已多少涉及一些伦理问题，我们现在再集中谈谈几个现代医学技术的伦理问题：

1. 基因技术的伦理问题

基因技术的伦理问题，主要反映在如何确立转基因道德观念的问题上。转基因作物和产品问题，各国科学家的认同态度不一。有的赞成，有的反对；有的认为可以发展，有的认为必须加以限制；有的认为有益人类，有的认为风险很大。为什么认识和态度不一呢？主要是人们担心转基因作物和产品对人类的健康可能有损害，对自然生态系统也可能造成损害。因此，在发展转基因技术时，亟须立法和立德。余谋昌在《高科技挑战道德》一书中提出，在确立转基因技术的研究、开发和应用时，应建立三条道德规范：

(1)用基因技术增进人类利益，提高人类生活质量。这是人类的利益原则。

(2)用基因技术增进生命和自然界的利益，促进生命进化。这是生命和自然界的利益原则。

(3)注意到基因技术应用的可能的负面影响，避免它对人、生命和自然界造成危害。这是避害原则。[①]

---

① 参见余谋昌《高科技挑战道德》，天津科学技术出版社2000年版，第119页。

余谋昌提出的三原则，即三条道德规范是比较完整的，按这三条原则办事，转基因技术则健康发展，不按这三条原则办事，转基因技术则走上邪路。余谋昌谈的避害原则，实际上包含着促进人类健康的原则。因此，在医学上，转基因技术最大的原则就是有利人类健康和发展。

2.人工生殖技术伦理

人工生殖技术伦理是多方面的，包括人工授精伦理、体外授精伦理和试管婴儿生殖技术伦理等等。

(1)人工授精的伦理问题

人工授精，主要不是通过性交而是用人工方法，将精子注入妇女子宫，实现受孕和生育。用丈夫的精液称"同源人工授精"，用他人的精液称"异源人工授精"。人工授精带来的伦理问题主要有三个：一是人工授精切断了生儿育女与婚姻的联系。生儿育女是婚姻和爱情结合的体现，人工授精把生儿育女的爱情和婚姻的结晶变成机械的"配种"，忽视了丈夫的爱抚，冷淡了热烈的性交，从而使家庭纽带陷入危机。二是异源人工授精，是妻子的卵子与第三者的精子的结果，与通奸致孕相差无几；使出生的婴儿的伦理关系复杂化，更会使婚姻关系陷入危机，即使先取得了丈夫的同意，仍会出现困惑的问题。三是代孕生儿，通过他人的子宫为自己生孩子，但生下孩子后，出现复杂的法律和伦理问题，不但会产生法律纠纷，而且会产生道德沦丧，甚至使家庭和社会陷入混乱。所以，有人认为是不符合道德的。有人则严加限制条件，条件允许可以代孕。

(2)体外受精的伦理问题

体外受精主要特点是，受精过程在人的体外进行，精子和卵子在试管中授精结合，形成胚胎后，再植入子宫，生长发育，然后分娩，或剖宫产。试管婴儿不是爱情的结晶，从"爱情制造"变为"技术制造"。这样一来，又带来非常复杂的伦理关系，特别是难以确定亲子关系，也难以确定家庭的义务、权利和责任。因此不少人认为试管婴儿是不道德的。也有人认为这对患不育症的夫妻，在一定条件下也是有益的、可行的，甚至难以阻挡的。重要的是，必须制定体外受精的法律条例和道德规范，以使体外授精技术健康发展。

(3)试管婴儿的伦理问题

试管婴儿在试验中，科学家预测，到2022年人造子宫将孕育胎儿。试管培育技术，正在动物身上试验，已取得可喜成果，试管育儿技术，预测在10年内，可用于人类，在25年内，人造子宫将完成整个孕育过程，实现在子宫外授精和发育。

试管婴儿也会带来严重的伦理问题，在这方面余谋昌也作了深入研究，他谈到这个问题时，提出一个重要原则，这个重要原则对人工生殖技术是完全适用的，他说："一种技术，它的应用使许多人受益，如果它的应用对他人不造成损害，那么它是符合道德的，应支持这种应用。如果它不仅使一些人受益，同时又对他人造成损害，那么就要制定一定的伦理规则，以便约束导致他人的利益受到损害的行为。"[①]我们应根据这个重要原则，具体地制定有关试管婴儿的道德规范，在试验过程中，逐步加以完善，以便使试管婴儿在完善的道德规范约束下健康地向前发展。

张田勘在《科学的沼泽》一书中对人工生殖技术约束和限制进行了比较详细的研究，这些约束和限制大都与道德相关联。他认为，为了有利于人工生殖技术的发展并减少其对社会和人的损害，应注意解决几个问题：首先，健全管理应该严格检查供者和受者的生理、生物和精神状况，符合一定标准才有资格进行人工妊娠；其次，禁止买卖生殖细胞，避免发生欺骗、隐瞒和投机行为；第三，只有已婚夫妻在丈夫或妻子不育或有遗传病的情况下，才可以进行人工妊娠；第四，必须严格执行卫生标准，反复明确核对受者和供者，防止疾病传染、血型不合和供者与受者的张冠李戴；第五，对人工妊娠的各方面人员采取一定的保密制度或互盲原则，即在医务人员、供者、受者和孩子之间采取互不相识的原则；第六，采取限制原则，男方女方提供 5 名受者后，即停止其供者的资格，以防止近亲婚配导致家庭悲剧或孩子畸形；第七，实行禁止原则，禁止动物和人的杂交，禁止利用死人的生殖细胞进行人工妊娠，禁止无性繁殖同一个人，禁止将人的胚胎植入动物体内孕育；第八，人工妊娠的后代与亲代的亲权问题，可参照某一国家一些通用的法规加以解决；第九，人工妊娠生育的孩子在夫妻离异时可参照婚姻法内容交以夫妇双方孕育孩子前的协议为准，判决孩子的归属和抚养；第十，冷藏精子、卵子库要建立一些原则，除为不育夫妇，遗传病夫妇提供精子卵子外，还可为极特殊的人，如在辐射环境工作的人等，收集储存精子和卵子；第十一，应明确医疗责任的法律问题，明确规定医患双方各自的责任和权利；第十二，慎重解决单身女性进行人工妊娠的问题，最好是有了具体而详解的法规之后再操作。[②] 张田勘的这十二条意见，未必完善，但可操作，不妨先采用，后修正，再补充，以利人工生殖健康发展。

3.器官移植技术伦理

器官移植是用一个具有完好功能的器官置换由于疾病、伤害等原因而无法医治的器官，以抢救病人生命、改善病人状况的医疗方法。这种方法也

---

① 余谋昌：《高科技挑战道德》，天津科学技术出版社 2000 年版，第 33 页。

② 参见张田勘《科学的沼泽》，民主与建设出版社 1998 年版，第 216～219 页。

有许多伦理问题需要解决：

(1)“脑死亡”标准的伦理问题

脑死亡问题前已论述，不再赘言。在脑死亡问题上的主要伦理问题，是判定脑死亡在什么情况下才是死亡的。一般地说，应是脑功能不可逆性停止的脑，才是脑死，而脑死的人，才是死人。但有人为利益驱动，在判定脑死亡时，由于技术问题或道德问题，可能误判，把可逆停止视为不可逆停止，把未脑死的视为脑死，不管技术问题还是道德问题，都要追求责任，严重的还要追究刑事责任。在未真正脑死前就摘取其器官，这里也涉及道德问题和法律问题。真正判定“脑死”之后，从“心脏跳着的尸体”中获得许多高质量的供体器官，挽救病人生命，也还有许多伦理问题值得研究。

(2)对待尸体的观念和伦理

器官移植的最大问题是可供移植器官严重不足。要解决这个问题，就要改变人们对待尸体的传统观念和伦理。在我国有死尸不可侵犯的传统观念，火化尸体，经政府提倡，逐渐推广，为人认同。但捐献尸体或器官，现在极少人认可，禁区很大，观念陈旧，难以触动，很少有人主动献出器官和尸体。因此转变观念，转变伦理，是促使器官移植技术发展的关键。

(3)器官移植的分配和伦理

器官供体很少，可供器官短缺，在可供器官短缺的情况下，如何分配问题，有许多问题涉及伦理，伦理问题解决不好，器官分配问题就很难解决好。怎样分配移植器官，按什么道德原则分配移植器官，意见不一。有的人主张按生命价值，即按预期寿命、贡献大小、生活质量等分配可移植器官。有的人主张按需要迫切程度，即谁最迫切，就先得到可移植器官。有的人主张按捐献者的意愿，捐献者给谁就给谁的原则进行分配。还有的人主张在市场经济条件下谁有钱就先给谁移植器官，按商业经营方式进行可供器官的分配。[①] 这些主张都有道理，各取所需，都能成立。法律界、医务界和伦理学界，应联合起来，共同议定器官移植的法律条款和道德规范，使器官移植尽快走向法制化和伦理化。

(4)利用胎儿组织的伦理

胎儿组织是一种特殊的器官，为了治疗一些器官，为了治疗一些特殊的疾病，临床上也用来移植给特定的病人以治愈其病。胎儿组织治病是从胎儿研究开始的，这里就有几个问题涉及伦理问题：胎儿组织能生长和增殖；胎儿组织能进行细胞分化和组织分化；胎儿组织能产生生长因子。胎儿组

① 参见章海山、张建如编著《伦理学引论》，高等教育出版社 1999 年版，第 258～259 页。

织与成年组织相比，抗原性低，受到免疫排斥的程度也低，因而有利于移植以治病。但利用胎儿组织何时是合法的、合道德的，就有个界限问题和时限问题。在界限以内，时限以内，利用胎儿组织是合法的、合道德的。在界限以外，时限以外，利用胎儿组织则是违法的和违反道德的。在什么时限以内呢？通过医学界的长期争论，形成契约，即 14 天前的胚胎可以研究，14 天以后的胚胎算作生命，不能研究。这种契约是合理的，有用的，但不能解决器官移植的根本伦理问题。如果为治疗某种疾病，无法用 14 天以前的胚胎组织，而至少用 56 天以上的胎儿组织，到哪里寻找 56 天以上的胎儿组织呢？只有到流产的胎儿身上去寻找。胎儿算不算生命，如果算，去取器官组织，进行移植，是不是犯罪？是不是图财害命？这些都需制定法律条例和道德规范，以使胎儿组织医疗健康发展。

(5)出卖器官供人移植的伦理问题

器官买卖的阴影，像个幽灵，伴随着器官移植。在许多国家买卖器官是违法的，是不道德的，但仍有人买卖器官，印度在这方面比较突出，印度有个威得瓦克的村子，以出卖肾脏而闻名，被人称为“卖肾村”。据知情人粗略统计，这个村子共有 4000 多人，卖肾者就有 400 多人。其他国家，如巴西、秘鲁等国，也屡有发生。在我国也有报道，有些记者收到信件，说因家境贫寒，愿卖器官，此类现象也应引起警觉。器官买卖，是社会不公问题，是道德沦丧问题，也是科学耻辱问题，要坚决禁止。要想解决这个问题，一是社会不公问题要尽快解决，不能贫富悬殊，穷人无法生活；二是道德沦丧问题要尽快解决，不允许出卖器官，更不容许进行器官交易；三是科学耻辱问题，不能为赚钱而出卖科学，不能为赚钱而出卖医生的良心和道德。

——原载《现代科技伦理学》第 2 章，山东人民出版社 2003 年版

现代科技伦理的基本范畴

伦理学作为一门古老的科学有许多基本的范畴，这些范畴经哲学家、伦理学家、科学家的研究不断丰富、不断发展、不断完善。现代伦理学是历史上伦理学的发展，因而继承和发展了这些伦理学。现代科技伦理学是现代伦理学的重要分枝，它根据现代社会和现代科学的实践，从内涵和外延上丰富和发展了历史上伦理学的基本范畴。我们研究现代科技伦理学，既要研究现代科技提出哪些基本的伦理问题，这些基本的伦理问题，我们在上一章已经较详细地加以论述，这里不要赘述，又要研究现代科技在哪些方面发展了伦理学的基本范畴。我们在这两条线的结合点上做文章，并进一步深化伦理学的基本范畴。在结合研究中，我们认为，现代伦理，特别是现代科技伦理，应当研究以下基本范畴：善与恶；正义与不正义；公平与不公平；权利与义务；价值和非价值。

一、善与恶

善与恶是人类最一般的道德意识，是最古老的道德的基本范畴。这对道德范畴不仅反映了人们对道德生活和道德现象的认识，而且反映了人们对道德关系和道德行为的感受。人们通常把有利于自己、他人和社会群体的行为和事件当成善，是值得赞扬、肯定的东西，把有害于自己、他人及社会群体的行为和事件，称为恶，是值得谴责、否定的东西。

（一）善与恶的历史表述

善与恶的历史表述早已有之，我们姑且不论，择几个典型的表述，详加分析。在论述这个问题时，我们尽量和科学的发展联系起来。

文艺复兴以后，欧洲许多学者都研究了善与恶及其根源问题，深化了善与恶的内涵和外延。

1. 弗朗西斯·培根论善与恶

培根倡导“全体福利说”的伦理学，他认为，伦理作为道德科学的主要任务是指导人生行为，激发人们积极的生活；并认为伦理学就是关于善的本质和楷模的学说。为此，培根分析了事物的善性，指出任何事物都含有双重善性，并由整体和部分的相对关系分析了善性的程度或价值大小。他依据物体之间的吸引力、向心力和离心力解释善性，认为每个事物相对较大于它的整体来说，它本身的向心力形成部分的善，同时又由于离心力而趋向于整体，因而形成整体的善。这种趋向整体的善，因为它保持的是事物的整体和本质，所以它比部分的善具有更高的价值。

培根根据自然力相互关系的道理，进一步解释了社会事物和人本身的善性。他认为，社会事物和人本身更明显地表现出善的双重性，即公共的善和私人的善，或者称为一般的善和特殊的善，公共的善有利于人类，是善的根本，有最高价值。培根明确指出：“利人的品德我认为就是善。……这是人类的一切精神和道德品格中最伟大的一种。”[①]与其相反，一切都为自己的私利定为绕以旋转的轴心，为自己的私利而牺牲他人和公共利益的，如同禽兽一般，会没有好结局，或使国家受损害。

2. 洛克论善与恶

洛克认为，为什么事物有善恶之分呢？根本原因是人们有苦乐的感觉。按洛克的理解，所谓善，就是能引起（或增加）快乐或减少痛苦的东西；所谓恶，就是能产生（或增加）痛苦或能减少快乐的东西。人的苦乐，即指肉体之苦乐，又指精神之苦乐。

洛克把事物的善恶看做引起人的情感的根源。善和恶产生苦和乐，苦和乐又感动人的情感。属于快乐的情感有爱慕、欲望、欢乐、希望等，属于痛苦的情感有憎恶、悲痛、恐惧、失望等。快乐就是善，痛苦就是恶，各种情感都是由善恶引起的苦乐的情状。

洛克由善恶、苦乐出发，分析了幸福，洛克认为幸福就是快乐。使人产生快乐和幸福的物象，就是好事善事，使人产生痛苦的物象，就是坏事恶事。

洛克还研究了善恶的标准，洛克认为所有的法律规定都是判断善恶的标准和根据。法分三类，神法的任务是判定人们的行为属于罪恶还是职责；民法的任务是判定个人的行为属于犯法或是无罪；舆论法的任务则是判定个人的行为属于德行或是恶行。洛克所谓的舆论法实质上就是道德法。

怎样使个人保持善心呢？洛克依据人性论观点提出，自己要为自己立

① ［英］培根：《培根论人生》，上海人民出版社1983年版，第5页。

法,给自己提出道德规则。个人要按这些立法去做,遵守道德法规则,就能保持善心,有善的行为。

3.斯宾诺莎论善与恶

斯宾诺莎是理性主义伦理学派的代表,曾著《伦理学》。《伦理学》一书共分五个部分,第一部分论神;第二部分论心灵的性质和起源;第三部分论情感的起源和性质;第四部分论人的奴役或情感的力量;第五部分论理智的力量或人的自由。这部《伦理学》是伦理学和哲学的结合。既是哲学,又是伦理学,是哲学化的伦理学。

斯宾诺莎认为,人的行为本身没有善恶,善恶完全在于情感和欲望,任何行为只要是起于我们感受着恨或别的恶的情绪,便可以说是恶的。怎样由恶向善呢?要去掉情欲的东西,要追求高尚的东西,只要这样,才能使人既保生命,又能达到至善的真知识。

斯宾诺莎要求要正确理解善与恶,他认为:正确理解的善就是确知对我们有用的东西,恶就是确知阻碍我们占有任何善的东西。因此,人要听从理性的指导,只有听从理性指导才能避恶从善,或在比较权衡中选择较大的善。反之,缺乏理性指导,行为必然被动,一切被动的行为都是由不适度的情欲支配的,因而都是恶的。

4.莱布尼兹论善与恶

在善与恶问题上,莱布尼兹强调道德的善与恶是通过上帝干预的,通过上帝干预,一切道德的善就变成物理的善,变成客观的现实的善。他认为善恶不是绝对对立的,而是可以相互转化的。一般地说善是能够促成快乐的,恶是能带来痛苦的。但是,善有大小,在较小的善与较大的恶发生冲突时,善就有可能被夺走,从而给人们带来痛苦,这时善就转化为恶。

莱布尼兹认为,善是和幸福有密切关系的,人愈是追求普遍的善,便愈能促进自己的幸福。他在其著作中说:“仁爱是普遍的慈善,而慈善是爱或尊敬的习惯。但是去爱或去尊敬是从别人幸福中取得快乐,或者,换言之,是把别人的幸福当作我们自己的。这样就解决了一个困难的问题……即怎样才能有一个无私的爱,在这种爱中,既摆脱了期望,也摆脱了恐怖,更摆脱了利害关系的一切考虑。”[①]

5.休谟论善与恶

休谟认为道德是有区别的,道德的区别是善与恶的区别。休谟进一步论证,理性不是道德善恶的源泉,善与恶的行为是受情感的支配的。道德善

---

① [德]莱布尼兹:《莱布尼兹自然哲学著作选》,中国社会科学出版社1985年版,第510页。

恶的判断只是性质不同知觉，只有人在反省自己的内心时，从而感到某种行为的赞扬或谴责的情绪时，才感知到行为的善恶。因此，善与恶不是理性的对象，而是感情的对象。所以他说："道德宁可以说是被人感到的，而不是被人判断出来的。"①

道德感只是一些印象，凡是善德发生时，印象总是愉快的，凡是恶德发生时，印象总是痛苦的。一个行为、一种品德之所以是恶不是善，主要在于给人以痛苦的感觉，简言之，快乐就是善，痛苦就是恶。

6.伏尔泰论善与恶

伏尔泰认为道德上确有善与恶，道德上和善与恶，有其客观标准，这就是社会效益。善行是给社会带来好处的行为，恶行是给社会带来危害的行为。美德是做有利于人的事情的习惯，恶德是做有害人的事情的习惯。因此，社会上共同的利益是衡量道德上善与恶的唯一标准。

伏尔泰认为道德标准也是相对的。各国国情不一样，利益不同，因而道德标准也不尽相同。在荷兰反对专制权，是有道德的人，而在法国反对专制权力，就会判极刑。在君士坦堡，犹太人可有四个老婆，而在麦兹犹太人娶两个老婆就是犯罪。

伏尔泰还认为道德评价是有条件的，条件不同，评价迥异，在一定条件下，被看做恶人，在另一条件下，可能成为善人，道德的善与恶因条件而定。一个人杀害兄弟是大逆不道的，是恶人；当为了祖国而牺牲兄弟，则是善举，可成为圣人。他也反对利用道德价值的相对性和条件性，为暴行辩护，把恶德颂扬。

7.卢梭论善与恶

卢梭认为道德是有善有恶的，理性和情感是相互并存、相互依赖、相互补充的，因而无论理性还是情感，都不能单独成为衡量善恶的尺度。什么是衡量善恶的尺度呢？卢梭认为良心是衡量善恶的尺度。他说："良心呀！良心！……是你在不差不错地判断善恶，使人形同上帝！是你使人的天性善良和行为合乎道德。"②在卢梭看来，良心是判断善恶的最高原则，

卢梭还认为，良心是一种情感的形式，来自人的感觉，又受社会的制约，社会道德的实践给人们的心中带来人类的爱，使人有了良心，因此，社会道德的实践是良心源泉。道德实践并不是给所有人带来人类的爱，使人人都有良心。卢梭认为，帝王、富人、贵族是没有良心的，他们的心狠、冷漠，缺乏同情心和怜悯心。只有穷人才有怜悯心、仁慈心和正义感，因而最讲良心。

---

① ［英］休谟：《人性论》，商务印书馆1980年版，第510页。

② ［法］卢梭：《爱弥儿》下卷，商务印书馆1978年版，第417页。

卢梭强调良心是善恶的源泉和标准,但有时又觉不够,又强调要遵从社会舆论,倾听理性呼声。因此,必须懂得良心爱善,理智认识善,自由意志选择善。人的意志是自由的,可以为善,亦可以作恶,人要对自己的作为负责。

卢梭肯定自爱,又肯定仁爱,自爱是合理的,个人私益也是合理的,仁爱也是应该的,公共利益是重要的,既不要片面强调自爱,又不要片面强调仁爱,自爱和仁爱相互结合,自爱向仁爱发展。自爱向仁爱发展,就要把个人利益与他人利益和公共利益结合起来。个人私益要服从公共利益,因为公共利益是唯一的规范,最高的目标。

8.康德论善与恶

康德认为,具有普遍道德价值的东西,不是来自上帝的意志,也不是来自人的自然本性和世上的权威,而是来自人的理性本身的善良意志。这样的善良意志,既不是因快乐而善,也不是因幸福而善,而是因自身而善,只有善良意志的善,才是无条件的善。因而,善良的意志是道德价值的标准和条件。任何道德品质,只有具备善良意志才具有善的道德价值。人的聪明、才智、勇敢等品质,如果没有善良的意志,就可能导致恶。人的财富权力、荣誉,如果没有善良意志,就可能成为祸害。

康德还认为善良意志不但是一切行为的品性是否具有道德价值的必要条件,而且它本身就是善的。康德一再强调他所说的善良意志不是本能的意志,不是没有理性指导的意志。善良意志靠理性为指导,要由理性产生,理性的最高使命就是产生善良的意志。因此,意志是实践理性的。只有从理性的善良意志中引申出具有普遍必然性的道德法则,才有普遍的约束力,并保持道德的纯粹性和高尚性。

9.黑格尔论善与恶

黑格尔反对康德的良心观,他认为,良心不是什么单纯情感的东西。善良之心而是一个人在自处时对自己行为的认识。良心必须依靠思维和真理的认识。如果良心只是个人主观情感的东西,仅仅是形式的主观性,善可能转化为恶,只有良心合乎理性,有客观内容,才能真正成为善。良心所追求的应该是普遍的东西,应该从良心到达善,这是道德的最高境界,也是行为的最终目的。

黑格尔认为善是被实现了的自由,作为理念来说,善是进一步被规定了的理性,是意志概念和特殊意志的统一。善也不是某种抽象法的东西,而是由法和福利构成的内容充实的东西。福利没有法就不是善,法没有福利也不成其为善。在这里他把法和福利有机地联系起来。

黑格尔又认为恶也同善一样,都是导源于意志,而意志在它的概念中既是善的又是恶的。自然的东西无所谓善恶，但一旦与作为自由的和认识自由的意志相关时，它就会有不自由的规定，从而是恶的。

黑格尔还认为善和恶是可以相互转化的，并指出恶的作用和恶的根源。恩格斯对黑格尔的认识是肯定的。他说："在黑格尔那里，恶是历史发展的动力借以表现出来的形式。这里有双重的意思：一方面，每一种新的进步都必然表现为对某一神圣事物的亵渎，表现为对陈旧的、日渐衰亡的、但为习惯所崇奉的秩序叛逆；另一方面，自从阶级对立产生以来，正是人的恶劣的情欲——贪欲和权势欲成了历史发展的杠杆。"①

10. 马克思、恩格斯论善与恶

马克思、恩格斯认为，人类发展史和人类现实生活中，既有善又有恶，善与恶是相比较而存在，相斗争而发展，如果没有恶，人们就无法认识和感觉到善，如果没有善，人们就没无法认识和感觉到恶。不但如此，善与恶还是相互转化的。一种新道德观念，开始时常表现为对现存神圣事物的亵渎，表现为对陈旧事物的日益衰亡的秩序的叛逆，这时，这种新的道德观念本来是善的人们却认为是恶。

马克思主义认为，善恶不是源于自由意志，也不是源于理念，而是源于人们的现实利益及其利害观念。在阶级社会中，善恶观念源于各自的阶级利益。只有阶级的善恶，没有超阶级的善恶。当然，马克思、恩格斯也承认在共同利益的条件下，也有某种全人类的善与恶。马克思主义伦理学，把善恶意识和情感同阶级利益联系起来分析，科学地认识到，善恶的相对性、阶级性和根源性。这是马克思、恩格斯对善与恶进行的科学分析，也是对伦理学的发展的一大贡献。

（二）善与恶的内涵深化

关于善恶的历史表述，除西方学者外，中国的思想家也有不少表述，因前面谈及科技伦理史时，曾有所阐述，不再赘述。西方学者还有不少论及善与恶，也因篇幅有限，不再详论。善与恶的概念随社会发展和科技进步而不断发展，内容在深化，外延在扩大，特别是随着现代科技的长足进步，善与恶的观念，也随之深化内涵，扩大外延，取得长足发展。在发展善与恶概念方面，现代生态科学、现代环境科学、现代微电子科学和现代医学起了关键作用。我们结合这些科学，特别是现代生态伦理和环境伦理，进一步分析善恶概念的深化。

---

① 《马克思恩格斯全集》第21卷，人民出版社1972年版，第330页。

1.动物解放论者论善与恶

动物解放论者以辛格为代表。动物解放论标秉边沁的功利主义。在功利主义者看来,快乐是一种内在的善,痛苦是一种内在的恶,凡带来痛苦的就是不道德的。辛格指出:“如果一个存在物能够感受苦乐,那么拒绝关心它的苦乐就没有道德上的合理性。不管一个存在物的本性如何,平等原则都要求我们把它的苦乐看得和其他存在物的苦乐同样(就目前所能做到的初步对比而言)重要。如果一个存在物不能感受苦乐,那么它就没有什么需要我们加以考虑的了,这就是为什么感觉能力(用这个词是为了简便地表述感受痛苦、体验愉快或幸福的能力,尽管不大准确)是关心其他存在物的利益的唯一可靠界线的原因。”[①]辛格明确认为,感受痛苦和享受愉快的能力是拥有利益的充分条件,也是获得道德关怀的充分条件。根据这种观点,人与动物都有感受痛苦和享受愉快的能力,都有体验愉快和避免痛苦的利益,我们也应当把动物的苦乐利益当作道德的重要因素,关心动物体验愉快和避免痛苦的利益。从善恶的角度看问题那就是能关心动物体验愉快和避免痛苦的利益的,则为善,不能关心动物体验愉快和避免痛苦的,则为恶。这样一来,动物解放论者,就把善与恶的概念,从人类社会扩大到动物世界。以苦乐为标准,不但可判断人类社会之善恶,还可判断动物世界之善恶。

动物解放论者扩大善恶范围,深化善恶内涵,有其合理因素,值得肯定,但也有过分之处,引起异议。因为即便在人际伦理学中,快乐也不是人们所追求的目标,快乐只是人们所追求的目标得到实现的伴随物,是善得到实现的一个信号,而不是善本身。从环境伦理学的角度来看,给动物带来痛苦的行为,并不是一定就是不道德的行为,因为动物之间的相互捕食是动物得以生存的前提,也是生态平衡得以维持的一个因素。因此,当我们与其他动物打交道时,我们使它们所遭受的痛苦不大于它们常规的自然环境中所遭受的痛苦,尽量减少我们给动物带来的那些不必要的痛苦。[②] 什么事都不能绝对化,对善恶也是如此。我们既不赞成以动物之苦乐决定人们之善恶,也不赞成不管生态平衡滥杀无辜,随意给动物带来不必要的痛苦。对于动物,该杀者当杀,该食当食,该保护者保护,要视情而定,因地而异。

2.生物中心论者论善与恶

生物中心论者认为,动物解放论者的道德视野还不够宽阔,对动物之外的生命还缺乏必要的道德的关心,因而他们决心继续扩大道德关怀的范围,

① [澳]辛格:《所有的动物都是平等的》,《哲学译丛》1994年第5期。

② 参见徐嵩龄主编《环境伦理学进展:评论与阐释》,社会科学文献出版社1999年版,第25~26页。

把道德关心从动物界扩大到生物界，使道德关心包括所有生命。

现代意义上的生物中心论是史怀泽在其著作《文明与伦理》一书中提出来的。保尔·泰勒则进一步发展了这一理论。泰勒的《尊重大自然》一书，使生物中心论成为系统伦理学体系。泰勒的生物中心论由四个信念组成：①人是地球生物共同体的成员；②自然界是一个相互依赖的系统；③有机个体是生命的目的中心；④人并非天生就比其他生物优越。认为人的优越性的断言所表述的不过是一种偏爱一个特定物种而歧视其他几十亿个物种的不合理的自私的偏见而已。根据生物中心论的观点，按照物种平等原理，一个生物不管它属于哪个物种，它都应获得道德代理人的平等关心和关怀，在某种意义上来说，关心和关怀生物的行为，是善的行为，而打击和滥杀生物的行为，则是恶的行为。

生物中心论把关怀的视野，从动物扩大到植物，对生态平衡在特定条件下，有积极作用，值得肯定。但把关心和关怀绝对化，认为要对一切生物都要关心和关怀，这又有些偏颇，是一种天真幻想，真正能做到这一点几乎是不可能的。如果谈及生物中心论的缺陷，大致有两个：一是只看到了人与其他生命之间的同一性以及这种同一性的伦理意义，而没有看到这二者之间的差异以及这种差异性的实践意义；二是把属于濒危物种的生物所拥有的天赋价值看得属于普通物种的生物相同。[1]

3.生态中心论者论善与恶

生态中心论是生物中心论的进一步发展。生物中心论虽然关心个体，但却否认生物共同体的实在性，否认人对物种本身和生态系统负有直接的道德义务，这与现代生态学对生物之间的相互联系、相互依存，以及由生物和无生物组织的生态系统的重视和强调是不协调的。应解决这个不协调的问题，怎么解决呢？生态中心论者受现代生态学的启发，提出一种观点认为，我们不但关心生物，而且更重要的是要关心自然界整体，把生物物种与自然生态系统联系起来，并更加关心生态共同体。生态中心论的表现形态有几种。最主要的是大地伦理学和深层生态学。

大地伦理学是利奥波德在《沙乡年鉴》中提出来的，大地伦理学反对动物解放论那种把快乐和痛苦视为善恶标准的观点，大地伦理学把是非标准和善恶标准大大扩大了。大地伦理学认为，一件事情，当它有助于保护生命共同体的完整、稳定和美丽时，它就是正确；反之它就是错误的。

大地伦理学把生物共同体的完整、稳定和美丽视为最高的善，维持生物

① 参见徐嵩龄主编《环境伦理学进展：评论与阐释》，社会科学文献出版社1999年版，第42～43页。

共同体的完整、稳定和美丽的行为就是善的行为，破坏生物共同体的完整、稳定和美丽的行为是恶的行为。根据这个原则，在大地伦理学看来，由于生物多样性有助于共同体的稳定，因而要对珍稀和濒危物种的生物个体优先加以关怀，对那些在大自然的“经济系统”中发挥特别功能的动物，如蜜蜂等，要特别加以关怀。

深层生态学是阿伦·奈斯在《浅层生物运动与深层、长远生物运动：一个概要》的论文中提出来的，后经施韦兹、塞申斯、福克斯等人的发展，而成为一种新的环境哲学。

与浅层生态运动的看法相反，深层生物学把生态危机归结为现代社会的生存危机和文化危机，认为生态危机的根源在于现有的社会机制、人的行为模式和价值观念。深层生态学从整体论立场出发，把整个生物圈乃至宇宙看成是一个生态系统，认为生态系统中的一切事物都是相互联系、相互作用的，人类只是这一系统中的一部分，人既不在自然之上，也不在自然之外，而在自然之中。人类的生存与其他部分的存在状况紧密相连，生态系统的完整性决定着人类的生活质量，因此，人类无权破坏生态系统的完整性。[1]深层生态学者施韦兹提出“敬畏生命”的伦理学原则，他认为：“善是保持生命、促进生命，使可发展的生命实现最高的价值。恶则是毁灭生命、伤害生命，压制生命的发展。这是普遍的、绝对的伦理原则。”[2]施韦兹把善恶概念扩大到生物的生灭、发展，扩大到生物共同体的完整性和稳定性，无疑是一个进步，对维持和发展生态平衡起积极作用，对促进全球采取协调行动起积极作用。但深层生态学，过分强调生物和生态保护而忽视经济发展的主张，也产生一些负面效果，为克服这些负面效果，我们必须把生态问题的解决与社会平等和经济、政治再分配结合起来，走可持续发展之路。

二、正义与非正义

正义和非正义（也称为“不正义”）是一对伦理学重要范畴，这对范畴也是政治上和法律上的一对范畴。正义和非正义作为一对道德范畴，在历史上出现较早。随着社会进步和经济的发展，这对范畴的内涵和外延都在不断地变化。分析这些新变化，对发展科技伦理学有积极的促进作用。

---

① 参见徐嵩龄主编《环境伦理学进展：评论与阐释》，社会科学文献出版社 1999 年版，第 78 页。

② ［法］施韦兹：《敬畏生命》，上海社会科学出版社 1992 年版，第 8 页。

(一)正义与非正义的历史表述

正义和非正义是具有历史性的概念，在历史上不少学者对这范畴进行过研究。择其要者，简单加以概述：

1.古代希腊学者论正义与非正义

古代希腊大哲学家柏拉图，早就研究过正义问题，在古希腊人对正义素朴理解基础上，对正义的实践和正义的概念进行了探讨。他认为灵魂、个人和城邦结构的合理性原则是正义。他特别重视正义这种美德。灵魂的结构有三部分：一是理性部分，主要是爱智；二是激情部分，主要是爱胜；三是欲望部分，主要是爱利。谈到这三部分的关系时，他认为，如果整体的心灵道德遵循爱智部分的引导，内部没有纷争，每个部分就是正义的。个人的美德的结构也有三部分；一是头脑部分，类似灵魂的理性部分，其美德是智慧；二是胸的部分，类似灵魂的激情部分，其美德是勇敢；三是隔膜以下的部分，类似灵魂的欲望部分，其美德是节制。柏拉图认为，作为一个整体的人，只要各个部分各司其职，共同听从头脑的指挥，这个人就是一个正义的人。柏拉图还宣扬正义国家和正义国家的美德伦理，并把各种美德伦理提高到哲学高度，提高到理念论的高度，从而把美德伦理体系化。

亚里士多德认为，个人美德实践要服务于城邦政治生活，正义美德是一切个别美德的总汇。亚里士多德还探讨了正义和法律的联系，并认为，只有那些具有正义美德的人才有可能知道怎样运用法律。正义的功能就是赏罚分明，对功过有一些理性标准，才能该赏则赏，该罚则罚。

2.中国古代学者论正义与非正义

中国的孔子非常重视义，重视正义，他认为："君子之于天下，无适也，无莫也，义之与比。"(《论语·里仁篇》)在孔子看来，君子正义而道之自在，君子非正义而道丧德亡。墨子主张不义不富，不义不贵，不义不亲，不义不近。荀子则认为正义而为谓之行，公正合宜的思想意识、情感与行为态度就是正义。中国古代学者总是把正义同修身正心联系起来，强调正义与道德实践的关系，对道德实践有积极的指导作用。

3.霍布斯论正义与非正义

霍布斯是资产阶级功利主义伦理思想的代表，其代表作是《利维坦》。在书中，他从契约论的观点，研究了正义和非正义。他认为人们订立契约后，要非常重视履行契约。在自然状态下，人们没有契约，因而也就无所谓正义和非正义。有了契约后，自然状态就结束了，在这种情况下，守约就是正义，不守约就是非正义。正义之士，就是居心正，行为合于正义，守约的人。邪恶之徒就是居心邪恶，行为侵害信约的人。

4. 休谟论正义与非正义

正义，在休谟那里，是一种道德感，也是一种与恶对立的德。休谟不同意把人类的"自然状态"描绘成充满战争、暴力和非正义的状态，也不同意把"自然状态"说成是充满魅力和平和同情心的"黄金时代"。他认为，人们在社会生活中，有一种狭隘的感情，顾及亲情，忽视他人，这种感情是自私的本能的表现。这种偏私感情与社会利益相抵触，为了解决这个矛盾，需寻求补救办法。补救办法是通过经验，使人们认识社会利益，并通过缔结协议，使人们相互约束、相互克制，稳定财产关系。人们的利益感促成协议，并遵守协议，正义和非正义是在借助协议而产生的，是借助利益感而形成的，正义产生于协议，协议产生于利益，正义的前提和基础就是利益。用休谟的话说，所谓"正义"就是"使每个人各得其应有物的一种恒常永久的意志"①。这里所说的应有物主要是指占有关系。正义和非正义、善与恶都是基于对财产利益的理解。如果每个人对每个人都像对待自己一样相互关怀，正义就无用了，正如他所说："人类的广泛的慷慨和一切东西极度的丰富所以能消灭正义观念的唯一原因，就在于这些条件使正义观念成为无用的了。"②

休谟的观点是不彻底的，在考察正义的起源时，他看到了财产关系的决定作用，在进一步考察财产关系时，他又认为正义是建立财产关系的基础，正义是因，财产关系是果。在这里，休谟陷入矛盾中，陷入道德和利益的规律背反之中。

5. 马克思、恩格斯论正义与非正义

马克思、恩格斯认为，正义和非正义是由一定的经济关系及所产生的利益关系所决定的，既表现为法律关系，又表现为道德关系。正义和非正义是具有历史性的观念，又是有阶级性的观念，没有永恒的一成不变的正义。正义和非正义的观念，不仅是因时因地而变，甚至也因人而异。在统治阶级看来，遵守一定的经济关系表现为法律规范和道德规范的思想和行为就是正义的，反之就是非正义的；在革命阶级看来，破坏现存的保守的经济关系及其相应的法律规范和道德规范就是正义的，反之就是非正义的。正义观念在历史上是起着积极的作用的，如果人们把某种社会现象和经济现象作为非正义的，那就证明这种社会现象和经济现象本身已经成为过时了。如果人们把某种社会现象和经济现象评价为正义的，那就证明这种社会现象和经济现象本身是不可战胜的。

---

① [英]休谟：《人性论》，商务印书馆 1980 年版，第 567 页。

② [英]休谟：《人性论》，商务印书馆 1980 年版，第 536 页。

（二）正义与非正义的内涵深化

这种深化是由两方面进行的。一方面由社会科学者深化，另一方面由自然科学家深化。由社会科学家深化的当推罗尔斯的《正义论》。由自然科学家深化的主要是动物解放论者的种际正义、环境伦理学的补偿正义原则。

1.罗尔斯论正义与非正义

罗尔斯于1971年在哈佛大学出版专著《正义论》。此书出版后，受到好评，被西方学者推崇为政治哲学、道德哲学、法律哲学和社会哲学的“最伟大的成就”，是“在正义与西方文明的当代现实之间的一座桥梁”，这本书全面论述了“作为公平的正义”，系统深化了正义理论，在全世界有广泛影响，并引起长期争论。

罗尔斯认为，一种正义观不可能从原则的自明前提或条件中演绎出来，而应从传统的社会契约理论加以上升，使之上升到一个更抽象的水平。通过深入研究，罗尔斯在《正义论》第一篇，明确表述了他的正义理论的核心思想。他指出：“正义是社会制度的首要美德，正如真理是思想的首要美德一样。一种理论无论多么精致高雅和简洁实惠，假如它不真实，就必须被抛弃或修正。同样，法律与制度无论多么有效率和井然有序，只要它们非正义，就必须被改造或废除。每个人都拥有一种以正义为基础的不可侵犯性，甚至社会的整体福利也不可践踏之。正因为如此，正义否认为了其他人获得更大的利益而使一些人丧失自由这种做法的正确性。它不容许许多人较大的收益是以抵偿强制少数人作出的牺牲。所以，在正义的社会里，平等公民权的自由被视为确定不移；由正义所保障的各种权利不可受制于政治交易和社会利益的权衡。允许我们默认一种错误理论的唯一前提是尚无更好的理论；与此类似，容忍一种非正义的条件只能是有必要避免更大的非正义。作为人类活动的首要美德，真理和正义都是无法妥协的。”①

罗尔斯在《正义论》中反复强调《正义论》重点研究正义的主要论题。正义的主要论题是什么呢？他说：“正义的主要论题是社会的基本结构，或更准确地说，是社会主要制度分配基本权利和义务以及决定分配社会合作所得的利益方式。”②

罗尔斯还探讨了两个正义原则，第一个正义原则是自由原则，就是人人都有最大限度的平等自由的权利。用他的话说：“大致来说，公民的基本自由有政治上的自由（选举和被选举提任公职的权利）及言论和集会的自由；

---

① 转引自顾肃编著《罗尔斯正义与自由的求索》，辽海出版社1999年版，第1～2页。

② ［美］罗尔斯：《正义论》，中国社会科学出版社1988年版，第5页。

良心的自由和思想的自由;个人的自由和保障个人财产的权利;依法不受任何逮捕和剥夺财产的自由。按照第一个原则,这些自由的要求是一律平等的。”[①]第二个正义原则就是机会平等原则和最不利者受益原则。机会平等原则表明,虽然社会在财富、权力和职位等分配上有不平等的存在,但机会必须平等,否则就是非正义的。最不利者受益原则,又称适度差别原则。财富有不平等,但这种不平等必须以状况最差者亦有所改善为限度,使最差者也享受某种福利,国家政策规定的社会最低受惠值通过税收和财产权的必要调整,在财富再分配中对贫穷者加以补贴,否则就是非正义的。罗尔斯的两个原则总的要求是每个人都从经济和社会的不平等中获利,而不能以一些人过多得利掩盖另一些人的自由的丧失,甚至处于受奴役的状态,或状态恶化。应该说,罗尔斯的这两个原则对现代社会的发展和稳定是有重大影响的,有积极作用的。当然,这两种原则在西方发达国家中的具体运用,既有推动作用,又受种种阻力。

2. 动物解放论者论种际正义

动物解放论者认为,如果仅仅因为其他动物不是人类这一物种的成员就拒绝从道德上考虑它们所拥有那些与人类类似的利益,那么,我们就犯了一种与种族歧视主义相同的物种歧视主义的错误。为了克服这种物种歧视主义错误,动物解放论者提出种际公平原则,宣扬种际正义。就是说不仅在人种内部要坚持正义原则,而且在人种与其他物种之间也要坚持正义原则。

动物解放论者为处理“种际正义”问题,特别提出“双因素平等主义”。根据双因素平等主义,在解决动物物种问题的利益冲突时,要考虑两个因素:一个因素是发生冲突的物种之间各种利益的重要程度;另一个因素是发生冲突的物种之间各方的心理复杂程度。按照双因素平等主义的主张,当物种A与B的利益发生冲突时,如其余条件相同,下述做法在道德上是许可的:[②]

(1)如果A缺乏B所拥有的那种重要的心理能力,那么牺牲A的利益以促进B类的利益。

(2)如果A缺乏B所拥有的那种重要的心理能力,那么牺牲A的利益可以促进B的重要利益。

(3)如果二者的心理能力大致相同,那么,牺牲一方面的边缘利益以促进另一方面的更基本的利益。

以上三种道德上的做法,也适用于人类和其他动物。如果一个人由于

---

① [美]罗尔斯:《正义论》,中国社会科学出版社1988年版,第57页。

② 参见徐嵩龄主编《环境伦理学进展:评论与阐释》,社会科学文献出版社1999年版,第29页。

先天遗传缺陷或因大脑后天严重受损而变成心理能力极其简单的畸形人，与一个高级动物心理能力相比，还有一定差距，在衡量二者的利益关系时，心理能力极其简单的畸形人的利益应让位于动物的类似利益，在权衡感觉和心理能力不同的动物的类似的利益时，感觉和心理能力较为复杂的动物应优先于那些感觉和心理能力较为简单的动物。我们可以对人际间的功利进行大致的比较，因而我们也可对动物之间的功利进行大致的比较。通过比较，可决定优先地位，一般地讲功利大者应优先于功利小者。不管是否优先，但人的权利是不应侵犯的，动物的权利也是不应侵犯的。但在特殊情况下动物个体的权利受到侵犯，这也是没有办法的事。在侵犯个体权利时，应遵循两个原则，一个原则是伤害少数原则，另一个原则是境况差者优先原则。只有这样，才能维持种际公平和种际正义。

3.生物中心论者论分配正义原则

生物中心论者认为人的基本利益与其他生命的基本利益要经常发生冲突，在发生冲突且其他生命对人不构成威胁的场合下，要坚持和实行分配正义原则，这个原则的具体要求是：公平地分配地球上的资源，使人和其他生命的延续得到保障。有时候，人的基本利益和其他生命的基本利益处于对抗状态，二者不可兼得，怎么办呢？分配正义原则并不要求人们牺牲自己的基本利益以使其他生命的利益得到实现，因为其他动物和植物所拥有的天赋价值并不比人更多。但这时分配正义原则是得不到完美实现的。怎么办呢？要实行补偿正义原则。按照这个原则要求那些伤害了其他机体的人对这些有机体作出补偿，以恢复道德代言人与道德顾客之间的正义的平衡，对其他生命作出大致与它们的伤害相等的补偿，以维护生态系统和生命共同体的健康和完整。

三、公正与不公正

公正和不公正是伦理学又一对重要范畴。公正的概念由来已久，经千百年的演化，其内涵不断发展，日益深化，特别是近些年来，随着现代科技发展，特别是生态伦理学和环境伦理学的发展，这个问题又有进一步的深化。

(一)公正与不公正的历史表述

公正与不公正这对概念在历史上早有表述，近代以来，又有发展。对公正和不公正的表述很多，择其要者，略加分析。

1. 亚里士多德论公正与不公正

公正一词，希腊人视为城乡生活中最主要的美德。柏拉图在《理想国》一书中曾有表述，被视为城邦伦理秩序的基本原则。亚里士多德继承和发展柏拉图关于公正的观点，他把公正看做是一种完全的美德，亚里士多德在《尼各马可伦理学》中说："公正不是德性的一个部分，而是整个德性。"[①]亚里士多德的《尼各马可伦理学》的第 5 卷全部用来论述公正。他强调指出："在各种德性之中，惟有公正是关心他人的善，因为它是与他人相关联的，或是以领导者的身份，或是以随从者的身份造福他人。"[②]他还指出：各种个别的美德，如节制、勇敢、大度、慷慨、温和怎样作出区别呢？个别美德本身是无力作出的。由什么来区分呢？由公正来区分。一个自认为慷慨的人和真正慷慨的人，又怎样作出区别呢？必须由公正来区分。所以亚里士多德称公正是完全的美德，并指出："它之所以是完全的德性，由于有了这种德性，就能以德性对待他人，而不是只对待自己。"[③]又说："公正不是德性的一部分，而是整个德性；相反，不公正也不是邪恶的一部分，而是整个邪恶。"[④]

2. 伏尔泰论公正与不公正

伏尔泰认为，一个社会要存在和发展，就必须遵循一些理性原则和道德原则。这样的原则除了自爱与博爱以外，最重要的原则就是公正、平等和自由。他认为，公正是自然法的基本要求，大家都应遵守。什么是公正呢？伏尔泰认为，所谓"公正"就是普天下都认为如此，它既不使别人痛苦，也不是以别人的痛苦使自己快乐。这个问题，表现是多样的。例如，对土地所有来说，人们不去侵犯一个勤劳的邻人的土地，那就会实现同族、同村相处的公正。如果一个人侵犯或掠夺了用劳动建造起自己的园子的人，就违背了公正。[⑤] 伏尔泰认为，在暴君统治下，不可能有真正的公正，但按自然法的本性，人类还是倾向于公正的，对于不公正的事，就要反对，就要反抗，争取获得公正。

3. 马克思、恩格斯论公正与不公正

马克思、恩格斯认为公正与不公正是由一定的经济关系及所产生的利益关系决定的，具有历史性和阶级性。恩格斯说，没有永恒不变的公正，"希腊人和罗马人的公平观认为奴隶制是公正的；1789 年资产阶级的公平观要

---

① [古希腊]亚里士多德：《尼各马可伦理学》，中国社会科学出版社 1990 年版，第 90 页。

② [古希腊]亚里士多德：《尼各马可伦理学》，中国社会科学出版社 1990 年版，第 90 页。

③ [古希腊]亚里士多德：《尼各马可伦理学》，中国社会科学出版社 1990 年版，第 90 页。

④ [古希腊]亚里士多德：《尼各马可伦理学》，中国社会科学出版社 1990 年版，第 90 页。

⑤ 参见罗国杰、宋希仁编著《西方伦理思想史》，中国人民大学出版社 1988 版，第 273 页。

求废除被宣布为不公平的封建制度……所以，关于永恒公平的观念不仅是因时因地而变，甚至也因人而异”①。这也就是说，公正是有显明的阶级性的。作为公正这一概念在历史上是起着积极和革命的作用的。恩格斯又指出：如果大家都认为某种社会现象和经济现象不公正那就意味着这种社会现象和经济现象本身已经过时了，应当退出历史舞台，用公正的社会现象和经济现象代替不公正的社会现象和经济现象。公正主要指分配的公正，怎样分配才公正呢？马克思主义经济学强调需要原则，认为到了共产主义，社会按需分配，才是最公正的。

（二）公正与不公正的内涵深化

罗尔斯的《正义论》和生态伦理学、环境伦理学等，都对公正的内涵加以深化，同时对公正的外延也进行了扩展。

1.罗尔斯论公正与不公正

罗尔斯在《正义论》中，系统地论述了正义和公正，并把公正和正义有机地结合起来，提出“公正的正义”的论断，用公正定义正义，突出正义中的公正的内涵，这是罗尔斯《正义论》的一大贡献。罗尔斯曾论及两个正义原则，这两个原则都与公正有关。第一个原则是平等自由原则，平等自由蕴含着公正，不公正就没有平等自由。第二个原则，是机会公正平等原则和差别原则，而主要是机会公正平等原则。这个原则主要体现公正的原则。这个原则要求我们在定契约时要公正，条件要公正，结果也要公正。罗尔斯强调正义是公正的正义，强调正义的要义是公正，正义的基本内容也是公正，是值得肯定的，也是有积极意义的，应该说是对历史上公正概念的深化和发展。

2.环境伦理论公正与不公正

环境伦理学特别强调公正、公平、和谐等概念。1992年联合国环境与发展大会通过的《里约宣言》明确指出：“人类应享有以与自然和谐的方式过健康而富有生产成果的权利，并公平地满足今世后代在发展与环境方面的需要。”②公平和公正概念是一致的，可以通用，在某种意义上，公平是公正，因此，在谈公平的地方，实际上也是谈的公正。

环境伦理学常讲代际公平和代内公平，我们可把代际公平和代内公平视为代际公正和代内公正。代际公正和代内公正问题，大大深化了公正内涵。代际公正主要指代与代之间的公正，如我们这代人与下代人的公正问题。代内公正主要指同时代不同地域、不同人群之间的公正，主要用以调整

① 《马克思恩格斯全集》第21卷，人民出版社1972年版，第310页。

② 转引自徐嵩龄《环境伦理学进展：评论和阐释》，社会科学文献出版社1999版，第159页。

不平等的国际政治经济秩序、清除世界贫困、寻求共同发展的伦理原则。而代际公正，主要是说我们这代人要从公正原则出发去考虑后代的利益，使后代人能持续发展，并按公正原则进行分配。

代际公正和代内公正的关系是辩证的，代内公正的实现，有助于代际公正的实现，代内公正问题的解决，为解决代际公正提供物质基础，代际公正的解决，可有效地促进代内公正问题的解决，在代内公正和代际公正发生尖锐矛盾时，一般地说，应优先处理代际公正的问题。

四、平等与不平等

平等和不平等也是伦理学的一对范畴。平等和不平等的概念也有个不断发展、不断深化的过程，现代科技伦理学关于平等不平等的概念，不论在内涵和外延上，比历史上的平等和不平等概念，都有很大的发展，研究这些发展，对丰富和深化现代科技伦理学的基本范畴有重要意义。

(一)平等与不平等的历史表述

在历史上，许多学者都研究了平等和不平等的问题，并对平等和不平等概念的内涵进行了分析，择其要者，略加分析，对深入理解现代科技伦理学关于平等和不平等的概念，有一定启示。平等和不平等的概念，在古代伦理学中很少涉及，在资产阶级成长和壮大的过程中，在资产阶级起来清除封建社会的不平等时，这个概念和自由、博爱一样，成为一面旗帜，所以许多资产阶级的思想家对平等问题进行了研究。这个问题恩格斯曾深刻指出："社会的经济进步一旦把摆脱封建桎梏和通过消除封建不平等来确定权利平等的要求提上日程，这种要求就必定迅速地扩大其范围。"[①]

1. 霍布斯论平等与不平等

霍布斯认为，自然使人在身心两方面的能力都十分相等，由于能力上的平等而导致目的和希望的平等，人们大都欲望相同的东西，因此任何两个人如果想取得同一东西又不能同时享用时，彼此就会成为仇敌。彼此都想摧毁对方。能力平等的个人在本性上有三种欲求，一是求利；二是求安全；三是求名誉，为此便发生争斗，形成每个人对每个人的战争状态。于是由自然法来约束人类，由外部命令和内部命令来约束人类，由自然法则建构道德哲学，建立契约来约束人类，并引导人类走出自然状态，进入社会状态，进人道

① 《马克思恩格斯选集》第3卷，人民出版社1972年版，第447页。

德文明状态。

霍布斯在谈及自然法时曾提出十一条自然法的原则或道德戒条。其中有三条涉及平等问题。第二条，自然法：在自保需要时，可放弃一切权利而满足与他人相等的自由权；第九条，自然法：勿自傲，而是承认平等；第十一条自然法：坚持公道，即分配的正义。这三条都讲了平等问题，包括了权利的平等、态度的平等、分配的平等。

2.洛克论平等与不平等

洛克也讲自然状态，但与霍布斯不同，他认为：自然状态“那是一种完备无缺的自由状态，他们在自然法的范围内，按照他们认为合适的办法，决定他们的行动和处理他们财产和人身，而毋需得到任何人的许可和听命于任何人的意志”①。洛克从自然状态出发也分析了平等问题，他说：“这也是一种平等的状态，在这种状态中，一切权力和管辖权都是相互的，没有一个人享有多于别人的权力……不存在从属或受制关系。”②在洛克看来自然状态是一个自由、平等的人类原始状态，是和霍布斯说的人对人战争状态是根本不同的。自然状态也有缺陷，主要有三：一是缺乏一种确定的众所周知的成文法律来作为解决人们之间纠纷的共同准尺；二是缺乏一个被侵权依照既定法律解决一切争执的公正的裁决者；三是缺乏支持正确判决并监督其执行的权力或实力。由于这些缺陷，在自然状态中，人们各行其是，各按自己的判断行事，因而极易造成社会纷争和混乱。

为了防止纷争和混乱，为了保障自然状态下的自然权利，特别是保障财产权，就要有制度的保证，就要有政治权力，就要有社会和政府，而政府的首要任务就是保障私有财产制度的神圣不可侵犯。从这里看出，洛克的政治观是资产阶级的政治观，洛克的道德观也是资产阶级的道德观。

3.伏尔泰论平等与不平等

伏尔泰也强调平等，认为人是生而平等的，一切享有各种天然能力的人，都是平等的。但是人性中有一种强烈的倾向，即喜爱统治、财富和欢乐，人人都自私自利，愿做别人的主人，愿奴役别人，因此，人们又是不可能平等的。平等主要指什么呢？主要是指人们在自然法面前的平等，而不是财产所有权和社会地位上的平等。所以，伏尔泰说：“财产均等并不是公平的。它不是公平的，因为，财产分配之后，那些受雇而来帮助我收获的外人，也收到了和我同样多的一份。”③

---

① ［英］洛克：《政府论》，商务印书馆 1962 年版，第 5 页。

② ［英］洛克：《政府论》，商务印书馆 1962 年版，第 5 页。

③ ［法］伏尔泰：《哲学通讯》，上海人民出版社 1961 年版，第 293 页。

伏尔泰的平等观，实质上是不平等的，特别是财产权的不平等。他以财产权的不平等为私有制的不平等提供论证，实际上是宣布不平等是人类社会秩序的合理的、正义的法则。伏尔泰资产阶级平等的实质在这里暴露无遗。

4. 卢梭论平等与不平等

卢梭认为人类在原始的自然状态有原始的平等。随着生产的发展，出现了土地的占有和分配的不平等，于是私有制逐渐取代了自然状态的原始的平等，结束了自然状态，进入私有社会。卢梭谈到这个问题时，很明确地说："自从一个人需要另一个人帮助的时候起，自从人们觉察到一个人据有两个人食粮的好处的时候起，平等就消失了，私有制就出现了。"①"由自然状态进入社会状态，人类便产生了一场最引人注目的变化；在他们的行为中正义就代替了本能，而他们的行动也就被赋予了前所未有的道德性。"②自然状态的结束，是平等的消失，社会状态的出现，是道德形成的基础。

卢梭在《论人类不平等的起源和基础》一书中，具体描绘了人的自然状态向社会状态的过程，他认为随着文明社会的递嬗，人类造成的奴役、专制和不平等也就愈来愈厉害。卢梭具体分析了人类社会不平等发展的三个阶段：第一个阶段是私有制和贫富悬殊的出现；第二个阶段是国家和法律的确立；第三个阶段是专制暴君建立起独裁统治。专制主义把不平等引向极端，物极必反，它必然走向自己的反面，用人民革命推翻专制统治便成为合理的。

5. 黑格尔论平等与不平等

黑格尔首先分析了财富的不平等，并从财富的不平等引申出道德的不平等。他反对自然平等，认为自然就是不平等的始源。抽象法在市民社会不但不扬弃不平等权利，而且从精神上把它提高到技能和财富的不平等，甚至理智、教养和道德的不平等。

黑格尔论证了等级道德的合理性。并指出道德伦理的本质就在于维护私有制和等级特权。黑格尔强调自我和社会、个人与整体之间是一对矛盾，处于既相互对立又相互统一之中。在个人与整体的矛盾运动中，一方面产行着不平等，另一方面又由于正义而复归平等。整体创造着个别性精神，是个人的真理的依据；个人离开整体的目的就是邪恶和虚无。只有在赋予个人以实在性的真实整体中，个人和整体才能真正得到统一，真正得到统一就是真实的整体，这个真实的整体就是国家。因此国家是伦理理念的现实。

---

① ［法］卢梭：《论人类不平等的起源和基础》，商务印书馆 1962 年版，第 121 页。

② ［法］卢梭：《社会契约论》，商务印书馆 1980 年版，第 29 页。

人人要接受民族的使命，履行国家的义务，才能实现自己的目的，把自己上升为有道德的人。

黑格尔的伦理学，其哲学基础是唯心主义的，方法是辩证的，包含着合理内核。联系当代科学发展的实际，吸收其合理内核，对推动现代科技伦理学的发展有启示作用和积极作用。

(二)平等与不平等的内涵深化

平等和不平等的概念，随着生产力的发展，随着阶级斗争实际的发展，随着现代科学技术的发展而不断发展。过去人们特别强调平等和不平等的阶级性，在一定意义上，特别是在阶级斗争异常尖锐复杂的情况下是对的，是可以理解的。但是现在一味强调其阶级性，似又有些片面，还应强调平等观随科技发展而发展的一面，强调在平等观中，日益增强的自然科学的内涵。

1. 生物平等主义论生物平等

生物平等主义要求我们从道德上关怀其他动物，要求把动物的福利也当作评判我们行为的道德价值的一个相关因素，并把一切与人的基本生存无关的杀害动物的行为视为不道德的行为。生物平等主义，从生物平等境界的角度看生物平等问题。认为地球上众多生命的同时并存、相互依赖、相互补充和相互促进，才保证了生命大家庭的生存、繁荣和美丽。大自然的稳定和生机，取决于生命形态的丰富性，而不取决于是否有一种或某些物种能够轻而易举地战胜和统治其他物种。人类和其他物种都是生命大家庭的成员，它们只有和睦相处，互相关心，才能长期共存。人类应当成为生命大家庭的善良公民和模范公民，保护和爱惜大家庭中的所有成员。生物平等主义要求的不仅是人类与人类的平等，还要求与其他生命的平等，甚至还要求生命和生命之间的平等。这种平等观比传统的平等观外延扩大许多，内涵深化许多，同传统平等观相比有根本不同，是传统平等观的一次飞跃。

对生物平等境界的追求，并不意味着我们不能伤害任何生命，它只要求我们不要随意伤害生命，不能为了维护一个生命而伤害另一个生命，而且要意识到伴随着这种伤害而带来的义务，同时要把其他生命也当作道德顾客来对待，把所有的生物都当作具有内在价值的存在物尊重。

由此看来，生物平等也只有相对的意义，看似平等，实际上也有不平等。生命平等主义提出的生命平等问题虽然带有空想的意义，但对环境保护和生态平衡有一定的积极意义，我们应汲取其合理内核，促进生态平衡，推动环境保护，推进可持续发展。

2.深层生态学论平等与不平等

深层生态学有两个基本规范，一个是生物圈平等主义，另一个是自我实现论，这也是深层生态学提出的最重要的伦理学结构。深层生态学认为，若无充足理由，我们没有任何权利毁灭其他生命。我们和其他生命是平等的，生物圈内的生物都是平等的。我们要平等地对待一切生物，我们应与其他生物同甘共苦。当我们的兄弟、一条狗、一只猫感到难过时，我们也会感到难过；当生命的存在物，包括大地和生物圈被毁灭时，我们也应当感到悲哀。平等主义是深层生态学的最高原则之一，生态中心平等主义和生物圈平等主义是一致的，其基本要求是，生物圈中的一切存在物都有生存、繁衍和充分体现自身以及在大写"自我实现"中实现自我的权利，生物圈中的所有生物及实体，作为与整体相关的部分，它们的内在价值是平等的。生物圈平等主义和生态中心平等主义都大大扩展了平等概念的外延，也在某种程度上深化了平等概念的内涵。

五、权利与义务

权利和义务这对伦理学的范畴，是在文艺复兴之后，在启蒙思想家那里，才逐步受到重视，渐被深入研究。到了现代，随着现代科学技术的发展，随着生态问题和环境问题日益突出，这个问题的研究就更加深入，外延更加扩大，内涵更加深刻。

(一)权利与义务的历史表述

权利和义务这对范畴，在资本主义时代的初始阶段，就提到学者面前，促使学者对其进行研究，研究这个问题同解决道德和利益的关系问题是紧密联系在一起的，是同人性论、人道主义、契约论、功利主义联系在一起的。

1.培根论职责与义务

弗兰西斯·培根在《论说文集》中谈了许多道德问题。他主张"知识和人的力量结合为一"倡导知识就是力量，要求人类要服从自然，只有服从自然，才能了解自然，控制自然。为了认识自然，获得科学知识，就要破除四种假象："种族假象""洞穴假象""市场假象""剧场假象"。他要求人们把握自然规律，掌握治世之理，同时也要把握社会政治的规律，掌握治世之道。

培根认为，伦理学是研究人类的欲望和意志的科学，主要目的是给人们提出行为相互关系的指导，以实现人生的自律。

培根强调在研究人对人，个人对职业、对社会和国家的关系时，要注意研究职责和义务，他认为职责和义务都包含着道德的要求，一个人如果不懂得职责，不懂得义务，就是无知，就是可耻。培根认为职责和义务具有广泛性，除职业的职责和义务外，人和人之间，具体说夫妇、亲子、主仆、朋友、同事、君臣、社会团体之间，都应有相应的职责和义务。培根特别强调人对职业对国家和社会的职责和义务，他认为利人为善，仁者爱人，只有与利人、利公联系起来，利己和自爱才是合乎道德的，才是小善，利人、利公、仁爱则为大善。

2. 霍布斯论权利与义务

霍布斯认为，人有各种情欲，主要是权力欲、财富欲和荣誉欲，其中最主要的是权力欲。人们有了权力，就可得到利益，满足情欲要求。所以人性好斗，争名夺利，争权力。他从人性是恶的观点出发，建立他的伦理学说。

霍布斯继承了古希腊智者派斯拉斯马寇关于自然权利的思想和格拉修斯自然法理论，发展了权利论。他认为权利应分为自然权利和人为权利。自然权利主要指健康的体魄、俊伟的仪容、精明的能力、高贵的出身、善辩的口才以及各种技巧等。人为的权利，主要指财富、地位、荣誉、功名、交友等。

霍布斯认为由于人的能力大体相等，所以就产生了人们对目的欲望和希望的平等权利。但在欲求不足的情况下，人们就发生争斗，互相为敌，处于“自然状态”。人在自然状态，虽然处于争斗状态，但仍有理性，人为理性所统治，谋求基本的自然法，按自然法办事。人类理性发现的基本的自然法则有两条，第一条法则是寻求和平，第二条法则是保全自己。第二条法则用霍布斯的话说是：“在别人也愿意这样做的条件下，当一个人为了和平与自卫的目的认为必要时，会自愿放弃这种对一切事物的权利；而在对他人的自由权利方面满足于自己让他人对自己所具有的自由权利。”[①]霍布斯还谈到放弃对物的权利和权利转让问题。他认为放弃权利，是指在他人享有同一物的利益时自己不加妨害。这种利益的放弃，或者用宣告方式，或者让给他人，而不管其利益归于何人。权利的转让则与契约有关，实际上契约也就是权利的相互转让。权利的转让是自愿的行为，但从人本性是自利的前提出发，转让权利的目的是为了取得其他的权利和利益。在这里，霍布斯的权利转让论完全反映了资本主义商品的转让关系，反映了资产阶级唯利是图的本性。

3. 洛克论权利与义务

按照霍布斯的权利论，人们的权利转让之后，个人就没有任何权利，只

---

① ［英］霍布斯：《利维坦》，商务印书馆1985年版，第93页。

能绝对服从国家的权力。但在洛克看来,人们订立契约后并不把全部权利转让给国家,只是转让裁判权,国家也只是契约一方,国家也有权利和义务,国家也要守约。如果国家政府和君主不守约,那就是一个不好的政府、不好的君主。如果政府和君主不能维护人的自然权利,那就是不合法的,也是不道德。

洛克认为,公民有许多利益,这些利益也可视为权利,公民的利益和权利,主要包括生命、自由、健康、疾病以及占有的金钱、土地、房屋、家具等。国家、政府、君主、官吏的职责就是要保护公民的这些权利,保护这些权利公民就拥护他,不保护这些权利,公民就否定他,任意侵犯公民的权利,公民就有权利推翻他。

4.霍尔巴哈论权利与义务

霍尔巴哈的伦理学对义务进行了深入的研究,他认为义务"就是由经验和理性给我们指出为达到我们自己所定的目的所必需的一些方法;这些义务就是存在于同样渴求幸福、同样渴求自我保存的人们当中所有的关系之必然的结果"①。霍尔巴哈是从方法和结果的角度定义义务的,是从目的和关系的角度定义义务的,应该说,这种定义是比较正确的。他还把义务和必然性联系起来,因为在他看来,在人与人之间关系中,有一种使自己幸福也必须使大家幸福的必然性,因此尽义务也就是服从这种必然性。

霍尔巴哈认为,道德是人所必需的,尽义务是人所必需的。人在社会生活中,必须尽义务,不能不尽义务,义务强制人们去接受它,去遵从它,因为没有义务,无论个人还是社会,都不能够生存。只有人人履行自己的任务,人们才能幸福,社会才能团结。政府和君主也有职责,也有义务,必须照顾大家的安全,必须促使社会,维持社会的安全,否则就没有尽职责尽义务,政府和君主就难以维持自己的统治。霍尔巴哈还认为,为了维护家庭,家庭成员都要对家庭尽义务;作为家长,特别是父亲更要尽义务,只有这样才能保持家庭的温暖和夫妻的甜蜜。

5.康德论权利与义务

康德是契约论伦理学的重要代表,他发展了卢梭的契约理论,又启发了罗尔斯的正义理论,具有承前启后的作用。康德在论证契约义务论时,从道德法则、道德意志和道德规范三个方面论证了契约义务原则。

康德企图在道德领域找到普通的最高的道德原则,通过确立这个原则论证契约义务论的有效性。康德通过实践理性考察了"自由"理念。康德认

---

① [法]霍尔巴哈:《自然体系》上卷,商务印书馆1964年版,第12页。

为自由意志可构成道德存在的理由。自然领域关涉的是知识，自由领域关涉的是道德。自然领域是必然性领域，为自然普通法则所规定；自由领域是或然性领域，为道德命令所要求。这种道德法则只能以“应该是”来表述，“应该是”在品格上是道德命令，它规范了人们的行为。道德律令作为绝对命令是实践理性的普通法则。用道德律令则可解决契约义务的有效性。

康德明确表示，他的道德理论是建立在责任概念上的，这种责任就是绝对服从自由意志的直言命令法则的准则，是善良意志概念的体现。这一体现表现为三个命题：一是只有出自责任的行为，才能获得它自身的固有价值；二是一个出自责任的行为，其道德价值不取决于它所需要实现的意图，而取决于它所规定的准则；三是责任就是由于尊重道德法则而产生的行为的必然性。这一论述充分体现了伦理学义务论的特征。把责任作为道德的基础，是康德伦理学的根本特点。

康德还认为，“善良意志”和“意志自律”都要体现责任。康德说意志是个立法者，正因为它是立法者，所以意志也必须服从法则。由此，他提出“意志自律”的概念。他说人的自律意志既不是情欲的奴隶，也不是神的工具，既不要快乐、幸福、欲望的驱使，也不受神意、天命、良心的支配，而是服从自己立法的主人，这就是意志自律。①

(二)权利与义务的内涵深化

随着科学技术的发展，权利和义务的内涵不断深化。在深化现代科技伦理学的权利和义务的概念方面，现代生态科学和环境科学起了积极作用。动物权利、自然权利、环境权利的提出，大大丰富了权利和义务的内涵。

1. 环境伦理学论权利与义务

环境伦理学在继承传统伦理学关于人与人关系的基础上把研究范围扩展到人与自然的关系，着重研究从对自然的关系研究自然的价值、人在世界中的地位、人对自然的权利和义务问题。环境伦理学的建立，事实上意味着将道德关怀的对象由人扩展到人以外的自然界，把权利和义务的范围从人与人扩散到人与自然界。

环境伦理学认为人对自然界的权利和义务有两个方面：一方面，人有权利利用自然，通过改变自然资源的形态，满足自身的生存需要，但这种权利必须以不改变自然界的基本秩序为限度；另一方面，人又有义务尊重自然的存在事实，保持自然规律的稳定性，在开发自然的同时给自然提供相应的补

① 参见田海平《西方伦理精神》，东南大学出版社 1993 年版，第 393～399 页。

偿。在此，权利和义务是一种相互制衡的关系，其目的和结果是促成整个共同体的和谐。由于人与自然界的关系已遭受严重破坏，出现种种危机，因此，在达到人与自然的新和谐以前，人对自然的开发方式、开发深度应受到严格的限制，在改变自然资源的物质形态时应注意及时向自然提供必要的补偿，以恢复自然的正常状态。①

2.道德境界论者论权利与义务

道德境界论认为，道德可分四种境界，这些境界的划分，既可按由低到高的层次划分，又可按范围从小到大的层次划分。大致分为：人类中心境界；动物福利境界；生物平等境界；生态整体境界。

根据动物福利境界，人对自然界的动物负有一定的义务，要求我们不但要关心人，而且要关心动物，把对动物的关心和爱护视为人的道德的重要内容，把道德适用范围从人类范围扩大到动物界。要求人和动物在伦理上要平等对待，要融为一体，用道德约束我们的行为，履行权利和义务，关心动物，平等对待动物；还要关心地球上所有的生物，平等对待这些生物，履行对生物的权利和义务。人类和其他生物都是生命大家庭的成员，人类要和其他生命和平共处，互相关心，长期共处，才能保证生物界的多样化，才能促进生命大家庭的繁荣，促使大自然的稳定。如果万不得已伤害了其他生命，要进行补偿，要履行因伤害其他生物而带来的义务。

3.关于权利义务的现代思考

权利和义务是人与人、人与动物、人与自然之间相互联系中决定的和道德的相互要求和相互责任。权利和义务是相互对应、相互补充、又可相互转化的。一切权利都与对应于这些权利的义务相关。一个人要求有生存权利，就和另一个不伤害人的义务相关。一个人要求有发展权利，就和另一个人有不妨碍发展的义务相关。动物要有生存和发展权利，与人类和其他动物不伤害动物生存、不伤害动物发展的义务相关。大自然、生态、环境要有持续发展的权利，与人类必须有不破坏自然、生态、环境和谐统一的义务相关。

随着现代生产、现代社会和现代科技的发展，现代伦理的权利和义务的学说也在不断地发展。现代伦理的权利和义务应有四个层次、四个方面：

一是人与人之间的权利和义务。每个人都应有生存、发展的权利和义务，以维护人类社会的公正、正义、和谐、统一。

二是人与动物之间的权利和义务。人有生存发展权，动物也应有生存

---

① 参见徐嵩龄《环境伦理学进展：评论与阐释》，社会科学文献出版社 1999 年版，第 163～164 页。

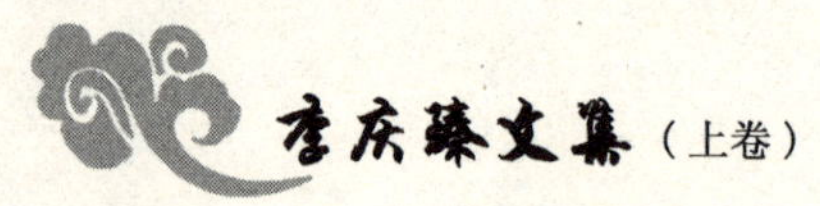

发展权，人类要关心、爱护动物，尊重动物的生存权，即使人类更好地生存和发展，又促使动物界更好地生存和发展。人类和动物要共存共荣。

三是人与生命之间的权利和义务。人有生存和发展的权利，生命也应有生存和发展的权利。人类应关心、爱护生命，尊重生命的生存权和发展权，促使人类和生命的和谐发展，从而促进大自然的和谐发展。

四是人与环境、生态、大自然之间的权利和义务。人类有在大自然、生态和环境中更好生存和发展的权利，也要有不破坏大自然、生态和环境协调发展的义务。人类要尊重环境、生态和大自然的生存权利和发展权利，只有如此，才能保证人类本身的生存权利和发展权利。人类如果破坏了环境、生态、大自然的生存权利和发展权利，到头来，则损害人类本身的生存权和发展权。我们坚持可持续发展战略的一个重要原因，就是人类应尊重环境、生态和大自然的生存和发展权，要履行不破坏环境、生态和大自然和谐发展的义务。

至于更深入地认识人类自身的权利和义务，也应看到人类自身的权利和义务随着现代社会和现代科技的发展，又有不少新的内涵，这些内涵也是有层次的，可构成权利和义务的系统。

一是人类之间仁爱的权利和义务。人类的每一成员都应有关心、爱护帮助其他成员的义务，又都有接受他人关心、爱护与帮助的权利，只有人类每一个成员都尽到自己的义务和权利，人类社会就进入理想状态的社会，进入和谐发展的社会。

二是人类之间正义的权利和义务。人类每一个成员都享有自由权和平等权，又都有维护自由、维护平等的义务。只有很好地尽义务、尊重权利，人类社会才有正义可言，人们的自由权和平等权才有保证。

三是人类之间的幸福的权利和义务。每个成员都有满足自己生活需要、保证生活幸福的权利，又有帮助他人满足自己生活需要、保证生活幸福的义务。只有人人都履行幸福的权利和义务，才能保证人类过上幸福美满的生活。

四是保护动物和生命的权利和义务。人类的每一个成员都应有保护动物和生命的义务，促进动物和生命与人类协调发展。人类要尊重其他动物和生命的生存和发展权，在帮助其他动物和生物更好地生存和发展的同时，也促使人类自身更好地生存和发展。人类不应当通过损害动物和生命的生存和发展，而获得自身的生存和发展，而应通过保护动物和生命的生存和发展，而促使人类自身的生存和发展。

五是保护环境和生态的权利的义务。人类的每个成员都有保护环境和生态协调发展的义务，又要享受优美环境和生态平衡权利。人们应清醒地看到，破坏环境协调和生态平衡，实际上就是破坏人类生存和发展的条件。严重的环境和生态危机，会导致人类生存的危机。我们必须同环境共存共荣共发展，保护环境和生态的平衡的协调发展，同时也是保证人类的协调发展。①

人和人之间，人和自然之间永远存在着矛盾，要控制这些矛盾，不要使其发展到对抗，要在维护人类和环境协调发展的大原则下去解决这些矛盾。

六、价值与非价值

价值和非价值是科技伦理学最基本、最重要的范畴，是科技伦理学的核心和基础。这对范畴的深化，不仅推动伦理学的发展，特别是科技伦理学的发展，而且推动政治科学、经济科学、哲学、文化科学的发展。我们主要研究价值和非价值与现代科技伦理学发展的关系。在研究这个关系，一方面要对价值和非价值的历史发展进行必要的探讨，另一方面要对价值和非价值的现代深化进行简要的分析。

(一)价值与非价值的历史表述

价值和非价值的历史表述由来之久。价值一语，在中国的《后汉书·班勇传》中就有“会间者差乱，西域复绝，北虏遂遣责诸国，备其逋租，高其价直，严以期会”②。以后又有“价值连城”等成语。在西方古希腊时，柏拉图也曾说过：“未经省察的人生没有价值。”③后来价值概念在经济学中不断深化，逐渐成为经济学的重要概念，成为经济价值理论的核心术语，并逐渐由经济学向哲学、政治学、法律学、社会学、文化学扩展。为了理清价值概念的历史发展的脉络，择其要者略加分析。

1. 亚里士多德论价值与非价值

亚里士多德从他的道德原则中推演出人的价值和尊严的思想。他认为人在目的王国中有三种价值：一是市场价值，也称实用价值。这是与人们的普遍需要和爱好相互联系的价值，有相等的等价物。二是欣赏价值。这是一种不以需要为前提，而只是与某种兴趣相联系，满足某种情趣的价值，如作诗、游戏等，也是有等价物的。三是内在价值。这是相对于前两种外在价

① 参见张华夏《现代科学与伦理世界》，湖南教育出版社 1999 年版，第 150～154 页。

② 范晔：《后汉书·班勇传》，海南出版社 1999 年版，第 615 页。

③ [古希腊]柏拉图：《苏格拉底的申辩》，商务印书馆 1962 年版，第 76 页。

值而言的作为自在目的而存在的价值。人作为自在目的的价值，是内在的，无条件的，因而其价值也是绝对的。这种价值就是人的尊严。它没有任何等价物，不可用等价物代替，不可用钱买到，这就是人的道德价值。

亚里士多德的目的王国，实际上就是价值王国。因为在目的王国中，每个成员都是自在目的，都有内在价值、绝对价值。其他一切只有和内在价值相联系，才有价值。它高于市场价值、欣赏价值，内在价值凌驾于市场价值、欣赏价值以上。人的内在价值成为现实是一个无限趋近的过程，不能绝对圆满的实现。①

2.亚当·斯密论价值与非价值

斯密曾著《国民财富的性质和原因的研究》，简称《国富论》。在《国富论》中，斯密曾具体论述了交换价值和价值，在经济学领域奠定了价值论的基础。

斯密认为商品具有交换价值。在谈到交换价值时，他说：价值一词有两个不同的意义，它有时表示特定物品的效用，有时又表示占有某物而取得的对他种货物的购置力。前者可以叫作使用价值，后者可以叫作交换价值。使用价值很大的东西，往往具有极小的交换价值，也可以没有交换价值，这说明交换价值不是由使用价值决定的。

在探讨交换价值时，斯密提出价值决定于劳动的思想。他说：用自己生产的商品和别人生产的商品相交换，实际就是劳动与劳动的交换，劳动是衡量一切商品交换价值的尺度。在价值决定于劳动这个总问题上，斯密有两种不同的提法。从商品交换过程中所表现的劳动量来看，商品的价值取决于使他能够购买或能支配的劳动量。从劳动分工，从商品生产过程所支付的劳动量来看，商品的价值则取决于生产这个商品所耗费的劳动量。他把前一种价值叫作“交换价值的真实尺度”，而后一种价值叫作“商品的真实价格”。② 斯密的劳动创造价值的理论，对马克思的经济理论影响很大，马克思的劳动价值说是启蒙于斯密的劳动创造价值的理论。

3.赫尔曼·洛采论价值与非价值

洛采是19世纪末德国哲学家。哲学意义的价值论研究可以说从洛采开始。洛采把经济学的价值观念引入哲学，把它置于哲学中的最高地位。他认为，世界由三部分组成：一是现实事物，即事实的领域；二是体现宇宙普遍规律的真的王国，即普遍规律的领域；三是对善、美和神圣思想作价值判断

---

① 参见罗国杰、宋希红编著《西方伦理思想史》，中国人民大学出版社1988年版，第434～435页。

② 参见朱彤书主编《西方经济学名著介绍》，华东师范大学出版社1991年版，第49页。

的世界，即价值规律领域。而在这三个领域中，价值规律居于最高的地位。确定事实的真实性和概念的真理性，都要由价值来作最终的判定。许多哲学家对洛采有很高的评价，誉他为价值学说的创始人。

洛采之后，尼采提出要对一切价值进行重新估价的口号，接着，法国的哲学家拉皮埃，德国哲学家哈德曼、文德尔班、李凯尔特，奥地利哲学家艾伦菲尔斯、迈农，美国的哲学家杜威、艾本、培里、刘易斯、马斯洛等，都从各自角度对价值哲学进行研究，使价值论研究形成一个高潮。[①]

4.马克思、恩格斯论价值与非价值

在马克思和恩格斯的著作中，从经济学的角度，对价值进行了科学的研究，发展了劳动价值论。马克思、恩格斯通过对劳动二重性、使用价值和交换价值的矛盾，以及对经济价值创造过程的分析，创立了劳动价值学说和剩余价值学说，从而促使经济学发生变革。

马克思认为使用价值表示物和人之间的自然关系，实际上表示物为人而存在。价值这个概念则从人们对满足他们需要的外界物的关系中产生的。马克思的分析是科学的和正确的，深刻揭示了经济学的使用价值和价值的本质。马克思虽然着重从经济学的角度，深刻揭示了价值的内涵，但也并不否认价值的普遍意义。马克思在揭示"自由王国"和人的自由发展时，也揭示了价值的普遍含义。在他的著作中，也多次使用价值这个概念。不仅论述经济学的"价值"，而且论述哲学意义上和文学意义上的价值。马克思的唯物史观的建立，不但给经济学奠定了科学的理论基础，也给哲学和伦理学奠定了科学的理论基础。

5.波普尔论价值与非价值

波普尔提出三个世界的学说。第一个世界是物理世界；第二个世界是精神世界，主要包括心理素质、精神状态等；第三个世界是客观知识世界，主要包括科学、神学、文艺等。波普尔具体分析了"世界 1""世界 2"和"世界 3"的特点，并断言价值问题及价值的理论问题，是属于"世界 3"的范畴。"世界 3"要研究的问题很多，其中重要问题是价值问题。他说：价值同问题一道出现；没有问题价值就不可能存在。波普尔所说的问题可以是个理论问题，也可以是个实际问题。他又说："价值也是如此。可以猜想一个事物、一个思想、一个理论或一个观点，有助于解决一个问题或者问题的一种解决办法，它在客观上是有价值的，不管它的价值是否被努力解决那个问题的那些人有意识地作了正确评价。但是如果我们的猜想表达了出来，并提交讨论，它

① 参见敏泽、党圣元《文学价值论》，社会科学文献出版社 1999 年版，第 11～12 页。

就属于世界。”[①]波普尔认为“世界3”有价值问题是片面的，因为“世界2”和“世界1”也有价值问题。价值是普遍的，不仅“世界3”有，“世界1”和“世界2”也有。但作为一派，他提出价值的研究，也有一定的启示作用。

6.怀特海论价值与非价值

怀特海在《科学与近代世界》和《过程与实在》两本著作中，提出有机哲学，并深刻分析了价值观念。他认为万物是相互作用和相互摄受的，事物和事件都是相互关联的，小到电子，大到社会，都是相互联系、相互作用的有机体。科学研究的对象就是有机体，有机体是演化的，是有价值的，用他的话说：“机体是价值发生态的单位，是为本身而发生的永恒客观性状的真正组合。”又说：“实际事件是各种不同的实有由于在该样式中具有真正结合性，因而被摄入一个价值之中，并且排斥其他实有过程……但价值的重要性各有不同，因而每一个事件对于事件共同体来说虽然都是必需的，但它所贡献的分量则由其本身内的东西所决定。”[②]怀特海认为世界是有机体从简单到复杂的发展过程，有机体形成发展过程也是价值形成和发展过程。有机系统主体有自己的目标，也有自己的价值标准，其目标和价值标准决定了系统主体与其他事物的相互作用中在物质、信息、能量的交换中有自己的选择性。机体系统的价值是表述主体目标和达到的主体方式和主体选择性的范畴。[③]

（二）价值与非价值的内涵深化

现代科学特别是系统论和生态学对价值和非价值的概念的内涵进一步深化，特别是内在价值、工具价值、生态价值的提出，使价值观有了飞跃发展，价值观的范畴，从人类社会扩大到动物界、生态世界以及生态系统、非生命自然界。

1.系统论者拉兹洛论价值

系统论的代表人物主要是贝塔朗菲、贝尔和拉兹洛、切克兰德等。系统论的创始人贝塔朗菲认为：系统就是相互联系的集合。工程控制论创始人贝尔则认为：系统是具有动态学联系的元素的统一体。拉兹洛、切克兰德曾提出系统有四大特征，即整体实现、等级层次性、适应性自稳定、适应性自组织。适应性自组织主要说明系统自组织能力，自组织系统都有其目的，有其目的就有其内在价值，而达到系统目的的手段便有了工具价值。拉兹洛将

① ［奥］波普尔：《无穷的探索》，福建人民出版社1984年版，第205页。
② ［英］怀特海：《科学与近代世界》，商务印书馆1959年版，第99～104页。
③ 参见张华夏《现代科学与伦理世界》，湖南教育出版社1999版，第6～9页。

内在价值称为规范价值，将工具价值称为显价值，他说："价值现在能够在控制论意义上被理解为是系统动态行为的客观因素……这些系统包括雷达导向高射炮、声呐导航鱼雷、自动导航器，以及由恒温器控制的普通加热系统……这些系统并不是与价值无涉的，它们纳入（Incorporate）规范或价值，其行为调整到实现这些规范与价值。"①

拉兹洛还认为显价值或工具价值与系统对环境的适应发生必然联系。所以他又说："显价值表示系统在与和它相关的环境的相互作用过程中所获得的适应状态。规范价值是显价值的基础，如同编进恒温器中的（目标）值是温度计的气温读数的基础一样。"②拉兹洛等从系统论阐明的价值观，已经扩散到自组织系统，扩展到无生命的系统物。他把价值概念与广义的目的概念联系起来，从而也使价值概念具有广义性。在这里，系统论者就突破了传统伦理学对价值概念的理解，使价值论有了新质变化。

2.罗尔斯顿的自然价值

罗尔斯顿是环境伦理学的重要代表，他认为："在环境伦理学中……对我们最有帮助且具有导向作用的基本词汇是价值，我们将从价值中推导出义务。"③罗尔斯顿还认为，价值是当作事物的某种属性理解的，通过感受，通过体验，人们就认识自然界的价值。

他还认为价值最重要的特征是创造性。他明确指出："自然系统的创造性是价值之母，大自然创造性在实现的意义上，才是有价值的……凡存在自然创造的地方，就存在着价值。"④

罗尔斯顿把价值和进化联系起来，他认为价值是进化的生态系统内在具有的属性。所以，他又说：价值就是"这样一种东西，它能够创造出有利于有机体的差异，使生态系统丰富起来，变得更加美丽、多样化、和谐、复杂"⑤。

罗尔斯顿认为生态系统是一个价值存在的单元。在生态系统中，有机体既从工具利用的角度来评判有机体和地球资源，也从内在的角度来评判其有机体和地球资源，也从内在的角度来评价这些事物，因此生态系统中既存在内在价值又存在工具价值。内在价值和工具价值是相互联系的，价值

---

① 转引自张华夏《现代科学与伦理世界》，湖南教育出版社 1999 年版，第 13 页。

② 转引自张华夏《现代科学与伦理世界》，湖南教育出版社 1999 年版，第 14 页。

③ 转引自徐嵩龄主编《环境伦理学进展：评论与阐释》，社会科学文献出版社 1999 年版，第 52 页。

④ 转引自徐嵩龄主编《环境伦理学进展：评论与阐释》，社会科学文献出版社 1999 年版，第 54 页。

⑤ 转引自徐嵩龄主编《环境伦理学进展：评论与阐释》，社会科学文献出版社 1999 年版，第 54 页。

像个网状组织，内在价值之结和工具价值之网相互交织在一起。在功能性的整体中，“内在价值似波动中的粒子，而工具价值如由粒子组成的波动”[①]。

罗尔斯顿还认为，在生态系统里，我们面对的不再是工具价值，也不再是内在价值，而是系统价值，要用系统价值来描述事物。系统价值不是个体价值的浓缩，也不是部分价值的总和，而是某种概念充满创造性的过程。因此，只有用系统价值概念才能全面反映生态系统和价值。

3.环境伦理学论内在价值

“内在价值”概念，经环境伦理学者探索，有不同含义，又在不断深化。奥尼尔曾归纳价值概念的三种用法。他指出，环境伦理学家们对价值概念有以下三种不同的用法。第一种用法，“内在价值”等于“非工具价值”，其具体涵义是说：“如果一个对象自身就是某种目的(end)，它就是有内在价值。”第二种用法，对象的“内在价值”就是内在属性特征。说某种价值是“内在的”，实际上是说该事物所具有的内在性质。第三种用法，内在价值“是客观价值”。这里强调的是，事物具有不依赖人们的那些价值。不管内在价值的用法如何不同，也不管内在价值的含义有何不同理解，但有一点是肯定的，“内在价值”是环境伦理学的一个基础概念，不讲“内在价值”就没有环境伦理学。[②]

环境伦理学认为，人具有内在价值，一切生命形态具有内在价值，生态系统也具有内在价值。凡有内在价值的东西就要关心它，爱护它，平等对待它。这样一来，“内在价值”概念，就把人类关心的对象，把道德的范围，从人类自身，扩展到动物界，扩展到生命界，扩展到生态系统。

——原载《现代科技伦理学》第6章，山东人民出版社2003年版

① 转引自徐嵩龄主编《环境伦理学进展：评论与阐释》，社会科学文献出版社1999年版，第55页。

② 转引自徐嵩龄主编《环境伦理学进展：评论与阐释》，社会科学文献出版社1999年版，第136～138页。

附录

学术与工作简历

附录一 发表主要论文目录

1.《恩格斯肯定过“自然界绝对封闭的循环圈”吗?》,载1963年7月5日《光明日报》。

2.《关于怎样证明时空无限性的问题》,载《马克思主义哲学教学参考材料》(内部资料),1963年。

3.《在科学技术发展的社会作用问题上我们和修正主义的主要分歧》,载《马克思主义哲学教学参考材料》(内部资料),1963年。

4.《每个觉悟工人必读的书籍》,载1973年6月18日《大众日报》。

5.《社会主义怎样由空想变为科学》,载1973年7月23日《大众日报》。

6.《对立统一规律是宇宙的根本规律》,载1973年8月27日《大众日报》。

7.《自然界是辩证法的试金石》,载1973年8月21日《大众日报》。

8.《评沈括和〈梦溪笔谈〉》,载《山东大学校报》(自然科学版)1974年第2期。

9.《评明清之际大进步思想家王夫之、黄宗羲、顾炎武》,载《文史哲》1975年第1期。

10.《三项基本原则是鉴别野心家、阴谋家反党集团的照妖镜》,载《文史哲》1976年第4期。

11.《缅怀周总理,为实现社会主义的四个现代化而奋斗》,载《文史哲》1977年第1期。

12.《一个日本帝国主义走狗的自供状——评张春桥的反动文章〈济南〉》,载《文史哲》1977年第1期。

13.《假左真右的哲学表现——批判“四人帮”的形而上学“混同”和“乱斗”》,载《文史哲》1973年第2期。

14.《高举毛主席的伟大旗帜,坚持理论与实践相结合》,载《文史哲》1978年第6期。

15.《论科学、真理和阶级性》，载《破与立》1979年第2期。

16.《关于正确认识事物发展的动力问题》，载《文史哲》1979年第4期。

17.《自然科学家的科学成果和哲学思想》，载《哲学研究》1980年第4期。

18.《论自然科学向哲学的转化》，载《山东大学文科论文集》，1981年。

19.《历史上唯心主义对自然科学发展只起消极作用吗?》，载《文史哲》1981年第3期。

20.《论唯物辩证法是马克思列宁主义根本基础》，载《济宁师专学报》1980年第1期。

21.《论脑力劳动在商品价值和使用价值形成中的作用》，载《文史哲》1980年第5期。

22.《论自然科学发展的主要动力》，载《山东大学学报》(文科版)1980年第2期。

23.《掌握两分法，更上一层楼》，载1982年3月4日《大众日报》。

24.《树立无产阶级世界观和人生观》，载1982年9月7日《大众日报》。

25.《论自然辩证法对自然科学发展的作用》，载《文史哲》1982年第4期。

26.《论自然观范畴的逻辑起点》，载《文史哲》1994年第2期。

27.《论我国的科技人才群落和人才流动》，载《科学学与科学技术管理》1984年第7期。

28.《论恩格斯对杜林的自然观的批判》，载《〈反杜林论〉研究文集》，黑龙江人民出版社1984年版。

29.《中国古代的神仙方术》(与胡孚琛合写)，载《大自然探索》1983年第3期。

30.《马克思恩格斯为何不畏劳苦地研究数学和自然科学》，载《山东大学文科论文集刊》1983年第1期。

31.《论科学和教育的战略意义》，载《东岳论丛》1982年第6期。

32.《恢复和坚持实事求是的思想路线，努力建设有中国特色的社会主义》，载《东岳论丛》1983年第5期。

33.《论科技革命与社会进步》，载《文史哲》1985年第5期。

34.《怎样才能做到坚持实事求是的思想路线》，载《山东社联通讯》1984年第1期。

35.《社会主义初级阶段理论形成的逻辑》，载《东岳论丛》1988年第1期。

36.《方法孕育成果》,载《方法杂志》1988 年第 1 期。

37.《科学技术与社会主义初级阶段》,载《青岛大学学报》1988 年第 1 期。

38.《关于主体和客体同时性的证明》,载《齐鲁学刊》1988 年第 5 期。

39.《科学革命促进劳动方式变革》,载《自然辩证法研究》1989 年第 1 期。

40.《四项基本原则和改革开放的相互作用》,载《山东社会科学》1990 年第 1 期。

41.《论马克思恩格斯的系统综合动力论》,载《青岛大学学报》1990 年第 1、2 期。

42.《论科学认识发展的渗透律》,载《文史哲》1990 年第 6 期。

43.《加深对第一生产力的认识》,载 1990 年 11 月 29 日《大众日报》。

44.《青年治学十要》,载《烟台大学学报》1991 年第 2 期。

45.《青年成才十要》,载 1991 年 6 月 5 日《烟台大学报》。

46.《论科学技术为什么是第一生产力》,载《东岳论丛》1991 年第 5 期。

47.《论行政决策的科学化》,载《时代论丛》1990 年第 2 期。

48.《科学技术日益成为创造商品价值的主要因素》,载《青岛大学学报》1992 年第 4 期。

49.《科学技术是提高劳动生产率的关键要素》,载《自然辩证法研究》1992 年第 7 期。

50.《科学技术是生产力的历史考察》,载《烟台大学学报》1992 年第 3 期。

51.《科学技术是综合国力的关键要素》,载《党校论坛》1993 年第 9 期。

52.《论科学技术在现代商品价值形成中的作用》,载《自然辩证法研究》1993 年第 9 期。

53.《新阶段关于正确处理人民内部矛盾的问题》,载《烟台大学学报》1993 年第 6 期。

54.《论邓小平思想的两个坐标》,载《文史哲》1993 年第 6 期。

55.《树木须知花本情》,载 1994 年 5 月 6 日《济南日报》。

56.《片段记忆,永生难忘》,载《北京大学哲学系简史》,1994 年。

57.《出入哲海觅真知》,载《我的哲学思想》,广西人民出版社 1994 年版。

58.《科学技术:现代综合国力强弱的重要标志》,载《济南大学学报》1994 年第 2 期。

59.《现代自然科学与社会科学的融合》,载《发展论坛》1995 年第 5 期。

60.《自然、社会、生产力——再论现代自然科学与社会科学的融合》，载《发展论坛》1995 年第 12 期。

61.《论校园十大环境的建设》，载《济南大学学报》1995 年第 2 期。

62.《书之乐》，载 1995 年 3 月 15 日《济南大学报》。

63.《读书乐》，载 1995 年 4 月 15 日《济南大学报》。

64.《论现代化理论的历史发展》，载《东方论坛》(《青岛大学学报》)1997 年第 4 期。

65.《现代化的内涵与科学技术》，载《发展论坛》1997 年第 12 期。

66.《论京剧在精神文明建设中的作用》，载 1997 年 9 月 15 日《济南大学报》。

67.《韩国科技立国的战略和对策》，载孙小礼主编《科学技术与世纪之交的中国》人民出版社 1997 年 9 月版。

68.《理论上的伟大贡献和伟大发现》，载《山东社会科学》1997 年第 6 期。

69.《论现代化的历史进程》，载《山东社会科学》1998 年第 2 期。

70.《反对伪科学，捍卫真科学》，载中国科学技术协会宣传部《文章汇编》第 6 辑，1998 年 1 月。

71.《读书十法简论》，载《济南大学学报》1998 年第 2 期。

72.《论知识经济的预兆、特征和意义》，载《文史哲》1998 年第 4 期。

73.《科技是第一生产力和知识经济的发展》，载《发展论坛》1998 年第 5 期。

74.《论邓小平的科技伦理观》，载《济南大学学报》1998 年第 4 期。

75.《论教育的十大转变——迎接知识经济的重大决策》，载《东岳论丛》1999 年第 1 期。

76.《论“以教育为中心”的知识经济》，载《齐鲁学刊》1999 年第 3 期。

77.《理直气壮捍卫科学》，载 1999 年 6 月 10 日《大众日报》。

附录二　出版著作目录

1. 参编《自然辩证法提纲》(30 万字)，艾思奇主编，中央高级党校 1960 年。

2. 编著《学习〈伟大的创举〉》，山东人民出版社 1976 年版。

3. 统撰《〈反杜林论〉纲要和简释》(政治经济学、科学社会主义)，山东人民出版社 1979 年版。

4. 选编《苏联和日本自然辩证法文献索引》，知识出版社 1982 年版。

5. 统撰《〈反杜林论〉释注》，山东人民出版社 1982 年版。(获 1984 年山东省社会科学优秀成果著作一等奖)

6. 统编《欣欣向荣的新山东》，山东人民出版社 1982 年版。(获山东省社会科学优秀成果著作特等奖)

7. 参撰《反杜林论》研究文集，黑龙江人民出版社 1984 年版。

8. 主编《马克思主义哲学自学教程》，山东大学出版社 1985 年版。(获山东大学 1986 年二等奖)

9. 主编《简明自然辩证法词典》，山东人民出版社 1986 年版。(获山东省社科著作二等奖)

10. 主编《大杠杆——震撼社会的新技术革命》，山东大学出版社 1986 年版。(1992 年获国家教委优秀著作二等奖，1995 年 12 月获全国高校人文社会科学研究成果二等奖)

11. 参撰《〈自然辩证法原理〉疑难问题解释》，兰州大学出版社 1988 年版。

12. 副主编《科学认识论》导论(第一卷)，吉林人民出版社 1990 年版。(获全国高校人文社会科学研究成果二等奖)

13. 主编《大协调——科学技术社会学》，山东人民出版社 1990 年版。(获山东省社会科学著作二等奖)

14. 主编《大动力——科学技术动力论》，中国人民大学出版社 1990

年版。

15. 参撰《科学认识论教程》，四川大学出版社 1991 年版。

16. 参撰《科学世界观》，山东人民出版社 1991 年版。（获中宣部“五个一”工程奖）

17. 与卢继传、张道民合著《第一生产力论》，山东人民出版社 1993 年版。（1995 年获山东省社会科学著作一等奖）

18. 与金吉龙合著《韩国现代化研究》，济南出版社 1995 年版。

19. 与舒炜光主编《科学认识发展论》，吉林人民出版社 1997 年版。

20. 与安维复合著《科技生产力论》，山东大学出版社 1998 年版。（获山东省社会科学著作二等奖）

21. 主编《科教兴鲁》，山东人民出版社 1999 年版。

22. 主编《科学技术方法大辞典》，科学出版社 1999 年版。

附录三　个人简历

1936 年 6 月　　生于山东省平阴县外山庄。

1942 年 9 月　　皇亭小学一年级。

1946 年 9 月　　旧东门小学高小一年级。

1949 年 1 月　　育英中学。

1952 年 9 月　　山东实验中学。

1955 年 9 月　　北京大学哲学系。

1958 年 6 月　　北京大学哲学系提前毕业。

1958 年 6 月　　北京大学化学系任哲学教师。

1958 年 9 月　　中央党校自然辩证法研究班。

1961 年 1 月　　北京大学哲学系任教。

1962 年 9 月　　山东大学政治系任教。

1971 年 9 月　　曲阜山东大学宣传组组长。

1973 年 9 月　　山东大学宣传部副部长。

1977 年 3 月　　山东大学政治部副主任。

1977 年 10 月　　山东大学党委革委办公室主任。

1977 年 12 月　　山东大学办公室主任。

1978 年 6 月　　山东大学党办主任，兼《文史哲》副主委、文史哲研究所副所长。

1981 年 1 月　　山东大学党委办公室主任。

1984 年 10 月　　山东大学出版社社长兼总编辑。

1986 年 7 月　　青岛大学副校长、副书记。

1988 年 10 月　　被评为山东省首批拔尖人才。

1988 年　　被评为全国有突出贡献中青年专家。

1990 年 8 月　　烟台大学校长、副书记。

1991 年 9 月　　被评为全国优秀教师。

1991 年 10 月	享受国务院特殊津贴。
1993 年 12 月	济南大学校长、副书记。
1995 年 11 月	再次当为山东省拔尖人才。
1996 年 5 月	当选中国自然辩证法研究会副理事长。
1999 年 12 月	被评为山东省第四批拔尖人才。
2000 年 2 月	第二次当选中国自然辩证法研究会副理事长。
2002 年 12 月	退休。
2006 年 4 月	受聘为中国自然辩证法研究会顾问。

下卷

山东大学出版社

1943 年曾祖父李道安照

1943 年曾祖母李氏照

1944 年父亲李立臣照

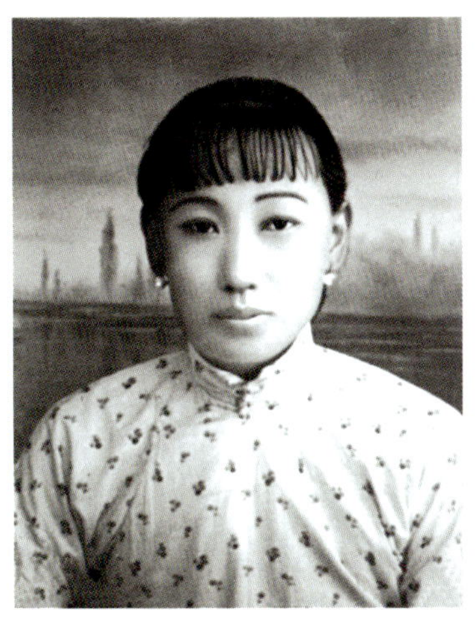

1944 年母亲孙秀梅照

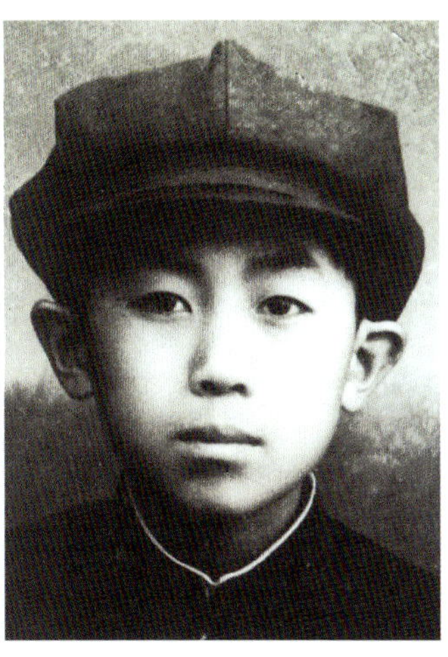

1942 年李庆臻 6 岁上小学照

1956 年在北京大学庆臻 20 岁照

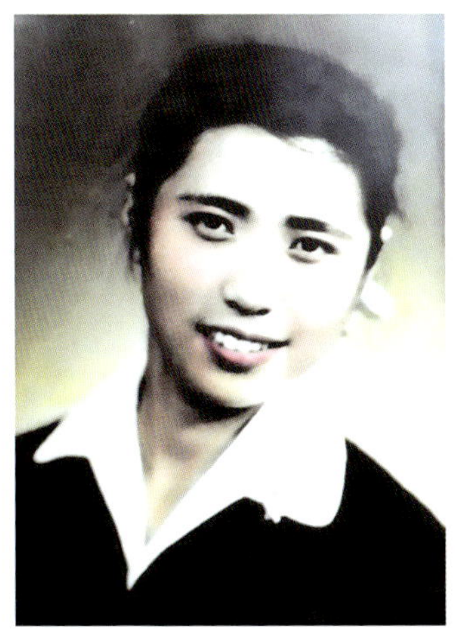

1956 年在烟台桂鸾 20 岁照

1961 年在中央党校庆臻桂鸾结婚照

1952 年育英中学 33 级 1 班 19 位学友毕业合影（李庆臻，二排左 1）

1955 年山东实验中学保尔班团支部团员照（后排左 3 李庆臻、后排左 4 李开鲁、后排左 5 孟献堂、前排右 1 李绍云）

1974 年 38 岁时与子易，女泉、杨合影

1980 年 10 月全国黄山哲学史讨论会成员合影（庞朴，前排右 2；周继旨，前排右 4；葛懋春，前排左 4；李庆臻，二排右 2；阎韬，二排左 4；朱亮，二排左 3）

成老仿吾“文革”后回山东大学与山大领导合影（成仿吾，前排右 4；孙汉卿，前排左 5；吴富恒，前排左 3；张琳，前排右 2；邓丛豪，前排左 3；李庆臻，后排左 1；潘承洞，后排左 6）

1981 年全国《反杜林论》哲学讨论会参会人员合影（李庆臻，前排左 5；李武林，前排右 2；牟文华，二排左 2）

1985 年山东大学会议期间在孔庙同舒炜光（中）、林立（左 1）合影留念

1985 年同黄顺基在山东大学《大杠杆》讨论会期间合影（黄顺基，右 3；李庆臻，左 3；李春国，右 2；李传忠，右 1；杨桂鸾，左 2）

1985 年 12 月 13 所综合大学学术共同体厦门会议合影（刘猶垣，前左 1；李庆臻，前左 3；张长城，前左 4；周济，前左 5；舒炜光，前右 4；高兴华，前左 1）

山东自然辩证法研究会常务理事合影(仝素勤,前右2;李庆臻,前右3;张全新,前右1;包心鉴,中右1;张道民,后右2;李成果,中右3;王柄福,后右2;罗蔚,前左3)

1985年与罗老竹凤在山东大学出版社畅谈

1989年省委书记梁步庭视察青岛大学合影(前排自左至右:梁步庭,前右2;刘鹏,前右3;张扬,前左2;李庆臻,前左1)

1990 年烟台大学领导班子合影（杨富民，左 1；邱殿辅，左 2；张启新，左 3；纪连功，右 1；刘永镒，右 2）

1991 年出席北大清华支援烟大第二次会议全体同志合影（张承先，前左 5；宋法棠，前左 4；王学珍，前右 4；张学书，前右 3；沈克琦，前左 3；李庆臻，前左 1）

1991 年 10 月蒋维崧先生访烟台大学合影

1991 年 55 岁在烟台大学与杨桂鸾合影

烟台大学的"湖光楼影"

1994 年 6 月 21 日，省政协主席翟永溥来济南大学视察工作（翟永溥，左 4；丁文方，左 3；孙积汉，右 4；李庆臻，右 3；李维昌，右 2；陆绍敏，左 2；马庆水，左 1；董操，右 1）

1997年与200万美元捐赠者于维纮之弟于维绍夫妇合影

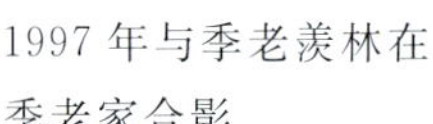

1997年与季老羡林在季老家合影

1997年中央党校老同学到我家做客合影(孙小礼，左3；李国秀，左4；傅世侠，左5；陈更华，右4；金大劼，右3；黄钦若，右2；李慎，右1)

1997年中央党校同学参加济南大学学术讨论会合影（龚兰芬，前左2；张家治，三排左2；丘亮辉，二排左4；张嘉同，后排左4；李廷举，后排右1；仝素勤，三排右1；安维复，后排左1）

1999年北大百年校庆，哲学系老同学合影留念（张学书，前右4；任宁芬，前右5；张翼星，前左3；李庆臻，二排左1；连积德，二排左5；周文振，二排右4；楼宇烈，三排左1；阎韬，三排左2；齐儆，三排左3；戴康生，后排左1）

1999年北京大学100周年校庆与北大老师汪子篙（前右2）、黄楠森（前右1）、任宁芬（前左2）、黄心川（前左1）合影

1999 年与党明德访问巴基斯坦信德大学合影

1999 年合校前与原济南大学党委书记李现成(右 2)、校长张友民(左 2)、副书记张金丽(左 1)合影

1999 年在济南大学全家合影(子易,女泉,女杨,婿佐滕博,媳吴健薇,孙夏婷、丽白、龙龙等合影)

2001年《文史哲》创刊五十周年纪念会议合影(姜春云,前排右6;季羡林,前排右5;张岱年,前排右4;庞朴,前排左3;徐显明,前排左1;李庆臻,前排右1;孔繁,二排右1;丁冠之,二排右4)

2002年与安维复在杭州西湖合影

2004年烟台大学校长郭明瑞陪同参观

2004 年与烟台大学第一任校长沈克琦(左 1)、书记杜建寰(右 1)亲切交谈

2004 年学生为我过七十寿辰并献条幅(刘德久,右 2;郭佳新,右 1;袁文光,左 2;苏富忠,左 1)

2005 年龚兄育之(左 1)、小礼姐(左 2)、刘慧晏(右 1)到青岛我家做客

2007 年在省社联同林江等老朋友合影(林江，右 2;李茂堂，左 2;李庆臻，左 1;赵锦良，右 1)

2011 年与桂鸾金婚照

2012 年海口西安好友苗旺生(右 1)、段丽君(左 1)带着我们游西安时合影

2014 年 8 月与济南大学校长程新等校领导合影(程新,左 2;李庆臻,左 3;张金丽,右 2;张硕秋,右 1;车滨,左 1)

2014 年 12 月与济南大学党委书记范跃进(左 1)、前校长奚正楷(右 1)合影

2014 年与烟大前任党委书记韩向利(左 1)、现任党委书记崔明德(右 1)合影

2014 年 78 岁生日全家合影
（自左而右：李易、李夏婷、吴健薇、李泉、赵丽白）

2014 年与弟庆祥（右 2）、弟媳桂芬（右 1）、妹凤玲（左 2）、妹夫焕绥（左 1）及孙等合影

2014 年刘德久（左 1）、孙淑华（左 2）、冯国荣（右 1）促我出文集后在青岛合影

2014 年 78 岁生日与妻、妻妹等合影(左 3 起:杨桂霞、杨桂雯、杨桂华、李宏伟)

2014 年全家福(李易,后右 2;吴健薇,后右 1;李杨,后左 1;李泉,后左 2;佐藤龙,后中)

2014 年与初中老同学贾宏谟(左 1)、李庆珠(右 2)合影

2014 年与刘长明（右 2）及其研究生杨帆（左 1）、刘晨妮（右 1）合影

2014 年与师兄艾恒武（左 3）、吴群（右 3）和好友张凯尔（左 2）、龚跃（左 1）合影

2014 年与海口好友周树兴（左 1）、诸冬仙（左 2）、陈惠清（右 1）、王菲（右 2）合影

2014 年与海口好友李振廷(左 4)、王敏贤(右 3)、于国清(右 2)、廖凤梅(右 1)、李杨(左 1)合影

2014 年 12 月《李庆臻文集》编委合影(刘德久,右 2;
冯国荣,左 3;党明德,右 3;刘长明,左 2;刘晨妮,右 1;杨帆,左 1)

目 录

下 卷

第一编

现代教育七论

关于教育的文章，共有七篇，篇篇都讲十点。这是积累起来的。如“治学十要”，在山东大学（以下简称“山大”）时五要，在青岛大学（以下简称“青大”）时是七要，在烟台大学（以下简称“烟大”）时又增两要，到了济南积到十要，于是写“治学十要”。又如“环境十论”，青大时强调校园环境、治学环境、学习环境，烟大时发展到八大环境，到了济南大学（以下简称“济大”）形成十大环境，便写了“环境十论”，发表在《济南大学学报》上。再如“读书十法”，也是逐步积累起来的，从初中、高中到北大，从青大、烟大到济大，几十年的积累，逐成十法，写成文章，发表在济大校刊上。我觉得事不过十，法不过十，思不过十，到了十，就十全十美了，就完满了。这是我的追求，也是我的风格。我的写作，讲究圆满，不达目的，誓不罢休。这也许是我的七篇教育论文，都恰有十点的原因吧。大家细读之，就会读出味道，读出风格。我观赏星云大师一字笔展时，星云大师设一装置，示字表示祝愿。当时，他给我两个字，就是“圆满”，这也是巧合。

治学十要

长期治学，偶有所得，默记在心，遂成“治学十要”。现构思成文，谈点思想，呈献读者，以求共勉。

一、境界要高

俗话说：“站得高，望得远。”古语云：“取法乎上，仅得其中；取法乎中，仅得其下。”这里谈的都有个境界问题。治学时，一定要站得高，“取法乎上”。只有这样，才能出成果，出大成果。怎样才能境界高？我想，要注意六点：一是适应时代需要。时势育英才，需要促成果，站在浪潮尖上，就可叱咤风云，谱写名篇，构思佳作。二是站在严师之肩，这样才能青出于蓝而胜于蓝。三是挤占空白之地。空白之地，急待开辟，苦心经营，必有所获。四是搜寻边缘地带，加以垦殖。亦此亦彼，非此非彼，通过杂交，可育良种。五是明辨热点分歧。热点争辩，各执一端，加以综合，成一家之言；参加争鸣，在争辩中苦思，学术上定能长进。六是竭力攻克难关。学术难关，如军事要地，兵家必争。在难关面前，无所畏惧，全力攻之，一旦拿下，则获硕果。

要做到境界高，还要注意三个问题：一要注意不要眼高手低。眼高固然好，手低则不妥。眼高手低，不是境界高，而是奢望高。不切实际，必然失败。二要注意尊其师、高其师问题。站在老师之肩，首先要尊其师，爱其师，学其师，不学无术，盲目自大，自谓站在严师之肩，实则趴在严师脚下。三要能识质量标准。质量是有标准的，学术质量也是有标准的。高有高的标准，低有低的标准。能识高低标准，方能高标准、严要求；不识高标准，误把低作高，境界岂能高?!

二、思路要宽

“知识”“学识”“见识”，都有个“识”字。“思考”“思想”“思维”，都有个“思”字。思路既指“思”，又指“识”。思路宽，主要指思想活跃，识见敏捷。思路宽，易畅通；思路窄，易堵塞。

怎样才能做到思路宽呢？一是要好学。学愈博，思路愈多，愈易沟通。别人想不到的，你能想到；别人想不通的，你能想通。二是要善思。善思，思路就宽；不善思，思路就窄。好学善思是思路宽广的基础。单思不学，是空想家；单学不思，是书架子；又学又思，才是学问家。

三、基础要厚

庄子说：“水之积也不厚，则其负大舟也无力。”俗语云：“根深才能叶茂。”治学也是如此。基础不厚，根基不牢，如楼建沙滩，既不会牢，也不会高。大海水厚，可行万吨轮；小溪水浅，难过一叶舟。做学问，如行舟，基础不厚，难出硕果；基础牢厚，硕果累累。华罗庚谈治学经验时，反复强调要打好基础。他说：“攻尖端，攀高峰，最重要的是打好基础。基础越厚，越牢固，对今后的学习越有利。”

怎样才算把基础打好呢？基础有三条：一是基本知识学深学透，二是基本方法会用会创，三是基本原理熟记善用。基本知识、基本方法、基本原理，可以是单学科的，也可是多学科的。当然，最好是多学科的。学经济的，学中文的，除了经济、中文的基本知识、方法、原理要掌握外，计算机、哲学等的基本知识、方法、原理也应掌握。学物化的、机械的，也应掌握点逻辑、会点艺术。凯库勒发现苯环，与其学过建筑也有一点联系。

四、方法要活

大家都在治学。有的成就大些，有的成就小些，有的没有成就。这在很大程度上取决于方法是否灵活。我们搞学问，研究问题之所以迈不开步，碰到障碍之所以难越，遇到困难之所以不能克服，细究起来，主要问题也在方法。我曾在《方法》杂志发表一篇论文，题名《方法孕育成果》，主要讲学术成果与学术方法的关系。我认为学术方法可以孕育学术成果。学者在研究时，要千方百计寻求方法，把方法用活。

翻开科学史，不难发现，科学技术的进步史，也是科学技术方法的进步史。巴甫洛夫说："科学是随着研究方法所获得的成就而前进的。"我认为是很有道理的。罗斯曼研究了710多位发明者的创造过程，归纳为6个步骤，大都与方法有关。华罗庚、童第周、钱学森都是很重视科学方法的，所以他们的科学成就也特别大。我们搞科学研究，最重要的就是用活旧方法，创造新方法。

五、角度要新

宋苏轼《题西林壁》有两句名诗："横看成岭侧成峰，远近高低各不同。"苏轼在庐山游览十天，在西林寺墙上题的这首诗，从横、侧、远、近、高、低等不同角度写了庐山的不同风貌，也写了作者的不同感受。苏轼这首哲理诗，从不同侧面看庐山，角度就很新。做学问与看庐山类似，也有个把握角度问题。同一事物，从不同角度研究，角度一变，就出新意。话说得容易，但做起来难。有的同志治学，研究半天，摸不着新角度，因而费了很大力气，写不出新意，成果不佳。有的同志参加集体写书，在统一思想上花费了不少精力。有时需要通过再三指点，方能把握准角度。把握新角度，是做好学问的关键。因此，必须随时注意，认真思考，积累经验，学会把握。

六、资料要丰

做学问，有两种倾向：有的重资料，以资料多取胜；有的则重思想，以提出新思想取胜。这两种倾向，各有所得，又各有所偏。应当互补，既要材料丰，又要思想新。材料丰、思想新，才有根据，立论才牢靠，才能防止以偏概全；思想新，材料才有用，才能去粗取精，防止淹没在资料的雾海中。

资料丰，靠积累，积少成多，集腋成裘，积零为整。资料丰富了，才能比较，才能鉴别，才能活用。或从资料概括出思想，或用思想串联起资料，都会在研究中有所创造，有所突破。

七、工具要锐

工具，既指方法，又指设备，主要指物质手段和设备。没有先进的物质手段和设备，现代科学技术的研究寸步难行。现代社会科学的研究，也越来越需要运用先进的设备。自然科学、社会科学相互渗透，除了原理、知识方面的渗透，主要是工具的渗透。经济学的研究要靠微机，文学艺术的研究也需要微机。《红楼梦》的研究，不是也利用微机了吗？汉语的研究，不是与微机相结合了吗？微机在社会科学、文学艺术中的运用，必将大大促进其发展。有人说，研究课题是独树一帜的，研究工作也应是别出心裁的。我认为这是有道理的。作为青年学者，不论是搞文的，还是搞理的、搞工的、搞医的、搞农的，都应掌握先进的仪器设备，学会利用微机，学会利用现代科学的方法，使研究工具锐利，从而获得丰硕的研究成果。

八、自信要强

做事，要有信心，要老想着“行”。老想着“行”，有自信心，事情就能成功。老想着“不行”，缺乏自信，没有勇气，就要失败。做学问也如此，要有自信，要有勇气，不怕困难。总不认输，顽强拼搏，必有收获，定会长进。我国女排，自信心强，多次拼搏，转败为胜，成为世界冠军。一旦自信降低，慌了手脚，章法一乱，就会被人打败。

青年人做学问，贵自信。但自信不是天生的，成功也不是轻而易举的。成功包含苦辛、汗水和失败。有自信心，就是不怕辛苦，不怕流汗，也不怕失败。成功之路是用失败的石子铺起来的，是用汗水一滴滴凝聚起来的，是用苦辛一块块砌叠起来的。成功可激励人去奋斗，失败能鼓舞人去拼搏。身处顺境，一帆风顺固然好。身处逆境，道路坎坷，也未必坏，因为逆水行舟更可以锻炼人。

九、实心要虚

火心虚，人心实。火心虚，氧气畅通，火苗旺盛。人心实，便于交往，利于成长。有求实之心，才能不怕压，不怕邪，不唯上，不唯书，只唯实，实事求是，追求真理。

心不可太实。毫无空隙，血脉难流，营养难吸，也不行。如是，心脏窒息，停止跳动，生命则会完竭。实心要虚一点，血脉则可流畅，营养则易吸收，心脏才能健壮。治学时，实心也要虚。虚心使人尊其师，把老师的知识、方法、思路学到手。虚心使人尊其友，不断把朋友的智慧、成果学到手。虚心使人爱其徒，教学相长，把自己学生的长处、优点、创见学到手。虚心使人尊古人，博览群书，吸取精华，丰富自己，发展自己。

为何有人不虚心，因为他站得低，不知“登高必自卑”的道理；因为他学得浅，不知深浅，不懂装懂，也不虚心，不知真知越深愈自谦；因为他知得少，缺乏比较，知其一，不知其二，以偏概全，不知灼见愈多愈虚心。为了做到虚心，一定要站得高，学得深，知得多。大家有个感觉，大学问家都很平易近人，虚怀若谷，孜孜以求。相反，“半瓶醋”者，则摇头晃脑，自命不凡，盛气凌人。其根源就在大学问家，研究越深越觉肤浅，故很虚心，而“半瓶醋”者，浅尝辄止，不求甚解，故都高傲。

十、兴趣要浓

搞学问，搞研究，要有入迷精神。入迷精神何以出现，主要因为兴趣浓厚。兴趣浓厚，才有热情，才能执着，才能忘我。入了迷，废寝忘食，研究什么，就能钻进去，就能出成果，就能有成就。郭沫若说：“爱好出勤奋，勤奋出天才。”我想这话是很有道理的。

兴趣浓了，何以出成果呢？主要因为兴趣一浓，精神会高度集中。智慧会高度集中，时间也会高度集中。专心致志地搞学问，当然会出成果，有成就。

兴趣不但要浓，而且要高。要不断扩大兴趣面，使不同的兴趣面渗透、交叉、融合。这样会多出成果，出大成果，有大成就。有些学者的成果，往往是在兴趣转移过程中获得的。究其原因，往往是通过兴趣转移使知识杂交、嫁接，从而获得新成果。

以上“十要”，讲得不细；内在逻辑，也欠严密。但这“十要”对治学者，颇为有用。在实践中，大家可根据需要，选取“几要”，细加品味，反复实践。我想对大家治学，会有帮助的。

［原载《烟台大学学报（哲学社会科学版）》1991 年第 2 期］

成才十要

青年成才，有其道路，有其规律。综观历史，横比现实，约有十条，值得注意，归纳如下。

志向要高

诸葛亮说："志当存高远。"古语也说："有志者，事竟成。"说的都是志的重要性。志向与理想类同，有了理想，有了志向，才有"指路明灯"，才有前进动力，才能"指点江山"。志大志小，作用不同。譬如登山，如王安石在《游褒禅山记》中所说："夫夷而近，则游者众，险以远，则至者少，而世之奇伟瑰怪非常之观常在险远，而人之所罕至焉。故非有志者，不能致也。"即是说，立小志，只能游平近之处，难登险远之山，不懂无限风光在险峰；而有大志者，敢登险远之山，窥视奇伟瑰怪之观。又如下海，在沙滩上游，只能拣点牡蛎；到浅海中游，可摸到鱼虾；涉深水者，能缚住蛟龙。作为中国青年，要立大志，为共产主义理想奋斗终生。有了这种理想，就能为中华崛起而读书，为中华振兴而劳动，为中国繁荣而工作；就能不畏险阻，排除万难，奋发向上，直奔峰巅。

品德要正

品行要端正，道德要正直。只有正，才能走正路，而不走邪路；才能成人才，而不成废品。有伟大的品格，才有伟大的人。品德正主要表现为：善为他人着想，多讲奉献，廉洁奉公，遵纪守法。品德正的人，在处理关系时，是先公后私，先人后己，多讲奉献，少讲索取，先天下之忧而忧，后天下之乐而乐。鲁迅先生品德正，因而骨头最硬，没有丝毫奴颜和媚骨，"横眉冷对千夫指，俯首甘为孺子牛"。居里夫人品德正，生活穷苦，屡遭不幸，忍住悲痛，迎击困难，坚持实验，不断研究，终成世界上最有成就的女科学家。爱因斯坦也品德正直，他认为道德结构的志向和努力有压倒一切的重要性；人类最重要的努力，是在我们的行为中追求道德。他还说："我每天上百次提醒自己，我的精神生活和物质生活都依靠别人（包括生者和死者）的劳动，我必须尽力以同样的分量来报偿我所领受了的至今还在领受着的东西。……我强烈地向往着俭朴的生活。并且时常为发觉自己占用了同胞的过多劳动而难以忍受。"[①]我们青年人，要从这里有所领悟：道德是成才的基础，若要早日成才，必须品德端正。

目标要实

远大理想，固然可贵，实现起来，困难很大，时间太长，必须分成阶段，逐步实现。为此就要不断确定目标，通过逐步实现具体目标，最终实现远大理想。我们要建设有特色的现代化的社会主义，就要不断地开展十年规划和五年计划，确定一些实际的目标，从"温饱"到"小康"，从"小康"到"富裕"，从而建成有特色的现代化社会主义。我们要立志成才，在学校里就要打好基础，不断确定实际目标，经过一番努力，力争和必须达到。先成为班级优秀学生，继成为系级优秀学生，再成为校级优秀学生。一步一步前进，目标一个个实现，就能在成才之路上阔步前进。目标是质与量的统一，定目标要实事求是。不可太高，高不可及，经过努力，实现不了，会挫伤积极性；也不可太低，低不费力，垂手而得，也没味道，不能鼓舞人，也难鞭策人。

决心要大

成才路上，荆棘丛生，虎豹成群，如上刀山，似下地狱。要想上路，非下决心不可。画家黄宾虹说得好："遇难事如在深山遇虎豹，不能胆怯，要学武松，过得景阳冈，便可到家。学画之道也如此。"[②]学画之道如此，成才之路也如此。

马克思说："在科学的入口处，正像在地狱的入口处一样，必须提出这样的要求：这里必须根绝一切犹豫；这里任何怯懦都无济于事。"[③]也就是说，在科学的入口处，要有下地狱的决心。只有这样，才能走进科学的殿堂，攀登科学的高峰。否则，就拿不到门票，没有资格走进科学的入口处。

---

① 《爱因斯坦文集》第3卷，商务印书馆1979年版，第42页。

② 《黄宾虹美术文集》，人民美术出版社1994年版，第103页。

③ 《马克思恩格斯全集》第13卷，人民出版社1971年版，第11页。

动力要足

社会进步，经济发展，有种种动力，我主编的《大动力——科学技术动力》，主要是研究这个问题的。动力有许多种，且又形成系统。多种动力相互影响，相互制约，相互补充，共同推动了社会经济发展。只强调一种动力，忽视动力的相互作用，动力不足且又孤立，社会进步就慢，经济发展就缓。个人成才、追求进步也是如此。个人成才有种种动力，祖国的需要是动力，时代的召唤是动力，人生的价值是动力，个人的爱好有时也可以成为一种动力。我们应当全面、科学、系统地研究这些动力，以便探寻这些动力，利用这些动力，促进青年的全面发展。每种动力的作用，有大有小，有强有弱，有急有缓，把这些动力集中起来，则可积少成多，积小成大，积弱成强，使青年在成才路上，鼓帆而进，乘风而上，破浪向前。

方法要活

学习的好坏，前进的快慢，成才的早晚，原因有多种，方法起重要作用。有的学生不死记硬背，不废寝忘食，然而却学得好，为什么？主要是头脑灵通，方法灵活。有的学生是死用功，从早到晚，几无闲暇，然而学习成绩欠佳，为什么？主要是头脑僵化，方法不活。不论是学习，不论是研究，也不论是工作，都要努力寻找一套合适的方法。找到合适的方法，就已成功了一半。如何及时找到合适的方法，主要是勤实践，多用脑，善思考。多想为什么，多思如何做，多练如何快，多比如何好，日久天长，定有所悟，方法渐多，且能用活。

自律要严

要求自己要严，约束自己要严，管理自己要严。环境严，自我严，学习就能学好，工作就能做好，学校就能办好。环境纪律松弛，自我要求不严，松松垮垮，马马虎虎，懒懒散散，势必落后。严师出高徒，老师教得严，管得严，学生认真学，刻苦练，就必然培养出好学生。老师教得严，学生自律严，两严相加，必出人才。老师管得严是外因，学生自律严是内因，外因通过内因起作用。教师严促进学生严，才能严得合情、合理、有效，才能严得适度，促使学生成长，利于学生成才。学生自律不严怎么办？要加大措施，从严治校，从严管理，从严治教，即教师从严治教，校长从严治校，干部从严管理。学生就会由此从严治学起来，从严自律起来，从而通过从严自律，促进人才成长。

拼搏要勇

春秋时期鲁国名将曹刿说："夫战，勇气也！"刘伯承挺进大别山时对部下说："狭路相逢勇者胜！要勇，要猛！"巴顿将军告诫下属说："要无畏！无畏！无畏！"打仗胜败决定于战略战术，也决定于智勇。勇气是战争中的重要因素。有了勇气，可打胜仗，或转败为胜。球场上对抗，技术固然重要，勇气也不可少。两队相持，勇者胜。踢足球、打排球莫不如此。在学习时，在研究时，在工作时，也需要勇气。勇于拼搏，学习成绩佳，研究成果多，工作成就大。在成才路上，关隘很多。只有勇士，才能破关斩将，成为人才、英才和将才。在赛场比赛时，运动员的素质和技术很重要，但心理品质也很重要。据说，比赛的成功，30%归功于心理品质。最主要的心理品质，就是拼搏要勇，临阵不慌，失利不馁。

时间要紧

争先创优，能否先进，是否优秀，都与时间有关。先进人物，优秀分子，都是运筹时间的能手、珍惜时间的专家。他们深知：时间是财富，时间是效率，时间是生命。学习、工作、劳动最大的问题是节约和缩短时间。管理、治理最大的问题是管理和治理时间。时间是物质运动的形式，也是人才成长的基础。学习好、工作好、劳动好、管理好的核心是管好时间。因此，青年在成长路上，一定要贵于惜时，勤于积时，善于理时。要学朱熙"一寸光阴不可轻"的精神。牢记屠格涅夫的话："没有一种不幸可与失掉的时间相比了。"不忘华罗庚的教诲："时间是由分秒积成的，善于利用零星时间的人，才会做出更大的成绩来。"要抓紧时间，学会紧张，总要有点紧迫感。有紧迫感，比较忙的人，是惜时的人。一般来说，这种人工作做得好，做得多。无紧迫感、比较闲的人，是虚度光阴的人。这种人则可能工作做得差，做得少。作为领导者，要想及时完成工作，最好把工作交给忙人。如交给闲者，因其闲哉，不紧不张，缺紧迫感，一般情况下，很难完成任务，做好工作。

体魄要壮

居里夫人说："科学的基础是健康的身体。"毛泽东在《体育之研究》中也说："体者，载知识之车，寓道德之舍也。"身体健壮，则精力充沛，可延长寿命，是搞好学习、有所创造、能够成才的关键。身体不好，心有余力不足，则壮志难酬，抱恨终生。身体健壮，则意志坚强，在成才路上，就可以凭铁一般的肌肉、钢一般的意志，去迎接战斗。身体低弱，活力不足，精神萎靡，则心理不坚，意志不刚。在成才路上，力不从心，心不遂意，难成大事。身体弱残，也有成才者，因其意志特坚，费力特大，补其不足，方成大器。

（原载 1991 年 6 月 5 日《烟台大学报》）

读书十乐

写《书之乐》后，文章虽完，意犹未尽，还想写点什么。长乐子说过这样一句话，“人生至乐，莫如读书”[1]，所言极是。就写读书乐吧。读书有许多乐趣，摘其要者，谓之十乐。

一乐，谓之喜读之乐。苦与乐本是对立的，苦读为何是乐？书，只有苦读，才能读出味道，读出新意，读出成果。书，只有用劲读，累其筋骨，穷其心智，才能读得明白，读得惬意，读得深刻。书，唯经苦读，方觉快乐。按照辩证法，苦尽甜来，同样苦尽也可乐来，读书苦变为读书乐。苦读之时，不惜时日，不辞劳苦，不舍昼夜。只有这样，难题才能解决，知识才能消化，学识才能营养心智，快乐才能传遍周身。作家邵燕祥在《读书苦与读书乐》一文中曾说：“读书乐属于爱读书的人，虽苦犹读，才是真爱读书者。”[2]我也有同感，爱读书的人，才有读书乐。不爱读书的人，只觉读书苦。不爱读书的人，努力成为爱读书的人，才能从读书苦变为读书乐。吴应箕在《读书止观录》一书中引用古人的话说：“读书，最乐之事，而懒人常以为苦。”[3]所言也极是。勤劳的人，认为读书是最快乐的事。懒怠的人，总觉读书是件苦事。因此，要深深感悟读书之乐，必须变成勤劳之人。只有成为勤劳的爱读书的人，才能深切领会读书的乐趣。

二乐，谓之艰涩之乐。读书，特别是读难啃的名著，如康德的《纯粹理性批判》、黑格尔的《小逻辑》、马克思的《资本论》、恩格斯的《反杜林论》等，读起来，不像吃西瓜、喝矿泉水那样痛快、舒适、自在，总是疙里疙瘩，苦涩难懂。我开始读这些书时，也觉苦涩，读起来，非常吃力，但用力啃了以后，一遍不懂读两遍，两遍不懂读三遍，查词典，寻资料，拜老师，越读越有味，越读越明白，越读越快乐。一杯浓茶，味似苦涩，细细饮来，慢慢品味，一阵浓香，

① (明)吴应箕：《读书止观录》，黄山书社 1985 年版，第 20 页。

② 转引自朱铁志编：《名人和书的故事》，山东人民出版社 1996 年版，第 69 页。

③ 致新主编：《明清性灵小品》，湖北辞书出版社 1994 年版，第 298 页。

沁人肺腑，虽涩犹香，虽苦犹乐。我劝青年朋友，不要什么书好读读什么，什么书有趣读什么。这种书，虽易读，是好书，也有益，但读起来，其味不浓，其得不多，其乐的层次也较低。要选几本学术价值高、苦涩难懂的书啃一啃，如同攀登高山一样，确实花点力气，甚至累得满头大汗。那时的乐趣，就非同小可了。有了这种艰涩之乐后，再读其他书，就更易读，读得就更有味道，更有乐趣。

三乐，谓之解惑之乐。韩愈在《师说》中说："古之学者必有师。师者，所以传道、授业、解惑也。"读书的作用，与老师的作用相同。要拜人为师，也要拜书为师。拜人为师，最重要的是解惑。拜书为师，最重要的也是解惑。传道之乐有，授业之乐也有，但都不如解惑之乐。解惑之乐既强烈，又浓郁，且长久。我在读书时，既追求学习知识技能之乐，更追求解答疑难问题之乐。解惑之乐，来之不易。一是要想解惑，首先弄明白问题是什么，然后去寻找解答问题的钥匙。这样再面对难题，借用钥匙，打开难开之锁，快乐的闸门也就打开了。二是要想解惑，必须不断积累知识，寻求方法。知识积累到一定程度，方法也找得差不多了，才有可能去解惑。

四乐，谓之精筛之乐。读书如筛米，筛去糠粕，留取精华。又如同淘金，弃其杂物，留取黄金。我们读书，要带着头脑读。在读书时，手里拿着口袋，去伪存真，去粗取精，把有用的东西、有价值的东西装在口袋里，把无用的东西、无价值的东西抛在一边。读书最忌好的、坏的，大的、小的，粗的、细的，真的、伪的，满把一抓，囫囵吞下。这样读书，纵然读了不少书，也是无用的。身体不能吸收，吃得再多，也是骨瘦如柴。只有经过精筛，获得精米，烧成饭，吃下胃，加以消化吸收，才能营养身心。王龙溪曾说："读书譬如食味，得其精华，而汰其滓秽，始能养生。"[①]要想精筛，要学会用筛子，要有鉴别力，不然也是筛不好的，不是精米漏走，就是糟粕不去。这和扬场是一个道理。善扬场者，一要看风向，二要会用铣。不看方向，不会用铣，场是扬不好的，精华与糟粕也是分不开的。善用筛者，细选精米，其乐无比。善淘金者，精选金粒，高兴非常。读书之人，善于扬弃，绽出微笑，深懂精筛之乐，才能大有长进，大有收获。

五乐，谓之猎取之乐。书的海洋，有不少鱼，泛舟海上，只有用网捕，用杆钓，才能捕到鱼，才能有捕鱼之乐、钓鱼之快。书的高山，内有鸟兽，进深山，去老林，举猎枪，善奔跑，眼疾手快，才能获得"猎取之乐"。当然，这只是比喻，我们必须保护生态平衡，不能滥捕、滥钓、滥猎；否则，要违法，受处分，何乐之有？读书时，面对书本，要有选择。首先，要猎取好书。只有猎取了

---

① （明）吴应箕：《读书止观录》，第 37 页。

好书,才有可能获得猎取之乐,否则还有什么猎取之乐可谈呢?其次,要猎取有用的知识。有用的知识早猎取,多猎取,快猎取。只有这样,积累的有用的知识才能多,这样的读书者才能早成才,快成才,多成才。有的人,既不懂善猎好书,又不懂善获有用的知识,虽读了很多书,却成不了大器,成不了大才,至多成为“书篓子”“书箱子”,有的甚至成了“书呆子”。书篓子,什么知识都装,但无法获得“猎取之乐”;书呆子,什么书都念,念不懂,不会用,傻气有余,乐气不足,更谈不上“猎取之乐”。

六乐,谓之洞察之乐。读书,总是由表及里,由浅入深,由粗知到洞察。所谓洞察,即深入的观察。深入观察,能否做到,取决于两点:一是有理论头脑,二是要调查研究。没有理论头脑,洞察不了;缺乏调查研究,也洞察不了。只有既有理论头脑,又能深入调查,才能做到洞察。读书,读到洞察,方是会读书,善读书。有些人读书,只知皮毛,浅尝辄止,死记硬背。这种读法,是读不进的,读不深的,也是读不好的。只有深知其理,又详知其实,方能洞察,方能读进去,读得深,读得好。我读书时,一方面深钻其理,另一方面细察其实,两相对应,获得真知,且又有用。只有这时,才能终获“洞察之乐”。我们读古书时,要把古书当面镜子,联系当前,联系实际,古为今用,鉴别昨日,洞察今朝。这种读书,才谓会读,才读得明白,不糊涂;才读得精明,不滞呆;才读得有成,不荒废。我读了不少关于实事求是的言论,但总是解决不了怎样才能做到实事求是以及为什么有些人不实事求是等问题。联系历史和现实的实际进行调研后终于明白,“实事”不那么简单,把握“实事”非常困难,因为“实事”本身有“特殊性”“客观性”“变化性”“全面性”“必然性”“本质性”“虚假性”“选择性”。“求”又有立场、素质、方法、品德等问题。“是”又与规律、本质、真象、“偶然”、假象等有关系。联系实际、深入调查,缜密思考,则可洞察“实事”,并可做到“求是”。洞察了的东西,有了认识,有了感受,有了实践,出了成果,岂能不高兴?岂能不快乐?

七乐,谓之同识之乐。多读书,读好书,读有学术价值的书,还有一乐,这就是同识之乐。当长期思索,顿悟到一个问题,萌生了一个想法。带着这个问题和想法去读书时,读着,读着,猛然发现字里行间闪烁着一点火花。这个火花愈燃愈大,与自己的思路逐渐触通,忽然像走出地下溶洞一样,豁然开朗,“同识之乐”顿生。读书越多,读书越深,想法越多,因而“同识之乐”就越强烈,越持久,越广泛。同识之乐有两种情况:一种情况,我不如书。我不如书是常有的事,虽然不如,但却相似。同识之乐,油然而生,发人深省,催人奋进,进一步使自己以书为师,深研苦钻,认识更真,体会更深。另一种情况,书不如我。这种情况虽少有,但确有。遇到这种情况,同识之乐,使自己信心倍增,识见更远,激发勇气,再攀高峰。然而,也要牢记,尽管同识,更应谦虚。只有谦虚，才能使人更加进步，使认识更加提高。

八乐，谓之纠谬之乐。要读书，但不能只读书；要信书，但不能尽信书。书中有对也有错，有真理也有谬误。信书，不能唯书。做人，要有独立人格，不能不管好坏，不问曲直，唯命是从。读书，要有独立见解，不能不管对错，不问是非，唯书是从。如唯书是从，必吃大亏。读书时，要处处小心，时时注意，如履薄冰，如临陷阱，勿被书牵着鼻子走，勿当书的俘虏，勿要书云亦云，一定要察虚实，辨真伪，知错、识错、改错，享受“纠谬之乐”。郑板桥说：“善读书者日攻，日扫。攻则直透重围，扫则了无一物。”[①]所言虽过分，但却有道理。读书就要扬弃，就要否定，能攻的就攻，能扫的就扫。攻不下的，扫不掉的，否定不了的，可能就是正确的。只有纠谬，才出真理。因此，读书之乐恰在纠谬之中。清代名医王清任曾著《医林改错》。他在《自序》中曾说，著书良医，无一全人，为什么呢？因前人创著医书，脏腑错误，后人遵行立论，病情与脏腑不相符，因而良医无全人。王清任为明脏腑，便到埋死人的地方，“就群儿露脏者细视之”，以后又进行了长期调查研究，“访验四十二年，方得的确，绘成全图”。王清任改正了前人的论断，使“医林中人，一见此图，胸中雪亮；眼底光明，临症有所遵循，不致南辕北辙，出言含混，病或少失，是吾之厚望”[②]。改正医林的谬误，治好病人的疾苦，这是多么大的乐事啊！纠谬，不但是乐事，也是科学进步的阶梯。科学家们是在纠谬之乐的伴奏下迈着雄壮整齐的步伐去攀登科学高峰的，德国科学家赫尔姆霍茨在总结自己科学研究的经验时说：“我知道，所有这些难题的解决，几乎都是在无数次谬误之后，由于一系列侥幸的猜测，才作为顺利的例子中的逐步概括而被我发现。”[③]读书也是如此，要在一系列纠谬之乐中，去探讨真理、接近真理、获得真理，去播散种子、精心培育、获得硕果。

九乐，谓之轻松之乐。讲了“苦读之乐”，又讲“艰涩之乐”，人们怕有误解，似觉读书很苦，很乏味，哪有乐趣可言。苦中乐，涩中乐，过去讲得少，所以本文先论之。尝到“苦读之乐”“艰涩之乐”，再体会“轻松之乐”，我认为会倍感亲切，也更加容易。大家都有体会：闲来无事，看点书画，幻想入画，在画中游，是非常快乐的；独坐家中，观赏花卉，有色，有香，有形，有情，赏心悦目，非常轻松，也很快乐；走进森林，静听鸟鸣，置身泉水之中，泉声淙淙，鸟声鸣鸣，清韵闲逸，也很快乐。读书也如此。特别是当我们读诗、读散文、读剧本、读书画、读乐谱时，油然产生的轻松之乐，沁人肺腑，真是妙不可言的。

① 《郑板桥全集》，齐鲁书社 1985 年版，第 278 页。

② 阙勋吾主编：《中国古代科学家传记选注》，岳麓书社 1984 年版，第 256 页。

③ 转引自[英]W. I. B 贝弗里奇：《科学研究的艺术》，科学出版社 1979 年版，第 65 页。

我在读书时，轻松之乐，经常伴随着我，使我不知累，不知乏，不知愁。轻松之乐，我有两种感受。一种感受，似沙滩散步。工作之余，非常劳累，拿起书来，似走向海滨。在沙滩散步，听涛声细语，劳累顿失，轻松之乐骤至。这时，人和浪花融为一体。书海拾贝，谁都知道，既欢乐，又轻松，还有收获。另一种感受，似听轻音乐。我读书写文章时，总开着收录机，不时放着轻音乐，或京剧乐曲。在轻音乐的伴奏下，我很快进入角色。在音乐的旋律中，书一页页翻过，文章一段段写成，既享受轻松之乐，也获得读书、写书之乐。因此，我想，书要写得好，最好既有抽象思维，又有形象思维；既有严密的推理，又有生动形象的比喻；既有科学性，又有娱乐性。这样人们读起来，既获得读书知识，又享受"轻松之乐"。

十乐，谓之笃行之乐。知是为了行，读书的目的也是为了行。只读书，不会用，不能行，就是书呆子。这种人，书读不好，事做不好。如同医生，读了不少医书，没有亲身实践，是治不好病的。清初的颜习斋曾说，要知，就要"亲知"。你要知道菜味，就要拿着筷子，纳入口中，进行品尝。你要"疗疾救世"，当个医生，就要通过诊脉、制药、针灸、摩砭的实践，才能治好病。如同毛泽东所说，你要知道梨子的滋味，你就得亲口吃一吃。在行中知，才是"亲知""真知"。跟着老师学中医，经过千百次临床实践的检验，望、闻、问、切都会，药性、药量、制药都能。一旦治好疑难病症，就会有说不出的高兴。在两军对垒时，把学过的兵书加以运用，打了胜仗，也会有说不出的高兴。在经济市场大潮中，学了经营管理知识，下了海，进行竞争，赚了钱，同样会有说不出的高兴。这些高兴，都可谓之"笃行之乐"。从知到行有个过程，失败的事是常有的。只要善于总结教训，失败是成功之母，总会获胜的。这时，失败的沮丧转化为成功的欢乐。这种转化带来的"笃行之乐"，尤为令人振奋，对人有益。我在读书时，注意知，特别注意行。不仅行可使知成为真知，还可使人成为德才兼备的人。读书，要修身，使道德境界升华，把自己锻炼成有道德的人；读书，要理家，使家庭美满和谐，把家人培养成有用的人；读书，还要治校、治国，把学校办成育人基地，把学生培养成国家的栋梁。一旦自己成为品德高尚的人，家人成为德才兼备的人，学生成为国家有用的人，"笃行之乐"伴我长征，其乐确实无穷。

这篇文章是写给自己的，总结一下体会，对自己加以鞭策；同时，也是写给别人的，希望文章的发表，能使多的人去读书，去学习，去获取信息，猎取知识，喜获"读书之乐"。

（原载 1995 年 4 月 15 日《济南大学报》）

爱书之乐

提起乐事，各有所好。有的以助人为乐，有的以利己为乐；有的以饮酒为乐，有的以吸烟为乐；有的以游山为乐，有的以玩水为乐……我呢？以书为乐。平生我有两大乐事，也可谓两大爱好：一是逛书店，买书为乐；一是进剧场，听戏为乐。

谈到书乐，随日月流逝，不但未减，反而日浓，这是可喜的，又是可贵的。特别是现在，不少人为钱奔波，以钱为乐；不少人为权呼号，视权为乐。在这种情况下，尤显书乐更可喜、更可贵。钱乐、权乐，固也可贵，也可乐，且有用，又实惠，不应非难。但只懂钱乐，未免鄙屑；只知权乐，未免庸俗。在信息时代，以求知为乐，以读书为乐，才乐得高尚、乐得长久，乐得更合时宜。以书乐统帅钱乐，钱乐持久而日增。以书乐引导权乐，权乐长远而有威。在家里，我常以书乐引导孩子。我的孙女夏夏和我一样，从小爱读书。七岁不到，还没上小学，可识两千字。出门坐车，串门看友，在家闲坐，她不时拿着本书，有空就翻阅，就朗读。在夏夏五岁的时候，我指着书房的书，问夏夏："爷爷这些书好吗？"夏夏说："好"。我又问："爷爷的这些书留给谁？"夏夏不假思索，冲口而出："留给夏夏。"听到孙女的回答，简直把我乐坏了，世界上还有比这种事更快乐的吗？我看，是难有的。

谈到书乐，其乐无穷，具体说明乐在何处，也非易事。综合我的感受，谈点我的体会，与大家共享快乐。

一曰觅书乐。寻书，觅书，也有乐吗？有乐，乐还不小呢？为了觅书，东奔西跑，南寻北找，进书店，逛书摊，走得脚酸，站得腿累，看得眼涩，渴得口焦。忽然，发现一本对自己有用的书，或久觅不见的书，便产生一种"众里寻它千百度，蓦然回首，那人却在灯火阑珊处"的心情。书像磁铁，把你的目光聚过去，把你的喜悦心情吸过去。恰在这时，确有说不出的高兴，道不清的欢乐，像喷泉一样，从心里迸发出来。

二曰买书乐。花钱买书，乐在心头，妙不可言。记得，我在高中读书时，因家庭生活困难，无钱买书，常到书店阅书。常来常往，人也熟了，店员既不干涉，更不吆喝。有一天，看到一本《辩证唯物主义》，是亚历山大洛夫主编的。看了很过瘾。当时，我正自学哲学，此书很有用，便跑回家里，央求母亲，要钱买书。母亲见我心急，爱怜之心油然而生，掏钱给我，说这是买油盐的钱，拿去用吧。拿到钱，我一溜小跑，到了书店，怕那本书会插翅飞走似的。买书到手，别提有多快乐了。这本书，对我后来报考北大哲学系学哲学，起了很大作用。上大学时，特别是工作以后，最大的爱好仍然是逛书店买书。每买到一本心爱的书，心里就着实地乐一阵子。出差开会，每到一地，必看的地方，首先是书店。回家必买回的东西，不是衣物，不是糖果，而是书。我现在虽年过半百，体渐衰，趣在减，唯买书乐趣犹增。每个星期天，必到书店看看，买回几本心爱的书。一星期不去书店，心里像掉了点什么似的。吃饭，似觉乏味；睡觉，也难安稳。

三曰聚书乐。走进书房，四面书架，满藏图书，桌上地上，满堆着书。在书堆中，坐在椅上，喝杯清茶，细品茶香，细嚼书味，伏案静思，其乐无穷，难以叙说。在工作中，不管多累。在生活中，不管多不顺心。一躲进书斋，轻掩房门，打开音乐，遁入书境，顿感万事皆空，千忧皆消，百愁皆去，剩下的只有一个“乐”字。最近，到泰安开会，抽空到新华书店看看，偶然买到爱德华·纽顿著的《聚书的乐趣》。读来，颇有同感。爱德华在“题献”中，还请他的妻子分享他的“藏书之乐”。我呢？何尝不是呢？我的妻子杨桂鸾与我同甘共苦近40个春秋。她省吃俭用，买点衣物，总是左掂量，右琢磨，不该花的钱不肯妄花一文。但对我买书、藏书，总是百依百顺，慷慨解囊，说买就买，二话不说。这满屋的书，也凝结了她的不少心血啊。我的书，有我的一半，也有她的一半。这聚书的快乐，有我的一半，也有她的一半。

四曰攻书乐。买书是为读书。用力读书，谓之攻读。读书有乐趣，攻读更有乐趣。我不能说，我善攻书，但我有套读书方法。这套方法，对我攻读，受益不小。现谈出来，共同商讨。对于学术价值高又很难攻读的书，我读时，先“正读”，尽量以正面领会，尽量吸收；继而“反读”，适当从反面理解，大胆扬弃；然后“合读”，弃其糟粕，吸其精华，营养自己，发展自己。这种方法，对我来说，很灵，颇有效，也受益匪浅。既读进去，又读出来；既站在书内，又站在书外；既站在书里，又站在书上。我记得，在山东大学任教时，有个牟世金教授，研究《文心雕龙》很有名。他读书，也有一套方法，叫作“先以书为友，后以书为敌，再以书为师”。这个方法，与我的“正读”“反读”“合读”颇相类似，可谓不谋而合。当然，也不能绝对化。有些原理和理论，早被实践证明，也不必非要“三段式”，从正读到反读，再到合读。即使是真理，在真理向实践转化过程中，也不要盲信，盲从，盲目实践。攻读书，如攻堡垒，要选好突破口。一旦选准，全力以赴，迅速拿下，并不断扩大战果。这时，胜利的喜悦，堆满脸庞，欢乐的心情，激荡胸田。攻书之乐，乐上九天。

五曰用书乐。寻书，买书，聚书，攻书，不为别的，都为用书。读书要会读，要读出情趣，读出新意，读出效果。读书有效，就要读用结合，在读中用，在用中读。杜甫曾说："读书破万卷，下笔如有神。"读书破万卷，言读得多，读得细，读得深；下笔如有神，言用得好，用得有效果，用得有创造。读书虽破万卷，用时仍然嫌少。有的用不上，有的虽用得上，但解决不了问题，还须再读、多读，再用、多用，直到会读、会用。在这个过程中，人们要经过一个反复实践的过程，经历惊涛骇浪的考验，涌现欢乐的波涛，激起兴奋的浪花。这种欢乐，颇似老农，播下种子，经过寒冬，扬花结实，开镰收割一样，额头堆笑，喜上眉梢。有时，问题像团乱麻，越理越乱，没有头绪。此时心急火燎，苦闷交加，突然"心有灵犀一点通"，所学的知识像钥匙，一下子把乱麻理开，把问题解决。这时的欢乐，是难以抑止，又难以言状的。我一生双肩挑，既搞党政工作，又著书立说。双肩挑，双丰收，究其原因，多半同我善攻书、用书有关。

六曰写书乐。吴应箕在《读书止观录》一书中，曾谈到苏轼的写书乐。苏轼说："某生平无快意事，惟做文章。意之所到，则笔力曲折，无不尽意。自谓世间乐事，无逾此者。"[①]苏轼所说，我也有同感。记得在1962年，我向《光明日报》投稿。稿发出后，天天盼发表。不久果然发表，拿到报纸，看到文章，手有些颤，眼有些湿，心情激动，乐趣横生，奇妙无比。第一篇文章发表后，日觉写书乐的可贵，便一篇篇文章相继发表，一本本书相继出版。每发一篇文章，每出一本书，快乐极了，像喝了一杯浓郁的名酒，既强烈，又回味无穷。世界其他乐事，确实"无复逾此"。文章没有发表，著作没有出版，心里还乐吗？我的体会是"还乐"。能乐起来吗？我认为"能乐起来"。对于没有发表的书稿，我不会发愁，依然自乐。因为这些书稿，是心力的凝聚、智囊的结晶，即使不出版，然心意所到，挥毫尽意，心情依然是快乐的。如同心爱的儿女，不论是否出嫁婚娶，见到他们时，总是高兴的。

我少而乐书，老而亦乐书，但愿乐书之癖永不消失。但愿书之乐，书之恋，永伴我的人生。

（原载1995年3月15日《济南大学报》，原文标题是《书之乐》）

---

① （明）吴应箕：《读书止观录》，第27页。

读书十法

读书，有的会读，有的不会读；有的有疑，有的无疑；有的有收获，有的没收获。是何原因？主要是因读书方法不同。怎样才算读好书、会读书？读书，应像蜜蜂，既采了花，又酿了蜜，既养育自己，又滋润他人。读书能否会读？读书是否有益？读书可否创新？其关键，其分界，主要是看有无科学的读书方法。

我一生读了不少书，受益匪浅。原因何在？有一套行之有效的读书方法。这套方法，由隐到显，由少到多，由不自觉到自觉，随着岁月流逝，年龄增加，逐渐完善，愈觉其重要，愈感其有用，愈用愈有效。现不揣冒昧，谈将出来，鞭策自己，愿飨读者。

我认为最主要的读书方法主要有十种，谓之“读书十法”。

第一种方法，马克思的“笔记摘录法”。马克思在大学读书时，曾给父亲寄信，谈到这种方法。信中说道，我养成了对读过的一切书作摘录的习惯，顺便写下自己的感想。以后几十年，马克思经常运用这种方法，积累资料，研究问题。马克思为写《资本论》，就曾研究了1500多种书籍，摘录笔记100多本。在我上高中时，就用这种方法，研读了恩格斯的《费尔巴哈与德国古典哲学的终结》。这本笔记，我到北京大学读书时，随身带去。后被老师发现，让其他同学读之，大家也感不错。在大学期间，我跨进书海，如饥似渴，博览群书，用这种方法，摘录研究了不少著作，收获很大，为以后搞学术研究打下了坚实的基础。

这种读书法有很多好处，主要有五点：一是帮助记忆，二是促进理解，三是广积资料，四是加强比较，五是提高写作水平。

第二种方法，毛泽东的“四多读书法”。毛泽东从青年时代，就很重视读书法，注意培养“四多读书法”，即读得多，想得多，写得多，问得多。毛泽东的这套读书方法，从青年到老年，不断丰富，不断提高，不断发展。读一读龚育之的《毛泽东的读书生活》，便有深刻认识。毛泽东看的书很多，看出问题，看出新意，借古论今，学以致用，很会读书，又很会用书，与“四多读书法”有很大关系。我也曾用这种方法，仔细研读了几本书，特别是黑格尔的《小逻辑》、恩格斯的《反杜林论》和《自然辩证法》、马克思的《资本论》第1卷，又是写摘录，又是记记号，又是加眉批，又是写体会。学一遍不通，则学两遍；学两遍不通，则学三遍；直至弄通，弄懂。《小逻辑》读破两本，《自然辩证法》《反杜林论》，各读破三本。杜甫讲“读书破万卷，下笔如有神”。我虽然没有达到这种境界，但也着实读破几本书。读破的这几本书，对我一生的学术研究，都很有用。

第三种方法，朱熹的“三到三疑法”。朱熹曾说：“余尝谓，读书有三到，谓心到、眼到、口到。……三到之中，心到最急。心既到矣，眼口岂不到乎！”①朱熹也认为，读书应有疑，即从无疑到有疑，再到解疑。初读无疑，照本宣科；渐读有疑，先少疑，后节节有疑；最终疑问渐解，融会贯通，就没有疑问了。

朱熹的“三到三疑法”，对我的读书也很有用。其实，国内外的大学者，都主张学贵有疑，学贵用心。张载说：“读书先要会疑，于不疑处有疑，方是进矣。”巴尔扎克说：“打开一切科学的钥匙都毫无异议地是问号。”李政道也说过，要开创新路子，最关键的是会不会提出问题。能正确提出问题，就是创新的第一步。我读书之所以颇有成效，主要得益于朱熹的“三到三疑法”，特别是心到多思，解疑获知。我虽然读书不多，但能读出新意，主要原因是带着问题读，深读精思，快读多思。

第四种方法，秦牧的“牛嚼鲸吞法”。秦牧的散文，我很欣赏；秦牧的读书法，我也很赞赏。他写过题目为《在探索学问的道路上》的一篇著名文章。读后印象最深的是他的读书法。秦牧认为，读书有两种：一是泛读，二是精读。有些书只知梗概便可，这种书可泛读，读得面广且快，犹如大鲸吞食物。有些书要求彻底弄明白，并记住细节，这种书必须精读，就像老牛吃草，慢慢咀嚼，细细品味。

秦牧的这种读书法，我是经常运用的。不是我的专业书，带有消遣的书，搜集资料的书，猎取观点的书，我常在办公室，常在卧室，常在看电视、听广播时，一目十行，匆匆浏览，每有一得，牢记心怀。对于我的专业书，特别是名著和精品书，我是正襟危坐，目不转睛，无暇他思，认真精读。一目一行，十目一行地读，真至弄明白，搞清楚，记在脑海，吃在心里。有时，隔上几天，反复品味，力求贯通，成为自己身上营养的一部分。

---

① （宋）朱熹：《训学斋规》，束景南：《朱熹佚文辑考》，江苏古籍出版社1991年版，第63页。

第五种方法，罗竹风的“硬读软读法”。罗老与我相识多年，也深谈过几次，深受启发。他曾写了一篇《苦中求乐》的文章，谈了他的读书方法。我读后觉得很有道理，也有同感。罗先生认为，书籍有两类：一类是“硬”的，一类是“软”的。“硬”的书，主要指理论性强、难度大的书。这种书读起来，必须集中精力，认真对待，不断思索，经过消化，变成养分。“软”的书，可以不费多大气力，利用零星时间，随便翻看，便觉趣味无穷。

在我看来，“硬书”主要是指观点硬、资料硬、文笔硬的书。这种书不多，拿到手，一定要用力“啃”一下，咬住不放，才能读懂。读这样的书，在观点上颇多受益，在资料上大有收获，在文笔上定能长进。有的书，谓之“软书”。“软书”有两种：一种是与自己研究的专业和课题，关系不大，甚至毫无关系的书。读这些书，多半是为了增加知识，丰富感情，有无收获或收获大小，可不必计较。一种是自己看来是“软书”，别人却认为是“硬书”。对这种书，也不必争“软硬”，只是信手拈来，随意翻阅，有无收获，实难预料。但是，展卷有益，读了书，特别是好的“软书”，总是有收获的。

第六种方法，杨振宁的“渗透读书法”。杨振宁是诺贝尔科学奖获得者，美籍华人科学家。他认为读书方法有两种：一种是按部就班的常规读书法，另一种是渗透式读书法。这两种方法，各有各的用处。不过，比较起来，对学术研究最有用的主要是渗透式读书法。利用这种方法读书时，首先应专心学一门课，研究一个问题，但也不能固守一个领域，触角应伸向邻近知识领域，伸进去，必有另一番意境。在熟悉的知识键界中，如果嵌入接上不熟悉的新知识，可能得到意想不到的结果。杨振宁的看法，是很正确的。大家知道：火花，总是两物撞击而产生的。因此，搞科学研究，必须注意边缘地带、杂交优势和空白领域。

我在做学问时，非常注意渗透。我搞的东西较杂，学的东西较广，出了不少成果。这些成果多是学术边缘地带和空白领域产生出来的。《大杠杆——震撼社会的新技术革命》一书，实际上是科技与社会学相结合的产物。《第一生产力论》一书，实际上是科技与经济学相结合的产物。综合可以创新，渗透也可创新。走创造发明之路，就必须走综合、渗透之路。在这方面，杨振宁的方法，给我们的启示是很大的。

第七种方法，王梓坤“先慢后快读书法”。王梓坤是个很有成就和才华的科学家。在数学领域，他研究的概率统计，成绩突出，世界领先，被选为科学院院士。他对自然辩证法很有兴趣，发表过不少真知灼见，颇有影响，被选为中国自然辩证法研究会的常务理事。他写的通俗读物《科学发现纵横谈》，不但内容丰富，而且文笔流畅，读之如小桥流水，阅之似甘泉凛例，耐人寻味，沁人心脾，发人深省。

王梓坤认为，读书先要慢，一本书的前一、二章，通常是全书的关键，要慢读，细看，深钻。以后要快，慢中求快，先慢后快，一气呵成。我曾试探着用这种方法买书、读书、用书。到书店后，拿书在手，首先看序言、结尾，其次看前两章，看后即知书之分量，即定买与不买。读书时也常这样，前两章仔细精读，细细琢磨；以后各章，逐渐加快，有选择有重点地读。这样读书，有慢有快，省时间且收效大。当然，也不能绝对化，因为有的作者用笔重在中间几章，有的却在后面几章。但不管如何，选择作者确实用力又有创见的几章，用心读一下，即可掂出轻重，决定取舍。

第八种方法，钱伟长的“三级跳远读书法”。钱老平易近人，热情待人。虽年老，精神特好，言谈话语，很有见地。在谈到他的“三级跳远式读书法”时，他曾深刻指出：读书时，一遇不懂的地方，就停下来，去死抠，如小脚老太走路，走走停停，慢慢腾腾，进度太慢，很少收获。怎么办呢？应采取“三级跳远读书法”，首先弄懂最要紧的地方；次要的弄不懂，先跳过去，回头再读；看到后面，前面读不懂的地方，也许自明。

钱老的读书法，有时我也用，确有好处。一本名著拿来，开始读时，问题很多，有些不甚明白。如我读黑格尔的《逻辑学》时，就是这样。不要紧，暂时跳过，以后再说。读到后面，前面的问题又有解释，则自然明白。如一时弄不懂，就停下来死抠。抠了半天，不明其义，费时很多，效率不高，得不偿失。当然，有些书前面不懂，后面就很难弄，这就必须逐章阅读，逐页研读，逐句琢磨。因此，读书跳与不跳，决定于书的内容和逻辑，也决定于读者的涵养和水平。

第九种方法，牟世金的“敌、友、师读书法”。牟世金是山东大学知名教授，研究《文心雕龙》方面的专家，著作颇丰，创见较多。牟世金认为，读书如交友，既要“广交”，又要“深交”，把“广交”和“深交”的关系处理好，也要把“近友”和“远朋”的关系处理好。在一般情况下，主要的应该是“深交”和“近友”。读书又如对阵，如临大敌，不能唯书是信，要批判地读，视书为敌。只有这样，才能辨真伪，知对错，察虚实，吸其精华，弃其糟粕，补其不足。读书还如拜师，以书为师，吸取营养，滋润自己，精心培育，始能成才。光以书为友不行，书云亦云，知识不是自己的；光以书为敌不行，只讲排斥，不能转化，也难吸取；只有以书为友，为敌，又为师，该排斥的排斥，该吸收的吸收，经过攻读，成为自己的，才算真正地读书。

牟世金的这种读书法，即是批判继承读书法，不过说得更形象，讲得更透彻，用得更有力。大家在读书时，能正确处理友、敌、师的关系，定能读深，读好，读活，也定能读出新意。

第十种方法，是我常用的“肯定否定读书法”。肯定否定的辩证法，黑格尔、马克思、恩格斯都讲得很透彻。事物的发展、观念的发展都经过三个阶段：一是肯定阶段，二是否定阶段，三是否定之否定阶段。我利用这个规律来读书，也形成读书的三阶段，成为行之有效的读书方法。

读书的第一阶段是肯定阶段。认真读书，先弄明白，书云亦云，能肯定的尽量肯定，能吸收的则尽量吸收。第二个阶段是否定阶段。读书时，尽量找出不足，挑毛病，查纰漏；尽量找出糟粕、过时的东西，加以排斥，加以否定。第三阶段是否定之否定阶段。既吸取肯定阶段的营养，又吸收否定阶段的精华，加以辩证的综合，使认识深化到一个新阶段，使读书上升到一个新水平。

读书如此，做学问也应如此。在“文化大革命”期间以及以前一个时期，都大讲阶级斗争，大讲生产关系，这是片面的。托夫勒《第三次浪潮》等书，则强调讲生产力、生产工具，忽视生产关系，这也是不妥的。我们撰写的《大杠杆——震撼社会的新技术革命》，扬弃了前两种观点，既讲生产力，又讲生产关系；既强调科学技术的作用，也不忽视阶级关系的变化。因而这本书出版后，立即在全国引起强烈反响。钱学森教授看了这本书，写信给我，表示称赞。钱老说，这本书，以时下国内外流行的这类书“都更加完全”。钱老说“更完全”，我想主要是指我们扬弃了前两种倾向，进行了辩证的综合，避免了片面性，因而“更完全”。我所著的其他著作，也包含这种倾向，也有这点味道，大都露出这种痕迹。

以上十法，都很有用，但不能套用。在读书实践中，根据自己的情况，慢慢地应用，不断地总结，逐渐有所体会，有所侧重，有所收获。用多了，用常了，就成为自己的，运用起来就能得心应手。到那时，你读书就能读出味道，读出水平，读出创见，读出书中没有的东西，读出书中蕴藏的精髓。

（原载《济南大学报》1998 年第 2 期，原文标题是《读书十法简论》）

环境十论

人与环境，相互联系，相互作用，相互创造。爱尔维修曾说："人是环境的产物。"这话不错，有一定的道理。北齐颜之推在《颜氏家训》中说："与善人居，如入芝兰之室，久而自芳也；与恶人居，如入鲍鱼之肆，久而自臭。"说的也是这个道理.然而这些说法并不全面。对人与环境关系的全面理解应该是：环境塑造人，人又创造环境，人创造的环境又塑造人，被环境塑造的人又创造环境，如此反复，以至无穷，其结果则是环境不断改善，人类不断进步。

办好学校，环境建设很重要。环境美可以塑造心灵美，良好的育人环境是育好学生的关键。适宜的土壤、阳光、水分，可以促进林茂、草深、花香、果大、子实。适宜的环境，可以促进学生健康成长，茁壮成才。因此，搞好环境建设，是校长、教师经常关心、十分重视的问题。

环境有广义和狭义之分。狭义的环境，多指自然环境，如地势、气候、林木等。优美的地理环境、四季如春的气候、茂密清新的林木，固然对办好大学、提高吸引力、加强凝聚力很重要。然而，只有这些还远远不够，还要有个广义的环境。这种环境则是系统的、多方面的。根据多年的治校经验，我认为学校环境应有十个方面。建设好十大环境，是校长的责任，也是治校的关键。

一、远大崇高的理想环境

诸葛亮说："志当存高远。"讲的就是理想要远大，要崇高。生活在远大崇高的理想环境中，每个人会自然树立远大崇高的理想。在缺乏远大崇高的环境中，多数人饱食终日，无所用心，迷恋棋牌，追逐酒肉。这种环境，会像传染病一样影响他人，使人们如洞鼠，目光短浅；似井蛙，天小志低。

要办好学校，就要大力建设理想环境，使师生都有个远大的目标，并终生为之奋斗。这样师生才有强大的动力，不屈不挠，排除万难，勇往直前，不达目标，誓不罢休。师生有了远大目标和崇高的理想，可以升华道德，增进学业，追求真善美，发展德智体，严谨治学，勤奋学习，努力使自己成为国家栋梁。

二、民主稳定的政治环境

国家要富强，社会要安定，经济要发展，文化要繁荣，必须有一个民主稳定的政治环境。只有实行民主，让人民当家做主，人民才有积极性，才会充分发挥聪明才智，才能做好各项工作。只有社会稳定，使人民安居乐业，人民才能充分贡献力量，从而发展各项事业。

学校也是如此。要想建设民主、稳定的环境，学校领导必须坚定办学的正确方向；必须认真学习和掌握有特色的建设社会主义理论；必须把思想政治工作放在一切工作的首位；必须深入群众，及时发现群众迫切需要解决问题，并下大力气加以认真解决。为了建设民主稳定的政治环境，必须信任群众，尊重群众，遇事同群众商量，搞好政治民主，全心全意为人民服务。

稳定是发展的保证，是改革的前提。只有稳定了，学校才能治好校，教师才能治好教，学生才能治好学。要稳定，就要经常及时地克服不稳定因素，切实抓好学校的管理，从严治校；切实抓好学校的教学，从严执教；切实抓好学生的学习，从严治学；还要切实抓好群众的生活，解决群众的困难，处理好敏感问题。

三、公道正派的道德环境

道德的力量是巨大的。抓道德环境建设，在我看来，主要是两条：一是对人要公道，二是对己讲正派。办事，需要突出一个“公”字。只要公平、公正、公道、公开，就一定能把事情办好。评职称，要公道；分房子，要公道。只有公道，大家心理就平衡，气就顺，理也直。分房公道，则能分好。评职称公道，则能评好。不公道、不公平，则鸣、则找、则吵、则闹。找得你，心烦意乱；吵得你，不得安宁；闹得你，寝食不安。只要办事公道，就很少遇到吵闹的情况。

办事公道，源于正派。正派的人，说话有理，行为端正，不谋私利，不谋私权，就有威望，就有权威。因此，在学校里，建设公道正派的道德环境是办好学校的关键。形成这样的环境，工作效率就高，办事效益就高，大家心理平衡，气就顺，理就直。因此，出以公心，秉公办事，学校必能办好。

四、宽松和谐的人际环境

人和人之间的关系，在学校里以宽松和谐为好。大家思想一致，利益一致，都是为了把学校办好，把书教好，没有必要怒目而视，剑拔弩张。大家应和睦相处，友好相处，你尊我，我尊你；你爱我，我爱你；你支持我，我支持你；你谅解我，我谅解你。大家有一个宽松和谐的人际环境，相处就愉快、舒畅。力相加，力更大；智慧相加，智慧更高；情感相加，感情更探；效益相加，效益更大。

人处在紧张不和谐的人际环境中，相互猜疑，相互拆台，相互怄气，相互防备，力相减而更小，智相减而更低，情相减而更浅，效益相减而更小。在这种环境中，个人纵有天大本事，也很难成才，出成果。所以有些人为了成才，为了出成果，只好离开这种环境，另寻有宽松和谐人际环境的地方，以求大显身手，大展宏图。

五、团结奋进的工作环境

人聚在一起工作，是不易的，应当珍惜。如聚在一起，钩心斗角，整天猜疑；相见时，横眉冷对；离开时，疑神疑鬼；白天愁眉苦脸，夜晚惶恐不安；遇事烦躁焦虑，无事自寻苦恼。这种状态，工作是搞不好的，生活是不愉快的，教学科研也是上不去的。只有大家在一起，讲团结，才能面对美酒，畅怀品尝；面对朋友，畅叙情怀，才能做事，心向一处想，劲向一处使，拧成一股绳，提高办事效率、教学质量和科研水平，把工作做好，把教学搞好，把学生育好。

团结就是力量，奋进定出成果。既讲团结，又讲奋进，干劲像喷泉，喷涌而出，一泻千里；才智像溪流，滚滚而来，永不停息。

讲团结，讲奋进，也不是放弃原则，不讲严格。相反，只有讲原则，才能是非清，忠奸明，曲直辨；才能有统一的意志、统一的标准、统一的要求、统一的纪律；大家才能想在一起，团结在一起，劲拧在一起。不讲严格，有了制度不能执行，有了纪律不能执行，有了规范不能执行，各行其是，既搞不好团结，也难以奋进。只有从严治校，从严执教，从严治学，从严管理，且管得有法，严得有理，严得有情，严得有度，严得活泼，严得有效，一个真正团结奋进的工作环境在学校里才会逐渐建立起来。

六、勤奋刻苦的学习环境

勤奋刻苦，就要不怕吃苦，不怕劳累，张开翅膀，奋勇向上，不断提高。只有勤奋刻苦，才能学得多，学得好，学得牢，学得深。不勤奋，不刻苦，浅尝辄止，"三天打鱼，两天晒网"，是学不多、学不好、学不深的。

勤奋刻苦，就要惜时。著名数学家华罗庚说过："时间是由秒组成的，善于利用分秒的人，才会做出更大的成绩来。"善于运用时间的前苏联著名昆虫学家柳比歇夫，从 28 岁到 82 岁，一直不断进行时间统计，一生共发表著作 70 部，成就卓著，名扬四海。

勤奋刻苦，就要不怕困难，不怕难题，不怕难事，不怕难的工作。苦尽甜来，难过易至。攻下难题，攻克难关，就能攀上高峰，学习也就有成。因此，要知难而进，决不能知难而退。知难而进，则学业成功；知难而退，则学业失败。

勤奋刻苦，还要注意方法。学习虽勤奋刻苦，但不注意方法，也是学不好，上不去的。有的人，学习虽勤奋，也刻苦，可成绩就是不理想。追究其原因，乃是方法不对头，不科学。因此，只要方法科学，又能勤奋刻苦，就会越学越聪明，越学成绩越好，越学成就越大。

七、严谨创新的治学环境

治学，有治好的，有治差的；有上去的，有下来的；有不费大劲却大有成果，有终日劳累却一事无成。为何？就是因治学环境、治学精神、治学方法不同。一个学校，能形成严谨创新的治学环境，发明就多，论著就丰，教育成才则快，学校影响则大。反之，教师很难成长，学校很难成名。

严谨，就是材料要扎实，经得起查对；论据要准确，经得起考证；推理要踏实，经得起推敲；论证要严密，经得起分析；结论要坚实，经得起考验。不能泛谈空论，不能不着边际，不能浮言哗众。

要创新，就要有创造性。人无我有，人浅我深，人粗我精，人低我高，从无到有，从浅入深，从粗到精，从低到高，都有创新，都有创造，都有成果。创新能力，人人有之，看开发如何？创新之事，处处有之，看发现如何？只有不断创新，教师的教学质量才能不断提高，讲课才有水平、有新意、有深度。教师的科研，才有水平，才能有所发明，有所发现，才能成为有学术造诣的学者、有突出贡献的专家。

八、丰富健康的文化环境

校园文化建设是育人环境的关键。校园文化环境的建设，一要丰富多彩，二要健康向上。不丰富多彩，如一潭死水，不起涟漪，不感兴趣，活动虽多，也无意义。不健康向上，看了电影，使人颓废；听了歌曲，叫人萎靡；参加活动，令人消极。活动虽多，仍有害无益。

校园文化环境，既要丰富多彩，又要健康向上，这是不容易的。需要我们大力去建设。可是，如何去建设呢？这就是：以科学的理论武装人，以正确的舆论引导人，以高尚的精神塑造人，以优秀的作品鼓舞人。只要遵循这四句话，去进行文化环境建设，就一定能建设好。

建设文化环境，必须搞好文化设施的建设。学校的电影院、录像厅、俱乐部，都要尽力建设好，让大家有个好的文化活动场所。在这些场所里，通过丰富多彩、健康向上的文化活动，培育情趣，陶冶情操，锻炼能力，升华道德。

九、方便良好的生活环境

为了使教职工集中精力搞好教学、科研和管理，必须解除其后顾之忧，使其有个方便良好的生活环境。在作战时，“兵马未动，粮草先行”。没有后勤保障，战士吃不好饭，穿不好衣，睡不好觉，行不好军，那是打不好仗的。只有粮草充足，饥有饭吃，冷有衣穿，宿有房舍，行有车舟，才能冲锋陷阵，无坚不摧。办学与治军一样，特别是在我们国家，必须认真改善教职工的生活条件。没有宿舍，教师不能安居，就很难集中精力备课、讲课、改作业。没有汽车，教工办事，上下班，挤车换车，时间浪费在路上，也不利于教学和科研。没有食堂，教工，特别是单身教工，吃不上饭，吃不好饭，也难精力集中去搞科研、教学和工作。当然，生活条件的改善，需要后勤工作社会化。但是，在我们国家，目前还很难办到。因此，学校领导必须分出精力抓后勤，使教工安居乐业，生活方便。做领导的，要急群众之所急，想群众之所想，办群众之所需，走群众路线，关心群众疾苦，倾听群众呼声。只有这样，才能感动“上帝”，上下同心，群策群力，办好学校。

十、风光秀丽的校园环境

学校的周围环境，最好是背山面水，风光秀丽，环境幽静，气候宜人。这样的环境，才是治学的佳境、学习之良所，因此，国内外不少大学，在选校址时都是比较讲究的。校外环境良好，是吸引人才的重要条件。有些学校，建在海滨、湖畔、江边、溪旁，有山、有水、有林、有花，人皆爱之，就有吸引力，凝聚力。凤择梧桐而栖，人才也会选择良好去处，学校有风光优美的校外环境，人才涌之、趋之。

只有外部环境优美还不行，还要有风光秀丽的校内环境。许多著名的大学，都很注意校内环境建设。一进北京大学，一到未名湖畔，情绪昂然，激情满怀，思绪如织，创造力像珍珠一串一串油然而生。秀丽的风光与洋溢的才华，互相辉映，教师怎能教不好？学生怎能学不好？如果一个学校，校门破烂，房屋肮乱，杂草丛生，垃圾遍地。这个学校，环境如此，教学也可想而知。因此，要办好学校，必须建设好校内的自然环境，使校内风光秀丽。干净、优美、秀丽、幽静的环境，可升华精神，增长才智，弘扬情操。在这样的环境下办学，精神愉快、心情舒畅，学校也就一定能够办好。

（原载《济南大学学报》1995年第2期，原文标题是《论校园十大环境的建设》）

重才十要

《清圣祖实录》说："致治之道，首重人才。"邓小平同志多次强调："事情成败的关键就是能不能发现人才，能不能用人才。"致治，要首重人才；办事，要首重人才；治校，也要首重人才。1986 年我去创建青岛大学时，写的第一篇文章就是《建校方略，良策百端，聚才为最》。1990 年，我调任烟台大学校长后，也主张从校内选拔或从全国各地引进一批人才。如今，其中不少人已成为烟台大学的学术骨干。1994 年，我又调任济南大学校长。此时，我仍然认为，办好济南大学的关键，首要的还是人才问题。我认为，有了人才，济南大学就能办出水平，办出质量；缺乏人才，或人才不足，济南大学就很难前进，很难提高。人才从哪里来，大部从内部培养，少数从外部引进。因此，善聚人才，善育人才，善用人才，就成为校长的首要任务和办校的根本大事。

首重人才，也有十要。根据我的体会，简略加以分析，以期与大家，增加共识，求得共勉。

一要求才似渴。在沙漠行走，最怕的是缺水。一旦无水，口干舌焦，最为难受。在饥渴难忍之时，突遇绿洲，有水、有溪、有湖，心情为之一振，端起甜美的水，一饮而尽，五脏六腑可谓舒坦极了。古人论求才时，总是说"求才若渴""求贤若渴"。一个"渴"字，活现出求才的紧迫心情。求才若渴，表现有二：一是踏破铁鞋，到处寻觅；二是三顾茅庐，礼贤下士。不能临渴掘井，更不能嫉贤妒能。临渴掘井，井未掘成，人已渴死，苗已枯萎，有水也没有用处。嫉贤妒能，贤者心灰意冷，离心倾向大增，人才失散，事业也绝难成功。

二要识才有目。是否有才，是客观存在；能否识才，有主观因素。有千里马，无伯乐之目，良马难识；有英才，无识才之目，英才难得。识才之目，非天生就有，要经常培养，多方锤炼，才能不断提高识别力。识才之目，不只指个人，而且指众人。唐朝马总在《意林·任子》中曾说："一目之察，不如众目之明。"所言极是。我们为了更好地识才，应把"一目"合成"多目"，汇成"众目"。"众目之明"，才能更好地识人才、识群才，才能真正做到"识才有目"。

三要爱才有心。爱才有心，才能情真意切，才能爱得真挚，爱得深沉，爱得浓烈；才能肝胆相照，才能“同明相见，同音相闻，同志相从”。爱才，不但爱已成才的人，更要爱将成才的人，并为其创造条件，促其成长，从而成为真正的人才。爱才不但爱“英才”，也要爱“奇才”，甚至“怪才”。因为“英才”“奇才”“怪才”，有时难以分辨，有时又可转化。如只爱其一，可能使“英才”毁掉，“怪才”夭折，“英才”痛失。我曾说过，宁爱“奇才”“怪才”，不爱“庸才”；宁用“奇才”“怪才”，不用“庸才”。为什么呢？因为英才与奇才、怪才，有一步之遥；而英才与庸才相比，却有千里距离。奇才、怪才，善于引导，很快成为英才；而庸才变英才，却困难得多，有的一辈子也成不了气候。

四要育才有方。治国有方，才能把国治好；治家有方，才能把家治好；育才有方，才能把才育好。人要成才，内靠自身奋斗，外靠环境熏陶。如何激发积极性，使人立志成才？如何加强环境建设，使环境塑造人才？都有个方法问题。育才方法，固然很多，择其要者，约有三个：一是激励。通过激励，人心思上，志存高远，促人成才。二是重压。通过重压，勇挑重担，使人肩硬、腰直、足实，逼人成才。三是锤炼。通过锤炼，去粗取精，千锤百炼，把铁锤炼成钢，把人锤炼成才。

五要用才有道。苏轼《策别二十》载：“天下未尝无才，患所以求才之道不至。”张居正《陈六事疏》也说：“不患无才，患无用之之道。”用才有道，道在哪里？我看有五条：一要有原则，有标准，有规范。标准要高，规范要明，原则要强。处以公心，唯才是举，唯才是用。二要广开渠道，广辟门路，聚天下人才而用之，绝不能只看到身边的人，不能为亲朋好友找肥缺，更不能重用阿谀奉承、无德无才无能之辈。三要注意用人之才气。人之才气是成才的灵魂和关键。无才气的人，难以培育，也难以应用。人之才气，“用之则奋，赏之则劝，抑之则沮”（宋代赵汝愚辑《国朝诸臣奏议》卷七二《哲宗乞定州县考课之法》）。四要“成人之长，去人之短”。成人之长，长处日长；去人之短，短处日少；扬长避短，取长补短；德才兼备，才能充分用之。五是“用勤去懒”。用勤，勤人越勤，办事越多，成功越多。去懒，懒人变勤，办事也会有成，做事也会成功。如反之，用懒去勤，懒人越多，勤人越少，工作是搞不好的，办事是办不成的。我办事，总想交给勤人去办，交给忙人去办，不愿交给懒人去办，交给闲人去办。就是因为勤人虽勤，忙人虽忙，都能抓紧时间完成任务。而懒人、闲人，虽不忙，也不累，却办事拖拉，不动脑子，不下力气。交给他们办的事，十有八九完不成，做不好。

六要护才有胆。登高山时，不难发现：山有峰谷，峰高必谷深。观明月时，也不难发现：月有圆缺，月愈圆，缺愈大。起用人才时，又应发现：人才难得，才气越大，缺点越明显。无能之辈，没有才气，找其毛病，也不明显。历史上的圣人，现实中的伟人，都有成功，也有失败；都有优点，也有缺点；都有让人崇敬之处，也有叫人指责的地方。关云长有“过五关”，也有“走麦城”。诸葛亮有“借东风”，也有“失街亭”。仔细观察，成功之路，多由失败之砖铺成；创造发明，多由纠错的心血凝成。科学家的步履，10％是成功的，90％是失败的。一旦成功，人们只记得成功，而把失败淡忘了，这是可以理解的，也是可以原谅的。人才要创业，要改革，要前进，免不了要受挫折，要失败，要遭人非议、嫉妒，甚至攻击。面对这种情况，领导者的责任就是：挺身而出，保护人才。苗遭霜打不护苗，苗则枯黄；人遭攻击不护才，才则夭亡。有胆护才，也不容易，因为英才遭打击之日，也是护才遭非议之时，护才要担风险。因此，要冒险护才，要护才有胆。

七要容才有量。明朝刘斌《明经世文编》卷二三，在论述选拔人才时，曾明确提出三条标准：“一曰德，二曰量，三曰才。”我认为，这种认识是很深刻的。这里所说的“量”，主要是指“能受善言，能容贤才”。善言，有的顺耳，有的逆耳，能受逆耳的善言，肚量大，委以重任，必成英才。贤才，有低的，也有高的，有顺从于我的，有不顺从于我的，能容高于我而又不顺从于我的贤才，才是真容贤才。有些领导，“武大郎开店”，低于我的用之，高于我的排挤，不能容贤才。这样的人，岂能干大事、居高位、掌重权？我常说，做领导的，要有大山的气度、大将的风度、大海的肚量。大海肚量大，所以笑纳百川；领导肚量大，因而群才云集。

八要待才以诚。对待人才，要以诚相见，不要拐弯抹角、虚虚假假、躲躲闪闪、遮遮掩掩。对己要诚，对人要诚，将心比心，以诚换诚，才能做知心朋友。以诚待人，要处以公心。平等待人，公正待人，使大家处在真情实感之中，知无不言，言无不尽，才能成为莫逆之交。又知心又莫逆，才能成为真诚的朋友。

九要任才不疑。有了人才，就要“量才录用”“量才授职”“量才使能”；就要放开手脚，充分信任，让其奔赴岗位，驰骋疆场，发挥才智，展现才华，去建功立业。暂时失利时，要多加鼓励，切勿埋怨下级，要主动承担责任。意见不合、观点不一致时，要视为正常现象，加倍予以信任。只有这样，才能使人轻装上阵，放松自我，去干一番事业。任用人才，存有疑心，则相互猜疑，不但关系处得紧张，而且活得很累。这样则难成大事，即使暂时成功，最后也要失败。

十要奖才有度。施展才能，获得成功，就要奖。奖的目的，就是奖赏勤奋，改进绩效，激励创新；就是巩固成绩，扩大战果，以利再战；但奖要适度，该奖多就奖多，该奖少就奖少，不该奖就不奖；该精神奖，就不要物质奖；该物质奖，就不要精神奖。奖过少，不能激发积极性；奖过头，也难发挥奖的作用；工作搞不好，事业受损失，也要罚，罚也不可过滥。不该罚而罚，该多罚而少罚，罚之无理，罚之失度，罚也无用；该罚的不罚，该多罚的少罚，也不妥。这样做，姑息养奸，不能惩前毖后。只有奖罚及时、奖罚适度，才能恰当发挥奖罚的作用，充分调动积极性，从而做好工作。

（原载 1995 年 7 月 15 日《济南大学报》，原文标题是《治校之要首重人才》）

第二编

哲理散文十三篇

散文是介于诗词和杂文之间的文体，是不讲韵律、不重排偶的文体。

散文是词、意、景、情的统一，融情于词，寄情于事，寓情于物，蕴情于景。

散文分四类：写景散文、叙事散文、抒情散文、哲理散文。我的散文，多半是抒情的哲理散文，哲理含情，情寓哲理。

散文非韵，有韵也好。散文不讲格律，但讲凝练。读之流畅，句句含情，寓意深刻，富有文采，就是好散文。

玉兰花赞

早春天气，仍有寒意，草欲返青，柳丝吐芽，迎春刚有点黄花，而玉兰已蕾满枝头，呼唤春风，急待怒放，以其高尚品格，特有风姿，含笑迎宾。

蓓蕾抗寒。早春乍寒时，南方梅花已经绽开，“只把春来报”。而北方梅花，却深藏闺阁，躲在温室，苦斗寒春。我养过几盆梅花，大都春节开放。朋友看了，无不喜欢。有位朋友，要求搬回家中观赏几天。不好拒绝，只能应允。搬走的春梅，一遇风寒，就会得“病”，不久枯枝花落，悄然死去，真叫人心疼。而玉兰花树，长在庭院，却不畏寒。早春天气，冷气袭人，它却默默吐蕾，暗暗凝香。一旦春风送暖，刹那之间，花蕾绽开，满树银花。

花朵洁白。玉兰花的洁白，象征纯洁，象征朴实，又象征情深。人生在世，应学荷花，“出淤泥而不染”；也应效玉兰，沐凡尘而自洁。面对白洁的花，以权谋私者，应自惭；贪污受贿者，应悔过；追逐腐化者，应内疚；平庸无为者，应奋进。品格上的污土，速让春雨冲净；心灵上的瑕疵，应用汗水洗清。

香气淡幽。玉兰花的香气不浓不烈，闻起来淡淡的、幽幽的，特别舒畅提神。我住所的窗外恰有棵玉兰树，每当开窗时，幽香袭来，疲累即逝。因此，早春虽寒，我的窗子仍常开着。

树姿超凡。亭亭玉立的树，满开洁白的花，观其俏姿，丽而不俗，美而不娇。因此，人们都愿留影树下。年轻人手攀花枝，照出相来，愈显俊美；年老者背倚银花，拍出照来，更觉年轻。玉兰花树，高大壮美，暗孕蓓蕾，香飘寰宇，敞开胸怀，情洒人间。牵动情丝香无限，愿把友情献众人。面对如此花树，谁人不羡，谁人不敬，谁人不赞。

（原载 1993 年 5 月 7 日《光明日报》）

未名湖的情缘

提起未名湖的情缘，既深且厚，深似海，厚似土。有生之年，永难忘怀。1955年夏天，我从山东实验中学毕业，考入北京大学哲学系。一进北大，给我留下了深刻印象：一是未名湖，二是图书馆，三是诸老师。未名湖景色迷人，风光动人，湖光塔影感人。第一次见到她时，有朝圣的感觉。只见那秀丽的高塔矗立湖边，上有白云点染，下有碧水衬托，左有垂柳轻抚，右有繁花捧扶。立在湖边，远望高塔，如仰女神，朝圣的感觉油然而生。这情缘随日月流逝，像奔腾向前的溪流，水日多，流日长，情益深，缘弥远。北大图书馆古朴而典雅，是知识的海洋、进步的阶梯、成才的沃土。那古色古香的建筑，清静严肃的气氛，绿中透亮的台灯，淡雅幽深的书香，像块巨大的磁石，紧紧地吸引着我，让我每天必到，苦读静思。哲学系的老师都是国内知名学者。给我印象最深的，老学者如冯友兰、金岳霖、郑昕，中年的如张岱年、任继愈、朱伯昆，年轻些的如汪子嵩、高宝钧、谢龙、冯瑞芳。在这些老师的教诲下，我逐步走进哲学的殿堂，并结下了深厚的师生情缘。从1955年到1957年，在北大安安稳稳地、自由自在地、舒舒服服地读书，研究学问。好日子没多长，反“右派”的风暴吹皱了未名湖的池水，未名湖的情缘变成了仇缘。激烈的斗争，扰混了未名湖的湖水，也扰乱了我们平静的生活。我反复思考一个问题：昨日的同窗好友，怎么会一夜之间，摇身一变，变成了敌人？只好对同学能拉勿推，能保则保。这样做的结果就是，自己戴了顶“右倾”的帽子。当时老同学黄学诗写了首诗，都说这首诗是“反党，反社会主义”的。我说我觉悟不高，可有两种理解，我怎么也看不出是“反党，反社会主义”的，我看不像“右派”。一席话又招来批评，说我“右”倾。黄学诗同学最后还是被打成“右派”，下放山西劳动。后来平反，即到山东来找我，向我致谢。黄的话很感动我，促使我下决心，在什么情况下，都要实事求是，与人为善。

在中学时代，我和我的老同学杨桂鸾就情投意合，心心相印。我考进北京大学后，两人感情不断升温。有一次，她到北京，顺便找我到未名湖滑冰。

她不会滑，我扶着她，她拉着我，在湖上没有翩翩起舞，反而双双摔跤。未名湖的塔像月下老人，用湖光塔影把我们拴到一起。我们对着湖光塔影盟誓，永远像湖光塔影一样，形影相随，偕老百年。我们在未名湖畔相依相偎，畅叙情怀。未名湖把我们的情缘融在一起，又把我们的思念汇在一起，使我们终成夫妻。从此以后，我们来京，总是要看望未名湖的，总是要答谢湖光塔影的。说也奇怪，一到湖畔，相依而坐，相对一笑，似又回到往昔。

如何治学？湖光塔影也给我很多的启示，就是湖光和塔影相结合。只有塔而无湖的美逊色多了；只有湖而无湖，湖的景致不会那么迷人；只有塔湖光塔影相结合，才会织出动人又迷人的景象。在北大哲学系上二年级时，美学领域有三派：一是蔡仪，二是朱光潜，三是李泽厚。我力争把哲学和美学结合起来，把三派融合在一起。以后，美是主观还是客观的争论，使我对美学有点厌倦，想另找出路。正在寻觅之时，钱学森先生到北大物理系讲演。他说："我对我的成果并不十分珍视，我特别重视我的方法。有了方法，才有成果。我的方法与辩证法不谋而合，但还不如辩证法完善。因此，我奉劝物理系的师生一定要学好辩证唯物主义哲学。"我想物理师生要学好哲学，哲学系的师生也应学好自然，从此后我又把哲学和自然科学结合起来。1958年中央高级党校成立自然辩证法研究班，我参加了，随之在自然辩证法领域耕耘，出了不少成果。先是把自然科学同社会学结合起来，出了三本书，即《大杠杆》《大动力》《大协调》。又把自然科学同经济学结合起来，研究科技经济学，也出了三本书，即《第一生产力论》《科技生产力论》和《科教兴国论》。后把自然科学同伦理学结合起来，出版了《科技伦理学》。这一切都与未名湖的情缘有关。1966年，我开始在山东大学接受战斗的洗礼。1967年，我去北京，重访未名湖，再看老同学。可是，一进北大门，迎面扑来的不是友情，而是腥风血雨。"井冈山"和"新北大"的两派师生剑拔弩张，怒目而视，那场面有点叫人心惊肉跳。两派的老同学都和我很好。我在北大时，我们都是知心朋友，可以说无话不说。我见了他们，尽量说服，化解矛盾。我的话虽然分量不重，但有说服力，也起了微薄作用，化解了一些矛盾。我把两派的几个老同学请到海淀吃饭。我讲："我们都是穷苦人出身，有的是'红小鬼'，有的是'苦大仇深'。过去是战友，是同学，怎么会成仇敌？我们不要再打了，应握手言和，重归于好吧。实在不行，请你们到山东走走，散散心，消消气，说不定过两天你们又成了好兄弟、好同学。"饭后，同学对我说："庆臻啊，你说得很有道理，但我们现在是骑虎难下。"我说："骑虎难下，但早下总比晚下好。实在不行，请你们到山东走走，散散心，消消气，说不定，会握手言和的。"又过几天，再去北大，两派同学摆开架势，真的武斗起来。我低着头，沉思着，走到未名湖。想想过去，欢乐不已；看看现在，痛苦难言。未名湖的情缘啊，你现在哪里？我呼唤着情缘重来，我亟盼着友情再现。然而，呼唤无应，亟盼难现，我眼含热泪，围着未名湖，转了一圈又一圈。

1996年，北大哲学系建系90周年，我去北京参加了纪念会，重游了未名湖。同学相会，情思万千，开始有点诉苦。戴康生过来告诉我，李兄，你说两句吧，缓和下气氛。我讲了两点："一是过去几十年，不断搞运动，你整了我，我整了你，谁也掌握不了命运，过去的就让他过去吧。在我们之间，最要紧的，最可贵的，是同学情义，是未名湖的情缘。另一点是，我们要迎接我们的第二个青春，要活得更有意义。"我的这两段话，打动不少同学的心。会议气氛大变，重叙友情，再谈乐事，欢声笑语，油然而生……

（原载《梦萦未名湖》，香港文艺出版社2009年版）

泰山抒怀

1967年，我曾偕同爱人去登泰山。匆匆上去，慢慢下来，整整三天。13年后，又携幼女，再登泰山。这次登山，不想登极顶，一则因爱女年幼，二则我又怕累。可是，一旦爬起山来，山像有股吸引力，总想向上爬。

登泰山，似在画中行。首先展现在你面前的是岱宗坊；再上去不远，便是红门；继续向前，就到斗母宫。一层层叠翠青山，一溪溪潺潺流水。青山含翠欲滴，野花含苞待放。见此美景，人无倦意，脚下生风。

爬到中途，便到中天门。在这里，遥看南天门，只见云舞山头，南天门忽隐忽现。来到此境，使人不能不产生"青山有路总须上，不到顶峰誓不还"的念头。在此，歇了片刻，喝了点水，小女耐不住了，催我动身，继续攀登。

到了云步桥，足踏云朵，山流瀑布，冷雾袭人，细雨湿身，暑气速逝，顿觉凉爽。游人至此，似入仙境。我在桥上，手扶栏杆，对着淙淙的流水、奔腾的瀑布，尽情地欣赏着大自然的美景。面对此景，我浮想联翩，不禁使我想起了陈凤梧的诗句："百丈崖高锁翠烟，半空垂下玉龙涎。天晴六月常飞雨，风静三更自奏弦。"品尝诗韵，耐人寻味。我忽有所思，忙问幼女："杨杨，爬山像什么?"杨杨略思，话冲口而出："像读书。""为什么呢?"我再问。女儿答曰："爸爸，你不是常说'读书，又难，又苦，又乐'吗？爬山就是这样。"孩子说得太好了，我忘记疲劳，连抱起她，亲了又亲。

我们继续前进，走不多远，遥见一棵松树，探着头，伸开枝，斜着躯干，喜迎宾客。为了不负古松美意，取出相机，在迎宾松下拍照留念。

离别迎客松，渐到对松山。只见奇峰对峙，松立绝崖，墨点叠嶂。翠染碧波，巧皴怪石。到了这里，如临瑶池，似入仙境。说来也巧，攀过对松山，登上十八盘，便是"升仙坊"。游人至此，真是要登仙境了。过了"升仙坊"，山路更陡、更险、更奇。素称"云梯"，又叫"紧十八盘"，每盘二百级石磴，共约三千六百蹬。走到这里，气喘吁吁，汗水淋淋，腿脚酸累，难以起步。因此，在这里，每迈出一步，要付出很大的力气；每登上一盘，都是一个不小的考验。到了这里，游客好像在竞赛，比力气，比意志，比决心，比干劲。我和小女登上十八盘后，抬头仰望，只觉南天门就在头顶上，既感很近，又觉极远。坐下来，拿出点心，吃了两块，积聚力量，准备一搏。小女杨杨望着南天门，早已坐不住了，她像欲飞的小燕，不等我说话，又继续攀登。我们爬爬歇歇，歇歇爬爬，约一小时，终于登上南天门。

登上南天门，顿觉精神爽快。进了南天门，再上摩空阁，俯视来路，感慨万分。我们祖国五千年的历史，难道不是一部登山史吗？新中国成立三十年来，我们祖国的发展，难道不是一部登山史吗？我们在建设四个现代化，不是也在写一部登山史吗？现在我们似乎到了“中天门”，前面还有一段要费很大力气的路，必须爬过三个十八盘，才到南天门。由南天门再往前，就可到泰山最高峰玉皇顶。到了那里，我们才算实现了现代化的宏伟任务。建设现代化的祖国还有一段很难的路程。每个中国人，都要问问自己，面对艰巨的任务，该怎么办呢？回答只能是：下定决心，排除万难，爬山不止，直上顶端。

太阳快落山了，我和小女漫步在“天街”，过碧霞祠，到唐摩崖。因为天色已晚，又累，所以当日未登玉皇顶。在岱顶附近，找了一个宾馆，暂宿一夜，等次日观日出。一夜翻来覆去，提心吊胆，就是睡不着，怕看不到日出。于是就在脑里构思日出的壮观。还没构思好，天渐渐亮了。赶快起床，只见天上星斗闪闪，浮云丝丝；俯视山下，到处灯光点点，淡雾漫漫。于是，回转房中，叫醒爱女，穿上衣服，便到观日亭边，坐等日出。

过了片刻，只见东方发白，显紫，略黄。彩霞如练，逐渐舒展，自东向西，由暗到明，围绕泰山四周，像给泰山系上一条五彩缤纷的纱巾，简直美极了。我们目不转睛凝神而望，在彩练下边，海浪上面，红云中间，忽露亮点。此时，大家争呼：“看啊，太阳出来了。”那亮点，像个调皮的孩子，一会儿探头，一会儿隐没。数分钟后，亮点渐大，呈半圆形。彩云镶边，似百花簇拥，煞是迷人。转眼间，一个火球在海面上跳跃，与海水若即若离；在云间姗姗移动，与彩云难解难分。在云海之间，那火球跳动几下，突然腾空而起，跳出海面，升上天空。此刻，泰山四周的彩练，逐渐断开，慢慢收起，缓缓消失。遥望东方，只有彩云托日，喷射金光，似用彩笔，渲染山林，漫写田野。正看得出神，忽然爱女问道：“爸爸，太阳真的从海里出来吗？”我笑着，一时说不出来。说是吧，其实不然；说不是吧，壮观失色，大煞风景。我只好反问一句：“杨杨，看够了吗？”小女回答：“真好看，明年再来看吧，我还没有看够呢。”我笑着说:“好,爸爸明年再带你来,让你看个够。”

我站在岱顶,一直不想下山,留恋着祖国多娇的河山。我不由地想到,我的祖国又像旭日东升,蒸蒸日上,如今我们青春焕发,干劲倍增……联想翩翩,余意未尽,赋诗铭志,以作尾音:

险峰动人心,催人使劲上。
登高不觉苦,方显青春长。

(原载1981年10月31日《美国华侨日报》)

春访崂顶

崂山有名，早已知晓。慕名初登，是在1984年的夏天。那年夏天，登山之时，恰遇好天。风和日丽，林茂花香；瀑布流水，潺潺和声；曲径通幽，鸟雀共鸣。声景相汇，情景交融；迷人景色，醉人眼帘；和谐妙音，情敲耳鼓。但游完后，又觉不足，略有所失。寻其缘故，又难说清，不知为何。随日月流逝，重登崂山的念头，却日渐淡薄。

每开学术会议，或遇好友来访，总要伴友登山。去过几次，只是应酬，情趣不浓。去年春游，去北九水，游兴渐起，由淡转浓。今年春假，忙中偷闲，约几位教授，外出春游。去哪里呢？左思右想，很难定下，后来议论，都有所向，愿登崂顶。

4月30日晨8时许，乘车经李村去崂山。到崂山脚下，汽车沿盘山公路，左旋右转，缓缓而上。崂山画卷，由远及近，不断展现。车随山高，景随山美。直至黑风口，景观大变样。驻车欣赏，愈觉不俗。笔直浓密的水杉，挺拔凌空，疏枝吐翠；盛开的映山红，横卧林间，姿态娇美，惹人喜爱。红绿巧衬，疏密互补，娇壮相映；云海相连，山海衔接，构成一幅妙不可言、和谐无比的油画。看过景色，触景生思，陡然想起"美即和谐"的名言。是的，互补、相映、对称中的和谐统一，在人的心目中引起美感。

车盘旋而上，将至崂顶时，山更加奇绝，林更加茂密，花更加姣美，石更加怪诞，云更加纤巧，风更加强大，车更加颠簸，美感也更加浓郁。约11时，登上崂顶。在山下望，崂山不高；登山顶看，崂山不低。高低相对，居身有异。登泰山，有"会当凌绝顶，一览众山小"之诗；登崂山，有"会当凌崂顶，环视众山奇"之感。

崂顶建有瞭望台，拾级而上，西风陡紧，越上则越紧，似觉崂山在摇晃，又觉臂插双翅，侧身前飞。我挺身而立，顶着急风，按动相机，拍片留念。拍时，心紧收缩，气缓屏住。及至拍完，紧缩的心悄然宽松，屏住的气猛然吐出。此时的感觉，似曾相识。如同挥毫著书，日夜苦战，及将完稿，成功的喜悦涌上心间，爬上额头。实际上，搞科研，也是一种爬山，二者虽异，实则相通。不管怎样，都必须经过曲折、颠簸、苦思的折磨，都必须吃尽苦，受尽累，闯尽险。

在崂顶，既领略风光，又陶冶情操，还沟通了思路。一日春游，收获之大，确难形容。告别崂山，车渐远去，又有所思："崂山不可小游，不可不再游。"

（原载 1988 年 5 月 30 日《青岛大学报》）

浪花赋

写了“海色”，对海的认识，顿觉深沉；随之，对海的感情，也倍觉亲切。再写点什么？写篇浪花吧。初看浪花，并无奇感；再望浪花，渐生奇感；熟视浪花，奇感越奇。

浪花是极复杂的。万顷大海，每一瞬间，都浪花簇涌。亿兆浪花，形态各异，互相争奇，彼此斗妍，叫人看了眼花缭乱。每朵浪花，极尽所能，全力编织复杂图案。这种图案，难以形容，不易计算，无法图解。即使高明的数学家，想要研究浪花，恐怕绞尽脑汁，计算一生，也难有多大收获。君如不信，可去试试，再议难易。浪花为何如此复杂？我常思考，难寻答案，强说几句，也无不可。无非是海深涛大、水柔风强、月吸日引、前冲后冲等等。多种因素，交互作用，方能构成复杂图形。

浪花是极轻柔的。坐在岸边，踩着沙滩，玩着潮儿，弄着浪花，舒服极了。调皮的浪花，跳到身边，溅到脚上，摩抚头发，都是轻轻的、默默的、依依的，使人心旷，叫人神怡，令人爱慕。因此，不管老人、幼儿，男子、女士，谁到了海边，谁静观浪花，谁就会抛去忧愁，丢掉苦恼，遗却时空，久视忘归。

浪花是极勇敢的。前进时，此起彼伏，此隐彼现，奋不顾身，勇往直前。谁阻挡她，谁拦截她，她就扑向谁，引吭高歌，全力进击，不达目的，誓不罢休。浪花勇敢，但不蛮干；浪花向前，也会回旋；浪花强劲，又很柔软。因而，她总是胜利者。即使失败，她不在乎，也不气馁，更不泄气。退而思之，总结教训，重整旗鼓，改日再战。她坚信，昨日不胜，今日胜；今日不胜，明日胜；明日不胜，后日胜，总会冲破阻力，克服困难，取得胜利。

浪花是极动听的。看浪花，沁人心脾；听浪花，醉人心扉。浪花有时奏起雄伟的交响乐，像贝多芬的《英雄》乐章，气势磅礴，似万马奔腾，如万钧雷鸣，催人振奋，令人心惊。浪花有时又奏起圆舞曲，像施特劳斯的《蓝色多瑙河》，声音轻柔，奏鸣和谐，旋律优美，使人心醉，令人神往。浪花有时又弹起琵琶，拉起胡琴，敲起锣鼓。琴音、弦音、鼓音、锣音，变换音调，鼓动心弦，有时使你高歌，有时使你情激，有时使你沉思。在主体与客体的共鸣中，浪花总是催人自新，勇敢开拓，奋发向上。

浪花又是极纯洁的。海是蓝的、绿的、灰的，有时甚至是黑的；但溅起的浪花，总是白的，像串串珍珠，似堆堆瑞雪，如块块白玉，纯洁，晶莹，无暇。为何浪花那么洁白呢？一是崇高，站在浪尖，昂首向上；二是质朴，心地纯洁，朴实无华；三是无畏，胸怀坦荡，勇往直前。我爱浪花的纯洁，我敬浪花的质朴，我羡浪花的坦荡，我慕浪花的奋勇。做人，也应像浪花一样，源于深海，显于涛峰，来之于海，归之于海，点缀自然，启迪人生，鞭策自身，多作奉献。

海 色

没见大海时，总以为大海是蓝色的，因为人是这样说的，书是这样写的，歌是这样的唱的，地图也是这样画的。

来到青岛，亲访大海，常临海边，察言观色，日久天长，渐对海色有所感受。实际上，每次观海，色调各异，感触不一。

海确是蓝的。晴空万里，烈日当头，站在海岸，遥遥望去，一片蔚蓝色，伸向天边。天海一色，只是蓝得层次不同，情调有别。面对蓝色，心浪起伏，情怀无垠，思绪无际。蓝色是开阔的、透明的、开放的、可爱的。

海是红的。晨望黄海，日跃海面，霞光腾空。夕望落日，似吻海浪，口吐朱丝。天海相映，海浪翻滚，竞抛红珠。丝串珠，珠连丝，一缕彩霞点碧波，万斗红珠落悬崖。人观此景，目不暇接，直至日落，天黑，霞失，波隐。

海又是黑色的。浓云密布时，适逢涨潮日，再去海边，似觉：海在发怒，脸在变色，可爱的蔚蓝色不知哪里去了。只见黑浪翻滚，狂扑石岸，上下拍打，似妖如魔，阴森可怕。这时的海，就不那么喜人，也不那么可爱了。海岸游人，步履沉重，心烦意乱，再无游兴。

海还是五颜六色的。天空白云片片，阳光轻拂海面，人眼似睁又闭。此时，如不断变换角度，就会发现海红一片，紫一片，黄一片，绿一片，白一片，黑一片，亮一片，暗一片，有时红中带黄，有时绿中透蓝，有时黑中闪亮，有时紫中绽青。五颜六色，五光十色，互相映衬，彼此逗趣，上下嬉戏，热闹非凡。身临其境，观看海色，如登仙界，心旷神怡，其乐无穷。

海是朦胧色的。下着毛毛雨，踱着碎碎步，瞧着朵朵浪。天色朦胧，不知何色；地色朦胧，难辨何色；海色朦胧，难说何色。身居其间，觉得：天是复杂的，地是复杂的，人是复杂的，心情也是复杂的。朦胧的天，朦胧的海，朦胧的人，朦胧的心情，其本质是朦胧的，是搞不清、认不切的。想要弄清，白费力气不如任其自然。等天空转晴，阳光初照，静待朦胧暂逝。

海色变幻，由简到繁，认识日丰，靠的是身临其境，变换角度，多看勤思。

联想他事，若觅真知，莫不如此。

当今世界，不论中国，不论外国，不论西方，不论东方，都道改革，均要调整。政治要改革，经济要改革，文化要改革，思维要改革，思想工作也要改革。改革的浪潮，不断迭起。站在改革的浪潮里，谈改革，论改革，搞改革。如看海色，也有个认识问题、角度问题、方法问题、感受问题和行动问题。要从不同时代、不同背景、不同地点、不同时间、不同角度，具体考察，全面分析，系统认识。然后，才能古今相比，中外相较，左右相察，前后相映，审时度势，涉险度关，制定对策，付诸实践，方能奏效。

海声乐

海声像什么？像风吼，像雨声，像沙响，像马嘶，像雷轰，都有点像，又都不像。因为鸟有鸟语，人有人言，山有山音，海有海声，各有各的，各像各的，各是各的，不好强喻，不便硬比。但不喻难识，不比难知，比得恰当，可增见识。

海声，有时似万马奔腾。上潮时，风又疾，风推浪进，远视涛涌，惊涛拍岸，近听涛声，骇浪击礁。海声如万马奔腾，其势勇猛，其声刚劲，可动天地，可惊酣梦。

海声，有时如暴风骤雨。住在浮山，颇有好处。阵阵疾风，鼓动雨声，呼啸而来，哗哗又至。起伏波涛，吹响海声，摇动松岸，扑打麦岛。两种声音齐来，觉风声像海声，感雨声似涛声，你中有我，我中有你，你我难别；声中有音，音中有声，声音难辨。说海声，有时如暴风骤雨。有此感者，不觉勉强。

海声，有时像交响乐。起伏波涛，拨动琴弦，击起鼓号。鼓声冬冬，号声振振，弦音颤颤，琴音呜呜，奏起交响乐。其节奏强烈，其旋律浑厚。有时，如贝多芬的《命运》；有时，似柴可夫斯基的《悲怆》，声调极感人，催人泪下，激人振奋。

海声，有时奏起轻音乐。夕阳西下之时，玉兔东升之际，浪不大，风温和，波涛起舞，乐曲伴奏。海之声，此时比施特劳斯的《蓝色多瑙河》还明快，比莫扎特的《小夜曲》还轻柔，比民族音乐《春江花月夜》还迷人。细闻海声，周身畅快，感情和谐，思绪翩跹。

海声，有时又似情人细语。倒映的月光，在海中闪闪发亮；荡起的涛声，在耳边轻轻回响：声是那么柔，音是那么细，是那么低。声如轻纱，缓缓飘来，徐徐飘去。此时的海声像什么，似情人幽会，窃窃私语。这时的海浪似一片沙丘，浪在起伏，声却渺茫。

海有时没有声音。在退潮、无风、闷气之时，海是无声的。无声的海，寂静的夜，连在一起，死气沉沉。静是静了，但过分静，静得难受，静得可怕。

此时，你站在海边，无情恋月云，无心觅海声，怨来得疾，恨去得迟。如知浪潮升降的规律，不难推论：万木无声待雨来，大海无音等潮升；歌手无声，正在润喉；大海无声，正在起潮；可于无声处，喜听惊雷来。

海潮是有周期的，低谷—高峰—低谷—高峰；海声也是有周期的，无声—有声—无声—有声。高潮低潮，周期变化，前赴后继，逐浪前进；有声无声，周期变化，高低相争，继往开来。寓景生情，心情变化，也有悲欢。悲欢更替，给人力量，使人鼓舞，催人奋进。人生旅途，有进有退。进固然好，退也不坏，可以总结教训，积累经验，重整旗鼓，快马加鞭，飞跃前进。

（原载 1992 年 6 月 5 日《青岛大学报》）

高处与眼新

有位诗人说："站在高处觉眼新。"初读时，似觉不错，默记在心，但并无深解，更无新思。

多少年过去了，沿着逝去的足迹，回顾往事，突然想起这句诗，倍感亲切，深觉意新，浮想联翩，提笔书写，遂成小文。

1967年，正值动乱，我携诸友，抓住时机，去登泰山。过南天门，在天街上，举目远望，环顾群山，均在足下，觉得山奇、景新、石美。1979年，"四人帮"倒台后，去黄山参加会议。会后登山，感慨万分，从下而上，乘兴缓行，过一峰又一岭，一峰比一峰高，一岭比一岭奇。至北海，上始信峰，站在高处，倍觉眼新。信手命笔，寻句觅诗，凝聚情怀。诗曰："溪清水流远，露重花愈红，登高极视野，方觉峰涛平。"这首诗，牢记脑间，作座右铭。后来，在泉城，结识画家陈大羽，吟诗请教。陈觉小诗意境高，有气势，便挥笔书之，赠我留念。我视为珍品，藏于书斋，不时悬挂，对之思考，悟道求新。

这些年，搞学问，略有收获，似觉入门。究其原因，固然很多，但要归纳，一句即可：尽量站高处，不断觉眼新。

站在高处，其解有三：一是站在严师之肩，二是站在热点之间，三是站在高峰之巅。站在严师之肩，才能高于严师，成为高徒；站在热点之间，才能激情喷涌，成为勇士；站在高峰之巅，才能叱咤风云，成为强者。我希望，我们的学校，能够多出超过严师的高徒、参加热点论战的勇士、勇攀学术高峰的强者。

为了做到这一点，做领导的，当师长的，应为职工，又为学生，站在高处，创造条件，尽量做到：信息灵，书刊多，设备新，环境好。

要帮助大家，克服困难。树大招风，人高遭议。敢于高处站，勇于眼界新，不怕冷嘲，不惧热讽，迎风而立，迎难而上，方能展翅高翔。

要护卫幼苗。幼苗破土，必有弱点；幼树成长，必被风凌；新论将出，必有非议；新装初穿，必有贬者。我们应力排众议，扶持幼苗；挺身而出，保卫新论。

想站高处，必须循序。想至远方，必须渐进。险峰之攀，始于山根。千里之行，始于足下。对攀险站高者，我奉劝三句话：一要广积，二要深挖，三要高筑。广积，不是广积粮食，而是广积学识；深挖，不是深挖洞穴，而是深挖思路；高筑，不是高筑砖石之墙，而是高筑创新之墙。

有人觉得“高处不胜寒”，怕苦、怕累、怕风险，想去低处。对这种人，只能说句：“随他去吧，各有所好，何必强求。”但需知道：高有高的难处，低有低的难处。处在低处，未必轻松。做学问是如此，办学校也是如此。办学，也要站得高，才能要求高，标准高，水平高。水平高，也是相对的。相对珠峰，泰山不算高。相对烟台山，泰山就很高。高水平，也有层次。高层次有高水平，中层次有高水平，低层次也有高水平。高、中、低都要高水平。立足高中之高，方易达到中中之高、低中之高。然而只要求低中之高、中中之高，未必能达到高中之高。一个爬山勇士，高峰能攀，低山就不在话下；一个白面书生，低山能上，险峰却难攀。搞教学，搞科研，搞管理，搞服务，都要标准高，要求严。只有这样，才能把学校各项工作办好。

林木有情，谁能无意

倘若对林木无情，有情林木必报复。到过沙漠的人，深有感触。那荒凉的戈壁，几乎寸草不生。风来了，狂沙扑面；夜来了，冷气袭人；太阳升起了，又热得要死。人们咒骂戈壁，冷对沙漠，梦想戈壁变绿洲，渴望沙漠变良田。但是，谈何容易，用了九牛二虎之力，片片沙漠稍露绿意。茫茫戈壁，狂布沙丘，绿了千百亩，黄了万千亩。人们不应忘记，这沙漠地，那戈壁滩，原来不是林茂草丰的地方吗？为何从“风吹草低见牛羊”的景象，一下变成“沙漫驼铃响无声”的情景？究其原因，无非一条，就是人们对有情林木太无情，任意砍伐，不顾后果。

林木之情实在多，讲不完，说不尽。人要生存，就要呼吸，氧气何来？林木造的；人要生存，就要饮水，水从何来？山林蓄的。人要活着，就要吃饭，饭从何来？五谷做的。人要活着，需吃水果，果从何来？果树结的。骄阳似火，酷热耐忍，是谁送来绿荫？是谁撑起凉伞？是林木。冰天雪地，寒风刺骨，是谁送来柴炭，让你取暖，使你舒服？又是林木。你烦闷时，走进小林，“枝低疑欲舞”，柔风飘细语，使你烦闷顿消。你苦恼时，迈进花丛，“花开似含笑”，甜香沁肺腑，令你苦恼即逝。你想创造，林间散步，思路接通，茅塞顿开；你想攀登，直上浮山，巧借林枝，即到顶峰。林木悟义，至大至深。

正是林木有情，许多诗人赋诗词，寄衷情，表寸心，成名家。秦观《春日》：“有情芍药含春泪，无力蔷薇卧晓枝。”晏几道《鹧鸪天》：“风凋碧柳愁眉淡，露染黄花笑靥深。”王安石《北山》：“细数落花因坐久，缓寻芳草得归迟。”欧阳修《蝶恋花》：“泪眼问花花不语，乱红飞过秋千去。”龚自珍《己亥杂诗》：“落红不是无情物，化作春泥更护花。”毛泽东《咏梅》：“俏也不争春，只把春来报，待到山花烂漫时，她在丛中笑。”佳句名篇，俯拾即是，举不胜举。

林木有情，我岂无情。然而，却有世人，对花无情，对草无意。无端踏芳草，肆意摧花蕊，无故折春枝，弄得绿地千孔百疮，香蕊破碎零乱，青枝残缺不全。对草木无情者，对人岂能有情？摧折林木，林木反感，众人指责，当思悔改。不然，有情草木，像面镜子，可以由之反映你的面貌，解剖你的灵魂，反馈你的情思。

（原载 1990 年 4 月 15 日《青岛大学报》）

良策百端，聚才为最

静夜，月色清淡，浮山朦胧，海波晶莹。我伏案夜读，书海泛舟，思寻治校方略。良策百端，何者为最？思忖再三，聚才为最。为要聚才，又当何为？以下几点，应当谨遵。

一、要求才若渴

沙漠旅行，缺了水，有生命之忧，十分危险。在创业中，缺了人才，如同沙漠缺水，将一事无成。人渴了，要思水，寻水，求水。成就一番事业，创建好青大，则要求才若渴。唯有如此，才能礼贤下士。三顾茅庐，终日思才，不断寻才，到处求才。

二、要识才有目

一个人有才无才，是客观存在的；但能否识才，却有主观因素。有千里马，无伯乐之目，则难识良马；有人才，而无识才之目，也难认干才。识才之目，既指个人之目，也有群众之目。个人之目与群众之目相结合，则目光敏锐，认识全面，有才必识。要识才，还要虚心，虚心得才，骄傲失才，古已有训，不可疏忽。

三、要爱才有心

只有爱才，敬才如宾，才能使人才不断成长。爱才，要情切、志坚、心真。只有如此，才爱得真挚，爱得深沉，爱得浓烈。爱才要适度，褒贬要得当。不要过分捧才，捧得高，摔得重，那不是爱才而是毁才。是非明确，奖罚分明，功过清楚，用其所长，限其所短，才是真正爱才，才能使有志之士健康成长，成为参天大树。

四、要护才有胆

金无足赤，人无完人。圣人、贤人、伟人，也有毛病，有失误，有缺点，有失败，何况平凡人。一般地说，人才，特别是开拓型人才，要创业，要创新，要创造，必不可免地要受挫，要排难，要纠错。纠正错误，才能正确；克服缺点，才有优点；排除困难，才得胜利。在创造、创业、创新中，有缺点，有错误，有失败，就必然遭人猜疑、议论，甚至攻击。在此时，要敢于挺身而出，出来护才。即使有时遭到非议，也应顶住，敢当责任，不怕丢“官”。

五、要容才有量

心无“私”字，则天地宽。大海量大，则百川汇流。人心量大，则群才涌来。容才之量，主要表现有两方面：一要能容超过自己的人。听说别人超过自己，要感到高兴，敢说某人比我强。只有这样才能扶持强者，脱颖而出，使事业兴旺。二要能容反对过自己的人。反对自己，要作分析。有时反对自己的人，正是爱护自己的人。做领导的，有几个诤友，拜诤友为师，请他们多提意见，多来批评，才能使决策更正确，判断更准确，工作更顺利。对恶意攻击的人，一要据理反驳，绝不含糊。如其认错，已经悔改，就不计前嫌，忘却旧怨，团结共事，信任如初。

如果能做到这几点，我想，集全国英才而聘之，聚世界人才而用之的战略方针才能实现，青大才有可能真正办成一个高水平、开放式新型的综合大学。

（原载《青岛大学报》1986 年第 3 期）

方法孕育成果

记得30年前，著名的科学家钱学森先生刚从美国回来，便去北京大学讲演。他告诉大家："我在国外，既有成果，也有方法，二者相比较，方法更重要。因为方法掌握好了，研究什么，都会出成果。"当时，我在北大念书，听了此言，突觉顿悟，很受启发。从那以后，无论干什么，学习也好，工作也好，研究也好，教学也好，都很注意探寻合适的方法。说也奇怪，在方法上用了力气，却节约了不少精力，少走弯路，少费光阴。凡干什么，皆有所获。慢慢地就悟出一个道理——方法孕育成果。

为了检验这个想法正确与否，我经常观察，不断实践，认真反思。先从简单事情说起。到山东，可吃鲁菜；去四川，可尝川菜；至广东，可品粤菜。鲁菜、川菜、粤菜，品尝起来，各有其味；嗅闻起来，各有其香；细观起来，各有其色。为何如此，因其烹调方法不同，佐料不同。同样是鱼，蒸、煮、炖、焖、溜、爆、炸、熏，用不同的方法制作，做成多种鱼菜，色、香、味、美迥异。

一道难题之所以解不开，一条"猜想"之所以证明不了，主要是因为没有找到方法。找到方法，有了渡河的桥，问题就会迎刃而解。要想证明哥德巴赫猜想，每前进一步，都要找到新的数学方法。正是潘承洞、王元、陈景润等用了新的数学方法，如圆法、筛法等，才使猜想的证明，逐步达到1+2。如果谁要去证明1+1，谁就必须努力探寻能证明1+1的新的数学方法；否则，任何高手，想要证明，恐难实现。

确定了课题，却难下手；承担了任务，却迈不开步；碰到障碍，却无法逾越；遇到困难，却难以克服。细究起来，其中一条，就是缺少方法。如果经过努力，找到方法，问题就解决了大半，课题就完成了大半，障碍就逾越了大半。生理学家巴甫洛夫对方法十分重视。他说："科学是随着研究方法所获得的成就而前进的。研究法每前进一步，我们就提高一步……因此，我们头等重要的任务乃是制定研究法。”①

你想创造体系，发现原理，建立学科吗？如果想，你就必须获得相关方法。有了方法，就有了织布的梭。各种绸缎，经过编织，五光十色，美不胜收。方法孕育体系，方法孕育原理，方法孕育学科。控制论是怎样创立的呢？先有方法，后有学科；还是先有学科，后有方法呢？控制论创始人维纳说：“控制论……实质上是用统计学的方法来研究信息论。”②这段话的意思是说，先有统计方法，然后用统计方法去研究信息论，就创立了控制论。日本著名理论物理学家武谷三男也深有体会地说：“科学史已经证明，物理学如果不去考察方法问题，要想解决有关原理的重要问题，常常是行不通的。”③为何行不通？因为方法孕育原理，无方法则很难发现原理。

谈到科学成果，人们常联想到创造性思维。创造性思维不只表现在科学成果方面，更重要的是创造方法、领悟本质。成果是方法的结晶。正是具有创造性思维的人创造了新方法，才能得出新结论，获得新成果。有时人们在考察科学家的成就时，看重成果，忽视方法，不知方法恰是更闪光的东西。舍弃创造性的方法，何来创造性成果？可惜这方面探讨较少，挖掘不够。如果进行统计研究，我想总会有人得出结论说：“成功是一系列失败的升华，成果是一系列方法的结晶。”实际上，确有人在研究创造性方法。约瑟夫·罗斯曼就是其中一个，他用调查表的方式考察了710名发明者的创造过程。罗斯曼把创造过程分为七个步骤：(1)对一种需求或难点的考察；(2)对这种需求的分析；(3)对所有可利用的情况的通盘考虑；(4)对所有客观的解决方式的系统表达；(5)对这些解决方式之利弊的批评分析；(6)新意念的诞生——创造发明；(7)为找出最有希望的解决方法所进行的试验，用前面的某些阶段或全部阶段为最终的具体体现所进行的选择和完成。④

在罗斯曼概括的这七个步骤中，半数以上涉及方法问题。因此，我们可以说，创造过程最主要的是解决方法问题。

有人说，聪明学就是方法学。我看，有一定道理。何谓聪明？何谓愚蠢？聪明和愚蠢的分界是什么？我认为，聪明的重要标志是方法好，方法对，方法多。愚蠢的重要标志是方法差，方法笨，方法少。如果问：聪明和愚蠢的分界是什么？我认为，其分界就是方法的多少、好坏以及巧笨。如果

---

① 《巴甫洛夫选集》，吴生林等译，科学出版社1955年版，第412页。

② ［美］诺伯特·维纳：《昔日神童——我的童年和青年时期》，雪福译，上海科学技术出版社1982年版，第245页。

③ ［日］武谷三男：《武谷三男物理学方法论文集》，商务印书馆编辑部编，商务印书馆1975年版，第75页。

④ 参见［美］S·阿瑞提：《创造的秘密》，钱岗南译，辽宁人民出版社1987年版，第19页。

问：聪明学和方法学哪个更根本？我毫不迟疑地说，方法学比聪明学更根本，因为缺少方法，何来聪明。我偏爱方法，故宣扬方法，因为方法是聪明的标志，方法是聪明的阶梯，方法是成果的产婆，方法孕育着成果，成绩是方法的宠儿。

（原载 1987 年 12 月 30 日《青岛大学报》）

“创造”公式的构想

已经是5月了，琴岛的樱花怒放，崂山盛开的映山红与刚刚吐翠的水杉交相辉映，十分迷人。教学楼前的迎春花，姗姗来迟，也凑起热闹，缓伸疏枝，绽出黄花。我称她是“夏日迟开的迎春花”。她来得虽晚，花毕竟是开了，叶毕竟是长了，枝干也毕竟绿了、柔了。面对盎然生机，追问其源，我猛然想起“创造”二字。浮山脚下，山在创造，海在创造，云在创造，校园在创造，人也在创造。创造之机，好不喜人，好不催人，又好不惊人。

人人想创造，个个要创造，就会创造出一个有希望的世界。怎样去创造？有的懂得，有的不懂；有人清楚，有人朦胧。懂得的，清楚的，创造成果，不断涌现。不懂的，朦胧的，空费精力，很少收获。看来，创造也是门学问。无怪乎，现在谈“创造”的书，一本又一本地出；论“创造”的文章，一篇又一篇地写。出了，就有人买；写了，就有人读。可见，大家对“创造”多么热情，多么偏爱。但读了书，看了文章，也未必能真正了解“创造”。了解了，也未必真能搞出“创造”。对“创造”，我也很多情，很挚爱，既看书，又思索，还实践；有经验，有教训，体会不少。现在，不想多谈，多谈也谈不清楚。“众里寻她千百度”，脑海里思她万千回，微微看出点形象，渐渐悟出点道理，逐步形成一个公式。这公式，既抽象又具体，既清晰又朦胧，既有知又未知，献给大家，一起欣赏。公式表述的内容，也许不那么全，不那么管用，但不妨试试，看灵验否？也许不那么新，似曾相识，有人早就想过、说过、做过。人同此心，物同此理，事同此则。这也证明，我的想法，可能是对的。

什么是“创造”的公式？我认为“创造＝勇气＋毅力＋激情＋方法”。

要创造，先要有勇气。有勇气，才能攀险峰，才能潜深海，才能闯新路。攀高峰，才能观奇景；潜深海，才能猎奇物；闯新路，才能获真知。有了勇气，才敢于冲破权威束缚，敢于打破陈旧的观念，敢于树立旗帜，亮出真理。

要创造，必须有毅力。搞学问，如长征，必须历尽千辛万苦。爬雪山，过草地，跨长河，越群巅，“衣带渐宽终不悔”，永远进击不回头。搞学问，如跑马拉松，不怕苦，不喊累，不惜汗流浃背，不惧长途遥远。甩开双腿，一步一个脚印，勇往直前，总会到达终点。要有毅力，才有成果。门捷列夫发现周期律，用了20年。达尔文完成《物种起源》，用了28年。李时珍写成《本草纲目》，用了30年。竺可桢研究中国五千年气候变迁，翻阅无数史籍，前后用了50年。没有毅力，能达到创造的高峰吗？不能。能坚持到最后胜利吗？也不能。

要创造，还要有激情。搞文学，作诗，要有激情，需灵感。搞科研，发明创造，也要有激情。许多思想的火花，像敲打燧石一样，都是长期击打又偶然碰撞产生的。数学家斯捷克洛夫说，真理靠“直觉的感情取得的”。赫尔姆霍茨说，新思想是“出其不意地而突然出现的”。达尔文也有同感，他的自然选择学说是经长期思索而不得，偶然读马尔萨斯人口论时完成的。一个人，只要有强烈的爱好，满怀激情地去追求，就能升起创造的风帆，驶向大海，飘渡远洋，去揭开自然的奥秘。

要创造，还要有方法。我曾写过一篇文章，是《方法孕育成果》。我深信，我的观点是对的。创造的成果，往往是创造方法的结果。搞研究，最主要的是创造方法。方法有一般的、特殊的、个别的。最要紧的是探索个别的方法。这个别的方法，既体现主体的特性，又揭示客体的本质，是主体和客体相融为一体而产生的新生命，既是创造的契机和工具，又是创造的产物。各人有各人的方法，因而各人有各人的成就。成就大小不同，实因方法优劣有异。成果大，而又易得，源于思路新颖，方法优良。山花奇而又难摘，皆因无缘攀高，工具笨拙。

公式毕竟是公式，数学的等号和日常的等号也不完全一样。数学的等号，两边相等，不差分毫。即使差，也是无限少。而日常等号，两边有差，且相差不少。因此，“创造＝勇气＋毅力＋激情＋方法”这个公式也要辩证地看。按照系统论的观点，系统是具有构成系统要素所没有的新质特征的整体，整体可以大于部分之和。因此，在使用创造的公式时，要谨慎，要不怕失败。失败了，不要紧，重新再来，慢慢地就会对公式有全面的了解、深刻体会，乃至拥有了实践经验。这时，只有这时，用起来，才能得心应手，读取硕果，巧摘奇葩。

（原载1988年4月30日《青岛大学报》）

灰楼面前多思念

济南育英中学有两座灰楼，西边一座是办公楼，东边一座是教学楼。这两座楼像两个灰姑娘，遥遥相对，脉脉含情，给我们幼小的心灵留下深刻的印象、无数的联想。时隔40余年，我们老了，但灰楼仍在，仍那么端庄。1997年，是建校84周年，我应邀参加了校庆会。会后，作为纪念，我们又在灰楼前面合影，留下永久的思念。

在育英中学的三年，是我一生最值得回忆的三年，也是最有意义的三年。在这三年中，播下许多种子：尊师的种子、成才的种子和友情的种子。

上育英中学时，我家在三里庄，离育英中学约5里路，背上书包，疾步而行，约半小时方到学校。

当时，育英中学的老师，不少是很有名的。教图画的是张茂才老师，个子不高，不胖不瘦，穿戴随便，然而却精通画艺。有一次，在课堂上，他挥动彩笔，寥寥几笔，画了个蛐蛐，非常传神。我学着画，默记心中。现在拿起笔来，也能画上两笔。当时，班级常出壁报，我负责画报头，画了个“打败美国野心狼”。老师看了，说画得不错。

教语文的老师是黑伯龙。他国画造诣很深，但当时不教图画，却教语文。黑老师微胖，戴着眼镜。他声如洪钟，读起文章，声情并茂，目光炯炯，十分有神。听他的课，确是享受。当时，我偶尔也写诗。黑老师见了，认真改正，加以润色。

于澄涛老师教历史课，最大的特点是把历史变成活知识。特别是他的联想记忆法更是叫绝，把难记的历史人名和年代，变成生动形象的语言，既易记，又生动。例如，他讲古代历史，有个古人叫汉谟拉比。他说记忆时，要联想工厂的汽笛“还没拉笛”。讲甲午之战时，他说甲午之战是1894年，要联想到一个鬼子兵，拿起刺刀，“一拔就刺”。他形象化的讲课，大大提高了我们学历史的兴趣。

对我们影响最大的老师，恐怕是刘新宇老师。刘老师当时很年轻，风华正茂，当教导主任，经常讲话。他和同学关系很好，我们都很尊敬他，钦佩他。他样样都行，讲话风趣，上课幽默，会说外语，又善打球。他经常在校内外打篮球和排球。他打篮球，我们很爱看，他的勾子手很有名。他尤为擅长打排球。微驼的背，一跃而起，扣起球来，重有千钧，势不可挡。我在中学时，热爱篮球。参加青燕队，到处打球，成绩也不坏。只是我当时身体单薄，个子不高，难以对抗，上场不多。

1950 年，我刚到 14 岁，就入了团，并被选为兼职辅导员，一边上课读书，一边同少先队员一起活动。同是十几岁的孩子，有时是少先队员，有时却是辅导员，不同的身份在一起活动是很有趣的。这两年，无论是对我的成长，还是对我以后的成功，都影响很大。

那时，我最不擅长的是上台演节目。有时上面有任务，没有办法，也会厚着脸皮，上台表演。记得学校开迎新会，叫我和贾悌同学演《小放牛》。贾悌男装，我扮女的，上台一唱，浑身发热，满脸通红。然而，不管怎样，硬着头皮，总算演了。我一生干事，虽很谨慎，但也大胆，与这次实践很有关系。

育英中学读书气氛很浓，对我形成喜欢读书的习惯产生了潜移默化的影响。可以说，除了上课，除了当辅导员做工作，我几乎是手不释卷的。不管在什么情况下，我都能读书，都能思考，都能写点东西。这种“乱中有序，闹中求静”的读书习惯，伴随我一生，可谓成才的法宝。参加工作后，我既搞党政工作，又搞教学工作，还搞科学研究。这种双肩挑的路子，也可说是从育英中学开始的。我始终认为，干工作和搞学问是互补的。处理好了，干工作可促进搞学问，搞学问也可促进干工作，因为搞工作和做学问，有许多境界、思路、方法是相通的。

育英中学给了我许多许多。我永远思念母校的两座灰楼，永远思念母校的老师和同学。

（原载 1999 年 11 月 29 日《山东教育报》）

第三编

哲理诗歌百首

风花雪月可以入诗，道德情操可以入诗，政治哲理也可以入诗。现代诗的格律，应以律诗为主，杂以三、四、五字句。可成短诗，可成长诗，押韵即可。诗应意、景、情韵高度统一。寓意、成景、抒情、押韵皆有，即为好诗。律诗较符合汉语节奏。现代京剧对白唱词也多为律诗，听起来铿锵有力，唱起来朗朗入口。其他律诗皆可试用，不拘一格。是为我的诗学哲理观。

咏 梅

严霜凌红梅，红梅傲铁枝。
欲晓梅坚贞，须待花艳时。

牡丹花傲

牡丹花开最靓丽，雍容华贵压群芳。
笑向独靓花仙子，轻扫傲气又何妨？

玫瑰花香

故乡田埂栽玫瑰，有刺玫瑰花最香。
满园玫瑰全摘净，趣酿香精蕴久长。

鸡蛋花娇

傲干铁枝吐花蕾，外白内黄娇滴滴。
莫谓娇花软无力，根边大石她能移。

木棉花红

木棉花开红似火，如同火把照天明。
万树木棉红成海，恭迎游客最多情。

梅花俏

腊梅花开显冷峭，只想赶来把春报。
群花姗姗齐争春，俏梅乐对众芳笑。

赞落花

落花适时入尘埃，乐携芬芳怨冬迟。
花虽凋谢盼重生，来年速到报春时。
早春一到众花开，新花仍沾落花泥。
落花迎春开新花，新花落花荣华夷。

赞胡杨

远看沙丘一胡杨，屹立靠近车道旁。
根上沙声刷刷响，枝上嫩叶又伸长。
铁干硬枝坚如矛，不惧风沙又疯长。
待到枝叶绿成荫，沙丘岂敢再逞狂？

小小枣花

小小枣花永不俏，花小却喜结大枣。
引来群蜂立花头，酿成枣蜜甜无涯。
大枣性温调气血，枣蜜清香润情怀。
枣花虽小甜又美，都想与你结情缘。

赞玉兰

润白远胜和田玉，圣洁堪比珠峰雪。
世间争学玉兰花，玉宇廉洁贪腐绝。

破土猛伸枝

静夜又沉思，诗情却更痴。
疾笔赋华章，卧看银河涌。
松柏喜寒风，桃李苦求知。
栋材似春笋，破土猛伸枝。

二登黄山

溪清水流远，露重花愈红。
登高极视野，方觉峰涛平。

登泰山

搀父携女登泰山，不觉来到十八盘。
父女都言向上爬，我也跟着不断攀。
不觉来到南天门，我又赶快凑向前。
老父幼女笑开颜，再攀高峰有何难？

上华山

神斧劈悬崖，一线穿峰巅。
铁汉惊心呼，奇哉唯华山！

游九寨沟

霞落百海出，山静万木染。
深足涉奇景，九寨美梦圆。
倒影百媚生，层林巧打扮。
游罢久久想，又把九寨盼。

天池美

群山中间若有谷，深谷纳水成天池。
池水清澈且又凉，造化乐把神秀集。
山间林木层层染，巧绘美景莫迟疑。
劝君应学生态美，叠叠层林最神奇。

游敦煌

飞天舒袖舞蹁跹，反弹琵琶奏新篇。
众佛醒来慢睁眼，乐对宾客笑开颜。
自从那日游敦煌，久盼美景酿神曲。
沙中绿洲寻硕果，陈腐早想神奇现。

游大瀑布

恰似万马奔腾急，又觉飞流扶海立。
下崖挺身瀑下过，归来难把惊魂移。

游大峡谷

悬崖直立九天外，举目极视仍无绪。
若要细探谷地谜，骑骡三天下高崖。

同上黄山

当年携手登黄山，巧遇冷雾凝雨涟。
雨水成溪脚下流，实遇险峰把身拦。
峰回路转朝前走，甩动腿脚缓下崖。
一旦下山笑见友，爬楼仍觉无痛言。

昔爬黄山

初爬黄山都畏难，只缘步步苦登攀。
晨起温泉方起步，午后才到天都前。
天都峰险鬼神惊，鲫背难上更难还。
老者累得难移动，玉屏楼里打哈欠。
壮者也是难走路，气象站里歇脚拳。
我等那时还年轻，虽累还需向前赶。
相约师兄与师弟，月夜苦奔北海南。

昔游青城山

当年初上青城山，山上山下无几人。
满山林木悄悄动，枝上鸟儿细细音。
沿着竹楼节节上，山间细风微微吟。
登上山顶侧耳听，幽哉青城天下闻。

昔游漓江

昔乘小舟游漓江，美丽夜景多梦幻。
船前倒影似实景，舟后波纹又澄清。
停船阳朔去购物，老妇只爱钟乳石。
买块石头背回家，如今伴我年四十。

昔游敦煌

三十年前游敦煌，至今尤难使人忘。
开锁启门悄然进，微光细照壁画上。
飞天真想飞蓝天，背弹琵琶弹得响。
观罢关门上锁去，回头复把佛洞想。

昔过戈壁滩

乘车夜走戈壁滩，忽觉狂风晃门框。
门窗难抵狂风撼，惨然吹得乱咣当。
用力把住车门锁，再用箱子忙挡上。
狂风暂息险过滩，大伙累得气嘘喘。

累爬鸣沙山

鸣沙山堆不算高，望去似盈五十尺。
上爬一尺退八寸，半天爬到半山里。
加把油来向前进，足累苦登莫迟疑。
只盼早至山顶上，大汗如雨浑不知。

又过火焰山

高僧师徒难过山，只好借来芭蕉扇。
现在漫游火焰山，只需乘车过山前。
火焰山石热似火，寸草不长实难看。
他日若能植草木，也好热土绿树掩。

那是伊犁河

两岸翠柳已成荫，点点花树忽吐芳。
河水清澈能见底，碧波鱼儿游中央。
此景应在江南有，为何出现在新疆。
忽有来者对我说，那是伊犁泛春光。

忆趵突泉

泉西有个剪子巷，石路甩水湿衣裳。
进了西门寻泉声，不觉来到泉水旁。
三股喷泉高三尺，泉声玉震春满园。
泉水齐汇大明湖，争当天下第一泉。

忆黑虎泉

三大虎口齐喷涌，清冽泉水聚成河。
河中叠起一短墙，立成东西两溪郭。
东河下水允洗衣，西溪痛饮最解渴。
我和弟弟去抬水，倒入缸中痛快喝。

忆漱玉泉

漱玉泉水凑面前，洗脸润喉美容颜。
蹲下喝口清泉水，起来相视名泉谈。
漱玉泉边忆清照，诗人似立泉水岸。
唱罢清照漱玉词，词音泉声律韵全。

忆珍珠泉

幼时乐游珍珠泉，珍珠泉水甘洌甜。
串串明珠跳上岸，游人见了细承欢。
双手捧起泉水珠，一到手里珠即散。
梦见珍珠穿成链，戴在胸前乐开颜。

忆金线泉

漱玉泉西金线泉，大家争着去品玩。
东西两股泉流水，凑到中间连成线。
阳光斜照泉中间，细看泉中金线现。
若用金线穿珠宝，此宝定会价空前。

日夜劳心碎

日夜劳心碎，分秒岂得闲？
为把劲松育，甘洒血和汗。
骥老志弥远，发白情宜坚。
奋蹄总嫌迟，狂奔书海间。

观跳水

水中芭蕾站琼台，一双飞燕飘下来。
分手压水水无花，两朵芙蓉飞上崖。

青大之歌

青翠的浮山
深蓝的黄海
环绕着
秀丽的校园

挺拔的青松
艳丽的樱花
激励着
奋进的情怀

追求真善美
发展德智体
青岛大学的师生
决心要成为
搏击风浪的海鸥
建设四化的英才

生态美

山间林木层层染，掩映成趣绘美图。
团队应学生态美，协作共走创新路。

贺幼儿园

幼苗亟盼轻轻剪，小花渴望细细浇。
低语莫惊童稚梦，深情常逗天真笑。

再游九寨沟

忆昔初游九寨沟，可与今日大不同。
海里凉水可游泳，林间绿草牧马牛。
弯曲小桥羊可过，水里有鱼垂者至。
当年九寨行人少，如今宾客梦中游。

再游大瀑布

晨起跑到大瀑布，水声咆哮更壮观。
忽见彩虹背后起，恰似一桥架两边。
过桥就是加拿大，异国风情笑颜欢。
拿出相机速拍照，如此美景难再现。

观北斗

七颗星星居北天，子子相扣连成匙。
匙子竟能指方向，古今中外皆称赞。
深夜茫茫难见指，密林森森苦寻迹。
只要抬头观北斗，赶路回家不用急。
走出迷途不彷徨，北斗送我到村集。

致博雅塔

湖边建起博雅塔，挺秀矗立上云端。
追求自由誓不屈，奋斗民主奔向前。
面对强暴不弯腰，追求第一世领先。
湖光塔影最光彩，北大精神满校园。

武夷山漂流

小小竹排靠江岸，与卿携手上竹排。
放开竹排漂流去，如画美景渐展开。
春山倒影缓缓逝，彩霞吻波又重来。
陶醉美景收眼底，停排上岸登琼崖。

秀英炮台

六门大炮齐排开，朝向大海喷射来。
敌人若是敢登岸，粉身碎骨尸难埋。
两颗苍老蛋花树，铁干傲枝全伸开。
娇花深情吐芬芳，万民闻香聚城崖。

霸王岭树王

霸王岭上两棵树，根深干高实难想。
树枝伸得不见影，根深扎得难度量。
绕树一周十余步，倾视树干百米长。
雄居岭上数千年，霸王岭上敢称王。

游毛公山

乘兴去游毛公山，渐看斜阳照山间。
一旦距离也适宜，山石也把绣像织。
山间隐现毛公相，惟妙惟肖世称异。
见过奇景千千万，当属此山最神奇。

谒海瑞墓

岁月流逝数百年，仍敬海公报国志。
怀着深情谒海墓，愿将丹心献君前。
南国包公最清廉，为民谏君敢直言。
人世都来学海公，皆留清名在人间。

南海观音

观音屹立在南海，高耸蓝天抚纤云。
身高一百零八米，高挑身材体态匀。
慈祥面孔慰众生，俯身下视察万民。
敌者远见可丧胆，台风来时惧登临。

问银河

牛郎渴望渡银河，问我无桥怎能过。
无桥也能渡过去，就看银河怎定夺。
我劝银河多想开，与人为善信佛佗。
能帮牛郎跃河溪，织女谢你恩情多。

沁园春·建青大

浮山脚下，
惊涛拍岸，
彩云翻飞。
在青大奋战，
干劲倍增，
心智耗尽，
诚铸丰碑。
夜风来临，
狂击我身，
凯乐奏响迎风吹。
须欢腾，
彩旗招展，
英才齐归。

沁园春·建烟大

外腾海浪，
内流清泉，
景使人醉。
看烟大初建，
格调高雅，
规模浩大，
宏图尽展，
友人相随，
进校巡视，
来者久视不思归。
曾记得，
名师齐聚，
凯乐低迴。

远山近

空气清新远山近，寒冬体冷夜梦多。
田间地头细查问，故事编得似海润。
发明只赖多实践，创造多靠悟性卓。
多用悟性去实干，定叫虚妄无处躲。

赞老者

人到老时要学乖，该显才时不谦虚。
老了少说人无用，枯树也能出良材。
老骥奔跑脚不快，耐心不减慢爬崖。
老了必然脑迟钝，偏要多思免于猜。

说弱者

弱者虽弱多同情，但又不可显无能。
弱者因故难为强，但与强者也不熊。
弱者强者相转化，强者虽强勿逞能。
弱者虽弱不示弱，弱变强时勿逞雄。

乐健寿

长寿犹如老来果，健康就是果之根。
根深叶茂结硕果，躬身探索寿星因。
健康乃是人之本，没有快乐愁煞人。
若要康健活得久，应把快乐当灵魂。

见故友

满怀激情见故友，双手相握不撒手。
明眸悲涩难转动，满腹话语胜泉涌。
故交之手应常握，老朋肩膀常轻拍。
常握轻拍又分别，来年见面再细说。

遇新朋

巧遇新朋须有缘，话里话外要含情。
诚心诚意相接近，深情厚谊随缘生。
君子之交淡如水，新朋多处情日增。
将心比心时长久，新朋与汝心长映。

爱良才

生来就懂爱良才，爱才必有护才心。
幼鸟成长怕风暴，愿展双翅比娘亲。
俊才脸上有瑕疵，轻刀慢举细寻因。
待等幼苗长成树，愿当沃土滋树根。

惜怪才

人道怪才很难处，尽量少惹少接触。
我道怪才需引导，其中定有英才出。
常理都愿容庸才，庸才无能却忍辱。
若费才力育庸才，实难引上成才路。

爱调皮

儿童温顺好，还是调皮强？
两者皆不错，各有其所长。
要是细加问，谁最有前途？
单就潜力讲，顽皮似更长。

梦寻才

到处奔走去寻才，长梦渐醒未见来。
腊月不怕寒夜冷，三顾茅庐寻英才。
求贤必须礼貌周，求得贤才渴方解。
英才齐聚同心干，夺得硕果出奇快。

老来乐

青丝渐渐染苍苔，岁月流逝仍爬台。
崎岖山路还须上，手抚白发乐开怀。

太极拳、剑

打拳舞剑二十年，天天习练永不闲。
晨起迈步草地边，拳剑与我最有缘。
以腰为轴动全身，双手画圆环环连。
刚柔相济心态平，体健心灵两周全。

惜　时

闲中应求静，乱里寻有序。
积少能成多，化零则为整。

饮　酒

敞怀须痛饮，但需适可止。
心中常有度，则避酗酒时。

诚　信

心中需有诚，方可心换心。
广交天下友，情义率成真。

管理要诀

目标尽量高，管理必须严。
检查理应勤，赏罚适当重。

寻新路

古人之路少重走，他人之径多绕行。
直路要当弯路走，弯树权作直路径。
打仗需要出奇兵，创作尤靠有激情。
岁岁月月踏新步，才能不断上高峰。

不言悔

人间常道后悔迟，我劝诸君莫迟疑。
与其思虑常失眠，不如床头将悔遗。

莫生气

劝君且莫把气生，生气可要损身体。
若知生气便泄气，无气才能活得实。

勿太聪明

为人不可太聪明，聪明太过反致愚。
聪明之人做蠢事，皆因做事太顾己。
太顾自己必算计，算计过分聪明失。
总想自己不吃亏，到头反把大亏吃。

论得失

人们总想要得多，贪多反而难得多。
大家都想失不得，不失那能把得得。
得失无非大与小，失得也就少和多。
应用小多替大失，或用小失换大得。

劝无能

众人大都笑无能，我说无能也有成。
无能皆因不知矩，做出事来无规程。
无规做事岂能要，理应谅解寻内情。
若能把事做得好，无能知矩变内行。

“度”字歌

哲学概念实在多，唯有“度”字不能缺。
哲学概念很平凡，唯有“度”字最神奇。
吃饭有度知饥饱，睡觉有度困不觉。
饮酒有度难以醉，花钱有度无穷时。
为民有度知律条，做官有度廉洁好。
说话有度不伤人，干事有度效率高。
只要知道一个“度”，今生今世用不了。
只要用好一个“度”，坦荡一生总会笑。

论和谐

红日里头有黑点，明月仍有圆中缺。
和谐之声有杂音，和谐之事难欠妥。
和谐手中有个刺，弄得不好被扎着。
和谐世界要建设，莫要成为苦等者。

论先进

先进不可太空泛，空泛叫人多疑云。
先进难以太广阔，广阔令你费思忖。
若说何者为先进，业绩突出人实在。
若问谁是先进者，群众英才当重任。

不言愁

我这一生不言愁，皆因办事有来由。
抓住因果不放手，愁事化解乐来求。
愁事乐事两冤家，冤家都要常聚首。
岂能化解连环套？岂容愁事皱眉头？

不怕难

干事从来不怕难，因为一生永登攀。
难事最怕有心人，也惧世间铁汉男。
铁下心肠解难事，难事悄悄化为烟。
战胜难事再回头，难易携手乐开颜。

问　易

说起易来并不难，可是无人说周全。
认知全面易到手，坚持实干易至前。
把易看得太容易，又会叫人犯了难。
难易虽然互对头，也能你我共缠绵。

释　难

请问何者是谓难，我也一时难概全。
物不识时认知缺，事不做时实觉难。
知之能识难变易，坚持就到成功前。
君若愿听我的言，困难也要露笑颜。

致媒体

媒体应发正能量，好人好事报道多。
媒体确应少虚情，真情实感常叙说。
媒体必须向前看，群众难事不推脱。
媒体总要说实话，揭露真相绝不缺。

再致媒体

媒体作用可真多，好的方面已经说。
如今媒体太势利，老板琐事吹嘘多。
为了赚取人眼球，明星私欲大炒作。
今天媒体图赚钱，广告堆钱手不脱。

论堵车

二十年前我曾说，城市环路勿太多。
车上环路比兔快，车下环路似龟挪。
如今城市大堵车，多缘环路把车搁。
北京堵车最厉害，此因至今羞于说。

路成河

如今一旦下大雨，立时城街变成河。
路成河来因太多，大半都怨老天爷。
路成河因细琢磨，切勿忽视因两个。
既因建楼阻水道，又因修路把水隔。

震后反思

频发地震这几年，楼倒人亡损失大。
救援工作实感人，震后思索可增多。
违章建筑尽数拆，万千危房修稳妥。
山河如果再有震，房子就能如塔稳。

论反腐

若要反腐反到底，五大措施莫忘记。
官员尽量由民选，暴晒私产莫迟疑。
特权定要渐废除，财务监管重拳举。
舆论让你无处躲，反腐定能渐彻底。

为　官

我在官场四十年，不重权力又轻钱。
名誉为重苦追寻，业务求精探幽源。
要为群众多干事，不卑不亢有尊严。
诚把下属当挚友，劝其千万要清廉。

办大学

大学为何不好办？多缘办学要求多。
若想真把大学建，首选校长是关键。
上级任命教授选，二者结合最周全。
校长紧把业务抓，人才学术都争先。
大师英才齐辈出，考量校长标准严。
如果这样来办学，办好大学有何难？

八十抒怀

人生八十不言稀，壮志凌云仍称奇。
往事犹新猛回首，又见白发抽新丝。
闲来静坐幽林中，遥望云海绣神异。
忽见仙鹤频点头，笑看老汉乐兮兮！

十莫歌

莫发愁
即使愁白头
所愁之事无来由
怎么办
化解矛盾
愁事也变乐悠悠

莫发怒
即使发冲冠
怒气依然压胸膛
怎么办
知其发怒
怒有何用气飞扬

莫焦虑
深夜睡不着
白天仍然心难安
怎么办
心平气和
淡对现实心放宽

莫要哭
终日泪成河
悲痛依然难解决
怎么办
坚强应对
破涕为笑悲失缺

莫后悔
往事难穷追
莫让脑袋碰南墙
怎么办

永不言悔
勇往直前总要强

莫情痴
情痴陷迷惘
是非曲直又难知
怎么办
唤醒理智
适时降温解心痴

莫弄巧
弄巧反成拙
聪明反被聪明误
怎么办
脚踏实地
巧中含拙可增悟

莫求全
万事都求全
恰似终日无事干
怎么办
瑕疵皆有
面对实际战犹酣

莫追星
明星再靓丽
不能解渴不济事
怎么办
无须热捧
适时冷对莫迟疑

莫贪心
贪心必被捉
私欲哪能太膨胀

怎么办
收敛私欲
知足常乐作药方

登泰山

苍山溪水远，白水林木深。
举杯舒情怀，倍觉友谊亲。

黔边行

地无三尺平，山中穿巨龙。
洞涧悬明镜，照我黔边行。

何处月圆

今晚中秋夜，何处月最圆？
请往心中寻，圆月照眼前。

乐耕田

蜿蜒梯田爬上山，曲曲溪流绕身前。
麦黄也盼稻花香，双双依依乐耕田。

诗情何处

诗情何处寻？得来并不难。
造化钟神秀，激情胜涌泉。

贺中秋

秋月何处升？
升在我心中。
心中有何物？
满载友谊情。

致　梦

梦中一样有追求，苦思冥想寻根由。
只要脚踏实地干，实现梦境有何难。
梦境虽是心头想，不去奋斗空悠悠。
问梦如何变现实，苦干兴邦不知秋。

悼念周总理

看苍山，苍山低头泣。
望长河，长河热泪涌。
听松涛，秋涛呜哑急。
抚胸怀，胸怀痛戚戚。

是何原啊为何因？
山山水水这样悲！
都为悼念周总理啊，
五洲四海悲泪飞！

谁能忘啊南昌城，
南昌城头战旗红。
烽火翻滚冲天起，
铁流怒吼战恶风。

昔日重庆实难忘，

临危不惧闯刀丛。
面对刀丛朗朗笑，
纵横虎穴仍从容。

谁能忘啊长征路，
高歌伴你上征程。
脚踏雪原放异彩，
头顶蓝天舞长虹。

延安窑洞实难忘，
酷暑寒冬夜窗明。
灯下苦读论兵书，
胸中运筹百万兵。

天安门上灯火红，
红灯照得天下明。
为国操劳夜难寐，
通宵达旦绣锦程。

泰山峰顶青松挺，
铁干劲松枝叶青。
倾心敬慕周总理，
遥望云霄擎天松。

竹笋破土节节高，
你却日渐脸颊瘦。
面消瘦啊志更坚，
人人见了愁上愁。

讣告一声似惊雷，
刹那晴空雨泪流。
泪水难倾胸中愿，
耳边又听战鼓催。

催征战鼓响声急，
疾风催我展鹏翅。
飞上九天扫黑云，
回头再把总理祭。

（惊闻周总理逝世而作）

悼毛主席

日月迷蒙披青纱，
天地昏暗同声泣。
心凝神伤万重悲，
满山遍野百花湿。

忆昔一八九三年，
韶山红日出山崖。
从此岁月开新史，
漫长黑夜总有涯。

神采奕奕挥铁拳，
指点江山巨笔悬。
迈步踏遍湘江水，
唤起农戟闹宇寰。

青松矗立井冈山，
烽火熊熊燎安源。
武装工农千百万，
如潮红缨涌向前。

航船急流遇险滩，
齐盼润之挽狂澜。
拨转航向危转安，
齐跟委员奔向前。

三军高歌上征途，
长征万里不畏难。
奇兵飞越岷山雪，
茫茫草原歌相连。

延安宝塔矗云空，
万丈长缨握手中。
枣园灯光通夜明，
运筹帷幄缚苍龙。

战帆如云破浪行，
百万雄师捣石城。
钟山风云终有变，
江涛笑映战旗红。

无限春光换人间，
彩霞拥照北京城。
天安门前人欢跃，
争看江山万代红。

主席与世长辞别，
音容笑貌在心中。
遗愿花作千钧力，
又跟主席上征程。

（惊闻毛主席逝世而作）

出书有感

赋诗寻书德久长，尊师重教举国荣。
明德乐承英才志，寻新觅奇夜长明。

第四编

一生诸事

不少友人和学生建议我写自传，我迟疑半天，难以回答，因为传似流水账，按年月日，平铺直叙，极难写好。我等凡人，一生做事不多，也没什么好写。传不写了，但事还有，应加整理，写出来，告知亲友，也很有益，故写了《一生诸事》。《一生诸事》近百篇，真有意义，可促反思，可以励己，可慰人生。我以事为主，来写一生，可打破时间界限。一个人，一件事，时间跨度可大可小，少可几天，多可数年，甚至几十年。文字多少，不加限制，可数百字，也可几千字。事多则多写，事少则少写，只要说明事理，即可住笔。报告、讲话也选了些，大都是治学办校的经验。这些也是我做的事，是很有意义的事，是留给校长们看的，也是给学校师生看的，是长期有用的东西。我经历的事中，有些事可以明说，有的就点到为止。大家读了，便知分晓。因是百事，不能太全，有些事没说，有些人没写，此等疏漏，在所难免，敬请见谅。

生在平阴

山东平阴外山庄背依青山，面向黄河。苍松翠柏傲立山间，玫瑰花缀满田头，垂柳青杨齐立路旁。1936年6月13日，一个婴儿来到人间，这个男孩就是我。我从小不爱哭，总带笑容，给全家带来欢乐，深受喜爱。老爷爷李道安，虽在农村，颇有文化。他希望我日后成人，可以兴家，取名"庆轸"，号兴南，视我为掌上明珠。我的父亲敦豫，为人忠厚，也很聪明，又很孝顺，在众兄弟中，颇受宠爱。我的母亲孙秀梅，聪明伶俐，端庄大方，识文解字，手工极佳，在众姊妹中出类拔萃，深受敬重。我从小生长在蜜水中，受到各方面的宠爱。

我老爷爷经常抱着我，逗我笑，和我玩，逢人夸我聪明，还教我背诗句。我小时体弱多病，经常拉肚子，有几次把屎拉在老爷爷的皮袄里。老爷爷从不嫌脏嫌臭，换件棉衣，继续抱着我，逗我嬉笑。

在农村，我家不富，也不穷。饮食起居，都很节俭，吃可果腹，穿可御寒，算个殷实人家。我小时候，不吃别的，就愿吃鸡。只要我想吃鸡，老爷爷二话不说，就让爷爷到集市上给我买烧鸡。买鸡回来，交给老爷爷。老爷爷撕开给我吃。我吃得带劲，老爷爷笑得也很带劲。全家叔侄十几个，孙子孙女不下十个，独疼爱这小轸，其他爷爷颇为不满。老爷爷在家里很有威严，说话算数，因而大家都不好说，更不能发泄。就这样，在老爷爷无限的宠爱中，我慢慢长大。

抗日战争爆发后，家里乱起来，土匪、官兵、日本兵常常下乡扰民。我老爷爷在外山庄也待不下去了，就带着老奶奶到了济南府，以教书为生。后来我父亲在家里也待不下去了，就来济南，学开汽车。老爷爷、父亲从老家走后，家境败落，矛盾百出，无法收拾，只有分家。分家之后，我和母亲经常住在姥爷家。

姥爷孙履贤，住在大孙庄，距外山七里地，不算远，走着去也就一个来小时。我姥爷知书达理，在村里辈分又高。大孙村遇到婚丧嫁娶之事，都请他去。他若一到，事易办好，就是有矛盾，经过协商，也就和了。因此，姥爷在大孙庄威望很高。到姥爷家，我就三四岁了，经常跟姥爷谈这谈那，智力有所开发。当时，他教我读《三字经》《百家姓》《山西杂字》等。经常给我讲民间故事，还叫我背一些东西，如反话诗等。有些诗，我现在仍能熟背。那诗说："号号号，官来到，骑着板子，拉着轿，吹铜鼓，打喇叭，门楼拴到马底下。东西街，南北走，十字路上人咬狗，抬起狗来就砸砖，布袋驮驴一路烟，河里下网逮兔子，狗咬鲤鱼上南山。"我母亲姊妹三人，皆有一子。三子一起读点什么，我很快背过，其他二位兄长，都不如我。因此，我也深受姥爷的喜爱。

我母亲孙秀梅，虽没有上学，姥爷所读《三字经》《百家姓》等，她都能背过。姥爷讲的故事、诗歌，她也能背诵。我不会念的或忘记了的，都请她再讲，她讲的和姥爷讲得一模一样。在农村里，她才智过人，被人赞为才女。

初到济南

父亲在济南学开汽车，出徒之后开始跑车。父亲在济南立下脚跟，便回平阴接母亲来济，我也随之来济。母亲到济后，总感生活不便。我那时五六岁，主动帮母亲干活。母亲包饺子，忙不过来，就叫我轧包子皮。母亲炒菜，忙不过来，我就去拉风箱。家里缺了油盐酱醋，我就到商店去买。衣服破了，我跟母亲学缝纫。母亲缝被褥，我也爬上去缝几针。一个幼儿，还没上学，就学会干一些家务活，在城市里是不多的。我感谢母亲，因为她严加训教，不但开发了我的智力，也提高了我的动手能力。我思维敏捷，动手能力强，这个基础是从小就打下的。为此，我要感谢我的母亲。

1942 年夏天，我满 6 岁，便到皇亭小学报名读书。皇亭小学在按察司街，校外是皇亭广场。这个小学很好，当时也颇有名，我去读书，十分高兴。这个小学要求小学生都要穿校服。那时我家穷，不富裕，一时无钱购买。我母亲去学校，看了看校服的样子，回家给我量了量尺寸，就坐在灯光下，给我做校服。她用手缝制，和用缝纫机缝得一样，穿起来，很合体，很像样。还有帽子，她自己缝制，两天即好。我戴起来，也很合适。母亲的手，真灵巧啊！叫我佩服，对母亲更加敬仰。

我穿起校服，戴上帽子，可神气了。穿戴那么合体，身体那么匀称，眼睛那么明亮，面庞那么清秀，走进校门，怎么不受老师的喜爱呢？

我在小学里读书，早晨按时起床，按时吃饭，按时上学，按时上课，母亲从未叫我，全靠我的自觉。我一生养成的按时习惯，恐怕就是从这时开始的。我母亲很省心，我也很骄傲。在学校上课，我很专心，仔细听，默默地想，尽量领会。因此，学得快，记得好，领会深，颇受老师好评，也受同学尊重。我年少个子矮，力气不大，同学们从不欺负我，恐怕这是一个重要原因。

旧东门小学

1946年夏天，我考上旧东门小学。在发榜时，我的名字误写为“李庆臻”。想改过来，老师却说：“‘臻’字好，含义丰富，耐人寻味，臻于完善。”就随之改名为“李庆臻”。

旧东门小学在护城河外，河里泉水绕校园而过，风光秀丽，是学习的良所。我经常在河边散步，或到河边游玩。老师经常嘱咐我们，水边游玩，定要小心，不要淹着。因此，多年在旧东门小学从未发生溺水事故。

高小的老师都很棒。课堂上，老师讲课动听，学生秩序良好，难以看到违纪现象，尊师爱生蔚然成风。

语文老师鼓励我们多读课外书。多读课外书，不仅对写作有好处，也对学生开阔思路和视野有益。我酷爱读课外书，除通俗小说外，还硬读了几本古典小说，什么《小五义》《小八义》之类。为什么说硬读呢？字不识，读；文不懂，也读；跳动翻阅，懂得就读，不懂的就翻过。我的读书习惯，逐步在这时形成。

有个音乐老师挺厉害，上课拿着教鞭，看谁不听话，不顺眼，就打你两下。大家均有反感，背后议论，说其坏话。当时，我认为，背后议论老师不好，但老师用教鞭敲人也不对。教师应以才服人，以貌悦人，以礼示人。只有这样，学生才尊重你。

高小二年级，又换了语文老师。这个老师特清秀，有魅力，讲课投入，富有情感，很吸引人。她有时也朗诵诗。朗诵起来，抑扬顿挫，很有节奏。我那时，对诗的理解很肤浅，以为句子整齐，有点押韵，即为诗。我也根据我对诗的理解，试写诗。这些诗是顺口溜而已，但对我以后学诗、爱诗、写诗是大有好处的。到中学我写诗，由同学朗诵，颇获好评。到北京大学一入校，参加第一个学术团体，就是诗社。

在高小时，我体瘦、力小、个矮，所以我就加强锻炼，跑步跳绳投掷皆学。后来，体质渐强壮。在练跳绳时，先是一个一个跳，后是两个两个跳。三个三个跳时就跳不过去了。偶然跳过去，但连不起来。虽然连不起来，但跳绳益处很大，不仅练了手脚，也练了灵活性。

那时，我还练过瞄准。怎么练呢？先找几块小石，远击树干。开始打不准，练长了，就易击中。有一次，我看见一只麻雀，落在我面前，约有十来米。我顺便打出一石，击中了，我很惊喜。但是，当看到麻雀挣扎两下，倒地死去时，我心中怅然，惭愧不已。我想，这个小生命命丧我手，太不应该。从此以后，再不击鸟，而是见鸟即护。

济南解放

1948年我高小毕业，去考中学，考的是山东省实验中学。发榜后，我考上，很高兴。快要上学时，正遇上解放军发动了解放济南的战役。在中秋节前后，打得最厉害。白天寂静无声，夜间炮声隆隆。国民党军下令，凡成年男子，不能在家居住，一到晚上，要去军营，集体夜宿。我父亲也不得不去，去了几天，就不愿去了。就说："死也死到一块。去到那里夜宿，我死了，你们连个尸首也找不到。"于是，在房内床下煤堆旁，挖了挖，能存身。夜晚我父就曲卧床下。我和母亲在床下煤堆前卧着。一天晚上，国民党军查夜，到了我家，掀起床单，问我母亲，男人去东仓没有。母亲说去了。国民党军战士用刺刀向煤堆刺了几刺，但没刺到父亲，就走了。我和母亲吓了一身汗。

又过数天，身穿解放军军装的战士，拿着铁镐，在我家东墙挖洞，尘土石头落了一地。我们见了，也不敢吱声，只是胆怯地看着。后来有位军官走进来，告诉战士，不要再挖，这里有小孩，别吓着。战士拿着铁镐就走了。后来才知道，挖洞是为了巷战。因为我们屋后是街，街内有弹药库，打洞上街，便于巷战，能减少牺牲。在另一屋打了洞，洞打好后，战士跳过洞口，上街激战，很快击溃敌军，拿下了弹药库。

不久，同院的李大娘前来告诉我们，济南解放了，国民党被赶跑了。为了孩子，不挖墙洞，体现了解放军的为民精神。从此，我们便沐浴在解放的蓝天之下了。

考育英中学

1948年解放军攻下济南后，父亲带着我们又返回平阴，想在家务农，免受战火惊吓。但回到老家后，父亲又不习惯，也担心我们荒废学业，于是重回济南，到济南公路局开车。立下脚后，速回平阴接母亲来济。

到济后，父亲又带我去实验中学，要求上学。实验中学告诉父亲，实验中学早已开学，你儿子的学籍已经注销，不能上学。没有办法，只好另选学校。当年冬季招生的有育英中学，于是便去报了名，很快录取。春节后，便开了学，我又背着书包，上了育英中学。

育英中学是个老学校，培养一大批人才，像曾任中央政治局常委的宋平就是这个学校毕业的。我上学时的校长是曲涵三，是个老教育家。个子不高，很有精神，也很有办校经验。他爱才育才，学校集中了一批颇有名气的教师，对办好育英中学关系很大。

给我上过课的老师有黑伯龙、张茂才、于澄涛、李秀成等。这些老师对我有很大影响，起了启蒙作用，所以我很感谢他们。

教我语文的是黑伯龙老师。黑伯龙老师本来是学画的，画得很好，但因绘画老师不缺，他就教了语文。黑老师很有才华，个头也高，眼睛有神，声如洪钟，爱生如子，讲起课来，深入浅出，条理清楚，说理透彻，深得好评。诗画是同源的，他有诗人的气质，诗人的派头。在课堂上，论起诗来头头是道，见解深刻；读起诗来，铿锵有力，朗朗上口，很动人心。我对他很崇拜，有时想起诗的问题，请教于他。他都耐心解释，使我受益匪浅。有时也凑些诗句，交他指教，他很谦虚，从不褒贬，只是建议如何修改。在黑老师的熏陶下，我的诗作大有提高。

教我美术的是张茂才老师。张老师很有特点，穿着随便，不修装束，有时胡子没修，就去上课。不起眼的张茂才老师，一旦拿起粉笔在黑板上写字画，那精神一下子就振作起来，字很秀气，画是几笔而就，非常传神。有一次，他上课，画了个蛐蛐，我数了下，只有六笔，两条须，两个圈，两条腿。我经常仿之。我告诉同学、朋友和亲友，看张老师画画真是享受。我爱上画画，也许受张茂才老师的影响。在育英中学的墙报上，也有我画的画。我曾问张老师："你的画笔画少且生动，为何？"张老师说："多思多想，胸有成竹，心中画好草图，挥手作画一挥而成。"以后，我干什么事情，做事也好，写诗也好，写文章也好，总要事先多思多想。因此，写的时候，就会一挥而就，一气呵成。这大概就是茂才师对我的影响。

于澄涛老师教历史课。他人不高，声也不高，讲起课来，不很生动，但吸引人，为何？他比喻恰当，联想生动，课堂很有吸引力。他把古希腊罗马的汉谟拉比联想成还没拉笛，把1894年的甲午战争说成"一拔就刺"，至今记忆犹新。以后，人们都说我记忆好，实际上就是我用了联想法。

在中学时代，对我影响最大的就是刘新宇老师。刘新宇老师身材魁梧，面色红润，声音洪亮，略有驼背。但他那训话的神态，打球的姿态，久久埋在心里，至今难忘。他懂外语，能用外语讲话。在训话时，也可带几句英语。他管理严，有学生没礼貌时，他就批评，甚至训斥。有学生随便吐痰在地，他就走过去，到你跟前，加以劝阻，告诫你以后不能再犯。刘老师打排球是主攻手，跳起身来，扣下球去，很有力量，往往"一锤定音"。他的扣球姿势很美，大家很欣赏。他一打球，都争着看，热烈鼓掌，为其助威。育英中学的排球很厉害，远近闻名，与刘老师关系很大。他是排球场上的主力，又是育英中学排球队的好教练。刘老师还善打篮球，他组织的红黄队当时在济南很有名。他的勾子手很厉害，手一伸高，勾球到手。在球场上，他能防守，又善进攻，是得分手。我爱上打篮球，与刘老师有关。我参加了青燕队，队服11号，我不像同学赵炳树那样，是篮球场上的主力，但也上场打打。我的打球风格，是个"巧"字，巧于防守，巧于进攻，巧于投篮。后来，在高中，在大学，我都参加了篮球队，驰骋球场，"巧"字当先，颇有特点，也有威力，受到队友好评。

小小辅导员

由于我品学兼优，在1950年便参加了青年团。在团旗的召唤下，我又尽快成长，成为优秀团员。当时，学校少先队的工作，也刚起步，辅导员也缺。学校为了加强少年儿童的工作，就从学生中找辅导员。选来选去，选上了我。不到14岁的我，竟然当上了中队辅导员，与同龄的小朋友，一起活动，一起成长，一起长大。

当时，大队辅导员是吴振淮老师。吴老师当时也就20多岁，为人持重，脾气随和，甘为人梯。在少先队里，他不嫌我小、幼稚，反而愿与我共事，指导我工作并共同开展工作。我们俩既是师生关系，又是同事，相处起来十分融洽，工作起来互相配合。他夸我为人老成，像个小大人，思想活，点子多，又有主见，可当同学兄弟，可做老师，能做好辅导员的工作。

我和低一级的小朋友年龄相仿，情趣一致，思想相通，很容易打成一片。那时，我读书不少，知识广泛，能力也强，所以同龄伙伴，大都佩服我，把我当作兄长。我年龄虽小，活动能力不小，在同学里很有威信。我说的话，他们都爱听；叫他们做的事，他们都愿意去做。我这个辅导员，虽然年纪小，却能担当，受到少年儿童队员们的认可和尊重。

那时，我不断写诗，诗也有长进。我认为诗要有形象，有韵律，有节奏，好朗诵。我试着写了几首，从中挑出一首，拿到队部读给大家听。大家听了，也觉不错。我和杨桂鸾商量，拿去当众朗诵如何，她点头称是。有一次在学校的集会上，杨桂鸾用心地朗诵起来，由于她声音甜美，又带感情，朗诵效果不错，引来了一片掌声。从此，我写诗的劲头更足。由于那时年幼，很不成熟，没有珍惜，也没有留下来，真是憾事。

当时，少先队的大队长杨桂鸾为了演好《黑孩子汤姆》，便把长发剪了，留了短发头，留了短发，更有精神。我那时想，一个女孩子，为演话剧，剪了短头，是要有点勇气的。演剧时还要把脸涂黑，更是要有点勇气的。对她这种勇气，我暗地里十分佩服，因而就有了好感。

1951年，开展“三反运动”。大家对反贪污兴趣很大，认为反贪污反得好，只有反好贪污，官吏清廉，人民才能安康，国家才能富强。配合形势需要，我们组织少年儿童队搞了个活动，叫“搜山打虎”。实际上就是在纸条上写上钱数，千元、万元、十万元不等。写好后，把纸条埋在四里山上。然后，组织少年儿童队员，齐上四里山，搜山找纸条，谁搜得钱数多，谁就是胜利者。搜到的纸条钱数就是“老虎”贪污的钱数。大家积极上山，积极搜山，积极打“虎”，兴趣很大，收获很多，大大提高了反贪污运动的积极性，对孩子们洁身自律也大有好处。这次活动，既带着孩子参加了游戏，又使他们受到深刻教育，为以后搞好少年儿童的活动，积累了经验。

监护曲校长

我们搞完“搜山打虎”活动以后，反贪污运动在全国轰轰烈烈地展开，我们的曲校长也被隔离审查。让其吃住在校内，不准回家，反省悔悟。为防曲校长自杀，需派人监护。此事虽小，责任重大，有个闪失，难以挽救。学校派了好几个人监护，仍嫌人手不够，便在高年级学生中物色人。我当时快要毕业，想考山东实验中学，积极备考，努力复习，以便赴考。不知为什么？这时经学校研究，监护曲校长的任务又偏偏落到我的头上。那时是运动第一，考试第二，考试服从运动。我虽不愿意，但又不敢明说，因为说了也没用，只好服从组织决定，到学校报了到。学校告诉我，曲涵三贪污，正调查核实。你去后，要管好看好，不得有误。我那时是个不到 15 岁的孩子，此等运动我没见过，此等任务未曾担当，真是叫人为难。

硬着头皮去后，见了校长，点了点头，不好意思地坐在椅子上，侧目看曲校长。这个一辈子都搞教育的瘦老头，怎能贪污呢？说不贪污，组织明明告诉我，他贪污，现在审查，还未定案。既然这样，就是说，现在还不能定其就是贪污犯。曲校长的问题，介于贪污犯和非贪污犯之间，可当敌我，也可当人民内部。也就是说，我还不能完全以敌人的态度对待他。在这种矛盾心情下，我时而把曲校长当敌人，时而又把他当校长。因而，有时监视他，又有时看护他。监督他时，不让他出事。看护他时，又和他礼貌起来，谈这说那。曲校长给我谈些办学、学习的事情。他说，我就听，颇有收获。我也请教他有关学习的问题。他谈些看法，说说经验。我听后，也有收获。在以后，遇到类似情况，我总是宁拉勿推，不愿走极端路线。

保送实验中学

我想考实验中学，但没考。在育英中学时，我被调出来监视曲涵三校长，免其自杀。学校不让，我不能硬去，只好等待，以后再说。反正觉得学校最后总要给我学校上。我原来觉得凭我的才智，去实验中学，似有把握，但现在未考，能去与否，很难决定，因而心有不甘。

过了几天，杜黎洲校长找我谈话，问我愿上哪个学校，我冲口而出："愿上实验中学。"杜校长笑了笑，你品学兼优，上个好学校，没有问题。但要上实验中学，需和有关部门研究。又过了几天，学校通知我，实验中学同意接受，你去报到吧。我就高高兴兴地到实验中学报了到，成为实验中学的学生，圆了我的梦。

1952 年秋天，我到实验中学后，被分配在高一 3 班。孟宪堂、阎振刚、李经之、李绍云等，都是同班同学，又是班干部。这个班互相帮助，互相促进，和谐相处，人人争先，蔚然成风。我到这个班里，被选为团支部书记。这么些名校来的，竟然选我这个育英中学来的学生当支书，似乎不可思议。但一想，也有道理。我保送实验中学时，实验中学已对我详细考察，有了较深的理解。班主任和党支部对我都有印象，认为团支书非我莫属，于是就推荐我当了团支部书记。

当团干部，怎样才能干好工作呢？我的经验是处处带头，样样走在前头。论学习，我文科最好，理科也优；论工作，我思路广，点子多，班级工作很活跃；论体育，我篮球打得好，其他运动也不差。你能带头，样样争先，自然大家就信服你，尊重你。

评为“保尔班”

实验中学为了激励学生敢于争先，开展了争创先进班的活动，参加活动的班级要在政治思想、学习成绩、体育锻炼方面都达到要求。经过大家研究，我们班提出了争创“保尔班”口号。

为了被评为“保尔班”，我们提出，首先班干部要带头。干部带头作出表率，其他问题就迎刃而解。干部带头搞团结，大家心向一处想，劲往一处使。团结力量大，班风自然会好。干部带头学习，取得优良成绩，帮学习较差的学生改进方法，提高效率，也把学习搞好，全班成绩自然就提高了。其次，注意特殊问题，不惹是非，以免带来负面影响。有个信教徒，在学校也有祈祷活动等。我们尊重他的合法活动，对其拉人信教的言行，则耐心说服，予以疏导，促其转化。还有些同学，说些风凉话，说些影响团结的话，我们耐心指点，略加示意，促其自省。这样，小的摩擦就化解了，不团结的苗头就消融了。大家自然团结起来，共同为创先进班集体献计献策，贡献力量。有的同学家有难处，我们就伸出温暖的手，尽量帮其排难解困，使其安心学习，努力上进，共创先进。

在体育上，我们要达标，也需要人人努力，不怕累和苦，勤于锻炼。有个同学叫刘少华，长得文静典雅，微胖，有项体育项目难以达标。为了不影响全班争创先进，他也不怕吃苦，加倍努力。在校练了，在家还练，经数月努力，终于达标。我约了几个班干部到其家中看望他，表示谢意。他告诉我们，班集体的荣誉鞭策我，鼓励我，不达标誓不罢休。最后终于达标，没有影响到班级达标，我就安心了。说着说着，挽起衣袖，露出手臂。我们一看，黑色淤斑还很明显。大家吃了一惊，肃然起敬。想不到，他为集体，从不叫苦，也不喊累，叫人敬佩。

最终，我们班被学校评为“保尔班”。在评为“保尔班”的过程中，我们班上的同学都尽了最大努力，思想、学业、体育都有了很大提高。我们班50多名同学全考上了自己向往的大学。不少人考到北京各大学，还有的考上北大、清华。这就是明证。

在“保尔班”创建过程中，我不但在各方面都有了进步，也积累了不少可贵的创建经验。这些经验，对于我今后的工作，如何提高效率，如何改进方法，如何取得优良成果，都很有借鉴，很有启发。

初探文艺理论

1953年高一下学期，我开始学点文艺理论。为何学呢？有两个原因：一个原因是我读了不少小说、诗歌，初中读了《施公案》《彭公案》《七侠五义》《五鼠闹东京》《啼笑因缘》等等。后来又读了《西游记》《封神演义》《水浒传》《红楼梦》等。还读了现代小说《家》《春》《秋》《孔乙己》《太阳照在桑干河上》《小二黑结婚》等。也读了不少外国小说，如《钢铁是怎样炼成的》《奥德河上的春天》《高尔基著作》等等。读了这些小说，应该学点文艺理论，一则对过去读的有所反思，再读小说时能有理论指导，读得深一些；第二个原因是当时正批判胡风。胡风是搞文艺理论的，为批判胡风，也应该明白胡风错在哪里，也应该读点文艺理论。

当时，文艺理论的书籍并不多，我就找点巴人、王朝闻的著作，抽空读起来。读的不多，也算有益，对读小说也算有点作用。读时，总打不起精神来，因为说得太空泛，论得太抽象，与批判胡风联系不大，因而也就没多读下去，更说不上研究了。

学文艺理论有个意外收获，就是文艺理论和哲学关系密切。学文艺理论，又引导我走上了搞哲学之路。

初学哲学

我读高二时，开始学哲学，其因有二：一是学文艺理论要深入下去，就必须学点哲学。哲学是普遍规律，文艺理论是特殊规律。研究特殊规律，要懂普遍规律；不懂得普遍，特殊是研究不好的。二是高一时，利用暑假，看看北京，顺便去看五爷爷。五爷爷当时搞针灸，用针灸给人治病，有点名气，病人不少。他问我，你知道辩证法的三大规律吗？我支吾了一下，只说了两个，否定之否定没说出来。他说："我搞针灸，学了辩证法，对针灸很有好处。你也注意学一学，这样会更聪明。"

我回济后，便开始读哲学。越读越有趣，越读越带劲，一发不可收拾。学校哲学书不多，没的读了，便去书店读。学哲学，让人聪明；学哲学，易解难题；学哲学，更会工作，真是大有用处。哲学里，有文有理，还有天文地理，既研究社会科学，又研究自然科学，简直是无所不包，无所不能，深合我意。因为什么？因为我文科好，理科也好，社会科学好，自然科学也不错。我既舍不得文，又舍不得理。学什么？学哲学最好。从此下定决心，学习哲学。

到了高中二年级下学期，我在新华书店读书时，发现了一本书，是亚历山大洛夫写的，书名《辩证唯物主义》。我翻了翻，认为很好，如获至宝，如饥似渴地读起来，越读越有趣，越读越上劲，越读越觉好，越读越爱不释手。读了两章，天已黑，只好回家。回到家中，见到母亲，道出缘由，要钱买书。母亲问我多少钱，我说两元多。母亲犹豫了一下，似不舍得。我又央告，母亲搜了搜口袋，就只两元多，给了我。我拿了钱，谢声妈妈，扭头就跑，一口气跑到新华书店。买回书来，吃完晚饭，开亮电灯，坐在桌前，读将起来。读至半夜，掩卷而眠。不几天，我读完了全书，收获很大，终生研究哲学的意愿，终于定下。

读完了《辩证唯物主义》后，又觉得应当研究马克思、恩格斯的原著，读哪本书呢？读基础的？读难懂的？读什么呢？当时就选了《费尔巴哈与德国哲学的终结》。这本书确实难啃。许多地方不懂，就查词典，一句一句，务必弄懂。我还买了本硬皮的笔记本，有什么体会就写下来。读完《费尔巴哈论》，我记了一大本笔记。啃透了这本书，其他著作读起来，就易读，易懂，易悟了。

考文考理两种准备

1955年春，我就决定报考哲学，而且只报考北京大学哲学系。当时，北大哲学系是全国唯一的哲学系，是学习哲学的最高学府。北京大学哲学系大师云集，名师汇聚。只要进北大，在大师的指导下，在名师的熏陶下，定能在哲学的海洋里，游好泳，成高徒，在哲学上有所建树。我把考北大哲学系的想法告诉了同窗好友，他们大都支持我，但对我考北京大学有些担心。我也和班主任叶景蓁老师说了，叶老师对我说："全国只有一个哲学系，肯定难考，你应再思，留有余地。但依你的才智，考取北京大学可能性很大，因而我也支持你。"这样，我就铁了心，一心考北大，终生搞哲学。

又过了一个多月，叶老师严肃地告诉我："庆臻，学校认为，你理科不错，想让你报考航空学院，将来成为航空专家，为航空事业作贡献。"学校的决定就是组织决定，我应当服从，且必须服从。这样，我又做好考航空学院的准备。考航空学院，是学校给我谈的，还应保密。因此，准备报考航空学院的功课，还得在家里复习。

在近两三个月里，我白天在学校复习文科的东西，晚上在家里复习理科的课程。一心二用，一心二考，复习文科，我很顺当，且有把握。我把文科各科的教材，由约返博，又由博返约，把文科的重点要点都浓缩到一张纸上。我把这张纸背过，考上的可能性就很大，但复习理科的东西要吃力些。好在平时课程都学得不错，因而复习理科也不费难，只是由博返约的过程要长些。文科要考，理科要考，需两倍用力，但我方法对头，所以文科准备充分，理科也有一定把握。心想考北大不错，驰骋哲海，成为哲学家。考航空学院也不错，飞上蓝天，也可成为航空专家。

到了5月份，叶景蓁老师又找我。找到我时，他告诉我："既然你酷爱哲学，愿考北大，学校研究，尊重你的志愿，去报北大吧！"我听后高兴极了，如释重负，放下理科复习，全力复习文科。

高考前夕，天气特热。我住的小屋在二楼，通风不畅，热上加热。没有办法，为了降温，拿个脸盆，盛上凉水，毛巾沾水，披到肩上，散热解暑。一会儿，毛巾热了，水也少了，再换盆水，再沾毛巾，再披肩上。如此反复，至夜晚睡下。

高考前一天，晚上9点多就睡下，很快入睡。次日起来，头脑清醒，精力充沛，便匆忙赴考场。老天不负苦心人，我答题很快，又复查两遍，便交了卷。

不久，高考发来通知，我如愿考上北京大学哲学系。班主任叶景秦和我的同窗好友都向我祝贺，送来赞赏的目光，我心里也特别高兴。

接到北大录取通知书后，我跑到杨桂鸾家里，也告诉了杨桂鸾，她听后也特别高兴。

北大上学

我经过几年的努力，终于考上北京大学，圆了大学梦，心中甚喜。全家老少，也很高兴。爸、妈感到骄傲，弟、妹也觉自豪。爸、妈逢人便说：“俺臻考上大学了！”“俺臻考上北京大学了！”亲朋好友听了爸、妈的话，都夸奖我聪明，有出息，是个好苗子，向爸、妈祝贺。妈妈总是笑着，忙这忙那。

要去北京上学，就要准备行李。妈妈又是缝被褥，又是洗衣服，还要购买洗漱用品。准备好后，又要点点，还缺什么。发现有缺的，再去准备，那个细心，叫我好感动。

临走前，我又到实验中学辞行。校长不在家，没有见着，颇感遗憾。去见团委书记杨思星、国孚有等老师，他们都在，见我辞行，满心高兴，不断嘱我：“到了北大，继续努力，为实验中学争光。”“你上北大，我们都很高兴。”“以后，放假归来，到学校看看，我们再谈。”告别了两位团委书记，又去找班主任。班主任叶景蓁老师，叫我到北大后好好学习，好好锻炼，为实验中学争光。还说：“你报考北大时，我还有些担心。现在看来，真是多余。你是个心中有数的学生，没有把握，不会外说。”又找了几个同窗好友，畅谈一通，互相告别，来年再会。

我买好火车票，告别父、母、弟、妹，背上行李，独自一人，登上去北京的火车，满心高兴地去北大报到。到了北京，有人来接。乘校车，过西直门，到海甸，进学校西门，至小餐厅。放下行李，报了到。宿舍安排在小餐厅，吃饭安排在大餐厅。小餐厅确实不小，容纳三四百人睡觉。为什么安排在餐厅就寝呢？是因为学生宿舍还没有建好，不能入住。没有办法，只好暂住餐厅。

又当团支书

考上北京大学哲学系的学生，在原来的学校都是出类拔萃的学生，都很有特点，很有性格。但是，一到大学，融入一个新的集体，大家还能和谐相处。

我们班上的学生有两部分：一部分是高中毕业生，大都十七八岁，风华正茂，各有所长。大家有共同的语言、共同的学习背景、共同的经历，因而相处容易，比较融洽。另一部分是调干生，原来大都是干部，多是党员，有工作经验，有丰富的阅历，到学校来学习，不太适应，须有个过程。我和这两部分同学都很好。我这个人人缘好，尊重别人，团结别人，帮助别人，因而也受同学的尊重。我这个人，与同龄人相比，略有工作经验，较为成熟些；与调干生相比，我有活力，学习好。两部分同学待我都很好，进校不久，都熟悉起来，亲热起来。

到团支部选举时，推荐我当团支部书记。我得到同龄同学的拥护，又得到调干同学的支持。当了团支部书记后，我就更加努力学习，更加努力工作，更有成效地为全班同学服务。班级工作也很有成效，还得到系领导和党支部的好评。

初识大师

我到北大上学前，略知北大的老师，有冯友兰先生、金岳霖先生、邓昕先生。知其名，但不识其人。到北大后，我就千方百计地接触这些先生。因为金先生是系主任，因而，认识得早，也早已听闻关于先生的传说。其他先生，无缘接触，很是遗憾。后来，系里开了个会，向大家介绍这些先生。我早去了，靠前排坐下，目睹大师风采。

冯友兰先生身着长衫，飘着长髯，谈起话来，不急不慢，不高不低，很有条理，很能服人。金岳霖先生个子不高，较瘦，面色白净，很有风度，讲话逻辑性强，又有幽默感。邓昕先生较胖，中等个子，面孔红润，说起话来，虽有条理，但不流利。张岱年先生那时较年轻，不胖不瘦，戴着眼镜，斜视同学，讲了几句话，略嫌口吃。

这些先生的著作，只有耳闻，也没深读，以后翻阅，方知艰深。读冯友兰的《中国哲学史》，略翻两章，没有细读，觉得以后学中国哲学史还有机会，想放一放，以后再读。读金岳霖先生的《论道》，如看天书，不知所云，与当时的哲学观念大不相同。读了一点，也没读下去。读邓昕先生的《康德学述》，更是难读。许多概念从未听说，如坠雾里，很难弄通。这些大师的著作，很难读，很高深。与其现在硬读，不如以后再说。现在就读，知识不足，费力不讨好。于是，就把这些著作置于脑后，把精力集中在汪子嵩老师讲的《辩证唯物主义》上。汪老师很精明，外语也好，讲课口齿清楚，深入浅出，逻辑性强，叫人信服。当时汪老师是副主任，我们都很崇拜他。

我在哲学系混熟了，有时到办公室资料室去，就听闻一些大师们的故事。系里教学秘书告诉我一个金岳霖先生的故事。他告诉我："有一次向金岳霖主任请示工作，我打电话给他，他接了电话。我说：'金先生在吗？'金先生拿着电话说：'你慢点，叫我想想。'金先生在屋内转了一圈说：'我就是金岳霖。'为什么这样呢？金先生外语很好，经常用英文思维，换成中文，还得翻译，故而忘了自己。"我听了这个故事，不觉好笑，反而更加崇拜金先生。

我还听到金岳霖先生和梁思成先生的故事。梁先生夫人病了，金先生亲自到病房守护，直至病愈回家。金爱林很执着，很纯真，既不爱别人，也不能拆散他人家庭，为此一生没有结婚。给我谈的人，觉得可笑。我听了这些故事，对这些大师认识更全面、更深刻，也对他们这种坦诚相待的处世感到由衷的敬重和崇拜。大师勤于写作，勇于创造，写出名著，流芳百世。大师也是人，是有血有肉的人，也有丰富多彩的人生。

涉猎美学

1956年2月初，我突然悟到，研究哲学，只研究普遍规律，就会太空洞，太抽象，太平凡。因此，必须和一门特殊科学结合起来，把普遍和特殊结合起来，使普遍的东西特殊化，特殊的东西普遍化。只有这样，才能使普遍的东西有血有肉，变得丰满起来。学什么特殊科学呢？我在中学时期，曾学过文艺理论。文艺理论离美学近些，美学又距哲学近些，所以美学是文艺理论与哲学的桥梁。于是就选择美学作为突破口，把学美学与学哲学结合起来。因此，当时就研究起美学来了，觉得研究美学是个方向，是个途径，是个出路，也易出成果。

先看蔡仪美学。蔡仪认为，美是客观的，并以此建立了蔡仪的美学体系。又看了李泽厚的美学。李泽厚当时很年轻，北大毕业不久，发表美学论文，主张美是主观与客观的统一，并以此构建了自己的美学体系。后来，又钻研了朱光潜的《文艺心理学》。当时，朱的著作很少能看到。我到图书馆借朱光潜的《文艺心理学》时，图书管理员给我一本新中国成立前40年代出版的，毛边纸，书已发黄。我拿到了原著，又是在图书馆珍藏多年的书，怎不叫人高兴呢？我便如饥似渴地读起来，并认真做了读书笔记，以便以后查用。

三人的美学论文和著作读后，我认为蔡仪美学太强调美是客观的，说得太绝对。美如纯客观，无人欣赏，何来之美？朱光潜的美学，虽是唯心的，太主观，但也有道理。如无人之心理，人之欣赏，何来美？何来美感？我比较欣赏李泽厚，他的观点讲客观，又讲主观，较全面，较公允，符合美的事物、美的实践和美的欣赏。但李泽厚讲的客观较充分，讲的主观稍欠缺。我怎样建立自己的美学思想呢？当时就想，以李泽厚美学思想为基础，兼收朱光潜的美学思想。以这个思路去研究美学，可能会研究出眉目，研究出名堂。

当时，美学讨论很热烈，基本分三派：一派强调美的客观性，一派主张美是主观的，还有一派主张美是主客观的统一。报纸上发表的文章我都读了。读之，渐有反感。研究美学的兴趣，逐渐淡薄。

转向科学哲学

研究美学的兴趣淡薄之后，我在研究海洋里彷徨起来。突然有一件事，刺激了我，激发了我，拨亮了我的眼睛，扭转了我的思路。这件事，就是著名科学家钱学森到北大物理系的演讲。

大概在我上大二时，1956 年秋，钱学森到北大物理系演讲。我在三角地看到海报后，兴致勃勃地跑到大餐厅，听钱学森的报告。在北大是幸运的，只要有名人讲演，谁来听都欢迎。我在北大，只要名人来，我都去听。那时，钱学森也就 40 多岁，风华正茂。他讲了三段话，对我影响很大。

其一，他在美国有些东西不让搞，只能转移其他领域，去搞别的，结果也一样出成果，为什么？我得益于我的方法。

其二，方法很重要，有好的方法就有好的成果。方法是非常重要的，是决定一个人有无成就的关键。他重视自己的成果，更重视自己的方法。

其三，方法固然很好，但与辩证唯物主义相比，后者显得更成熟、更完整。因此，他希望北大物理系的师生，一定要学好辩证唯物主义哲学，以辩证唯物主义哲学指导物理研究，就会出成果，而且一定会出大成果。

钱学森先生的这三段话，给我指明了研究哲学的方向。这些话像钟声，不时在我的脑海里回响。从此以后，我决心把哲学研究和自然科学研究结合起来，用哲学研究成果指导自然科学研究，用自然科学研究成果丰富哲学研究。这样结合起来，哲学研究就更有用，更具体，更有灵气，就会活起来，就会出成果。这就是我大学二年级下学期明确的研究方向，既学哲学，又涉猎自然科学，把哲学研究和自然科学研究有机结合起来。

我的入党

我在北京大学，和白燕同学一起，最早加入中国共产党。那是在 1956 年，我上大学二年级的上学期，经过入学近一年的考验，党组织决定吸收我入党。我为什么得到党组织的信任，很快入党呢？我想有三个原因。

一是我在北大很快成为班级的团支部书记。期间，团结同学，组织大家开展了许多颇有成效的活动。班级工作证明我是一个合格的团支部书记。

二是我的哲学笔记，被冯瑞芳、徐明老师推荐给同学，特别是调干同学。他们认为，我在高中时，用心研究《费尔巴哈与德国古典哲学的终结》这本难懂的经典著作，并做了笔记。调干同学大都是党员，他们读了我的笔记，认为李庆臻小小年纪，竟啃原著，确实不简单。这样的人，就该入党，发挥作用。

三是我和党支部的负责人柳文超、孙蓬一、周文振等的关系很好。我把他们当作我的引路人，当成老大哥，当成知心朋友，主动接受他们的帮助，积极完成他们交给的工作，在学习上通过切磋、交流相互沟通。他们对我这个学弟也是能帮则帮，能促则促，能用则用，能学则学。因此，关系融洽，交流顺畅。让我尽快入党，也是水到渠成。这样，我就在 19 岁那年入了党。

周总理陪吴努北大讲演

上大学二年级时，周恩来总理陪缅甸总理吴努来北京大学，并在办公楼小礼堂演讲。我们哲学系的同学，有幸参加讲演会，听吴努发表演说。吴努在讲演中，无非赞扬中缅友谊，并谈了谈佛学问题。吴努的讲话不错，大家听得入神。讲后，一片掌声。马寅初校长主持会，叫大家停下来，但掌声就是停不下来。为什么呢？原来大家用掌声请我们的好总理周恩来讲话。开始马老摸不着头脑，后来猛一想，同学鼓掌是请总理。马老到周总理跟前，用手拉总理。总理抱着双手，只是笑着，并未起来。马老没法，只好回来，但同学掌声不断，他又去拉。总理笑着，指了指吴努，还是不想讲话。吴努见状，起身，到台前，对着话筒，开玩笑地说："总理如果跟我到缅甸学学佛学，他回来后就会讲话的。"这时，总理起身，走到台前，讲道："我走上台不讲话，不反应，也是学的佛学。佛说，可以不反应，上台也可不反应。"大家听了，热烈鼓掌，对总理表示致敬。总理一席幽默话，机警地解决难题，使人叫绝，大家由衷地佩服总理。

这次吴努的演讲会，突出了三个问题：一是总理的博学、机智；二是总理和吴努的关系是十分亲密的；三是马老和总理是老朋友，强拉硬让见真情。这几幕场景，除了北大，在哪里都是看不到的。我在北大上学，确实很幸运，看到别处难以看到的，听到别处难以听到的，这该多幸运啊。

提前毕业任教

1957年，北大有几个系哲学课师资问题开不了。北京大学党委决定，先从哲学系高年级同学中调几个学生，提前毕业，去当教师。党委和党总支研究后，把我和孙蓬一调出，充实到哲学课教师队伍。孙蓬一被分配到生物系任哲学课教师，我被分配到化学系任哲学课教师。

我到化学系报到，化学系党总支书记王孝庭同志接待了我。他诚恳地与我谈话，嘱我要尽快转变角色，投入教学，开好哲学课。当时我22岁，干劲十足，很快为登上讲台作好了准备。

一是学好哲学，教好哲学，从学哲学转变到教哲学。我要讲好哲学课，就要吃透原理，领会精神，讲授有方。二是学点化学课程。其中，我最用力学的是傅鹰教授的《无机化学》。这本书是傅鹰教授倾力编著的，写得深刻透彻，又很生动通俗。里面有不少辩证法。我读这本书，也写了读书笔记。有些生动的化学知识，我尽量将其糅进抽象的哲学课。这样讲起课来，就更加联系实际，更加生动通俗。当时，华彤文老师对我帮助很大。她是老教师，化学讲得好，同学们都夸她。我有问题也去请教她。她对我既搞哲学，又学化学的做法是肯定的。鼓励我努力搞下去，这样做定会把化学系的哲学课讲好。

选送中央党校

在北京大学化学系，我刚适应环境，准备开课，却要求我带领一年级新生，前往广西，参加大炼钢铁。正准备行李要走之时，化学系总支书记王孝庭又告诉我，广西不用去了，去中央党校学习自然辩证法吧。学成之后，再回化学系任教。听了王孝庭书记这番话，我很惊喜，也很感激，立即答应去中央党校报到。

当时，中央党校副校长杨献珍、北京大学校长陆平、清华大学校长蒋南翔共同商量，认为中央党校最有条件承办这个研究班，因为中央党校可面向全国聘请科学家和学者进行授课。这样，中央党校就办起自然辩证法研究班。

自然辩证法研究班开学后，我被分配到化学辩证法组。我们班的成员有张家治、黄钦若、张嘉同等。张家治年长，是组里的老大哥。他很稳重，有见解，又热情，对我们都很关照。黄钦若是大姐，亲切和蔼，端庄大方，对我们很体贴。有这两个大哥大姐带头，我们化学组的同学特别团结，特别友善，情同手足。

听杨老献珍讲课

在去党校前，我已读过杨老的书——《什么是唯物主义》。读这本书时，我感到杨老写得很好，立论清楚，逻辑严肃，结论透彻。我在日记中，对杨老的著作作了摘记，写了体会。我还认为杨老的文字挺好，文字简练生动，有古文功底，读起来非常顺畅，有书卷气。读后，很佩服杨老。遗憾的是，只有书缘，而无面识，更未聆听杨老的讲课，心里觉得，能听杨老讲课，该会多么幸福啊！

时隔两年，终于听到杨老的讲话，也听到杨老的讲课。杨老讲的主要是唯物主义。这是杨老的拿手好戏，听起来十分娴熟、生动，且有深度。杨老给我们讲了列宁的《唯物论和经验批判论》。

杨老讲课时，非常严肃，非常认真。重点段落，杨老采取领读方式，一句一句地解释。杨老善于用通俗的事例，讲明深奥的问题，深入浅出，举一反三，一言中的，点明要害，说透实质。

在讲课时，他要求我们树立辩证唯物主义的世界观。我们自然辩证法班的学员，一定要用马克思主义武装起来，成为马克思主义的自然科学家。

他要我们好好读书，要“博览群书”，要联系实际，要把列宁的《唯物主义和经验批判主义》读好。应当说，搞哲学的人，不读这本书，脑子一定要糊涂。要精通原著，不要泛阅第二手、第三手的材料，甚至第 N 手的材料。读这些材料是要误人的，它会把人引到错误道路上，搞什么思维和存在的同一性，等等。

读《唯物主义和经验批判主义》，开始很难。反复研究，攻克难关，难就变易。要知道从苦中学来的东西，才是自己的。中国的不少科学家和哲学家，如丁文江、胡适、梁漱演、郑昕等，都是同马赫的观点有关系。要批判这些科学家、哲学家的错误观点，就要学会批判马赫。

他们教我们如何读书，采取什么态度读书。采取什么态度呢？就是老实的态度，知之为知之，不知为不知，谦虚谨慎，戒骄戒躁。

听艾思奇教员讲课

艾思奇的名字，我们去党校前多有耳闻，对他写的《通俗哲学》，大都读过。艾先生把哲学道理通俗化，讲得生动明白。对此，我们很是佩服。去党校时，我们常遇到艾老师在湖边散步。在冬天散步时，他经常穿着黑色的皮衣，走起路来相当稳重，很有知识分子的味道。因此，未上课前，就很崇拜艾老师了。

艾思奇老师上课时，文质彬彬，不苟言笑。讲起课来，如讲故事，环环相扣，娓娓动听，不仅讲明原理，还要引你思考。他讲课的风格，有如《通俗哲学》，善把深奥的原因通俗化。一个规律，一个原理，别人讲要说一大堆话，还不一定讲明，但艾老师讲起来，几句话就讲明白，几句话就道出真谛，几句话就能让学生掌握。我们听艾老师的课，很是享受。每每听不够，就下课了，总想听他的下回分解。

艾思奇老师主要讲辩证法。他说话符合辩证法，做事符合辩证法，简直就是辩证法的化身。

由于艾老师既懂哲学，又有自然科学知识，所以他的课既符合哲学原理，也符合科学原理。他知识面宽，思路开阔，原理讲得明白，事例举得恰当，真是少有的好老师。在光波与颜色关系问题上，我们请教艾老师。艾老师认为，客观存在的光波反映到人的眼睛里，便形成颜色的感觉。我们认为，他的回答，既符合唯物主义的原理，又符合自然科学真理。这样，我们既明白了问题，也纠正了不应有的误解。

听孙定国教员讲课

据说，孙定国老师是行伍出身，有军人派头，讲起课来，就像上操，声音洪亮，铿锵有力。坐在他跟前，简直有些受不了。在课堂上，或在作报告时，都要点起烟来，边吸烟，边讲课。你受不了，也没办法。他不吸烟讲不好，而吸起烟来讲课，神气十足，你想睡，也睡不着。他讲课的主要内容是历史唯物主义。讲课时，常引诗句，大声朗读，很是诱人。

孙老师讲课，声音大，事例诱人，所以课讲得生动。在课堂上，你是不容易开小差的。有一次他讲《三国演义》中的“三顾茅庐”，讲到刘备屈身三请，而诸葛亮连续两次不见刘备。最后刘备三请时，诸葛亮才唱着诗，醒过来。孙老师引得诸葛亮的诗，我至今还背过。没有和《三国演义》校对，只好依孙先生的朗读为准，诗曰：“大梦谁先觉？平生我自知。草堂睡梦足，窗外声唧唧。”

孙定国老师讲课，原理讲得不多，事例举得不少，听起来很生动，品起来味不浓。讲课不少，记得不多，似觉欠缺。当时，教师较少，能听孙老师讲课，已属不易。听到这样有特色的讲课，在一般大学里是听不到的。如此一想，也觉不错，不可强求。

听王学文教员讲课

我们到党校学习的学员，大都学过哲学。即使搞工、农、医、理的学员，也大都听过哲学课。但党校领导认为，研究员只懂哲学还不够，还应读点政治经济学，啃啃《资本论》，特别是懂得《资本论》中所讲的经济辩证法问题。王学文教员为我们开设了《资本论》中的辩证法这门课程。

王学文老师是搞经济学的，自然对《资本论》很熟悉。他讲起课来，得心应手，既通俗易懂，又举例生动。大家都很爱学。另外，我们逐渐明白《自然辩证法》和《资本论》的辩证法是一脉相通的。学好《资本论》的辩证法，对学好《自然辩证法》是非常有益的。因此，《资本论》难读，也不应退却，而是迎难而上，切实弄懂，为学好《自然辩证法》打下经济学的基础。

在学习《资本论》的过程中，我悟出一个道理，即是生产和消费的辩证法问题。我认为生产和消费是一对矛盾。生产为了消费，消费促进生产，二者相辅相成，互相转化。只有生产与消费相互转化，才能促进社会和经济的发展。

到钓鱼台劳动

那时，干部要经常劳动。在党校时，我们有时到西山劳动，有时在校内劳动。有一次，还去钓鱼台劳动。干部参加劳动的制度很好。济南的千佛山，我们刚解放的时候常去那里劳动。如今这里满山碧翠，绿树如荫，与以前荒山秃岭相比，简直判若两景。如今的西山，经过我们逐年劳动，小树苗也已长成大树林。西山的面貌已经改观，叫人也认不出来了。这说明劳动制度对绿化荒山起了关键作用。这个制度很好，应当传承下去。

我们去钓鱼台劳动，那是1959年的事。当时，钓鱼台刚挖土造湖，刚绿化植树，刚兴土木造楼。我们到那里，植了不少树。如今看钓鱼台的美景，我们仍觉得骄傲，因为美景的形成也渗透了我们的汗水。

在介绍钓鱼台的建设时，我们问及一个问题，那就是钓鱼台的楼房多少钱1平方米，回答是300多元。现在300元不是什么，当时300多元，几乎是我们工资的10倍，是天文数字。我们听了，大吃一惊，世上还有这么贵的房子，简直不可思议。可是50年后，北京的楼房居然上升到3万多元。上升到百倍，又使我们大吃一惊。房价问题不要老是推给市场，老是埋怨市场。我们是有特色的社会主义国家，住房是公民应有的福利，靠市场调剂，更靠政府扶持。人人有房住，才能体现社会主义制度的优越性。

同杨桂鸾结婚

党校的学习条件是很好的。新盖的宿舍楼，新的橱柜，新的桌椅。宿舍的地面铺着崭新地板，床铺宽敞且舒适。窗明几净，温馨无比，是哪个学校都难以找到的。

我和杨桂鸾已恋爱多年。彼时，心心相印，情投意合，又到了结婚的年龄，自然想到结婚。在哪里结婚呢？党校岂不是很好吗？我的想法被孙蓬一兄猜透。他也认为，在党校结婚比回北大结婚要好，起码这里房子很适合，极易作新房。当我与其商议时，他一口赞成我们在党校结婚。我又向孙小礼同志汇报。她是我们的党支部书记，又是我们的好大姐。她说，既然已到谈婚论嫁的年龄，结婚是必然的。回北大结婚，不如在党校结。接着，我又向石奇老师透露了我的心思。石奇老师，是山东老乡，平时对我特别关照。我一说，他就同意，这是喜事，不要不好意思。

两家老人，都为我们高兴，并简单准备了些结婚的东西。我们拟定 1960 年阴历小年，即腊月二十三结婚。后来，知道李延举和李慎也要结婚，于是我们决定两对新人同时举行婚礼。

婚礼由孙蓬一老兄主持，石奇老师、小礼同志讲了话。艾恒武老兄也跑前跑后为我们张罗，并带着其女儿小华，参加了我们的婚礼，叫我们很感动。

结婚仪式是简短而隆重的，情调高尚，又很热闹。司仪让我们介绍相恋经过，我则简短地谈了我和杨桂鸾的相恋过程。在介绍时，暗示我们久远的相恋，从萌芽到成熟，历经六七个年头。李延举、李慎也谈了从相知、相识到相爱的过程。大家都觉得，我们的结合，似瓜熟蒂落，水到渠成，纷纷向我们祝贺。

在结婚仪式上，叫我们各出个节目。我歌舞欠佳，难登大雅之堂，就百般推脱，不好勉强，只好算了。只让杨桂鸾演个节目。杨不好再推脱，便大大方方地起身，跳起了新疆舞。她身段婀娜多娇，手势轻柔飘逸，脖子摇动自由，得到掌声，获得喝彩，受到好评。我对鸾之舞，非常欣赏，心里美滋滋的，引为骄傲。去年在海口，在艾恒武老兄家里，小华还兴高采烈地谈起他少年时参加我们的婚礼，并对杨桂鸾阿姨的新疆舞留下深刻印象。我们听了，仿佛又回到当年，自然十分高兴。

当时招待大家的东西，无非是喜糖、瓜子、花生之类。大家边吃边听边说边乐，都为我们的结合高兴。9 点多钟后，孙蓬一同志宣布婚礼结束。我们怀着感激的心情，送走大家。然后，手携手，肩并肩，热情相偎，步入洞房。

在宿舍里，我们又倾心相谈，话那么多，情那么深，难以遏止。夜深，就寝，拥卧，笑眠。

编写《自然辩证法提纲》

在党校第三年，艾思奇老师提议我们自然辩证法研究班的学员，发挥集体力量，编写中国独有的《自然辩证法提纲》，作为以后开设自然辩证法课的教材。大家一听，都很高兴，因为以后上课，有了依据。因此，大家都乐意参加，积极撰写。

艾老师在构思《自然辩证法提纲》时。提出编写要有特点，要突出两部分，一部分是马克思主义哲学与自然科学，另一部分是改造自然的斗争和辩证法。

经过大家的讨论，艾老师吸收了大家的意见，最后形成《自然辩证法提纲》的编写大纲。大纲如下：

第一编　马克思议哲学与自然科学

第一章　自然科学与社会实践

第一节　自然科学的发展和生产实践的关系

第二节　阶级斗争对科学技术发展的影响

第三节　我国科学技术发展的路线

第二章　辩证唯物主义自然观和辩证法的基本规律

第一节　辩证唯物主义自然观

第二节　辩证法的基本规律

第三章　自然科学方法论

第一节　理论思维和自然科学研究

第二节　唯物辩证法是唯一正确的科学方法论

第三节　具体问题具体分析是自然科学方法论的精髓

第二编　自然界各种运动形态的辩证法

第四章　科学分类

第一节　科学分类的发展

第二节　科学分类的根据
第三节　科学总分类
第四节　现代自然科学的分类
第五章　数学
第一节　数学的现实原型
第二节　数学的辩证内容
第三节　数学的应用
第六章　力学
第一节　现实世界中的机械运动
第二节　力学的基本概念和基本规律
第三节　机械运动的转化
第七章　物理
第一节　物理运动中的基本矛盾
第二节　物质结构理论
第三节　物质的物理特性
第四节　能量的本质与能量守恒和转化规律
第五节　时间与空间
第八章　化学
第一节　化学元素的内容矛盾和变化规律
第二节　分子的化学结构理论
第三节　化学反应的本质和条件
第九章　生物
第一节　生命的起源及其本质
第二节　生物界的进化
第三节　神经系统的进化
第十章　人类心理的生理基础和社会性质
第十一章　劳动在人类产生和发展中的作用
第一节　劳动在人类产生中的作用
第二节　劳动在人类发展中的作用

第三编　改造自然的斗争和辩证法

第十二章　唯物辩证法是改造自然的理论武器
第一节　在改造自然地斗争中运用辩证法的必要
第二节　自觉运用辩证法的社会前提

第十三章 农业

第一节 农业是社会生产的基础

第二节 农业"八字宪法"中的辩证法

第十四章 工业

第一节 工业发展的内在矛盾

第二节 工业技术革命中的矛盾运动

第十五章 医疗

第一节 医疗卫生工作必须自觉地运用唯物辩证法

第二节 疾病的一般规律和综合治疗

第三节 我国医学的发展与中西医结合

这个提纲定下来后，我们大家分工编写。我领到的任务，是编写第二章，专论辩证唯物主义自然观和辩证法的基本规律。我是学哲学的，写这章并不难。若说难，就是要写出水平，写出特点。要写出水平和特点，必须把哲学原理同现代自然科学的发展紧密结合起来。我对现代自然科学提出的理论问题进行哲学概括，从而丰富了辩证唯物主义自然观的内容。例如，在论述天体演化和生物进化时，我概括了现代天文学和物种起源论的新发展和新材料。在论述矛盾双方在一定条件下相互转化时，我也研究了化学、物理学、生物学中的新发展和新材料。因此，读起来有时代感，大家都认为写得不错。

大家写完后，就要统稿。何人统稿？由蓬一兄和我负责。在统稿时，我最主要做了两件事：一是格式的统一。大家写的东西，格式基本统一。也有不统一的，就要统一要求、统一格式加以修改。修改后的稿子，要格式一致，像本书。二是语言的统一。语言因人而异，有多少人就有多少语言风格。因此，统一语言风格，是极其困难的工作。在语言上，我反复推敲，反复修改，力争统一。经过两次修改，总算使格式和语言基本统一，总算顺利地完成统改工作。所统改的稿子，艾思奇老师是满意的。大家翻阅后，也很满意。统稿后，党校进行复印。印出的书，人手一册。大家拿到起，细看一遍，收获不少。拿之讲课，很适宜，都很满意。这次统稿工作，积累了不少经验，为我以后写出通稿打下了良好基础。

能否留在党校

在我即将在中央党校毕业时，石奇老师找到我，问我："中央党校需要搞自然辩证法的，想把你留下，你的意见如何？愿不愿留下？如愿留下，我们再与北大党委商量。"我思考半天，难以回答。留下吧，在党校这块天地，努力耕耘，定有收获，发挥作用。党校这么重视我，留下也好，但又想，回北大更好，因为北大学术气氛浓，思想活跃，易于创新，利于成长，可早成专家。权衡利弊后，我觉得还是回北大好，但又不易决断，只好说："石奇老师叫我想想，明天答复你。"石奇老师说："好，明天等你回答。"

回来后，我又想，在党校任课，我最不适应。如果回到北大，两耳不闻窗外事，扑下身子干起来，也许十年左右，就能搞出点名堂，就能小有成就；再过十年，说不定会在自然辩证法领域作出突出贡献，成为知名专家。

晚上，我难入睡，反复去想，几乎失眠。清晨起来，头脑昏昏，难下决断。吃完饭后，我先到孙蓬一的房间，告知此事，并谈了我的想法。孙说，我看，还是回北大。他的建议，促我决断，不再犹豫。那天上午，快10点了，我去找石奇老师，告诉他我的想法。他说："不用勉强，回北大也好。"这样，我就没留在党校。若留在党校，能调爱人杨桂鸾到北京，我也许不用去山东大学，那将是另一番天地。永不后悔，是我的哲学。我到山东大学后，在成仿吾校长的指导帮助下，不也是既成为大学校长，又成为知名专家了吗？因此，关键是事在人为。

乔石校长给我发证书

我的毕业证书，是乔石校长亲自颁发给我的。我们俩还亲切地握了下手，互相笑了笑。这件很平常的事，为何还当回事，也要写一下呢？这里还有段友缘值得一说。

在发毕业证书前，党校负责照相的师傅找到我。他说，今天发毕业证书，乔校长给你发的时候，我给照张相，作个纪念。师傅的话，使我惊喜。依其所嘱，待乔校长发证书，果然给我照了张照片，照得相当不错。他后来洗了一张送给我，作为我们友情的纪念。

说起来，话就长了，简单说之。我进校不久，照了一批照片，交给师傅冲洗。冲洗后我不满意，要他重洗。我说重洗时，我还交钱，不让你吃亏。再洗后给我，我说这多好，以后就照这个标准洗。他后来偷偷告诉我，洗的地方不同，质量不同，价格不同。我说你给党校的学员冲洗照片，一定要到好的地方去。大家要的是好照片，多花钱值得。以后，我再洗照片，他就到洗的好的地方去洗，洗出的照片都很好，我很满意。

我们渐成朋友，无话不说。有一次，我说了照相的体会。我说照相最关键的有两条：一是取景。取景时要再三考虑。二是用光。用光复杂，稍有不慎，就照不好。要考虑光的角度，是正光，还是背光；是侧光，还是正光；是顶光，还是下光；是强光，还是弱光；是近光，还是远光。此外，还要考虑光差是大还是小等。这些都考虑好了，照出的照片就一定是张好照片，是值得你留的照片，更是值得你欣赏的照片。广交朋友，终结硕果，我与照相师傅成了朋友，才得到那张值得纪念的照片。

走进山大校门

我于1961年1月在中央党校自然辩证法研究班毕业后，又回北大任教。开始，我分配到哲学系自然辩证法教研室，教研室主任是孙小礼。

到北大后，一切都还顺利。我积极备课，并在北大给青年教师开了讲座。我清楚地记得，我第一次给青年教师上课时，心里有点紧张，因为我那时才25岁，不少青年教师年龄比我大得多，如何讲好，确无把握。小礼同志鼓励我，一定要讲好。我上台后，开始讲了，就不紧张了，我觉得讲得还可以。讲课时，为了缓和我的紧张情绪，小礼同志还拿了个热水瓶，给我倒水喝。现在想起来，心里仍热。我对小礼老师，一直怀着感激的心情。

又过了些时间，桂鸾在烟台有了孩子。一个人背井离乡带着孩子，那是很困难的。我想帮忙，离得又远，怎能帮得，我心不安。有一次，我到系总支办公室，去找王庆淑书记。我给她讲了我的困难，问她像我这样的小助教，如果把爱人调来北大，需要多少时间？王庆淑说，现在王若水的问题都还没解决，要解决你的问题，恐怕需要10年。王庆淑老师说的是真话。在那个时期，10年能调进来就不错了。回宿舍后，思考破解之策。那时，哪有良策?!要么苦等，要么离开。苦等？我不甘心。要走？试试看。我当时和孔繁商量，他也觉得在北大调爱人进来很困难。于是，我们俩给山东大学成仿吾校长写了信，表示愿从北大调往山大，支援山大建设。成老很高兴，表示愿意接受。北大知道我们要走，表示挽留。后来，成老写了信，并派政治系的人，去北大商量。北大看了成老的信，经过研究，决定先放我。孔繁因担任系总支副书记，一时离不开，以后再说。这样，我就离开了北大。临走时，孙小礼、孙蓬一表示不愿我离去，但又无法助我解决问题，只好放行。我一生都对这两个人很感激，把他们当成我的大哥大姐。

离开北大，走进山大，去时高兴，到时扫兴。为什么？因为山大刚遭水淹，路上是泥，地下室是水，路难走，楼难进，一头雾水，头有点蒙。又想，既然到此，就应安心。这点困难，有何难哉？过些时日，雨过天晴，总会好的。

我到学校报到后，分配到青年教工楼四楼住下，便安下心来，读书、思考、备课，以便在山大展现才华，成就事业。

不久，成老和吴富恒副校长，登上四楼，前来看我。那时成老已经60多岁了，而我不过是26岁的青年教师。成老看我，我太惊喜，手足无措。我万万没想到，一个我早已崇拜的老校长，为了看我，竟然爬上四楼，叫我太感动了。我几乎流下激动的眼泪，感谢成老的知遇之恩。成老告诉我："你是北大来的。北大可是闻名全国的大学！你要把北大的传统带到山大，好好把教学搞上去，把北大的作风带到山大来，发扬光大，把山大建好。"成老说着，我一直点头称是。最后，我表态，我到山大后，绝不辜负成老的期望。成老下楼走了，我望着成老的背影，心情久久不能平静。我在山大的成长，第一个遇到的伯乐就是成老。我暗下决心：为报答成老，我非在山大干出个样子不可。

讲课大受欢迎

我到山大后，在政治系主要讲自然辩证法，在系外上哲学课。

为了使学生上好自然辩证法，也为了使哲学专业的学生学点自然科学知识，我在政治系请人开讲自然科学基础，讲座大多由理科系中青年教师讲授。谢去病、邓亦津、张永恩等，都是我请来讲课的，他们讲得都很好。学生听得很带劲，都说这课开得好，大有收获，为学好哲学在自然科学方面奠定了基础。

我上自然辩证法课有个特点，就是紧密联系现代自然科学，经常穿插自然科学家发明故事、励志趣闻、生活秘事，从而使得学生大开眼界，大有收获。大家都愿听我的课。大家之所以愿听我的课，因为我还有个被大家公认的讲课秘诀。我把简单的问题讲得相当复杂，给大家许多新观点、新思路；对大家觉得很复杂的问题，我三言二语，点明要害。对明白的问题，我经过研究，找出未解之谜，容人待破。对糊涂的事，在我讲时，点得很清楚，说得很明白。大家立有觉悟，原来如此，一清二楚，并不糊涂。因此，我的课是引人入胜的，大家都很喜欢。

我还认为，讲课要讲好，在课中要有四件东西：一是知识。这是必需的，要讲得正确无误。二是方法。方法最重要。有了方法，要主动获取知识，创新知识。三是思路。这更难讲，更重要。思路对了，就能爬上高山，到达顶峰。四是创新。讲课要讲出心得，讲出新意。讲出独创东西，让学生学会创新，学会创造，这是一辈子都受用的，也是一辈子最管用的。我有个学生叫孙伯鲁，当时很调皮，爱提问题。我倒很喜欢他。我觉得调皮的学生，不过杠，是最有出息的学生。孙伯鲁后来见到我，非常激动地说："老师，是你的自然辩证法课和自然科学基础课让我大开眼界，使我走上了创造之路，搞发明创造，搞专利。现在我是依靠专利生活创业的人。因此，永远忘不了老师，永远感谢老师。"听了这话，我甚是欣慰，为教出这个"不务正业"的学生感到骄傲。还有个学生叫冯国荣，在班级中他年龄最小，想得问题最多，甚至有些是奇谈怪论。他博览群书，啥都想研究，脑瓜很灵，一点就通，一说就明。当时我想这可能是哲学专业的能人之一。后来，果然如此。我把他调进青岛大学。他到大学后，如鱼得水，干什么都行，会做诗，会书法，会讲演，会写作，会公关，会谋划，深得青岛大学历届领导的赞赏。至今退而不休，满怀壮志，迎接未来。我劝他，快七十的人了，也该劳逸结合，见好就收。他说，谢谢老师关照，我会注意的。那时，外系的课，主要为中文系四年级上课。中四的课，也上得很好，不但会讲哲学，文艺理论、诗词歌赋也露两下，深得学生喜爱。

曲阜山大宣传组

张国中书记调我回曲阜山东大学后，不久任命我为宣传组组长。我们宣传组共七人，有许宝庆、仝素勤、刘明泽、安树芬、高忠汉等。

在宣传组工作时，大家团结一致，卓有成效，屡受表扬。我根据每人特长安排工作，尽量让其放手工作，增长才干，受到锻炼，积累经验，做好工作。因此，这些同志都很舒心，成长也快。

我还打破曲师原有传统。晚上吃完饭，都到办公室坐着上班，实际是无事闲聊，说东谈西，不着边际，浪费时间。我就说，我们宣传组的人，白天上好班，干好活，完成任务。晚上在家，不来上班，看书也行，看报也行，看孩子也行，洗衣服也行。总之，干实事，不要空谈。大家觉得这一改，确实好，有时间充实自己，提高自己。大家都同意我的做法，唯独赵紫生副校长有意见。我对赵做了解释工作，他也同意了。

后来，我又根据大家所学特长，建议宣传组的同志继续研究研究学问，既搞宣传工作，又有专业特长。许宝庆同志是研究党史的，建议他继续研究党史；刘明泽同志是中文系毕业的，建议他研究文艺理论；仝素勤同志是搞数学的，我建议他跟着我学自然辩证法。后来，我们宣传组出了五个厅级干部，三个大学校长。许宝庆成为曲阜师范大学校长，仝素勤成为聊城师范学院院长，安树芬成为中华女子学院的党委书记，刘明泽在省教委任副厅长，我则成了烟台大学、济南大学校长。

我和张国中书记

山东大学曾一分三：理科留在济南，形成山东科技大学；文科搬到曲阜，和曲阜师院合并，建立新的山东大学；生物系合并到泰安山东农学院。按分家协议，我应分到曲阜山东大学。当时，成仿吾校长建议山东科技大学留两个理论家：一个是我，另一个是赵明义。我就迟迟不到曲阜。后来国中书记听人说，按规定我应去曲阜。国中书记又知道，我业务也好，理论水平也高，不去曲阜，对山东大学来说，是个损失，于是到济南，去山东科技大学要我。开始，山东科技大学不放我，说另有重用。后来，成老听说，讲政治课无非就是读读报，没什么难的。成老闻之，不再坚持。这样，我就跟着国中书记，回到曲阜。不久，党委任命我为第一批工农学员的连指导员，接着又任命为山东大学宣传组组长。

我在去宣传组时，张国中书记找我谈话。我说："我这个人喜欢搞业务。不过，领导让我去，这是领导的信任，我不能不去。我去之后，宣传组的工作，我一定干好。有精力，我还想搞点业务。"国中同志说："你的想法很好，工作搞好，业务不丢，发展会更好。"因此，我在"文化大革命"时期，仍能挤点时间，搞我的业务，与我和张国中书记的这个决策密切相关。后来，我成为全国知名的自然辩证法专家也与此有关。

山东大学搬到曲阜，与曲师大合并后，教师很多，人浮于事，前途难卜。因此，许多教师竞相调走。陈威、吴智堂也走了。陈威、吴智堂原本是中国人民大学的研究生，后被成老要来山东大学，在山大表现不错。他们调走，我为之一惊。良才已去，良校何存？便去告知国中书记。咱要办个有名的山大，有名老师去了，有名的山大怎么建？应赶快刹住放人风。国中同志听了之后说："你说得对，教师不能再放了。我告诉人事处，以后放人，必须报我。我不同意，不能放人。"国中书记一下决心，放人之风收敛，渐被卡住，山东大学的教师队伍总算保住了。这就是山东大学搬到曲阜元气未伤的主要原因。

一位老师在上课时讲得不好，学生反映到学校，要求调换。国中书记问我怎么办。我说："教师被赶下台，再上台就难了。最好帮助其备课，改进教学，取得谅解，所以不换为好。"国中书记说："我也有此意，你去帮帮他。"我说："好。"这位老师在"文革"中曾点名整我，但大丈夫应胸阔似海，不应计较。借此帮他，他会自愧，改善关系，岂不更好？我逐章逐节地帮他备课，又让他试讲。我觉得可以了，便让他上台去讲，效果还好。从此，这位教师又站在讲台上。他有了信心，我也很高兴。

国中书记调到山东海洋大学后，我一有机会便抽空看他。与他交谈，总是受益匪浅。他是我的老领导，又是我的知心朋友。有一次，他在中央党校学习，我去北京开会，于是又去中央党校去看他。见面后，大谈别感，感激之心，油然而生。他也对我问这问那，像个老兄，关怀备至。那次见面，他消瘦很多，我担心地问："国中书记，你怎么瘦了？"他说："来党校学习，加强了锻炼，故而略瘦。"我说："那好，但要细察，寻找瘦因，不可大意。"他说："回去再查。"天色将晚，我便告别，国中书记留我吃饭。我说："会上已经吃过了，以后再来陪你吃饭。"

那一年，国中书记正在北京，与有关方面联系，想把山东海洋大学的管理权由海洋局转向教育部。我去看他，他谈及此事。我们商量之后，觉得可以考虑找童第周院长帮忙。于是我便陪国中书记去找童老。见了童老，没有拘束，开门见山。一起欢谈，童老建议，先发动海洋大学的老教授方宗熙、赫崇本，联名上书中央领导，谈明情况，说明理由。然后，他再拿着联名书信去找副总理。由其决定，可能更好。国中书记立即给海洋大学打电话，让海洋大学知名教授联名上书。

我在童老家里，问到一个哲学问题。我说，矛盾体中，主要矛盾和主要矛盾方面起主要作用，次要矛盾和次要矛盾方面起次要作用，但次要矛盾和次要矛盾方面对主要矛盾和主要矛盾方面又起反作用，有时反作用也可能是主要的。童老研究细胞，研究细胞核和细胞质，那么可否说，细胞核是矛盾主要方面，而细胞质是矛盾次要方面，但有时细胞质也起主要作用。因此，童老通过改变细胞质来改变细胞，是不是次要矛盾方面也可起主要作用？童老闻言笑了笑，说："你说的都是哲学语言，我不置可否。我只是想，在一个细胞里，有细胞核和细胞质两部分。这两部分一定会相互起作用，改变细胞核和细胞质都能改变细胞。当然，改变细胞质会影响细胞核，从而影响整个细胞。"我听了之后点了点头。童老已用生物学语言回答了我的哲学问题。我说："谢谢童老。"不再插话，免误正事。国中书记又与童老继续畅谈。

后来，听说国中书记查出得了癌症，到上海龙华医院就诊。我想去上海看他，苦于没找到时间，不便向孙汉卿书记请假。突然，上海急电："国中书记病危，山大速派人看望。"孙汉卿书记找我，让我同程世忠书记尽快去上海，看望国中书记。我立即派人去机场联系。想速乘飞机，飞到上海，会更快些，能与国中书记见一面。乘的小飞机，震耳欲聋。我们难顾一切，只盼速到。飞机在南京停了停，到上海时，已是下午。到医院时，方知国中书记已去。我十分难过，眼含热泪，辞行恩公。国中书记永垂青史，永记我心中。

我所知道的山东大学复校

据有关记载，1970年夏，山东省革命委员会将山东大学一分为三：政治、中文、外文、历史四系南下曲阜，与曲阜师范学院合并，时称为山东大学；生物学系迁泰安，并入山东农学院；校部机关和数学、物理、电子、化学、光学(新建)五系，留在济南，成立山东科技大学。1973年，周恩来总理在病中得悉这一情况，立即签署恢复山东大学原建制的指示。1974年初，山东大学恢复原建制，山东科学技术大学即行撤销。其实具体情况很复杂，我把自己所知道的一些事向大家谈一谈。

当时有个顺口溜说："山东大学一分三，曲阜、济南和泰安，若问此事谁干的，请问革委曹普南。"此事，人们把责任归于曹普南，但其实也不能怪他，他哪有这么大能耐，因为全国刮起这阵风，连北京都如此，曹普南无非跟风而已。这股风是谁吹起来的，也无从查考，没有上边的指示，曹普南也不敢这么干。既然风是上面刮的，山大要合校，难上加难。

批林批孔运动开始了，我的直觉告诉我：山东大学合校有希望了。我当时私下里对张国中书记说，我们为何搬到曲阜？还不是为了"尊孔"吗？因为"尊孔"，才在曲阜成立山东大学。山东大学一分为三不对，"尊孔"更不对，在"尊孔"问题上做做文章，也许山大再回济南有点希望。国中书记暗中同意我的意见。我说，我先从宣传组吹吹风，看看有何反应再说。我在校内散风说，山大搬曲阜，就是为"尊孔"。听的人，都赞同，于是我又向国中书记汇报，校内师生，大都认同。国中书记说，咱就从这个问题做做文章。山大搬迁曲阜是为了"尊孔"的舆论，传遍校内外。当时，"尊孔"这顶大帽子，沉得很，压得人透不过气来。据说，连省革委的人也觉帽子太重。谁都想摆脱"尊孔"的帽子。那时凡去北京的人，都去找过李希凡反映过情况。我也到北京找过李希凡。他那时在文学研究院工作。我在院内楼上找到他，说明山大分校，实因尊孔，如今批孔，可以以此为由考虑合校的事情。他说："如有机会，尽快反映。"李希凡是通过什么形式反映到中央，是通过"内参"还是报告，有两种说法，具体不得其详。

山东大学复校的大背景，毋庸回避。因为回避了这个大背景，就无法解释山大为什么能够复校。当时，为何全国那么多大学都不能复校呢？如中国科技大学、中国人民大学，为什么就没能复校呢？他们不是比山大在全国更有影响吗？我揣摩，不只是总理看到山大一分三就批示复校，而是有更深层的原因、更深刻的背景。否则，难以自圆其说。当然，以上只是我个人的理解，也不一定与实际情况一一相符。

我和《文史哲》

《文史哲》1966年第3期出版后被迫停刊，为何停刊？有种说法是因未转载评《海瑞罢官》的文章。是也好，非也好。那时刊物都停了，《文史哲》岂能不停？1973年，山东大学在周总理的关照下，恢复了山东大学原建制。原来一分三——曲阜、济南和泰安，现在三合一，又都集中到济南办校。

学校恢复了，又想到《文史哲》的复刊。当时我在宣传组，张国中书记让我去北京向上级反映我们的心愿。以后，听说刘光裕也去北京找人反映这个问题。他对《文史哲》复刊也起了很大作用。复刊后，他就担任了负责人。以后，听说刘光裕也去北京找人反映这个问题，他对《文史哲》复刊，也起了很大作用，所以复刊后，他就担任了负责人。后来，国务院科教组召开了大学学报工作经验交流座谈会，传达的信息是有些学报条件成熟即可复刊。

曲阜山东大学党委抓住时机，向省委写出请示报告。同时，对《文史哲》的性质、方针、任务、领导等有关事项提出意见和要求，请省委批示。省委决定由山东大学党委直接领导，由校政治部、文科各系、刊物编辑部设主任一人或二人，专职编辑人员四至五人，并建议从全省抽人到《文史哲》编辑部工作。调来的有丁伟志，史学通、侯宜杰、孟繁海也表示愿来。结果史学通、侯宜杰调往编辑部。为了加强《文史哲》编辑部的工作，我想起孔繁，并同国中书记谈了孔繁的情况。国中书记让我去北京大学做做工作，看孔繁能否调来。我俩曾在1962年因爱人调北大有困难，写报告给山大，表示愿来山大任教，但北大不放。成老写了信，去北大商调。北大研究，先放我，孔繁以后再说。这样，我就于1962年暑假后调来山大。又过了12年，孔繁还未解决爱人调北京问题。我去了对他一说，孔繁想了想，说好吧，就去山东大学。回来后，我向国中书记汇报，孔繁可来。国中书记说，党委讨论一下，再调。不久，告诉我，按手续调孔繁。1974年，孔繁调来山东大学，被任命为《文史哲》主编。同时，他的爱人也被安排到山大。孔繁从此过上了夫妻孩子团聚的生活，他也很高兴。

在《文史哲》任主编期间，孔繁同志对《文史哲》的办刊方向、办刊宗旨，以及如何提高刊物的质量，都作了认真考虑。《文史哲》的质量不断提高，受到领导和群众的好评。国中书记对我说："孔繁不错，确实有才，办刊有力，质量也有很大提高。"

1978年6月，吴富恒校长兼任《文史哲》编委会主任，我兼任副主任。大事，吴校长管；小事以及具体的事，吴校长很少管，都叫我管。我管的分内事，总是同孔繁商量，统一意见后，再去做。因此，配合协调，互知互识，十分默契。自然，孔繁很顺心，也得以充分发展，工作效果很好。这时，我认为，孔繁总算在山大安下心来，不会有去意。

有一次，我出去开学术会议，时间较长。这时，学校分房子，但分房时不太公平。孔繁年长、职务高、职称高，可分房时，比他年轻、职务低、职称也低的人，分的房子比他的要好，他认为，这是不公，对他歧视，走意又生。他与有关方面联系，中宣部理论局要他，他觉得到理论局，比在山大发展要好，于是要走。中宣部理论局要人，山大不好拒绝，只好同意。于是，孔繁被宣传部理论局调走，后来又被任继愈调至中国社科院宗教研究所。孔繁的走，给山大提出一个问题。要想留住人才，一要重用，委以重任，给其发挥才能的平台；二要领导识才，对才不但重用，而能礼贤下士；三要公平对待，给其创造一个平等的环境。

孔繁走后，丁冠之出任《文史哲》主编。丁冠之原在中国社科院历史所，也因爱人不能调京问题，想离开北京，调往山东大学。但是，历史所领导辛冠洁不放。没有办法，我就亲去北京，同辛冠洁商讨。我还特地到了辛冠洁家里，与他细谈，要求他体谅丁冠之的处境。辛冠洁见我很有诚意，说得很有道理，就不再固执，似有松动。我又乘机再做工作，辛冠洁终于被说服，答应放丁冠之。若不再三说服，丁冠之怎能来山大？我这次去北京，不但调来了冠之，还和辛冠洁交了朋友。他一高兴，提笔挥毫，书写条幅，赠与我。由此，我觉得，请有才华的人，请单位不放的人，必须礼遇贤士。后来，我调青大、烟大、济大时均持这种方法，聚集了一批有才华的人，对办好青大、烟大、济大，起了关键作用。

我和成老仿吾

我与成老相识，是在1962年。那一年，我刚满26岁，在北大任教。因家庭问题，想来山大。北大不放行，成老派人去北大，把我要来。到山大后，我住在新校学生宿舍6号楼四楼一个房间。大概在开学初的一天，成老登上四楼，叩门找我。开门后，见是成老，心中不安。成老年近古稀，亲上楼来，与一个小助教促膝攀谈，问寒问暖，怎不叫人感动、叫人敬慕呢？成老让我安心教学，努力上进，做又红又专的教师。我恭听成老的教诲，一言一语，铭刻在心。谈毕，我送成老下楼，望着成老的背影，眼睛湿润了，视线模糊了。从此，成老在我心中的形象，日益高大。成老对我的知遇之恩，我是永远不会忘怀的。二十余年来，我对山大倾注了自己的心血，不能不说与敬慕成老有关，也不能不说为报答成老的知遇之恩有关。

“文化大革命”开始时，有人贴大字报，攻击成老是山大牛鬼蛇神的总靠山。我坚决反对。人家攻击成老，我就给成老评功摆好。记得当时最有力的一条，就是成老在1928年白色恐怖之后入党，并参加两万五千里长征，在陕北办公学。谁能相信这样的人是走资派、反革命？就凭这一条，我坚信成老是老革命。在“文化大革命”中，我和成老接触不多，但心是和成老相连的。记得有一次，在政治系吃忆苦饭。系里的头头把不少干部拉去，当然也把成老拉去了。他们边吃边问干部，忆苦饭好吃不好吃。说好吃者，挨打；说不好吃者，也挨打。轮到成老了，我为成老捏一把汗。他们问成老：“饭好吃不好吃？”成老不急不慢地说：“这饭，我吃过，在长征中吃过，在陕北也吃过。”那些抡拳要打成老的人，闻听此言，像触了电似的，不由自主地缩回拳头。我站在旁边，高兴极了，暗自叹服成老的机智、沉着、勇敢。这个故事，我不知讲给多少人听。大家听了，也有同感，都对成老由衷地赞服。

后来，成老调北京，到中国人民大学任校长。有一次，是人大开学前夕，我陪同山东大学原党委书记张国中同志去看成老。当时，成老住在中央党校。到党校后，先见了成老的夫人张琳同志。问到成老，张琳同志说：“明天人大开学，成老去人大了。”与张琳同志畅谈片刻，即去人大。到了人大后，成老已领着各部处室的负责同志到全校各处检查开学准备工作去了。我们顺着路线，去找成老。在木板房教室附近，追上成老。成老见是我们，满面春风，含笑问道：“你们用什么先进的跟踪仪器找到我们的啊？”张国中书记也幽默地说：“成老不知山大有电子系、光学系吗？我们是用最新的电子仪器和光学仪器探知到成老下落的。发现后，急忙赶来。”说毕，成老和张国中书记哈哈大笑，我们也都笑起来。成老让我们到木板房教室坐下，畅谈片刻。因成老还要继续带领大家去检查开学前的准备工作，我们不便再打扰，只好告辞。开学前，到全校各处检查教学准备工作，是成老的老传统和老习惯。山大每年也如此，也是继承成老的做法。只此一点，作为一滴水，也映现出成老作为一个老教育家，不辞劳苦，呕心沥血，为党的教育事业献身的光辉形象。

去年夏天，成老来济。见到85岁高龄的成老，红光满面，神采奕奕，思路清楚，非常高兴；又见成老行走缓慢，讲话声音甚低，心里很是不安。大家觉得，成老虽年老，但无大病，是可活百岁的。谁知，不到一年，竟与世长辞！怎不叫人悲痛？

去年，成老到济，领导让我陪同成老、张琳同志游大明湖、趵突泉。在大明湖，参观花卉展览后，即乘船游湖。成老坐在船上，与导游谈笑风生。导游谈了些大明湖的故事。成老听了，不时打趣，问这问那，兴致很浓。我们看了，由衷地高兴；听了，心里也很欢快。到了历下亭，成老对何绍基写的杜甫诗句“海右此亭古，济南名士多”，很感兴趣。成老眯着眼，笑着说：“何绍基是我们湖南老乡，字写得好，很有学问。”在历下亭，高忠汉同志给成老拍了一些照，并告诉成老，准备把成老济南之行的照片，编排成册，献给成老。成老听了，点头称好。

游罢大明湖，又去趵突泉。进了园门，让成老乘手推车，成老不肯，而是继续步行。在李清照纪念堂前照了几张相，至室内看了有关李清照的书画，成老兴致勃勃，未有倦意，也不觉累，我们暗喜。出了纪念堂，我们怕成老累着，执意请成老乘车。这时，成老才坐上车，由人推着，慢慢畅游。游时，张琳同志始终陪着，照顾着成老。走的路远了，张琳同志身体虚弱，有些不适。张琳同志怕成老发现，总是强打精神，面带笑容，与大家畅谈。张琳同志也是七十开外的人了，论理也要人伺候。可是，张琳同志作为成老的爱人，尽管年过古稀，为了成老，仍跑前跑后，问寒问暖，耗费心血，竭尽全力。这样的人，这样的风格，怎不叫人敬慕呢？渐渐地，成老和张琳同志的形象，在我的心中，更加光彩，倍觉亲切，日益高大……

与成老泉城一别，竟成永别，这是我从未想到的。今年五一，我去北京开会，总想找时间，去看望成老。又觉节日期间，客人很多，家人团聚，忙乐得很，我怎好忍心去打扰成老呢？以后来京，机会很多。下次再去，也不迟。可是，谁能料到，回济后，半月余，忽闻广播，成老逝世。初闻，心中一震，心想这不是真的，绝不是他，他不会走。再听，似是，又不相信自己的耳朵，总想或许是自己听错了吧。可是，吃力地、仔细地、紧张地去听，竟是真的！我们敬爱的成老走了！我忍不住的眼泪啊，不知何时已滚落腮边，落在尘埃。我多么后悔啊！要知如此，"五一节"到北京时，我怎么也该去看望成老。就是坐片刻，哪怕一分一秒，看上一眼，也是好的啊！

成老去世了，和我们永别了，但成老的形象永远活在我的心中，永远鞭策着我们前进。

（原载 1984 年 5 月 31 日《山东大学报》）

组编《〈反杜林论〉纲要和简释》

山东大学举办的《反杜林论》辅导教材讨论会，在教育部文科司、中央编译局、山东省出版局以及兄弟院校的关心和支持下，于1980年6月1日在济南军区第二招待所开幕。参加这次讨论会的有：中共中央党校、北京大学、中国人民大学、南京大学、复旦大学、厦门大学、郑州大学、黑龙江大学、南开大学、河北大学、吉林大学、安徽大学、云南大学、山西大学、四川大学、北京师范大学、陕西师范大学、西安交通大学、中共黑龙江省委党校、山东师范学院、山东省新闻出版局、山东大学等23个单位，共有代表47人。

会议首先由山东大学党委副书记戈平代表山东大学向这次到会的专家、教授和理论工作者表示感谢和问候。他在讲话中指出，搞好马列著作的介绍和注释工作是很重要的工作，对大学生学好马列主义有重要意义，大家应努力做好。最后，他预祝大会完满成功。

当时，我任山东大学办公室主任兼文史哲研究所副所长，又是《反杜林论》辅导教材编写组组长。接着，我就讲了话，在讲话中，我较详细地介绍了讨论会的准备过程，谈了编写这本辅导教材的指导思想和基本原则，并对这次会议如何开好提出了具体建议和要求。最后我希望，到会的代表既当客人又当主人，共同努力，修改好这本辅导教材。

会上，山东省人民出版社理论读物编辑室编辑刘德久同志介绍了这本教材出版后社会的反响。他说，这本辅导教材出版后，得到了比较好的评价。大家反映，这本书根据原著的思想体系，逐章按统一规格介绍，结构较严谨，论述较深刻，文字也精练，既突出重点，又着重解释难点。大家认为，这本书“既适合教学，又适合自学”。同时，刘德久同志也指出，这本辅导教材还存在一些问题和缺点，有待大家集思广益。希望通过这次讨论会，为修改好这本辅导教材创造条件。

1980年6月2日，《反杜林论》辅导教材讨论会哲学组主要讨论了《反杜林论》的“三版序言”引论，提出了以下问题：(1)关于《反杜林论》的历史背景问题；(2)“概论”为什么要论述社会主义从空想到科学和发展；(3)关于形而上学的历史作用问题；(4)关于对“现代社会主义”的理解问题；(5)关于“对立和区别”是否构成辩证法自然观的核心问题；(6)关于空想社会主义的阶级基础问题。

1980年6月3日和5日，哲学组主要讨论了“哲学编”的第三、四章。讨论的主要问题如下：(1)关于杜林哲学的性质；(2)关于恩格斯对杜林哲学批判的实质；(3)关于杜林哲学性质问题争论的焦点；(4)关于研究杜林哲学体系应注意的事项；(5)如何看待恩格斯和列宁对于杜林不同的论述。

1980年6月2～6日讨论了《反杜林论》第二编各章。主要讨论的问题如下：(1)关于经济学的研究对象问题；(2)关于政治经济学研究方法问题；(3)生产关系是否有继承性；(4)恩格斯一段话引起的争论。

1980年6月6日上午，哲学组讨论了《自然哲学》第四章。主要讨论以下问题：(1)时间和变化的关系；(2)关于纯粹时间问题；(3)关于生命的定义问题。

1980年6月6～8日，经济组讨论了《反杜林论》第三编各章，问题如下：(1)政治的含义及其命运；(2)三大空想家的阶级基础；(3)关于资本主义社会的基本矛盾；(4)关于革命变革的途径；(5)关于未来社会的基本特征；(6)关于生产资料所有制；(7)关于分工问题；(8)关于商品货币问题。

1980年6月7日《反杜林论》教材讨论会哲学组讨论了“道德和法”三章，主要讨论以下问题如下：(1)关于真理问题；(2)关于道德问题；(3)关于人性问题。

6月8日，讨论了“哲学编”的关于“辩证法”两章的内容：(1)形式逻辑和形而上学思维的关系问题；(2)杜林的辩证法和恩格尔辩证法不同待遇；(3)否定的否定是不是普遍规律；(4)如何表述辩证法的第三个规律。

6月9日，《反杜林论》辅导材料讨论会全体同志就如何修改《〈反杜林论〉纲要和简释》进行了综合讨论。在讨论中，大家一致认为，山东大学编写的这本辅导教材，从目前来看是一本比较全面、准确、系统地介绍恩格斯《反杜林论》的好书。它的主要优点是：(一)忠实于原著，紧扣原著，如实地介绍了恩格斯的思想；(二)突出重点，而又着重解释难点，比较深刻地阐述了恩格斯的基本观点；(三)各章中心思想提得明确，对问题的归纳、概括恰当，脉络和线条比较清晰，便于自学，益于讲授，文字也较流畅，论述简明扼要。但因种种原因，还存在一些问题，有待进一步修改、深化、提高。例如，个别章节对恩格斯的基本观点阐发得不够深刻，有些重点论述得不够透明，少数难点解释得不够通俗，个别地方讲得也不够准确；有些地方联系实际比较勉强，等等。

根据以上问题,大家提出许多很好的修改意见,归纳起来,主要以下几点:(一)大家认为这本辅导教材基础是好的。改时,内容和形式要保持原样,无须较大增删,应在准确性上下工夫,以进一步提高书的质量。(二)要注意书的系统性和连贯性,多做些概括工作和承上启下的解释,以帮助读者把握全书的精神;(三)为了保持辅导教材的稳定性,不要过多地联系实际,更不要硬去联系实际;(四)为了改好这本辅导材料,应尽量吸取当前研究的成果和这次讨论会的成果。大家希望,辅导材料要组织力量,尽快修改。改好后,山东出版社要尽快再版出书,以满足学习和教学的急需。

大家一致认为,这次讨论会开得生动活泼,是一次"难忘的会""丰收的会",是教材讨论会,是经验交流会,是学术讨论会,又是集体备课会。

这次会,有两大收获:一是讨论了教材,二是为成立《反杜林论》研究会作了准备。

会中,我与北京大学的曹玉文教授,讨论了许多问题。在谈到北京大学也可搞一本《反杜林论》教材时,曹玉文教授说,论个人实力,北大比山大要强,但论集体实力,山大要强。你们把搞哲学、经济、科学社会主义的教师,统统组织起来,各自分工,各自编写,最后统稿,不仅体例一致,而且语言统一,很难得啊!谈到统稿时,我也很感慨。我说,统稿是费力最大的。对于《反杜林论》释注,我的要求很严格,不行的绝不凑合,要返回重写;再不行,找人代写。我在统稿中,有的段落,我是重写的。因要求高,大家也无怨言,因此,教材文字格式都较一致,几乎像一个人写出来的。

兄弟院校的教师私下向我问及组织《反杜林论》教材的编写的原因。我说其因有三:一是"文革"中我去给山东省委常委辅导过《反杜林论》,深知难教难学。省委宣传部为辅导这本书,全省物色人,最后把我物色去了。我帮宣传部的同志备课,他们去讲,我也旁听。二是山大有个教《反杜林论》的教师,讲《反杜林论》时就是讲不好。大家听不明白,要把这位教师撵下讲台。我知道后,帮这位教师重新备课,重点难点都加以说明。他再去讲,同学满意了,没再赶他。因此,编写这本教材是哲学系教师的迫切需要。三是我讲"自然辩证法",为了讲好,也需研究《反杜林论》。为促进自然辩证法的教学和研究,我才下决心联合教哲学、经济学和科学社会主义的教师,一起啃《反杜林论》,最终编写了《〈反杜林论〉纲要和简释》。

修订再版后,该书被不少院校定为教材。几十年来,还未见同类全面注释《反杜林论》的教材。在山东社科著作评奖中,该书被评为一等奖。

偏叫人走茶不凉

我在山东大学任办公室主任时，服务了几任领导，都还不错。我待领导实心实意，领导对我百般呵护。我在工作时，既很顺心，又颇有成效。怎样对待现任领导和退休领导，给我提出一个现实问题。我的做法是，对现任领导好好服务，对退休领导人走茶不凉。这样做，说难并不难，说易并不易，因为一到具体问题，有些事并不好办。

华山书记、张佚同志退休了，如何对待这两位老人，我费了一番思索。我给办公室的同志提出要求，对待他们要像对待现任领导一样，为他们服好务，对他们特别关照。大家对我的意见无疑义，觉得李主任想得周到。

有时，现任领导和退休领导在用车问题上会发生矛盾。那时办公室的小车很少，也就二三辆。现领导用了，退休领导用车就要再派。后来，我在办公室宣布，现任领导和退休领导在用车问题上发生矛盾时，除非有急事，应首先照顾退休领导。我觉得，现任领导用车，毫不迟疑，立即出车。退休领导要用车，事先多有考虑，也不想叫我为难，能不用则不用。因此，在发生矛盾时，先让退休同志。有人说，领导怪罪怎么办？我说，我会解释，我会担当，万一责怪，由我承担，与同志们无关，大家尽管放心。我对用车这事的处理意见，传到华山书记、张佚同志耳里。张佚说，李庆臻的确是好人，他的做法叫我们心里发热。

我的人走茶不凉的做法，得到退休领导的好评，也得到现任领导的赞许。他们认为，李庆臻做事正派，不追求权势，只认情理，是个好干部。为此，他们都越来越信任我。

教工危难是第一位的

我当办公室主任时，碰到一件事情，亏我处理及时，未酿祸端。大家闻之，也受教育。

有一天上午，不知道是电子系还是生物系，时间长了，记不清了，突然来电话。秘书接的，说系里一名教师煤气中毒，需速送医院，让办公室帮忙派车。我说，立即派车。秘书派车，没有派动。我把司机叫来，叫他速出车。他说："李主任，这车是领导用的。领导要车，我派不出怎么办?"我也无时间问他的工作，口气很硬地说："你听命令，马上出车。有何问题，回来再说。"司机不情愿地出了车。他走后，我就想：这老司机，实际上是老干部，新中国成立前参加革命的，新中国成立后给省领导、校领导开车，大家都很尊重他，一般说不得他。我这样命令他，他是否受不了，回来可能发脾气，我应准备着。又想，我及时派车是对的。世界上的事，有什么事比救命更重要。我要不派车，中煤气的教师万一有个长短，叫我吃罪不起。

过了两个小时，中午下班时，司机回来了。他一进门，我以为他会发脾气，没想到，他笑嘻嘻地对我说："李主任，亏你派车及时，不然这个教师难救了。我要不出车，我是罪人；你要不派车，你是罪人。咱俩都不好交代。以后办事，我听你的。你放心吧。"我听了后，很是感动，不愧老司机，不愧老干部。我用劲地握了他的手，感动地说："谢谢你。"他也说："我也谢谢你。"

这次事后，我在办公室又立下一个规则，教工危难第一，有事必须出车。

《自然辩证法原理》定稿会

1983年7月27日到8月6日，在吉林通化召开《自然辩证法原理》（以下简称《原理》）定稿会。这是我第一次参加以舒炜光教授为学术带头人的共同体。吉林大学、吉林出版社是这次会议的东道主。会开得很好，很有收获。我觉得，我来参加会议，可谓不虚此行。

我们住在通化宾馆，我和南开大学林德宏住在一起。林德宏年纪轻，也就30多岁，面庞微瘦，面皮白净，高鼻大眼，颇为俊秀。我们俩相见恨晚，言谈亲切，十分投机，也算有缘。

7月28日，大家分头阅读初稿。我负责范畴论。范畴12对，难度较大，看起来比较吃力。既然舒兄相信我，我必须阅好，讨论好，提出中肯意见。我们总的认识是，初稿不错，有新意，具有探索性，提出了许多新问题，值得肯定。我认为《原理》一书，要切实消除硬伤，避免理论错误、材料错误和文字错误。我认为四大原理——和谐原理、守恒原理、方向原理、最优原理中，值得商榷的是和谐原理。我认为和谐应与不和谐联系起来讲。恩格斯说，自然界中事物的相互作用，包括和谐与冲突，除包括有意识和无意识的合作，也包括有意识和无意识的斗争。

我还认为，和谐有七层含义，我们应深入研究。这七层含义是：一是物质差异部分的协调一致；二是对立差异的平衡稳定；三是对立差异的融合；四是比例协调、结构合理；五是和谐对称；六是联系的共同性、重复性；七是和谐是某种相似性。我提出和谐的多层含义，无非是使和谐原理论证得更全面、更合理。大家深觉有理，在修改初稿中进行参考。

肖前教授也参加了会议，他说，编写《原理》一书是做了一项很有意义的工作。他认为，和谐原理含义不明，应深入讨论，因为有和谐，也有不和谐。他认为守恒原理也值得怀疑，因为辩证法皆不守恒。

舒炜光教授在8月5日下午，又详细讲了编写《认识论》的问题。他认为我们讲的《科学认识论》，主要从科学认识的角度讨论问题，可以从以下几个方面展开：

一、导言部分

1. 科学认识的发生问题

2. 科学认识的批判问题

3. 科学认识的形成问题

4. 科学认识的确立问题

5. 科学认识的形式问题

6. 科学认识的发展问题

7. 科学认识的社会性

二、科学认识的发生问题

1. 从客体对象看发生

2. 从主体方面看发生

3. 从方法论方面看发生

三、科学认识的形成问题

1. 从科学对象和规律研究形成

2. 从哲学方面研究形成

3. 从信息方面研究形成

4. 从科学理论和科学实践的矛盾研究形成

四、科学认识的发展问题

1. 科学发展的动因

2. 科学发展的模式

3. 科学发展的规律

五、科学认识的社会性

舒炜光教授建议,《科学认识论》可写 5 卷,把科学认识论的方方面面问题,都谈清楚。我觉得有些繁琐复杂,但不好明说,只好存疑,以后有机会再发表意见。

晚上,与通化科协主席、吉林出版社的同志一起吃饭喝酒,欢庆讨论会成功举办。我因不会喝酒,便跑到第二桌。舒炜光同志叫人拉我,我也没去第一桌。到我们桌敬酒时,领导寒暄,就说那两句话,叫人心中好笑。

席间,我赋诗一首,大家觉得不错。诗曰:

苍山水流远,长白松木深。
举杯痛饮酒,倍觉友谊深。

在这次会议上,我被推为综合大学学术共同体的副带头人,成为这个共同体的有力组织者,成为舒炜光教授的有力助手。

我和孙汉卿书记

在“文革”前，孙汉卿书记、余光前同志夫妻俩调山东大学。孙汉卿同志任山东大学党委副书记，余光前同志任山东大学政治系党总支书记。因我与余光前书记在一个系工作，因而曾多次见到孙汉卿书记。孙汉卿书记给我两个印象：一是工农干部形象。孙是清华大学物理系的学生。学生时代就参加革命斗争，后来领导过徂徕山起义，当过青岛市委副书记。平时，剃着小平头，穿着工农装，像工农干部。他身披雨衣，足蹬自行车，在雨中奔走于老校与新校之间，给我留下深刻印象。二是曾为成老的好助手。成老年纪已大，在大学当校长，只管大事。其余都是孙书记跑前跑后，干这干那。只要是成老说的，孙书记都去办，言听计从，从不还价。那时成老和孙书记配合很好，相得益彰，十分默契。因此，山大发展顺利，成果丰富，国内知名度更高。

“文革”时，余光前书记挨批斗，孙书记也挨批斗。我都暗地同情，觉得他们是好干部，不应挨批斗。在“文革”期间，我没说一句违心话，没揭孙书记一事。因此，在孙汉卿书记心里，我是个有良心的好干部，是个有才能的教师，是值得信赖的。

后来，孙汉卿书记调石油学院工作。我们接触很少，久未通信，也难再见。我在山东大学，受领导重用，任宣传组副组长、政治部副主任，又升任山东大学办公室主任。这时，有传言说，我将调山东社科院。孙汉卿书记也将从石油学院调山东大学任党委书记。孙书记在石油学院给我来了一封信。信上说：“庆臻，你不能走，我将回山大，你怎么走呢？应陪我工作。你走，对我是个损失。不要走吧，等着我。”我觉得孙书记这么有情有义，我怎能无情无义，决心不走，等孙书记回山大。

孙书记回山大，我仍在办公室工作。但我给孙书记提了两个要求：一个要求是，我现在给研究生上自然辩证法课，这课无人代替，所以要允许我继续上课。另一个要求是，我是学术带头人，在全国几个共同体中担任领导职务，届时要允许我去参加学术会议。办公室的工作，我一定干好，请孙书记放心。孙书记当即拍板，同意我的要求。这样，我放下心来，在山东大学办公室工作。我之所以能在党委开会时，构思文章，修改讲稿，一心二用，皆与孙书记默许有关。我的许多文章，不是像古人那样，出于马上，而是出于会上。这个习惯，坚持十年，会议开了，工作做了，成果出了。为此，我应特别感谢孙书记。

我在办公室任主任时，有两个得力助手，一个是行政秘书刘金桂，一个是文字秘书倪明元。金桂是全面手，在办公室什么事都干。不问分内分外，只要我吩咐了，他都会努力完成。我既干党政工作，又搞业务，所以她为了节省我的时间，不必要的事总是给我挡驾。有时我上下班不准时，晚到些，早走些，她从无怨言。她知道我惜时如金，离开办公室，不是写文章，就是备课。暑假我去开学术会议，他和王洪才在办公室坚持工作，使我脱身，安心参加学术会议。孙书记很信任金桂同志。同金桂说话，像个老人对待孩子一样，总是那么和颜悦色。我在办公室当主任期间，获得很多学术成果，要感谢金桂同志，还要感谢洪才同志。办公室文秘倪明元，毕业不久，就到办公室，成为我的得力助手。他年轻有为，文笔不错，又很老成，上进心强，是一个很有前途的青年。我着力培养他，在文字上严格要求他，他也进步很快。我喜欢他，孙书记也喜欢他。但有一事，难住我们，就是其爱人难以调进山大。后来省委顾问委员会成立，需要人。孙书记和我商量，明元不错，放走可惜；但现顾问委员会需要人，他去之后，前途更大。同时，爱人调进济南，也易办成。孙书记一说，我觉得很有道理，这样就将明元就推荐给顾问委员会。后来，他又去省委办公厅任职，深受重用。这几十年他在省委工作，受到历届领导好评。我们听到这些好评，也非常高兴。山大少了一个好文秘，省委得到一个好干部，孙书记的推荐是非常值得的。

在办公室当主任，各种应酬都有。我一不喝酒，二不吸烟，接待客人，总嫌麻烦。于是想在办公室成立接待科，调团委李成茂任科长。我给孙书记谈了。孙书记同意了，便拿到党委会上讨论。不少党委委员表示异议，理由有两个：一是喝酒，二是吹嘘。因成茂喜饮酒，饮酒有名。吹嘘一事，仅是成茂去日照出差时，为了好住酒店，同行人说成茂是主任，而成茂却没纠正。我一一作了辩解，并说，我调成茂到办公室，就是替我喝酒，替我买火车票。这两件事，都是我不能干的，也是我不愿干的。至于吹嘘，此事可大可小，可以理解，可以原谅。过了一些日子，我在党委委员中，又做些游说。大家基本同意了。孙书记又同意提上日程，第二次讨论李成茂的问题。这次讨论，没有异议，一致通过。李成茂到办公室工作，帮了我的大忙，不仅安排会议井井有条，而且买火车票神通广大，人家买不到他能买到。他到办公室来，节省了我的大量时间。我才得以安下心来，一手搞工作，一手抓业务，双肩挑，两不误，都结硕果。在党委任命李成茂的问题上，我是十分感谢孙书记的。

省立医院影像研究所进口一台彩色B超，需懂计算机的人操作。因为缺人，所以无法操作。所长连世海送人到山东大学计算机系学计算机。到计算机系后，计算机系以种种理由拒收。连世海便到办公室找孙汉卿书记，请孙书记帮忙。孙书记不在，就来找我。我觉得这是好事，应当帮助一下，助人为乐嘛。当即给电子系去电话，找冯传海主任商量此事。冯主任来后，连世海又讲了一下，请求帮助。冯主任略加沉思，满口答应。连世海连声道谢，很是感激。后来他帮山大做了很多事。

我和文史哲研究所的建立

经常有人问我，作为山东大学办公室主任的你，为什么兼《文史哲》的副主委，又兼文史研究所的副所长。这话说起来还是比较长的。前面《我和〈文史哲〉的复刊》一文，已把我为什么又兼副主任的缘故说得比较清楚了，现在我再说说“我和文史哲研究所的建立”。我虽然担任山东大学办公室主任、但我没有脱离业务。我在上任时，已同张国中、孙汉卿书记都谈过，我说组织任命我当主任、当部长，我不能拒绝，我要把工作做好，也能把工作做好，但我不能脱离业务，要开的学术会议应该让我去，要开的自然辩证法课程应让我继续开。因为当时山大硕士生、博士生的自然辩证法的课都是我开的。当时张国中书记，后来的孙汉卿书记都答应过我，允许我双肩挑。在当时，书记安排的事情，我都认真去做，做得很好，他们都非常满意。

担任办公室主任，时间长了就有些考虑了，如果我不担任主任，专心搞业务，我的业务成果会更大更多。因此，萌生退意。想总有一天，孙书记、吴校长退居二线，我就不干党办主任了。不干党办主任，去哪里呢？因为我兼《文史哲》副主委，因此就联想到如果山大再成立文史哲研究所，我退下后，去文史哲研究所岂不很好。有了《文史哲》，又有了文史哲研究所，一刊一所互相促进，对山东大学的文科科研会有很大的促进。我想好这个问题，便试探下吴富恒校长，讲了好多道理，吴校长也觉得有道理。后来，研究这个问题时，我详细讲明理由，大家都无异议，也就通过了。

党委研究文史哲的机构和人员组成时，吴校长亲任所长，这没问题，后来研究副所长，一个是我，一个是吕慧娟，还有萧涤非、王仲荦等，也通过了。这样我又兼任文史哲研究所的副所长。从此，我平时大部分时间在办公室工作，少部分时间在研究所搞点学问。

1978 年，研究所刚成立时，有古代文学研究室、汉语言研究室、哲学史研究室、自然论证法研究室和文艺理论研究室。研究人员三四十人。这个研究所不断壮大，据说文史哲研究所，现在已更名为文史哲研究院。下设哲学研究所、民俗研究所、古代文学与文艺学研究所、汉语史研究所、古典文献研究所、史学理论与中国历史研究所。有2个独立的博士点，7个共建博士点，3个博士后流动站，11个硕士点。有19名正教授，10名副教授，12名博士生导师。现任院长是傅永军教授，副院长有马来平教授等。傅永军原来是山大哲学系的学生，马来平是自然辩证法教研室的青年教师，如今都担重任，可敬可贺。

《大杠杆》出版的前前后后

我和黄顺基教授共同主编了《大杠杆——震撼社会的新技术革命》。

我在编者的话中说："一个冲击波，新技术革命的冲击波，在全世界激荡着，震撼着。如何认识和回答激荡全球的冲击波？不少人在思索，在探求，在制定对策。不少国家的社会学家、未来学家，为此苦思冥想，写出浩如烟海的著作。许多科学家、经济学家、教育家、企业家也聚合起来，议论研讨。冲击波的前锋所及，提笔挥毫，皴染画卷，提供种种'世界模型'。自然辩证法工作者也应对新技术革命的冲击波，认真思考，积极探索，作出回答。这本书，就是我们的研究，就是我们的回答。"

黄顺基教授和我共同组织了编写队伍，全书主要由中国人民大学和山东大学的教师承担，还有复旦大学、东北师范大学、黑龙江师范大学教师和《人民日报》的记者、编辑。主要成员是：黄顺基、李庆臻、刘大椿、解思泽、孙慕天、卢继传、李春国、张永思、肖德祥、王炳福等。全书由黄顺基和我通稿。

我当时兼任山东大学出版社的社长。在编写过程中，我体会到这将是一本有分量的书，因而建议由山东大学出版社出版。山东大学出版社是我创办的。我认为在建社初期，应出版几本在全国有影响的好书。《大杠杆》就是这样的好书，应推荐给山东大学出版社出版。我不避嫌，提出后，大家都同意，并表示尽快出版。

《大杠杆——震撼社会的新技术革命》出版后，立即引起社会的轰动。《人民日报》《红旗杂志》《文史哲》《中国青年报》《大众日报》等报刊，纷纷发表书评，给予高度评价。1986 年 5 月，山东大学出版社写了经验总结，题目是《一本受欢迎的书》，并在全国高校出版社工作会议上进行交流。总结报告指出："黄顺基、李庆臻主编的《大杠杆——震撼社会的新技术革命》，于 1985 年 7 月由山东大学出版社出版。该书是我国一部比较系统论述新技术革命的著作，这本书版式新颖、活泼，语言生动、流畅，读之耐人寻味，发人深省。因此，出版后，立即赢得各方面的重视，获得知名专家教授的称赞。"

“著名科学家钱学森读后，给主编李庆臻来信说：‘《大杠杆》比起时下流行的、中外关于新技术革命的书都更完全，所以是本好书。向各位执笔人及编者致贺！’”

人民大学教授高放在谈话、讲话和接见新华社记者时多次对《大杠杆》给以高度评价。他对新华社记者李诗说：“希望向青年推荐两本书：一本是黄顺基、李庆臻主编的《大杠杆——震撼社会的新技术革命》，另一本是温元凯著的《中国的大趋势》。”高放认为：《大杠杆》一书，“坚持并运用马克思主义观点观察问题，文笔也生动活泼，从总的方面看超过了《第三次浪潮》和奈斯比特的《大趋势》。事实证明，中国的学者也能写出不逊色的好书”。高放的评论登在1986年10月的《内参选编》上。他写的书评，已由《人民日报》发表。书评指出：“作者大都是自然辩证法工作者，熟悉自然科学。他们广泛搜集世界各国新技术革命的材料，切实探讨了我国迎接未来的可供选择的几条途径，有根据地预测了未来社会的变化趋势。”

展望出版社总编田森同志连夜阅读了《大杠杆》一书，读后很激动，并说：“这本书是中国的同志用马克思主义观点写的，有理论，有根据，有事实，文笔生动，读来有味。这本书比《第三次浪潮》好得多。那本书不谈所有制，是错误的。”他还主动挥毫，写书评给《中国青年报》。《中国青年报》于1986年5月15日发表了田森同志题为《向青年朋友推荐〈大杠杆——震撼社会的新技术革命〉》的书评。书评说：“这是一本立论正确、材料翔实、行文流畅的未来学，我几乎是一口气读完了这部巨著。”并指出：“有比较，才能鉴别。我希望读过《第三次浪潮》的青年朋友，也能抽暇读一下这本书，你一定可以从中得到不少从托夫勒那里得不到的东西。因此，我乐于把它推荐给青年朋友。”

1986年4月10日，《大众日报》也发表了书评，《文摘报》很快转载，标题分别是：《请读一本好书：〈大杠杆〉》和《一本系统论述新技术革命的著作》。同时，文章具体分析了《大杠杆》一书的三个特点，指出：“该书材料翔实，论证充分，文笔活泼。”其他一些学者也说，这本书好些地方有新的突破，是本有价值的好书；这本书对科技革命和社会发展的关系分析得深刻，立论正确，有说服力，等等。

这本书，后来被国家教委评为社会科学优秀著作二等奖。受这本书的影响，我们还组织大家编写了《大协调——科技社会学》《大动力——科技动力论》。

我爱听、看京剧

我在山东大学任办公室主任时，酷爱京剧。听说姜可瑜也酷爱京剧，还藏有许多珍贵照片，所以经常与姜谈论京剧的问题。知名艺术家到山东演出，我必去看，必请来山大。一是清唱，二是讲如何演戏，如何欣赏京剧，受益匪浅。为了长期能请京剧名家到山大来，我与山大图书馆、宣传部、中文系、历史系等联系，每次请人，各家轮流，负担不重，开销不大，也好处理。这样做，可以把请名家来校交流的活动长期搞下去。当时，曾请李世济、赵燕侠、王梦云等名家到山大来。他们的到来，轰动山大，报告厅挤得满满是人。他们讲的、唱的，都很动人，很迷人。大家见其人，听其唱，感觉十分过瘾。事后，大家都说："李主任做了件大好事。"听之，我也十分高兴，积极性更高。因为演出紧，演员难来山大，我和姜可瑜等常去戏台后面与演员聊上几句。如宋长荣、刘长瑜来济演出，我们都上台，与演员握握手、谈几句，觉得很有收获。

我从小就爱京剧。我在育英中学上初中时，家住三里庄，去学校必经大观园。在大观园，我有两项任务：一是去旧书店借书，几天一本，读了不少；二是去大众剧场看看有无演出。如有演出，争取去看。那时戏票不贵，把零花钱积起来，买张后排票或边票，就进去听。有一段时间，孟丽君、孟丽蓉姊妹请天津的厉慧良合演连本戏《江小鹤》，我是看了一本又一本。厉慧良是大武生，个子高，武艺强，唱腔高亢，演戏投入。他演的江小鹤英俊威武，让人叫绝。孟丽君是京剧团团长，攻老生，经常女扮男装，演英俊才郎。曾在《牛郎织女》中饰演牛郎。孟丽蓉唱青衣花旦，扮相俊美，唱腔明亮，很受喜。她演的织女，也很出彩。厉慧良与孟丽君、孟丽蓉的配戏，可谓珠联璧合。每次演出，赢得满堂彩。从此，我也和京剧结上了缘。

到了北京大学读书，我爱京剧的情怀，有增无减。只要有演员到北大演出或清唱，我是必须到的。给我印象最深的，有李少春、杜近等。李少春、杜近芳在北大阶梯教室谈了欣赏京剧的问题。同时，两人还清唱了《白毛女》，李少春扮唱杨白劳，杜近芳扮唱喜儿。这两位艺术家的表演，使我对京剧的情缘更加升华、更加酷爱。

在北京我仍延续着我的两大爱好：一是每到星期天必去东单书店或西四书店。有好书，就买之；无好书，就翻阅。二是去人艺剧场或天桥剧场，看有无演出，如有名家，就设法购票，争取听看，以饱眼福，以悦耳闻。我在人艺剧场看了不少戏，什么《方珍珠》《雷雨》《悭吝人》等，看了梅兰芳、李宗义、赵燕侠、吴素秋、王晶华、杨秋玲、袁世海、李少春、杜近芳等人的戏。我一生这两大喜好，对我的成长，对我的成才，都有很大帮助。

我和杨桂鸾 1961 年结的婚。1961 年 5 月，杨桂鸾乘"五一节"放假，又来到北京。来京后，听说梅兰芳大师要在五道口剧场演出《穆桂英挂帅》。我便急忙跑到五道口，买了票。那天晚上，我和桂鸾很早就跑到五道口，提前进场，坐下静等。7 点 30 分正式开演。梅兰芳扮演的穆桂英不同凡响。他出来亮相时，一片喝彩声，这是对老艺术家最好的回敬。我和桂鸾不断地用力鼓掌，手都拍红了，感到今生能和桂鸾一起观看梅大师的演唱，真是无比的幸运，无上的光荣，无比的幸福。梅大师当时年近 60 岁，扮相还那么年轻漂亮、婀娜多娇，唱得还那么悦耳动听、韵味十足，简直把我们引入神仙世界，听得神思飞扬，情怀激荡，无比欢快。戏散了，梅大师走了，我俩还久久不忍离去。

我到了青岛大学，仍爱京剧。工作余暇，去看京剧，是最好的休息，也是最积极的休息，对陶冶情操也大有好处。这时到青岛的名家有张火丁、孟广禄、赵葆秀等。他们的演出，我都去看了。我对张火丁特别欣赏，他扮相俊美，唱腔韵足，演出投入，如戏中人。他有一次演《林黛玉焚书》，真感人哪，犹如林黛玉重生！

我到了烟台大学，即请烟台京剧团的名家董翠娜到学校演出。上台同董翠娜交谈，表示感谢，拍照留念。我们俩亲切握手的照片，至今仍保留着。烟台开发区请李维康、耿其昌来庆典助兴。开发区主任孙德汉知我爱京剧，邀请我到开发区听戏。我去后，听了李耿清唱，并同李耿同桌吃饭。吃饭期间，我插空与李维康闲聊，问他唱腔特点等。她一一回答。这次畅谈，使我们彼此印象很深，以至于多年之后相遇时，她很快认出了我。

山东省成立京剧协会时，我竟然被选为副会长，原宣传部部长董凤基是名誉会长，文化厅厅长于占德是会长。他们俩在协会，唱得不多，就是拉胡琴。于占德水平高些。我一不会唱，二不会拉，只会欣赏，当副会长有点愧意。但叫当，就当吧！好好服务就是了。有些老干部也参加了京剧协会。翟永滓同志就很积极，不但经常参加会议，还能清唱几句。有一次，他带点胶东腔，唱了《借东风》，有板有眼，真是不错。

我在京剧协会当了副会长，也得作贡献吧。我就着手研究京剧在精神文明建设中的作用，竟不断丰富，归纳为十大作用，写成文章，在京剧协会的集会上宣讲一番。大家听了，都说很好。这篇文章，后来发表在济南大学校刊上。廉振亚校长看后，连声夸我，写得好，写得深，写得有趣。我听了，也很得意。说实在的，没有点积累，是难写出来的。

有一次听说京剧名家袁世海老先生在某商厦作讲演。我到会场时，讲演刚刚开始。袁老主要讲，他如何演戏，如何刻画曹操、张飞。袁老的声音洪亮，手势有力，讲起话来，犹如洪钟。大家听得入神。期间，我像个学生听老师讲课一样，耐心听，认真记。讲完后，其他人走了，我单独留下来，又与先生闲谈几句。我拉着他，在椅子上坐下，我站在旁边，照了张相。这张照片，我一直留着，作为纪念。袁老在济南演讲完毕，晚上乘车返京。不承想，这一去竟成永别。第二年他就去世了。消息见报后，我异常悲痛。大师是那么和蔼可亲，那么虚怀若谷。一旦离去，怎能忘却？他的形象，永留我心中。

我和京剧名家有缘，我和京剧有缘，几十年来，友缘不断，这是我一生最庆幸的事，也是我最得意的事。我感谢京剧。我学京剧，一直到老。

我和山大出版社

我是党委办公室主任，本与出版社成立无关。最初，出版社的成立事宜由行政部门负责。可是，经过努力，没有申请下来。吴富恒校长把我叫去，让我再试试。我说，吴校长既然这么信任我，那我就试一试。

1981年秋，我去了趟北京，先到北京大学出版社，了解一下北大出版社的情况，打听一下要想申办出版社应创造什么条件。我是北大的学生，又曾是北大的教师，北大人见北大人，自然就很亲切。他们的社长和总编与我谈得很融洽。我所问的问题，他们几乎都作了回答。

后来，又去了中国人民大学出版社。人民大学出版社当时的负责人叫李淮春，是搞哲学的，我和他见了面自然就无话不说，无事不问。他介绍了人大出版社的概况，也谈了人大出版社的申办过程。与他们交谈后，我觉得申办出版社不那么简单，看来是旷日持久的事，要打持久战。

回来先给吴校长汇报，又在党委会上作了汇报。大家认为，时间虽长，既然要办，就作好充分准备，先申办，再等审批。于是山东大学草拟山大校发[81]184号文，上报教育部高教一司，申请成立山东大学出版社。文件递上去了，就等审批了。等了半年多，不见动静，山东大学又发文催批。等了等，仍不见动静。这时孙书记又回山大，与吴校长一起，又找我谈，叫去北京再跑跑。我在1982年冬，又到了教育部，见高教一司司长夏自强。夏司长原是北京大学的老师，曾在北大科研处工作，以前认识，现在相会颇为亲近。我汇报了情况，请他帮忙，尽快审批。他说，这次审批，不光山大，还有八九个学校。考查完，再向部里汇报。部里再审，还需时日，你们等等吧。这一等，又快一年。

到了1983年9月9日，教育部下发了[83]教计字156号文件——《关于批准成立东北师范大学等七校出版社的通知》，同时批准东北师范大学、同济大学、南京大学、浙江大学、山东大学、中山大学、西安交通大学等七校成立出版社。文件要求："大学出版社行政上由学校领导，按系(处)级建制，列入学校附属单位编制。"还要求:"学校要加强领导,在校内调配得力的领导班子和有经验、有水平的编辑。"

教育部文件下达后,大家都很高兴。尽管时间长了些,总算批准建立出版社,山东大学从此有了自己的出版社。研究由谁筹办时,又落到我的头上,让我兼管出版社的筹备工作。我听了孙书记和吴校长的话,认认真真地去筹办。筹建的事,主要是搭班子。班子搭好了,事就好办了。我动员李武林、张永恩、李传明、王延梯到出版社,他们都答应了。我想,有这么些能干活、有本事、业务好的助手,出版社定能办好。

学校出名,靠大师。出版社出名,靠出好书,出有影响的书。我和我的战友,还是有雄心壮志的。当时,我们设想,凡是校内教授有影响的著作尽量出版,如莫叶的《复变函数论》、高兰的《诗歌论文选》。对估计有社会前景的书,如黄顺基、李庆臻的《大杠杆——震撼社会的新技术革命》,要加快出版,以扩大山大出版社的社会影响。我们还设想为山东大学历史上的名教授出文集。首先出的是《成仿吾文集》。我们觉得在三五年内出版一二十部文集,对提高山东大学和山大出版社的知名度会大有好处。正在我们树雄心、立大志,准备大干一场的时候,来自党委的劝告,给我们浇了一头凉水。当时,戈平副书记对我说,别好大喜功,出那么多文集,会赔钱的。我们觉得,这个提醒是有益的,于是收缩战线,以利再战。大家也觉得:有些事急不得,翅膀硬了再说。

经过一年奋战,终于有了收获。在建社一周年的座谈会上,老师们的肺腑之言,叫我们很是感动。

莫叶老教授动情地说,山大出版社对促进教材繁荣、提高教学质量,起了很大作用。我们出教材遇到困难,出版社不惜工本出书,影响很好。

黄加德教授说,教材的出版,反映大学的水平。山大出版社建立一年来,出了许多有价值的书,工作做得确实不错,值得祝贺。出有价值的书,出版社亏本,学校应当补助。

高兰教授说,成立出版社,对教师有好处,对学生也有好处。出版之前,设计、字体、价格等方面都要与作者交谈,交流意见,提高质量。自己为此要为成立山大出版社欢呼,高声吟唱。

臧乐源教授说,出版社成立的时间短,方向对头,成绩明显。别的院校,搞科研补贴、出版补贴,我们学校也应当搞。只要以丰补歉,以长补短,缩短周期,会好起来的。

山大科研处安晋玉处长,有个总结发言,我认为不错。他说得很实在、很具体、很有感情。他说,出版社受到热烈欢迎,总的印象不错,应充分加以肯定。山大出版社领导班子强，领导带头干，编辑责任心强，相互协作好。山大出版社坚持为教学科研服务的方针，出书速度快，工作效率高，一年出了20多本书，质量都很好。山大出版社为山大教学研究作出了贡献，为新兴学科的发展作出了贡献。他还讲了许多具体问题，如出版规划问题、设备改造问题、队伍建设问题、经费管理问题等，都讲得很实在。在具体工作上，他对我们也给予很大支持，我们为此非常感谢他。

听了以上发言，我很欣慰。一年来的努力，总算得到肯定。高兰教授要欢呼，我也要欢呼，为我的这些战友欢呼。

我和北大师兄潘承洞

潘承洞师兄是1952年成为北京大学数学力学的学生，1956年毕业考取闵嗣鹤教师的研究生，1961年研究生毕业分配到山东大学数学系任教。我是1955年考取北大哲学系，1958年调出哲学系任教，1958～1961年在中央党校自然辩证法研究院学习，1961年毕业回北大任教，1962年调山东大学任教。我们两人的经历几乎一样，所不同的是潘兄早考上北大，早到山大，所以潘承洞是我的北大校友，也是山大的校友。

到山大后，我爱人杨桂鸾1963年也调入山东大学。我们曾在一号楼安家，我家的隔壁就是潘承洞的家。因此，我们相识相知。那时，潘承洞的爱人李淑英，在山大老校物理系上班。临走时，总是嘱咐潘看好炉子，以便回来做饭。潘承洞研究数论入迷，头脑很难他顾，所以家中的蜂窝煤炉经常灭。煤炉灭了，李淑英回来就很难做饭，经常埋怨老潘，说连个煤炉都管不好。没办法，只好从我家煤炉提一块煤，或续烧一块蜂窝煤，以解做饭之困难。

对于这个问题，有一次我开玩笑说："老潘，你这个大数学家，怎么连蜂窝煤炉子都管不好呢？管蜂窝煤炉，只有两个函数，一是蜂窝煤的大小，二是烽火盖口缝隙的大小。缝大燃烧快，缝小燃烧慢，你把缝隙大小定得适当，煤燃时间就可确定。到做饭时，燃烧正好，打开即可做饭。这么简单的数学问题，你为何反而做不好呢？"老潘听着，点点头，说："你说得对，我也懂，就是心不在焉。我在研究问题时，忽然想起炉子，跑过去加煤。有时因正想着数学问题，加煤后，忘了加盖，煤很快烧完，炉子也就灭了。"潘说后扭头进屋，又去数论海洋畅游去了。我怀着崇敬的心情，看着老潘的背影，心想：老潘不入迷，岂能攀上哥德巴赫猜想的高峰。

由于受学哲学的影响，也由于钱学森在北大讲演时特重视方法的启示，我有段时间专门考虑方法问题。我认为一个人聪明不聪明，关键在于方法，一个人成功不成功，关键也是方法问题。有一次，我向老潘请教哥德巴赫猜想研究成果与哥德巴赫猜想研究方法的关系，他说："你问的问题很好，这是个关键问题，因为我有了新的研究方法，才获得新的研究成果。我研究哥德巴赫猜想与前人不同，我用的是'筛法'，我用了这个方法，才使我在研究哥德巴赫猜想上前进了一大步。"我详细问"筛法"，老潘简单说了说。我不是学数学的，也没弄明白，但对我认识成果和方法的关系有很大帮助。后来，我写了篇文章，题目是《方法孕育成果》，就是受老潘的启发而写的。在文章中，也谈到承洞兄研究哥德巴赫猜想的成果与其所用"筛法"的密切关系。

当时，我任山东大学办公室主任，又兼代博士生的自然辩证法课。那时山东大学只有四个博士生，其中一个就是潘承洞兄的研究生，名叫展涛。这四个人皆必须学自然辩证法，课由我授。当时没有博士生的教材，由我定学习内容。我刚出版《大杠杆——震撼社会的新技术革命》，就拿此书作为教材。我很少口讲，由他们自学，然后讨论，最后由我总结答疑。他们对这门课非常满意，读后收获不小。这 4 个博士生由展涛当班长，我要求博士们在我上课前必须擦好黑板，扫好地。展涛都做得很好，我还夸奖了他。我认为上课前擦好黑板、扫好地，虽是小事，却是尊师爱生的大问题。有一次，承洞兄碰见我，问我展涛表现如何，我说："表现不错，他很尊重老师，遵守上课纪律，老师交代做的事都认真去做。"他说："那好，有什么问题，你不要瞒我，告诉我，我们共同教育他。"

1982 年，承洞兄患病住院。我去看他，问其病况，他告诉我，大夫没检查出大毛病，就是低烧不退。我也没当回事，只是劝他安心养病，回校后再闲谈。1983 年，山东省立医院影像所所长连世海到山大送人学计算机。由于山大为其提供了帮助，连所长为表感谢，提出为山大教师免费做一次检查。也就是在这次检查中，发现承洞兄得了直肠癌。手术很及时，也很成功，承洞兄又恢复了健康。要不是连所长，承洞兄仍在医院久拖，后果不堪设想。

无巧不成书。我和潘兄又同时得到任命，他被任命为青岛大学校长，我被任命为青岛大学副书记、副校长。当时，在山东大学抽调两人，一个是我，一个是潘兄。另外在山师、山工各调一人，齐赴青岛，援建青大。潘兄虽任校长，但平时不常去，只在开学典礼时去青岛讲讲话，与师生见见面。重担在我身上，最初我分管的工作很多，连人事工作都分管。如何办青大，我和潘校长意见一致。例如：建校时，要特别注意引进高质量的教师；办好大学起点要高，既要有教学人才，又要有科研人才；力争教学科研双丰收，提高青岛大学的知名度；等等。我们意见一致了，事就好办了。遇到阻力，事难办时，我就说，潘校长也有这个意思。有疑义者，持反对态度的人，就不好再固执己见，妨碍工作。因此，我在青大，工作顺利，颇有成效，与潘兄大力支持是分不开的。

1987 年，省科技召开全委会。当时，曾呈奎是科协主席，潘承洞是科协副主席。我在青岛，早晨赶路，奔赴济南，参加会议。到济南后已近 9 点钟，会议已经开始。由曾老作报告，潘承洞在主席台坐着。我一进会议室，就朝着主席台摆了摆手，一是致意，二是致歉。当我摆手时，潘兄也朝我摆了摆手，表示回应。曾老报告完毕，会议中间休息，我就到主席台看望曾老和潘兄。曾老是青岛大学顾问，潘兄是青岛大学校长。我去看他们，也表示我们的情谊。看到潘兄时，潘说："你什么时候来的？怎么没有看到你。"我说："我来晚了，进门都给你打了招呼，你还摆手致意呢？"他说："我看到一个人进来，向主席台摆手，我顺便抬手致意，没看清是你。"说罢，我们俩都哈哈大笑。这时我才想到，潘承洞眼睛近视，有一千多度，平时看不清人的。看不清就打招呼，说明潘兄确很礼貌，不摆科学家的架子。

三年后，即 1990 年。我赴烟台，任烟台大学校长。潘兄任山东大学校长，不再兼任青岛大学校长。从此，我们分隔两地，忙于办各自的大学，就很少见面，很少畅谈，很少再续我们的故事。

1997 年，潘承洞学兄因病去世，时年仅 63 岁。潘的逝世，使我们国家失去了一位大数学家，也使我失去了一位相处 30 年的学兄，是国家的一大损失，也是我的一大损失。去世时，开告别会，我因在外地，无法赶回，未能参加，是一大憾事。问及参加告别会的好友，大家告诉我一些情况，我心稍慰。其中有一副挽联，特别动情，也代表我的心意，记录在此，以兹纪念：

绝顶天慧翔游数论王国推出科学猜想惊寰宇
超常决断优化教育因材造就轶世英才遍五洲

去青岛大学赴任

1986年6月，我被任命为青岛大学党委副书记、副校长。这个任命，对我来说，虽然晚些，也是好事。我感谢省委省政府的任命，离开山大，奔赴青大，履行新使命，承担新重任。

我在山大奋战24年，从1962年到1986年，从26岁到将近50岁，大好年华，献给了山大。不论业务上，还是工作上，都取得显著成绩。党政工作方面，我担任过宣传部长、政治部主任、学校办公室主任、党委办公室主任，并兼任文史哲编委会副主任、文史哲研究所副所长、山东大学出版社社长。业务工作方面，组编的《〈反杜林论〉纲要和简释》获山东省社科一等奖，主编的《大杠杆——震撼社会新技术革命》获教育部优秀著作二等奖，主编的《简明自然辩证法词典》获山东省社科著作二等奖，还发表了30篇有价值的文章，并给山大的硕士生和博士生开设了自然辩证法课。在一段时间，组织想推荐我去教育厅、社科院、社联等，但都一一被否定，不是我不能胜任，而是因为我不想丢了我的业务。有的领导，总觉得我的业务这么突出，还是留在大学，会更好地发挥作用。青岛大学任命新的领导班子，上级有关领导觉得机会到了，推荐我去青大大干一番，建议任命我为青岛大学党委、副书记、副校长，任命潘承洞为校长。任命下达后，我俩齐赴青岛，一起接受新的考验，准备干出一番成就。

治校方略聚才为最

我到青岛大学后，分管的工作很多，党委把人事工作也交给了我。建设学校，方略很多，从何入手，最为关键。我认为，治学方略，良策百端，聚才为最。为此，我写了篇散文，发表在《青岛大学报》上。我认为，学校有无前途，有无质量，有无影响，关键是有无人才、人才多少以及人才质量之高低。我认为一所大学，能否成为名校，就看有没有名师。有名师就有名校。于是我在党委支持下，到处招揽人才。

到青大后，不久就去了天津，拜访了南大大学、天津大学。为什么去拜访呢？因为青岛大学开始是由天大、南开援建的。我去的目的，无非有两个：一是感谢天大、南开为青大建设所作的贡献；二是要求这两个大学继续派人援建青大，或物色几名高水平的教师调进青大。天津大学、南开大学的校长都热情接待了我。

南开大学校长母国光在宴请时说："南开大学很愿继续支援建设青岛大学，但派教师去有困难。如有愿去者，我当放行。"我感谢母国光校长的支持，并说："我去系里跑跑，如有愿去青岛大学的，你可放行，不能反悔。"母校长说："好，一言为定。"

我到了南开大学哲学系，找了北京大学老同学冒从虎。他在哲学研究方面，出了不少成果，是教学骨干。但在南开，困难不少。因房子小，不让我去他家。我说明来意，拉他去青大，并说，如去青大，房子问题就解决了。到一所新大学，更有用武之地，也许更有成果。他说："好，我同意去青岛大学。"接着，我又去南开大学社会学系，找了另一位北大的同学车铭洲。车铭洲毕业后，我俩见过，彼此熟知，我言明来意，拉他去青岛，成就一番事业。他也被我说服了，同意去青大。

我临走前，去见母国光校长。我说："母校长，你们哲学系的冒从虎，社会学系的车铭洲，愿去支援青岛大学，请放行。"母校长笑着说："那可不行，他俩是台柱子，怎能放行？"我说："母校长食言了。"他说："对不起，只好食言了。我放走他们，我也不好交代。”既然这样，也不勉为其难，就告辞了。我的同学冒从虎虽未来青大，但引起南大重视，很快解决了房子问题。后来，冒从虎致信给我，深表感谢，这是后话。

从天津回来不久，我又去了四川大学。四川大学的张宝文、孙方柱也是我北大时的师兄弟，在川大也是骨干，想来青大，川大不放行。到川大后，给现任校领导做工作，似有难处，不愿放行。我去找离职领导，他曾在青岛崂山工作过，是个老干部，挺有威望。我谈了谈家乡变化，说了说青大的情况，让他协助劝劝现领导，以支援青大。老领导帮了忙，说服了书记和校长。通过协商，川大终于答应，让孙方柱、张宝文支援青大建设。

这两个人，加上我从山东大学调来的金守臣等，可组建两个研究室，一个是逻辑研究室，一个是日本研究室。这两个研究室人虽少，但都拔尖，在山东首屈一指。我经过做工作，打通关系，还引进了两位老教授，一个是搞历史的胡滨，一个是搞中文的黄伯荣，这两个都是国内知名专家。另外，还引进了全国有突出贡献中青年专家陆大荣、王锡山等。在很短时间内，聚集了一批名师，为办好青大奠定了师资基础。

青大的开学典礼

这次典礼，很有意义，我也想说两句。1986年9月13日，青岛大学隆重举行开学典礼。中共青岛市委副书记、校务委员会主任刘镇，青岛大学顾问曾呈奎，青岛大学党委书记张扬，青岛大学校长潘承洞参加了会，副书记、副校长孙荣文、李庆臻、刘涛、崔西璐也参加了会，参加会议的还有市委秘书长王肇基等。

典礼首先由孙荣文常务副校长宣读了全国人大科教文卫委员会副主任、全国人大常委会委员张承先的书面讲话。张老在讲话中希望青岛大学"紧密结合青岛市和山东省开放建设和发展的需要，努力培养出一批又一批有理想、有道德、有文化、有纪律，具有献身精神和创新精神的四化建设人"，经过十年、二十年的艰苦奋斗，把青岛大学建设成为高水平、多层次、现代化、开放式，具有特色的社会主义新型大学。

会上，潘承洞校长讲了话。他对学生提出四点要求：一是要勤奋学习，二是要勇于创新，三是要树大志，四是要团结奋斗。他希望全体师生员工发扬团结创业的精神，拿出主人翁的姿态，共同克服困难，把青岛大学建设好。

青岛大学顾问、著名海洋学家曾呈奎在开学典礼上也讲了话。他认为，办一所综合性的青岛大学，对青岛是非常重要的，是一件非常重大的事情。他嘱咐青大学子"要打好基础，学好基础知识"。并说："校园如此美好，北面是山，南面是海，在这样一个依山傍海、空气清新的环境里学习是令人愉快的。"

市委副书记刘镇、校党委书记张扬也讲了话。

速把青大绿化

1986年秋天，学校决定绿化校园。怎么绿化？意见不一。绿化科长段本森认为，要绿化，必须一块一块整好地，然后一块块绿化。我认为那样做太慢，因为青大建在山坡上，高低不平，整平地太费工夫，绿化速度太慢。我讲，不用整平，种上树就行。我说，山岭种树，只要长大，就很好看。咱要细作一片，粗放一片。粗放的地，不管高低，只要种上树就行，长大了，成了林，有了荫，这样的林子也许更好看一些。段科长被我说服了，在校门左侧一片空地上都种上了树，这就是小树林。小树林现在长大了，你看多好看啊，千姿百态，绿树成荫，读书散步，均为佳境。

种上树，就要保护。为此，我写了一篇散文——《树木有情，谁能无情》，登在校报上。又写了篇通告，树在林边。这公告，写得很有感情，文笔也很清新。

我在《林木有情，谁能无情》中写道：

> 林木之情实在多，讲不完，说不尽。人要生存，就要呼吸。氧从何来？山林造的。人要活着，就要饮水。水从何来？山林蓄的。人要活着，就要吃饭。饭从何来？五谷做的。人要活着，需吃水果。果从何来？果树结的。骄阳似火，酷热难耐，是谁送来绿荫？是谁撑起凉伞？是林木。冰天雪地，寒风刺骨，是谁送来煤炭，让你取暖，使你舒服？又是林木。你烦闷时，走进小林，“枝低疑欲舞”，柔风飘细语，使你烦闷顿消。你若恼心时，迈进花丛，“花开似含笑”，甜香沁肺腑，令你苦恼即逝。你想创造，林间散步，思路接通，茅塞顿开；你想攀登，直上浮山，巧借林枝，即到顶峰。林木情义，至大至深。

春天攀登崂山顶

1987年“五一节”前后，我邀请青岛大学近20名正教授，去攀登崂山。崂顶，大家都没登过。邀请去，兴趣大，收获多。去登崂顶，大家同行，交流感情，对团结教授、共建青大，大有好处。大家在一起，畅谈友谊，广求建议，互通思路，对领导决策也有帮助。此外，春天来了，山花正开，出去散心，对增强体质、陶冶情操，也有好处。

要爬崂顶，只有后山一条路，路窄坡陡，崎岖不平。崂顶有驻军，去时要事先要联系，允许后，才能登顶。我找办公室，事先联系，得到应允后，便乘车上山。

走至李村，到崂山县委找县委书记，再征求他的意见，如何登山为好。他热情招待我们，见车小人多，便告诉我。崂山难爬，颇有危险，你带的人多，车小，万一有事，不好交代。这样吧，我派一辆面包车，把教授分开，乘两辆车上山；再派警车，为你们开路。我对县委书记的安排十分满意，连声道谢。离开县委，三辆车鱼贯而行，蜿蜒向山上，不断攀登，终到崂顶。

到崂顶前，有一风口，杜鹃花盛开，景色十分迷人。我令停车，下去休息，照相留念。我拿着相机，按下快门，一片片美景，尽收眼底，尽入底片。有一景，上有松林，下有杜鹃，近有草坪，远有峰顶，赶快调整光圈，速拍下来。这张照片，给画家韩玉龙看了，韩玉龙觉得很好。后来他以这张照片为景，以女儿李泉为模特，画了一张油画，画得细腻，且很出神，命名《觅音》，拿去展览，大受赞扬。这是后事，不必再提。

到了崂顶后，俯视山海，海连着山，山连着海，海连着天，天连着海，景色变幻，美景迭现，心旷神怡。大家看得入神，久视不厌，不愿下山。我只好劝之，天色已晚，尽快下山。以后有空，我们再来。

在下山的路上，司机对我说：“校长，现在快到山下了，我的心终于放下了。上山下山我都担心，下山尤其担心。”我问：“为什么？”他说：“刹车片过热，有时失灵，车刹不住，就易出事。”我听后，心里一惊，也觉后悔。心想这样的事，少做为好，真要出事，吃罪不起。

下山后，余兴未了，诗兴又发，便坐在桌前，提笔疾书。一篇散文，跃然纸上，读起来，朗朗入口，环环相扣，相当精彩，取名《春登崂顶》。在《青岛大学报》上发表。大家读读，不少人问我，李校长的散文功力，也相当不错，读后让人感动。

李鹏副总理来校视察

1986 年 12 月 8 日下午，国务院副总理、国家教委主任李鹏来青大视察工作。陪同来的还有山东省省长李昌安、青岛市委副书记刘镇、市长郭松年。李鹏副总理冒着隆冬寒风，兴致勃勃地视察，大家都很感动。在得知新实旅社向青大捐万册书时，李鹏很高兴地说：这很好，要调动各方面的积极性办好学校。在新建的语言实验室，李鹏得知实验室自力更生安装起来时，点头肯定，表示赞赏。李鹏同志在视察中，询问了我校招收本科生、专科生、走读生的情况，指示我校要发动师生员工献计献策，走出一条新的办学路子，办出自己的特色来。他要求我校要挖掘潜力，尽可能多地招收一些走读生，有走读条件的要实行走读，为社会主义现代化建设多培养一些人才。

李鹏副总理边走边谈，兴致很浓。我在李鹏同志旁边，乘机向李鹏同志反映一些情况，我说：我们学校的教师，不少是从中国科技大学、山东大学、兰州大学等全国知名大学调来的，他们在这些大学，都是硕士生导师，甚至是博士生导师，他们到青大后，都不能带研究生了，很遗憾，能否让我们这样新建的大学，尽快能够招研究生。李鹏同志听了，不以为然，严肃地说：这是不可能的。能否招研究生，得十年以后再说。我听了后，觉得李鹏同志说的是对的，但又觉得何必说得这样绝对、这样生硬，没有商量的余地。看来，再说下去，也是无益的了，就住了嘴，不再多说，但心里有点不舒服，只好以后再说吧。

青大西校门的构想

青大初建，渐成规模，西门如何修，大家都去构思，我也在构想。校门是门面，修好了，给学校添光增彩，甚至成为学校的标志。如此说来，校门之事，确非小事，实为大事。应当构思好，如何构思得巧妙，如何构思得有特点，如何构思得不俗，成了我日夜思索的问题，成了我的心事。

有一次，我去北京，坐在车上，环顾四周，左看看，右瞧瞧，看有无让我心动的大门。走东串西，有两个大门，引起我的注意：一个是北京图书馆的门，一个是友谊宾馆的门。这两个大门都是敞开式的，两边是传达室，中设一矮墙，加以修饰，写上“北京图书馆”“友谊宾馆”，给人动感，令人称赞。

从北京回青后，我又思索大门两边的建筑物如何建。青岛大学在海边，与海相连的形象是帆，与海相连的鸟是海燕。既像风帆，又似海燕，最好。后来，我把自己的构想向刘涛副校长透露。刘涛点头，也说不错。后来我找到基建处长，给他谈了我的构思：中间敞开，要敞大；中有影壁，但很短；传达室的形象，既像远航的风帆，又像腾飞的海燕，还像飘动的红旗。基建处长听后，有点为难，说：“校长，你说得太复杂，怎么设计啊？”我说，是复杂，但好看，有特点。建成后，人家称赞，你也有名。克服困难试试看，但愿成功。他找人设计方案，我们挑选了一下，又加以修改，报告党委。大家觉得不错，一下就通过了。

现在青岛大学西门，看起来还是很有气魄的。只是两边栏杆上缺了浪花和海鸥。虽稍欠缺，但总体看，确实不错。我最近问青大的职工，感觉青大的校门怎样，都说不错。又问：“你们能说出她的形象吗？”几乎都说不出，我只好告诉他们，当时设想的要像远航的风帆，又像腾飞的海燕，还像飘动的红旗，你们看像否？他们说，既像又不像。我说，这就对了。你们看墙上那两个圆洞，不就是海燕的眼睛吗？“噢，李校长，你这么一说，还真是像海燕。”

李铁映主任来校视察

1987年6月20日下午，中共中央政治局委员、国务委员、国家教委主任李铁映在山东省省长赵志浩、青岛市委副书记刘镇陪同下，视察了青岛大学，并作了重要指示。

校长李祖衡首先向李铁映汇报了青岛大学教育改革、思想政治工作、师资队伍建设、基建工作、招生分配、办学特色等情况。李铁映主任听完汇报，便去视察青岛大学外语教学基地。这个基地，是新建的，孙荣文同志汇报说："我们学校突出一个'外'字，外语学习四年不断。"李铁映听后说："你们外语学习四年不断线，政治理论学习四年是否断线了?"我们回答说："当然不断!"李铁映主任点了点头，没有再言语，继续视察。

视察后，他明确指示我们，要在招生分配、思想品德教育、为人民服务教育、面向社会需要、面向基层等方面进行改革。并强调指出，要加强政治理论课教育，使学生坚信社会主义制度，坚信党的领导。

万里委员长来校视察

李铁映主任视察后，我们有些茫然，突出“外”字对不对？外语四年不断线对不对？一时拿不定主意。听说万里委员长来，我们想听听万里委员长的想法。1987年7月20日上午，万里委员长在省人大主任李振、市委副书记刘镇陪同下，视察我校。万里委员长，飘着白发，头脚硬朗，慈眉善目，非常精神。

到办公楼会议室，大家坐下。看着老人，准备聆听教诲。万里说，请校长谈谈。孙荣文副校长汇报了青岛大学的总体情况。在汇报中，万里同志不断作指示，发议论，气氛融洽热烈，我们深受教育。

万里委员长听完汇报，发表了很好的指示意见。他首先指出，科教兴国，要科技占主导地位，而教育是基础，必须先行。要多交流，要面向世界，门要开得大一些。你们与德国巴伐利亚洲合建啤酒专业，这很好。青岛有全国最好的啤酒。你们建啤酒专业，促进青啤的发展，会有很大作用。

万里委员长肯定了青岛大学加强外语教学的做法，要求我们坚持培养外向型人才的思路。这个方向是对的，要坚持下去，办出特色。万里委员长的这个指示，给我们吃了定心丸，突出“外”字，没有错。

万里委员长对青岛大学坚持两个结合，即教育与生产相结合、企业和学校相结合、给予充分肯定。万里委员长告诉我们，当初想把青岛大学、烟台大学办起来，就是为了使胶东地区加快发展，先进帮后进，从而带动山东省经济发展。

社联评奖与苗枫林、林江、刘守璞

1988年1月6日，我参加了山东省社科著作评奖会。这是山东社科界的一大盛事，对促进山东省社科发展，起了积极作用。

会议由苗枫林主持，他是宣传部长兼社科联主席。苗枫林要求这次评奖会要评出积极性，评出团结协作，使山东省社科研究迈出一大步，并多出成果。他还要求，评奖要评出方向，引导社会科学界的同行们，推进现代化建设事业，为改革、开放、现代化服务。他还要求，通过评奖发现拔尖人才，注意评选年轻作者的著作。《大杠杆——震撼社会的新技术革命》写得很好，影响很大，山东省要多出这样的著作。苗枫林主席在会上称赞我的著作，我当然十分高兴。

社科联常务副主席林江同志讲了评奖的要求。我省67个学会参加评奖，13个地市社科联都上报了成果。这次评奖要按一定比例评定，著作按1/10，论文按1/60，总共341项。林江同志还指出，对第一次、第二次已获奖的，要从严要求，从高要求，以便促进研究，出优秀成果。

刘守璞同志最后作总结。他说，这次评奖很好，一次比一次认真，评出了水平，评出了积极性，对山东社科界的发展起了促进作用。这次评奖注重社会科学为现实服务，突出公平、公正、公道，从水平出发，从质量出发，注意评选年轻人的成果，提携年轻人，促进年轻人的成长。

我把这次会作为我“一生诸事”中的一事，一个重要原因是我想写写我和这三位领导的关系。

我和苗枫林部长早就认识。他写的书，我看过，也由此认为苗是有学问、会写作的领导。我们交谈起来，有共同语言，就很畅快，很直接，不拐弯抹角。

他刚当部长时，有一次谈到银杏树的问题。他告诉我，在沂蒙山区，鼓励大家种银杏树，因为银杏是个宝。提炼出来的银杏片，更是宝中之宝，对软化血管、治疗心脏病，有特殊疗效。我听了苗部长的话，又看了一些书籍，确知银杏的好处，就开始吃银杏片，至今已有20余年，对我的血管和心脏确实有好处。我在济南大学当校长时，就专门种了片银杏林，如今都长大了。秋天树叶黄时，橙黄一片，照个相来，美哉美哉。这是苗部长对我影响的结果。

我还跟着苗部长访问了德国。那次访问，苗部长是人大副主任，也是我们的团长，带领我们访问了大半个德国。那次访问，我们大开眼界，启迪思维，收获很大，对德国人民的素质有了深刻的认识。当今，就国民素质讲，德国恐怕是独一无二的。访问时，严格按照时间安排进行接待。

苗部长对我的工作也很关心。他和刘守璞同志都很支持我，有何困难，我一开口，就会帮助我解决困难。我一直把苗部长当成好领导，当成知心朋友。

说起林江兄，我们认识更早。在“文化大革命”中，省委领导要学六本书，其中有一本《反杜林论》，一般人都讲不了，省委调查了一番，全省就我能讲，于是把我调往宣传部，帮助备课。这时，我认识了林江兄，他待我如同兄长，百般呵护，使我感动。我们不仅在研讨《反杜林论》上互相切磋，也在许多方面推心置腹，逐渐成为知心朋友。

后来，林江兄调省社科联任副主席。我们都尊称他是“林副主席”。他到社科联，我们的友谊更深一层。每次开会，都叫我讲话。每次评奖，都让我参加。有难办的事，都与我商量。有难决断的事，叫我给他想办法、出主意。我有何难题，都向他汇报。我有什么成果，他都大力宣扬，百般称赞。我有什么成绩，他都当众夸奖，生怕别人不知道。这样的老大哥，怎能不叫我崇敬呢？说实在的，我在山东省能有一定的影响力，除了因为自己的业务不错外，与林江同志的称赞也有关系。他曾向省委建议，让我接他的班，任山东省社联主席。这事是他最近告诉我的。这足见这位老大哥，一直是我的伯乐。

退休之后，我们互相想着，总找机会见见面，畅叙情怀，十分亲切。他逢人便讲，这是写《大杠杆》的李庆臻，这是三个大学校长的李庆臻。每当此时，我脸发烧，心发热，又内疚。这些虚名，不值得宣扬，但对老兄却心存感激。

退休后，林江老兄每年都去青岛避暑，都有老朋友请他。只要老朋友请他，他总叫上我，所以他的老朋友也成了我的老朋友。每次见面，举杯敬酒，畅谈别感，十分融洽。

刘守璞，是我的领导，又是我的知心朋友。40年前就认识。自认识后，他一直关心我，支持我，帮助我。他是我的伯乐，我有今天，与他的推荐有关。

当青岛大学选择校长时，他推荐我，认为我去青岛大学，最能发挥我的优势。这固然是组织安排的，但也与守璞兄的厚爱有关，我是不会忘记的。

我调到济南大学后，遇到点困难，在交谈中不自觉地流露出来。他马上说，自己同人大负责人商量一下，去你校视察，支持一下。说到做到，他和人大副主任马仲才，果然到济南大学视察。这次视察，对解决困难起了重要作用。对守璞兄的深情厚谊，我是永怀感激之情的。有一次，我去找他。他晚上7点半以后才回家吃饭。我关心地对他说："这么晚才吃饭损害身体，要多养生；年纪大了，要注意劳逸结合。"他说："省委交给我的任务，我必须认真完成。中央'新闻联播'中，每天要有山东的新闻，所以我每天都要看新闻联播。上面播了山东的新闻，我才放心，我才吃饭。不然，饭是吃不好的。"听他讲话，我肃然起敬。这么认真地工作，真是少有啊！世界上就怕"认真"二字，在刘守璞身上完全体现出来。我觉得刘守璞同志是我终生学习的榜样。

又见省委梁步亭书记

九次见梁书记，都给我留下深刻印象。建青岛大学，如果没有梁书记的决策，是建不起来的。张老承先带着2000万元先到青岛，想在此建一所地方性大学，但当时的市领导没太重视，于是张老就去了烟台。烟台市委书记王济夫，为人精明，很有头脑，当即拍板，筹建烟台大学。于是，烟台大学在神州大地应运而生。烟大一建，青岛也想建大学，可钱何处出？梁步亭书记拍板，山东省支援2000万元，青岛市出2000万元，筹建青大。我说，没有梁步亭书记，就无青岛大学，确是实情。

梁步亭书记，大将风度，叫人敬仰。在山东工作成绩显著，多有美誉。他一手好字，写起来龙飞凤舞，让人称赞。他为人谦和，极易接近，谈吐儒雅，很有魅力。我与他八次交谈，渐成朋友，不再敬畏。在书记面前，我可坦然直说，实言相告。书记对我，渐有印象，似有好感。

在1990年春，我又见到梁书记。我们把梁书记请到青大，又请他到图书馆楼后面的小山坡上。在这个山坡上，背靠小山，面视大海，视野辽阔，畅怀交谈，十分惬意。张扬书记说，他和梁书记是团中央的同事。两人相谈，又说又笑，十分投机。张扬谈后，我再畅叙。我说，青大校园，背山面海，地理条件十分优越。但也有不足，山不到顶，足难到海，看海而不到大海，实为憾事。梁书记能否给市里谈谈，给青大一个出海口，同学们不仅能看到海，而且能到海里畅游一番。梁书记点了点头，说可以研究研究。我不久离开了青大，此事越来越不好办。张扬书记一退休，这事就搁浅了，无人再提。但我觉得，青岛大学面海而不能到海，总是一大憾事。

速到烟大报到

中共山东省委、山东省政府任命我为烟台大学校长。接到调令时，正值我在成都参加学术会议。这个会议是由13所重点大学学术共同体召开的，参加会议的有吉林大学、山东大学、南开大学、南京大学、武汉大学、复旦大学、青岛大学、兰州大学等校的专家教授。舒炜光教授是学术带头人和组织者，我是副手。舒去世后，我成了学术带头人。这次成都会议，我若一走，会就难开，权衡再三，只好请假。向省委组织部请假时，我讲明情况，并保证10天后报到。组织部应允，我很高兴。会议善始善终开完后，我于1990年8月29日赶回济南，向省委组织部报到。接着，回到青岛，整理行囊，准备赴任。烟台大学派组织部长段其胜同志来接，我便跟着段部长一起来到烟台大学。

我任烟大校长时，是青黄不接的时期。一些清华大学、北京大学在烟大任职的各级领导和任教的教师，因年龄已高，不便久留，要求返回北京大学、清华大学。得到批准后，他们很快就走了。这样，烟台大学的领导岗位就出现了空缺，需要尽快物色干部。省委、省政府领导同志物色的结果，就把建设烟台大学的重担交给了我。

我被任命为烟大校长，我认为在以下三个方面存在优势：一是，我的学术水平不错。当时我已是全国知名的自然辩证法专家，我的著作和论文等等到全国专家的好评。我和黄顺基主编的《大杠杆》得到钱学森同志的好评。钱老还亲自写信给我，表示祝贺。二是我在山东大学、青岛大学任职期间，积累了很多办学治学的经验。我的治校经验，得到了省市领导和全校教工的好评。三是我毕业于北京大学，并在北大任教，自然也就染有北大人的精神和风格，自然易于与北大和清华的领导沟通联系，北大、清华的办学风格也会更好地继承和发展。有这三条，我任校长，就能沿着北大、清华开创的路继续走下去，并发扬光大，把烟大建好。

我到烟台后，烟大原有的领导都齐聚会议室欢迎我。副校长王新主持了欢迎会，我在会上简短地表了个态。我说："暑假我在成都开会，期间接到调令，因会难走，只好请假。组织应允，会后即回，赶去报到，即来烟大。与大家共事，我很高兴。”我还说：“办好烟大要靠省市领导的积极支持，靠北大、清华的积极支持，靠全校广大师生员工的积极支持。只有靠他们的积极支持，烟大才能办好。”我还说：“现在烟大困难不少，只要我们团结奋进，经过努力，我们会把烟台大学建成一个具有环境优美的校园环境、团结奋进的工作环境、勤奋刻苦的学习环境、宽松和谐的人际环境的高水平、有特色的大学。”

接着，我们就投入建校的紧张工作中。

我的北京之行

我狠抓了三个月的工作，工作初步有了眉目，便与邱殿辅副校长到北京汇报工作。1990年10月10～17日，在北京共住了8天，汇报工作主要有四个方面：

一是向张老承先汇报工作。

张老住在教育部附近的一个小四合院里。张老和夫人朱慧同志亲切地接待了我们。我向张老简要地汇报了烟大的工作，汇报了如何抓班子的平稳过渡，如何抓好校园建设和学风建设，如何抓好改善教职工的生活，以及如何从严治校的问题。张老听后十分满意，充分肯定，并指示我们，要努力实现烟台大学的十年规划纲要，把烟台大学办好。我还汇报了如何按照8月份张老在烟大规划会议上的书面发言的精神，抓好烟大新阶段的工作。张老点头，表示肯定，并促我们抓紧落实。

二是拜见北京大学、清华大学的诸位领导。

北大、清华的支援是办好烟大的关键。插上这两只翅膀，烟大才能有力地飞起来。我去北京大学，主要拜会了北京大学党委书记王学珍，校长吴树青，副书记、副校长张学书，以及郭景海、王义遒等同志。在会见时，我还与张学书同志谈起我的大学生活，谈起当时作为校团委书记的他如何指导我们开展团支部的活动，以及他年轻时当团委书记给我们留下的深刻印象。学书同志笑了笑说，那是几十年前的事了，今非昔比，我也老了。

在清华大学，我拜见了党委书记方惠坚、校长张孝文、副书记张思敬同志。见了他们，如回到家里，十分亲切，热情交谈，毫不拘束。

我向两校领导首先表示感谢，感谢他们对烟大的无私支援，感谢他们对建设烟大作出的突出贡献，并讲了如何沿着北大、清华建设烟大的路继续走下去，以作出更大成绩，还汇报了我到烟大几个月所做的几项工作。北大、清华的领导肯定了烟台大学的工作，表示愿尽全力继续支持烟台大学的建设，并希望烟台大学主动地提出急需支援的具体内容、项目和措施。两校将加以研究，认真落实。他们还告诉我，北大的问题多找王义遒副校长，清华方面的问题多找周远清副校长。我在北大、清华期间，还看望了两校在烟大担负领导工作的沈克琦校长、杜建寰书记、杨春洗副校长和钱振为等同志，对他们在建设烟台大学中的突出贡献，表示衷心感谢，并希望他们经常去烟台大学指导工作。沈克琦、杜建寰同志对烟大近来的工作表示肯定，并对烟台大学的建设寄以深切的关怀和期望。

三是向教委朱开轩副主任汇报工作。

我向朱开轩汇报工作时，主要谈了三点：第一点，讲北大、清华在烟大建设中所作的突出贡献；第二点，讲烟台大学近来的工作成绩；第三点，按张老的指示，说说我们如何更好地建设烟台大学。我汇报后，朱开轩主任点了点头，说你们汇报得好，回去照办就是。并说："你们是新院校，困难更大些，工作更繁重些。只要努力，困难会克服，工作定干好。我对你们是寄予很大希望的。"我在青岛大学时见过朱开轩主任，曾就素质教育问题与其长谈过。他对我印象较深。这次去汇报，如故友相逢，异常亲切。我回校后的第五天，就接到朱开轩主任的来信。信中说："我为烟台大学建设和教育工作已经取得的成就与显著进步而感到由衷的高兴，并望继续努力，办出地方院校特色，为烟台地区乃至山东全省的经济与社会发展作出杰出贡献。"

四是拜会原烟台市委书记王济夫。

王济夫同志是个想干事、思维敏捷的好领导。在烟台市当书记期间，张承先曾来烟台，透露了建烟台大学的心意。王济夫同志秉承张承先同志的心意，拍板建设了烟台大学。我们这次到北京的时候，王济夫同志正担任文化部的副部长。我认为，没有张老就没有烟台大学，没有王济夫书记也没有烟台大学，所以来京，一定要拜见他。也巧，他住在我的老友龚育之、孙小礼的楼下。通过他们，我也了解了一些王济夫的情况。敲门而进后，王济夫同志亲切接待了我们。我再三对王济夫同志表示衷心的感谢。他说，没什么，这是应该做的。谁都知道，建烟台大学，会对烟台的经济发展大有好处。我还汇报了烟台大学的现状和未来发展。他很感兴趣，连声说好。我请他有空时回烟台，去看看烟台大学。他说："好，有机会抽空回烟台，一定去看。"

从北京回烟台，路经济南，我又向山东省高校工委、省教委、省委组织部的领导汇报了工作。崔惟林、吕可英、王秀明等领导同志，对烟大的工作，十分满意，充分肯定。我们一行又拜访了山东大学、山东工业大学、山东师范大学的领导，都是老朋友，自然谈得更投机、更深入、更有效。

青年成才十要

1991年5月3日，烟台大学隆重举行共青团1990年度先进集体、先进个人表彰大会。我在会上讲话，表示祝贺。还详细讨论了“青年成才十要”，以激励团员青年，奋发向上，力争成才。我讲的“十要”是：

一是志向要高。远的说为共产主义奋斗，近的说为四化建设服务，作出贡献。志向高了，有个目标，有个追求，就能激励前进，奋发向上，努力成才。

二是品德要正。要讲奉献，为国为民，贡献才智。要为他人，助人为乐。他人第一，个人第二，不自私，不只顾个人。要勤养廉。养廉很重要，不廉洁，就贪腐，是不能成才的。只有廉洁奉公，才能成才。

三是目标要实。大的志向要高，空泛点也不要紧，但个人一定时期为了奋斗的目标一定要实，要具体，举手可得。要扎扎实实去想，又实实在在去干，一步一步一个脚印，一年有一年的收获，实干兴国，实干也成才。

四是学习要强。勤于学习，不断充实自己。不断创造成绩，学得多，见识宽，想得多，就能不断前进，充满信心。活到老学到老的人，定能成才。

五是动力要足。动力有多种，齐聚起来动力就足。动力有大小，积小成大，集小动力成大动力。动力足了，就能拉着你前进，就能推着你攀登。

六是方法要活。方法是成功的关键，方法也是成才的关键。方法好，方法活，就能事半功倍。方法差，方法死，就会事倍功半。因此，青年成才，亟须方法活。

七是自律要严。严于律己是成才的关键。要求自己严，约束自己严，道德约束就高，遵纪守法的自学性就高，就不容易掀动道德的底线和纪律的底线以及法制的底线，就会遵纪遵法。只有这样，才能成才。

八是拼搏要勇。女排精神一个重要方面就是勇于拼搏。拼搏起来，可以忘我，就能取胜。我们学习、工作，也要有拼搏精神。勇拼搏，学必成，也必能成才。

九是时间要抓紧。抓紧时间，紧张有度，学习就好。松垮，懒散，虚度光阴，必难成才。时间要靠挤。能挤之人，时间就多，学得多，干得也多。时间又靠积。积少成多，化零为整。时间小，时间少，不要紧，积起来，就大，就多，就能干大事，成大器。

十是体魄健壮。体健，精力充沛，有利进步，有助成才。体不健，精神欠佳，干什么都不成，很难成功。体之健，怎么来？等不行，要靠练。不但要练，三天打鱼两天晒网不行，要有坚持精神。坚持下去，就能体健，就能成功，就能成才。

我讲的十要，学生听了，非常兴奋，下定决心，不断学习，坚持去做，立志使自己成才。我讲后，掌声四起，经久不息，我也很高兴。我想，校长腹中要有东西。每次讲话都给学生一生都能受用的东西，这个校长才能当得好，受学生欢迎，得学生尊重。

学校的四风建设

1991 年 7 月 1 日，我在烟台大学庆祝建党 70 周年大会上，讲了许多问题。其中，最主要的是学校党员的四风建设。我特别强调了公道正派的作风。我认为，学校成事，由此风行；学校坏事，也由此风坏。我有个体会，学校领导如坚持此风，什么难事都能解决。学校分房和评职称，这是学校两大难事。如果坚持公正、公道、公平、公开的“四公”，就可以两袖清风，自由自在，闲居自得。因为我尝到了甜头，所以极力主张“四公”，力争公道正派。

为了把烟大建设成有特色的、高水平的、开放型的社会主义综合大学，为了提高党组织的战斗力和凝聚力，当前最主要的一个问题就是下决心建设好党风和校风。

党风，即党的作风，包括思想作风、工作作风和生活作风。何谓风？风乃气之流动。党的风气的流动，即党风。党风很重要，为何重要？原因有以下几点：一是党风直接影响党的性质。党风不正，就危害党，使党变质。党风不正，还危害党员，使党性不纯，甚至导致腐败。二是党风影响党的路线、方针、政策的贯彻执行。党风正，路线、方针、政策就会贯彻得好；党风不正，路线、方针、政策就扭曲变形，导致腐败，导致污损，导致失败。三是党风影响党和群众的关系。党风正，人心顺，群众拥护，党就发展；党风不正，民心不顺，群众反对，党则受损。四是党风决定政风、民风。党风好，政风、民风就好；党风不好，政风、民风就差。五是党风影响党的团结。党风好，上下一致，同心同德，则增强党的团结统一；党风差，则三心二意，互相扯皮，则削弱党的团结统一。因此，我们学校的党组织要十分重视党的作风建设。党的优良作风，如三大作风，要继承发扬。

在新时期，党风也要与时俱进，要有新的要求和新的内容。

其一，理论联系实际的作风。一方面要深入学习理论，在新形势下发展理论的新内容。另一方面，要深入实际，发现新问题，用发展的理论解决实际中遇到的新问题，改变忽视学习马克思主义理论的倾向，克服脱离实际不重视研究和解决新问题的倾向。只有这样，才能理论联系实际，促进党的事业发展。

其二，密切联系群众的作风。党的群众路线，是党的认识路线，又是党的工作路线。能联系群众，就能认识正确，就能决策正确，取得好成果。脱离群众，认识不正确，不关心群众疾苦，不为群众办实事，就难以贯彻党的路线，就难以为群众办实事，就难以贯彻党的路线，就难以有稳定的社会环境。社会稳定归结起来就是：群众稳定、人心稳定，才能政治稳定、经济稳定。社会稳定，决定人心稳定。只要我们党和群众心连心，同甘苦，共呼吸，同命运，保持血肉联系，就能真正做到社会稳定。

其三，批评与自我批评的作风。要反对两种倾向：一种是搞“斗争”哲学，无原则的斗争；另一种反对“老好人”，搞无原则的迁就。要创造良好环境，扶持正气，反对歪风；支持实干家，批评清谈家，因为实干兴邦，空谈误国。领导要容人有量，闻过则喜，欢迎大家批评，但对恶意攻击、流言蜚语，则敢于斗争，勇于批评，绝不姑息。要坚持一个原则，不能让好人受气，更不能让干实事的人受气。

其四，公道正派的作风。这种作风非常重要，尤其现在更是如此。为什么要公道正派？因为党的宗旨是全心全意为人民服务，党员应有无私奉献的精神，故而必须公道正派。公道正派的表现是多方面的：在干部问题上任人唯贤，唯才是举；对待同志不管上下，不管领导群众，一视同仁，平等对待；在同志相处时，坦诚相待，团结为重；在处理问题时，秉公办事，不徇私情；在对待自己时，严于律己，以身作则。反之，任人唯亲，拉圈子，搞宗派，阳奉阴违，台上握手，台下踢脚，是非不清，黑白不明，以权谋私，玩忽职守等，都是不公道正派的，是要克服，是要除掉的。

学校“八大环境”建设

北京大学、清华大学支援烟台大学建设指导委员会第二次会议于1991年7月22～23日在烟大举行。参加会议的有:全国人大教科文委员会副主任、指导委会员顾问张承先,山东省政府副省长、指导委员会主任宋法棠,山东省教委副主任王秀明,北京大学原党委书记王学珍,北京大学副校长张学书,原烟台大学校长沈克琦,原烟台大学副校长杨春洗、钱振为,清华大学副校长、指导委员会副主任周远清,烟台大学校长、指导委员会副主任李庆臻,副书记纪连功,副校长邱殿辅,副校长杨富民,以及烟台市有关的领导等。

会议由宋法棠同志主持。我首先汇报了烟台大学的工作,并对北京大学、清华大学一年来的积极支援,对张承先同志的热情关怀,对省市领导的大力支持,表示衷心感谢。接着,我汇报了七个问题。一是平稳地完成班子的过渡。新班子在原来班子的基础上,成功地实现了新老过渡。群众称赞现任领导班子是务实、高效、团结、奋进的班子。二是继续端正办学的指导思想。三是抓好教育三要素,即教育者、受教育者、教育环境。四是进一步加强思想政治工作。五是努力抓好科研工作。六是大力加强开发工作。七是关心教工生活,增强学校的凝聚力。

张老在会上作了重要指示。一是肯定了烟台教改实验区的工作。二是对烟大提出新的要求,即烟台大学在战略转移的新形势下,要成为烟台经济技术开发中心,成为烟台地区高科技人才的培训中心,成为北大、清华参加烟台地区科技开发的中间环节、联系环节。三是努力把烟台大学办好。要把烟大办好,首先要有一个好的领导班子,带领大学,奋发前进;其次,要加强队伍建设,尽快使青年教师成长,成为学科学术带头人;再次,要继续为建设烟台大学的办学条件解决建设资金问题。

宋法棠副省长在总结时,要求烟大认真贯彻落实张承先同志的讲话精神和北大、清华同志提出的新建议。同时,具体谈了四点意见:一是对烟大的工作比较满意。二是北大、清华支援烟大又取得新成绩。三是希望烟大在三方面更好地发挥作用。对烟台大学的建设经费问题，宋法棠副省长提出了具体的解决办法。同时，希望烟台大学成为“烟台经济社会发展研究中心”“烟台国际学术交流中心”“烟台经济技术的孵化中心”。

北大、清华和两校原烟大的领导同志也相继发言。一方面，对烟台大学一年来取得的成绩进行充分肯定。另一方面，对烟大未来的发展，提出中肯建议和殷切希望。

在这次会上，我完整地提出我的教学环境观。我认为，教学教育有三要素，这就是教育者、受教育者、教育环境。教育环境是教育者、受教育者的中介。教育者、受教育者与教育环境是相辅相成的。教育者要为受教育者创造成长和成才的环境。因此，我提出要全面建设教育环境，搞好教书育人、管理育人、服务育人、环境育人。四管齐下，就能育好人。

我要在烟大创造什么样的环境呢？我用八句话概括，这八句话不仅适用于烟台大学，而且适用于全国各大学。这八句话是：一要有稳定民主的政治环境，二要有宽松和谐的人际环境，三要有勤奋刻苦的学习环境，四要有严谨创新的治学环境，五要有团结奋进的工作环境，六要有良好方便的生活环境，七要有风光秀丽的校园环境，八要有丰富多彩的文化环境。

烟大学生怎样成才

烟台大学的学生怎样才能成才呢？我结合自己的经历，结合先人的教诲，结合当前的实际，讲了以下几个问题。在1991年开学典礼上，我的讲话打动了学生的心。

一是理想问题。理想问题，主要是立志问题。古代有成就的人，都是胸怀大志者。诸葛亮讲："志当存高远。"有了理想，有了志向，才有"指路明灯"，才有"前进动力"，才能"指点江山"。志大、志小，作用不同。如王安石在《游褒禅山记》中所说："夫夷以近，则游者众；险以远，则至者少。而世之奇伟、瑰怪、非常之观，常在于险远，而人之所罕至焉。故非有志者，不能至也。"各行各业都有自己的"险远"，只有立大志者，才能到达"险远"。理想与立志，在阶级社会有阶级性。封建地主讲"金榜题名，头戴乌纱"，资产阶级讲"金钱万能，腰缠万贯"，无产阶级讲"消灭剥削和压迫，实现社会主义和共产主义"。在实现现代化的征程上，全国人民也树立共同的理想，就是建设有中国特色的社会主义，把我国建设成为高度文明、高度民主的社会主义现代化国家。树立共同理想，才能万众一心，奋勇向前，努力拼搏，促其实现。在成才路上，最需立志，最需理想。立志的人，有崇高理想的人，有强大动力，积极进取，勤奋学习，刻苦钻研，成才就快。没有崇高理想的人，消极怠懈，松松垮垮，不求上进，成长就慢。

二是学德问题。道德问题，极为重要，能否成才，关系极大，教师要有师德，学生要有学德。教师有师德，才能为人师表，促进学生成才。学生有学德，才能感动师长，促其认真教书育人。教师的师德主要有：忠于祖国，献身教育，认真执教，严格要求，严谨治学，勇于创新，热爱学生，诲人不倦。学生的学德主要有：热爱祖国，乐于奉献，勤奋学习，严于律己，尊敬师长，学而不厌。

为了建立良好的学德，首先要建立良好的师德，以师德促学德。陶行知先生说："要有好学的学生，须有好学的先生。"换句话说，要想学生好学，必须先生好学。“唯有学而厌的先生，才能教出学而不厌的学生。”[①]

为了建设良好的学德，必须尊敬老师，老师的责任是“传道、授业、解惑”。“道之未闻，业之未精，有惑而不能解，则非师矣。”只有尊师，才能使老师乐于传道，乐于授业，乐于解惑。尊师的含义是多方面的，教师认真备课，学生认真听讲，是尊师；教师布置作业，学生积极完成，是尊师；教师关怀学生，学生关心教师；也是尊师。给一个温暖的讲台是尊师；虚心听老师教诲是尊师；不厌学习，成绩优良也是尊师。

为了建设良好的学德，必须严于律己，教师从严治教，学生从严治学。教师严得有情、有理、有度、有效，学生从严自律，才能自尊、自爱、自谦、自强。

大学都很崇拜科学家。每个有名气的科学家都很注意道德修养。赫尔巴特认为：“教育的唯一工作与全部工作可以总结在这一概念之中——‘道德’，道德普遍地被认为是人的最高目的，因此也是教育的最高目的。”[②]爱因斯坦也说：“我每天上百次提醒自己，我的精神生活和物质生活都依靠别人（包括生者和死者）的劳动，我必须尽力以同样的分量来报偿我所领受了的至今还在领受着的东西。……我强烈地向往着简朴的生活，并且时常为发觉自己占用了同胞的过多的劳动而难以忍受。”[③]我们从科学家爱因斯坦这段话可以领略，道德是成才的基础，所以若要早日成才，必须树立学德。

三是遵纪问题。无法纪，不能治国；无规矩，不能成方圆。无纪律，不能率兵打仗；无校纪，不能治理学校；不守纪，不能成为人才。

纪律是为维护集体利益和保证工作学习生活正常进行而制定的要求每个成员必须遵守的规章、条文。党有党纪，校有校纪，班有班纪。党纪是无产阶级革命意志、高度组织性和权威性的体现，是实现党的路线、方针、政策的可靠保证，是维护党的团结统一的有力武器，也是保持党的先进性和纯洁性，使党的事业兴旺发达的重要条件。校纪是培育四有新人的可靠保证。是稳定学校教学秩序、生活秩序、工作秩序的有力武器，是搞好学校工作的重要条件。要想办好学，必须有严格的校纪；要想提高教学质量，必须有从严执教的老师；要想提高学习效果，必须有严格自律的学生。

我们学校规定了种种纪律，有工作纪律、教学纪律、学习纪律、宿舍纪律、食堂纪律、课堂纪律、图书馆纪律等。我们制定的这些纪律，都是为了使同学们正常地学习和生活，都是为了使同学们健康成长，所以大家必须自觉

---

① 《陶行知教育文集》，江苏人民出版社 1981 年版，第 82 页。

② ［德］赫尔巴特：《论世界的美的启示为教育的主要工作》，张焕庭主编：《西方资产阶级教育论著选》，人民教育出版社 1964 年版，第 259 页。

③ 《爱因斯坦文集》第 3 卷，商务印书馆 2009 年版，许良英等编译，第 42 页。

遵守并同一切违反纪律的现象作斗争。

纪律靠什么维护？靠什么检验？靠什么加强？一靠大学自觉，不自觉怎么办？要进行教育，促其自觉。二靠严加管理，执纪不严等于无纪，甚至比无纪更糟；对违纪现象姑息迁就，心慈手软，大事化小，小事化了，甚至包庇放纵，就会使歪风上升，邪气泛滥，好人受气。三靠明确奖罚，遵纪者奖，违纪者罚。该处分的，必须处分；该通报的，必须通报；该开除的，必须开除。只有这样，才能树立纪律的权威性和严肃性，使人不敢无视纪律，我行我素，才能有令则行，有禁则止。奖罚也是为了惩前毖后，为了爱护同学。

四是惜时问题。世界上什么最宝贵？生命最宝贵，时间最宝贵，“一寸光阴一寸金”。因此，时间是生命，时间是效率，时间是财富。一个人能否成才与能否正确对待时间有关。办企业，出产品，最重要的是节约时间，加强质量，提高效益；搞工作，出成绩，最主要的是运筹时间，提高效率；学习好，工作好，身体好，思想好，核心问题是管好时间。新同学要想成才就要贵于惜时，勤于积时，善于理时。要学朱熹“一寸光阴不可轻”的精神，牢记屠格涅夫“没有一种不幸可与失掉时间相比”的名言，不忘华罗庚“时间是由分秒积成的，善于利用零星时间的人，才会做出更大的成绩来”的教诲。这方面，同学们在考大学前夕，是深有体会的。争分夺秒，孜孜以求，顽强拼搏，毫不放松。然而，入大学后，总有松口气的感觉。稍松口气，可以理解，但不能久。久之变懒，荒废时间，必然落后。落后就要“挨打”，当前不“挨打”，考时“挨打”；考时不“挨打”，毕业“挨打”；毕业勉强过关，到工作岗位还会“挨打”。

五是虚心问题。青年人要成才，必须有信心，有事业心，有锐气，但又要谦虚，不能自满。火心虚，才能旺；火心实，不通气，就会灭。人自满，满则溢，再好的东西也装不进去。徐特立老人讲：“一分钟一秒钟自满，在这一分一秒间就停止了自己吸收的生命和排泄的生命。”[①]陶行知也讲：“虚心，虚心，虚心，承认一无所知，一无所能；学习，学习，学习，学别人所不知，人所不能。”[②]

有些青年为何不虚心？因为一是站得低，自以为高，不知“登高必自卑”的道理；二是因为学得浅，学得不多，缺乏比较，不知深浅；三是肚量小，“半瓶腊”，装进一点，就摇头晃脑，自命不凡。如有大海的肚量，虚怀若谷，定能多装，从不自满，也不能满。

新同学进了大学，一定要虚心。只有虚心，才能老老实实向老师学，老老实实向干部学，老老实实向工人学。从学中吸取营养，丰富自己，不断成长，自觉成才。

---

① 《徐特立教育文集》，人民教育出版社 1979 年版，第 75 页。

② 《陶行知教育文选》，教育科学出版社 1981 年版，第 295 页。

烟大如何治校

1992年9月7日，九二级新生学举行开学典礼，我在会上讲了话。在讲话中，我重点谈了烟台大学如何治校的问题。实际上，这也是我系统地论述我的治校观。

第一，要坚持正确的政治方向。

我们是有中国特色的社会主义国家，我们的大学是有中国特色的社会主义大学，社会主义国家有它的政治方向，社会主义大学也应有它的政治方向。我们学校要坚持正确的政治方向。首要的一点是，坚持党的基本路线，即坚持"一个中心""两个基本点"。其次，坚持党的教育方针，做到教育与经济建设相结合、教育与生产劳动相结合。只有这样，才能培养德、智、体全面发展的人才。最后，坚持为经济建设服务的方针。我们办学校，要敞开大门，要为地方经济发展服务；我们所培养的人才出去以后，也要为地方经济发展贡献力量。因此，要很好地坚持这一方针。

第二，要培育良好的育人环境。

人与环境，相互联系，又相互作用。有人说，人是环境的产物。这话有一定道理，因为心灵美和环境美可以相互塑造。

大家是不是感觉到：当你走进烟大校园的时候，一下子就会被这秀丽风光、洁美校园所吸引；当你走进图书馆的时候，就会被图书馆的整洁、幽静所熏陶。环境美与心灵美在此相互映照。

你们入校后，学校要给你们创造一个优良的环境，使你们更快地成长；同时，你们也要用你们辛勤的劳动改善我们的环境。学校组织的勤工俭学、校园建设、公益劳动，你们要积极参加，以不断提高生活实践能力。

创造怎样优良的校园环境呢？可用八句话概括，这是我们的经验，也是我们的目标，大家应当珍惜。这八句话是：一是稳定民主的政治环境，二是宽松和谐的人际环境，三是团结奋进的工作环境，四是勤奋刻苦的学习环境，五是严谨创新的治学环境，六是风光秀丽的校园环境，七是方便良好的生活环境，八是丰富多彩的文化环境。

创造这八种环境，就是为教师创造良好的教学环境，为学生创造良好的学习环境，从而使大家主动、积极、愉快地学习、工作和生活。

第三，要培育良好的学风校风。

我们的学风是：勤奋、求实、严谨、创新。学风是无声的命令，是自觉遵守的规范，是自觉行动的准绳。

勤就是勤劳，不怕吃苦，不怕劳累，惜时如金，争分夺秒；奋，就是张开翅膀，努力向上，积极向前，不断提高。

求实，就是要实事求是，实实在在，扎扎实实。根深才能叶茂，扎实才能提高。

严谨，就是材料要扎实，经得起查证；依据要扎实，经得起考证；推理要扎实，经得起推敲；论证要严密，经得起推敲；结论要坚实，经得起考验。

创新思维是思维中最主要的思维。创造力是生产力诸要素中最核心的要素。从无到有，从浅到深，从低到高，从粗到精，其中都有创新。可以说，处处有创新，时时有创新，人人有创新。只有创新，同学们才能成为有创造力的人才，才能在建设中发挥更大的作用。

第四，要树立良好的学德。

教师有师德，学生有生德，这都是学德问题。师有师德，才能为人师表，教书育人；生有学德，才能成才，健康成长。

师德就是要忠于祖国，献身教育；认真教学，严格要求，严谨治学，勇于创新；热爱学生，诲人不倦。生德就是要热爱祖国，乐于奉献，勤奋学习，严于律己；尊敬师长，学而不厌。

凡是成功者无不注意道德修养。大科学家爱因斯坦曾说：“人类最重要的努力，是在我们的行动中追求道德。”从这里我们也可以领略到，道德对于成才的重要性。如果同学们每天都能提醒自己一两次——我的今天是祖国人民给予的，我将如何来报答祖国的关怀呢？那么，你就一定能够成为一个品德优良、很有前途的人才。

第五，要从严治校。

无法纪，不能治国；无规矩，不能成方圆；无纪律，不能率兵打仗；无校纪，不能治好学校。

从严治校是多方面的。只有从严治校，全校才能有秀丽的校园、洁美的图书馆、安静的教室和温暖的宿舍，才能有安定的秩序、雷厉风行的作风和质量较高的教学科研。

从严治校是总要求。具体来说，还有一系列要求：严得合理，严得有情，严得合法，严得适度，严得活泼，严得有效。

学生要从严律己。严师出高徒，从严要求，方能品德高尚、学业精深。严为教好，严为学好，严为师好，严为生好，严为人好，严为己好。明白严好，对于人生，是一大进步。知道严为己好，也非易事。懂得严为己好的人，一定成大业；懂得严为己好的学生，一定成人才。

从严治校，要加强纪律。没有纪律，就无所谓从严治校。因此，我们要不断完善我们的规章制度，不断加强我们的纪律规范。

纪律如何加强？一靠大家自觉。不自觉怎么办？要促其自觉。从不自觉到自觉是一个过程，其中有逼有促的成分。不逼不促，就不可能自觉约束自己。二靠严格管理。执纪不严，等于无纪，甚至比无纪更糟。三靠明确奖罚。该奖则奖，该罚则罚。奖罚不明，为政不公，难以治校；奖罚严明，为政清廉，治校有方，必能治好。明确奖罚，惩前毖后，防微杜渐，鼓励先进，也是为了爱护同学、保护同学。

一定要用心识才

我认为,治学方略,良策百端,聚才为最。因此,我每到一个地方都要用心识才,到处寻才。把才聚起来,办事易成功,办校易成名。

我到烟台大学工作时,市委找我谈话,让我选一个干部到校任职。他们说:“现有两人,一个是烟台外办主任韩向利,另一个是烟台市局级干部,你觉得哪个更适合你们的需要。”他们还谈了谈两位同志的情况,并给我看了些有关资料。我比较了下,认为韩向利同志比较合适,于是请市委办理了有关手续,调烟大任副校长。我为什么看上韩向利同志呢?一是韩向利长期在县里工作,曾任栖霞县委书记,有领导经验;二是为人忠厚,勤勤恳恳,政绩颇丰;三是谦虚谨慎,团结他人,善于共事;四是年轻有为,很有潜力,有发展前途。

韩向利同志到烟台大学后,确实干得很好。不管干什么事,他都努力工作,力争干好,与我齐心合力,为更好地建设烟大作贡献。

我到烟台后,结识了孙夜晓、韩晓玲夫妇。他们一在外办工作,一在外语系任教。韩晓玲年轻有火力,口才好,性格开朗,工作认真。她不仅善于讲课,而且还有组织才能。因此,我觉得韩晓玲是个值得培养的人才。但是,当谈及让其到系里工作时,她流露出畏难情绪,怕干不好。好在经过我一番动员,她还是答应了下来。事实证明,她确实有这方面的能力,不久就把外文系搞得既团结又活泼,系里的教学质量不断上升。我心中暗喜,自己又选中一个苗子,如此干下去,定能挑大梁,成大器。

我到烟台大学后,了解到经济管理系主任温俊峰虽然工科出身,但讲管理很内行。后又听说,他是搞发动机的,并获过国家一等奖。我找他谈话,得知他确获过一等奖,但连山东省拔尖人才也不是。我为他打抱不平,便尽快整理好他的材料,亲自跑到省委组织部,提出像温俊峰这样的教授,获得如此重大的科研成果,却连个山东省拔尖人才都不是,这有点不合情理。我把材料递上后,组织部答应会尽快研究并答复。1993 年 12 月 31 日,温俊峰教授被评为山东省拔尖人才。后来，他被评为院士时，我已离开烟台大学。应向温教授致贺。

我在烟台大学时，经济管理系的王天义是个年轻教师，三十出头，风华正茂，讲话不错，科研也好。我找他到办公室细谈时发现，他在管理方面颇有独特见解。于是建议党委研究王天义同志的任用问题。1993 年 4 月 12 日，他被任命为经济管理系副主任。从此，王天义成为烟台大学最年轻的处级干部。后来，王天义调为济南市副市长。我曾对在省委、省政府任职的学生建议：在工作中要注意支持王天义，使他在济南更好地发挥作用。

烟大的“湖光楼影”

到烟台大学后，我总有个习惯：晚饭后，到学校里散散步，走一走，左看看，右瞧瞧，如发现问题，可及时解决。每次走到塔楼下，举目上望，四个黑洞极其刺目。心想：尽快安装塔钟，让钟声响遍校园。

这时，有人告诉我，学校里有个北极星科技时钟公司，正在研究大的时钟。其负责人孙云强，虽然年轻，但有能力。

我把孙云强请到校长办公室，问这问那，寒暄一阵，便入主题。我问他们研制大钟进展如何。他说：“正研究中。”我问有无成品，他说：“小的有，大的没有。”我说：“咱们塔楼的塔钟能否研制？”他说：“我们可试试。”我说：“我给一个任务，研制塔楼大钟，钟大两米，可否接受？”他说：“李校长，我还没有接触过，不过校长如此信任我，我定要制成并装上塔楼，绝不负校长的期望。”我说：“你全力以赴，如有困难，学校会帮着解决。”他领了任务，高兴地走出校长办公室，还回头望了望我，笑着说：“请校长放心。”

我为什么把研制楼钟的任务交给孙云强？我认为，这个任务不仅培养人才，还能形成产业。当时搞钟的寥寥无几，所以一旦搞成，不仅可以占领全国大钟市场，而且烟台大学也会随之更加有名。

在研制过程中，我也常去看看，打听一下进度，问一问原理。在调试期间，我还亲自爬上钟楼，观看孙云强调试。孙云强劝我不要上去，因为爬上钟楼是很费劲的。我说：“不妨！你们都天天上，我还不老，也能上去，权做锻炼，你就放心吧。”我爬上楼顶，也费了一些力气，最后是气喘腿累。上去一看，楼钟四座，各有两米半，调试起来，确需实力。

经过多次调试，钟走了，报时准了，研制成功了。1988 年，调试成功后，我高兴极了，得意忘形，却忘了搞个庆祝会，庆祝钟楼建成。但没庆祝也好，因为钟楼建成只是第一步，钟楼能否经过历史考验，路还长，时还短，不必急。

2014 年 8 月 19 日，我应烟台大学党委书记崔明德的邀请，重访烟台大学。10 年没回去了，回去后，又到塔楼底下，仰视钟楼。钟楼坐落于三元湖，倒影映入湖中，很壮观，很美丽。问及故友，此钟走得如何？答道："近 30 年了，走得准，响得洪亮。"经过近 30 年的风雨，烟台大学研制的钟仍然屹立湖边，形成"湖光楼影"的佳景，也很有意义。

烟台大学的校园环境是全国少有的。北有青山依，南有大海抱，中间又有湖。有山壮志坚，有海胸怀阔，有湖灵气多，但湖太小，容不下多少水，是烟大一憾事也。我想将湖再扩到一倍，既可行船，又可养鱼，校内美景定会更加迷人。湖光塔楼倒影，更加亮丽。于是我下定决心，扩大湖面，再度挖湖。

与基建处商议时，基建处负责人说："李校长，现在湖面不大，水量不多，如再扩大，水会更小。"我想他说得也对，不怕一万，就怕万一。后来，我想了个办法，对基建处处长说："扩大挖湖，使得现有湖面水少湖干，那不要紧。我认为，你挖湖时，在现有湖面东边保持一米左右的土墙，把现有的水仍围在西湖。如果开通东湖，形成湖面，你再把土墙挖开，使西湖连通东湖，形成一湖，岂不更好？"基建处处长听了，将信将疑，对我说："我试试吧！"

不久，开始挖湖。我也提心吊胆，不断在湖边散步，观察，看水能否蓄成。又隔一段时间，水面由小变大，蓄水由浅变深，与西湖几乎齐面。这时，我叫基建处把土墙挖开，使水相接，形成一湖。湖面扩大了，湖光楼影的佳景更加迷人了。师生高兴了，我也高兴了，终于舒了口气。我所向往的北京大学"湖光塔影"的美景，又在烟台大学重现了。所不同的是，塔影变成楼影，未名湖变成了"三元湖"。挖湖事小，成景事大，这就是我来烟台大学后非要扩大湖面的原因。

为纪念"湖光楼影"这一佳景在烟台大学终于形成，我曾做诗，以兹纪念。

楼影情缘

钟楼昂首穿云端，秀丽倒影映湖间。
钟声响彻清泉寨，朗朗书声满校园。
湖光楼影呈佳景，烟大情怀非等闲。
待到来年白发飘，再与楼影续情缘。

烟大的幼儿园

我来烟大后，对幼儿园特别用心。一个大学校长，对幼儿园用心，是不是不务正业？我想：非也，教职工有多种需要，衣食住行，样样都应关心。教师有许多后顾之忧，孩子的培养是最需要解决的后顾之忧。孩子上个好幼儿园，就能受到良好教育，得到健康成长。孩子问题放心了，教师就能一心背课，全力搞研究，多出成果。名师渐出，高徒育成，学校就会办得更好。因此，办好幼儿园是大事而非小事，理应抓好。

幼儿园虽未建成，但场地不错，这样办好幼儿园有了物质基础。但更重要的要有好领导、好教师、好园风。

我经过与总务处负责人交谈，发现附小书记张金玲不错。此人业务好，特别认真，又有牺牲精神。调此人当园主任，定能把幼儿园办好。张金玲调来幼儿园，一头钻进工作中，任劳任怨，十分负责。她在幼儿园教育知识和经验方面存在不足，我又派我的夫人杨桂鸾去幼儿园当顾问。

桂鸾是先进教育工作者，曾任山东大学幼儿园主任。在山东大学幼儿园任主任期间，她曾使山大幼儿园成为山东省和济南市的先进单位。在桂鸾的帮助下，张金玲的工作受到教师员工的好评。幼儿园的副园长张桂芹，也十分能干，什么都会，是个多面手。为提升演出效果，需要设计演出服装。只要告诉她，她能很快缝纫出来，不但合体，还很美丽。其他教师，如魏红、迟国栋、孙凤云、吴燕华等，到了烟大，都一心扑在孩子身上，呕心沥血，教书也好。有这么一批干才，幼儿园怎能办不好呢？不久，幼儿园在校内颇受赞誉，在社会上也有口皆碑。

为庆祝幼儿园建园，我赋诗一首，赠给幼儿园。幼儿园请人书写，挂于门厅，诗曰：“幼苗期盼轻轻剪，小花渴望细细浇。低语莫惊童雅梦，深情常逗天真笑。”

首次出访美国

1991 年 11 月 13 日，在到烟大一年多之后，我开始出访美国，为将烟大办成外向型大学作准备。当时，我带了法律系主任郭明瑞。郭是恢复高考后北京大学法律系第一届本科生，是中国人民大学的法学博士，毕业后先在北京大学任教，后被烟台大学引进。当时是年轻的主任，又在法律界有一定名气，是个值得培养的系主任。翻译是当时在美进修的外办主任孙夜晓。

这次应邀访问的有 5 所大学。这 5 所大学是卡森纽曼学院、肖特学院、麦斯大学、沃希托大学和坎伯兰学院。除坎伯兰学院外，其他四校的校长、副校长曾于 1990 年 5 月组团访问过烟台大学，访问期间与我校都签订了校际交流协议。这次是我们的回访，目的是在原有基础上，继续扩大和发展双方的学术交流关系。

我与郭明瑞、孙夜晓 11 月 13 日上午到达旧金山，当晚 10 点到达卡森纽曼学院。从 15 日开始先后访问了卡森纽曼学院、坎伯兰学院、肖特学院、麦斯大学，于 11 月 22 日晚乘机抵达洛杉矶机场。因无班机，经领事馆同意，又顺访了加州大学北岭分校以及斯坦福大学、旧金山加州大学。我们还拜访了牟启忠、张彤、龚成拜和周传钧。我们早有相识，熟人见面，十分亲切。牟教授带领我们参观了他的饺子工厂。周传钧领我们到家里，并设宴款待。我还和周教授开玩笑。我说，你怎么瘦了。他说，每天下班，为了修房子，抡锤打钉，累瘦了。我说，为何不请人啊。他说，请不起啊。我说，你还不如我们烟大的教授，起码不会下班砸钉子。说后，大家哈哈大笑。

在访问肖特学院时，校长特地请了中国厨师到他家里做菜，款待我们。席间有说有笑，气氛非常融洽，如在自己家里一样。在席间，我们不断交谈，而且还达成几项合作协议。

我们与这五所学校签订的协议很多，主要有以下几项：组团来烟大学习汉语和旅游，暑期举办烟大英语口语班、高级英语培训班，互派教授讲学，接受烟大教师到美国进修，进行图书馆资料和图书馆人员的交流，联合召开国际学术会议，联合进行科研和开发工作，等等。

烟台大学自成立七年来，外事交流发展迅速，已与美国、日本、加拿大、韩国等国 20 所学校建立了联系，已邀请国外 50 位长期专家和 100 多位短期专家来校工作。烟台大学成为全省高校中开展对外交流工作最多以及与国外院校联系最广泛的学校之一。

我在美国访问期间，还多次即兴赋诗，以诗达意，以诗抒怀，宣传中国成就，歌颂中美人民的友好往来，深受美国朋友的欢迎。我每次赋完诗，友人都热烈鼓掌，表示欣赏。阿肯色州阿克德菲亚市重点小学，还将我的诗抄写并张贴在教室里。

首次出访韩国

1992年10月23日至31日，烟台大学代表团访问了韩国。我任代表团团长，团员有：烟台大学副校长杨富民、省教委纪检组长洪凤仙和外事处长王绥之以及烟台大讲师金海珠。烟台大学这次访问韩国，正值中韩建交之后不到两个月，中韩双方都沉浸在建立邦交的喜悦之中。因此，韩方对代表团的访问十分重视，给予了极其热情友好而隆重的接待。我们积极地进行工作，取得很好的成果，圆满完成了出访任务。

10月24日，我们与翰林大学副校长柳永益先生进行会谈，并参观了图书馆、博物馆、生物实验室等。与柳永益先生会谈时，我还开玩笑地说，翰林大学有个副校长柳永益，烟台大学有个副校长叫刘永镒，两个副校长音同，字也相近，真是巧合啊。可见，韩中情谊源远流长，我一说大家都笑了。

10月25日、26日两天，重点访问了釜山外国语大学。我们与釜山外语大学校长进行了会议，商谈了合作计划，并参观了校园，起草了结成姊妹学校的协议书。釜山外国语大学事前邀请我在该校进行演讲，所以我有所准备。但在演讲前夕，该校临时提出要求，希望讲讲中韩两国，特别是和山东的贸易问题。王绥之怕我没有准备，问是否可行。我说，临时想想，写个提纲，明天开讲，不会有问题，请王处长放心。我连夜草拟提纲，第二天上台讲演，侃侃而谈。我讲演的题目是《中国与韩国之间经济贸易及文化交流合作民望》。我从七个方面论述了山东省和韩国的经贸文化交流的光明前景。因为是放开了讲，讲得既通俗又生动，受到热烈欢迎。

11月27日，我们乘车去木浦市。经一天奔波，晚上才到木浦市。木浦大学校长裴钟茂和木浦市市长李万义以及木浦市各界人士，早在酒店久等。酒宴深夜结束，话犹未尽。

这次访问之所以隆重热烈，也同我校与韩国各大学长期往来所积累起来的友谊有关。烟台大学与韩国这三所大学，早有接触，早有来往。中韩在建交前，这些学校的校长和教师曾访问过烟台大学，我们都做了热情接待。

我们以诚待人，热情接待，给他们留下了深刻的印象，彼此也建立了深厚的感情基础。他们早就邀请我们访问，因没建交，再加上事忙，只好推脱，以期来日。建交后，他们立即邀请，才适时前往。因此，大家一见如故，似旧友重逢，气氛融洽，亲如一家。

会谈成果颇丰，已有报告，不必细谈。

于维绍先生来烟大

1992年4月9日晚，我的女儿李泉接到于维绍先生的电话。于先生说："我要找管事的校长，有事相商。"女儿说："我爸是管事校长，你等等，我去告诉他。"女儿说知，我即速接电话。我说："我是烟台大学校长，我是管事的，先生有何事相商。"于先生说："我三天后到烟台，有关事情，见面再说。"我说："明天我去北京开会，三天后回烟台，在烟台等先生。"我去北京后，在中国自然辩证法会议上发言后，即回烟台，等候友人。我心中觉得，若电话是虚，我回来等，岂不叫人笑话，但人应诚信，说到做到。4月13日大清早，我就到会议室等候于先生。果然，于先生带着苑文璋等六七位朋友，来到烟大。快到会议室时，我笑迎出去，握手后，与于先生互致问候。于先生虽然年长，但长得很帅，面目慈祥，面色红润，着装讲究，叫人敬之。迎进会议厅，我先感谢先生来访，并介绍了烟大情况。于先生等人很感兴趣地听了我的讲话，点头称赞，但是依然未说明来意。我也不便直问，只是心存疑虑。我说，先生如感兴趣，我带着诸友，到各地走走，也好对烟大有更直接的了解。

走出会议室，越过图书馆，便到机械系。在机械系，我谈到机械系的重要，谈到机械的优势，也谈到机械系的不足，而烟大机械系最大的不足就是机械欠缺。于先生说："你们可以研究一下，看看需什么机械，我们可以帮助机械系买点机械。

接着，我引导于先生一行到了建筑学结构工程实验室。我说，鉴于烟台大学的发展，这个实验室的标准比清华大学的结构实验室还好，标准还高，但建成后，因无钱，设备难以购买。于先生说，我们可以想点办法，帮助你们采购一些。于先生一说，我心为之一振，看来先生带来的钱确实不少，几百万是有的。

走到海边，于先生朝牟平方向指了指，我家就在海那边。接着，我们便从海边向回走。到了金三角(即现在的"于维纮学术中心"地址)，我又对于先生一行说：这是我们学校的金三角，准备建什么呢？我们觉得在这个地方，最好建个学术中心，可接纳国内外知名学者到烟大任教或进行研究。知名专家云集烟大，将会很大地提高烟台大学的讲课和科研水平，提高烟台大学的知名度，对办好烟大至关重要。此时，于先生一行凑在一起，面带笑意，认真交谈。而后，我陪于先生又回到会议室。

在会议室，于先生一行又议了一阵。我在一边，与邱校长闲谈。我们又坐下来，于先生开始发言。他说："我的兄长于维纮留下一笔遗产，准备拿出200万美元支援家乡建设。校长亲自领我们到校内转了一圈，我们很受感动。我们大家商量，准备把这200万美元赠给烟台大学，一建学术中心，二购机械设备。"我听到后，感到大喜，异常兴奋。当即打电话给烟台市委副书记巴忠鼎，兴奋地告诉他，于先生要赠200万美元帮建烟台大学，是否接受。巴副书记代表烟台市委表示同意接受。接受200万美元后，于先生提出如何使赠款更有意义。大家议之，决定把学术中心命名为"烟台大学于维纮学术中心"。

随之，于维绍先生写了《关于捐资建设烟台大学于维纮学术交流中心的意向书》。意向书写道：

> 本人遵照家兄于维纮的遗愿，亲来烟台捐资办学，与烟台大学校长李庆臻、副校长邱殿辅商定：决定以家兄的名义捐资200万美元帮助烟台大学建设约8000平方米的学术交流中心，包括必要的仪器设备和交通工具。该中心坐落在烟台大学校园内，并建议命名为"烟台大学于维纮学术交流中心"。
>
> 于维绍
>
> 1992年4月13日

同于维绍先生签订捐赠合同

于维绍先生希望一个月内能把捐赠手续办好，当然他也知道中国捐赠手续相当复杂。

为了办好捐赠手续，我在4月14日便派副校长邱殿辅去济南，请省政府领导速批。我还特地给我在山东大学任教时的学生于德谱写了亲笔信，让他协同邱殿辅校长尽快请省长审批。于德谱当时任山东省府办公厅主任。邱副校长到后，他热情接待，并把烟台大学的报告尽快交给省府领导。省政府于4月23日发文《山东省人民政府关于同意接受于维纮、于维绍捐款的批复》，这样省政府不到十日就同意了于先生向烟台大学捐款的事项。这种速度可谓神速，一般人是办不到的，但烟台大学办到了。

省府批复后的第三天，我便给于维绍先生写了一封亲笔信。信中说：

于维绍先生：

你来烟大，坦诚相见，亲切交谈，慷慨捐赠，十分感谢。这对烟台的开放，对烟大的发展，都是一个促进。

你匆匆而来，急速而归，办事精明，效率极高。时间虽短，印象很深。

经过十天努力，省市已批准接受捐款兴建“于维纮学术交流中心”，并一致称赞先生。为及时动工，以尽早实现维纮先生遗愿。为此，我欲亲赴深圳，与先生再次会见，商谈捐赠设施、设备和交通工具以及“中心”开工费用等问题。

何时何地面谈，请尽快决定，并通知我。

顺致

敬意

烟台大学李庆臻

1992年4月27日

于维绍先生接到信后，立即给我打电话，说我办事认真，速度极快，确应信赖；并说自己近日太忙，希望6月初再见面。后来，我校又相继办了各种批文。包括省物价办、计委、教委、中国银行青岛分行、青岛海关等部门的批文。这样，在不到一个月内，把各种批文跑下来，办事效率之高，让于维绍先生非常欣慰。后来，我们决定于6月4日在深圳见面。

6月3日我即到深圳，等候于先生一行。果然，于先生一行六七个人如期从香港到深圳，与我会面。于维绍先生见到我，赶快走过来，握着我的手，笑着说："我办过许多事，这次办得最痛快。谢谢你了！"同行的苑文璋先生也伸出拇指，夸我办事认真、神速。与众先生寒暄几句后，就直奔主题，商议"协议书"的问题。来之前，我们起草了一个草稿。于维绍先生看了一下，补充几条之后，双方逐条议定，并签订了合同书。协议双方代表：甲方是爱国华侨于维绍，乙方为烟台大学校长李庆臻。捐款数额及用途规定：于维纮、于维绍先生共捐款200万美元，其中120万美元用于"中心"单体建设，40万美元用于购置"中心"设施和交通工具，另外40万美元用于购置教学仪器设备。"中心"建设的规定是：建筑面积8000平方米，需款120万美元。开工时间定于1992年8月10日，争取1993年底竣工。

协议书上，我和于维绍先生都端端正正地签上各自名字。签字后，与于先生一行共进晚餐。我如释重负，悬着的心终于落下来。于先生也特别高兴，其兄的捐赠终于落实。

请赵老朴初题字

于维纮学术交流中心终于在1992年8月8日奠基。在奠基仪式上，我讲了话。我在讲话中说："今天，1992年8月8日，在烟台大学的发展历史上，将是一个永远难忘的日子，一个值得纪念的日子。在这一天，我们举行了于维纮学术交流中心奠基仪式。在这个仪式上，我们怀着激动的心情埋下了奠基石，而在烟大师生心目中又树起了一座丰碑，它铭刻着于维纮先生的功绩。"我代表烟台大学对于维纮、于维绍两位先生的捐赠，表示衷心感谢。

奠基仪式后，我表示，要请国内知名书法家题写"中心"名。后来，突然想起赵朴初先生，赵老不但是著名佛学家，也是著名书法家，请他题名，增辉不少。但如何去找赵老，却心中无数。我想赵老是大家，非我亲去，实难办到。后来，我借了个机会，带着一块大砚台，由徐成刚开车，到了北京。

后与国家教委一司办公室主任张鸿岳联系，并通过有关部门找到赵老住址，便欣然前往。赵老住的是老北京的回合院，大门油着黑漆，有两个门环。我们叫门，有一看门的，开了门，问我们有何事。我们说要见赵老，有要事汇报。门卫进去，和秘书谈了。秘书走出来，请我们进去。我们跟着秘书，到了前院南屋。进屋坐下，秘书递茶，问明来意。我说："我是烟台大学校长，建了个学术中心，特地跑来，面见赵老，请其题字。"秘书为难，想要挡驾，但又觉得大学校长来访，拒之门外，恐有不妥。就说，见赵老，我难做主，需禀报赵老夫人。秘书进了内院，到了西屋，见了夫人，说明情况。两人好像议论了一下，夫人走出西屋，走到北屋，禀报赵老。

赵老闻之，便走出来。我看赵老出来，便迎上去，握手后，跟着赵老，进了北屋。坐后，讲明来意，请赵老赐字。赵老为于氏兄弟捐款之事所感动，也为烟台大学校长风尘仆仆来京面见一事所感动，便欣然应允，尽快题字，寄去烟台大学。我不好久待，怕妨碍赵老休息，便告辞。赵老笑着，送出屋门，还想再送。我回身止步，叫赵老不送。赵老还是又送了几步，看着我走出前院，才回屋中。

我与蒋维崧先生

我到烟台大学第二年，忽然想起老友蒋维崧先生，便于1992年10月，请蒋维崧先生到烟台大学来，一则重叙友情，二则请蒋先生题字。蒋先生到后，我陪蒋先生参观了学校图书馆等处。蒋先生到图书馆参观时，对烟台大学图书馆赞不绝口：一是图书馆大，比山大图书馆还大；二是管理好，井井有条。后来，我又同夫人杨桂鸾陪同蒋先生到校园走走。蒋对烟大的校园印象极好，这种美丽的校园，实在难找。对于我的治校，他说办大学就该这样管理。只有这样，才能把大学管好。蒋先生兴致勃勃，我们夫妻也很高兴，便三人同照，以兹纪念。后来，蒋先生给烟台大学题写了校名。大家看了蒋先生的题字，都说蒋先生的字写得好，不愧是书法大家。

我与蒋先生感情很深。我和蒋先生交往30多年，互相知心，互相欣赏，岂不情深。“文化大革命”中，造反派让蒋先生抄“大字报”。我从“大字报”中认识了蒋先生，他人好字也好。我很欣赏蒋先生的为人，他为人忠厚、诚恳，对谁都很慈祥。他的字，师承沈尹默，很秀气，很端庄，很耐看，叫人喜爱。“文革”期间，我写了首诗，表达我的感情，拿给蒋先生看。蒋先生说，这诗写得不错，言情言志都好。于是，蒋先生提笔，给我写了个条幅，上书我的诗句。我受宠若惊，内心激动，如获至宝，道谢别之。后来，我找人装裱，挂在书房，作为鞭策。

后来，每隔一段时间，有毛主席的诗词发表，蒋先生都书之赠我。有一次，毛主席又发表诗两首，反帝反修的，字很多。我想请蒋先生书之，但觉字多，不好明说。蒋先生知我心意，说没关系，又给我书之。我把蒋先生当兄长。我们经常来往，又说又笑，很是亲切。

蒋先生赠我了两件墨宝，别人没有的。我说之，你听了，就知我和蒋先生关系不一般。他用大字写的对联赠我，这是大家很难见到的。他用篆字，写了扇面，又赠给我。他道：“写扇面很费力费功，必须用大头针把扇面摊平，才能在上面写作。”后来，孙艰奋老兄又在扇面背后画了一支梅花赠我。

以后我常拿扇子搧风。有人见之，劝我说，这是蒋之墨宝，你拿之搧风，可惜可惜。我随之一想，此话确对，应当珍惜。于是我把扇面装裱后，挂在书房，经常欣赏。

我在山东大学时“鼓吹”成立文史哲研究所，原想从学校办公室抽身，到研究所搞研究。研究所成立后，吴富恒校长兼所长。我作为办公室主任，兼副所长。后来我又成立了自然辩证法研究室，蒋先生便组建了古汉语研究室。此后，便经常与蒋先生交往，渐对蒋先生的汉语水平熟知。蒋先生治学严谨。为了一个字，他翻遍典籍，找明出处，析明含义。见了，真是令人折服。

我与张老承先

张老承先，在烟台大学创建方面，精心指导，竭尽全力，倾注心血，费尽脑汁。可以说，没有张老，就没有烟台大学。张老承先，对我这个烟台大学的第二任校长，细心教诲，认真栽培，百般呵护，关心体贴。可以说，没有张老，就没有我这第二任校长的业绩。在我的脑海里，他是一个教育部的老领导，是一个知名的教育家。虽然早知张老，但内容空乏，缺乏实感。1986 年，我调青岛大学任副校长、副书记，便逐渐听到张老为教育奔走呼号、不辞劳苦创建烟台大学的故事，也听到张老促建青岛大学的故事。我对张老渐有实感，肃然起敬。七旬的张老，早应在京颐养天年，但却为建两校，贡献余生，又创辉煌，再添功绩，真是难能可贵啊！

1990 年 7 月，省委、省政府调我任烟台大学校长。上任伊始，如何下手，心中没数。怎么办？一是调查研究，细察民情，广积群众智慧；二是调阅案卷，领会张老指示。边看张老讲话，边觉有理，似说在我心里。敬佩之心，油然而生；朦胧目光，为之一亮。张老的建校思想，非常深刻，非常明确。我暗下决心，一定遵循张老教诲，按照张老的指导意见办，把北京大学、清华大学具体创建的、有很好基础的烟台大学，建设成有特色、高水平、高质量而且能为烟台和山东经济社发展服务的新型大学。原来的烟台大学，在张老的指导下，在沈克琦、杜建寰等艰苦创业下，做出突出成绩，赢得广泛赞誉，深得社会好评。其校园，背山面海，风光秀丽，气候宜人，是育人之佳境，为治学之良所。其建筑，布局合理，疏密有致，风格新颖，质量较高。其中，不仅速度快，而且效益好。其系科，比较齐全，面向实际，适应需要，各具特色，便于互补，利于渗透，促进创造。其师资，多来自名校，人才荟萃，水平较高。其中，老教师多有真才实学，青年教师多有发展潜力。面对这样一所大学，一方面感觉责任重大，非继续干好不可；一方面要感谢张老，感谢 28 位来烟大担任校系处领导的北大、清华的同志以及来烟大任教的北大、清华的教师。

如何建烟大？逐渐形成思路，我最根本的经验就是紧跟一个带头人，紧紧依靠两座靠山。这一个带头人，就是张老承先；这两座靠山，就是北大、清华。我抓紧工作三个月后，工作略有眉目，管理稍有头绪，便与邱殿辅副校长到北京拜见张老承先，拜见原烟台市委书记王济夫，拜访清华校长张孝先、党委书记方惠坚和北大校长吴树青、党委书记王学珍，还拜见了沈克琦、杜建寰等原烟台大学的老领导和老教师。拜会是难忘的、富有成效的。我拜见张老前，脑海里张老的形象似是严肃、严谨、严厉的领导干部，没想到，见面时坐在我面向却是一位可敬的和善老人。他身躯微胖，颜面白净，前额微突，满脸笑容，说起话来，言简意深，是一个很有风度领导。张老的夫人朱慧大姐，高挑身材，不胖不瘦，举止文雅，待人热情，也很有气质。在两位长者面前，我的拘谨一下子跑到九霄云外，立刻打开话匣子向张老汇报了我学习张老有关建设烟台大学的指导思想时的体会，汇报了继续建设烟台大的初步设想。在汇报时，张老微笑着，静听着，不时点头赞许。汇报后，张老指示我们："要继续抓好烟台大学领导班子建设，实现现班子的平稳过渡；要努力提高教师质量、教学质量、科研水平，提高烟台大学的办学水平；办好烟台大学，还要充分依靠北大、清华，依靠省市。"

我从北京回来后，按照张老指示，结合烟大实际，努力使烟大登上新台阶，走上新阶段，迈上新水平。首先，实现了新老班子的平稳过渡。由于方向明，决心大，政策稳，方法灵活，措施得当，调动各方面积极性，不到一年便把班子建设成务实、高效、团结、奋进的领导班子。其次，切实抓好教育三要素。三要素是：教育者、受教育者、教育环境。要广积人才，提高教师质量；严格教学，严格考试，提高学生质量。同时，要狠抓环境质量。我们的良好环境，我曾用八句话概括：一是稳定民主的政治环境，二是宽松和谐的人际环境，三是团结奋进的工作环境，四是勤奋刻苦的学习环境，五是严谨创新的治学环境，六是风光秀丽的校园环境，七是方便良好的生活环境，八是丰富多彩的文化环境。第三切实抓好教学，多培养人才，多出科技成果，促进烟台、威海经济社会的发展。经过一年多的努力，在1991年召开的北大、清华支援烟大建设指导委员会第二次会议上，我们的丰硕成果得到省市领导、北大和清华领导以及张老承先的充分肯定。张老在讲话中还明确指出，要把烟台大学办成烟台经济技术开发中心，办成烟台地区高科技人才培养中心，还要办成北大、清华参加烟台地区开发建设的中间环节，并要求我们要把烟台大学建成高水平、高质量的大学。

后来，我去北京开会，见了张老，谈及于维纮、于维绍两位先生捐赠之事。张老很称赞，并说要想办成事，就要广交朋友，以诚相待。烟台大学平稳发展着，影响日大，成果日多，都很欣喜。1993年，我去中央党校学习，到了北京与张老见面时，向他表示有离去之意，并也说明了其中原因。张老认在学校平稳过渡时离去恐对学校有损失，要我以大局为重。最后省委安排我去了济大，离开烟大，我应向张老致歉，向烟大师生致歉。可以谅解的是，在烟大四年里，我同大家一起工作，共同奋斗，作出过应有贡献。今天可告慰的是：在张老的培育下，经六任学校领导的努力，各方面都取得令人欣喜、令人鼓舞的成绩。烟台大学正在朝着有特色、高水平、高质量的新型综合大学快步迈进。

我与钱老学森

影响我最大的科学家是谁？是钱学森。我最崇拜的科学家是谁？是钱学森。我的一生，在治学上有两次大转变：一次是在北大上学期间，钱老在北大给物理系师生所作的报告使我从学哲学向学自然辩证法转变；另一次是在山大任教期间，钱老给我的一封信促我的研究从科技哲学向科技社会学转变。

先谈第一次转变。我在北大哲学系读二年级时，在美学研究方面有点厌倦，正在彷徨，不知所措。碰巧，钱老给物理系作报告，我挤进去听。钱老讲的主要问题有两个：一个是科研成果与科研方法问题，一个是科学与哲学的关系问题。这两个问题的要害是：学自然科学的人，应掌握科学方法，应学好辩证唯物主义哲学。为此，他奉劝物理系的师生要学好辩证法。我想，搞自然科学要学好哲学，那么学哲学的人也应学好自然科学。从此，我便转向研究哲学和自然科学的关系，转向研究自然辩证法。我在北大坚持这个方向，在中央党校坚持这个方向，到了山大仍然坚持这个方向。

1985 年，山大出版社出版了我和黄顺基主编的《大杠杆——震撼社会的新技术革命》。这是一部从马克思主义观点分析新技术革命的书，是本有分量的书，是会引起广泛影响的书。我想听听钱老的意见，于是就大着胆子给钱老写了封信，并寄去《大杠杆——震撼社会的新技术革命》一书。信和书是元旦寄去的，想不到 1 月 11 日钱老就给我来信，高度评价了《大杠杆——震撼社会的新技术革命》，并指示我要把科学革命与技术革命区分开来。此信从未公布过，现全文公布，鞭策自己，感谢钱老，与读者共享。全文如下：

李庆臻同志：

您元旦来信及《大杠杆——震撼社会的新技术革命》（以下简称《大杠杆》，编者注）一书均收到，十分感谢！

《大杠杆》比起时下流行的中外关于新技术革命的书都更完全，所以是本好书。向各位执笔人及编者应致贺！

您问我对书有什么意见，我提一条：

我认为苏联的“科学技术革命 HTP”是不符合科学技术发展历史的，到现在“科学革命是什么，技术革命是什么”已清楚，前者是人认识客观世界的革命，后者是人改造世界技术革命。不应该混为一个词。在我们国家也不用这个词。执笔人在250～253页那一节话讲得有点不够清楚，不够严格。我猜想苏联人之所以用这个词也许是想解决苏联应用基础研究与开发性研究严重脱节的毛病，但这个脱节是组织体制上的问题，不是造一个扭曲了的词所能解决的。我认为我们写书应该指明这一点，不能含糊。其实全书其他部分也是分清科学革命和技术革命的，李继宗同志为什么那么胆小？

以上意见供参考。

此致

敬礼！

钱学森

1986年1月11日

钱老治学多严谨啊！我们当时通稿时，也没看出这个问题。钱老看得多仔细啊！连哪一页到哪一页都说得清清楚楚、明明白白。看来此书钱老确实读透了，读出了见解，读出了新意，叫人敬服，令我激动。从此以后，我读书更加认真，通稿更加细致，处处向钱老学习。

1986年，我到青岛大学后，便同黄顺基主编《大杠杆——震撼社会的新技术革命》的续编《大动力——科技动力论》。该书由中国人民大学出版后，我又通过时任科协副主席的李宝恒转给钱老。钱老收到后，又给我写了第二封信。现抄录如下：

李庆臻副校长：

七月卅日信及《大杠杆——震撼社会的新技术革命》第二版已由李宝恒同志转到，我十分感谢！

你们已写的《大杠杆——震撼社会的新技术革命》和续编《大动力——科技动力论》都是讲生产力发展及形成生产力最重要的因素是科学技术，是吧？讲思想方法的还有陕西人民出版社出版的张学礼所著《大思路》。这三本“大”的出版对推动改革将会有作用。

你计划中的那几本中的《科技社会学》和《科技经济学》则似属科学，是又一门科学了。是吗？

此致

敬礼！

钱学森

1987年8月29日

钱老这封来信，是在邓小平发表科学技术是第一生产力的观点以前写的。不然，他就会说我们的观点符合科学技术是第一生产力的观点了。我们在《大动力——科技动力论》中，反复强调：科学技术是生产力发展的最根本因素和动力，是推动社会发展的最根本的因素和动力。这一观点和邓小平的"科技是第一生产力"的观点是不谋而合的。在这封信里，钱老明确指出："《大杠杆——震撼社会的新技术革命》和《大动力——科技动力论》都是讲生产力发展及形成生产力最重要的因素是科学技术，是吧？"我们动情地告诉我们的钱老："是的。"我们为邓小平提出"科学技术是第一生产力"的观点而欢欣鼓舞，也为我们提出"科学技术是生产力发展的最根本因素和动力"的观点而欣慰。

在钱老获得大奖后，我去信表示祝贺，并附寄《大协调——科技社会学》和《大动力——科技动力论》。钱老在回信时说："书都收到，十分感谢。"并说："你对我受奖的祝贺，我心领了。其实那都是过去的事了，要紧的看我今后还能为党、为国家、为人民干点什么。但毕竟已是老年，比不上你这位'烟台大学校长'。你是前途无量呵，我向您祝贺！"钱老这封信，对我们的书都冠有"大"字，暗示我们出书不要再用"大"字，文风上也要注意。他批评我们说："说正经的，我读你们的书也总有个感觉，流行味儿强一些，或说是1985年兴起的"精英"气多了些；相对来说，就是不够严肃……我希望你们这个集体下决心运用马克思主义哲学来指导工作，科学地工作。"对于钱老的指示，我们进行了反思。我们觉得钱老的提醒，是对我们的爱护。确实像钱老指出的，我们为了提高书的可读性、趣味性，文笔力求生动些、通俗些，太多地迎合了所谓大众心理，所以不够严格、严肃。我们认识了，就坚决改。我们以后出的书改掉了这个毛病，既严肃，又严格。钱老知道了，定会高兴的。钱老来信，附以讲话稿，题目是《我们要用现代科学技术建设有中国特色的社会主义》。在寄来的稿件上，钱老还用他独特而端庄的字写着："请李庆臻同志指正……"钱老的报告稿，我读了数遍，受益匪浅。

钱老说的《科技经济学》，我没有完成。不过，我后来和卢继传、张道民合写了《第一生产力论》,1993年由山东人民出版社出版。又和安维复合写了《科技生产力论》,1998年由山东大学出版社出版。明眼人一看,这写的都是科技经济学,只是角度不同。这时邓小平提出科学技术是第一生产力的观点,我们认为这是个伟大的观点,是个不朽的观点。但当时没有详述这个观点,没有回答"为什么科技是第一生产力"。作为理论工作者,我们应抓住时机,完成这个历史使命。我用了七年时间,写了这两本书,具体回答了"科学技术为什么是生产力"的问题。这两本书出版后影响很大。关于书里的观点,我写成文章,发表在《自然辩证法研究》《文史哲》《烟台大学学报》等刊物上,受到专家好评,我也一时成为科技生产力专家。我到北京去,有几个大学的博士生导师对我讲,你把这个问题说全了,说透了,我们的博士生都不敢做这个题目了。为什么?因为一做这个题目,做这方面的文章,就一定跟你跑,你就成为他们的导师了。我笑着说,能有这么严重吗?回答:"确实如此。"老天不负苦心人,我的苦心,终有回报。《第一生产力论》,获山东省社科著作一等奖。《科技生产力论》,获山东省社科著作二等奖。那时,钱老正因病住院,我怎忍心叫一个病人看我的书,发表指导性意见呢?因此,忍了忍心,没寄这两本书。如果当时钱老没病,我把书寄给他,说不定他不知有多高兴呢?他会执笔,用他那端庄的字,写下意见,转赠于我,向我祝贺。可惜,不可能了,来不及了。我天天关注着北京,天天盼钱老好起来,再挥鞭上马,指挥我们这些理论小卒,在理论战线上,再驰骋沙场,再占高峰。

附：1986 年钱老学森给山东大学出版社李庆臻的信（影印件）

山东省济南市 山东大学出版社 转

李庆臻同志：

您元旦来信及《大杠杆——震撼社会的新技术革命》一书均收到，十分感谢！

《大杠杆》比起时下流行的、中外关于新技术革命的书都更完全，所以是本好书。向各位执笔人及编者应致贺！

您问我对书有什么意见，我提一条：

我认为苏联的"科学-技术革命 HTP"是不符合科学技术发展的历史的，到现在科学革命是什么，技术革命是什么已清楚：前者是人认识客观世界的革命，后者是人改造客观世界技术的革命。不应该混为一个词。在我们国家也不用这个词。执笔人在 250-253 页那一节话讲得有点

2.

不够清楚，不够严格。我猜想苏联人之所以用这个词也许是想解决苏联应用基础研究与开发性研究严重脱节的毛病；但这个脱节是组织体制上的问题，不是造一个扭曲了的词能解决的。我认为我们写书应该指明这一点，不能含糊。其实全书其它部分也是分清科学革命和技术革命的，李继宗同志为什么那么胆小？

以上意见供参考。

此致

敬礼！

钱学森

1986.1.11

走进济大

我是1993年12月被任命为济南大学校长的。马庆水副校长和党明德主任，把我从烟台接到济南。到了济南大学，见了丁文芳校长。老友见面，分外亲切。丁文芳同志热烈欢迎我来接班。我表示一定把接力棒接好，把济南大学办好。1994年1月27日，召开处级干部会。新老校长举行了交接仪式，分别讲了话。我在讲话中表示，一定珍惜老校长领导济南大学取得的成绩，并在现有基础上继续利用济南的优势，将济南大学办成一所有特色、质量高、开放型的大学。为表就任后的心意，我还在会上谈了几点看法：

第一，领导就是服务。领导要树立服务意识，积极为全校教职工服好务。在服好务的基础上，才能有发言权、领导权，才能牢牢掌握主动权。

第二，学校环境问题。环境创造人，人又创造环境。人与环境的相互作用又促进了人的发展和环境的改善。因此，领导要注意良好环境的培育。我主张培育以下八种环境，即民主稳定的政治环境、宽松和谐的人际环境、团结奋进的工作环境、严谨创新的治学环境、勤奋刻苦的学习环境、丰富多彩的文化环境、方便良好的生活环境和风光秀丽的校园环境，使学生在这样的环境中成才，使教师在这样的环境中成长，使济大在这样的环境中发展。

第三，教学与科研的关系问题。济南大学以专科为主。以专科为主的高校不同于全国重点大学，也不同于省属重点大学。济南大学应以教学为中心，但要重视科研。因为不搞科研，学校不会出名，难以上水平、上档次。因此，教师们要拿出点时间适当地搞搞科研，学校也要在财力上支持教学科研。

第四，全力抓好后勤工作。后勤工作涉及千家万户，直接关系到领导是否关心群众生活、群众利益的大问题。后勤搞好了，解决了教职工的后顾之忧，科技开发搞好了，就可以提高教工的福利，对调动教职工的积极性作用很大。为此，希望大家争当后勤部长。

第五，关于工作质量问题。培养学生不注重质量会出次品，就会出假冒伪劣产品。为保证工作质量，就要明确工作目标、工作标准、工作时间、工作责任、工作监督、工作考核。其中，工作责任、工作时间、工作考核是关键。希望大家在工作质量标准方面狠下工夫。

第六，政通人和，令行禁止，从严治校。一个学校就像一支部队，只有政通人和、令行禁止，仗才能打好，工作才能有成效。

我对管理的看法

1994年6月初，学校召开了行政管理干部的会议，我对管理工作谈了几点看法，实际上是我的管理观。一个学校，办得好不好，除了教学科研质量外，主要就是管理工作。在谈我的管理观时，我主要谈了以下几个问题：

一、管理的要素

管理的要素有三个，即管理者、被管理者、管理环境。管理者，也可称“管理主体”；被管理者，也称“管理客体”；管理环境也称“管理场所”。要想管理好，必须处理好三者关系，使其互相促进。校党委、校行政主要通过管理主体来管理学校。成为真正的管理主体，主要有四个因素，即品德、能力、知识、权力。前三者是关键，不过也要依靠后者，但不能过分依靠后者。管理客体，首先应有自觉性，自觉接受管理者的管理。这需要被管理者从品德、能力、知识上有所提高，即素质有所提高。管理对象也不完全是被动的，也应是主动的、自觉的，自觉接受管理、服从管理。环境很重要，植物的生长主要依靠土壤、阳光、水分，国家的兴亡、社会的发展也需要环境。最好的环境就是天时、地利、人和。我们要建设好八个环境，即要有民主稳定的政治环境、宽松和谐的人际环境、团结奋进的工作环境、勤奋刻苦的学习环境、严谨创新的治学环境、丰富多彩的文化环境、方便良好的生活环境、风光秀丽的校园环境。在这个环境中，教育者和被教育者抑或管理者和被管理者，都会很好地以这个环境为媒介，搞好学习，搞好教学，搞好工作，搞好管理。我们在各方面都要注意环境建设。除了学校的环境建设以外，各系、处、科也要有一个小的环境建设。要通过环境建设使管理主体和管理客体更好地协调，互相补充，互相促进，把工作做好。

二、管理原则

管理原则主要有四个：一是群众原则。管理群众，首先要为群众服好务。要知其所难，识其所想，急其所需，办其所愿，因为群众利益是我们工作的出发点和归宿，也是我们管理的出发点和归宿。二是实践原则。这一点说起来容易，做起来却难。如公寓是学生思想、学习、生活最集中的地方，但经常深入公寓的干部却不多。在办公室是很难了解宿舍情况的，也很难找出改善办法。只有走出去，在实践中发现问题，才能把公寓管好。另外，如校园垃圾死角的清除、提高后勤工作的质量等问题也必须依靠实践。三是服务原则。领导是服务，管理也是服务，要注意为下级服务，为群众服务，为基层服务。要想为上级服好务，首先要为下级服好务。只有树立这样的服务观念，你的办公室才是别人愿意进的，脸才好看，话才好听，事才好办。四是协调原则。协调中要注意四个“互”字：一要互相尊重，二要互相体谅，三要互惠互利，四要互相促进。

三、管理方法

管理工作的开始阶段主要注意两个办法，即调研方法和系统方法。只有通过调研了解实际情况，通过系统分析，才能在实践工作中把管理工作做好。管理中处理问题时要注意四种方法的结合，即教育方法、行政方法、经济方法和法规方法。能够通过教育解决的尽量用教育方法解决。教育的方法解决不了的，就用其他方法。经济方法也是非常重要的工作方法，对表现好的给予奖励，对表现坏的进行惩罚，这都是必要的。教育手段附之以经济手段是干好工作的重要方法。管理还要有一定的规范。违犯法规的就要按照规定处理。大家要明白，有法，不按法办事比没有法还要坏；有了规范，不按规范办事比没有规范还坏。在工作后期，要注意调控的方法和检查的方法。在工作过程中，可能会出现各种干扰因素，需要对原来的一些规定进行必要的调整。在工作过程中要经常进行提示性的检查和后期的检查，不要虎头蛇尾。

在管理中，还要注意“三贵”：贵于明责，贵于守时，贵于检查。同时，还要注意“五要”：目标要高，要求要明，管理要严，检查要勤，赏罚要重。

在工作中，要注意学会使用两个公式。一个公式是：

工作有效性＝个人素质＋社会条件/时间

要想工作有成效，一要提高个人素质，二要改善工作条件，三要用尽量少的时间把工作完成好。

另一个公式是：

工作效率＝单位时间内做的事情既多且好

在实际工作中要注意工作的有效性和工作效率，这都与素质和时间有关。在时间问题上一定要守时，学会利用时间，学会集中时间，学会把最关键的问题放在最好的时间去解决。所谓管理主要是运筹时间。

四、工作艺术

一是用人艺术。作为管理者，最重要的艺术是用人艺术。用人艺术应是重实际、重实效、重实事的。此外，还要出于公心。要知人善任，知人之难，要善于辨真劣、内外、虚实和忠奸。治校最重要的是知人知贤，然后善任。大才不能小用，小才不能大用。既要反对任人唯崇、任人唯派、任人唯帮，也要反对任人无标准、任人无程序、任人无监督、任人无去留和升降。

二是决断艺术。要善于决断，将个人决断和民主决断相结合，不要越权，不要武断，也不要寡断。

三是激励艺术。要牢记激励艺术的一个公式：

工作绩效＝f·（能力＋激励）

这个公式告诉我们工作的绩效与能力成正比，也与激励成正比。同样的工作，激励大的，绩效大；激励小的，绩效小。

四是用时艺术。任何建筑物都是由建筑材料砌成的。任何副业也都由它的材料来组成，其中最重要的就是时间材料。珍惜时间是一切有成就的领导者的共同特征。勤政就是善于用时，珍惜时间。善用时间，要做到：第一注意工作要“三化”：工作秩序要条理化，工作目的要明确化，工作方法要多样化。第二，要注意“三佳”：利用最佳时间，把握最佳时机，保持最佳状态。第三，要做到“三前”：尽量提前准备，尽量提前完成，尽量提前检查。

我想，如果大家都能做到这些，那就是一个有效的管理者，我们学校的管理工作就能登上一个新台阶，各项管理工作就能搞得更好。

五是“十六个字”。1994 年 4 月 25 日，学校召开了思想政治工作会议。在这个会上，我阐述了我的“十六字管理原则”：

(1)要求要高。无论教学管理、科研管理、开发管理还是思想政治工作的管理，在要求上一定要高。要求不高，就很难发现问题，很难解决问题。只有要求高了，才会知道问题在哪里，如何解决。

(2)管理要严。要“严于律己,严于管人,严得合法,严得合理,严得有情,严得适度,严得活泼,严得有效”。只要我们抓住这八个环节,从严治校就能取得很好的成效。这里我强调几点:第一,要严于律己。校长、书记以及在座的各位干部,在管理问题上要给大家树个标,带个头,必须严于律己,所谓正人先正己,管人先管己。学校制定的各项制度,大家一定要遵守。无论谁违反了,都要受到处罚。第二,要严得合法,严得有理,严得有情。“严”中带有一定的感情投资,既能入耳,又能入脑,便于接受。同时,我们也要注意严得有度,不能为严而严,要使其取得好的效果。总之,我们要培养德、智、体全面发展的合格人才,就必须从严治校;老师要教好学,就必须从严治教。

(3)检查要勤。有了规章制度,有了办法,我们束之高阁,放在书桌里,放在办公室,不去检查,不去执行,再好的办法也不起作用,再好的规定也难以奏效。因此,必须通过勤于检查来解决问题。我们在安排任何工作之前,都要进行调查,了解情况,掌握第一手材料,然后作出决定。制定规定后,就要不断地通过检查来推动工作,实现我们的目标,使各种规章制度得以贯彻执行。希望大家走出办公室,经常到第一线去,到实践中去检查。

(4)赏罚要重。总的要求是要适度,但要重些,可以防微杜渐,防患于未然。如果一开始就纵容一些坏现象,将来会无法收拾。因此,出现了一点苗头,就要坚决予以制止。该奖的奖,该罚的罚,自然而然会形成一个好的风气。例如,我们的图书馆在严格管理中就包括重奖重罚。对破坏公物、偷窃书籍的,一定要重罚。

对毕业生的期望

1994年9月初，我校举办了第五届毕业生毕业典礼。在典礼大会上，我对毕业生谈了几个问题：一是要适应几个转变；二是要正确处理几个关系；三是希望毕业生牢记的几点期望。

一、几个转变，你们必须正确适应

当前国家面临三大转变：一是集中统一的计划经济向社会主义市场经济转变，二是从重视投入向依靠科技转变，三是从产值第一向教育优先转变。这三大转变决定了社会生活的本质、主流、特征。在大转变时期，跟上形势者，则兴，则进步；跟不上形势者，则衰，则落伍。跟上形势者，则乘风破浪，奋勇前行；跟不上形势者，则掉入泥潭，挣扎徘徊。希望你们识时务，做俊杰，跟上形势，适应转变，搏击长空，奋勇直前，为我们国家的现代化作出应有贡献。

在你们面前，在人生路途中，你们也有三大转变：一是从学校走向社会，二是从学习岗位走向工作岗位，三是从依靠父母养育的孩子成为自食其力的劳动者。在人生的转变期、征途的转弯处，你们一定要积极地、主动地、愉快地实现这个转变。千万不要在转弯处，走得过快，转得太猛，翻了车，跌了跤；也不要走得太慢，转得太缓，丧失良机，掉了队，落了伍。

二、几个关系，你们必须正确处理

在辞别学校、踏上征途之际，应该给你们几句离别赠言。这赠言，不是几句诗，也不是几句华丽的词句，而是几个关系。赠给你们，希望你们正确处理。

一是正确处理改革、发展、稳定的关系。这个三角关系，是我们国家发展的基本关系，是长期起作用的关系。改革是动力，发展是目的，稳定是保证。要发展，必须稳定，必须改革；要稳定，必须改革，必须发展；要改革，也必须稳定，必须发展。三者相互依赖，又相互作用。你们走上社会后，随时随地要碰到这三者关系，随时随地都要正确处理这三者关系，要努力成为改革的闯将、发展的骨干、稳定的模范。只有这样，才能成为时代的强者、事业的强者、工作的强者。

二是正确处理能力、知识的关系。你们出去工作，凭什么本事吃饭？一凭能力，二凭知识。到工作岗位上，要想取得领导的重视和关心，就要充分利用好自己的知识和能力，充分发挥自己的聪明才智。同时，还要协调好人际关系，注重尊重领导、团结同事。

三是正确处理明德、重才、守纪的关系。德要明，才要重，纪要守。这实际上说的是有理想、有道德、有文化、有纪律的四有新人。这三个问题都很重要，你们出了校门，更要注意明德、重才、守纪。你们的事业能否成功，主要取决于你们有无崇高理想、有无高尚道德、有无才能、是否守纪律。能明德、重才、守纪的，就必然是成功者；不能明德、重才、守纪的，就必然是失败者。触犯刑律，可能是犯罪者。希望你们牢记。

三、几点期望，希望你们牢记

一要继续学习，不断学习。学校生活的结束，是一个学习阶段的结束，而不是整个学习过程的结束。毕业，是万里长征的第一步，是攀登顶峰的第一峰，是万里行舟的第一站。今后的学习任务更重、更大、更新，想要学的东西很多很多。毕业生是学习过程的一个小终点，又是另一个学习过程的大起点。学习无坦途，学习无止境，希望你们永远勤奋学习，活到老，学到老。现代教育要求我们，在学习中劳动，在劳动中学习，在学中做，在做中学。学习—劳动—再学习—再劳动……反复循环，永无止境。

二要珍惜时间，讲求三效。时间是生命，是财富，是阶梯。产品竞争，工作竞争，教学竞争，其根本的问题是时间的竞争。希望你们贵于惜时，勤于积时，长于守时，善于用时。三效，就是效率、效益、效果。效率要快，效益要高，效果要好。效率要快，就是单位时间多出好产品；效益要高，就是单位时间绩效要大；效果要好，就是动机好，措施好，政策好，收益大。

三要善待困境，善对逆境。搞事业，有成功，也有失败。做买卖，有赚钱，有赔钱。在征途中，有顺境，有困境，更有逆境。勇克难关，善待逆境，既则可增长才干，也可建功立业。希望你们善在困境和逆境中，学会游泳，学会战斗。

四要热爱济大，发展济大。济大育我成英才，我为济大添光彩。校荣我荣，校衰我衰。在校添光彩，给大家留下美好印象，留下美好记忆，留下值得纪念的东西。在离校之后，也要为济大添光彩，就是好好工作，好好学习，好好做人，使人们伸出大拇指争说济大学生都是好样的。在力所能及的情况下，你们要多为济大说好话，办实事，帮助济大更快发展。济大作为你们的后盾，永远为你们敞开大门。有什么需要，有什么困难，学校的领导和老师们，也一定尽力帮助你们，请同学们放心。

有别必有聚，有聚必有别。来日方长，今日难留，未来可追，愿我们同学，骑上战马，跨上征程，不畏险阻，为现代化建设，去建功立业吧，去顽强拼搏吧。胜利、成功一定属于济大的学生。

青年教师如何治学

1995年12月上旬，学校召开了青年教师会议。在会上，我谈了如何治学的问题。

青年教师不仅要过好教学关，还要过好科研关。只有这样，自身才能成长得更快，学校发展得也会更快。搞好科研要做到以下十点：

第一，选题要准。研究是从问题开始的。选题就是科研的开端，也是科研中最主要的一步。选择课题是衡量一个人科研能力的有无、科研能力的大小、科研成功与否的一个重要方面。爱因斯坦曾说："提出一个问题往往比解决一个问题更重要，因为解决问题也许是一个教学上或实验上的技能而已。而提出新的问题，从新的角度看旧的问题，却需要有创造性的想象力，而且标志着科学的真正的进步。"社会科学家、生物学家贝尔纳也曾说："课题的形成和选择，无论作为外部的经济要求或作为科学本身的要求，都是研究工作中最复杂的一个阶段。一般来说，提出课题比解决课题更困难，所以评价和选择课题是科研成败的关键。课题的选择要适当，而过大过小，过高过低，过难过易，要根据本人的学识水平、能力、客观环境条件来选择。"

第二，境界要高。俗话说："站得高，望得远。"古语云："取法乎上，仅得其中；取法乎中，仅得其下。"这里谈的都有个境界问题。治学时，一定要站得高，"取法乎上"，才能出大成果。达到境界要注意六点：一要适应时代需要。时势育英才，需要促成果，选择课题也要符合经济、社会发展的迫切需要。二要站在严师之肩，这样才能"青出于蓝而胜于蓝"。三要挤占空白之地。科学研究有许多不毛之地，需要我们及时发现和苦心经营。四要搜寻边缘地带。五要明辨热点分歧。主动参与热点争辩，独树一帜，在争辩中苦思，学术定能长进。六要努力攻克难关，难关一旦突破，势如破竹，乘胜追击，定获硕果。

第三，思路要宽。搞研究工作一定要注意思路开阔，主要指思想活跃、见识敏捷。思路宽，问题容易解决。要做到思路宽，一要好学。学识渊博，思路便宽，容易沟通。二要善思。好学善思是思路宽广的基础。单思不学，是空想家；单学不思，是书呆子；又学又思，才是学问家。因此，要多思、深思、慎思、巧思。

第四，基础要厚。庄子说："水之积也不厚，则其负大舟也无力。"基础不厚，根基不牢，很难起高楼大厦。这个根基，既指知识基础，又指知识结构。要有深厚的基础、合理的知识结构，才能攀登科学高峰。治学也如建金字塔，要有牢固的基础、合理的结构，才能建成学术的金字塔。基础要打厚，一是基础知识要学深学透，二是基本方法要会用会创，三是基本原理要熟记善用。

第五，方法要活。大家都在治学，有的成就大些，有的成就小些，有的没有成就。很重要的问题，取决于方法是否灵活。方法得当，事半功倍；方法不得当，事倍功半。我曾在《方法》杂志发表一篇论文，题为《方法孕育成果》，主要讲学术成果与学术方法的关系。我认为学术方法可以孕育学术成果。翻开科学史，不难发现，科学技术的进步也是科学技术方法的进步。钱学森、童第周等科学家之所以取得辉煌的成就，与他们重视科学方法是分不开的。我们搞科学研究，最重要的就是用活旧方法，创造新方法。

第六，角度要新。宋代苏轼的《题西林壁》有两句名诗："横看成岭侧成峰，远近高低各不同。"搞研究工作与看庐山类似，也有个把握角度的问题。把握角度重要的就是把握新的角度。同一事物，从不同角度研究，角度一新，就出新意。研究工作中要不断提出新的角度，才会有更多的成就。

第七，资料要丰。做学问有两种倾向：有的重资料，以资料丰取胜；有的重思想，以论点、论断取胜。最好的方法是资料和论点有机结合起来，既要资料丰，又要论点新。资料丰要靠积累，尤其要注意原始资料和第一手资料的积累。从资料中概括出思想，或用思想串联起资料，都会在研究中有所创新，有所突破。

第八，工具要锐。工具，既指方法，又指设备，主要指物质手段和设备。现代科学技术的研究离不开现代科学方法和现代科学手段。自然科学、社会科学的相互渗透除了原理、知识方面的渗透，主要靠工具的渗透。有的学者在研究《红楼梦》时就利用了微机。微机在社会科学、文学艺术中的运用，必将大大促进其发展。作为青年学者，要尽量掌握多种现代工具，运用现代科学方法，如系统论、控制论和信息论等。只有这样，才能使研究成果更加丰硕。

第九，自信要强。做事，要有自信。有自信心，事情就能成功；缺乏自信，没有勇气，就会失败。做学问也是如此。青年人做学问，贵在自信，但是自信不是天生的，成功也不是轻而易举的。成功包含辛苦、汗水和失败。有自信心就不怕辛苦，不怕汗水，也不怕失败。不要因为学校目前条件设备较差，就自暴自弃。身处顺境，一帆风顺固然好；身处逆境，道路坎坷，促你成功，也未必坏。青年人要有信心、决心和勇气在学术界闯出一条新路来。

第十，实心要虚。火心虚，人心实。火心虚，火才旺；人心实，才能交友。有求实之心，才能不怕压，不怕邪，不唯上，不唯书，只唯实，实事求是，追求真理。心不可太实，毫无空隙。血脉难畅流，营养难吸收，也不行。实心要虚一点，血脉则可流畅，营养则易吸收，心脏才能健壮。治学时，实心也要虚，虚心使人尊其师，把老师的知识、方法、思路学到手；虚心使人尊其友，不断把朋友的智慧、成果学到手；虚心使人爱其徒，教学相长，把自己学生的长处、优点、创见学到手。只有站得低、学得浅、知得少的人才不虚心。愈是站得高、学得深、知得多的人愈虚心。大学问家都很平易近人，虚怀若谷，孜孜以求。相反，“半瓶醋”者，则摇头晃脑，自命不凡，盛气凌人。其根源就在大学问家研究越深越觉知浅，越很虚心；而“半瓶醋”者，浅尝辄止，不求甚解，故都高傲。

强化教学中心地位

我到济南大学后，根据学校实际，提出“以教学为中心，质量为核心，重视科研”的办学指导方针，因为原来的济南大学对教学质量强调不够，对科学研究强调得更不够。我去济南大学后，全力抓教学质量，抓科学研究，提高学校的教学水平和科研水平。为实现这个要求，使大家重视教学和科研，我制定了一系列措施，主要有以下六项：

第一，面向社会需求，调整专业结构，拓宽专业业务范围。1992～1993年，学校根据“广泛调查，充分论证，量力而行，确保质量”的指导思想，先改造了四个专业，新增设了七个专业。从总体上看，强化了专业内涵的发展，突出了应用性并注重实践环节，办出了特色和水平。

第二，发挥学校专业综合的优势，挖掘潜力，资源共享，优势互补。新老专业在师资配备、教材、教学资料、课程设置以及办学经验等方面互相借鉴，使师资力量得到了合理配置，提高了教学仪器设备的利用率。

第三，以中青年教师为主要对象，狠抓课堂教学质量。自合校以来，我校评了三次教学优秀奖，搞了一次课堂教学评教评学活动。通过这些活动，促使青年教师在备课、授课、作业、答疑等环节上有了较大提高。同时，制定和完善各项管理制度并常抓不懈，提高整体管理水平，推进学校管理的科学化、制度化、规范化的进程。

第四，加强基础课教学，提高学生的适应能力。

一是加强计算机、外语和汉语写作的教学。全校所有专业都普遍开设了计算机、英语和汉语写作课。这些课的开设，既是改革开放形势的客观要求，更是面向21世纪教学内容改革的重大举措之一。随着时间的推移，这项工作的重要作用会越来越明显。

二是制定了课程建设实施办法。我校在深入调查研究的基础上制定了《课程建设实施办法》。有名的学校都有一批名牌课程。作为新建学校，我们首先要使每门课成为合格课程，一部分成为高质量的课程，逐步消灭信息量少或讲授中有错误的课程。我校力争在三五年内也产生一些名牌课。

第五，试行考教分离制。这种考试形式能较客观地评价、检查教学大纲的执行情况，总结经验，找出不足。从统计情况看，死记硬背的知识题失分率低，而运用知识分析问题、解决问题的能力题失分率较高，这反映出对学生能力的培养还不够。

第六，加强教学管理。近年来，我校加强了教学管理的制度化、科学化和规范化建设，建立了一整套教学管理制度。每学期初以及期中和期末。校党委和校行政都集中精力研究教学工作中出现的问题，狠抓考试的组织管理，严肃考风考纪。在国家教委举行的全国高校教务处教材管理先进单位评比活动中，我校被评为先进集体。

第七，加强学风、校风和校园文化建设。从去年下半年开始，我们狠抓校风和校园文化建设，对校园环境进行治理，规范校园文化娱乐活动。学生宿舍及教学楼的科学化、制度化、规范化管理以及率先在全省高校中发起"禁烟"活动，使学生们的道德水准和卫生意识有了明显的提高。去年来和今年暑假前，我们又以抓考风为突破口，提出了四个严格：严格考试要求，严格考试纪律，严格评分标准，严格对教师的要求。

我对教师的要求

1994年6月14日，为提高教师的素质，提高教学水平，我在全校教师大会对教师提出十条要求。同时，强调如达到这十条，就是一个好老师、一个有水平的老师、一个一辈子受人尊重的老师。这十条，是奋斗目标，不是一时就能达到的，要逐步达到，要奋斗一生。老师如此，我也如此，大家共勉。

第一，要有大志。目标远大，勤奋学习，动力强大，成果就多。教师，志当存高远。在成为好教师的路上，最大的问题莫过于立志。

第二，师德高尚。教师修养师德，才能为人师表。陶行知说："想要有好学的学生，先生必须好学。唯有学而不厌的先生，才能教出学而不厌的学生。"教师有高尚道德，学生也会有高尚的道德。我们教师要谨记：诲人不倦，学而不厌，严于执教，乐于奉献。

第三，知识渊博。知识靠积累，所以要想知识渊博，就要长期积累。老师在学习时，要学对，学明，学深，学新。只有这样，在课堂上，才能讲正确，讲明白，讲深刻，讲出新意。

第四，教风严谨。教师应一切从严要求，什么都不能马虎。特别是教风，一定要严谨，因为严谨教风是教学成果丰硕的保证。教师不但要教风严谨，而且要从严管理，严格要求学生。只有这样，才能"严师出高徒"。我当校长，从严治校，就是为了出严师、出高徒。只要你是严师，我就全力保护你。我当校长，决不让学生给老师打分，决定教师的优劣，决定教师的升降。这实际上就是为了保护严师，就是为了多出高徒。

第五，教法科学。方法孕育成果，好的教学法就会有好的教学效果。教法一定要启发式，一定要现代化，一定要有示范性。在大学里讲课，如果能做到这一点，他就一定是个知识渊博、善于诱导、颇受欢迎的老师。我在讲课时，总是把困难的问题讲容易，把糊涂的问题讲明白，把复杂的问题讲简单，把简单的问题，讲复杂，把糊涂的问题讲深刻。这里不是为复杂而复杂，而是经过研究由博返约，能用简明扼要的几句话讲明白。这里的糊涂，也不是稀里糊涂，而是经过研究后把问题说明白。这里面还有许多深奥的道理，需要我们去思考。

第六，教学识力。陈垣老校长常常要求教师不但要教知识，更重要的要教方法和识力。教师在课堂上，能教出识力，学生能学到识力，这是教学的最高境界。虽然不易达到，但只要努力，可不断达到。

我认为，教师教学，要教知识，教方法，教思路。教知识是最起码的。一个高明的教师，应让学生学会学习方法和思路。教了方法，学生会举一反三；教了思路，学生就有了创新能力。

第七，善于攻书。朱熹的读书方法是心到、口到、眼到。我的读书法是正读、反读、合读，也就是否定之否定规律的体现。正读，就是正面接受，无有怀疑；反读，就是反面思考，产生疑义；合读，把正读和反读结合起来，吸收正读的合理内核，又吸收反读的合理内核，在更高基础上，加以综合，产生新的意义。也就是说，可以以书为敌，以书为友，以书为师。这样读书，才能读出体会，读出味道，读出新意。

第八，惜时如金。世界上什么东西最宝贵，我认为生命和时间最宝贵。时间不仅靠挤，还要靠积。靠挤，本来似无，挤之则有；本来很少，积之则多。我一辈子，既搞工作，又搞业务，双肩挑，双丰收。时间就靠挤出来、靠积起来。我有四句话："闹中求静，乱中有序，积少成多，化零为整。"这讲的就是惜时问题。我要求大家贵于惜时，勤于积时，善于用时，严格遵时。我开会，不拖时间，到时就讲，到时就停。我休息，不浪费时间，到时就睡，到时就起。

第九，遵守纪律。无规矩不成方圆，无法纪不能治国，无铁纪不能领兵打仗，无校纪也不能整顿学校。不严守纪律，不能成为好老师；不遵守纪律，也不能成为好学生。

我认为，教师能够做到以上九点，肯定能成为教学的骨干，成为教学的楷模，成为一个优秀教师，成为在教学上很有贡献的人，成为在科研上很有成果的人。

重在防微杜渐

政治上要防微杜渐。《后汉书·丁鸿传》载："若敕政责躬，杜渐防萌，则凶妖消灭，害除福凑矣。"丁鸿告诉和帝，你要亲自整顿朝政，在事故萌芽状态加以防止，就可以清除隐患，使国家长治久安。和帝按丁鸿忠告去做，消除窦家势力，使朝政隐患消除。党政领导人在人心浮动前，动乱处于萌芽状态时，尽快加以疏导，加以教育，就能防患于未然，使国家稳定发展。

医学上要防微杜渐。《内经》曰："善治者治皮毛，其次治肌肤，其次治筋脉，其次治六腑，其次治五脏。"同时，还生动地比喻道："夫病已成而后药之，乱已成而后治之，譬犹渴而穿井，斗而铸锥，不亦晚乎？"也就是说，好的医生在疾病初及皮毛时，就要及时加以医治；等到病成、病重再治，就像临渴掘井一样，晚了。

治校上也要防微杜渐。一个好校长，应该是防微杜渐的专家，防患于未然的能手。只有这样，才能有力并有效地治理学校。我在当校长时特别注意这个问题，因而学校比较平静，未出现大问题。我在青岛大学时，学生和厨师有矛盾。我便抓住苗头，对学生做工作。我说，你来上学，他去做饭。他为做好饭，苦练本领，为你做好饭煞费心血。而你还对做饭师傅指手画脚，的确不应当。我讲话后，学生和厨师主动交往。二者互相体谅，矛盾消除。我在烟台大学时，从严治校，从校园卫生抓起，培养学生讲卫生的习惯和道德。教委的领导来校检查，去图书馆私访后夸我治校有方，原来他从一楼跑到四楼，没发现一张纸一口痰，夸我治校有方。

我到了济南大学，更注意"防微杜渐"。我给学校提出卫生标准，都是小事，但都难做到，都应做到。我说我的卫生标准，是从小事做起，十二个字："地无痰，墙无印，顶无网，厕无垢。"我提出后，检查多次。有一次，我发现走廊上有个鲜明的鞋印。我把团委书记、学生工作处处长、总务处处长叫来，共同开了个现场办公会，对着鞋印，发表感想，寻找对策。现场办公会后，大家齐心协力一抓，真的做到墙无印了。我到过一些大学，包括一些著名的大学，鞋印上墙，司空见惯，不以为然。然而在济南大学，此现象却是严令禁止的。

不仅卫生工作要防微杜渐，其他方面也如此。我发现有的教师为了讨好学生，在复习功课时暗示考题。我便采取了教考分离的办法，要求上课的老师不出考题。这样一来，既促使教师认真教课，也促使学生努力学习。

济大种片银杏林

我极力主张在济南大学种片银杏林。为什么要种银杏林呢？因为银杏浑身都是宝，有美化价值，能调节气候、净化空气，还具有药用和美容价值。

银杏树长大后，树大挺拔，叶似扇形，姿态优美，春夏翠绿，深秋金黄。种在校园，极具美化作用。济大原来有几棵银杏，一到深秋，即去照相。照下相片，极其好看。若种出一片银杏，待到深秋，树叶黄了。再去照相，岂不更好？

银杏树，能抗病害，抗尘埃，净化空气，调节气候。有了银杏树，就像装了一台空调机。炎热夏季，进林则凉，摸树手凉，仿佛进了凉爽世界。

银杏可药用，能降胆固醇，降血压，降血糖，治动脉硬化，防冠心病，防痴呆等。20多年前，苗枫林部长告诉我要吃点银杏片。此后，我一直服用银杏片，血压心脏日渐转好。也要注意，银杏片只能当辅助药，其他药仍要吃，配合吃之，效果才好。

据说，银杏还有美容作用，可润泽肌肤，滋养面容，减轻皱纹，减少雀斑。此言对否？不妨一试，如确如此，岂不更好！

正因为银杏有这么多好处，我才建议校园种片银杏林。在图书馆东侧空地，种了百余棵银杏树。如今17年过去了，树也长大了，成形了。职工走到这里，都称赞这片林子。我听了也很高兴。但愿这片银杏树，得到百般呵护，长大再长大，成为参天大树，成为济大一景。在任何时候不要挪移，更不要砍伐，使其成为济大的符号，成为济大的标志，成为济大的精神。

银杏树又称“公孙树”，是“公种而孙得食”的意思。但愿这片树，是我们老一辈留给后辈的遗产。我们种了树，不求今生回报，但愿树长大后给子孙后代留下一片绿荫。

两次当选研究会副理事长

1996年5月17日到19日,中国自然辩证法研究会召开了第四届会员代表大会。在大会上,改选理事长、副理事长和秘书长。

在自然辩证法研究方面,我已取得一些成果,如《大杠杆》《大动力》《大协调》《第一生产力论》等书在全国有一定影响,受到学术界好评。在青大、烟大、济大,我已当了10年的校长,在管理方面取得了一点成绩。另外,山东自然辩证法研究会的工作,在社会上产生了一定的影响,受到中国自然辩证法研究会的赞扬。基于以上原因,在选举研究会领导班子时,我受到了重视。

当时,被选为理事长的是龚育之。选为副理事长的有朱训、朱丽兰、周传典、王梓坤、何祚庥、邱仁宗、陈昌曙、李庆臻、李惠国、王国政等。王国政、李惠国当选秘书长。

2000年2月21日到23日,中国自然辩证法研究会召开了第五届代表大会。由于我在自然辩证法研究工作中的贡献,再加上对山东自然辩证法和中国自然辩证法研究会的工作,再一次当选为副理事长。地矿部长朱训当选理事长,当选副理事长的还有孙小礼、郭贵春、邱仁宗、王国政、李惠国、王德胜等。

在中国自然辩证法研究会第五届代表大会上,我代表常务理事会作修改中国自然辩证法研究会章程的报告。我在报告中说:"受常务理事会委托,对我会《章程》进行修改,现将有关修改意见报告如下,请予审核。一是在本会的性质中,增加"中国自然辩证法研究会是为发展我国科学技术事业"和"依法登记的公益性、学术性的法人社会团体的条文"。二是对本会会员的修改意见。在会员种类中,"会员种类有个人、会员、团体会员、资深会员、荣誉会员共四种"。"会员如有严重违反本章程的行为,经理事会和常务理事会表决通过,应予以除名。""经过常务理事会审核批准,报中国科学技术协会学会部备案后,可对有突出贡献的专家授予荣誉会员称号。"三是在对研究会组织的修改意见中，增加“理事会每两年召开一次，须有2/3以上理事到会方能召开，其决议须经到会2/3以上理事通过方能生效。并明确规定了理事会的十大职责。”四是增加了理事长、副理长、秘书长必须具备的条件：“(1)坚持党的路线、方针、政策，政策素质好；(2)在本会业务领域内有较大影响；(3)理事长、副理长、秘书长最高年龄一般不超过70岁；(4)未受过剥夺政治权力、受刑事处罚的；(5)具有完全民事行为能力。”还规定“理事长、副理事长、秘书长每届任期为五年，任期最长不超过两届”。

这个章程的修改，对研究会的发展起到了重要作用。特别是增加了任职条件，保证了理事长、副理事长、秘书长的纯法性、权威性。《章程》修改，顺利通过。

2006年4月22日到25日，中国自然辩证法研究会又召开了第六届代表大会。在这次大会上，我又被聘为顾问，同时被聘为顾问的还有：朱丽兰、朱厚泽、何祚庥、彭瑞聪、孙小礼、黄顺基等。

济南大学的合校

合校已成大学发展的方向，成为趋势，成为关键。济南联合大学，起点低，底子薄，以专科为主。若不走合校之路，十年二十年也办不成像样的大学，办不成与省会城市济南相适应的大学，更办不成山东重点大学。因此，我在济南大学当校长时，最后两年的主要精力均放在合校上。

先是准备和山东财政学院合并，旨在办成综合大学。两校可以优势互补，又只隔一条街，合起来就是一个学校。我和建成书记商量好后，就找卢希悦校长谈。卢是财政学院的院长，又是我的好朋友。我们一谈，观点接近，都愿合校。便去找韩喜凯书记，他当时是管文教的中共山东省委副书记，既是我们的领导，又是我们的朋友，见了面好谈。我们汇报后，韩表态支持。后来，真要研究合校问题时，主要因管理体制不同，经费来源不同，难以统一意见，没有谈成。当时财院归财政部领导，经费也由财政部负责；而济南大学隶属济南市，经费也由济南负责。结果吹了。

继而同山东煤矿学院研究生院谈判。经过几次谈判，合校意向统一。消息传到泰安后，煤矿学院曹书记来到济南，找到我，就说："你们不必和研究生院合并了，干脆和煤矿学院合并吧。合校后，最好在济南批点地，我们搬来济南。合校后，就在一起了，免得我们两地跑。否则对合校不利，对办学不利。"我说："你们的意见，可以考虑，但需要向市里汇报，争取市里的同意和支持。"谈后，形成几条意见，曹书记就回泰安了。

我想，在向市里汇报前，应先征求一下教育厅滕昭庆厅长的意见。滕厅长听后，对我说，李校长："你这个办法，恐怕很难办，会拖很长时间，不如你们和山东建材学院合并吧。建材学院也想合校，在寻找合校伙伴。"我说："建材学院的现任领导，我没接触过，不是很熟。"滕厅长说："我可以给建材学院奚正楷院长打个电话，说你来找我，寻找合校方案；他若有意，你们就可以进一步商谈。"我说："好，只要滕厅长牵线搭桥，合校希望会很大。"我告别滕厅长，就回到学校办公楼。刚坐下，电话响了。对方说是建材学院的奚正楷。他说:“刚才滕厅长来电话,说你校愿合校,叫我们商量一下。”我说:“何时?”奚院长说:“大后天吧。”我觉得建材学院是部属院校,我应先去,同奚会谈。奚院长却说,不能叫老师来,我们应去看你。当时我有些莫名其妙。

到了第三天,奚正楷院长和书记果然来了。见面后,觉面熟,原来奚在山大化学系当过教师。我们接触过,应是熟人。他说,我爱人听过您的课,自然辩证法课就是您教的。再一谈,我们又都是北大校友。越谈越近乎,越谈越亲切,越谈越投机,双方交谈,一拍即合。最后,只剩下一个问题,那就是校名问题。奚院长说:“合校后,只要不叫济南大学就行,因为叫济南大学,好像你们吃掉了建材学院,我不好交代。”我说:“这好办,就按奚院长的意思去办,你说叫啥就叫啥。”奚稍加思索,他就说:“叫济南理工大学吧。”我说:“可以。”双方就拟定几条意见,奚院长、书记高兴地走了。

此后,我们于1999年7月14日向市委、市府写了报告。报告中除了谈谈两校的情况、两校合校的好处、两校合校的前景以外,还谈了校名。我们根据双方拟定的意见,上报时写的是“济南理工大学”。市委常委关于合校的决定通知在1999年8月18日发出,通知说:“会议确定:两所学校合并后的校名可提出‘济南大学’和‘济南理工大学’两个方案,报省里确定。”8月26日,山东建材学院向济南联合大学提出“关于两校合并方案中的校名问题的意见”,坚持不能叫“济南大学”,应叫“济南理工大学”。我们根据建材学院的意见,又专门给市委写了报告:《关于我校与山东建材学院合并组建济南理工大学的请示》。市委于9月8日批复:“经研究,同意你校与山东建材学院合并组建济南理工大学,请抓紧按程序报批。”至此,合并后的定名问题,上下都取得一致的意见。

上报教育部后,教育部派考察组来济南考察。教育部考察组组长是夏自强。夏自强原来是北大科研处的,后调教育部。不久,他任教育部高校一司司长。我在山大去教育部办事时,总是向他请示,与他联系,自然就很熟了。他来山东前,因年龄大了,已退居二线。他住在舜耕山庄。因为是熟人,我经常去看他。有一次看他,他说:“庆臻,合校后叫‘济南大学’多好,名字响亮,内涵丰富,影响也大。”我说:“我们和建材学院协定的,不叫‘济南理工大学’很难合校。不过,我们可以将‘济南大学’的名称作为一个建议,向教育部汇报,由教育部来决定。”

时间过得真快,转眼又是半年,2000年4月25日教育部终于发文,是给山东省人民政府的,题目是《关于同意山东建筑材料工业学院与济南联合大学合并组建济南大学的通知》,明确组建的大学是“济南大学”。至此,校名就定下来了,也不好再争议了,只有服从教育部的决定。2000年10月17

日，山东省人民政府发文：《关于将山东建筑材料工业学院与济南联合大学合并组建济南大学的通知》。尘埃落定，全新的济南大学成立了，我久已盼望的宿愿终于实现了。

滕昭庆主任来看我

我于2002年正式退休。在这之前，省教育委员会滕昭庆主任来看我。他到了我的办公室，推开门，笑嘻嘻走进来，边走边说今天事不多，来看看李校长。我马上迎上前去，说："主任大驾光临，没有远迎，原谅原谅。"坐下后，滕主任即说，来看看教育战线上的功臣。山东四个大学——山大、青大、烟大、济大你都建了，在山东教育界作出了突出贡献。大家时常谈起你，念想你。今天来主要是谈心看望。我说，过去的事过去了，不谈它了，应该做的，都尽力了，叫后人评说去吧。滕主任说，你的贡献明摆着的，大家不会忘记，教委也不会忘记，我更不会忘记。他说，你在学报上，在校刊上发表的文章，如《环境十论》《读书十法》《治校方略》《青年成才》《教师治学》等等，我都认真读了，有的还作了摘抄，对了解学校办学经验很重要，对我管理学校也很有帮助，所以我不会忘记你。两人东谈些，西扯些，越谈越投机，越谈越起劲。

后来，滕主任的关照使我实现了在青岛安家的想法。在这个问题上，我特别要感谢他，他是一个很体贴人的领导。我对滕主任一直很敬重，印象很好。在我脑海里，他是个老实、认真、忘我的好领导。有三件事，令我难忘。我在烟大时，到省计委办事。正碰上滕主任也到计委办事，我们碰到一起，互致问候。我找计委副主任，他找计委一处长。不久，计委副主任让我去谈。我不好意思，滕主任说："你先去吧，我再等等。"我说："这位处长太不像话，让你等着。"滕说："计委办事就是如此，我跑惯了，也习惯了，他们事情也多嘛！"从此，在我的脑海里就留下深刻的印象：滕主任，老实人也。

滕主任病重住院，我在青岛知道后，立即来济探视。他在重症监护室，插着管子，微闭双眼，已难说话。我进去后，微睁双眼，嘴似在动。我在他耳边说："李庆臻来看你了，滕主任，你要好好保重啊。"滕没说话，微点点头。滕夫人在旁边，劝我出去。我不忍出去，但又无法，含泪惜别。出来后，滕夫人说："你看昭庆这个人，太固执了。到济南后，不查体，不上医院，不吃药。

到头来,一旦发病,难以收拾。"我劝滕夫人多保重。告别后心想,滕主任心里谁都有,就是无自己,忘我。像这样老实、认真、忘我的好干部,值得我终生学习,永远怀念。我在文集中写这一事,就是让我,让教育界想着这位值得怀念的好领导。

我在青岛又安家

滕昭庆主任看我回去后，我立即行动，与济大商量，又与青大打招呼。济大表示同意，青大也表欢迎。这时，张友民从曲师大调来任济大校长，来后无房，不能搬家。我觉得，既然要搬家青岛，不便久留。我应尽快把家搬走，把我住的房子腾出来，交给济大，让给为民校长，让他从曲阜把家搬来，好安心工作。于是我与住在青岛的女儿李泉商议此事。李泉盼我去，说先挤挤住下，再定买房事。这样，我便很快搬家青岛。搬青那天，好多领导、教工来送，依依而别。

到了青岛，暂时住下。又住了些日子，济大、教委资助的钱，相继到了青大。这时，我又思考在何处购房安家。一个方案，把钱交青大，在青大安家；另一个方案，在青大校外购房安家。若图省事，在青大安家。但又想：在青大安家，会挤掉一套校领导和正教授的用房。人家青大人会怎么想呢？你看，李校长离开青大快20年了，退休了，又回来了，还要到青大占套房子。既然退休了，还是别麻烦人了，叫人说三道四。因此，我想还是不在青大安家为好。我同青大商量，把钱取出，在外买房。青大同意，也觉省心，把钱交给了我。

取出钱后，就找朋友，帮我在梅海园买了套房。房不大，90平方米，够我们两口子用的。女儿住处离此较远，照顾我们也较困难。于是，她卖掉原房，也来梅海园买了套房子。这样一来，我们和女儿住在一处，相互照应也比较方便。这样，我又在青岛安了家，过上了休闲生活。

想过田园式休闲生活

原济南大学物理系系主任王河，当上民办大学副校长，请我去参加开学典礼。盛情难却，为帮忙我就去了。他顺便说，您在山东建了四所大学，成绩卓著，经验丰富，退休后帮我们建大学吧。我对他们说："我当校长15年了，也当够了。我一不受聘当什么荣誉职务，二不允许别人打我的旗号干事。我退下后，要过田园式的休闲生活。"梅海园离海很近，也就三四百米，就在青岛雕塑园旁边。我早上六点半钟，背上太极剑，去海边打拳舞剑。美妙的音乐伴随拳剑招式，听之心旷神怡，舞之气韵舒畅，真乃神仙生活。休息时，与老哥老姐们畅谈，互通信息，交流感情，也很惬意。太阳渐渐升起，海水泛起浪花。热了，也累了，大家背起剑，相约回家，又说又笑。

回到家里，稍事休息，便吃早餐。桂鸾做的早餐相当丰富，数之，不下十种。她说，早上要吃皇帝餐。吃完早餐，听听音乐，看看电视，读读报纸。接着，就去书房，打开电脑，遍寻信息，点击信箱，查阅信件。在网上漫游，在网上交友，在网上旅游，在网上养生。游罢休整，在凉台上看看海景，听听涛声，逗逗小狗。

我的女儿、外孙女都很爱狗。她们有一次到宠物店，看到一只小英国可卡。这小可卡，似懂事，竟跑到外孙女跟前，嗅嗅这，闻闻那，还用小爪子轻拍外孙女腿，还去女儿面前调皮撒娇。我女儿、外孙女非要买回家，并为之取名"可可"。小狗买回家，任务可繁重了，又是驯狗，又是美容，又是遛狗，又是喂狗。大家各有分工，我负责驯狗遛狗，桂鸾负责喂狗，外孙女负责给狗梳洗。后来，又买了个洁白的小博美。这个狗，是我和桂鸾最爱的。如此两个狗，一白一黄，一大一小，一调皮一憨厚，恰成对比，更加有趣。

谈到驯狗，也真有趣。为驯狗，我买了好多驯狗的书，也请教过养狗的人。后来，我驯狗颇有成果，也有经验。凡到过我家的人，都说我驯狗有方。我训的狗吃住都在凉台，不让进屋决不进来。有时要进屋，小博美就汪汪叫，不让可可进屋。可可一听博美叫唤，就老老实实地在那里一动不动。我们在客厅看电视，想叫他们进来，就说："可可、博美进来吧！"两狗闻之，竞相进来，叫坐就坐，叫跳就跳，叫跑就跑，非常听话。狗一般不能攀高，但我训的狗可以攀高。狗窝用铁丝网挡着，一米多高。我一喊爬上来，小博美抓住铁丝网爬上来；我一喊下去，它立刻就下去。从外边回来，进了屋，指指洗手间，小狗立即跑进去，坐在那里，等待洗澡。洗后，还要吹风美容。洗好后，你再看，那可可金黄色的体毛，几乎垂地的大耳朵，简直像"小绅士"。小博美通体洁白，睁大眼睛，似在骄傲地说，我可是个人见人爱的"小公主"。

谈到喂狗，桂鸾也有一套。她拿两个碗，放进菜粮，抓点买的狗食，足够两碗，放在狗的面前。狗看着桂鸾，涎水垂流，但不进食也不抢食，就这样等着望着。等什么呢？等桂鸾下达口令。杨桂鸾说到"一""二"时，不准进食，狗也不动。只有说到"三"时，两狗各在自己碗里进食。可可吃得快，三口两口，吞食而进；博美进食慢，吃时怕可可抢它的，便边吃边叫，这是护食。其实可可吃完，静坐着，看着博美吃，并不抢它的。每天喂狗一次。只要狗吃足了，就不再喂。这样狗长得不胖不瘦。如果多喂，狗则长胖。现在有人喂狗，每天两三次。狗喂胖了，越来越走不动了。喂得太少，营养不足，狗偏瘦，毛枯燥，不好看。我们喂的两条狗，体态匀称，体毛光亮，煞是好看。其实，养狗也是一门学问，科学养狗才能养好。

我的休闲生活还有一项任务，就是访亲问友，老同学聚会畅谈。过去因工作忙碌，很少有空闲谈。退休后，时间多了，老友聚会畅谈友谊，又是一项重要工作。这时，我和初中的老同学贾宏谟、李庆珠、董秋瑾又联系上了。我们互相走动，不是你上我家，就是我上你家，吃吃饭，谈谈心。又和学生李庆亭、冯国荣、刘德久见见面，吃顿饭，玩一玩，叙一叙。还和原北大以及山大的老朋友周文振、孙方柱、张宝文、陆大荣、辛鸿珍等，互相走动，互相看望。更和老朋友张道民经常切磋，共同交谈研究心得，共同探讨有兴趣的问题。我到青岛最困难的是看病，因看病我又交上朋友——张德宪大夫。张大夫是海慈医院的大夫，曾留学日本，医术高明，医德高尚。与他交友，获益匪浅。我在青岛这几年看病都找他。开了药，取了药，就回家，看病不再难。我的老友，从远方来，我必请之来家做客，畅谈别感。如此一来，我的退休生活还很多彩，很受益，很快乐。在我一天的生活中，晚上散步是必修课程。只要不下大雨，不刮大风，基本上是风雨无阻。我饭后，稍事休息，便到海边散步。沿着海岸，迎着海风，不急不慢，稳步向前，走约四五千米，费一个半小时。如此每天坚持，坚持数年，好处很大。我的身体好，与我坚持散步有关。

晚上散步归来，看看电视，听听新闻，洗个澡，晚上 10 点半躺在床上，很快进入梦想。

打拳舞剑二十年

1994 年 5 月的某一天，我在办公室向外一看，碧绿的树，淡黄的花，青青的草，白白的云，蓝蓝的天，好一派风光，令人陶醉。脑中突想，已 58 岁，学项什么运动，便于退休后锻炼身体呢？人说年老了打太极拳最好。对，学打太极。向谁学呢？我细打听，都说校内叶春蓉打得好，校外李凤英也打得不错。过了几天找到叶老师。我说："你打太极拳很好。咱们把愿学者组织起来，成立一个练太极拳的团队，你教我们学打太极拳如何？"叶略沉思，满口答应。从此以叶为师，十几个人组成的太极拳队成立了。后来，又找到李凤英。李说："校长吩咐，理应从命。"我说："那好，你和叶均为师。叶为主，你为辅，一起帮我们把拳打好。"有了好老师，又有好学生，拳定会学好、练好。从此，早晨 6 点多钟，一支练功队伍在济大校园内伴着音乐学练起来。

当时，叶春蓉近 50 岁，看上去 40 有余，身材匀称，架势优美，一招一式，十分到位。她教起来特别投入，大家学得格外起劲。李凤英比叶小，看上去也比叶年轻。叶打拳柔美，李打拳柔刚，二人拳术各有春秋。她们二人教得很细，一招一式，其中要领，细加讲解，不断演练，多加示范，务必学会。就这样，几年下去，学了一套又一套。次年，学校开运动会，太极拳队上场表演，获得好评。不少人指着我，你看校长学得那么认真，打得还真不错。我作为一名学生，确是学生，细听师言，不断领会，勤学苦练，学得快，学得好。叶春蓉发现我学得快，就问我，同样是学，别人还没学会，你先会了。我说："我记忆有方，故而先学会。"叶问："何方法？"我说："抽象思维和形象思维相结合。每个来回多少招式，转折之点如何衔接都要牢记。这样一分析，即记得快，又记得牢。"叶说："给大家谈谈。"我说："也好。"谈了是谈了，效果并不显著，思维有定势，改之实不易。

跟着叶、李二位老师学了四年，学了四五套拳，又学了四五套剑，总算入了门。这四年，是我学打太极拳的第一阶段，我称之"学打阶段"。这学打阶段的任务就是学会拳法套路，老师怎么教你就怎么学，亦步亦趋，依样画瓢，在画瓢时，没有想法，也无定式。只要学会松肩、坠肘、转腰、松胯就不错了。我练了不少时间才把肩松下来。松肩后，才不僵硬，才像个练拳的架势。一出式，架势舒服，硬中见柔，太极味道才能出来。

又过两三年，我才逐步体会到太极拳的要领，虚灵顶劲，含胸拔背，沉肩坠肘，松腰松胯，等等。这些要领，不能只求形似，要有领会，方能做到。太极拳讲架势，架势有高有低。叶春蓉、李凤英年轻学拳，架势就低，低可下地，高可过顶，而我是 60 多岁人了，实难做到。李凤英告诉我，年纪大了，适可而止，不能高就稍低，不能低就略高，做起来舒适大方即可。我听了她的话，依自身条件，决定架势之高矮，只要柔顺圆通就行。在这个时期，我称之为“跟打阶段”。在这个阶段，我悟出打太极的十六字方针，即“以腰为轴，双手画圆，刚柔相济，连绵不断”。太极架势很多，无一不是以腰为轴。以腰为轴，把腰转好，各种姿势，才能到位，才能做好。姿势不好，架势欠妥，皆因腰未转好，急做下式。因此，以腰为轴，实为至理，切勿疏忽。大极图式，就是圆形，阴阳双鱼，交缠成圆，即为太极。双臂犹如阴阳双鱼。双臂画圆，方成太极。我试探着双手画圆，每一式皆画圆，画了圆，式才完成。这样一个圆连接一个圆，一个式接着一个式。我还计算过二十四式、三十二式、四十式、四十二式、四十八式各画多少圆。读者有疑，不妨试试，便知画圆之说有理也。

到了青岛这几年，我便进入第三阶段，称之为“群打阶段”。在这一阶段，一群人形成团队。领头人每日提着音箱、放着音乐，大家一起打拳舞剑。每个群体有领打的，但不固定，可以专人领打，也可互相领打。会打的，跟着音乐，齐打起来；不会打的，看着别人，跟着音乐，打起来。我属于会的，虽不领打，也觉不错。在青岛海边，我参加一群体，以辛兄为首。据说他每天早起，骑着自行车，挂着音箱，来海边打练，一打就是十年。我很佩服这位老哥，经常与其畅聊。我还帮这位老哥干点杂事，或帮其解决点困难。今年去青岛到海边去找他，他不在。问别人，告诉我他已搬家，离此很远，难以再来。说实在的，我很想他。我冬天到海口后，也是参加群打。哪里人多，哪里有领打的，哪里领打的水平高，我就凑过去，跟着音乐，看着老师，打起来。先跟着姓陈的老师。此人打得好，跟李德印学的，架势是学院派的，很规范，很到位。陈老师后因老伴有病，难来海口。我又跟着刘老师打。此人是镇江人，在镇江有名，得过奖。他打得也不错，我跟着他打了两年，很有收获。

到了 2010 年，我参加群打虽有收获，确无自己的东西，难以再有大的进步。于是，我开始在无音乐的情况下，自己找块地方，摸索着自打。这时，有位 40 多岁的师傅，经常自己打，一套拳下来要一个小时。这人打得很慢，架势稳重有力，一看就是很有功力的人。我看了他打的拳，却与众不同，很有特点。后向他请教，知此人叫吴家水，练的是陈氏老架太极拳八十三式。他曾跟陈氏名师练拳，苦练多年，方懂陈氏真谛，故而打起拳来与众不同。我边打拳边看他的架势和拳路。慢慢地，我的拳也慢下来，用心去打，渐悟其理。他不断纠正我的姿势，给我谈要领。我懂了不少东西，拳式大有进步。我们成了拳友，成了知心朋友。在吴家水的指导下，我练拳进入第四个阶段，即“自打阶段”。在这个阶段，我在无音乐伴奏下，把五套太极拳连成一百八十六式，慢慢地，静静地，一气呵成，舒展开，打下来。这五套连打需一个小时。在无音乐伴奏下打拳，才真正进入入静阶段。到了入静阶段就进入练拳的高级阶段，打起拳来，微觉心动，略感气动，顿入神静。身体入静放松，才能以意导气，以气养形，达到修身养性、陶冶情操、健身强体、益寿延年之目的。这些体会是初步的、不成熟的，也许有些不当。

旅游是最美的健身方式

我和杨桂鸾退休后经常去旅游。国外到过日本、美国、墨西哥、越南。国内到过甘肃、陕西、山西、云南、广东、上海、浙江、江苏、北京、宁夏等地，爬过的山有黄山、华山、九华山、五台山、崂山、鸣沙山等，参观过的名胜古迹有敦煌、大小雁塔、秦始皇墓、兵马俑、武则天墓、法门寺、大理、丽江、香格里拉、石林、天涯海角、鼓浪屿、武夷山漂流、平遥古城、乔家大院、无锡大佛等等。到过的地方不少，观赏的景点很多。要知道，我们的旅游是在杨桂鸾患了骨股头坏死却没有陪同的情况下，我们跑了这么多的地方，观赏了这么多美景，不能不说非常不容易。我们年年都去旅游。旅游成了我们最美的健美方式，锻炼了身体，陶冶了情操，升华了精神，丰富了阅历。旅游成了我们生活的一部分，成为健康的一部分。

我不谈怎么去旅游的，我只想说说我们旅游的故事。

我们退休后，很快就去了敦煌。为何选敦煌，因为这地方是景致最美、古迹最美、故事最美的统一体。到了这里，你会被美景迷住，会被古迹震住，会被故事感动。我们去的时候，刚能上网，是在网上订的机票、车票，在网上订的酒店，在网上订的旅行社。那时社会风气很好，都讲信用，每一环节都很顺当。到时接站，到时住店，到时送站，到时旅游，环环相扣，顺顺当当地游完了敦煌。到了敦煌，什么都新鲜。我们看到骆驼队，便骑上去。在沙山上行走，一上一下，一颠一波，感觉奇妙。我们还照了相。现在看起来，当时显得那么年轻，那么精神，那么高兴。我们还爬上鸣沙山，乘着滑板，溜下山去，如同架云，感觉美妙。那洞中故事，画像精美，情节动人，久看难离，久听难止，真是看着美，听着美，想着美，记着美，沐浴在美的海洋里。你说，到敦煌去旅游美不美？

从敦煌回来，不久又去了厦门，去武夷山漂流。我们这次旅游故事更动人。说给你听，也许你会不信。但当时就是这样，我们都很感动。和去敦煌一样，都在网上订机票，订酒店，订旅行社。我们到了厦门，旅行社来接，一个司机，一个导游，一部面包车，接了多少人呢？就接了我们夫妻二人。我们上了车，到酒店休息。导游说，明晨起来，带你们去旅游。休息一晚，明晨起来，就去吃饭。饭后回到房间，就想：这个旅行社就接我们二人，怎么去旅游啊？心中无数，上下掂量，如何是好，不得而知。正在犹豫，导游来请。出门上车，只有四人，一是我，一是桂鸾，一是导游，一是司机。就这样，陪着我们游了两天。你说，怎不感动？我和桂鸾特高兴，这不成了专车旅游了吗？恐怕旅行社不赚钱，要赔钱。已过去十几年了，我们特念想那次旅游，特想念那个旅行社，那个导游，那个司机。可惜时间长了，都已忘了。如果想着，我今天定写文章，加以颂扬。你看那时旅游多讲信用，多么快乐，多么幸福。我想念那个时代，想念那个年代的人们。

十年前，即2004年，我们去美国旅游，共16天，跑了许多地方，还顺便访问了加拿大和墨西哥。我们去美国签证很顺利，只问两句话。“去美国干什么？”“去旅游。”“美国有子女吗？”“没有。”通过，即办手续。在我前面，有个医学院领导。问了他半天，最后拒签。我问他，过去有无被拒签过？他说，曾被拒签过。这次你是否说了？没有说。我说，如你实说，可能会签。美国人讲诚信。我过去去美国都很顺当，诚信度高，故而一问，就通过了。因此，无论国内，还是国外，都要以诚信为本。这次去美国，风光未变，风俗未变，但环境大变，吃饭大变。1991年去的时候，中餐馆极少。肖特大学校长在家里请我吃饭，还在饭馆请了中国厨师，才吃上一顿中餐。可是，不到15年，再去美国，到处有中餐自助餐。到了那里，如同回家，什么中国饭都有。15年前我去美国，在街上很少碰到中国人。如今，旅游点到处是中国人。在白宫，在华尔街，在好莱坞，你看看，90%是中国人。你到街上逛商店，不会说英语也能购物，因为售货员都会讲两句汉语，有时旁边还站着会讲汉语的中国人。这种情况显示了中国的实力，显示了中国人的富足，显示了中国改革开放的活力。这次与桂鸾同游，我非常愿去大峡谷一游。大瀑布游了，如果大峡谷不去，总是遗憾。组团时导游说要去。但到了美国，有人说因另拿钱就不去了。说来说去，就我们两人。导游说，大队人马不去，只有你俩去，我不跟你们去，但可为你们安排。我们说，好。导游为我们买了机票，送我们上了飞机。飞机不大，乘十几个人，中国人占多数。上机一说话，都是说汉语的。下了飞机，有个导游，说着汉语，来迎我们。我们又在汉语导游的引导下游完了大峡谷。大峡谷深不见底。站在峡岸，向下望去，神鬼皆惊。来此不见谷底，不算成行。打听一下，若下谷底，需骑骡而下，来回需三天。时间太长了，只好作罢。我俩游大瀑布时，起得早。至瀑布边时，瀑布如万马奔腾，咆哮而下，震耳欲聋。正惊看瀑布时，忽然彩虹涌现，像架在美国和加

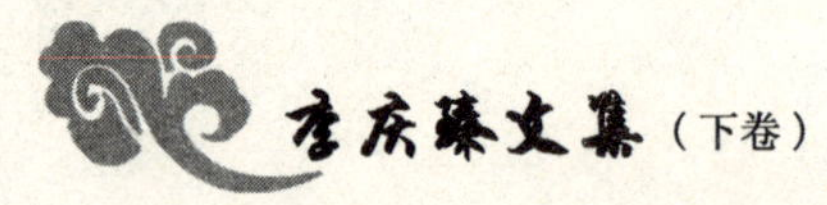

拿大两岸的彩桥。我速拿相机，给桂鸾拍照，桂鸾又给我拍照，这真是千载难逢的机会。两张彩虹罩着人像的照片，就这样出现了，我们真是幸运儿。

说爬山，难爬的恐怕是黄山和华山。这两座山，我们都爬了。像黄山我都爬了七次，桂鸾也爬了三次。她第一次爬黄山是在 1987 年，她还腿好，骨股头没坏死。由于我教她甩腿下山，下山后腿不痛，还能爬楼。朋友见之，都很惊奇。第二次上黄山，女儿李泉陪着，上到玉屏楼就下山了。2014 年 10 月，我陪她第三次爬黄山，这是在股骨头死后第 17 个年头爬的。到了北海，虽乘滑杆，上到北海，殊非易事。回到海口，老朋友都说没有想到，你还能上黄山，简直是奇迹。我没爬过华山，不知华山险。我携桂鸾去爬华山是经过斗争的。按桂鸾腿的情况，不该爬，不能爬。而不爬，则又终生憾事。我同桂鸾说，这次去华山，不用上山，站在山下，望上一望，就可以了。但到了华山，上山有索道，直通北峰。她又上了北峰，在山上照相留念，特别高兴。腿不好，应忌爬山。但适当爬山，有益无损。因为爬山不但靠体力，而且靠精神，靠毅力。桂鸾每次爬山后，腿病没有加重，腿痛没有加剧，就是明证。有时回来后，休息一天，即可继续散步，仍可坚持 40 分钟。这为什么呢？精神快乐弥补了体力消耗。体力消耗虽大，精神弥补也大。虽累不觉累，有痛已忘痛，爬山可促健康。治病，一靠药物，二靠饮食，三靠运动，四靠快乐。爬山科学，亦可治病，我是信的。有一次，我血脂高，需治疗。正好出差，其间旅游爬山。回来后，一测血脂，趋于正常。我患血糖病，小心控制，经常测试。去日本旅游，长时间未测血糖。回来后，去青岛海慈医院找张德宪大夫。张大夫说，你去日本多地旅游，血糖不会高。他一测，果然不错。这些事使我坚信旅游可健身，旅行可治病。

旅游要说的事很多，万字文章，也写不完。你说，我们经常旅游，能不健康吗？能不快乐吗？旅游是健康之路，旅游也是最美之路。有生之年，只要能走，我们还会走下去，不停地走下去。

在海口安个家

2007年春节前夕，我先和夫人杨桂鸾商量今年春节是不是换个地方过，又和儿子李易、儿媳吴健薇、孙女李夏婷商量此事。大家都很同意。但上哪里去？夫人提出，我腿不好，怕冷，应到南方过。大家都赞成。上哪过呢？最后夫人提出到海南过，大家又无异意。大概离春节还有十天的时候，我们就到了海口。在海口金贸西路一家别墅式酒店租了三间房子，每间100元左右。住下后，周围走走，发现这里很方便。店外有几家餐馆，离大润发也很近，也就一站路，大约400米。吃住方便，自己再做点，确实很舒服。

在海口住下后，大家都觉很好。一是空气新鲜。只要不下雨，就是碧海白云蓝天。二是气候凉爽。不穿棉衣即可过冬，冷不怎么冷，热不怎么热。三是夫人桂鸾住在这里，特觉舒适，腿也不痛了，走路方便多了。那年特别温暖。过春节时，穿长袖衬衫都觉出汗，于是又和儿子李易去大润发买了短袖衫。

在这里过春节，过得很愉快，也很特殊，别有一番风味。夫人在这里腿不痛，散步顺当，走路也不别扭。我就跟儿子说，你妈在此过冬，对你妈腿病有利。以后冬天我和你妈就到海口过冬，你看如何？儿子也很孝顺，说就依爸妈。

安家有两种：一是租房，二是买房。租房省钱省事，但不方便。买房费钱，自己安家，却很方便。生活有情趣，做饭也顺手，日子过得安然。后来，各处跑了跑，图安静，打算到郊区安家。我和桂鸾都觉得，如今老了，孩子不能来，要找个衣食住行医都适宜的地方安家。

现在，过去八年了，我们住的房子周围，已成闹市，已成海口最繁华的地方。如今，在我们楼下和周围，银行有十来家，饭店有十来家，商店处处有；楼下就有车站，七八条线路，上车必有坐；农贸市场近在咫尺，五六分钟即到；离大润发两站路，离家乐福四站路；离附属医院、省立医院，也就六站路。总之，我安家的地方，是最方便的地方，是舒适的地方，是最有人气的地方。

当然在这里有点太热闹，凉台上一看车水马龙，声音喧闹，但长了，适应了，也就不觉了。真是闹得慌，关上门窗，隔音良好，也就不觉闹了。

有的老人买房在郊区，离城太远。安静是安静，就是出入不便，购物困难，走亲访友，需一天时间。奉劝不会开车的老友，在海口安家，还是以方便生活和利于访友为好。

广交天下友

在青岛时，与女儿住在一起，外出女儿开车，有事女儿操办，吃用女儿买之，困难女儿解脱，我不愁吃，不愁穿，不愁用，不愁游。若说有愁，就是看病。看病的事多是女儿过问，送医院，找大夫，省心多了。有时女儿不在家，去医院就麻烦了。排队挂号，排队就诊，排队交钱，排队拿药，费时半天，确实愁人。有一次，我血糖高，需要住院治疗，认识了青岛海慈医院的张德宪大夫。他医术高明，医德高尚，任内分泌科主任，是海慈医院的名大夫。我在病房，闲来无事，便看医书，主要看治疗糖尿病的书。我看了三四本，边看边思边写边画。有一次，张主任带着医生和他的学生来查房。查房时，见我看的书，拿过来翻了翻，就给其他大夫和他的学生说，你们看，李校长读得多么仔细，体会也很深。我在病房住了10天，这10天经常和张主任交谈，慢慢地就成了知心朋友。

在海口安家后，一无子女陪伴，二无车辆伴行，三无亲朋相助。我这个人是不甘孤独、不愿寂寞的，便背起太极剑，身着白色太极服，走进一个团队，跟着打太极拳，舞太极剑。打了三天，彼此熟悉，也颇知心，便成朋友。我的第一对朋友是拳友，一个是周树兴，一个是其夫人诸大夫。诸大夫拳打得不错，架势优美，招式到位，常在前面，带头领打。周兄腿不好，比划比划，健身而已。他们两口子都是江西人，为人老实，对人诚恳，助人为乐。这样一来，有了朋友，有了谈心的，有了助乐的，就渐渐忘掉寂寞感、孤独感。

后来，在打拳过程中，又认识了王菲。她打拳很认真，也很有缘。打拳的人都和她有说有笑，亲如家人。后来，又认识了他的爱人陈工。此人50来岁，为人友善，很愿交友，名叫陈惠清。这样，我们在海口又认识了第二对朋友。再加上我在中央党校的老同学艾恒武及其夫人吴群，还有艾老的年轻朋友张凯尔和夫人龚越，我们在海口有了四对朋友。这四对朋友，互相畅谈，互请吃饭，互约旅游，渐成知己。相识不久，我要回济南，陈惠清夫妇开车送我们到机场，周树兴老兄早晨6点就来送行。我们好受感动。后来，我们去旅游，几乎游遍海南。简要说之，文笔山、永庆寺、东坡书院、南山寺、火山口、火山村、红树林、海南登陆、白沙起义、槟榔谷、宋庆龄故居、百花岭、沉香展等等，数不胜数。我的朋友来了，老同学来了，孩子来了，都是陈工开车带他们去旅游。我的儿子李易甚至成了陈工的莫逆之交。两个人经常畅谈，无话不说，成为知己。经常发信息，有时李易来海南，我们还不知道，陈工早已知道。

我们后来还交了一对朋友，都50多岁。一见面，很有缘，很快就成为知心朋友。他们都是陕西来的，男的叫苗旺生，女的叫段丽君。这两人待我们如同亲人，经常问寒问暖。他们回西安时，再三要求我们去西安找他们，到西安旅游。我去过西安四次，但法门寺、华山没去；桂鸾也去过，但未深度游，好些地方没去。既然好友相约，应当赴约，到西安多去几个地方看看。于是我们就在2011年去西安旅游。苗旺生开着车，段丽君当导游，拉着我们两位老朋友，几乎跑遍西安游点，大小雁塔去了，骊山兵马俑去了，大唐芙蓉去了，法门寺去了，甚至寒窑我们也去了。我们还去武则天墓。到了山下，不让乘车上山，难看无字碑等。我找了保安，言明夫人腿脚不好，我们又年老体衰，不能上去，感觉非常遗憾。几个保安商量后，对我们说，不让开车上去，这是规定。你们来了，不能上去，我们心也不安。我们开电瓶车，送二老上去。我们谢之，乘电瓶上山，参观了石人立像，拜谒了无字碑并摄影留念。游毕，我们感谢送我们上山的好心西安人。

我们久盼上华山，然而华山既远又险，所以我们有些顾虑：一怕路远，长途开车太疲劳；二怕担心，我们前去可受得了，有无危险。我们步行到华山脚下。再往前走，我们看见索道，大喜。至前，买票，上索道，至北峰。夫人下来行走，观赏天下险的美景。我便乘兴上山，过华山论剑，又上险路窄道，直到中峰，再上，更难，更险。折回北峰，与桂鸾相会，又游片刻，兴尽而归。

我和艾恒武，既是老同学，又是老朋友。我们当同学时，我不过22岁。如今一晃，又过50年，在海口相会。老同学见面分外亲切。艾兄特爱旅游，常去海南各地。我们去的地方很多，最使我难忘的是霸王领、毛公山。霸王领的树王，直径两三米，树高几十丈，树围十余步，参天直上，可插云端。艾哥看这树王，看了好几次了，带我去看，令我心动，使我震撼，叫人敬畏。我们去看了毛公山，只要是下午三四点钟，没有云雾，斜看山上，就呈现一个毛主席像，非常清楚，非常逼真，叫人称绝。我又和艾兄等开车去昌江，观赏木棉花。木棉树高大。木棉花艳红，在大树上盛开着，显得格外夺目，格外火红，像个火把，烧染蓝天。我在树下，朝上选花，照下一张照片，竟像美女献花，大家见之，无不叫绝。艾兄90岁了，仍很健寿，主要因为艾兄心态平和，广交朋友，喜爱旅游。我们要像艾兄那样健寿，也要像他那样交友、乐游。

过候鸟式生活

老了，过什么生活最好呢？我认为过候鸟式生活最好。我前八年的生活，是冬、秋、春在海口，夏在青岛。前年，我又在济南安了个家，为何又在济南安家呢？我夏在青岛已住14年，年纪已过75岁，在外漂泊，诸多不便。一是医疗麻烦，看病劳累，一有大病，医疗不及时；二是远离学校，一旦有事，学校靠不上，又帮不上；三是儿子李易在济，但难照顾；四是亲朋多在济南，相叙困难，相助路远，远水不解近渴。如果在济安家，医疗方便，学校易帮，亲朋能助，多有益处。后来，卖掉青岛的房子，把家又安到济南。这样一来，我在海口住七个月，在济南住三个月，在青岛女儿家住两个月。候鸟生活，更趋完善，更觉有趣。

候鸟生活好处很多，时间愈长，好感越多。具体说来，至少六点：

一是生活新鲜。每年冬在海口，春在济南，夏在青岛，又去旅游，经常换个地方，颇觉新鲜。生活一新鲜，就觉有滋味，日子过得充实。友朋会面日多，自然不觉寂寞。

二是气候适宜。冬秋在海口，夏在青岛，春在济南，这样一年四季处在不冷不热之中，身体十分滋润舒适。

三是利于健身。气候适宜，空气良好，身体舒服，利于健身。我一年四季都去健身，从未停止。不太冷，不太热，活动爽快。夫人桂鸾到了冬天，腿脚不便，很难出房。到了海口，晚饭后，出去散步，可走40分钟，所以她在这里健康多了。

四是利于治病。十年前艾兄恒武在京因气管炎住院，大夫建议去南方过冬。十年前来到海口，冬天病好了，不再住院了。到现在，已经十年，也未犯病。龚跃在河北因过敏，非常难受，待不下去，来到海口竟然也好了。其他人，患血压高、心脏病、关节炎的，症状减轻。这里气候好，空气新鲜，到处蓝天绿地，没有污染。在这样的环境生活，不易得病；即使得病，也好得快。

五是有助交友。在别处住，身边有亲人，旁边有儿女，还有自己单位的领导群众，不交友也有友，日子也好过。但一到海口，人生地不熟，没有子女，没有亲朋，没有单位，孤身幽居，岂能不寂寞。但因幽居，促你交友；又因寂寞，逼你入群。结果，友朋渐来，幽居打开，再不寂寞。因此，过候鸟式生活，有助广交朋友。

六是有助心态平和。到海口过候鸟生活，必须融入平民之中，你才赢得群众欢迎，有话跟你谈，有事跟你说，有困帮你解。你若摆着架子，自觉高明，别人就会躲着，敬而远之。因此，要做平常人，要有平常心，多做平凡事，多说心里话。这样，心态就平和了，朋友渐渐多了，你就会觉得在海口过得很快乐，很舒心，很痛快。候鸟一旦过上快乐的生活，这只候鸟就会成为健康的鸟，长寿的鸟，叫人喜爱的鸟，受人羡慕的鸟。我和夫人都愿成为这样的候鸟，实际上也的确快成这样的候鸟了。

生活也要创新

我在学术上探寻新路，在工作上开拓前进，在生活上呢？在生活上我多学常新。多学，就是见到什么东西都想研究研究，学习一番，力求会用。常新，就是见到什么新东西，都想学，都想买，都想用。退休之后这十几年也是追求多学常新。因此，人们都称我"时尚老人"，与时俱进，学新知，探新路，用新物。

早在20世纪70年代，刚有电视，大家心奇，先睹为快。没有电视，去有电视的朋友家，争着去看，挤着去看。那时，我的工资不高，存钱不多，一个小电视，黑白的，9寸的，500多元，买之尚难。但家里人都想看，都愿看，狠狠心，借了200元钱，加上我存的300多元，才把小电视抱回家。装起来一看，好极了，夫人和孩子可乐坏了。这就是科技新产品给我们带来的难忘的乐趣。

1992年时，"大哥大"时兴，手机很少。后来我去英国访问，路过香港，拿钱买了一部手机。小小的，棕红色，很漂亮，我视为珍宝，装在口袋里。回到学校，大家争看，都说很好。从此，我便进入使用手机的时代。

退休之后，闲来无事，经常逛店，常去家电店、电脑店。这看看，那瞧瞧，看有无新技术，有无新产品。如有，就问一问，看一看，摸一摸，研习一番。看好的，就买回家，用起来。什么MP3、MP4、MD、PMP、小音箱之类的我都买过、用过。特别是PMP，玩得特别有趣，这个东西比较特殊，下载歌曲，下载图像，储存照片，还可从电视上下载戏剧、电影。我很爱京剧，电视上一演，就录下来，带在身边，随时观看。有一次，我和仝素勤、许义夫同上北京。我拿出来，给他们看。他们都觉新奇，都觉好看。我也很高兴。

电脑开始走入百姓家，女儿、外孙女也有了电脑。我自己也想学，又怕弄坏电脑，总是小心翼翼。我是个敢尝鲜的人，不信学不会。于是去买了电脑，买了学电脑的书，边看边想边摸索边应用。慢慢地学会了，能用电脑了。其实学电脑并不困难，并不神秘。只要你敢学，敢于动手，敢于操作，一定能够学会。电脑就是操作，就是摸索，就是纠错。操作多了，经验多了，就会成为能手。我不敢称能手，但小小毛病我会排除，各种程序我会运用，各种功能我会操作。在电脑上通通信，通通话，修修照片，写写文章，我都能行。别人电脑出了毛病，上不了网，我可帮助排除，使其正常运行。电脑实在不好用了，也没什么可怕的，一键还原，推倒重来。奉劝不敢用电脑的老友们，大胆地学，大胆地摸索，勤学苦练，定能学会。

上网漫游，其乐无穷。上了网可看朋友信件，可知各方面信息，可晓世界奇闻怪事，可以购物，可以看剧、听戏、看电视剧，可以网上看病，网上交友，网上旅游。一切一切，网上都有。十年前外孙女丽白上网时，输入李庆臻，便看到网上有关我的信息。外孙女说："姥爷好厉害，介绍你的东西很多。"后来，我也打开，果然很多，有六七十页。好多东西我已遗忘，但那里面都有记载，我好高兴。从十几年前，我和老伴出去旅游，都是通过携程网订机票、酒店、旅行社。10 年几十次网上预订，都很成功，没有失误，省力省时省钱，何乐而不为呢？

提起手机，现在可是时尚、必用的东西。可是，在十几年前，手机不多时，人们都嫌麻烦，不想要手机。我家夫人桂鸾就是一个。我从香港回来，买回手机，用了不久，就想给他买一个。她总说不要，有座机不是很好吗？朋友有手机的不多，跟谁联系用手机呢？想想也是，也就没买。有一次，我俩在青岛佳世客购物，相互找不着。她实在无法，找一有手机的人，用人家的手机才找着我。回家我就说，老杨，还是买个手机吧，就是咱俩通话，不是很有用吗？桂鸾点头，说好，那就买吧。从此，我俩开始进入用手机通话的时代。出去购物，出去参观，出去看戏，出去旅游，必带手机。

有了手机，要会用。先是通话阶段，后是短信阶段，现在是微信阶段。她有个朋友群约一二十人，天天收到不少朋友来信、来照和视频。一天到晚，忙个不停。看她如此欢乐，我也替她高兴。她看到有意思的，打开，非叫我看。看后叫好，她也得意。我微信也有，微话也有，但很少上。为何？因为我的电脑里每天有朋友的来信。50 多个朋友，每天一二十封信，打开看，好的转发，有的还回信，忙得不可开交。手机联着网，信件也传到手机上，但是不打开，因为流量太多，速度也慢。因此，手机得到来信，我都在电脑里打开，手机有用，电脑也有用。现在手机电脑成了我的两个老年朋友，一天不见，心老想着。若问手机玩得如何？比不上青年，但在老年中还是少有的。有一个老年朋友，桂鸾把手写的手机送给她，让她写短信，她就是不会写。老杨叫我去教教她。她真的不会写，有时快，有时慢，写出来的字不像字。没办法，我就拿着她的手，写了一遍又一遍，直到她会用。现在她耳朵聋了，不时用短信同老杨通信息，互致问候，好不亲热。她的爱人见人就说，她比我强，会写短信。写短信没什么难，下决心学，一定能会。年轻人教老年人学东西，一定要耐心，要细心，说话要慢，操作要慢，叫老人听明白，学进去，他们自然就会了。

生活中处处有新东西，时时有新东西，多看就会发现新东西，多走就会找到新东西，多问就会知道新东西。因为我多看、多走、多问，故能发现许多新东西、新现象、新事物、新产品、新技术。物多用常新，心也多用常新。整天处在新状态，人能老吗？即使要老，也是慢的。相对而言，寻找常新的人，是比同龄人年轻的人，是永不显老的人。

附录

情谊难忘

我一生中，广交朋友。不重权力，不重金钱，最重友情。以学生为友，以同事为友，以领导为友。因此，常受领导青睐，屡得朋友鼎助，深受学生敬重。我知遇之恩不忘，伯乐之情不忘，友朋之谊不忘，故而朋友遍天下。

诸友知我出文集，竞相撰文，忆往昔，叙友情，谈感悟，吐心声。友朋忆文，出自肺腑，发自内心，炽热感人，也激励我扬鞭奋蹄，乐奔夕阳。

寻觅逝去的岁月

贾宏谟

有道是“人生七十古来稀”。未曾料到，少时同窗、挚友庆臻仁兄翌年便跨入八十门槛，成为正宗“翁”的辈分。正所谓“快乐自足，曾不知老之将至”。呜呼，委实催人仰天而嘘。老哉，老矣，自然规律难以更移。

于此，借助庆臻兄编撰文集、撰写回忆录一角，在诚挚祈祷儿时密友八十寿诞愉悦、安康、洪福的同时，再赘述千言百句，以抒胸臆，加深老同学间的淳厚友谊。

人啊，上了岁数，常念过去，喜欢以回忆方式填补心绪寂寥。案头堆放着若干相册，闲暇时就不由自主翻阅。倏然间，一张泛黄三寸黑版的集体照跳入眼帘，那是 20 世纪 50 年代初少先队大队委、中队委在济南大明湖活动的合影。或许睹“物”思人的缘故吧，我的思绪即被萦系回少小生活时段。那时，我才十一二岁，风华正茂，血气方刚，充满梦想。曾记否，大家每日身着正装，肩挎帆布书包，脖颈上的红领巾胸前摇晃，十足的神气。步入育英中学校门左转右拐，赫然矗立着“王树先先生纪念碑”。据悉，他是主持建校的老前辈。从 1913 年建校至今，已百年有余，为国家培育数十万政治英才和优秀建设者。原中共中央政治局常委宋平同志，原广东省委书记任仲夷同志都是育英中学的老校友。故而，就读这所历史悠久、人才辈出的中等学府，尤感荣幸豪迈。

我于 1949 年 9 月考入育英中学。说心里话，很幸运在这校园结识了学长李庆臻。他年长我两岁，中等个头，稍瘦弱，身材却匀称，浓黑粗眉，牙齿雪白。他，不笑不说话，温和谦恭，稳重沉静，善思好学。看上去，似有少年老成之嫌了。此后，庆臻被聘为中队辅导员，我们便有了更多接触机会，彼此了解得也越加广泛。

古人有云：“经师易学，人师难得。”日子久了，觉得庆臻就是少年学子的师尊。他，也只是初中学生，可酷爱书海，时时光顾书店、图书馆，诸如《水浒传》《杨家将》《包公案》之类的古典名著，他早已阅读于同学之前。放学回家帮母亲拉风箱做饭，他一手托书，读得如痴如醉。长此以往，知识积累丰满，见识也高远起来，有同学夸赞庆臻为“胸有点墨”小秀才，实不为过。1950 年 5 月中旬的周日，少先队在济南南郊四里山举办抓“特务”活动，人人兴致极高，个个跃跃欲试。谁能赢得“战斗英雄”称号？谜底最后方可揭晓。

下达攻山战令，队员们一路爬坡攀枝细密侦察，唯恐“敌人”逃窜甚至漏网。几乎所到之处，搜寻了好多遍，却仍无踪迹。一些年小体弱的同学瘫坐树荫下喘着粗气。女生们倒是喜笑高语，有的还哼着“雄赳赳，气昂昂”的战歌，宛然乐天派气势。时近中午，离顶峰还有十几米了，全队上上下下竟未捕捉到一丝儿敌情。之前的信誓旦旦化为泡影，战斗情绪一落千丈。见此不利局面，辅导员李庆臻跳上山腰石板热切鼓励，为大家指点迷津：“敌人”隐蔽很深，出奇狡诈，但要藐视他，更须重视他。做任何事没有一帆风顺的，我们就是要与艰难困苦较量，因为正义是不可战胜的。一席话，再次点燃起队员们的斗志之火。于是，伙伴们采取拉网式搜寻：有的专抠石缝小洞，有的死盯杂草藤蔓，有的探涉沟壑；还有更多的队员跃上树枝。约有一个时辰的功夫，终于传来捷传：26 名美蒋“特务”全部抓获落网！山间随即爆发出雷鸣般掌声和欢呼声，久久在云霄中回荡。

战斗落下帷幕，第二中队荣膺“英雄中队”称号，下山回营地，有不少队员受伤：荆棘刺破腿脚，乱石砸中手臂，跌落沟坎昏厥。还有的书包、水壶悬挂于高耸的树杈。尽管出师有些不利，但依然有让人捧腹嗤笑镜头：同学公认大耳肥硕的蔡培贵，一脚未踩稳，那臃肿的身子就像个大雪球，滚出十来米。这场面把大家逗乐了。庆臻赶忙追去，用尽气力才搀扶起蔡胖老兄，踉跄下山归队。我呢，轻轻搀着彭立中同学的胳膊，紧跟其后。他虽为男儿身，胆子比谁都小，抬手举足就像女孩子。

这次活动，犹如亲临硝烟的战场，收获了许多有益的思想成果，为日后成长书写了一段难忘的经历。人的生命就像一场永无休止的苦差，莫惧艰难，拒绝困苦，这就是生活的强者。其实，任何经历都是一种积累，积累得越多，人就越成熟；积累得越多，生命就越有厚度。俗话说：“天下没有不散的筵席。”此后的数年，像断线的风筝，彼此失去联络，音讯全无。偶然的机会，巧遇一位济南的老乡，这才断断续续晓知当年任辅导员李庆臻的一些情况。

北京大学哲学系毕业后，他曾先后任青岛大学、烟台大学、济南大学校长并著书立说，出版数多自然辩证法著作，引起学界及读者的热切关注。诚然，有“巧”便成“书”。庆臻与少年时的美女杨桂鸾终于喜结良缘，堪称“才子配佳人”的可喜可贺之事。说起桂鸾，可是位端庄、贤惠、温存又俊俏的淑女。尽管不是出身名门望族，然而她的言行处事，待人礼义，全然是大家闺秀的做派。中学时，能歌善舞。自编自创的“新疆舞”，那舞姿，那身段，近乎征服了所有观众。他任大队长的几年，始终活跃在校园第一线，很有些组织和领导才能，颇受学友们青睐。大队辅导员身边有这样一位强力助手，真乃如虎添翼。桂鸾与我夫人李庆珠是从小同住一条街的闺密，我和庆臻又是彼此知心朋友，工作中常现我们四人聚拢的身影。不料，同学中便传出了“花边新闻”：两对童男玉女，比翼双飞。听罢，我们脸儿红得一直到耳根。

如今，我们都步入垂垂暮年。庆幸的是，庆臻夫妇退休后时常来青岛小住，面叙聊侃的机会多了起来。

瞅瞅哟，当年穿黑色布鞋、白袜子，身着灰对襟褂、藏青裤子，一脸英俊气的庆臻，立于眼前，我十分惊愕。银丝满头，早年两道浓黑粗眉竟染成雪白，但精神依然矍铄，腰板笔直，跨步高远。他说：“每天疾行数里，从无间断，保持着平和快活心态。一日三餐多清淡，萝卜、黄瓜及石榴等水果，是饭后最佳消食选项。”看来，很有一套养生之道，让我仰慕赞赏。只要两家小聚，定然点上几样清口菜蔬，一碟干炸小鱼，再加上一罐素淡的汤，饮两三杯低度甜酒，说天道地，好不快慰。于是低吟起“桃花潭水深千尺，不及汪伦送我情”。李白的这两句诗，正合我此刻心意。

2014 年夏天，又一次在青岛海边一家菜馆小酌。老同学见面总是娓娓而谈，有说不完的往昔之情。60 年前的诸多细碎情节，其间再次成为我们聊叙话题。镶嵌在心底的往事，忆起时依旧清晰可见。1951 年的一天，恰逢周日，相约杨桂鸾、李庆珠，我们一行三人登门拜访李庆臻。推开黑漆街门，穿过碎石铺地约五米长的甬道，便是堂屋了。轻喊几声，庆臻忙步出屋外，从他颜面惊喜里看出，我们的造访完全出乎意料。一番热情客套之后，便让入正房。不算宽敞，家具不多且微显陈旧，方桌坐椅却擦拭得直泛光亮，卧室被褥叠得有棱有角，一张老式桌上摆放着多种书报、字典之类，灶间碗碟也洗刷得干净如新。素常，我喜爱阅读书刊，遇见新书，定一读为快。说心里话，我钦佩其酷读做学问的精神，相比之下，就深感自愧不如了。转过身，我问杨桂鸾：“对庆臻有何评价？”她未作回应，只是羞涩地暗展笑嫣。时近中午，肚子有些咕咕作响。庆臻跑进厨房，刷锅生火，煮了一大锅清汤面条，每人外加一个合包蛋。这顿餐虽无鱼肉佳馔，吃得竟然滋味俱全、喷香如醉。饭后，乘着兴致，我提及母校——济南育英中学校园西南角一景。此处偏僻冷落近似荒凉，墙下杂草丛生，不知名的野花却盛开其间，不时引来花色各异的蝴蝶缠绕飞舞，小角落因之有了盎然活力。一对夫妻在此开设了早餐摊点。那鲜黄的油条，炸得香脆可口。甜沫里的花生、红豆、粉丝放得特别多。茶蛋一咬，满嘴五味香。许多同学一早在这里就餐，庆臻、吕厚德、王连魁等常来光顾。我一个礼拜至少来两次，喝粥，吃炸糕。要承认的是，这小小的“西南角”是学生们最流连的“世外桃源”，因为可在这儿堂而皇之过烟瘾，偷说情话，或瞒着师长逃课。每每遇到异端者，庆臻总是和颜规劝，鼓励其改“邪”归“正”，做好学生。半个世纪过去了，我时时念起校园“西南角”，不仅仅因为中年夫妇为我们提供热汤热水的早餐方便，而且因为这儿虽也遭遇烈日曝晒、风雨击打，然野花怒放、蝉叫虫鸣。落叶飘舞不也算一道独特的风景吗？“嘎嘎嘎……”设摊早点的主人喂养了几只小鸭子，它们快活地在大盆水面上游来游去。一会列队前行，一会相互追逐。有只调皮的小鸭子一个猛子就从水面上消失了。正纳闷它会钻到哪儿去时，它迅速地在大盆尽端探出头来，娇嫩的羽毛上挂满了小水珠。另一端的两只小鸭，亲昵地啄啄对方的小嘴，蹭蹭对方的头，依偎在一起，真是一幅祥和温馨的画面。也许，这些情景便成为时时忆念“西南角”的缘故吧。

有时，我常思：光阴蹉跎，世界喧嚣，假若在人生旅途上保持一份童趣和闲心确实不易。每天只陷入锅碗瓢盆、油盐酱醋等繁杂事务里，不再有兴致趴于车窗旁观赏沿途风景，倾听内心的音乐。如果真的这样，那就真的老了、俗了，辜负了人生这一趟浓浓诗意的旅行了。可学友庆臻、桂鸾果敢独辟蹊径，冲破樊篱，以游览名胜、观景摄影、网络微博、健身强体、故友相聚等方式，营造晚年的生活。羡慕之余，我要说的是：“人生就是一场修行。无论谁，尤近黄昏者，心柔顺，一切就安定；心清净，生活就美好；心快乐，幸福就来到。”我深深认同这一生活哲学。

回顾60多年的相识，正所谓“浮云朝露”、感慨万千，无论是育英园里两座典雅别致的灰楼，还是青岛海边的留影，都满载着终生难忘的记忆。世上用钱能买到的东西，其实都不值钱，最值钱的是亲情、爱情还有友情。交往，贵在知心、志同和真诚。与庆臻、桂鸾等学友的频频通话、晤面，非“甘若醴”蜜语之欢，而是“淡如水”的君子之交也。

“少年乐新知，衰暮思故友。”人上了年纪，最爱思念往昔岁月，尤其喜欢过去的老朋友。时值庆臻同学八十高寿之际，在此送上我的祝福。纵使大海尚有边，相思却无涯。相识60余年，犹如“高山流水遇知音”啊！

（作者系青岛四十二中高级教师）

我的同窗挚友

张文儒

我和庆臻是1955年认识的，至今有近60年的光阴。他是一位聪慧好学、热情爽朗、为人耿直、极重情义的人，也是我的一位挚友。

此话要从考入北京大学说起。

1955年秋，我从太原五中毕业，考取了北京大学哲学系。接到入学通知书后，遂负笈东向，来到坐落于北京西郊的美丽的燕园。与此同时，从山南海北来的60余位同学也陆续到达。当时，从哲学楼至南校门的通道上，排满了新生接待站，映入眼帘的是醒目的横幅标语，如"欢迎未来的哲学家"(其他如"经济学家""生物学家""物理学家"等)、"北京大学是科学家的摇篮""向科学进军"等。每个人都被一种亢奋的激情所包围，每个人也都有一种以所学知识来报效祖国的崇高意愿。只是入学之初，庆臻分在55级一班，我被分到二班，最初我们并不认识。

嗣后的一天，同一系的老同学邀请新同学进行篮球比赛，我也去助阵。同年级的几位篮球好手，如冒从虎、雷永生、齐儆等我都认识，唯独有一位甚感生疏，他的个头没有前面几位高，但弹跳力好，穿着一件印有山东实验中学字样的背心，在场上很活跃，抢篮板球也很积极。后听一班的同学介绍，他就是李庆臻。由此，我记下了这个名字。

过了几个月，一班辅导教员冯瑞芳老师召开了一个小规模的座谈会，庆臻被邀出席，我的山西同乡刘福同同学也参加了。冯老师在会上说，大家在入学前都是优等生，考取了哲学系，系里的领导和老师都欢迎你们。有的在上中学时就接触过哲学方面的书，如由济南来的李庆臻，就读过恩格斯写的《费尔巴哈与德国古典哲学的终结》，还写有读书笔记。言语之间，颇有褒奖的意思。

据说，听完冯老师的讲话，在场的人都惊讶不已，觉得自己虽然在中学时也属优秀者行列，但终究没有专门读过多少哲学书籍，尤其是经典著作。

又过些时日，大约是到大一将结束时，年级党支部决定召开一次支部会，吸收两名新党员，一名是白燕同学，另一名便是李庆臻。李是入大学后第一批发展的新党员之一。这对于其余要求入党的人说，比如对我，也是一个鼓舞。

转眼间到了三年级下学期，也就是1958年“大跃进”即将到来之际，系里突然决定让我们年级的几位同学提前毕业，调往理科各系任哲学教师。被调出的人员有连积德、孙蓬一，另一名便是李庆臻。也就从此时开始，庆臻结束了他的大学生活。

同年8月，我系遵照校方指示，决定由系领导带领全系师生赴北京南郊大兴县的黄村地区作半工半读试验。我们年级被分配到鹅房村。一天早晨，同学们正在和社员一起在村东头深翻土地，突然传来一条信息，说是同年级的孙蓬一和李庆臻已暂时离开北大，到中央党校参加研究班去了。那时还不知道是什么样的研究班，后来在回校后很久才得知，是北京大学校长陆平在北戴河休假期间接受陆定一和于光远的建议，与中央党校、清华大学商定，由中央党校承办“自然辩证法研究班”。学员大都既懂哲学，又懂自然科学。据我所知，庆臻在中学时，就以文理见长。想考哲学，又要备考理科。这次，由北大化学系推荐，去自然辩证法研究班学习，也算遂了自己的心愿，可以名正言顺地既搞自然科学，又搞社会科学。此一转折，也决定了他以后乃至一生的学术活动走向。

1959年秋，我所在的年级由黄村返回校内。又过一年，我也被分配留系当教员。不久，李庆臻等也由党校回到北大，参加了自然辩证法教研室，给全校理科教师和高年级学生上课。

大约是1962年，由于庆臻和爱人分居两地，而爱人调京难度很大，他遂被调往山东大学。据说，是山大校长成仿吾出面要求才调去的。从这一年开始，我和庆臻便分别在两地工作了。

以后的年月，尽管工作不在一地，但相互间的联系并未中断，彼此间的情况不仅互有所闻，而且对各自的境遇也甚关切。

转眼间到了“文革”时期，这是一段极不正常的年代。尤其是对知识分子来说，这是一段苦难的岁月。我亲眼所见，往日沉静而美丽的校园一夜间被卷入到了十年动乱的漩涡里，而我所在的系还是漩涡的中心。那时的燕园被钦定为“资本主义的黑窝”“修正主义的染缸”。各系的教员和学生都或自愿或被胁迫地分成两派，争斗不断。我们55级留校的几位教员也分属两派，相互不免有些隔阂，互有成见。正是这个当口，互斗很厉害时，庆臻来到北大。当时，庆臻因保成仿吾校长，被打成保守派，处境也不好。当他到北大后，知道些情况，便把分属于两派的头头约到海淀，在一个小饭馆，一边请客吃饭，一边劝说调解。经他劝说，都想和解。但过了几天，又打起派别仗。

有一派的头头对他说，现在是“骑虎难下”。庆臻又劝，即知“骑虎难下”，早下比晚下好。在当时的情况下，庆臻这样去做，有多大成效，且不去说，但有这样一种高风格、高姿态和珍惜友情的情怀，是很难得的。

又后来是“四人帮”被粉碎和改革开放年代的到来，知识分子如同由苦难的年代走进了明朗的春天。北京大学校园也恢复了往日的宁静。此时，我心里所想，是如何将失去了的岁月再找回来。于是，一股脑儿扎进了教学与科研之中。周围的同事也大抵如此。也是在这个时期，庆臻先是调去建青岛大学，然后去建烟台大学，最后又去建济南大学。在京的老同学都为此感到骄傲和自豪，认为是为母校增了光，为55级这个年级争了光。

即使在这样的仕途通达之际，他也并未忘记增进同窗情谊。

记得是在1998年北大建校百周年之际，原先55级的同学云集北大，也是大家自离校之后返母校人数最齐的一次。此期间，曾有一次年级的座谈会，地点在北大教学楼号称“一教”的一个小教室里，当年的年轻小伙子和小姑娘，也大都到了花甲之年。大家很兴奋地谈到在离开母校近40年的岁月里各自的遭遇以及所取得的成绩。同时也难免会回忆起在大学时代，尤其是1957年“反右”时错整了人的一些不愉快的事件。一部分同学情绪很激动，语言也较激烈。这也是可以理解的，无可厚非的。但长时间这样，也未必好。主持会的戴康生同学不免有些为难，希望气氛有所缓和。此时有两位同学的发言起了作用。一位是雷永生，他是1957年“反右”被错整了的。他说：“回顾当时的年代，不管当时的同学对某一问题的看法有多少不同的意见，但大家的出发点是一致的，都是为追求真理和正义。因此，今天的同学间不应再有隔阂。”另一位同学便是庆臻。他说：“学生时代发生的事由当时的环境和种种历史因素所致，不是年轻的大学生所能控制的。过去的不愉快不应成为彼此间隔阂的理由，而应成为增进了解和增长友谊的通道。心里有什么话，说出来好，一说便‘了’，不仅是‘了’而且要‘好’，两‘了’变成两‘好’，继续保持同学情谊，大家继续做好兄弟、好姊妹。”这时，戴康生就在黑板上写了六个大字——“同学情谊万岁”。他们两位的发言，逐渐扭转了会场的气氛，使座谈会顺利开下去，最后还在大图书馆前合影留念。

时间荏苒，不知不觉间庆臻和我都已近耄耋之年，适逢庆臻兄八十寿辰之际，而他作为我的挚友，他的所言所行，宛如发生在昨日。记起这些，也是精神上的享受。写上几段话，也算是我对同窗好友的深深祝福。愿庆臻和夫人杨桂鸾能愉快地生活，永享天年。

（作者系北京大学教授）

同窗情谊长

李醒尘

我和李庆臻是大学同窗。1955 年 9 月，我考入了北京大学哲学系。当年这是全国大学中唯一的哲学系。我们全年级共有 60 人左右，分成两个班，我和庆臻都是一班的。以前哲学系的学制是四年，从 55 级开始改为五年制。1958 年 9 月，他调到中央党校自然辩证法研究班学习，后来又回到北大工作，大约在 1962 年左右才离开北大。在这些岁月里，特别是在他去党校学习之前，我们接触很多，曾经住过同一间宿舍，一同学习和生活，结下了深厚的友谊。

回顾当年入学的时候，新中国还处于建国初期，刚刚医治好战争的创伤，开始执行国民经济的第一个五年计划，全国人民正在为建设新中国而努力奋斗，到处热火朝天，各条战线都在日新月异地蓬勃发展。我们年级大多数的同学当时只有十七八岁，那真是风华正茂、意气风发、满怀理想的青春年华。我们都决心要努力学习知识，将来报效祖国和人民，为改变祖国贫穷落后的面貌，实现社会主义和共产主义，为解放全人类而奋斗。李庆臻在我的记忆中，始终是一个善良正派、朝气蓬勃、积极向上的好朋友。

1955 年 10 月 1 日国庆节是一个难忘的日子，我们年级的同学参加了国庆游行，第一次见到了伟大领袖毛主席。9 月 30 日下午，我们列队徒步走到清华园火车站，坐火车进城，晚上住在北京大学的老校址沙滩红楼的教室里。地上垫着稻草，上面铺着席子，没有被子，我们就和衣睡在上面。那年天气特别冷，有的同学睡不着就到操场上去跑步，但我们的心都是很热的，因为明天就要见到毛主席了。在游行通过天安门的时候，我们北大的队伍排在最前面，紧挨着金水桥，离天安门最近，我们清楚地看见了站在天安门城楼上向游行人群招手的毛主席。那一刻我们万分激动，手摇花束，高喊着："毛主席万岁！"随着浩浩荡荡的游行队伍，恋恋不舍地快步走过了天安门，不少人都流下了激动的眼泪。我们当时虽然年纪很小，但都经历过旧社会的贫穷、落后和苦难，深知没有共产党没有毛主席就没有新中国。我们感到生活在毛泽东时代是无比幸福的。

刚入学的时候，校园里到处都有迎新的标语，最吸引我们注意的是“欢迎你，未来的红色哲学家！”它使我们感到温暖，给了我们鼓舞和力量，增强了我们的使命感。北大的校园是美丽的，未名湖的湖光塔影，古色古香的大屋顶建筑，蜿蜒曲折的道路，幽静的燕南园、图书馆、体育馆，都让我们十分兴奋。有高年级的同学对我说，这里是燕京大学的旧址，又叫燕园。和清华大学不同，燕园没有笔直交叉的道路和很多现代化的建筑，在建筑风格上追求的是幽园曲径，这是一个非常良好的学习环境。

当时我们哲学系的师资力量是很雄厚的，系主任是著名的逻辑学家金岳霖教授，副主任是康德专家郑昕教授。1952 年全国高校院系调整，只保留了北京大学哲学系，其他高校的哲学教授共 20 多名，如汤用彤、冯友兰、贺麟、唐钺、洪谦、邓以蛰、宗白华、周辅成、黄子通、任华、石峻、熊伟、江天骥、王宪钧等，都聚集到了北大哲学系。他们早在新中国成立前就已经是著名的哲学家，大多早年留学国外，通晓几门外语，学识渊博，中西贯通。此外，还有一大批优秀的讲师和助教。

我们一年级的课程有形式逻辑、辩证唯物主义和历史唯物主义、政治经济学、中国通史、世界通史、俄语和自然科学基础等。吴允曾先生为我们讲形式逻辑，汪子嵩先生为我们讲辩证唯物主义和历史唯物主义，历史系的张芝联先生为我们讲世界通史，袁良义先生为我们讲中国通史，经济系的赵靖先生为我们讲政治经济学。这些先生的讲课都十分精彩，观点鲜明，条理清晰，逻辑严谨，资料丰富，很受欢迎。而令我们最感兴趣的课是自然科学基础课，这是一门新开的课，很有特色，以前哲学系没有开过。极力主张开设这门课的是于光远先生，他是马克思主义的政治经济学家，也是哲学家。早年曾在清华大学物理系学习，与钱三强是同学，后来到延安参加革命。他既懂马克思主义，又懂自然科学知识，当时是中共中央宣传部科学处的处长。这门课就由他主持并首讲绪论。他强调学哲学应当懂得自然科学，哲学家要与自然科学家结成联盟。而后各讲就请各门自然科学的权威教授为我们讲授，如物理系主任褚圣麟教授讲原子物理，半导体专家黄昆教授讲半导体理论，后来当过北大校长的周培源教授讲相对论，生物系赵以炳教授讲巴甫洛夫学说等等。这门课扩大了我们的知识视野，培养了我们对自然科学的兴趣，加深了我们对哲学与自然科学关系的理解。这门课对庆臻的影响是显而易见的。第二年选专业课的时候，他就选了自然辩证法，接着他又到中央党校自然辩证法研究班学习并一直从事这个领域的科学研究，取得了很大的成绩。

李庆臻生于 1936 年，我生于 1937 年，他比我大一岁，可是他比我成熟得多。早在中学他就入了团，并被评为“优秀共青团员”。上大学后他担任过我们的班干部和团支部书记，学习、工作各个方面都很优秀。我们二人当时在政治上都追求进步，他在申请入党，我在申请入团。第二年，即1956年，他入了党，我也入了团。抗日战争中，我成了一个无家可归的难童和孤儿。新中国成立后，是党和国家一直给我甲等人民助学金，我才读完中学，又上了大学。当他知道我的苦难童年的经历后，对我表示了极大的同情，在各方面尽力给以照顾和帮助。我们曾住在同一间宿舍，有一段时间可说是朝夕相处，形影不离。我们一起床就去操场跑步，然后去食堂，饭后去上课或去图书馆。我们经常在一起聊天，彼此很谈得来。我们谈理想，谈学习，谈时事，相互交心，相互鼓励，相互开展批评和自我批评。他从不疾言厉色，待人和蔼可亲，与人为善，十分注意团结同学，在班上做了很多工作。每当放假回家，他总要从山东带回来一些大枣、花生之类的土特产，请同学们品尝。如果有时我不在宿舍，他还特意给我留着，让我感到很温暖。未名湖是我们非常喜爱的地方。我们常常在湖畔小山头的小树林里背俄文单词。湖的西侧有一个小小的半岛，上面有一座古色古香的亭子，我们称之为“岛亭”。当时这里是新华书店，我们常来这里看书买书。1956年1月，党中央召开了关于知识分子问题的会议，号召全国知识分子努力学习科学知识，为赶超世界科学先进水平而奋斗。北大出现了向科学进军的热潮。那时我们在学习上是十分勤奋努力的，每天都如饥似渴、夜以继日地学习。我们不仅认真上课，还特别重视读经典著作和课后的讨论。汪子嵩先生讲授的哲学经典著作如《费尔巴哈与德国古典哲学的终结》《唯物论与经验批判论》《反杜林论》，我们自然要读；赵靖先生讲授的政治经济学时，事先并没有布置，不少同学也还是从图书馆借来大部头的《资本论》研读。在课后讨论时，大家都争先恐后发言，畅谈自己的观点，遇有争论，总要抱起厚重的书本引经据典地据理力争，有时竟吵得面红耳赤，不可开交，大有“百花齐放，百家争鸣”的热烈气氛。作为班干部，李庆臻多次主持过这类讨论，带动大家学习，他也是班上公认的学习尖子。

我们的学习不限于系里规定的课程，我们的兴趣和爱好是很广泛的，我们关心时事政治，关心整个学术界的进展。当时电视还是个新鲜的东西，只有少数教授家里有，我们就时常跑到郑昕、冯友兰、黄子通等教授家里去看电视，教授们对我们都很热情。对于那场美学大讨论，我们都很感兴趣，抢着读朱光潜、黄药眠、蔡仪、李泽厚等美学家的文章，时常就美学问题开展辩论，诸如：美是什么？是主观的还是客观的，还是主客观的统一？典型是否就是美？从马克思主义观点如何看待美？……虽然得不出什么结果，但却感到发抒己见的快乐。那时北大的学生社团很多，我参加过诗社。社长是中文系的学生温小钰，她后来成了著名的作家。我还考上了北京市大学生合唱团，每星期天都去清华大学练歌。前苏联专家杜马舍夫、中央乐团的丘里和司徒汉都当过我们的指挥。周恩来总理在听过我们纪念“一二·九运动”演出后曾说：“你们的歌声让我回到了青年时代。”我和李庆臻都喜爱文学艺术，我们时常一起吟诗唱歌。不过，他的口音总有一股淡淡的山东味儿，显得有点滑稽。有时我就和他开玩笑。我那时很喜欢写诗作曲，有一首歌还在校刊发表过，每写出一点什么，我就请周围的同学提意见，他提得最好、最多。我发现他其实比我懂得更多。应当说，在“反右派”斗争以前，北大的学习生活是丰富多彩的，我们年级的同学相处得很好、很团结、很融洽。同窗的情谊是令人难忘的。

1957 年，我们经历了一场全国规模的“反右派”斗争。在这场运动中，不仅北大安静的学习环境被破坏了，师生关系、同学关系也都被破坏了。当时错误地批判和处理了一大批人，不少师生被错划为“右派分子”。我们年级有三位同学不幸被划为“右派分子”，十几位同学受到了开除党、团籍处分，给他们造成了重大的伤害。好在我们同窗的情谊还在。20 世纪 80 年代后期我们自发地成立了“老同学联谊会”。在最初的一次聚会上，领导年级“反右”、伤人最多的党支部书记向大家做了检讨，诚恳地向被伤害的同学道了歉。同学们也认真地开展批评和自我批评，总结了“反右派”斗争的经验教训，一致表示要珍视同窗友谊，团结一致向前看。这些年我们几乎每年都聚会，联络感情，加强友谊，逐渐消除了情感上的隔阂，增强了彼此的信任。每次聚会大家都互相问候，依然像从前那样毫无顾虑地交谈、争论，对时下的热点问题发表意见。我们在餐桌上吃得很简单，但却充满欢声笑语，享受着同窗情谊的温暖。

时光飞逝，从 1955 年考入北京大学到现在已经 60 年了。我们从十七八岁的青年也变成近 80 岁的老人了。李庆臻 1962 年离开北大后，一直在山东的几所大学任教和工作，并担任过校长等领导职务，在自然辩证法和科学哲学的学术研究方面成果累累。他的许多著作如《大杠杆——震撼社会的新技术革命》《大协调——科学技术社会学》《第一生产力论》等，都曾得到奖励，在学界获得好评，有很大影响。他的成就令我钦佩，我为有这样一位同窗好友感到骄傲和欣慰。虽然我们远隔千里，不在同一个城市，平时联系并不多，但我们的友谊是纯真的，我们的心是相通的。有一首歌唱得好：“千里难寻是朋友，朋友多了春常留，以心相许心灵相通，让我们永远是朋友。”

（作者系北京大学教授）

庆臻，完人也

齐 儆

庆臻老友，同窗相知五年。最突出的印象是他为“通才”，文科、理科都很好，工作领导能力也很强。追求体魄健全，砺志报国。

体育运动亦优，常同嬉篮架间，其球技艺颇佳，攻防有度，属“谋略智慧型”高手。

更重要的是学兄为人善和，班级人表。吾等心目中，可谓完人，钦挹不已。

礼贺八十华诞，献词如下：

华封三祝尧寿，天保九如德年。
鲁域贤达，庆臻教授。每同研席，情契甚笃。
文理具美，长才卓荦。拊璆搏鞠，六艺兼人。

往圣述及文艺复兴：“一些人用舌和笔，一些人用剑，一些人则两者并用。……成为完人。”（《自然辩证法》）学兄乃完人者也。

清芬耄期，荣跻八秩。“知者乐，仁者寿。”（《论语》）远途不克，纯嘏遥祝：“海屋添筹，算衍椿龄。”

甲午立冬前日于蓟门葭琯云房

（作者系北京工业大学教授）

九十老叟说给庆臻学弟的话

艾恒武

我们在中央党校是同学,他22岁,我35岁。我是班上的老大哥,又是党校教师,庆臻是小师弟,所以他很尊重我。记得我们入学的时期是整风、反"右倾"之后,正开始"大跃进",毛主席亲临第一线领导国家建设。视察河北、河南、山东,看到徐水三年进入共产主义、亩产几万斤的报道后,他老人家很高兴。1958年8月,中共中央在北戴河召开了政治局扩大会议,作出《关于在农村建立人民公社问题的决议》,指导农民加速社会主义建设,提前建成社会主义并逐步过渡到共产主义。

就在这种形势下,参加北戴河中央政治局扩大会议的北京大学校长却想到另一件事。他认为,反右派运动证明我们党没有占领科学技术部门和高等院校的阵地。向中宣部长建议,办自然辩证法班,培养党的科技工作者,占领科技部门和高等院校的阵地。陆定一接受了这一建议,说让中央党校举办自然辩证法班。杨献珍说,中央党校缺自然科学家,办班有困难。陆定一说把中科院副秘书长、留学德国的科学家陈康白调党校负责自然辩证法班的工作。就这样中央党校办起了"自然辩证法研究班"。从北京大学、清华大学、北京师范大学、南开大学、天津大学、复旦大学、同济大学选调19名学员。

李庆臻就是从北大哲学系提前毕业,分配到北大化学系任教,并代表北大化学系来党校学习的,所以他一来就分到研究班的化学组。庆臻当时很年轻,是班上年龄最小的学员之一。他很聪明,又很活跃,善打篮球,是个能干的小伙子,给同班同学留下深刻印象。

我们自然辩证法班学员来自四面八方,学什么的都有,学工的有,学理的有,学文的有,甚至学农、学医的都有,所学不一,基础不一,但必须打下良好的理论基础。庆臻是学哲学的,已有理论基础,但为深造,也应打下深厚的理论基础。为此,他非常勤奋,非常刻苦,所以他学得多,学得快,学得好。

我们那时都学了些什么呢?学了许多马克思主义的经典著作。其书目大体如下:《资本论》《剩余价值学说史》《反杜林论》《自然辩证法》《费尔巴哈与德国古典哲学的终结》《唯物主义与经验批判主义》《谈谈辩证法问题》《辩证法十六要素》《列宁主义问题》《苏联社会主义经济问题》,还有毛主席的《矛盾论》《实践论》《正确处理人民内部矛盾问题》和《论联合政府》,等等。

中央党校还请了许多名人专家给学生讲课,其中有杨献珍、王学文、艾思奇、孙定国、陈康白、钱学森、茅以升、于光远等。其中自然科学基础讲座,为学员学习自然辩证法打下科学基础,对大家学好自然辩法起了促进作用。

杨献珍去视察时带着学生,在视察过程中结合建设实际讲解理论,肯定正确的,对歪风邪气进行严厉批判,在学员思想上造成了深刻印象。

我们在当时的形势下,在民众遭受痛苦的情况下,安静地坐下来,认真读了几年书,认真学习马克思主义。这不能不说是难能可贵的。庆臻学弟在那样的形势下认真读书,打下了良好的马克思主义基础。应该说,庆臻学弟后来在理论上作出贡献,写了那么些文章,出版那么多著作,成为自然辩证法界知名专家,皆因于他在党校学习时打下的坚实理论基础。

在党校学理论是严肃的,也许是枯燥的,但也有有趣的事。有趣的事好多件,又有一件很特殊,那就是庆臻、桂鸾在党校的婚礼。他俩相爱多年,到党校学习,大家都劝他俩在党校结婚。他俩登了记,与组织谈好。党校的同学帮他们举行婚礼。我是党校老人,当尽地主之谊,也跑前跑后。婚礼很简单,很隆重,也很热烈。在学员楼办公室举行。我带着我的女儿小华参加了婚礼。先介绍恋爱经过,后表演节目。庆臻没出节目,只是寒暄一通。他的爱人表演的新疆舞,却使大家心头一亮。我的小华对杨阿姨的舞非常赞赏。五十年后,我和庆臻、桂鸾又在海口相聚,彼此来往密切。小华见到桂鸾时,猜到这就是在党校结婚时跳新疆舞的杨阿姨。可见小华记忆很好,印象很深。

时光过得确实快,人们相聚又那么巧。五十年后,我冬在海口,夏回北京。2007年,庆臻也到了海口,他冬在海口,夏回青岛。我俩相会在海口,我已过八十,他也过七十。两个年轻小伙又都成了耄耋老翁。时间不饶人,情谊却日深。我们经常来往,桂鸾、庆臻做了什么好吃的都想着我和吴群,不时地给我们送来。老杨会做饭菜,而且做得非常好吃。我们还经常去旅游。我想到一个好地方,就相约他们前往。旅游是最愉快的事,既欣赏了大自然,又锻炼了身体。我们去过许多地方,去霸王岭、毛公山、昌江最有收获。庆臻、桂鸾见了霸王岭的树王、毛公岭的主席头像、昌江木盛开的棉花,都很惊奇,总说受益匪浅,总是感谢我这个导游。我们还经常和老朋友聚会,经常谈天论地,说古讽今,互道养生,切磋见解,交流感情,增加情谊。这群人几天不见面，就互致问候，定时再聚。我之所以长寿，庆臻总结了几条：心态平和，喜欢旅游，广交朋友，家庭和睦，候鸟生活。他说得很有道理，我将坚持下去，再从 90 岁走到 100 岁，然后再走下去。如今庆臻已 79 岁，明年就过 80 岁生日。他说，他要不断地赶我，从 80 岁到 90 岁再到 100 岁。但愿我们都能如愿。以上所说，就是 90 岁老翁给 80 岁学弟说的话。

（作者系中央党校教授）

回忆往事，为庆臻老弟祝寿

孙小礼

党校同学

1958年，在于光远、艾思奇的倡议下，北京大学党委书记陆平给中央党校校长杨献珍写了一封信，建议由中央党校办一个自然辩证法班，为高等学校培养一批既懂马克思主义哲学又有自然科学专业知识的人才，准备在高校开设自然辩证法课程。党校采纳了这个建议，并定于当年10月就开办这个班。于是，北大党委立即从理科的数学系、物理系、化学系、生物系、地质地理系以及哲学系的心理专业各抽调了一名青年党员教师去党校的自然辩证法班学习，分别是邓东皋、孙小礼、李庆臻、孙蓬一、李廷举和傅世侠。

我与庆臻正是在党校的自然辩证法班相识的。这时我才知道，他原来是北大哲学系学生，1958年读完三年级就提前毕业了，分配到化学系当马列主义课教员，随即又被化学系派到党校自然辩证法班学习了。从北大来党校的六个人中，庆臻是最年轻的一个，当年他才22岁。

我们刚进党校时，自然辩证法班只有京津少数学校派来了学员，成立一个党支部，人数只不过20左右。接着，全国各地的高校陆陆续续派人来，学员人数猛增，于是全班就分为了两个党支部。来自数学、物理和工业方面的学员分在一支部，来自化学、生物、医学和农业方面的学员分在二支部。党小组大体上也是按学员的专业分的，记得一支部有数学组、物理组和工业组，二支部有化学组、生物组等。因为全班学员都是党员，所以党小组和学习小组是同一的。我在一支部的物理组，庆臻在二支部的化学组，平时我们主要在自己所在的小组中活动。

党校特别注重学习经典著作，自然辩证法班先后学习了恩格斯的《自然辩证法》，由艾思奇讲解；列宁的《唯物主义与经验批判主义》，由杨献珍讲解；马克思的《资本论》第一卷，由王学文、王珏讲解。

由于我和庆臻分别在两个支部，不在一起学习和讨论，所以直接接触不多。但我知道，他毕竟是哲学系毕业的，有较宽厚的哲学基础，在哲学学习中，尤其在学习难读的哲学经典著作时，他被同学们视为班里学习的佼佼者。

党校开办自然辩证法班是个无先例可循的创举，事先并没有确定的教学计划，只预定学习一年。但是由于学习内容不断增添，加之“大跃进”运动、“反右倾”运动占用了不少时间，以至学习时间一延再延，延至1961年初以集体完成了一部《自然辩证法提纲》才告结业。很自然地，庆臻成为这部作品的骨干撰稿人和统稿人之一。

从1960年起，一些学校由于工作需要就陆续把派到党校学习的人抽回去了。由于人数日渐减少，最后自然辩证法班的两个支部又合并成一个支部了。

北大的邓东皋很早就被调回了北大数学系，我也于1960年10月初被召回北大以承担理科五六年级的自然辩证法课的教学任务。记得在我回校前，我们五个在党校学习的北大人一块在党校礼堂门口的台阶上拍了一张合影。可惜这张几经风雨的合影，现在我已找不到了。

北大同事

1961年初，庆臻等四位同志回到了北大，我们从党校同学变成了北大同事。

当时，北大校领导决定，从党校学习回来的六个人（实际已是五人）与原哲学系辩证唯物主义教研室的自然辩证法小组合在一起，在哲学系成立自然辩证法教研组，编制为十人，任命我为组长，原哲学系的程为昭为副组长。张群玉教务长对我说：“你们应以六分之四的力量面向理科，六分之二的力量用于哲学系。”

哲学系系主任郑昕和系党总支书记王庆淑对我说：“在哲学系，辩证唯物主义是主体，历史唯物主义和自然辩证法是两翼。原来的自然辩证法小组只有四个年轻人（程为昭、黄耀枢、段生林、蒋继良），现在加强了力量，就要很好地发展自然辩证法。”他们还解释说，本来应该成立自然辩证法教研室，因为没有教授，所以只好先成立教研组，但在系里同样把我们当教研室看待。

当年，我们教研组为哲学系四五年级学生开设了自然辩证法课。大家分工合作，讲解了恩格斯的《自然辩证法》一书，并开始与人民大学、北京师范大学的同事们联合编写《自然辩证法》一书的解说。

我们还准备为理科的高年级学生和研究生开设自然辩证法课；准备结合科学史开展自然辩证法的研究；准备与理科老师加强联系，在北大建立起哲学与自然科学的联盟……

我们教研组九个人，曾是一个合作得很好的集体。我们有决心也有信心把自然辩证法这门学科在北大建立和发展起来。

庆臻去了山东大学

我们这个自然辩证法教研组成立于"困难"时期。在学生吃不饱饭的情况下，学校决定为学生精简一些课程。于是，自1961年起，理科各系五六年级的自然辩证法课就被精简掉了。理科研究生的自然辩证法课虽然保留，但那时研究生人数不多，不过是几十人的一个班而已。

在教研组的教学任务骤减的情况下，庆臻同我们商量是否能让他去山东大学工作以解决他的"两地问题"，即"夫妻两地生活问题"。庆臻的爱人在山东烟台，我们想争取把她调来北京，但哲学系负责人事的同志和学校人事处的同志都说，在北大，包括哲学系已积压了一批尚未解决的"两地问题"，要把对方调来北京非常困难。山东大学得知了庆臻的情况后立即与北大进行协商，后来还派人持山东大学成仿吾老校长的亲笔信前来商讨。当时，庆臻的爱人快要生孩子了，他远在北京很是惦念。面对这样的实际情况，我们不得不同意了他的要求。这样，庆臻就在1962年夏转移到山东大学去了。

庆臻离开北大，使自然辩证法教研组减少了一员干将，我们心里是很舍不得的。但是解决了他的实际困难，成全了他的家庭团圆，也算一件好事。庆臻到山东大学以后，他的讲课受到欢迎，博得好评，而且学校还不断对他委以重任，我们都为他感到高兴。

难得的拔尖人才

在20世纪的八九十年代，庆臻充分发挥出了他各方面的才能，特别是领导才能。他先后在四所大学担任过领导职务：山东大学党委办公室主任、青岛大学副校长、烟台大学校长、济南大学校长。由于作出了突出的业绩和贡献，他曾三度被评为山东省的拔尖人才。

让我们感到尤其难能可贵的是，庆臻在肩负繁重行政任务的情况下，始终没有脱离自然辩证法的教学和科研，而且不停地开拓，不停地撰著，始终是山东省自然辩证法界的领军人物。后来，庆臻还组织起一批高校的同行共同研究自然辩证法的一些重大课题。1996 年和 2000 年，他连续两届当选为中国自然辩证法研究会的副理事长。

庆臻的担子很重，但他总是从容不迫，轻松自如。记得他曾向我介绍经验：遇到难办的事、复杂的事，就要想办法简化，当然是合理的简化，然后放手让大家去干，分头包干负责。我想他真是把科学方法论中的简单化原则有效地运用到工作中了。

难忘的一次合作

90 年代初，在庆臻任烟台大学校长期间，他在我去烟台出差时领我参观了烟台大学得知这所大学是 1984 年才创建的，图书馆藏书不够多。后来我捐赠了 200 多本书，略表一点支援的心意。

也是在这次参观时，庆臻指着大海对我说，烟台与韩国隔海相望，距离很近，来往方便。现在烟台大学已设立了研究韩国的研究所，他自己也在搜集资料，准备研究韩国的科技发展。当时我正承担着一个课题——“科学技术与中国当代社会发展问题研究”，其中有一个子课题就是关于外国科技发展的经验借鉴的。对于倍受世人瞩目的亚洲“四小龙”之一的韩国的研究正缺人手，于是我立即希望庆臻能够参与，他爽快地答应了。后来他撰写的《韩国科技立国的战略和对策》作为外国经验借鉴篇的一章，编入我们的最终成果《科学技术与世纪之交的中国》一书中。

祝庆臻老友健康快乐长寿

2005 年 5 月，我陪育之到青岛时，与庆臻联系上了，他来看望我们，我们又去他家。记得他夫人老杨做了一大桌海鲜，让我们边吃边聊。我们下午一同到海边散步。那天庆臻力劝我们，大家已经 70 多岁了，要注意身体，不能太劳累了。不料一年之后，育之就病倒了。2007 年，育之去世时，庆臻闻讯专程赶来北京向他告别，令我十分感动。

2010 年初，庆臻、世侠和我有幸在三亚相聚。想当年北大派去党校学习的六个人，如今在世的只有我们三个人了。

庆臻从年轻时起，就是一个总爱面带笑容、乐呵呵的人。现在虽然满头白发，连眉毛也变白了，却更显慈眉善目。在任何时候，只要他在场，他依然总给我们带来欢笑，带来快乐！

在庆臻即将迈入 80 岁之际，我和世侠衷心祝愿庆臻老友健康、快乐、长寿！

（作者系北京大学教授）

同窗益友

张嘉同

我和庆臻同岁，现在都是近80岁的老人了。听说庆臻的学子们要以整理和出版他的研究成果的方式为他祝贺80岁大寿，我感到高兴和欣慰。同时，很自然地回忆起当年在中央党校和庆臻起生活和学习的情景。我想简略写出来，以此作为祝贺他80岁大寿的贺礼。

我和庆臻相识，不经意间，已经过去50多年了，真如俗话所说"光阴似箭，日月如梭"。50多年前的情景至今仍然记忆犹新。我清楚地记得，那是1958年年末的一天下午，我从北京师范大学来到中央党校自然辩证法班，报到完毕，被分配到一间宿舍。刚一进门，一位眉清目秀的小伙子热情地和我打招呼，并帮助我整理床铺。我们彼此报了姓名，他就是李庆臻。从此我们成了同窗，他也成了我的终生益友。

那时中央党校正在新地址大兴土木。开始的时候，我们这个班都集中在社会主义学院对面临街的一栋楼里。由于房间少，学员多，只能两个人同住一间。房间里有两张床、两个书桌，供两位学员生活和学习。我和庆臻同住一间。那时，我们都是20多岁的青年。我们俩一见如故，在生活上互相关心，互相帮助，互相包容，从没有因为生活中的事情产生过矛盾；相反，我们相处得非常融洽。在我的印象里，庆臻快言快语，性格开朗，总是那样的快乐，那样的活泼，那样的无忧无虑。我和他在一起，也受到感染，生活得也很快乐，很惬意。后来，我们搬进了新楼，每位学员有了单独一个房间，我和庆臻分开了。可是，我们仍然在同一个小组，仍然经常在一起活动。有一段时间，每到课间休息的时候，就会不约而同地跑向乒乓球室，挥拍打起乒乓球。在业余时间，我和他也经常在一起散步，一起聊天。

我在北京师范大学学习的是化学专业，毕业不久就被送到中央党校进修，学习自然辩证法。我的专业随之从化学转向了哲学。我面临一个崭新的专业，有较长一段时间很不适应。面对马克思主义哲学经典著作，学不进，啃不动。而庆臻毕业于北京大学哲学系，他在哲学方面已经打下了坚实基础。在学习上，庆臻给了我很大帮助，特别是我们俩同住一屋的那些日子里，我在学习过程中，遇到不懂或不理解的问题，就向他请教。他总是耐心地给以解释，有时还主动向我提出问题，和我讨论。人们都知道，当一个人面对生疏的学术领域，一下子是很难提出问题的，更不用说有价值的问题了。这个时候如果有人向你提出这样的问题，实际上就在你面前开启了一扇门，引你入门，启发你思考。那个时候，我在哲学上还没有入门，还在门外徘徊。庆臻向我提出问题并和我讨论问题，实际起了引导我学习入门和深入思考的作用。特别令我感动的是，由于我在新专业领域的无知和幼稚，在和他讨论问题时，免不了发表一些很幼稚的观点，甚至是不合逻辑的议论。有时我和他辩论，常发生偷换概念、跑题等情况。对他而言，已经失去了理论探讨的意义，简直是浪费时间和精力。可是，庆臻从没有表现出不耐烦，他总是耐心地提示，说明我的议论哪里不合逻辑，为什么是不对的。这一点给我的印象非常深刻，至今难以忘怀。实事求是地说，我在党校学习期间能够那么快入门，后来取得了一定进步，是和他的帮助分不开的。

就理论水平而言，庆臻在我们班里是比较突出的。在我的印象中，每逢小组讨论问题时，他都踊跃发言，而且有深度。我们到党校的第二年，党校组织我们班集体编写自然辩证法讲义，每位学员都分别承担一部分写作任务。在此期间，庆臻不仅承担了写作任务，而且经常关照我和其他同学的写作。最后，稿件集中起来由他和另一位同学孙蓬一负责统稿。那时，他们两人几乎整天闷在屋里，对每一份稿件认真细致地讨论和修改。他和我说过，对每一份稿件，都要逐字逐句地推敲，修改。在他们两人统稿过程中，他常和我说起一些稿件中存在的问题，包括理论观点方面的，也包括文字和逻辑方面的。那个时候我就觉得，他在理论方面是很认真、很严谨的，对我也是一种无形的影响和启发。这个印象至今难以磨灭。在他们两人的努力下，讲义最终完成了。党校予以印刷，每位学员人手一册。

我和庆臻在一起的时间虽然很短，仅仅两年，可我们之间的友谊长存。在我心里，这种友谊是弥足珍贵的。在我的老友庆臻八十寿辰来临之际，我衷心祝福他健康长寿，阖家幸福！

（作者系北京师范大学教授）

慎独君子李庆臻

丘亮辉

李庆臻是我56年前在中央党校自然辩证法研究班的同学。我们志趣相同,性格相辅,一直相处很好。知道他最近想出版《李庆臻文集》,我想应该写一篇关于与他交往的文章。我想了很久,也想了很多,却不知从何下笔。作为我比较敬重的老同学,和睦相处这么多年,我对他最深刻的印象是什么呢?这使我想起《中庸》的一句话:“莫见于隐,莫显于微,故君子慎其独也。”在党校以及此后漫长的人生道路上,庆臻给我留下最深刻的印象就是慎独精神。慎独是他的一种情操,慎独是他的一种修养,慎独是他的一种自律,慎独是他的一种担当。

1958年中央党校自然辩证法研究班的开办是有一些来历的。我记得当时党校只有三个班:培养新疆少数民族干部的新疆班,陈漫远(1911～1986)、李葆华(1909～2005)等三个省级干部的高级研究班和我们所在的逻辑和自然辩证法研究班。我们这个班是在党的八大以后,转入社会主义建设时期,急需培养又红又专的干部,从高等学校调集近百位年轻的党员专业教师到党校来培养。

庆臻是从北京大学来的,我是从北京钢铁学院材料专业调来的。我们这些初出茅庐的学子,一来到中央党校就接触杨献珍、艾思奇、于光远等等那么多马克思主义理论大家,读了那么多马列主义经典著作和古代文献。1959年末,我们这个班本应毕业的时候,又经历了所谓“反右倾”的洗礼。

在党校学习的过程中,我的性格比较外向,什么都感到新鲜,什么都要问,有时很幼稚的问题也要问个清楚。庆臻虽然比我小一点,但是比较沉稳、聪明、老练,能独立思考。我在物理组,他在化学组,但是我们吃住、上课都在一起。有时我也向他请教一些问题。杨献珍老师领着大家一字一句地读列宁的《唯物论与经验批判论》;王珏老师一字一句地解读马克思的《资本论》,反复研读恩格斯的《自然辩证法》和《反杜林论》。庆臻却总能不露声色地独立思考其中的道理,我不由得佩服他的睿智,也开始隐隐地感受到他身上具有的“慎独”品质。

从党校毕业以后，我们各自回到学校任教。后来他从北京大学调到山东大学，联系就少了。1976年，我到山东调查古代冶金史，到青岛大学看过他。他那时已经是青岛大学副校长了，工作比较忙。1985年，我调到中国自然辩证法研究会工作，他也做过研究会副理事长。因此，我们开会时常常见面。有一次来北京开会，谈起他先是调任烟台大学，而后又到济南大学当校长的情况，想在济南大学举办一次科技与社会学术讨论会，邀请老同学一起参加。2006年，中央党校时的同学在济南大学开会。这是我们党校同学分别50年后第一次见面，可谓“少年离别白头见”。大家都走过了一段不平凡之路。我们彼此第一次畅谈苦难辉煌的人生道路。会后分两路，一路到曲阜、泰山，一路到青岛、烟台考察。我选择青岛、烟台一路，他全程陪同，畅叙友情。我才知道他在建设青岛大学和烟台大学时付出的艰辛以及建设济南大学的宏伟规划。

庆臻在北京大学、山东大学、青岛大学、烟台大学、济南大学等五个大学都工作得非常出色，洁身自好、廉洁奉公、忠心耿耿、业务过硬、管理创新，作出突出的贡献，是非常令我敬佩的。可以说，无论在什么地方工作，无论在哪所大学任教，也无论是教学、研究还是行政，他都完美地表现出慎独的情操、慎独的修养、慎独的自律和慎独的担当。这是他的人生走得比我们顺畅以及取得比我们更多的成就的内因。

我想，这么能干的人应该退而不休，可以为社会做一些公益性的事情。当时我在国际易学联合会工作，我认为他是北京大学哲学系的老师，对哲学和《周易》都比我熟悉，业务和领导的造诣很深，所以我诚恳地邀请他加盟现代易学的研究工作。没有料到他却坚决拒绝了。他认为自己已经尽到了责任，退休以后坚决把时间留给自己和家人，过着寒南暑北的候鸟生活。尽管我曾经数度请他参加国际易联的学术活动，他却再也不愿意承担任何任务了。庆臻淡泊宁静、慎独致远已经达到一个很高的境界，深深地感动着我。

李庆臻的睿智慎独精神对我的影响很大，他写的《大杠杆》一书时刻撬动着我。我衷心地祝福他及夫人身体健康，吉祥如意！

2014年12月1日于太湖书院胥香园

（作者系中国自然辩证法研究会副理事长兼秘书长）

编书的一些事

李武林

我于1963年从中国人民大学调来山东大学后，虽然与庆臻同志都是政治系的教师，但一个多月后，我随即被借调到山东省委宣传部工作了。此后，我与庆臻同去没有机会接触、交往，过去我们也不是同学、同乡、战友什么的。因此，我们彼此都没有什么印象。

1970年，“文化大革命”中山大被拆散，文科设在曲阜。庆臻很晚才确定去曲阜山大党委宣传部任职，我当时也争取去曲阜任教。学校搬家都快结束时，最后才派了一辆车让我们两家一齐搬去曲阜。在旅途中，我们才相逢、相识。到曲阜后，我俩又不在一个单位，但工作上是有些联系和交往的。可以这样说，我们是“以文会友”。在以后多年中，在完成一个又一个科研、宣传、教学的任务中，才逐步相知而结下深厚友谊的。我们共同完成的任务较多，但最难忘的是编写三本书。

1973年前，党中央号召大家“认真看书学习，弄通马克思主义”，学校党委宣传组组织学校有关单位从事教学、宣传理论工作的同志编写一些学习马克思主义经典著作的辅导材料。一些教师编写过《费尔巴哈和德国古典哲学的终结》和《唯物主义和经验批判主义》的辅导材料。特别在1974年，由李庆臻同志领导和组织，李武林、谭鑫田、李庆臻等同志执笔，在参考了庞朴等编写的学习《反杜林论》参考材料的基础上，根据一年多教学实践和校内外一些同志的意见，编写了《〈反杜林论〉纲要和简释》(引论和哲学编)，同年由山东人民出版社出版发行。相继，1979年又由李庆臻、庄德均、李武林、谭鑫田、毛永林、胡世凯、欧是、周之美等同志编写了《〈反杜林论〉纲要和简释》(政治经济学和社会主义编)，同年仍由山东人民出版社出版发行。

以上两书出版后，曾被一些高等院校作为教材使用。一些读者还来信给予鼓励，并提出一些修改意见。在1980年前后，教育部在武汉召开全国“文革”后第一次文科教改座谈会上，拟订教材建设规划时，由于我们编写出版了上述两书，便把《反杜林论》辅导教材的任务交给了山大。1980年6月，我们便邀请了北京大学、中国人民大学、中央党校、南开大学、复旦大学、南京大学、吉林大学、厦门大学、四川大学、北京师范大学、陕西师范大学、黑龙江省委党校、山东师范大学等几十所院校担任讲授《反杜林论》一书的教师，到济南山东大学举行了一次全国性的学术和教材讨论会。在会上，教授们就《反杜林论》一书的重要理论问题，以及各章节的重点、难点进行了认真讨论和诠释，对我们编写的两本书既给予了肯定，也指出许多值得修改的地方，并就如何修改提出了许多中肯意见。1982 年，在庆臻同志的主持下，李武林、谭鑫田等人将上述意见进行了认真归纳和讨论，将以上两本教材修改合并为《〈反杜林论〉释注》一书，1982 年仍由山东人民出版社出版。

这本书的出版发行，历经八年之久。由曲阜开始编写，到济南才完成出版发行。应该说，当时困难是很多的，资料缺乏，人手不够。写作团队因各种原因不断变化，原本担任政治经济学和社会主义编写作任务的同志退出了编写组。有的人到截稿时许多章节还没动笔，最后只得由庆臻、鑫田和我等来补写。我们几个人虽是学哲学的，其他部分并不很内行，好在我们基本功不错，边学边议边写，也较好地完成了编写任务。

在钻研本书和各章内容时，我们自己的收获还是很大的。例如，我们对马克思主义三个来源和三个组成部分关系的认知及其科学性了解更深刻了。我们才充分认识到，党的十一届三中全会把党的中心工作转变为以经济建设为中心的意义，正本清源地认清了马克思主义关于政治和经济的关系。在“道德和法”“自由和必然”等章节，才弄清三者的关系，弄清了依法治国和以德治国的重要性。

这本书的面世，可以说是一件十分有意义的工作。这是一本有价值的好书。可以说这是在马克思主义中国传播史上，第一次聚集研究和教授《反杜林论》的专家开展的大讨论；第一次比较全面解读这一经典著作，尽管过去也有过一些这样的书，但都不全面；第一次由科研、教学、出版、宣传部门，甚至中共中央马恩列斯经典著作编译局集体完成了这本书。现在想起来，在那样既苦且累的条件下，总算完成了一件十分有意义的工作。此书曾获得 1981～1983 年山东省优秀社科著作一等奖。此书编写过程中，庆臻主持、组织编写稿子，最后与鑫田同志一起统稿，出力不少，应该表彰。但是，我觉得这件事也有遗憾。全国大批专家在山大讨论本书各章节的问题时，鑫田作过记录并印刷过纪要。这个纪要未公开出版，很多新见解和问题没有进一步讨论和深入研究，有一些可惜。

1984 年，应山东自学考试办公室的委托，在教育厅吴鸿章副厅长的支持和帮助下，根据国家建立自学考试制度的精神和文科哲学课教学大纲的要求，庆臻同志邀请我和许学圣同志共同担任主编，与樊瑞平、连国庆、聂凤峻等组成编委会，由马士苓、王丛德、孔宪吉、田玉芹、许茂盛、张文桂、张冬梅、周向军、钟邦秀、曹玉珍、董夷华、樊瑞平等同志参加共同编写了《马克思主义哲学自学教程》一书，由山东大学出版社出版发行，供具有高中以上文化水平的自考学员、政治课教师以及大学生和研究生的教学、自学考试用。此书是“文化大革命”后出版的教材，内容上有新意，章节安排上也有改革，适合自学考试用。本书将各章分为五部分：原理论述、难点解释、问题讨论、思考题、阅读书目。本书理论观点清晰，重难点突出，内容通俗易懂，受到广大读者欢迎。书出版后，不断有读者向出版发行单位求购，向编写者索要。庆臻同志在选题、组稿、编写和通稿方面进行了大量卓有成效的工作，给广大学员和读者提供了一本好书。1986 年，该书被山东大学评为优秀著作二等奖，应该说它得到了应有的尊重和荣誉。

新时期社会主义现代化建设中许多新的理论和实践问题需要回答。中共山东省委书记姜春云同志响应党中央号召，倡导干部学理论，特别是高级干部要掌握好马克思主义哲学，亲自领导和组织了山东省一些专家，如李凤梧、李庆臻、李光耀、李武林、臧乐源、樊瑞平等编写教材。姜春云书记亲自担任主编，原宣传部部长苗枫林任副主编，共同编写了《〈科学世界观〉——新时期简明哲学读本》一书。姜春云同志多次召开讨论会，对新时期哲学向题提出了许多指导意见，对全书进行了审改。据说那段改稿时期，姜春云同志下乡调研时都带着书抽空审改，并与苗枫林同志一齐审定了全书。本书从章节安排上对哲学体系进行了新的安排，把过去哲学体系分为辩证唯物主义和历史唯物主义两大块改为以唯物辩证法为科学世界观的一体结构，分 14 个专题进行阐述。本书还对过去教科书很少涉及的“文明观”“自由观”设了专章，这是少有的。本书在编写方法上，还实行了领导同志、专家和广大群众三结合的方法。书稿初步完成后到济南钢铁厂去宣讲，听取广大工人和基层干部的意见。中共山东省委宣传部、省委党校和省社联、省社科院、山东大学、山东师范大学、山东人民出版社的众多干部、专家都参加了书稿的讨论和审稿。李凤梧、李庆臻、孟庆仁、祈秀生、岳增瑞、李建军等同志对全书的文字作了统一加工。在此基础上，李庆臻同志进行了第一遍的全书统稿工作。省市宣传部的领导和专家刘守璞、林江、赵锦良、程汉邦、孙积汉、娄礼生等同志还对全书提出过宝贵意见。济南钢铁厂党委、济南铁路局党委、齐鲁石化公司宣传部也提出过宝贵的意见。本书可以说是一本领导、专家、干部和广大工农兵群众共同努力完成的硕果。因此，本书获得全国精神文明建设“五个一工程”成果奖的崇高荣誉，是众望所归，名副其实。

我们在对上述三本书的编写情况的回顾时，总是不断浮现出庆臻同志的身影。身为一个基层的理论宣传工作的领导者、理论工作者和教师，庆臻同志在各个不同时期都能锐敏地感悟到形势的需要，根据上级部门的要求，根据自身的条件主动选取一些课题，不分亲疏，从任务需要出发，约请和选择一些有能力也愿意认真完成任务的同志一齐努力工作。庆臻同志在主持和完成上述任务时，显露出的敏锐眼光、选取课题的能力，完成任务时锲而不舍的精神，修改稿子时百折不挠的意志，全面的知识和良好的文字功力，都是值得我们学习和尊敬的。

（作者系山东大学教授）

做人的楷模，辉煌的业绩

宋杰人

今年是李庆臻老师八十寿辰，祝老师寿比南山，福如东海。

时光过得好快呀！一晃半个世纪过去了，初识李老师是在大学三年级。

1962 年的春节过后，开学时课程表就列有“自然辩证法”，一直到四月份系里才通知上课。至今记得，那一天风和日丽，满园春色，同学们比平时更早一点来到了教室，静等新老师的到来。上课的铃声还没有停止，走进来一位年轻英俊的青年，他的年龄与我们学生差不多，甚至比我们有些同学还要小。同学们为之一惊，这样一个年轻的老师竟然给我们高年级学生讲高难度的“自然辩证法”课！

他中等身材，上身一件白衬衫，下身海青蓝色的裤子，留着他至今没有改换的发型，充满了儒雅之气。他站在讲台上用炯炯有神的目光，向同学们扫描了几秒，回转身在黑板上写下了“自然辩证法”五个苍劲有力的字，然后转过身来和颜悦色地说：“同学们，从今天起，‘自然辩证法’课由我来讲。”同学们不自觉地报以热烈的掌声。

李老师没有任何开场白，甚至连姓名都没有介绍，直插主题，完全打乱了同学们的听课习惯。讲起课来沉着稳重，坦然自若，谈笑风生，胸有成竹，板书自然得体。这样的讲课风范与他的年龄极不相称。当下课铃响起，老师宣布下课休息时，同学们再一次鼓起掌来！同学们面面相觑，对新老师的满意感和敬佩之情全挂在脸上。

李老师之后的讲课，节节精彩。“自然辩证法”课已成为全体同学的期待，每一次听课都感到是不可多得的享受。

李老师上课，必带着一本厚重的讲稿，但课堂上从未见他翻阅。李老师讲课，语言甚为警精，真的可以说概念新颖，脾睨常俗；既词句洒脱，敷陈自如，又禁邪制放，无取冗长。凡具体之事，概括带过，而致力于理出思想脉络，形成理论条文；分析起原理来，逻辑严谨，丝丝入扣，同学们听到会神处，往往停笔默记。一节课的知识密度特大，同学们没有任何休止的时间，真的是迹步迹趋，步步紧跟，生怕漏掉一句。课后同学们相互询问，补记在本。

这样一位有才气的青年教师是从哪里来的？山东大学毕竟是一所齐名国内外的名牌大学，这里不乏一流的大师级的教授、学者，但像李庆臻这样年轻的才子型教师还是凤毛麟角。学生们自然想问个明白。很快我们就得到消息，知道李庆臻老师是北京大学哲学系的高才生，提前毕业留校任教。山东大学政治系刚刚恢复，各学科都缺教师，特别是哲学专业。

据说成仿吾校长，为此向北京大学、中国人民大学提出援助请求。李庆臻老师来山东大学任教，首先是有援助的性质，其次是解决夫妇分居两地问题。那个年代想调入北京真的比登天还难。原来如此，同学们的疑惑也就破解了。

我常想，语言文字也许就像化学中的分子元素，同一个属性的分子元素，如果排列组合方式不同，也会出现完全不同性质的物质。如C碳元素，由于分子结构不同，既能产生松散的石墨，又能产生坚硬无比的金刚石。语言文字也是这样。同样的汉字，同一个学科，同一个章节，不同的人讲就会产生不同的效果。同样是“自然辩证法”，有的人讲，学生就没有兴趣，听起来就没有劲；庆臻老师讲，就完全不一样了。几句话下来，课堂上就形成一个强烈的磁场，就释放出一股凝聚力。这显然是庆臻老师的文学功底、语言力度，以及他高超的教育艺术所致。

世界文化名人让-雅克·卢梭说：“教育的艺术，是使学生喜欢你所教的这门课。”作为李老师的学生，我有新的体会，就是因为听了李老师的讲课才喜欢上“自然辩证法”这个学科。不但是我，我们全班的同学都喜欢，甚至其他专业闻名来旁听的同学也喜欢上“自然辩证法”这门课。从这里我们认识到：“教育的艺术”这个概念不是抽象的，而是具体的、看得见的、摸得着的、活生生的。

国人皆知，我国的传统文人都是书、琴、棋、画统于一身。知识和艺术是相通的，知识蕴藏着艺术，艺术离不开知识。任何艺术的核心价值都是美，因而它能给人以美的享受，启迪人们的美好向往，陶冶人的情操。爱美之心人皆有之，寻美之心也是人皆有之，享受美之心更是人的权利。但是，操作和发挥美的能量就不是人人可以做到的了，只有少数具有特殊智慧的人才能做到。庆臻老师就是具有这种智能的典范。他在讲堂上运用教育艺术把马克思主义的主场、观点和方法注入学生的思想里。被注入的知识，像海洋中进入蚌壳的原生颗粒能发育成美丽的珍珠，像落入石缝中的一粒松籽会成长成耐干旱的大松树，也像滴滴水蒸气可以聚成五彩的云霞。李老师桃李满天下，真的是“待到山花浪漫时，他在丛中笑”。

我认为一个教师能熟练地掌握教育艺术，单靠后天的努力是很难成功的，还要有天赋，李老师也不例外。我们知道庆臻老师的主流学问是哲学，是自然辩证法领域，但他的业余爱好是多方面的，诸如文学、诗歌、摄影、乒乓球、篮球、养花，而且样样都得到业内专家的认可。读李老师的散文，你会认为他就是一位独具特色的散文家。有人评说："李庆臻先生的散文，有一种浓厚和睿智之感。有些散文是把论文散文化，散文中注入论文的元素，完全是智慧的散文。这种新颖文体的形成，如果没有理论上深厚的功底和天然的艺术素质相结合是难以想象的。读李老师的诗，你会认为他就是一位诗人。李老师的诗质朴清淡，好像是随手点染出来的。贴近生活、雅俗共赏的诗风，使人读之就像读陶渊明的诗那样美，那样感人。别说其他人了，读起李老师的诗，连我这个学生都忘记了他是一位卓越的马克思主义哲学理论家。

我认为，任何学科的艺术，当然包括教育的艺术，要想把握和运用它，只有天才和艺术修养长期相伴相随才能做到，李庆臻老师就是很好的实例。谈到这里，不能不提到李老师的夫人杨老师。杨老师是一名钢琴师，是山东大学幼儿园的专职钢琴教师。

至今记得，有一天，我们几个同学散步，走到山东大学幼儿园门前，见到校园内有四五位女教师一字排开，正在做健美操。有一同学提意："我们猜猜看，哪一位是李庆臻老师的爱人？"我们同时举起手指向同一个人——一位端庄、清秀、漂亮的女教师。正好系办公室一位老师路过，见到我们刚才的游戏，她说："你们好眼力，你们指的就是李庆臻老师的爱人，大美人。"有同学说："真的是男才女貌！"有同学说："才子佳人！"有同学说："为什么不可以说女才男貌呢？李老师就是堂堂正正的美男子，爱人会弹钢琴，自然是有艺术天才了。"真的，在那个年代，我们同学近乎百分百地没有见过钢琴，甚至没听到过钢琴的声音，只是在翻译的小说上和外国电影上偶尔见到过。对于一个会弹钢琴的美丽女孩自然很崇拜，有神秘感。原来如此，无怪乎一位北京大学的才子会爱上一位幼儿园的教师。

从艺术上说，他们两个人是同质同源的。我们认为，这对于李老师教育艺术的修养和历练是一个万万不可忽视的客观条件。

我们读大学的年代，社会的大背景是以阶级斗争为纲，极"左"路线统治着社会的各个领域，伸入到社会每个毛孔，阶级斗争"天天讲、月月讲、年年讲"，什么"笔尖上的阶级斗争""筷子尖上的阶级斗争"，人们如履薄冰地生活着，一不小心就可能遭受灭顶之灾。政治系更是在风口浪尖上，哲学专业也不例外，说错一句，甚至用错一个词都可能断送你的前程。我们哲学专业开设了“马克思主义哲学原理”“欧洲哲学史”、《反杜林论》《费尔巴哈论》《唯物主义与经验批判主义》《哲学笔记》《自然辩证法》等课程，全是马克思主义经典，都贯穿着“以阶级斗争为纲”，有人形容说：每门课都是在阶级斗争的内容上加一点专业知识，几年下来所学的内容大同小异。对这样的大学课程真的没有兴趣。但是谁也不敢发表不同的意见。庆臻老师讲课，一反常态，一下子把学生领进了知识的天地，每节课都能学到新知识。正是从李老师的讲课中，我们真的理解了马克思主义的真理性和科学性。我们不只是期待、激动而且很感动！

在那个极“左”年代，自上而下地把马克思主义理论教条化、形式化、标签化，真的让人在沉默中厌烦。但对于一个有真知灼见的学者型的庆臻老师而言，绝对没有与那种庸俗的主流同流合污。他总是心胸坦荡，面带笑容地面对现实，以大无畏的精神用他的聪明才智和精巧的教育艺术，对极“左”的一套进行了成功的抵制，让学生们学到了货真价实的马克思主义理论，学到了最新的系统的科学知识，学生们终生受益。这对于渴望学到知识的大学生而言，怎么能不感动呢?！虽然事过50多年了，在今天我还是愿意代表当年全体同学对老师表示感激：“李老师，谢谢您！”

国人都知道，当年鲁迅先生在北师大教书，因与当局政见不同而去厦门大学。一批热爱鲁迅的学生，被鲁迅的学问和人格魅力所感召，跟随鲁迅转入厦门大学读书。庆臻老师也有着类似的殊荣，他走到哪里都能吸引一些学有所成或大有作为的人才跟随前往。我们作为李老师的学生，为之自豪。

拜读李老师的著作和学术论文，真的是一种享受。对问题的论证和分析，清明见底，深入骨髓，入木三分。尤其是运用语言文字，字字珠玑，切中肯綮，透彻通达，赏美中学理论，享受中得知识。每读一篇都能受到深刻的教育，都是对思想的一次洗礼，精神为之一新。这既是庆臻老师作为学者理论家独具的功力，又是他一以贯之的写作风格。一次偶然的机会，在李老师的办公桌上看到他写的一篇序言手稿，笔迹遒劲，文不加点，绝对是一气呵成！与出版后的文字对照，几乎无一更动。真的令人叹为观止！

庆臻老师先后出任三所大学的校长——青岛大学、烟台大学、济南大学。他上任时，几所大学都处于创建时期。哪里艰苦，组织上就派他到哪里去。他在所任期的大学，从来不做面子工程、形象工程，都是为大学的长远发展打基础，致力于筹建一批研究机构和新的学科，招聘一批高水平的教师，真的是“功在当代，利在千秋”。其远见卓识，治校韬略，至今成为各校师生津津乐道的话题。现今这些大学在国内都具有相当高的知名度，学校所取得的每一项成就都与李庆臻校长的名字共荣共存。

高校的教师只要知道李庆臻老师主持召开的学术会议，都想尽办法获得一张入场券。他主持召开的学术会议没有参观旅游的安排，也没有晚会和纪念品，有的只是紧张和愉快。在会上，不但能听到他最新的研究成果，还可以当面请教学术上的难题。每次会上，他都能请到国内外知名学者作学术报告。这些学术报告能把听众引入知识海洋的深水区，使入会者不但在报告厅里能饱览河伯的风度，还可以目睹到海若的风采。这些报告的内容是众多的入会者花费终生的心血都达不到的。因而，每参加一次会议都是入会者知识上的一次飞跃，受益终生，终生难忘。

每一次学术会议，李老师都展露出他非凡的组织才能，演绎出自然辩证法发展史上的华彩乐章。自然辩证法发展史上有一个“烟台会议”。这次会议是改革开放，乃至新中国成立以来第一次全国性的会议。这次会议使自然辩证法学科跻身于国家级地位，开创了自然辩证法教学和研究的新天地，为自然辩证法学科的发展奠定了坚实的基础。“烟台会议”就是李庆臻老师一手策划，由教育部、国家科协和中科院联合召开的，会议地点是烟台市依山面海的芝罘宾馆。发出的通知不到100份，结果前来报到的有200多人。会议是七天的时间，天天都有报到的。一直到会议结束那天，还有新来的。知识分子，特别是学术界的人士，多少年没有参加过学术会议，知识面临枯萎。改革开放了，科学的春天来了，人们寻找知识像寻找食品一样迫不及待，因而才出现了“烟台会议”这种“井喷”奇观。庆臻老师非常理解来者的心情，一再告诉会务组，想办法接待，安排好吃住，让大家安心地参加开会。

“烟台会议”的重要性、必要性和适时性在实践中得到了证明。“烟台会议”把自然辩证法的教学和研究推上了一个前所未有的高潮。这次会议确定了编写《自然辩证法》教材的意向。之后，全国各地先后编写出版了十几种《自然辩证法》教材。各省市相继成立了自然辩证法研究会，定期召开学术会议，发表了大量的学术论文，使自然辩证法的教学和研究正常化、规范化。

庆臻老师为自然辩证法学科的发展呕心沥血，着眼未来，亲自创立了山东省自然辩证法研究会，策划和主编出版了我国首部《自然辩证法词典》，获得了学术界的高度评价。这是一项百年大吉的工程，为自然辩证法的研究和发展起到了无可估量的积极作用。历史会铭记李庆臻老师的功绩。

艰苦奋斗、发愤图强的李庆臻老师。有一次在车站候车时，李老师到周边小市场上买了一个青绿色的花盆。中国人民大学一位老师说：“想不到庆臻老师还喜欢养花。我喜欢看花，但就是养不好。”李老师说：“你爱花，花就爱你。”这是一句随口而出的普通语言，但一下子钻进我的心里，终生不忘，指导和激励我一生一世，并将其作为名师名言在课堂上多次讲给学生听。李老师著作等身的成就，就是“你爱花，花就爱你”结晶，也就是他艰苦奋斗、发愤图强的见证。任何成绩，哪怕是微不足道的成绩，对个人来说都是“花”，要想把一项事业做好，做出成绩，首先必须热爱它，全神贯注地投入，才能顺利地去完成，以开出美丽的花。任何美丽的花都是认真栽培、精心管理的结果。不少的学生告诉我，李校长说的这两句话太好了，语言朴实，哲理丰厚，容易理解，操作简便。是的，只有李庆臻老师这样大智者、大师级的学者才能随时抓住生活中人人可见的典型事物表达深厚的哲理。遗憾的是，大学毕业后，没有机会在李老师的手下工作，不知有多少精彩的生活哲理我们无法听到，这是一个很大的损失。好在李老师的文集就要出版了，在有生之年拜读，这将是何等的幸福啊！我们都在期待。

艰苦朴素、勤俭节约的庆臻老师。有一次在中国人民大学开学术会议。一天早晨，李老师没有到餐厅就餐。我们吃了饭回到宿舍，见到他在用白开水泡昨天剩下的两根又干又硬的油条吃，我们问他怎么不到餐厅吃饭。他笑着说：“这两根油条就够了，不能浪费掉。”我们无言以对，真的是既感动又惭愧！一位知名的学者，大学的校长啊！他不是在做给别人看，不是在大庭广众之中做这件事，而是一个人关在宿舍里。如果我们晚来一点，如果我们不提这件事，恐怕永远没有人知道！不少人，包括一些身为领导的人都高喊“艰苦朴素，勤俭节约”的口号，不但见不到行动，反而腐败成性。而庆臻老师把口号变为行动，具有为人师表、教书育人的高尚品德，成为一代名师的典范。这件事我也无数次地讲给学生听。每一次我都能从学生的表情中看到他们对李校长的尊敬。许多学生都对照检查自己，决心终生向李校长学习。大家有目共睹，庆臻老师在生活上对自己要求极为严格，从未见他穿名牌服装，坐高级轿车，住豪华住宅，不抽烟不喝酒，实在是全体师生学习的楷模。

谦虚谨慎、平易近人的庆臻老师。李老师身为大学校长，又是国家、省、市众多研究机构的负责人，社会活动繁多，可以说百事缠身，日理万机。每一次我们同学登门拜访，或向他请教问题，他都是热情而亲切地接待，既没有大牌名人的傲慢骄横，更不见权威的颐指气使，都是以平易近人、内敛含蓄、沉潜儒雅的风度与我们交谈，使我们如坐在自家里那样舒展、愉悦。

威武不屈、正气凛然的庆臻老师。李老师从不向恶势力低头，也从不曲意逢迎。他的睿智、公平、正义形成一种人人感知的威力，让有正义感的人有敬畏感，使心术不正的人退避三舍，逼歪风邪气的人闻风而逃。

我们要向李庆臻老师学习的东西很多。就我个人而言，首先学习他做人，因为他是一个坦诚豁达的人，心底无私，襟怀坦荡，光明磊落。他是一位品行端正的人，慎言，慎独，慎思，以人格魅力服众。他是一位宽厚善良的人，不以恶小而为之，不以善小而不为；对上无愧于国家，对下无愧于人民；对外无愧于他人，对内无愧于亲人。其次，学习他做事，因为他做任何事情都是从人民的、国家的根本利益出发，从实际着眼，实事求是，脚踏实地，埋头苦干，与时俱进，勇于创新。

庆臻老师是我国马克思主义哲学界一代大家，更是自然辩证法研究领域的领军人物。他那德智兼隆、霁月光风的大家风范，必将随着那些隽永的文字、深邃的思想、质朴而热情的情感永驻学生们的心间；他的成就将成为我们中华民族文化宝库中光彩夺目的一页，永世相传。

2014 年 11 月于烟台
（作者系鲁东大学教授）

积一时之跬步，臻千里之遥程

孙伯鲁

恩师李庆臻先生八十耄耋寿诞将临，作为他的学生和追随者，我的心里充满敬仰、感激和祝福。

李庆臻先生是山东济南人，原属平阴。小学时，在济南市东门小读书。东门小学是济南市东部地区最有历史渊源的小学。初中时，先生进入育英中学，这是一座有着百年历史的名校，培养过党的创始人王尽美、邓恩铭，党的政治局常委宋平，广东省委原第一书记任仲夷等以及一大批活跃在山东大地的各路英豪，校名是黄炎培先生之墨宝。第一任校长是孔子75代传人孔祥柯。初中毕业后，因学习成绩优秀被保送进入山东省实验中学（华大附中）。这是一个有着严格的管理理念、校风淳朴、激励上进的名校，直到今天也一直被认定为济南市最好的中学。50年代初期，先生又以优异成绩考入北京大学哲学系。所有这一切成长的过程已经让同龄人称羡，但比起日后李先生在学术研究和教学管理方面的成就来说，实在只是筑就一种坚实的基础。他自始至终传承着勤奋、博学、创新、诚实的优良作风和良师风范。这些着实令我和我的同学们景仰。

1956年李先生在北大加入中国共产党之后眼界大开，特别是进入中央高级党校自然辩证法专业的研修后，他的教学和研究方向偏重于自然辩证法，并在各学科综合施教中逐步进行创新体系的研究、推广科学哲学和启示科技工作辩证思维方式。

这时先生开始担任很多行政、党务工作，并在《文史哲》编委会和山东大学出版社担任领导工作。这虽然影响了他的研究工作，但从他日后所提倡和坚持的学术、教学的深度来看，起到了更大的作用。

李老师讲一口地道的济南话，眉宇之间英气逼人，办事爽快，爱好广泛，总让人感到一股浩然正气。在山大时，每逢上他的课，课间休息时我总是向他问个不停，比如DNA双螺旋结构中碱基配对时，基因信息的遗传过程和变异条件的物质可不可以再造等那时还无法解决的问题，他总是笑呵呵地耐心给我解释。他是系里团书记,很多工作包括文体活动的组织管理也由他动员准备。记得1966年春天,学校春季运动会期间,他召集系里的运动员,在文史楼二层系办公室旁边的一间屋里,先是给我们讲了毛泽东同志学生时代积极参加体育锻炼的例子,然后动员我们积极参战,争取好成绩,保持良好的精神状态。

我到山大政治系有些出乎意外,因为我的理想是做一点平凡的工作,能为社会奉出献一点力量,能像我的母亲一样就很满足了。我母亲是个普普通通的教师,但是她是济南市的模范教师,还是济南市妇联教育界的委员。我父亲死得早,我基本上没有记忆,我们的家庭算是个最基层的小知识分子家庭。和班里众多来自农村的贫下中农子女相比,我随时都感受到他们能有所作为的宏愿,而我则希望成为一个最平凡、最普通的劳动者,有一份固定收入。在学校里一谈到未来,我就很低调,特别容易满足,脸上总是带着笑容,和每个同学都相处得很融洽。

当时我在系里当发行组长。我要把系里每个同学的信件、报纸送给本人,所以系里每个同学的名字都必须知道,而且要对上号。我对工作兢兢业业。1965年年底,我获得“山东省优秀发行员”的荣誉,出席了授奖仪式。1964～1965年,我参加了山东省委农村社教工作团,到曲阜参加农村四清运动,也被评为“五好工作队员”。我这个人喜欢文体活动,是学校文工团和系里的文娱活动的积极分子,经常在各种场合参加演出。

我们哲学专业开的课程很多,除了自然辩证法课程,还有心理学、高等数学、哲学史等。我把主要精力放到自然辩证法的课外阅读上。宿舍里的同学都感到奇怪,甚至诧异,他们不认为这是主课,而我觉得这条门课程是深化自己学识的唯一选择。当时自己找的理论根据是大家经常传颂的一句话——哲学是社会科学和自然科学的概括和总结。自然辩证法对于每个立志要干点事的人来说极其重要,是首先要学习好的一门课。

1968年夏天,我们毕业离校,到装甲兵坦克第八师31团在青岛即墨的金口参加围海造田,离开了令人仰慕和尊敬的李老师,阔别了新校文史楼332教室走向了社会。

我的思路一下子回到20世纪70年代,我从金口回到济南后的第一个工作岗位——济南红卫制药厂,这是一个规模不大但是可以生产原料药的药厂。大家知道很多药厂都是购进原料,配以辅料,然后制成片剂、胶囊,再进行深度加工,而红卫制药厂则可以生产原料药,如保泰松、呋喃唑酮(痢特灵)。我刚到药厂时做搬运工,后来进入实验室,参加了新产品潘生丁的生产引进工作。这个药品需要使用乙醇钠和丙二酸二乙酯。乙醇钠就是我们自己生产的。金属钠遇到水会发生剧烈爆炸，所以我们必须首先要把工业酒精中的水分脱除，变为无水乙醇，再使其与金属钠反应。为了安装脱水装置，我们日夜加班，终于准时生产出潘生丁原粉和片剂。初次奋战成功让我对新产品的开发产生了极大兴趣。我想到了在山东大学读书的日子。那时候，李庆臻老师传授的自然辩证法的科学研究辩证思维理念成为我闯关的动力。为什么我们不能在工业、农业生产的各个过程把研发当成发展和创新的动力呢？在那个时代，我们能接触到用科学哲学理念的舆论引导实在太少了，几位老先生如于光远、何祚庥也没有在实践中表述这门学科对研发创新的作用，所以只有自己闯。后来，我在激光育种实践课题中，用氦氖激光对东郊大辛庄蔬菜试验站的蔬菜种子进行改变基因、增加变异的实验，这正是李老师和原山大生物系黄主任给我们讲过的内容。当时济南半导体一厂生产红宝石激光棒 YAG，而它的能量对蔬菜种子基因发生畸变产生的作用足以证实我们在学习李老师传授的孟德尔、摩尔根的改变基因的遗传信息并产生有利于人类生产和应用的工艺流程。这是我独立进行的利用学到的基因工程（分子遗传学）第一次实践活动。那时李老师在曲阜山大任职。

“文革”结束后，我回到学校做中学教师，而我的同学或者都成为各地区宣讲团的骨干，或者进入各级党校。不过，我依然抱着利用自然辩证法所倡导的辩证思维原则，怀着自发创业的圆梦之心，不顾放弃优惠的岗位工资和一年两个假期的教师职业走上了新的创业之路。

1984 年夏天，全国首届化学科技成果交易会在北京展览馆召开。我接到通知，自编自印准备了一本小册子，准备在会上散发，书名叫《不尽财源滚滚来》，独自一个人乘坐 298 次进京列车赶赴会场。因为时隔近 20 年才召开这样一次大会，另一方面因为邓小平同志提出“让一部分人先富起来”的口号使中国劳动群众产生了创业的冲动，所以从全国各地赶到北京参加这个会议的人员很多，我的小册子也分发一空。会议的举办方是中国化学会科技公司。当时，他们先是看了看我的小册子，尔后又进行了充分的攀谈，准备让我担任中国化学会科技咨询公司的副手，负责日常工作。当时我还没有离职，但已经有离职的冲动。调动是不可能的，我只有横下一条心，为了创业，为了圆梦，我做了最坏的打算。那次会上严济慈先生参加开幕式，他也看到了我的小册子，还鼓励我要为了国家振兴继续走下去。我最终也横下一条心，靠自己的劳动去重新创业。

我们办公地点在中关村大街，那时的电话是 284219，还是六位数。租用的公司办公地点在今天北大太平洋大厦的斜对面，紧靠中关村小学和中科院化学所、动物所、声学所和图书馆。我就住在公司所在地。那时我们的工作是和新华社《经济参考报》《中国乡镇企业报》合作进行的，主要工作方式是通过在北京的培训向全国有志于开发创业的劳动者传授各种化工、轻工小规模生产工艺，以及检验方法、环保治理评测等知识。记得培训是在北京大学司机班的一个类似小礼堂的地点进行的，大连椅，简易的黑板，经常一日办三个内容不同的培训。此间我主编了一套化轻工工艺技术资料汇编的通俗读物，共 104 本，在《经济参考报》咨询部销售。此时的我感到很充实，每天工作 10 个小时以上，每月不过 300 元工资，但是总觉得得心应手，很累却很满足。

后来我住进新华社在宣武门西大街 104 号的宿舍里，那是临时借用的一处四室一厅的套间。恰好那时《专利法》已经实施。我想，自己应该去独立完成一些实实在在的工作，不能再放弃独立的科技创业活动，于是我开始申报专利技术，独立进行发明和技术延伸的工作。

到现在为止，我申请和储备为知识产权的技术有 30 多项，都是在国家最重要的学科、最紧缺的领域独立探讨的成果。关于能源，我在 1984 年 4 月《潜科学》杂志上发表了《关于石油产生的常温常压条件下的探讨》的文章，设想石油产生没有那么神秘，只不过是在地球上以碳氢为主要结构的烃类形成的一类循环的结果而已，也是碳循环的一种延伸。我认为，所谓不可再生的说法有些牵强，而石油为代表的碳氢烃类可以人为设立相应的产生条件，从而产生能源的新类型。只要太阳存在，这些资源不可能枯竭，而是在一种循环运动之中往复。事实上，石油资源是在一定条件下，碳元素、硫元素相互转化的产物。它不会消失，但可以有不同的产品类型。

至于海水淡化技术，按照不同纬度的海平面气温、蒸发量和风力分布可以做出各种类型，如：利用近海平流雾产生淡水的设计，并运用于航行，实质上就是模拟降水过程。我利用中国北方沿海冬季海水结冰期借助去离子膜和表面剥离技术产生淡水同时获得盐化工产品的技术设计，解决中国北方严重缺水的局面。这种工艺获得的淡水实际上是零成本，因为收获的海冰表面的收集物是高浓度的盐卤，是重要的化工原料，而淡水则存在于冰核中。这比起南水北调的每立方米淡水 18 元以上的成本要节省得多。我利用中国多样化的稀土资源和丰富的太阳能资源开发出夜间照明的可以贮能的太阳能夜间照明涂料、涂膜，可以节省大量电力。我的沙漠和荒漠土地改造计划，利用无污染高吸水性树脂粉将沙漠的蒸发量减少到最小（2000 倍或更高的饱和吸水强度）。利用大型机械改造沙荒土地，不仅可以再造农田，改变西部风沙侵袭的灾害，而且可以绿化西部，成就西部国土的全方位改造。

这些技术对我的意义在于，我把大学里学过的知识通过具体的工艺实施过程转化成为国民经济发展的有益的资源补充行动，可以帮助我们辩证地看待科学研究对象的各种相关关系，可以引发我们改造自然的主动性，可以创造经济发展的新动力、新思路，构筑我们的强国梦想。比如，我们利用这种高吸水性树脂参与的工程机械进行治沙，可以把160万平方公里的土地改造成为易耕作土地，可以签下北非、中东这些国家改造沙漠的劳务和施工输出的大单，可以把新疆真正变为赛过江南的鱼米之乡。这些已经过实践考察，随时可以推向实施的快车道。

当然学好自然辩证法，只是学会了设计这些技术的思维模式，不会死板地认定地球上的各种能源会枯竭，给国家发展提供更多的机会，然而真正实施起来还需要专业的知识。我在化工和能源领域积累的专业知识也不是一天所完成的，我的付出只有我自己知道。对一个国家来说，只有将这种理念普及到每个人才会实事求是地创造奇迹，所以国家应该把李庆臻先生主编的《大杠杆》《大协调》《大动力》这一套专业书籍列入大学生的教材中，纳入到科技人员职称评定的必读书目和考核课题之中。中国要想进步，决不能跟着西方跑，要走出不相信自己的怪圈，走出独创的光明大路来。

在中学物理学老课本里，热工效率是不可能超过100%的，但是随着逆卡诺原理运用于热泵太阳能应用系统、空调系统、余热再利用系统、冷冻系统，热工效率的认识有了改变。这些变化和提升是自然界的辩证关系不断被发现、被利用的结果。我们这个时代充满期待，奇迹时时都在发生，但我们不应该消极等待，我已经70岁了，要干的事实在太多。中国要发展，要进步，必须从科技抓起；而科技要进步，必须从优化研发理念和方式上抓起。

恩师寿诞，本不应该讲一些与祝寿无关的事。作为他的学生，我只希望利用这个机会向他表示我的感谢，没有他的引导我绝对不会生活得这样充实。谢谢敬爱的李老师！

（作者系天津开发区洪帆环保新能源有限公司董事长）

情愫融融致恩师

刘德久

相识，相交，受教，与李庆臻老师师生情谊至今整整50年。半个世纪，从老师那里受惠甚多，获教甚多。

在校期间，师生相处；毕业离校后，李老师则以友相待，毫无师尊印象。大学毕业后，我即进入出版社从事社会科学图书的编辑出版工作。数十年，与李老师除师生情谊交往，更多的是学术领域的相处，经手出版过多部由李老师策划、主编或独立撰写的理论著作。这些图书都是相关领域的前沿专著。“近水楼台先得月”，在著作的编写与出版以及作者与编者的互动过程中，我作为责任编辑和第一读者，自然受益匪浅。

李老师聪慧、睿智，从小学到大学，从济南至北京，皇亭—育英—实验—北大，一路名校，学业成绩一路拔长。智慧才华、社交能力及管理才干，在学生时期早有凸显。北京大学哲学系本科尚未读完，便提前两年毕业留校执教。20世纪60年代初，我国著名思想家、政治家、教育家成老仿吾先生执掌山东大学，凭其在全国学术界及教育界的威望与影响，放眼全国招贤纳才。这时，刚刚二十出头的优秀青年教师李庆臻离开北大，到山大任教。

以文史著称的全国著名高校山东大学成就了李老师在教育与学术界的出色业绩；山东大学、青岛大学、烟台大学、济南大学，山东的高教平台使他为优秀的高校管理者。

才华出众，思想前卫，形象帅气；钟情事业，严谨自律，真诚本原；热爱生活，情趣广泛，简约明快……这是我心目中的庆臻老师。

值老师八十华诞，学生以诗志贺。

咏 师

（一）

人生圆满尚求索，沧桑旅途精彩多。
臻为师表自风流，学子景仰尽吟哦。
倾心杏坛育瀚林，欣看百舸竞江河。
笑览天涯云卷舒，潇洒清秋珠光烁。

（二）

精心施教，芬芳桃李绽满园；
寻新求真，学海探究见深湛。
学识渊博，才华横溢文史哲；
著述丰硕，书山文海彰峰澜。

（作者系山东人民出版社原总编辑、编审）

挚友——李庆臻

仝素勤

近日,挚友李庆臻来电告知我,他现在在青岛。他的老学生找到他说,明年老师八十寿诞,我们想为老师出文集,好好庆祝一下。最终定下两卷,上卷为论著选编,下卷为散文、诗歌、回忆文章。听到这个消息,我异常兴奋,想为老友做点什么,于是提笔撰述。

结　识

1970 年 10 月下旬的一天,我抱着孩子随山东大学文科搬迁的最后一个班车由济南来到新组建的山大所在地——曲阜,被安排在山大政治部宣传组工作。这时的宣传组由原山大宣传部及原曲师院宣传部的部分教职员组成,我比他们晚来半年多。在这里我结识了组长李庆臻,在他的手下工作了多年。随着国内形势的变化,更重要的是山东省高等院校的这次大调整、大搬迁给山东教育带来了各种影响,山大文科搬回济南逐渐形成必然。1974 年 2 月,山大最后一批人马和物质全部撤离了曲阜,有极少的教职工暂未回济。李庆臻作为山大来的教职工也离开了曲阜,而我因为老公是原曲师的教师留在了曲阜。自 1970 年至今 40 多年过去了,我们在这些年里各自都经历了许多许多,但日后的交往使我们成为挚友,他对学术、工作、生活的态度又成了我效仿的榜样。

智　者

刚组建的新山东大学,管理非常严格,除了白天的工作任务外,还有一个特殊的要求,即机关干部晚上 7 点到 9 点要到各自的办公室进行政治学习。这一要求对拖儿带女的年轻教职工尤其女职工可不那么简单。如果认真按照要求去做,那么孩子谁带?家务谁干?更重要的是这样做效果如何?

大家真能学到东西吗？可是，不按要求去办，又不行。因此，既要防止这一规定由于疏于管理而流于形式，又要收到较好的效果，就得采取切实可行的措施。措施很多，其中之一就是宣传组的任务，这是对组长李庆臻的考验。老李是智者，他对这一规定并不赞成，认为学习是必要的，但是要有恰当的时间，硬性规定晚上这个时间学，不会坚持多久，效果也不会多好，但他仍想办法去争取好的效果：一是尽量为教职工提供学习材料，他本人、徐宝庆、刘明泽、郝晴兰等人负责编印学习材料。那时的宣传组几乎天天从印刷厂拿来初稿校对。二是由高忠汉办好校报，为各单位提供学习的信息和经验。三是聘请专家作学习辅导报告。当时，研究马克思《共产党宣言》的专家戴述雨、研究列宁《唯物论与辩证法》的专家李武林、谭心田，哲学教授徐学圣、张明、程汉邦以及李庆臻本人都作了多场辅导报告。这段时间里李庆臻成了这些专家的至交，这些专家也几乎成了宣传组的成员。四是举办专题研讨班，培养学习骨干。围绕马列六本书的学习，分期分批由各单位安排人员参加学习班。尤其《反杜林论》学习班，老李亲自参加辅导，帮助大家啃这块硬骨头。我也参加了这个学习班。我不知道别人的收获如何，我的收获太大了，为我以后学习恩格斯的《自然辩证法》奠定了重要的基础，并初步了解了学习西方经典著作的方法。

师　者

我没有读过研究生，但是在我教学和学术研究的生涯中，却得到了几位终生难忘的导师的指导和教诲，李庆臻就是我在自然辩证法专业学术道路上的指路人与老师。在新山大规定进行晚上政治学习的这段时间里，起初我们就学印刷的学习材料。有一天晚上，老李对我说：“老仝，我有个想法，我看咱们天天光这样学也不行。我想让咱们宣传组里的人，借用这个机会，根据自己的专业特长，在专业上继续深造，使自己将来既能干行政，也能干专业教师。你是学数学专业的，也从事过自动化专业的科研工作，我想让你学习自然辩证法，因为它需要有理科专业的基础，你觉得怎样？”我想可以考虑，一是我本身对自然科学比较感兴趣，以后也不会从事政治理论研究；二是我已听说老李是北大的毕业生，在北大期间就学习和研究自然辩证法，还在中央党校专业研究生班学习过。在这个专业里，他是专家。如果他认为我可以学，那我还是可以试试。于是我问：“怎么学？”他说：“就从恩格斯的原著《自然辩证法》开始读起，买本原著，借本诠释，利用晚上这个时间从头认真读书。读完这本书的《绪论》之后，你就会知道这是一个什么样的学科，它需要什么样的知识理论，以后再逐渐铺展开来。”从此，我就按照老李的指导开始读书了。当我读完《自然辩证法·绪论》后，我就迷上了这门学科，因为“它是一门关于认识自然界发生、发展的科学，是关于认识自然科学产生和发展的科学，是关于人们进行科学研究的方法论的科学，即它是辩证唯物主义的自然观、科学观和方法论”。我是一个在科学院从事过三年科学研究的人，我觉得这门科学太好了，非常符合吾意。但是，这门科学所涉及的自然科学(包括数、理、化、天、地、生等)、技术科学、逻辑学、科学史、哲学史、西方经典著作，甚至现代科技成果等等学科的知识太多了，难度太大了。虽然我喜欢学习探索，但毕竟需花费的时间和精力太多了。我把这种想法，包括信心和困难告诉了老李。老李在对我进行学习指导的同时，又给我提供了很多的学习条件，包括参加有关的学习班，参加有关的学术会议，介绍结识国内知名的学科专家。在他离开曲阜后，还组织省内专业人员集体学习备课，撰写论文，共同编著辞典专著等等。自1970年底开始学习自然辩证法，至1978年底我正式成为一名自然辩证法专业教师，又至1992年底被评为自然辩证专业教授，20多年的时间里，我在学术专业领域里每走一步，每取得一个成绩，都与李庆臻的帮助是分不开的。没有当初老李睿智、大胆的设想，没有他的指引和帮助，我根本不可能走上这个我非常热爱的专业。况且这个专业不仅成就了我一生的学术生涯，而且对我在在职时的教学管理、科研管理及学校管理工作起了非常重要的指导作用。我终生感激他！

才 子

在刚认识老李时，山大的教师就告诉我，老李和他的爱人杨桂鸾被人们称为“青梅竹马”“才子佳人”。当我见到了杨桂鸾老师时，那真是“瓜子脸，丹凤眼，樱桃小口”，楚楚动人，不虚夸为“佳人”。至于老李的“才子”，我是在日后的工作交往中逐渐认识到的。古时候，人们称才子，是指那些天资聪颖、智慧过人、知识渊博、出口成章以及某个领域作出了突出成绩和突出贡献的人。按照这种说法，用今天的观点来看，才子就是某个领域的专家、学者、学科带头人，为国家作出了突出贡献的人。老李用实践证明他就是这样的人。

知识渊博。早在20世纪50年代，他作为我国首批自然辩证法专业的学生，在北大和中央党校的专业研究班的学习，为他在这个专业领域里打下了坚实的、雄厚的知识和理论根基，他们读的书多，听苏联有关专家的报告多，与中央马列主义理论研究部门的专家和自然科学家如于光远、龚育之、查汝强、何作庥等人研究的问题多，参与国家重大课题的调查研究多，再加上老李刻苦勤奋，睿智聪颖，认识深邃，所以他成了自然辩证法领域里不可多得的人才。

成绩卓著。老李的专业理论功底和文笔功底都非常深厚，思维更是敏锐。在山东省刚成立自然辩证法教师队伍时，为了提高我们的专业理论水平，他就组织我们编写了全国第一部《自然辩证法词典》。全部纲目由他拟定，然后根据每个人的专长分头认领，在较短的时间里交由山东教育出版社出版，完成了这一著作，填补了学科空白，为同行们提供了参考资料。之后，他又组织我们编写了《大杠杆》《大动力》《大协调》等专著，为第三次工业革命中我国的科技社会发展提供借鉴。在1980年成都召开全国自然辩证法学术研讨会之后，他与吉林大学舒炜光教授、西北大学林立教授发起，组织了全国包括南大、复旦、山大、浙大、南开、郑大、武大等十所综合大学的专业教师写作班子，拟定了专著写作出版的规划，合作长达二十年之久，先后出版《自然辩证法原理》《科学认识论》五卷本，为我国自然哲学、科学哲学、技术哲学的理论体系的建立与发展作出了不可磨灭的贡献。老李为此付出了巨大的心血。特别是舒炜光教授去世后，他就成了共同体的带头人和组织者，带领大家完成了舒炜光未完成的任务。

创业。1978年，老李创建了山东省自然辩证法研究会，比全国自然辩证法研究会还早了一年。在成立大会上，中国自然辩证法研究会筹备组秘书长张济专程来济祝贺，表彰我省在全国带了个好头，表彰李庆臻有远见卓识。我们为此受到了极大鼓舞。之后，山东省各本科院校先后成立了自然辩证法研究室，培养和组织了山东省的一批专业骨干教师，为理科研究生开设自然辩证法必修课、撰写论文专著，组织并参加我省和全国的专业学术会议，承担省科技社会发展的科研课题，为山东省高等教育、人才培养、社会发展出谋划策等。为此，省研究会多次被省科协和中国自然辨证研究会评为优秀学会，李庆臻也由此成为有突出贡献的人才。

指路人

老李身边聚集了一批忠实的专业粉丝，因为他是最好的指路人。自然辩证法研究会成立的初期，参加研究会的人绝大部分是高校的哲学教师、理科教师以及工业、农业、医学界、科技界的专业人员。大家对自然辩证法都是生疏的，所以要使这支队伍能开展活动、工作是极不容易的。在李庆臻的带领下，我们高校的教师就从自学、集体学开始，还聘请专家学者作报告，集中备课研讨等方法进行学习。同时，老李又以真诚待人的态度，给每个教师恰当的指导。山农大的艾周老师、山师大的夷萃华老师、海洋大学的郑可圃老师等，他们都是哲学老师，都是年过半百，所需的自然科学知识相对欠缺，于是老李指导他们去听理科的课程，听科技专家的报告。经过十多年的努力，他们都成了省内专业骨干教师。直到退休或离世前，都紧紧跟着老李教好这门课程，成为老李的忠实追随者。原济南大学的安维复老师，从东北来到济大，在李庆臻的指领下，紧跟科技经济社会发展的步伐，开展了大量的调研工作，发表了许多有建树的论文、专著，多次获得省社会科学奖，被破格评为正教授。他在离开济南大学到上海大学工作后，仍然与老李保持密切联系，坚持自然哲学、科技哲学的研究方向。山东化工学院的张道民老师，被老李调到青岛大学，成为自然辩证法研究室成员，与老李共同完成了几部专著的撰写，成为青岛大学自然辩证法研究的学术带头人。甚至连在校的青年大学生也成了老李的追随者，如山农大的青年学生刘慧晏在读了老李发表在《文史哲》的文章之后，专程到济南找到他家，一方面表达了对老李的崇敬，一方面表示坚决要搞自然辩证法这个专业。刘慧晏在华东师大读研毕业后要求老李调他去青岛大学，他也因此如愿成为青岛大学研究室的成员，成为老李的助手。老李调任烟台大学校长后，刘慧晏也双肩挑，先后任校团委书记、青岛市团市委书记、淄博市委书记、云南省副省长等职，但他始终与老李保持密切联系，始终坚持学习研究自然辩证法。老李在由山大（济南）搬迁曲阜（新山大），再搬回济南山大，再到以后调任青大、烟大、济大。这一路走来，每到一处，他都结识了一批追随者和合作者，由此也带出了一批德才兼备的人才，为国家、为社会作出了一次又一次贡献。

有生活情趣的人

老李非常热爱生活，有着广泛的生活情趣。他热爱大自然，利用业余时间到大自然中去。他喜欢旅游，尤其在退休后，带着老伴先后到国内外多个国家和地区去游玩，如黄山、张家界、九寨沟以及日本、北美、加拿大、墨西哥等地的著名景点，欣赏大自然的美，体验大自然的和谐。他喜欢摄影，把大自然的美用自己独特的视角拍摄下来，把人物和大自然融为一体。当我在他家看到他在北美拍摄的一组照片时，被尼亚加拉大瀑布的场面震撼了，被他与老伴在这个场合下拍摄出来的“才子佳人”的影像震撼了。这哪是70多岁的老者，这简直是他们年轻时身影的再现，真是太美了。老李还喜欢收集自然界的石头。1982年，我们一起到昆明参加学术会议。在回来的路上，他又是买珊瑚石，又是买上水石，又是捡什么石头，弄得我们俩用一个纸箱子、一根棍子抬着，在上海火车站转车时让人误认为做买卖的小贩，至今回想起来仍是一阵大笑。

老李还是个挺时髦的人，社会上有了什么新鲜的、现代高科技的东西，他都要尝尝鲜。20世纪80年代初，彩色相机刚时兴时他就买了一台。1982年的夏天，他回曲阜，来到我家，给我们全家照了我家的第一张彩照，把孩子们高兴得直蹦，至今这张照片仍是我家的珍宝。2006年，当刚有了MP3不久，我还没来得及买，老李竟用上了MP4，里面又是戏曲、歌曲，又是照片。有一次，在去北京开会时，在济南至北京的火车上，两个多小时的时间我们硬是没看完上面录的东西，把我和老伴羡慕得不轻。用上电脑后，我们之间不仅可以发邮件，还可以视频聊天；后来，我们还用智能手机发短信、微信，等等。老李虽年近八十，但正像年轻人议论的“还挺时髦”的。正是有这样的心气，他的思维才更加敏捷、开阔，他的精神生活才更加丰富，人才显得更加年轻，正是夕阳无限美。

有个性的人

在多年的交往中，我觉得老李是个有个性，有真知焯见，敢想、敢说、敢做的人。就我所知，对20世纪70年代的高校大搬迁，“对实践是检验真理的唯一标准”的大讨论，对改革开放后高等教育的改革、教师队伍的建设以及人才培养，对现代科技革命如何为改革开放、国民经济发展、社会发展服务等重大问题，他都有自己独到的见解，并在适当的场合向领导谏言，甚至为一件事情反复向领导反映论证，引经据典，结合现实提出合理的、切实可行的意见，所以受到领导的高度重视。如山大文科与曲师文科合并组成新的文科后，教师数量增加，加之新山大组建初期，招生数量较少，显得教师有些过多。于是，有些教师以各种理由要求调离学校，包括许多学术上拔尖的人，而一些单位领导也不加考虑后果就放人。这时，老李虽不在系科，但是当他看到一些教师调走时一方面心疼不已，另一方面感到问题的严重性。于是，他毫不犹豫地找到校革委主任张国中反映情况，一一列举实例，说明这样下去可能给教师队伍和学校教学、学术研究带来的影响。校领导对此事给予了高度重视，并采取紧急措施，制止了这一现象，使学校避免了更大的损失。

另外，在工作方法上，老李也有独特大胆之处。高校校长一般都要到学校上班，你可以在办公室里，也可以在学生的课堂上、操场上、实验室里、图书馆里或是其他部门，但就是不能在家里写作或干其他的事情。老李就不是这样。他在安排好自己应该处理的事务后，就大胆地、放手地让分管领导、办公室、职能部门各司其职，负责处理好日常的各项工作，重大事情再向他汇报、请示。平时，他则在家里看书或写作。他的这种工作方式起初也不被一些教职工所理解，甚至有些议论，但是老李坚持这样做。坚持的结果不但没有影响工作，相反还增强了各职能部门的责任感。这对我是一个教育，也使我敬佩不已。

有情有义之人

老李是一个有情有义、有责任心的男人，这不仅表现在他对同事、对工作上，更突出地表现在他对家庭、对他的爱人身上。20 世纪 90 年代，他爱人杨桂鸾老师得了股骨头坏死症，不仅病痛折磨她，而且家务事操理起来也有了困难。这时的老李并没因此悲观，他一面工作，一面干好家务，照顾好老伴。外出开会时，把老伴带在身旁，尽量减轻她的孤独与痛苦感。他千方百计询医问药。当得知山东诸城有一祖传老中医正在青岛大学校医院就诊时，带上老伴就去了。这一治就三年多，天天吃中药，贴膏药，用草药洗。好转后，老李还带他去北京鼓楼医院治疗。医院大夫认为山东治得好，应继续治疗。治疗年余，老杨放下拐杖，便可独行。如今老杨的病已经 17 年了。人若不知，初看其走，似无病者，这简直是个奇迹。更让人可敬的是，偶然一次机会，老李、老伴和儿子到海南去旅游，虽然在济南天气已比较凉了，但在海南住了几天，老伴却觉得腿部疼痛减轻，身体非常舒服。老李意识到这是因为海南的气候比较暖和，对有关节炎的人是有利的，于是老李当即决定在海南买套房子。他还把这个想法告诉过我，我还劝他“租套房子就可以了，买套房子要花二三十万，值吗？”“买，这对老杨有好处。”他真的在海口买了套房房子。从 2007 年至今，8 多年过去了，每年的 9 月底到第二年的 5 月中旬在海口居住，就是为了老伴的身体，而他也过起了另一种有情趣的生活。这种有情有义、有责任心的男人，在当今社会真值得年轻人效仿。我背后常和我老伴说，像老李这种工作狂，这种爱管大事的人，这种知名的专家学者，能做到拾得起放得下，真是太了不起了。老李真是一个心胸宽广、能容天下之事的智者。说起他们的旅游，这可不是一个简单的事，因为他老伴有股骨头坏死症，走路时腿脚不便。老李为了和老伴一起旅游，还给老伴买了轮椅，但轮椅只用了两次，一次在日本旅游，一次去九寨沟旅游。以后再去旅游，老杨怕老李累着，再不让老李用轮椅推着她。老杨的股骨头坏死已经 17 年了。如今每天晚上，两人散步半小时，走着谈着，亲密无间，令人羡慕。每每和他家老杨说到这事，我就对老杨说："老杨，你有了老李就是天下最幸福的人。"老杨深情地说："他是我的贵人，我一刻也离不开他。"

珍贵的友情

老李有个特点，不论走到哪里，不论和谁打交道，始终说一口"济南话"。也许正是这个原因，他用北方人的真实，用自己的智慧和广博的知识，结交了许许多多各地的朋友。他每到一个新地方，就会在很短的时间里结交非常好的朋友，而且关系还那么"铁"。2012 年冬，我和老伴去海南琼海避寒。他知道后，邀我们到海口去玩。去了之后，不仅给我们安排了住宿，让我们在他家吃饭。更出乎意料的是，他竟给我们安排了一辆小轿车，带着到海口的火山口、红树林、万绿园等地玩了两天。开车的是老李新结识的上海退休的一名高级工程师，他现在在海口承接了一个开发项目，每天还很忙，却放下工作来陪我们玩。我问老李："你们认识几年了？""三年多了。""怎么认识的？""我们两家住得很近，买东西碰到后，聊天非常投机，就经常交往了。他有事情我帮忙，我有事情他帮忙，我们非常合得来，这就是缘分。"看他们的交流，真像是多年熟悉的老朋友。老李交朋友不是靠吃喝、游玩、拉帮结派建立的，是靠人品，靠真诚，靠事业上的合作，靠日常的相互帮助、相互信任。最近几年，老李经常不在济南，与他联系大部分靠手机、电脑，但在春节拜年时，我总觉得发个短信不够，必须打个电话给老李，听听他说话的声音。当他避寒快要回济南时，总要打个电话"老李什么时候回济南？""快了，五月中旬吧！""好，回来后去看你和老杨。"知道了他和他老伴的踪迹，心里也就踏实了。44 年来，我们建立了深厚的友情，成为挚友。他是智者、老师，我非常敬重他；他亲切、和蔼，我又非常信任他。这就是我所结识和结交的挚友李庆臻。

2014 年 7 月于济南

（作者系齐鲁师范学院原院长、教授）

贺李庆臻同志八十寿辰

张鸿岳

2015年6月13日庆臻同志迎来八十寿辰，可喜可贺！

我和庆臻同志相识已近50年了。1965年，我调到山东大学政治系办公室工作，庆臻同志已在政治系哲学教研室任教。我们不但在同一个系共事，又同住在山大新校一号楼教工宿舍，还是隔门邻居。一号楼是筒子楼。各家在筒子楼大走廊里做饭，在公共洗漱间洗衣刷碗，大人孩子朝夕相处。我们共处了6年。

1966年，我在山大农场劳动。这时，庆臻和夫人杨桂鸾仍一如既往地对我和杨熙曼同志在生活上给予关心和帮助，有时还向我们通报些信息，给我们不少鼓励，使我们在逆境中得到许多温暖。1968年，在庆臻同志的倡议下，我们两家人南下去了泰山。在蓝天青山中，我们得到了一次解放。那次泰山之行更加深了我们之间的友情。将近50年过去了，那时的情景仍深深地留在我的心中。

1971年，山东大学被一分为三。文科各系从济南搬迁到曲阜，与曲阜师范学院合并，重组山东大学。我和庆臻同志两家搬到曲阜后，虽分住在曲阜师范学院的两个院子，但仍然相互关照，经常来往。我们两家各带着两个孩子。孩子们同时进入了小学和幼儿园，也成了好伙伴。有时我和熙曼同志出差在外，就将两个孩子托庆臻同志一家照管。在那些日子，两家几乎形同一家，孩子们在一起玩耍，更是难分难离。在曲阜的6年，又留下了许多美好的回忆，至今谈笑难忘。

1973年，原山大文科各系又回迁济南，与原山大理科各系后来改建的山东科技大学合并，重组山东大学。当时回迁面临的困难和矛盾很多，大批文科教职工的住房在济南短时间不能落实，只能在曲阜师范学院等待分批回迁。这时，我被留在曲阜留守处工作。庆臻同志先回济南到校办公室工作。他在党委领导下，协调各方，在稳定合校后的工作秩序等方面发挥了积极作用。我在留守处的工作也得到他不少支持。1976年，我最后一批迁回济南，也被调到校办公室工作。在那段时间，我们在工作上配合默契，互相支持，合作愉快；在生活上我们依然互相关心，互相照应。我们之间的友谊进一步加深。

1978年初，我被调到教育部高教司办公室工作。当时的教育部部长张承先很关心山东教育事业的发展，他提议和支持山东在青岛市建青岛大学，在烟台市建烟台大学。青岛大学初建不久，庆臻同志被调任青岛大学副校长。我因工作关系与山东的高校都有一些联系。据我所知，庆臻同志到青岛大学后，在学校管理、教学科研和学校发展规划等方面，都提出过许多新思路，做了许多工作，为青岛大学的发展打下了很好的基础。烟台大学成立后，庆臻同志又被任命为烟台大学校长。他去烟台大学也把烟台大学的建设和发展向前推进了一步。随着山东教育事业的发展，在20世纪80年代中期，山东省教育厅和济南市也在济南筹建大学。初拟名为济南联合大学，后改为济南大学。庆臻同志又被调任济南大学校长。新建大学都面临许多困难和挑战。庆臻同志知难而上，经过几年的艰苦工作，也使济南大学面貌一新。庆臻同志接连在这三所新建的大学执政，勇于担当，勇于开创，为山东的高等教育事业作出了可贵的贡献。这应是庆臻同志八十寿辰时值得大写的一笔。

庆臻同志不仅思想敏锐，有较强的组织管理能力，而且是一位学者型的大学领导人。他20世纪60年代毕业于北京大学哲学系。到山东大学曾在一段时间集中哲学及自然辩证法的教学和科学工作，担任行政工作后仍未间断学术研究。他著书立说，发表过若干文章，并有专著。他还是全国自然辩证法学会的负责人之一，在自然辩证法学界也是一位知名人士。

我与庆臻同志虽在不同的城市工作和生活，但一直保持密切联系。1990年我被调到中国社会科学院研究生院工作。1995年离休后，被中央党校函授学院聘请，帮助办省部级干部在职研究生班。当时庆臻同志也被聘为山东学员的指导教师。我们又一次合作，也为中央党校函授教育作出了一定贡献。

在庆臻同志八十寿辰来临之际，我为他一生在事业上的成就和对教育事业的奉献感到高兴，为我们50年的珍贵友谊感到欣慰！祝庆臻同志生日快乐，阖家健康、幸福！

2014年8月28日于北京

（作者系中国社会科学院研究生院党委书记、教授）

《李庆臻文集》即将出版几点感言

张道民

今年盛夏得知李庆臻的学生们要为先生出版学术文集以庆祝他八十诞辰。我与庆臻同志相识于1981年初一次山东自然辩证法会议上。那时他正任山东省自然辩证法研究会副理事长兼秘书长职务，我也刚从自然科学研究工作转入自然辩证法教学工作。他给我一个鲜明的印象，是一位党政工作和学术研究兼备且活动能力很强的双料学者。

1986年暑期，李庆臻由山东大学调入青岛大学任副校长后，并不满足于只干党政工作，而是在抓好党政工作的同时，积极地创办校刊《东方论坛》，筹建“科技与经济社会发展研究室”，并把我从外校调入青岛大学。我这个人不欣赏“武大郎开店”式的工作环境，非常喜欢与高水平的同事一起开展学术研究工作。我调来青大后，在一个研究气氛浓烈的学术环境中，李庆臻和其他同事活跃的创新思路使我受益良多，我便很快融入自然科学与社会科学交叉思维的新征途中。

尽管李庆臻于1990年秋调去烟台大学任正校长职务，但我们共同从事的科技哲学研究工作，却一直持续到20世纪90年代末。我对李庆臻严谨的治学精神及交往中他诚挚为人的高尚品格有长期的亲身感悟，借此机会我着重地解说一下李庆臻学术生涯的特质：

其一，研究目的明确，始终如一，创意横溢，成果颇丰。自1976年以来，李庆臻至今共出版了10多部著作，发表了100多篇论文。他的目的非常明确，振兴祖国的现代科学技术，强国富民。他的著述都是围绕着现代科技发展的总趋势，以系统论原则为指导，对科技自身发展的规律，现代科技发展的新成就（包括理论创立、方法创新、科学发现、技术发明等）对经济社会发展所起的重大作用以及科技伦理学等领域，均阐发了一系列颇有创意的观点，对全面促进科技、经济、社会协调发展起到了积极的开拓作用。

其二，在其著述中突出了社会科学与自然科学交叉融合思维的特点。李庆臻毕业于北京大学哲学专业，随即又获得中央党校自然辩证法研究生资历。对于20世纪50年代毕业的哲学系学生来说，最缺的就是自然科学知识。他尽管已修完了自然辩证法研究生课，但在以后的科技哲学研究中，由于现代自然科学的新成就层出不穷，整个科学技术发展迅猛，仍需要不断吸取科技知识，这对于哲学专业人才来说要有一个很艰难的刻苦学习过程。可是李庆臻以无畏的精神顺应了现代科技发展的大趋势。著名科学家钱学森从20世纪80年代就积极倡导重视解决自然科学与社会科学交叉融合的问题，直到21世纪钱老逝世之前仍惦记着这个大科学发展的重大问题。李庆臻作为20世纪80～90年代的学科带头人和领军人物，在实践社会科学与自然科学交叉融合的道路上起了典范作用。

其三，一位名副其实的双料学者。李庆臻不仅同等地看待社会科学和自然科学，而且在任职的党政工作和学术著述中，均遵守科学性的准则。凡是他发表的著作，完全由他自己拟写作提纲，酝酿成熟后亲自执笔行文，再经推敲修改，最后用稿纸抄清定稿。既不沽名钓誉，又善于激励人才。尤其对青年人，不论来自何方的教师或学生，总是热情鼓励，积极支持其发挥才能，经常帮助推荐稿件发表，成为青年人非常热爱、尊敬的导师和领导。

李庆臻毕生都在高校从事党政工作和教学科研工作，一贯主张正规高校必须办成教学与科研双结合的学校，缺了哪条腿都难以显示出高校的创新智能。青岛大学、烟台大学、济南大学均为20世纪80年代中期开始建立的新校，李庆臻依次在三所高校任过校长职务。可是他每逢调到一所新校后，除了一丝不苟、严格地按中央政策和科学规律办事外，还主动创办校刊，活跃学术气氛。他的学术知名度高和编辑学术刊物的特有技艺，使那里的校刊都获得新生并快速成长，成为有影响力的学术刊物。

李庆臻既有很高的理论水平，又有丰富的党政工作实践经验，而且理论联系实际。他所发表的论著，有独到见解，对软科学工作者和干部都有参考价值。

（作者系青岛大学教授）

我所知庆臻师与庆臻师所知我[①]

冯国荣

2014年初夏的一日，我去青岛海边庆臻师的寓所探望，与庆臻师坐在他家楼下花园中树荫下的街沿上聊天。我携去了近年出的几本书，有《空灵整释》《新诗谱》《西江千户苗寨研究》等。从我的几本书谈到了庆臻师曾经出过的那些书。在我记忆中那些书都很有价值，也很有影响力。我由此提出一个建议，由我们几个学生为他编一套文集。

庆臻师儒雅谦和，退休后更是淡泊名利。他先是说没什么好出的，后来勉强同意，说出一本。我在庆臻师身边工作了一些年，对他有比较深入的了解，我大致估了一下，说："至少二百万字。"后来他再三掂量，说："只能选最有代表性的一部分，出两本。"

不少人只知道庆臻师先后是几个大学的领导，治校很有方略，不知道他在多个学术领域里都很有建树。中国的大学校长大致有三类：一类是纯学者型的，当校长只是挂个名，基本不参与日常管理。一类是行政管理型的，基本上不做学问或学问很一般。近年不少大学面临扩校问题、经费问题、协调地方关系问题等许多纯学术型领导干不来的事情，行政管理型领导就显得很重要了。第三类是学术研究与行政管理兼而能之。我比较倾向于第三种校长。这种校长具有比较好的学术视野与学术深度，对学校走向尤其是学校学术攀升具有较好的判断力与策划力，对学术研究与研究型教师的甘苦得失有深入的体察，具有一个大学校长应有的学术风范。如果同时具备使方方面面工作落地的操作能力，那就堪称善之善者。

庆臻师应当说就是这种学术研究与行政管理兼而能之的第三类校长。而且是这第三类校长中的善之善者。

在大学领导工作方面，因为为很多人所熟知，我只概括地说一下。庆臻师先后担任北京大学教师、山东大学校长办公室主任、山东大学出版社社

① 本文标题中第一个"知"是知道，第二个"知"是知遇。

长、青岛大学副校长、烟台大学校长、济南大学校长。在山东大学时发起成立文史哲研究所、山东大学出版社，参与推动山东大学复校。在青岛大学提出的治校方略以聚才为最，促成了青岛大学建校的高起点。在烟台大学提出了治校十大方略、四风建设与环境治理。在济南大学促成了济南大学合校，提出了建立教学中心地位的大思路。庆臻师在所在的高校领导的岗位上，作出了具有重大战略发展意义的独特建树，在这些学校的校史上留下了深深的足迹。

我重点说说庆臻师的学术贡献。庆臻师的学术成就可以分三个方面去说。

第一，他对经典著作研究的贡献。特别突出地表现在《〈反杜林论〉注释》编写与出版上。1974 年出版的是《〈反杜林论〉提要与注解》，后来在 1982 年出版《〈反杜林论〉注释》。在极“左”思潮影响下，对《反杜林论》这样的著作的注释研究多有不同程度的教条化倾向，庆臻师对教条化的注释进行了逐条辨析、纠正，恢复了《反杜林论》的本真思想，而且用一系列新颖的观点加以精微的论证，将《反杜林论》研究推向了新的水平。

第二，自然辩证法—科学哲学—科学社会学、科技经济学、科学伦理学的学术主线。庆臻师除在经典著作有深厚的积淀外，对哲学研究各领域也有系统的研究。如对时空无限性的探讨，对自然观的逻辑起点的探讨，对王夫之、黄宗羲、顾炎武的研究；还主编有《马克思主义哲学自学教程》。但他的学术成就，主要体现在自然辩证法—科学哲学—科学社会学、科技经济学、科学伦理学的学术主线上。他一开始从事自然辩证法研究，发表了一系列重要论文，并担任过中国自然辩证法研究会副会长，成为我国该领域有代表性的领军人物之一；后来进入到更广义的科学哲学研究，主编有《简明自然辩证法辞典》；再后来进入科学社会学、科技经济学、科学伦理学领域，主编出版了《大杠杆——震撼社会的新技术革命》《大协调——科学技术社会学》《大动力——科学技术动力论》，不仅在学术界及社会上发生了很大的反响，而且受到了钱学森等专家学者的高度评价。

第三，我这里特别要归纳一下庆臻师突出的学术成就。首先，他从系统深厚的马克思主义经典著作研究出发，坚持马克思主义科学生产力论的思想。20 世纪 90 年代后，自然辩证法专业的许多人转向西方科学哲学研究，而他却被称为“坚守马克思科学传统的最后一人”。他在研究中，不仅系统描述了马克思科学传统的轨道，而且不断结合当代世界发展大趋势，建构具有当下说服力的学说。因此，他的自然辩证法—科学哲学—科学社会学、科技经济学、科学伦理学的学术主轴中，包含了一系列成体系的思想。他的另一个学生、我国科学哲学界的后起之秀——安维复这样给庆臻师定位：

> 李校长在试图重建一种新的马克思当代形象，在于唤醒被教科书体系淹没了的科学技术是推动历史真正动力的伟大论断，在于站在世界学术发展的高度重新诠释马克思科学传统的思想活力，在于论证马克思的科学传统是我们可能破解中国式发展道路的必经之路。……这与英国的D·贝尔纳(在欧美有很大影响的马克思主义思想家)极为相似，仅在这个意义上我们或许可以将李庆臻校长类比为中国的贝尔纳。

这种评价本身也很有眼光，非常切中当下中国发展乃至人类发展的要害——如何重新面对马克思？当下全球包括中国面临两极分化越来越严重的趋势，美国乃至全球金融危机、经济衰落导致了新自由主义之类走进牛角尖。中国社会形态一直在寻找方向，还有很多课题要深入探讨。在这种状态下，像庆臻师这样的“坚守马克思科学传统的最后一人”的意义可能非常重大。

对于我个人而言，我最应该说的是：庆臻师是我的恩师。我1963年从江苏无锡考入山东大学，学的是哲学专业，庆臻师便是我们的自然哲学老师。当时他不仅自己讲课，还给我们安排了高等数学、量子物理、天文学等课程，大大拓展了我们的知识视野。与一般同学不同的是，庆臻师后来到青岛大学任副校长，把我从青岛造船厂调到青岛大学。我大学毕业后分配到青岛造船厂，先在车间劳动，后来落实政策，搞宣传及工会工作，再后来成为厂领导。这个青岛造船厂是个县团级国有企业，所造的船中有相当一部分是军舰。尽管当了领导，但专业不对口，造船我根本不懂，所以一直感到很别扭。我到青岛后先是受郭沫若的影响(我们见面聊过，也互通过信)开始写诗、搞书法，后来在青岛与纪宇、谢顾城、栾纪曾、尤凤伟、耿林莽等形成一个文学圈子。他们中大多成为全国著名的作家，我也在80年代初就出版了《当代中国诗歌发展走向窥探》一书，而且在北京、上海、济南发表了一些作品。青岛市委拟安排我到青岛文化局艺术研究所去工作，但我当时已是一个副县团级干部，可能不是很好安排。就在这时，庆臻师到青岛大学任副校长，就把我调到青岛大学，一开始任宣传部副部长，很快又评上中文系副教授。

说到副教授，有两件事都得力于庆臻师。一是我的《当代中国诗歌发展走向窥探》获山东省社会科学优秀成果二等奖。我在工厂多年，对评奖这类事懵懵懂懂。一日，庆臻师说你的那本书可以参加山东省评奖，并给我一张表。就这样获了一个二等奖。后来，我被评为副教授，也得益于这个二等奖，因为当时一等奖极少，有不少领域一等奖空缺，二等奖就算最高的，许多正教授都没有得过二等奖。那时我进大学才一年多，没有当过助教、讲师，直接就当了副教授。我对评职称也是懵懵懂懂。我当时在宣传部工作，是一个行政岗位，根本没有想评职称这回事。一日，我走在马路上，迎面碰到崔西璐副校长，打了一个招呼就互相错过了。走了好几步，崔校长回头说："你不是有本书得了奖吗？你可以参加评职称。"我于是找到庆臻师。其时青岛大学评职称工作已经结束，全部评审材料都报到了省里。庆臻师建议专门为我召集一个补漏的评审会，让我连夜填了一个破格的申请表。人事处的张玉玲处长亲自送到省人事厅，省人事厅的人说："这个人没当过助教、讲师，且没考外语。"张玉玲说："不是破格吗？你们可以审审他的著作，他的水平超过了很多正教授。"幸好那时崇尚破格，评职称的事情就这样通过了。我一天助教、讲师没当，就当了副教授。这自然也为我当教授铺平了道路。

这样撞大运的事在我一生中还有一些。思量起来，庆臻师并不是违反原则，他所办的事都符合国家相关要求，然而要是没有庆臻师呢？我还不知懵懵懂懂多少年。他为我办的这三件事，可以说在我进入专业的起步阶段起了关键作用。以后，庆臻师就离开青岛大学去了烟台大学。他送我这一程，可以说是殷殷切切，令人难以忘怀。

（作者系青岛大学教授）

为仁者智者达者寿者贺

刘慧晏

昨天下午，收到李庆臻先生的手机短信，说自己明年八十大寿了。在回复信息的时候，先生的音容笑貌宛在眼前。寿登八十，人生大事。作为学生，很想，也应该说几句话，作为贺词，以表达由衷的祝福。

在我的眼中，先生是仁者。仁者爱人。我与先生初识于1983年，那时我是山东农学院的一名学生。因为拜读了《文史哲》里的大作，慕名到山东大学洪家楼校区拜访请教。记忆特别深刻，先生其时年龄不足50岁，但是眉毛银白，映衬得双眸炯炯有神。一位是大学教授、校党办主任、文史哲研究所副所长，一位是非哲学专业的四年级大学生，就这样因缘相会。

见面后，李先生不仅解我学业之惑，而且赠我学习用书，那蔼然的长者风度，终生难忘。从此以后，我们联系不断，师生感情日深。

1987年7月，从上海华东师大研究生毕业后，我回到青岛，到新成立的青岛大学社科部工作。而之前一年，先生已经由山东大学调任青岛大学副书记、副校长，当时青岛大学的校长由著名数学家潘承洞先生兼任。李先生在青岛大学工作时间不过三年多些时间，但是教职员工，老老小小，对他特别尊敬。大家公认，他对青岛大学的学科建设与发展作出了重要的贡献。因为是他的学生，又曾经共事几年，对李先生的学生、朋友和同事，我认识的真不少。一个共同之处，大家都对他特别尊敬。为什么？我认为这与先生的仁者品质密不可分。比如1983年，我以一个非哲学专业的学生贸然拜访，先生不以政务繁忙为理由而拒绝，却热情接待。许多教职员工讲，在李庆臻校长分管层面，只要是合理的诉求，不用登门拜求，他会主持公道帮你办理，而事后绝不会主动向当事人提及。甚至许多人，是多年后，才知道自己曾经受到过李先生的帮助。没有仁者爱人之心，绝不可能做到这点。

在我的眼中，先生是智者。智者不惑。李先生解放初考取北京大学，就读哲学系，因为学业优留校任教，又因为学业优被选派到中央党校进行重点培养。我见过先生年轻时的相片，真是英俊潇洒，透着一股齐鲁俊秀的聪明劲。在青岛大学工作时，在某种程度上我实际上是先生的学术助手。作为新建学校的领导，他学术、行政双肩挑。对于一般人而言，一心两顾，很难处理好。但他以自己的智慧，不仅处理得好，而且成绩斐然。在学术上，那些年，他主持出版了《大杠杆——震撼社会的新技术革命》《大协调——科学技术社会学》《第一生产力论》等几部颇具影响的论著，有的专著得到了钱学森等著名学者的高度评价。这些论著所阐述的观点，即使今天看来，不仅不过时，而且值得好好思考借鉴。比如，时下全社会关注的经济社会转型，很重要的一个方面，不还是需要弥补科技创新能力不足这个短板吗？在行政上，行政能力强，不仅深获教职员工的敬重，也受到了上级组织的认可，一而再受到组织重用，不就说明一切吗？作为他的学术助手，我发现，似乎没有什么事情难住过他。李先生跟我讲，50 年代初，钱学森先生刚回国，北京大学邀请作报告，钱先生的报告以《强调方法的重要性，强调方法孕育成果》为题。记得李先生专门写过一篇杂文，他始终认为事情办不好，一定是方法有问题。

写到这儿，有一句埋在心底的话，我今天才说出来。我总是惋惜：如果先生再年轻 20 岁，该为国家作出怎样的贡献！

学生现在已是知天命之年，每每见到德才兼备者，总是从心底里喜欢。做如此想，我想先生会十分赞赏的。

在我的眼里，先生是达者。达者圆通。圆通，于人生，不易。圆通的境界，在我看来，需在三个层面体现出来，其一自我层面，其二社会层面，其三天人层面。孔夫子说，他是十而有五有志于学，三十而立，四十而不惑，五十而知天命，六十而耳顺，七十而随心所欲不逾矩。达，于自我层面，最重要的是能以超然的态度对待事务。我认识先生时，他已年近知天命，早已不惑，我感觉他兼善天下之志甚笃，但志向难酬时，则乐山乐水之趣浓郁。记得他有诗篇抒发过此等精神境界，请书法家写出，裱挂于书房。达，于社会层面，则需有己欲立而立人、己欲达而达人的襟怀。先生完全可以说，自己的事业是成功的。难得的是，在自己事业成就之路上，他引导扶助了一批才俊。这些贡献，我认为不亚于他在学术上取得的成就。不知先生认为然否？达，于天人层面，最为关键的是通变。先生是哲学家，深识变之为义的深奥。世界上，还有什么比变更可喜更可惧的呢？自其可喜者而观，小可变为大，弱可变为强，贱可变为贵，低可变为高；自其可惧者而观，大可变为小，强可变为弱，贵可变为贱，高可变为低。不通变，由山东大学而青岛大学而烟台大学而济南大学，数易任所，能够都做得那么优秀吗？不通变，退休休养后，孰能候鸟般地冬春海南、夏秋齐鲁，夫唱妇随，如此怡然自得呢？

在我眼中,先生是寿者。照传统的说法,80 岁,当然是寿者。但对于现代人而言,80 岁还年轻着呢!时髦的说法,才刚刚 40 公岁。我知道,李先生家族有长寿基因。对于先生,我坚信何止于茶,相期 120 岁后!

今天,喜为先生 80 岁贺,愿先生茶寿 108 岁时,我再撰文为可敬的仁者、智者、达者、寿者贺!

(作者系云南省副省长)

李庆臻校长在烟大

杨富民

李庆臻校长2014年暑假期间应明德书记邀请来烟大探访故旧，告诉我2015年是他的八十寿诞，他的学生打算为他出文集。我和李校长不仅有共事之谊，而且他还是我的北大学长，写点回忆文字，以示祝贺，义不容辞。看到李校长年届八十，依然身体健康，精神矍铄，耳聪目明，思维清晰，论人议事，语言犀利，逻辑严密，谈锋甚健，一如往昔，一切都和二十多年前没有多大变化，我从心底里感到高兴，为他祝福。

李校长早我两年考入北大学习。由于他在哲学系，我在物理系，文理科交往不多，作息时间不同，各为自己的学业忙碌，我俩在北大无缘相识。我于1985年调烟大物理系任教，1990出任烟大副校长。李校长是1990年夏奉调主政烟台大学，1994年离任而调至济南大学。这一期间我在李校长直接领导下工作，与之合作共事，得到他许多帮助和支持。合作是愉快的，留下了许多美好的回忆。

一、艰难前行

李庆臻校长主持烟大工作时值1989年后，西方国家对我国进行经济制裁，我国经济发展遇到一些困难，特别是对烟台这样的沿海开放城市影响更大一些。烟台大学的基建经费是由烟台市(后分为烟台、威海两市)地方集资承担的。地方经济困难，集资款余额不能到位，烟台欠款未能及时付清。

烟大1985年招生，到1990年达到3000人规模，取得学士授予权，这是初创阶段取得的成绩。李校长1990年主政后，提出的任务是充实提高：要提高教学质量、学术水平和管理水平；要凝聚共识，统一思想，把学校办出自己的特色，形成良好的学风；要争取若干学科和实验室成为省内的重点；要争取招硕士生，获得硕士授予权；等等。学校领导要进行艰苦细致的工作，李校长为此付出了大量心血。

我无行政经验,而李校长有长期领导经验和治校治学经验。我从他身上学到许多有益的东西。他常告诉我,教育事业也有其自身的发展规律,受国内政治形势的影响,不必过于着急。我们正处在困难时期。随着时间的推移,这一切都会过去,改革开放、经济发展的大势不可逆转,教育发展的大好形势也会到来。另外,一所新学校的发展不是几年的工夫就能提升到高水平的。除非有特殊的政策和条件,如1958年开办的中国科技大学。一般情况下需要几代人几十年的努力才行,我们这一任领导,只能在客观条件允许的情况下,完成学校发展进程中的一个阶段性的任务。认识提高了,对形势和任务有了正确的看法,心态就平静了。作为我自己来说,只要按照校党委的正确决策,在李校长的直接领导下,努力完成自己的分管工作,觉得自己无愧于心就行了。

二、喜获捐款

1991年夏,一个周末的晚上,有一个香港来的长途电话,要找学校的主要领导。李校长不在家,电话转给我。是香港于维绍的来电,说要见烟大校长,无意和烟台市领导接触。我让校办告诉李校长。后来,于先生又与李校长亲自联系。李校长从北京开会赶回烟台,如期会见于维绍先生一行。

于维绍先生一行来后,李校长亲切接待他们,并亲自带领他们参观了全校。于先生对李校长的热情接待十分感动,对烟大发展充满信心。经过研究,把其兄于维纮的200万美元的遗产捐赠给烟台大学。按当时的汇率计算,当时200万美元相当于2000万元人民币,算是一笔巨额捐款了。对于烟大来说,这真是意外飞来的天大好事。台湾同胞对故土人民的血浓于水的亲情,造福乡梓的高尚品德,实在是感人至深。

于维绍先生的捐款如何使用?在李校长带领于先生参观学校时,已同于先生暗示可建学术中心,可为结构工程实验室、机械系购置仪器设备等。后来,李校长征求我的意见时,我提出以下几点建议:一是建于维纮学术中心,二是为土木工程系结构工程实验室购置设备,三是为机械系进口的振动测试仪配置数据处理系统,四是为计算机系和计算中心配置较好的计算机工作站和绘画仪,五是可设一个学术基金。李校长同意我的意见,我很高兴。李校长还提议设出版基金,资助学术著作出版,我也完全赞成。

后来,这些项目都落实了,对于烟台大学的发展起了很好的作用。于维纮先生的捐款善莫大焉。在李校长主持下,这笔钱用到了最该用的地方,使其发挥最大的效益,在烟大教师中也是广为传颂的。

三、重视科研

我分管科研工作，把科研工作放在什么地位，如何处理科研和教学的关系，是我刚接手工作时必须要考虑的问题。我曾就此问题请教于李校长。我们的共识是，学校的中心工作是培养人才，一个合格的人才应该是德智体全面发展的。学生的专业知识和能力的培养，是与教师的学识、能力、学术水平密切相关的。所谓提高教学质量，确切地说，是指提高对学生专业知识和能力的培养的质量。为了提高教学质量，首先要求教师要过教学关，其次要求教师提高学术水平，最后要求教师有培养研究生的能力。要保证教师培养本科生和研究生的质量和能力，教师必须重视科研，提高科研能力和水平。只有这样，教师传承的不仅是前人的知识，而且要通过比较研究，去伪存真，取其精华，扬其糟粕，教给学生真知，还要培养学生热爱科学、追求真理、探索未知的创新精神。要做到这一点，既要靠教师扎实的教学能力，也要靠教师创新的科研能力。

我和李庆臻校长还认识到，烟台大学要成为省属重点大学，就要下力气培育自己的重点学科，如法学；理工各系有几个省属重点实验室，如土木土程实验室。然后再用三至五年时间争取得到硕士学位授予权，能够招收和培养硕士研究生。为了提高学校的科研质量，提高教师的科研水平，学校千方百计创造各种条件，其中我们设置的科研基金和出版基金发挥了很大作用。

四、尊重人才

李校长主政烟大时，烟大的师资队伍和管理人员刚从四面八方凑起来，还很不整齐，加强队伍建设就成了一切工作的关键。我校有一批素质良好的青年教师，其中有不少北大、清华培养的研究生，但缺水平较高的学术带头人，无法形成科研团队。为了建设烟大的教师队伍，我校特别重视对青年教师的培养，制定了培养青年教师的条例和规定，让青年教师尽快成长起来，使其成为中坚力量。还要及时引进一些中年学术骨干，带领青年教师，形成团队，把烟大的教学科研搞上去，把烟大的人才培养起来。例如，当时的物理系引进了张志友、董维义、孙金诈和田宇宏等教授。这些教授都担任过国家和省部级的科研项目，在国内有影响的刊物上都发表过重要论文。

为了提高人才质量，积极引进一些水平较高的博士生，鼓励已有的青年教师在职进修提高，对特别优秀的青年教师可破格晋升技术职称等等。通过这些措施，烟大的教师队有很大提高，烟大的人才素质也有很大的提高。

李校长是学术中人，和知识分子在感情上有着天然的联系。他善于团结教师，倾听他们的意见，帮助他们解决各种困难。他视老教师为朋友，和他们切磋学术问题，交流治学经验，尊重他们；对青年教师爱护有加，鼓励他们积极进取。他十分信任广大教师，认为他们安于贫困，辛勤地默默地工作，教书育人，应当得到尊重和信任。对那些把学术问题、思想问题，硬要弄到政治问题上，动不动抓辫子、打棍子的“左”的错误，十分反感，坚决抵制，尽量保护教师。

李校长自己有才气，也很欣赏有才华的青年教师和干部，当他发现某一个青年教师和干部有才华时，常常以欣赏的口吻向别人推荐，欣喜之情，溢于言表。中文系青年教师黄凤显，兼任系党支部书记，北大研究生毕业，颇有才华。李校长十分欣赏，力排众议调任党委宣传部长。李校长与我商量，调一位懂科研又会管理的教授任科研处长。后来，经过研究调张瑞丰博士调科研处任处长。当时山东省地方院校中有博士学历又有教授职称的同志任科研处长的还没有。

五、君子和而不同

我和李校长合作，在教师队伍建设、教学科研、管理等诸多问题上，经常是不谋而合，很容易统一认识，这可能是由于我们在大学时代同成长于北大的教育和学术环境，毕业后又长期从事教育工作，对教育、学术研究的规律有着基本相同的体验和认识。李校长作风民主，待人平等，绝不以势压人，而且容许不同意见存在，有和而不同的君子之风，故而工作没有精神负担，心情比较愉快。

李校长主持烟大工作初期，我分管过一段开发创收工作。我曾去外单位取经。经过思考，我认为：高校要大力发展校办产业，走上经济建设的主战场的口号是不科学的；学校大办产业，搞公司、经营商业，是不符合马克思主义的；大学可利用自己的资源为社会提供有偿服务，也可利用专业优势，进行专业咨询和服务，还可用学校的实验室进行检测和技术服务等等。想明白这些问题，我对发展校办产业问题，就比较谨慎。上述想法我都在不同情况下向李校长说过，征得李校长的同意，对我校一名企业经理作了调整，对一个与校外合办的规划设计研究所，中止了合作，请其撤回人员。

李校长并不完全同意我的想法和做法。他从学校全局出发，根据当时的形势，认为应当鼓励学校搞技术开发，搞校办企业，进行创收，改善教师待遇，增加学校收入。各大学都在积极开展这项工作，我们烟大也应放手，让大家闯一闯，或许能闯出一片天地。李校长并不强迫接受他的意见，他尊重我的想法，丝毫不责难我。我对他的和而不同的君子之风感受至深。李校长知道我的想法后，知道我不愿为自认不可的事去冒风险，耗费过多精力。他不强我所难，只好调整分工，开发创收工作由别的领导分管，让我协助，把我解脱出来，集中精力抓好科研、实验室管理、学报等工作。我很乐于如此，非常感谢李校长对我的理解。

六、李校长的长寿之道

从我和李校长相识从来，没有见他生过大病。据我观察，李校长是可以长寿的，百岁我不敢说，九十以上没有问题。我看其长寿之道有以下几条。

一是不染烟酒。李校长虽长期担负行政工作，但不忘学术，内心仍是学术中人。这需要很强的自制力，令人佩服。二是虚怀若谷。李校长能容不同意见，认为不同意见是正常现象，应尊重不同意见。虚怀若谷者，则耳顺气静，从善如流，静以养心，有利于健康。三是与人为善。处世为人常怀仁厚之心。李校长对人宽厚，不结私怨，不媚上欺下，做事光明正大，无愧于心。因此，常能保持心情坦然，心态平静，这样烦恼就少，有益于健康。所谓仁者寿，就是这个道理。四是生活规律。按时作息，饮食节制，适当运动，张弛有度，劳逸结合。五是哲者头脑。善于把握理性思考，善于抓住矛盾和规律，顺势而进。处理事情，举重若轻，从容不迫，任其自然，随遇而安。总之，我认为李校长生活方式健康有益，工作方式科学合理，思想修养境界较高，这些都是他健康长寿的重要因素。

最后，谨以此文祝贺李校长八十大寿，并祝愿李校长健康长寿。

2014 年 11 月于烟台大学
（作者系烟台大学副校长）

大师·大爱·大度

郭明瑞

今年是烟台大学建校30年校庆之年。暑假期间，李庆臻老校长应校方邀请回烟台大学参加相关活动，我也应校方邀请一同共进午餐。席间老友、同事、师生相会，忆往昔，话当年，论未来，不亦乐乎。这场景使我回想起李校长在烟台大学任校长期间的诸多往事，脑海中也就浮现出“大师，大爱，大度”的形象。

大师

谈到大学，人们常以当年清华大学梅校长之名言，说明大学须有大师。然何为大师？人们却难言其详。而今又是一个大师频出的时代，各路大师名号满天飞，各种大师到处可见，然这些“大师”却并非办大学所需的大师。在我看来，只有如李校长这样的人才方可称为大师。

何以见得？因为大师须有学问，须有独到的科研和教学能力，须对学科的建设有特别的贡献。李校长是于1990年在支援烟台大学建设的两校领导撤回北大、清华之后，接替沈克琦校长任烟台大学校长的。此时，他已经是有突出贡献的中青年专家，著述颇丰，其学问之深厚，已得同行认可，自不必言。我之所以认为李校长可称为大师，还源于以下三点：

其一，对科研的严格要求。记得在一次评职称的会上，一位申请评教授的老师在其研究成果中罗列了一堆成果，其中有的仅是发表在报纸上的常识性的小短文。李校长在会上严肃地指出：这样的“豆腐块”能反映教授的水平吗？教授要有自己的标志性成果，要拿出高水平的论文来。“豆腐块”东西填得越多越说明不够格。由此可见，李校长对科研的要求早就是“高、大、上”了。

其二，对教学的精辟见解。我没有听过李校长授课，自无资格评价其授课水平。但在交流中发现，李校长对授课有其独到的精辟见解。记得李校长说:“何谓课讲得好?把复杂问题讲简单,简单问题讲复杂,课就讲得好。”细细想来,确是如此。因为没有对教材内容的完全吃透,没有对学科的整体把握,是难以做到这一点。李校长对如何讲好课的解说,正是把复杂问题讲简单了。他真不愧为全国模范教师。

其三,对学科建设高度重视。李校长到烟台大学上任后,传承两校领导在任时重视学科建设的传统。记忆最深的有两点:一是重视发挥教授的作用。李校长在多次会议上都强调学校的发展、建设,教授是主力;强调要充分听取教授的意见、建议。二是重视学科队伍建设。我记得当年我为法学学科的发展曾力主调进一些教师。只要我将拟调入的人员对学科发展的重要性说清,学校总是予以大力支持。烟台大学法学学科,特别是民商法学能有今天的成就,与李校长的大力支持是分不开的。

大　爱

爱,为人之情。然爱有大小之别。只有爱他人、爱事业,才可称有大爱。李校长作为一校之长,一心为学校的发展出谋划策,关爱学生,关爱老师。对我印象最深的有三件事。

一是对学生的爱。1991 年春,我系的学生办了一份刊物,有学生在上面发表了一些不合当时要求的言论。有的人反映到李校长那里。李校长将我叫到办公室,指出问题的严肃性。但最后从关爱学生出发,并没有给学生任何处分。

二是对他人的爱。1992 年底,我陪同李校长访问美国的友好学校。这是我第一次出国,可以说什么也不懂。一路上,李校长处处关照我。在访问期间,李校长时时不忘维护国家尊严,广交朋友,使烟台大学与美国多所大学建立了友好关系和加深了友谊。正是在李校长的关照下,我从访问中学到了许多从未接触的东西,也为我以后进行此类活动打下了基础。后来我也多次出访,到过许多国家和地区。但可以说,我在国外照的最好的照片,仍是当年李校长为我拍摄的。

三是对教职工的爱。李校长到烟台大学时,尚是学校的建校期间,各方面的条件是相当艰苦的。记得李校长到任后的第一次教师会上,李校长就提出要重视后勤和环境,要想方设法改善教工的生活,美化校园环境,并提出一些具体目标。也正是在李校长主持下,学校办起了校办企业,以改善教工生活条件和学校的办学条件。也是在李校长任职期间,三元湖的北岸得到修整,烟台大学校园成为绿化先进单位。

大度

一个人的度量，决定于其修养。大度之人，必为能容人、能团结人之人；大度之人，也必为顾全大局、全局之人，而必是不具“小家气息”之人。我认为李校长正是有大度量之人。此仅以三事为证。

其一是李校长的容人之事。1990年代初，学校创收分配是事关教职工切身利益的“大事”，学校和各系都很重视。我当时任法律系主任，在年初即按学校的创收分配政策向系里的教工作出了承诺。然而，当年终系办公室主任到学校结算奖金时，却不能按原方案兑现。我当时在北京开会，接办公室主任电话后即通知不要结算，待我回校后处理。会议结束后回到学校，我得知学校从全校角度考虑，制定了新的分配政策。按校方新办法分配，对法律系不利，与原系里订的方案会有相当大的差距。由于我于年初已向系里作了承诺，而现因学校政策的变化，无法兑现年初的承诺，于是我就向学校提出辞去系主任一职。后来李校长委托分管干部的副书记找我谈话，问及辞职原因。我说：“按学校的新办法，我无法面对全系教职工，而我又不能让学校改变其办法。在这两难之中，最好的解决办法就是我辞职。”张副书记对我作了耐心的解释，分析我辞职后系里人事安排会发生的结果，动员我继续任职。后来我接受了学校不接受我辞职的结果，学校也仍按原定的分配政策对法律系的创收分配进行了结算。当时我的这一举动可说是出于小团体利益，一般的领导是难以容忍的。可是，李校长不仅未对我的行为予以追究，还听取了我的意见而改变了新定的分配办法。没有大度量，是做不到这一点的。

其二是李校长的放人之事。这里我仅谈孟二冬调北大一事。孟二冬于硕士毕业后分配在烟台大学中文系任教，后到北京大学读在职博士。博士毕业后，按规定他应回烟台大学工作。为让孟二冬留北大任教，其导师袁行霈先生特给李校长写了一封信，说明留孟二冬于北大之必要。李校长虽不希望有才华的新秀离开烟大，但他从全国学科发展的大局考虑，依然同意孟二冬调去北京大学。也正是李校长的大度为孟二冬同志成为全国教师的楷模提供了机会。

其三是李校长的引财之事。烟大人都知道“于维练学术中心”，却未必知道建设该中心的资金正是由于李校长的大度“意外”引来的。于先生是烟台牟平旅居海外的华侨，心系家乡，他在去世前留下遗嘱，将其遗产中的200万美元用于资助家乡教育事业。当年于先生的弟弟于维绍先生从香港来烟台考察如何执行遗嘱。来烟台后听说新建有烟台大学，就直接打电话找烟台大学校长，但未说明其行程目的。李校长接电话后当即邀请于维绍先生一行到烟大考察。正是李校长的盛情，让于维绍先生决定执行其兄遗嘱，将200万美元捐赠给烟台大学。这才有了于维纮学术中心和于维纮基金。

欣闻明年是李校长八十大寿之年，仁者寿，衷心祝愿李校长寿比南山不老松。

2014年10月记于烟台大学

（作者系烟台大学原校长、教授）

李校长在烟大的几件事

崔明德

李庆臻校长是我非常敬重的专家型大学领导。他在烟台大学工作期间，对我很关心，给予我不少帮助与关怀。他调离烟大后，一直对烟大和我本人非常关注和关心。

2014年8月，李校长和夫人杨桂鸾老师回到烟台大学。在校的现任校领导和历届老领导见到李校长都很高兴，相聚甚欢。大家叙情谊，谈变化，话未来。临走时，李校长告诉我，明年是他八十大寿，他的学生正在筹备出版纪念文集，有的已经写好回忆文章。我听后很高兴。本来我就经常和同事谈论李校长的学术成就和治校方略，现在历历往事都浮现在眼前。

早在山东大学读研究生时，就听老师说起李校长。那时他在青岛大学任党委副书记、副校长。1987年冬，经导师介绍，我到青岛拜访了李校长。不久，又在山大新校校园内与他偶遇。1988年7月，我到《烟台大学学报》编辑部工作。1990年8月，他出任烟台大学校长、党委副书记。学报编委会调整时，他又兼任编委会主任委员和文科学报主编。由于那时录用稿件全由编委会集体研究决定，所以我有机会经常参加由李校长主持的会议，从中学到不少东西。另外，学报编辑部搞文体活动时，他作为家属（他的夫人杨老师在学报编辑部工作）经常应邀参加，和我们打成一片，我们有什么话也愿意说给他听。这样一来，我对他的做人原则、处事风格和治学方法也了解得多了一些。

李校长在烟大工作期间，有几件事情给我留下了深刻印象。

一、重视人才

李校长刚来烟大时，时值北大、清华完成直接援建任务返京，学校机关不少单位的领导干部职位出现空缺，急需充实一批处级干部。李校长一到烟大，就开始物色优秀人才。他本人是专家型领导，特别喜欢“双肩挑”干部。因为之前与他认识，他来学校不久，就亲自到我家，找我了解学校情况，请我介绍人才情况。那时我女儿出生不足一个月，我们一家住在一室一厅的房子，非常拥挤。李校长、杨老师和他们的孙女一起到我家，令我们非常感动。因我在学报工作，与青年教师来往较多，对他们的情况比较了解，便从人品、能力和水平三个方面，向李校长详细介绍了孟二冬、黄凤显等一些青年教师的情况。后来，无论是到学校部处机关工作的同志，还是继续在系里兼任行政工作的同志，都是口碑好、能干事的才俊。中文系古代文学教研室主任孟二冬老师人缘好，课讲得好，学问也不错。学校有意让他到教务处工作，但他对管理工作兴趣不大，只想潜心治学。李校长曾让我和他谈谈。我和孟老师很熟，谈得很深。他告诉我已经决定报考博士研究生，继续走治学之路。我很理解他的选择，如实向李校长作了汇报。次年，孟二冬考取了北大的博士生，毕业后留校任教，成了魏晋隋唐文学史研究专家，被胡锦涛总书记赞誉为“为人师表、品德高尚”的全国模范教师，被评为100位新中国成立以来感动中国人物之一，成为教育界学习的榜样。

由于烟大是新建高校，当时青年教师所占比例很大，是学校的中坚力量。李校长十分关注青年教师，并为他们解决了不少工作和生活中的实际困难。其中印象比较深的是，有一部分青年教师两地分居，十分不便。为了使他们能够安心工作，李校长想方设法比较圆满地解决这一问题，为他们解除了后顾之忧。

作为大学校长，李校长对学校开办的幼儿园非常重视。在他看来，办好幼儿园能够为青年教师解除后顾之忧，是学校吸引人才、留住人才的重要举措之一。他不仅给予幼儿园很多支持，而且他的夫人杨老师更是倾注了不少心血。杨老师是幼儿教育专家，对幼儿教育很有感情，悉心指导幼儿园工作，很快就使我校幼儿园成为省级示范幼儿园。

二、重视科研

科研在高水平大学建设中具有重要地位。教师的教学水平与科研能力有直接关系，教师的学术地位主要取决于科研水平。李校长在烟台大学工作期间，特别重视科研工作。在这方面，给我最为突出的印象是，他的眼界高，目标大，追求高水平。我记得有次他在中101教室讲话时说，今年烟大在科研方面取得了显著成绩，获得了两项省级科研奖。但是，数量太少，层次不是太高，以后既要增加获奖数量，又要提高获奖等级，还要有更高的目标，将来要争取一等奖。还是在这次会议上，李校长说，作为省属重点大学，要盯着省级以上奖励。李校长的目标现在都实现了。近年来,学校获得了一项国家科技进步二等奖、一项中国高校人文社会科学研究优秀成果一等奖、三项山东省社会科学研究优秀成果重大成果奖和十余项省部级一等奖。

与重视科研密切相关的是,李校长曾为青年教师作专题报告,传授治学心得,讲解治学方法,期盼青年教师尽快出成果,尽快成才。我在和青年教师接触中,得知一部分人对如何做科研还不太入门,迫切希望能有人给予指点。我在编辑稿件时,发现有的对写文章还不得要领。为了提高学报来稿水平,我主动找李校长汇报,建议他为青年教师作场报告,讲讲如何做科研、如何写好学术论文。我本以为李校长工作忙,不会答应,没想到他很痛快地答应下来了。我记得他那次在中101教室讲了近两个小时,从十个方面阐述治学方法:一是境界要高,二是思路要宽,三是基础要厚,四是方法要活,五是角度要新,六是资料要丰,七是工具要锐,八是自信要强,九是实心要虚,十是兴趣要浓。听了李校长的报告,大家普遍觉得很受启发,对治学会有一定帮助。他的这篇讲话稿,后来以《青年治学十要》为题,在1991年第2期《烟台大学学报》(哲学社会科学版)公开发表。

三、帮我解压

在我到烟大工作的第二年,发生了至今仍记忆犹新的“办班事件”。1990年夏天,学报编辑部在烟台聋哑学校举办了一次全国编辑培训班。当时办班的目的很简单,就是以会交友,和同行交流经验,也想借机扩大一下学报的影响。因为没有任何经费支持,我们只好采取“以会养会”的方式解决办班的费用问题,所有参加培训班的人都要交费。

现在看来,这些事情都很正常,即使通过服务创收也是鼓励的。但在当时环境下,人们的思想还比较保守,姓“资”姓“社”的争论还挺激烈,似乎创收就是违法的事。学校纪委两位同志根据学校领导的安排到一些学校进行调查。吴老师是编辑部主任,担心有人借机整他,压力很大。办班是我提议的,我又具体负责办班事宜,自然应当承担责任,所以我主动找到学校领导,把责任全部揽在自己身上。我坦然地对学校领导和其他人说,如果错了,我愿意承担全部责任。但我个人认为,并没有什么大错。尽管如此,各种风言风语也给我造成了很大压力,一度觉得很苦闷。后来,我又找了学校领导,希望能对“办班事件”有个结论,但一直没有明确说法。我拿着办班剩余的钱上交,纪委和财务处都不收。最后,只好以学报编辑部的名义存到银行。

李校长到烟大工作一段时间后,我找到李校长,把事情经过如实作了汇报，明确表示，如有问题，责任在我，我愿意接受任何处分。令我始料未及的是，李校长早就知道这件事情了。他告诉我，这件事情，你们有错，错在没有向学校请示汇报。在此之前，学校领导一概不知，以后要注意。他还提醒我们，要把主要精力用在办好学报上，为学校的教学科研服好务。他最后说了一句，其实你们想搞点创收也无可厚非，但要把工作做细。李校长的这番话使我很受感动，给了我极大安慰，压在我心中的一块石头终于落了地。以前听山东大学的老师说李庆臻校长思想解放，意识超前。通过这件事情，我觉得人们对他的这一评价还是比较中肯的。小平同志南行讲话后，人们的思想得到进一步解放，不少人认为我们的意识挺超前的，我们的做法是符合办学规律的。

最后，衷心祝愿李校长幸福安康！

2014 年 10 月 13 日于烟大

（作者系烟台大学党委书记、教授）

青年教师成长进步的领路人

房绍坤

1984 年建立的烟台大学，是烟台（含威海）地区人民集资建设、中央和省政府支持、北大清华两所名校对口支援下创办的一所新兴地方综合性大学。到 1990 年，在短短六年中，烟大即以其秉持改革精神、传播大学文化、培养应用人才、服务当地百姓的办学理念与实践，走出了一条高点定位、快速发展、具有鲜明地方特色的发展道路，一时闻名遐迩。

我是北大、清华支援烟大建设最重要举措——以代培研究生的方式培养年轻教师的直接受益者，也是当年留校工作的 100 多名研究生之一。在杨春洗、杨殿升、李由义、郭明瑞、孔庆明等老师的培育教导下，1987 年 7 月，我顺利完成学业，挑起教学、科研两副担子，在法律系竞争、合作、进步的学术与人文氛围中成长起来。从 1988～1990 年三年时间里，我每年发表一篇论文，并与郭明瑞教授合作出版了专著《民事责任论》，从此跨入了法学学术研究的大门。

1990 年 8 月，北大、清华两校老师完成援建任务后返回北京，学校处于一个领导班子大幅变动的转折时期。在当时烟大的教师队伍中，35 岁以下的青年教师占 70%，所以青年教师队伍的稳定、成长与担当，是学校发展建设的关键所在。烟大能否实现领导班子平稳过渡、延续两校所开创的良好局面，不仅关系到学校未来发展，也关系到教师个体尤其是青年教师的稳定和前途。秉持前人理念，巩固已有成果，不断开拓创新，正确处理好青年教师个人前途与学校发展的关系，带领这所年轻大学尽快融入高水平大学的主流航道，成了烟大一批青年老师们对继任校长的期待。

新任校长李庆臻教授毕业于北大哲学专业，是知名的哲学家，曾先后在山东大学、青岛大学等校任职。他到任后不久，就去北大、清华拜访了第一届领导班子的各位老领导，感谢他们对烟大建设所作出的贡献，认真听取他们对烟大进一步发展的意见建议，表示要在他们工作的基础上继续把烟大建设好。

怎样才能把烟大建设继续推向前进？在1990年10月学校召开的全校教师大会上，李庆臻校长阐述了他的治校理念，其中专门谈到青年教师成长问题，意识到了青年教师将在学校下一步发展中发挥重要作用与影响。他说，青年教师要有“德、识、才、学”，要过好五关——人生关、教学关、科研关、实践关、人际关；要勤学、奋进、管好时间，主动找压力、拉力、推力、挤力。学校要为青年教师创造良好条件，使青年教师脱颖而出，健康成长，成为学术骨干。后来，李庆臻校长又在校报上发表了一篇散文，题目我记不得了，印象中是鼓励年轻人登高望远，严格要求，站在严师肩上，勇攀学术高峰，努力成为高徒和强者，表达了他对青年教师成长的殷切希望。

年底前，市委书记、烟台大学校务委员会主任陈建国来校听取学校工作汇报。李庆臻校长汇报了学校下一步工作中要努力改善教职工生活条件、积极培养青年教师的设想，得到陈建国的赞许。他说：“烟大全面培养青年教师的想法和措施是有力的、可行的，市委一定支持。如能实现，将大大促进青年教师的成长。”陈建国书记还答应帮助解决基建欠款、教职工煤气罐不足等问题。作为烟台人民集资建立起来的大学，有市里的支持，让学校感到有了底气与靠山。

1991年1月，烟大出台了《关于全面培养青年教师的规定》。文件认为，青年教师预示烟大的未来和希望。要把烟大办成有特色的、高水平的、开放型的社会主义新型大学，必须依靠全校师生员工的共同努力，特别是要依靠青年教师的严谨治学和长期拼搏，因而全面培养青年教师具有战略意义。文件还提出了青年教师培养的战略目标、基本原则和主要措施。光是培养青年教师的措施，就列了七八条，我印象深刻的有：要增加年轻教师的科研经费，资助青年教师搞科学研究；评奖要对青年教师的论著单列等级和数量，保证青年教师的获奖名额；评职称要单列指标，使德才兼备的青年教师能够脱颖而出；设立青年教师科研出版基金，每年2万～3万元；学报增加期数和版面，为青年教师论文发表提供更多的园地；要关心年轻教师的生活，办好教工食堂、幼儿园、附中，减少教师的后顾之忧，让青年教师抓紧时间进行业务进修，等等。

这个主导文件之后，学校又先后出台一些配套文件，如《教师破格晋升高级职务暂行办法》《关于青年教师在职攻读和申请博士学位的暂行办法》。这些旨在调动青年教师教学科研积极性、支持青年教师投身学校建设的一系列有“含金量”政策措施的出台，赢得了青年教师好评。学校在发展关键时期所发出的这些明确、正确的政策导向，使得大多数青年教师都能将精力用于努力开课、潜心研究、积极参加社会实践上。尽管后来受1992年全民经商大潮的影响，有一部分青年教师下了“海”，但多数人还是坚守自己的教学科研主阵地。许多人都凭自己的坚持与努力，在教学、科研、研发等多方面取得了可观的成果，成为学校的教学科研骨干，在教学、科研、重点学科和重点实验室建设、硕士学位点建设中都发挥了重要作用。

在良好的学术环境中，青年教师的教学科研潜能得到了充分的发挥。以我本人为例，仅在1991～1994年4年间，就发表学术论文28篇，其中在法学界一流刊物《法学研究》《中国法学》上发表4篇。1991年我顺利晋升讲师，1993年破格晋升副教授，1995年破格晋升教授。我不仅是当时政策的受益者，也是李庆臻校长当时在思想品德修养、学术道德自律和科学研究方法等多方面对青年教师教育的受益者。李庆臻校长在烟大校报上发表的《青年成才十要》《青年治学十要》的文章，总结出青年成才进步的规律和青年教师成长为一个高水平学者的要求，是作为一个老教育工作者、学术工作者对青年教师的谆谆教诲，对帮助我等年轻老师掌握学术研究的方法，进入学术门径提供了很好的指导。他在校报上发表的《海色颂》《浪花赋》《海声乐》等名之为“海之颂”系列散文的优美文字、形象思维与其中包含的哲理，也给人以美的享受与人生启迪。

应当说，当时烟大青年教师获得一些教学科研成果，或许与今天的成就相比算不了什么。但那是在经费、环境与今天大不相同的年代取得的，是今天烟大取得令人瞩目成绩的基础。在那个时代，烟大青年教师的成长，不能不说与李庆臻校长和当时校领导班子的胸怀、眼界与魄力有极大关系。

李庆臻校长不仅关心青年教师的学术成长，对青年教师的生活也十分关心。当时，很多青年教师的配偶都在市区单位工作。由于交通不便，他（她）们每天早出晚归，很难照顾家庭生活，影响了青年教师的工作积极性，对教学科研产生了一定的影响。当时，我爱人在烟台西郊的烟台石棉厂工作，她每天花在路上的时间就达三小时之多。特别是1990年生小孩之后，每天上下午都回家给孩子喂一次奶，相当辛苦，也产生了很多抱怨。为此，我产生了调离烟大的想法，并联系好了接收单位。当时，任烟大法律系主任的郭明瑞教授知道这种情况后，专门向李庆臻校长作了汇报，表明了不想让我调走的想法。李庆臻校长对此十分重视，表示一定要解决青年教师的后顾之忧。后经学校协调，按照一定的标准条件，一批青年教师的配偶调到烟大工作，我爱人也顺利地调入烟大，并已成长为学校的一名中层干部。对此，这批青年教师现在还对李庆臻校长感激不尽。2014年8月，在烟大建校三十周年之际，李庆臻校长回到烟大，我向他提起当时青年配偶调动的事情，并向他表示感谢。他开玩笑地说，他当时作了一项正确的决定，为烟大留了一位校长。这虽是玩笑话，但却是李庆臻校长关心青年教师的真实写照！

作为李庆臻校长的后任、烟台大学第六任校长，我感觉自己身上的担子很重。今年，烟大已进入而立之年，到了转型发展、跨越提升、打造特色、彰显水平的关键时期。在这个时候，需要我们认真汲取李庆臻校长等前辈们的做法、经验，深入思考烟大未来的发展道路，科学谋划与勇于推动烟大在人才培养、科学研究与服务社会等多方面的改革、发展与进步。

2014 年 9 月 6 日晚修改于烟大寓所

（作者系烟台大学校长、教授）

跑好接力，实现目标

韩晓玲

1984年在烟台这块土地上发生了两件大事：一是在烟台西郊，烟台经济技术开发区破土动工；二是在烟台东郊，烟台大学开始兴建。作为全国首批沿海改革开放城市，烟台开发区和烟台大学，一个是招商引资、经济发展的"试验田"，一个是人才培养、科技创新的"高地"，东西两翼，如同两只巨大的臂膀，助烟台这座城市腾飞，烟台经济社会发展自此进入了快车道。

烟台大学是烟台历史上第一所各级政府支持、烟台人民"集资"兴建的地方综合性大学。清华大学、北京大学作为烟台大学的支持学校，让烟台大学不仅有了一个较高的起点，更重要的是让它确定了一个宏伟的发展目标：这就是办一所文理渗透、理工结合、多学科"交叉"，专业特色突出，教育层次多样，地方特点明显，并且与地方经济、社会发展密切"交融"的综合性大学。

十年树木，百年树人。办好一所大学，实现这样一个发展目标，不仅要起好步，更要一棒一棒地跑好接力赛。烟大创建之初的1986年，我就来校工作，从外语系的讲师、副教授、副主任、主任到外语学院的教授、院长，一直到现在的副校长。作为一个老兵，我经历了烟大"打基础"的80年代，"快速成长"的90年代，以及进入新世纪以后学校"稳步发展"的不同阶段。回忆峥嵘岁月，我有"千言万语"要说，又不知道从哪里说起，想来想去，就想到了对我的成长有着特殊意义的老校长李庆臻教授。李校长90年代来烟大上任，从来自北大的沈克琦教授手中接过了"接力棒"，担任校长，并且主持学校党委工作。作为"班长"，他带领校党委和行政两套班子，和全校师生员工一起，开始了90年代烟大发展的第二个阶段。一篇小文不可能面面俱到，只能谈一点个人的感受和体会。

战略思维

1990年，李庆臻教授接任烟台大学校长。当时的烟台大学经过80年代后期5年多的发展，在北大和清华大学的参与和支持下，从一个比较高的起点出发，第一代校领导班子带领烟大人艰苦奋斗，努力拼搏，在教学、科研、社会服务、人才培养等方面都取得了巨大进步。从校级班子到各院系领导，从各学科骨干到各专业带头人，一支结构合理、富有朝气，能够担当教学科研管理重任的教工队伍，以"两校"为基础，广揽四方英才，已经初步建立起来。当时的烟台大学在省内已经"小有名气"，法学、外语、生物、化学、物理等学科和专业走在了全省前列。领导班子新老交替，不少人心存疑虑，甚至担心："两校"会不会"大撤退"？烟大会不会唱起"空城计"？学校确定的奋斗目标会不会落空？这一个一个问号摆在了李庆臻校长面前，他在认真思考如何接好这一个棒，校党委和行政领导班子如何给全校教职员工一个满意的答卷。

我在与李庆臻校长相处时，最大的体会和感觉就是，他是一个有战略思维和战略眼光的领导，他的办学思想和治校理念既"超前""大度"，又"稳健""扎实"。比如，在"两校"和烟大班子调整、新老交替的关键时刻，李庆臻校长提出"发展目标不变，办学质量不降，烟大特色不改"的原则。为此，校党委和行政采取了三项措施：一是要求"两校"领导和来自"两校"的教学科研管理骨干有序传递"交接棒"，不搞一刀切，着眼于"扶上马送一程"，保证了各项工作的连续性和稳定性；二是不拘一格选人才，大力培养"本土化"领导力量和教学科研管理骨干。记得有一天，校长办公室通知我到李校长办公室。见面后，李校长征求我的意见，让我担任外语系副主任。当时的外语系主任是来自北大的孙奕丽教授。我当时一点思想准备也没有，一是觉得自己能力不够，二是刚从新加坡留学归来不了解学校的情况，三是自己从来没有做行政管理的意愿和打算。李校长看出了我的顾虑和犹豫。他问我是不是共产党员，我回答是。于是，他严肃地对我说，是共产党员就要在党需要的时候站出来，把自己的聪明才智贡献给党的事业。从此后我就走上了行政管理岗位，一直到今天。每逢我工作中遇到困难或个人利益与集体利益发生冲突时，我总是会想到李校长的话，也总是能做到个人利益服从党的需要。李庆臻校长深知烟台大学的高起点发展是源于北大、清华"两校"的支持。如今，烟台大学要实现既定目标，也绝对离不开"两校"的帮助。在各级领导班子和各系教学科研管理骨干"大换血"后，为了保持烟大和"两校"持续不断的"血脉"关系，使烟大在实现目标的征程上能够接力奔跑。李庆臻校长要求各系根据专业设置和教学科研发展需要，对口聘请“两校”“名师”来校讲学和开展联合科研，时间可长可短，方式灵活多样，比如，带研究生，举办学术讲座以及假期办学习班等。这些举措对烟台大学教学科研质量的提升、师资队伍培养、学术气氛的养成，以及教学科研信息的汇集起到了不可替代的作用。

务实作风

李庆臻校长性格开朗，心胸开阔，作风朴实，工作务实高效。他1990年来烟台大学担任校长，当时学校党委书记没有到任，李校长只能“双肩挑”，既是学校行政的“一把手”，又主持学校党委的工作。国内大学实行党委领导下的校长负责制，集两个要职于一身的李庆臻校长，并没有多少“官僚气”。他靠的不是“个人权威”和“专横跋扈”，而是靠政策水平、清晰的角色定位和娴熟的领导艺术。比如，李庆臻校长比较好地处理了“党政”领导关系。他尽管身兼双职，但是校党委和校行政“各司其职”，既相互配合，又互有侧重。党委不揽权，不越位，不替代行政工作，比较好地发挥了党委总揽全局、贯彻党的教育方针、保证办学方向和党管干部等重要作用。同时，校行政全面负责学校的教学、科研、人才培养、社会服务、基本建设、财政预算和决算等工作。从1990年到1992年大约两年的时间，烟台大学党委和行政“两驾马车”，一个“班长”，李庆臻校长游刃有余地完成了自己的角色。

作为基层教学单位的负责人，我有一个很深的体会，李庆臻校长务实的作风还表现在“工作方式”上。一方面，工作中他“抓大放小”，不揽权，不越俎代庖，一级抓一级，各级有责任，责权利相一致。比如，他要求机关各职能部门“简政放权”，对系的教学科研和管理等工作充分放手，寓管理于服务中。对外开放是烟台大学的优势和特色。在“两校”的支持下，建校不久烟大就和欧、美、日、韩等国外十几所大学建立了“姊妹校”关系。李庆臻校长上任后，提出了对外学术交流要更加务实、更注重交流的质量，要与烟大的教学科研配套发展的理念。学校的出访计划、学术交流经费和各种资源向有实质性交流内容的项目倾斜，出访计划和海外学术活动也更多地向教学科研一线骨干倾斜，取消了个别“务虚”“空泛”的项目。比如，烟大和韩国木浦大学的学术研讨会由每年一次改为每两年一次，参加人员由原来以行政人员为主改为以教学科研人员为主，研讨会的选题也和烟台大学的专业、学科设置更加吻合。研讨会的实效性越来越凸显，两校的关系因实质性的学术交流而更加紧密起来。

有情有义

李庆臻校长在烟台大学工作了三年多。作为主要领导，他表现出了“抓大放小”“大事讲原则，小事讲风格”的工作特点。党委内部广开言路，实行“民主集中制”。学校行政工作重心向教学科研一线倾斜。李校长作风朴实，没有“官架子”。用一句网络流行语言说，他很“接地气”。

李庆臻校长经常说，学生工作是学校全部工作的基础和重心。教书育人，培养合格的学生是我们每个领导和教职员工的责任。李校长对学生充满了感情，学生的冷暖需求他时刻挂在心上。我依稀记得，有一年外语学院举行学生新年联欢晚会。大教室内熙熙攘攘，座无虚席。由于地方有限，门口还挤了不少人。我无意中看到了李校长，此时此刻几乎没有人注意到这个学校的一把手正独自一人在教学楼内亲身体验学生们的活动。当时，学校规模不大，在学校的运动场，在各个教学楼，在学生食堂里总能看到李校长的身影。为了给学生们创造更好的生活环境，学校根据自身条件，加大经费投入，不断改善学生们的食宿条件，完善了体育设施，尽量让每一个学子都能够安心学习、快乐生活，度过一段美好而丰富的大学校园生活。

李庆臻校长牵挂着学生的冷暖，也关注着教工们的工作和生活。在他主政烟台大学期间，学校在扩建教学楼、实验室的同时，教职工居住条件也得到了改善。尤其值得一提的是，他在主持讨论学校年度工作计划时，总是体现管理就是服务的思想，反复要求总务、财政、教务、科研等行政管理部门树立大局意识、服务意识，办事情想问题要从院系需要、基层需求出发。对教职工比较敏感的职称评定、房子和奖金分配等事宜，他则要求有关部门采取“公开、民主、透明”的原则，既照顾多数人的利益，又不忽视少数人的关切，深入调研，反复讨论，达成共识和切实可行的分配方案。李庆臻校长是一个办事讲原则的人。同时，他也非常重情义，讲感情，对那些为学校发展出过力、流过汗、作过贡献的人，他始终铭记在心。他经常抽时间回烟大看看老同志们，关心着烟大的发展。

前些时候，78 岁高龄的李庆臻校长又回到了烟大，我有幸接待了老校长。看到他精神矍铄、身体康健、思路敏捷，我忍不住问他生活秘方。他笑着说，过去工作并快乐着，今天退休仍然快乐着，人生就是一场马拉松，就是一场接力赛，跑完了你这一棒，别人接着跑。接着老校长又提到了今年学校将举办建校 30 周年庆典的事。他说今天烟大的辉煌和所取得的骄人成就，凝聚了烟大人的智慧，烟大各届领导班子以及师生员工为此都付出了辛勤劳动的汗水。实现学校发展目标的接力赛只有起点,没有终点,还需要我们一棒接一棒地继续跑下去。

这一番话,是鼓励,是鞭策,也是期待!

(作者系烟台大学副校长、教授)

一篇回忆文章背后的故事

姚新喜

李庆臻是烟台大学的第二任校长。我1994年调入烟台大学的时候，他刚刚离开。对他，我知之不多。但其后因工作与他的一次交往，却给我留下了很深的印象。

2011年1月，烟台大学名誉校长张老承先仙逝。4月，学校党委决定为老人家做几件纪念的事，其中之一是编撰出版《张承先与烟台大学》纪念文集和《张承先教育文集》两本书。承接这个任务后，我觉得烟大历任校长都与张老有过工作上的交往，他们每人都有可能写出内容丰富的回忆文章，于是就自然想到李庆臻教校长。

7月4日，我打电话邀李校长写一篇回忆文章。李校长说他与张老感情也很深，他愿意写篇文章纪念张老，满口答应下来。20世纪80年代中期，山东省主管高校工作的省教育厅副厅长李祖衡曾与他同时在青岛大学共事，我请他顺便帮助联系一下，看李厅长可否也写篇稿子。他也爽快地应允，并说联系好后给我信儿。李校长要我帮助他查一下有关资料，以助其回忆。我与学校档案室的两位同志花了一段时间，从学校档案等各种文献中仔细爬剔梳理，复印了一批资料。

8月20日，我专门去青岛给李校长送资料，向他介绍我们所搜集到的资料的大致情况。李校长拿到资料很高兴，就在饭桌上翻阅起来。他边看边将主政烟大时期的许多故事娓娓道来，让我这个烟大"后来者"颇觉新鲜，使我对烟大那段时间的历史情况有了更多了解。特别是说到他任职后不久即赴京请教张老以及张老对烟大转折时期发展的关心时，从他眼睛里，我更是读出了他对这位老人的深深感激与怀念之情。末了，他表示对写好这篇纪念张老的文章很有信心，说不用几天工夫即可完稿。

8月28日，李校长即将题为《张老永活烟大人心中》的稿子写好发到我邮箱里。李校长的文章写得很好，主要回顾了他上任后从张老关于烟台大学办学思想中汲取营养，虚心向两校老领导学习，认真思考援建方式转变后，如何将“已有很好基础的烟台大学建设成有特色、高水平、高质量、为烟台和山东经济社会发展服务的新型大学”这一关键问题。内容丰富，细节饱满，情感真实，文风清新。

文章中，李校长对早期烟台大学在张老指导下，在沈克琦、杜建寰为首的领导下，全校教职工艰苦创业，奠定良好基础给予高度评价，从校园、建筑、系科设置、师资水平等多个方面概括了烟大的优势所在，进而提出了“把烟台大学建设得更好”所应选择的“紧跟一个带头人，紧紧依靠两座靠山”的基本路径。一个带头人就是张老承先，两座靠山就是北大、清华。金秋十月，李校长到任一个月后，即开始了寻“径”探“路”之旅，他与副校长邱殿辅专程赴京，拜访教育部领导、两校领导和烟台大学的引路人张老。

文章中有一段拜见张老的描写，着墨不多，却尽显张老的大气、睿智，也细腻地传达出李校长对张老崇敬、爱戴，不妨原文照录如下。

> 我拜见张老前，脑海里张老的形象，似是严肃、严谨、严厉的领导干部。见面时，坐在我面前的却是一位可敬的和善老人。他身躯微胖，颜面白净，前额微突，目光炯炯，满脸笑容，说起话来，言简意深，是一个很有领导风度、领导气质的长者。张老的夫人朱慧大姐，高挑身材，不胖不瘦，举止文雅，待人热情，也是很有气质、令人尊敬的长者。在两位长者面前，我的拘谨一下子跑到九霄云外，立刻打开话匣子，向张老汇报。汇报了我学习张老有关建设烟台大学的指导思想的体会，汇报了我继续建设烟台大学的初步设想。在汇报时，张老微笑着，静听着，不时点头赞许。汇报后，张老指示我们：要继续抓好烟台大学领导班子建设，实现班子的平稳过渡；要努力提高教师质量、教学质量、科研水平，提高烟台大学的办学水平；还要充分依靠北大、清华，依靠省市领导，办好烟大。

李校长还在文章中回顾了他遵照张老的指示，结合烟大实际所提出的治校方略和建设成效。一是建设务实、高效、团结、奋进的领导班子，实现新老领导班子的平稳过渡；二是抓好教师、学生和环境教育“三要素”建设，尤其是环境建设，李校长提出了政治、人际、学习、治学、工作、生活、校园、文化八种大学环境建设的要求，这既与前人所倡导的大学治理理念一脉相承，又有自己在新形势下的思考与创新。三是要切实做好教学科研为地方经济服务、走产学研相结合的地方大学发展道路。

读完李校长的文章后，我深为他作为一个长者对我这个后辈请求认真回应的态度所感动，也深为钦佩耄耋之年的他写起文章来依然宝刀不老、行云流水般的文笔才气，让我这个晚辈校友不禁肃然起敬。我马上给他回邮件表示感谢，并据我所知道的情况，对一处内容提出了一点小的修改意见，发回请他定夺。李校长很虚心，说作者要听从编者的意见，这样修改很好，同意以这个稿子定稿。

一年后，《张承先与烟台大学》一书由山东人民出版社正式出版。真巧——又是8月20日！我去青岛给李校长送书。李校长用手抚摸着散发着油墨清香的两本书对我说："以文留世，这是为张老树碑立传，是对张老最好的纪念，也是对烟台大学自己创办发展历史珍重的表现。"他连连说，烟大人有情有义。他还勉励我，要以此为契机，继续专注于对烟台大学校史的研究，也为自己的人生"树好碑，立好传"。

从李校长家中走出，夜色已浓，车行在石老人滨海大道清凉的海风中，眼前的道路越发明亮了。

2014年10月30日于烟大承先图书馆

（作者系烟台大学综合档案室教授）

永远的老师

郭佳新

一日为师，终生为师，老师当然是永远的。我要说的“永远”，是在“当然”之外还有丰富的内容：我们的这位大学老师，是著名的哲学教授，是对自然辩证法和科技生产力论有突出贡献的学者，是我和我的同学非常敬仰但又可望而不可即的专家，值得我们永远学习，此其一。其二，老师在担任山东大学《文史哲》副主委、山东大学出版社社长、青岛大学副校长、烟台大学校长、济南大学校长期间，将他的哲思与工作实践紧密结合，创造并总结出切实可行并卓有成效的科研方法和工作方法，其创新精神和科学方法，都值得我们永远学习。其三，在相当长的时间里，老师调到我们学校当校长，既是领导又是老师，对我的影响、带动、指导，令我终生难忘。其四，已经年过七十的我们这些老学生，还不断收到老师的电子邮件和电话，或重要资讯，或学术文章，或保健提醒，或亲切嘱咐，更让我兴奋和期盼的是老师经常发来一些精美的图片。老师既是严肃的理论家，也是文学、摄影、京剧无所不通的美学家，他深知老学生们的审美需求。当然，老师的学生、朋友较多，邮件往往是群发，但本来可以颐养天年的老师还如此关爱他人、关爱学生。因此，永远的老师之说，饱含学生对老师的感激和感恩以及敬佩和敬仰！这位老师就是李庆臻教授，他今年八十大寿，学生写此小文为老师祝寿，祝老师寿诞快乐！祝老师福、寿、康、宁！

20 世纪 60 年代初，我们在山大就读哲学专业。同期，李老师调入山大，是哲学教研室主任。据说是成仿吾校长给我们年轻的哲学专业引进的人才，但尚未给我们开课。后来李老师作为研究生导师给博士生、硕士生讲自然辩证法。半个多世纪过去了，李老师在篮球场上的矫健身姿和灵活动作，同我们一起劳动的情景却历历在目。他每天上下班都经过男生宿舍楼，有时被发现就有同学调侃：“看啊！青年才俊来了！”李老师确实英俊潇洒，是当之无愧的青年才俊。而他的智慧和才华犹如他的年龄逐渐增长，有些阶段才思奔涌，著述连连，令人惊叹。

1986年，李老师的《大杠杆》出版，社会反响很大。《人民日报》《光明日报》《文史哲》等十多种报刊，相继发表书评。著名科学家钱学森在给李老师的信中写道：《大杠杆》“比起时下流行的，中外关于新技术革命的书都更完全，所以是本好书，向各位执笔人及编者致敬”。著名的高放教授说：“《大杠杆》一书，从总的方面超过了阿尔温·托夫勒的《第三次浪潮》和奈斯比特的《大趋势》。”展望出版社总编田来教授说：“这是一本立论正确、材料翔实、行文流畅的未来学，我几乎是一口气读完了这本巨著。”

1998年是李老师学术研究的丰收之年，发表了9篇论文，出版了与青年学者安维复合著的《科技生产力论》，这是本4篇20章40多万字的巨著。作为既担任校长又作学术研究的李老师来说，所付出的精力和时间以及艰苦和辛劳，是可想而知的。但付出就有回报，书评指出：“此书材料广泛，理论分析有深度，有新意，有理论指导意义和实践意义。此书给我国经济建设和科技发展提供了一定理论的依据。”

李老师出版专著与合编著作20多种，发表文章70余篇，其中有10多项获国家和省级奖励。突出的学术成就，必然成就李老师的荣誉，他由此被评为山东省拔尖人才、全国有突出贡献的中青年专家、全国优秀教师。从李老师的文章和访谈中知道：他一生学哲学，搞哲学研究，但又不固守哲学，把研究的路子拓得较宽，用他自己的一句诗叫“出入哲海觅新知”。李老师把自己多年的治学经验概括为“十要”：一是境界要高。治学站得高，看得远，适应时代需求，开辟空白之地，多说别人未说之话，多干别人未干之事。李老师的著述不断创新，正是他境界高的突出体现。二是思路要宽。李老师思想活跃，见多识广。他常说，好学善思是研究问题的基础，单思不学是空想家；单学不思是书架子，勤学深思才能成为学问家。三是基础要厚。治学基础不厚，犹如楼建沙滩。李老师在《书之乐》和《读书乐》等文中写道：“基本知识要学深学透，基本原理要熟记善用，基本方法要会用会创。而基本知识、基本方法、基本原理，可以是单学科的，最好是多学科的，因为各个学科都是相通的。”李老师写道，他自幼喜欢读书，在北大哲学系学哲学，课外攻读美学；在中央党校自然辩证法研究班学习，学了不少自然科学的东西。这种宽而厚的基础，对李老师的学术研究乃至工作实践帮助很大。四是方法要活。五是角度要新。六是资料要丰。七是工具要锐（指设备和现代研究的条件）。八是自信心要强。九是实心要虚。十是兴趣要浓。李老师还总结出要掌握治学艺术，善于选题，善于深化，善出新意。李老师的这些治学经验也时常传授给学生和年轻教师。

搞研究，做学问，是李老师人生的一条主线，另一条主线就是做高校的领导工作。这两条主线不是平行的,而是交互前行,相互促进的。1986 年,李老师自山大调往青岛大学任副校长;1990 年,李老师调往烟台大学任校长;1994 年,李老师到我们济南大学担任校长,直到 66 岁退休。青大、烟大、济大,都是新建不久的高校,面临着诸多新问题,工作自然千头万绪。在这样的高校当校长,李老师一方面深入实际,调查研究,另一方面还是启动哲学头脑,认清新建大学的特点、性质和任务,按高校发展的规律办事。他首先抓人才引进,第二抓环境建设,第三掌握领导艺术。

记得李老师到济大不久,便着手搜集、发现人才,千方百计,克服困难,引进人才。在不长的时间里,仅哲学社会科学方面人才就引进好几位。引进的不仅是年轻有朝气的教师,更重要的是要有科研成果和治学经验,有可贵的科研潜质和奋斗精神,这是李老师最看重的。事实证明,经过李校长的引导、培养和实践的历练,他们都成为学科带头人,不仅自己作出不菲的科研成绩,还带动了一批年轻教师,使他们的教学、科研都有很大的提升。这些青年才俊,不仅带来清新的学术风气和研究方法,而且打破原来科研进展缓慢且内容陈旧的局面,即使对具有多年教学经验的老教师,也有很大的帮助和促进。对此,我个人深有体会,尽管许多年过去了,我都念念不忘李老师引进人才的功绩,不忘青年学者对我的带动和帮助。有两位青年学者后来走到更高层次的大学,他们在更大的舞台上仍然是学术骨干且成果突出。济大作为新兴高校,自然够不上研究型大学,但没有一批能站到前沿的学科带头人。没有较高的追求,怎能在一个较高的平台上起步?怎能真正搞好教书育人?善用哲学头脑思考的李老师,在他的《治校之要首重人才》一文中阐述了他这方面的思想:“求才似渴,识才有目,爱才有心,育才有方,任才不疑,奖才有度。”重才、用才、培养人才的思想,一直贯穿在李老师的工作实践中。

李老师当校长,在注重人才的同时,非常用心于环境建设。学校置于大的社会环境中,在充分认清并适应国家兴盛、社会发展的情势下,胸怀理想,明确目标,着手建设学校的小环境,即民主稳定的政治环境、宽松和谐的人际环境、勤奋刻苦的学习环境、严谨创新的治学环境、团结奋进的工作环境、良好方便的生活环境、风景秀美的校园环境、丰富多彩的文化环境。李老师的设想、目标,逐步在全校的工作中落实。仅就最直观的校园环境一项而言,效果就非常显著。比如,济大东校区面貌有很大的改观,文史楼前的花园不大,但建设得秀美可人,由乔木、灌木、花卉、草坪所形成的点、线、面、体、色彩,各种构图元素组合得当,错落有致。无论近观抑或俯视,都是一幅美丽的图画,都透着设计者的匠心独运,而这位设计者就是李老师。还有,图书馆北侧的银杏林，也是李校长建议栽培的。如今这片树林郁郁葱葱，高大的银杏树展现着古老树种的现代活力，以它扇形的叶子、金黄的硕果，美化着校园，吸引着师生及游人的眼球。合校后的济大校本部在西区，那里的风景就更美了：荷花盛开的人工湖，潺潺的溪流，一阶阶的瀑布以及两岸的极为讲究的植被，都是师生流连忘返的好去处。享受着美好的环境，我们也绝不会忘记，这里饱含着李校长退休前的梦想与心血。优美的校园环境，不仅给师生以美感，更久远的价值在于能给大家以真、善、美的熏陶，利于大家人格的升华。

李老师常年做领导，他认真钻研管理科学，还兼任中国管理科学研究院研究员。在实际工作中，他注重领导艺术，而领导艺术的内容非常丰富。他着重于放权，放手让各系、各部门、各个主体，主动、积极、大胆、有创意地工作。李校长时常深入群众，广交朋友，与大家交谈总是态度和蔼，极具亲和力。他从不把“为人民服务”挂在嘴上，而是把群众的需要、利益、情绪、愿望放在心上，与大家坦诚相待。有的老师说：“过去总认为李校长是学者不好接近，真正走近他，倒觉得他平易近人，听得进意见。”李校长的领导艺术还包括：办事按程序，讲规章；有所为有所不为，有所治有所不治；己少为而众多为，己少治而众多治；不为而为，不治而治。总之，这位学者型的校长，重视人才，注重环境，讲究领导艺术，使得济大有很大提升，直至他在退休前将原济大与省建材学院合并为更大、更高的济南大学。

李老师自 1858 年于北京大学提前一年毕业留校任教，到 66 岁退休，再到退而未休，仍做些讲学和研究工作。50 多年一路走来，李老师不断学习，不断思考，不断前行，以他广泛而深邃的理论研究成果，为社会发展作出巨大贡献，使广大读者、受众、学者、学生受益匪浅；以他兢兢业业的领导工作和科学的管理，为我国高等教育的发展创出巨大成就。这一切，既令人感叹、敬佩，也不能不令人深思：李老师既当领导，搞管理，又做学问，搞科研，如此繁重的担子，何以双肩挑出如此丰硕的成果？为什么一般人做不到？思来想去，重要根源，还在于老师学哲学学得透彻。搞哲学研究富有开创精神，真正把哲学内化为自己的世界观和方法论，就能高屋建瓴，就能开阔视野，就能融会贯通，就能将智慧的潜能释出来，就能将各种能力综合起来；做出的理论研究成果，就是具有高度、宽度、深度多种维度的综合体；具有宽广的胸怀、乐观的精神、非同凡响的境界，就能成为德、才、学、识全面具备的人！加上勤奋、敬业和方法艺术，李老师给人的感觉，做起学问下笔有神，担当领导举重若轻，丝毫没有匆忙急迫、眉头紧皱的情态，而常常展现出从容淡定、成竹在胸的微笑。我们作为哲学专业的学生，既为有这样的老师而骄傲，也为没学好哲学，没当好老师的学生而惭愧。

李老师曾提起他在北大听科学家钱学森报告的情形，他牢记科学家对大家必须学好哲学和重视方法的告诫，并将这一告诫贯彻终生；李老师还念念不忘北大哲学系的老师，不忘艾思奇、杨献珍等名师的指教。尊师敬师，是传统，是道德，是感情，更是良心！在这方面，李老师同样给我们做出了榜样。当我们接过尊师这个接力棒的时候，感到格外有分量！李老师永远值得我们学习，是我们永远的老师！如今的李老师，已是满头华发。他精神矍铄，耳聪目明，坚持锻炼，生活规律。什么是多贡献的人生？什么是高质量的生命？李老师以他的丰富的人生历程作出了精彩的答案。在老师八十寿诞到来之际，再次祝福老师健康长寿！

（作者系济南大学原社科部主任、教授）

亦师亦友半世缘

苏富忠

一

从1963年秋进入山东大学政治系算起，我与李老师认识、交往已有50多年了。半个多世纪以来，交往有间断、有连续，频度有疏有密，条件有自然而至也有刻意所为。在漫长的生活与事业追求中，李老师对我无疑是影响最大、施惠最多的人，是令我最信赖、尊重、情感最深厚的师长。

在1966年之前的三年中，李老师一方面担任政治系团总支书记，一方面负责我们哲学专业的自然科学课程。除稍有讲授外，主要职责是为我们聘请老师。李老师请来的都是校内外优秀的、令我们终生难忘的好老师，大大开阔了我们的学术视野。

1964年暑假，李老师亲自领队，带政治系62、63年级的部分同学去驻扎在莱阳的陆军第26军参加军事训练。7月20日乘车赴莱阳，进入新兵训练营。在那里，听教官丰富生动、具体实际的讲授，看战士惊心动魄的实兵演练，学习拼刺刀，练习瞄准，参加打靶，摸爬滚打了三周。有一天晚上看电影时，忽然狂风大作，倾盆大雨突然劈头浇下，让人喘不过气来，大家都成了落汤鸡。连队伙房立即为大家烧好鸡蛋黄姜酸辣汤，李老师一个宿舍一个宿舍地嘘寒问暖。8月10日凌晨到圣希山拉练，参观国防坑道，然后登山。圣希山很高，据说天气晴朗时，从山顶上可以看到东海。登山开始时，李老师与王连长一再大声喊着嘱咐我们，不要太快，不要跑，注意安全。山坡很陡峭，越向上越陡，越来越滑、越险，都累得气喘吁吁，汗流浃背。李老师与我们一起登到山顶。大家情不自禁地高声欢呼起来，留下了美好的记忆。

可好景不长，“文化大革命”势不可挡地爆发了。我们班同学都知道，我在哲学课的课堂讨论时，发表过批评“三面红旗”的系统言论。在以言治罪的“文革”中，背着沉重的思想包袱，情绪低落，小心翼翼，相当悲观，看不到未来，看不到前途。

“文革”前两年在山大时，我几乎没有见过李老师，没有见过李老师揭批他人的大字报；也没有见过别人揭批李老师的大字报，没有见过李老师参加批斗别人，也没有见过李老师挨批斗。李老师很可能沾了年轻的光，更可能是慧眼独到，睿智地躲开这个巨大的政治风波。我们1963年级的同学于1968年暑假毕业离校，百感交集地离开了山东大学，默默地离开了那些令我们十分尊重、钦佩的师长，也离开了李老师。

二

整个“文革”期间，我的内心一直十分痛苦。过去崇信的孝敬父母、尊重师长、忠于友谊、讲真话、正直正派、勤奋好学、文明礼貌等行为规范，从实践上与理论上几乎完全被否定，会议、文件、报刊上所宣传的“斗争哲学”“造反精神”“阶级立场”“路线觉悟”等，要人人都成为阶级斗争、路线斗争的斗士，温良恭俭让被发疟疾似的阵阵疯狂所取代。人们普遍具有的追求自由幸福、过好日子的愿望，是对还是错？热爱先进文化，刻苦学习，就是所谓只专不红吗？我的思想一度十分混乱，十分矛盾，十分苦恼。当时我常反问自己，究竟什么是社会发展的正确道路？什么是应当追求的人生目的？什么是应当遵循的人生途径？什么是可以践行的道德规范？什么是可靠的学问？在多种怀疑、质疑中，我始终坚信，要实事求是，决不能伤人害己！

离开山大后，我被分配到临清师范，后又调往兖州师范。1979年，我考入曲阜师范学院，投到李国榕先生门下，攻读教育心理学硕士学位。打听李老师与当时政治系一些老师的消息，得悉“文革”期间李老师等也来到了曲阜师范学院（当时改为“山东大学”），给工农兵学员上过课。后来，山东大学复校，李老师他们都回到了济南。1981年1月，我到济南参加“山东省自然辩证法研究会”成立大会。1月15日上午是大会的开幕式。会前见到了李老师，十分欣喜，但时间紧迫，简单交谈几句，我们就忙着开会去了。李老师是此前成立的山东省自然辩证法研究会的筹备委员会主任。此次会议上，李老师被选为山东省自然辩证法研究会理事长，直至退休。我多次参加研究会的学术会议，为我提供了一个十分重要的学术平台，对我的启发、帮助是难以估量的。

李老师对我直接的影响，首先是他一系列卓有成效的学术研究成果。

李老师从学生时代到教学研究的生涯中，广采博收学术前辈多种多样的读书方法，包括马克思的“笔记摘录法”、毛泽东的“四多（读、想、写、问）读书法”、朱熹的“三到（口、眼、心）三疑（无疑、有疑、解疑）法”、秦牧的“牛嚼鲸吞法”、罗竹风的“硬读软读法”、杨振宁的“渗透读书法”、王梓坤“先慢后快法”、钱伟长的“三级跳远读书法”、牟世金的“（把书当作）敌、友、师读书法”，并自创了“肯定否定读书法”。[①] 对这些方法，李老师广采博收，择善而从，自觉创新，灵活运用。值得称道的是，李老师凭着刻苦攻读精神，读破了黑格尔的《小逻辑》、恩格斯的《反杜林论》等大量经典名著，特别是及时阅读处于时代前沿的大量论著，打下了雄厚的学问功底，并直接来到诸多领域的学术尖端。这就为他站在时代前沿，展开学术与教育实践的卓越创造提供了雄厚根据，使之成为引领学术研究与教育实践发展的具有远见卓识的学者。

要真正地理解李老师，必须看清他在中国改革开放年代所处的学术及历史地位。1976 年以后，李老师和一批爱国的知识分子，最先在《中国自然辩证法研究会》之中汇集起来，面对现代化的大潮，决心承担起把中国拉向、推向现代化大潮的历史重任。所谓“同声相应，同气相求”吧，以黄顺基、李庆臻、卢继传等为首的一批中青年学者，以撰写《大杠杆》（黄顺基、李庆臻主编）、《谁是未来世界的强者》（卢继传主编）为契机，决心办好两件事：一是聚集力量，成立实体，建立中国管理科学研究院科技社会学研究所。其中，李老师是这个研究所的核心成员。二是深入研究，系统探索，积极推出《大潮系列书》。其编委会在为该丛书写的序言中指出：系列书“分多角度、多方面、多层次地系统论述的一个真理就是：科学技术的进步，是民族强盛的契机、国家振兴的关键、社会发展的动力、经济腾飞的杠杆。这个真理，已被历史发展所证明，正在被我国现代化建设所证明，将被全球的改革浪潮所证明，更被世界发展的大趋势所证明”。

融入这个团队中的李老师，紧紧抓住了我们所处时代的主题——现代化。在李老师看来，现代化绝不是一个空洞的前后交替的时间概念，而是负荷着深厚的历史文化内涵——现代科学技术——的人文历史概念。[②] 现代化的根本就是现代科学的大量新发现、现代技术的大量新发明，以及现代化教育的大发展。提出以教育为核心的现代科技是推动现代化及社会进步的根本动力。[③] 李老师十分重视现代技术在现代化进程中的巨大历史作用，这在重学轻术的中国学界，无疑具有解放思想、开阔眼界的重大作用。黄顺基先生和他共同主编的《大杠杆——震撼社会的新技术革命》（山东大学出版社 1986 年版）一书，紧紧围绕现代化生产这个中心，详细论述了现代化生产的骨肉（材料）、血液（能源）和神经（信息），向人们展示了作为新技术革命前沿的四大技术——生物工程、海洋技术、空间科学技术和管理技术，以及其崛起、发展和灿烂前景。该书受到著名科学家钱学森的好评，在学界产生了

---

① 参见李庆臻：《读书十法简论》，《济南大学学报》1998 年第 2 期。

② 参见李庆臻：《现代化的内涵与科学技术》，《发展论坛》1997 年第 12 期。

③ 参见李庆臻：《论现代新技术革命与社会进步》，《文史哲》1985 年第 4 期。

广泛而强烈的影响。黄顺基与李老师共同主编的《大动力——科学技术动力论》(中国人民大学出版社 1990 年版),论述了科学技术是推动当代社会发展的根本动力是推动社会经济发展的第一生产力,是推动社会生活方式、思维方式、思想意识变革的强大动力。李先生与卢继传、李春国主编了《大协调——科学技术社会学》(山东人民出版社 1990 年版)一书。作者们清楚地看到自然—科技—经济—社会—人类的协调发展正在成为现代社会前进的趋势,科学技术与生产力、生产关系、政治制度、军事力量、意识形态、伦理道德等发生着广泛的联系和相互作用。他以广阔的现实世界和深远的历史渊源为背景,以科学技术的作用为轴线,以自然界、科学技术、经济、社会协调发展为核心,编著此书。同时,他还指出:科学技术社会学,是用辩证唯物主义的自然观与历史观研究科学技术子系统与社会大系统之间相互协调和相互作用的规律性的科学。毫不夸张地说,该书是对历史唯物主义的新发展。李老师与卢继传、张道民编著的《第一生产力论》(山东人民出版社 1993 年版)指出,在现代化的历史潮流中,科学技术是第一生产力,是生产力发展的主要推动力,是现代生产力诸要素中其决定作用的要素,是提高劳动生产率的主要原因,是现代经济增长的主要支柱,是综合国力的重要标志。李老师还单独回答了科学技术为什么是第一生产力的问题。[①] 李先生与安维复合著的《科技生产力论》(山东大学出版社 1998 年版),理论上多有建树。书中指出,相对独立的科学技术通过向生产力诸要素的渗透而转化为了生产力。劳动者是生产力的核心要素。科学技术必须人格化为劳动者的内在素质,才能从事现代化生产。同时,科学技术必须物化为工具、劳动对象、渗入到生产企业管理中,使之全方位地转化为具有决定意义的第一生产力。

现代化的根本动力,就是以现代教育为中心的现代自然与人文科学发现与技术发明,其根本追求就是政治上的公平、正义、民主、自由,经济上的市场经济,生产力上的机械化、自动化与劳动者的现代化。他认为解决好教育与科技问题具有巨大的战略意义。[②] 他接过西方学者提出的三次浪潮的学说,论证了现代化的阶段性,不同文化背景下的既同质更异质的道路差异性。[③] 他还指出,现代化的理论,也是中外学者一步步开创出来的,中国学者义不容辞地担负着创建有中国特色的现代化理论的责任。[④] 对中国现代化的历史进程,提出了一系列具有开拓性的重要理论与方法。他大声疾呼要

---

① 参见李庆臻:《科学技术为什么是第一生产力》,《东岳论丛》1991 年第 5 期。

② 参见李庆臻:《解决好教育和科学问题的战略意义》,《东岳论丛》1982 年第 6 期。

③ 参见李庆臻:《论现代化的历史进程》,《山东社会科学》1998 年第 2 期。

④ 参见李庆臻:《论现代化理论的历史发展》,《东方论坛》1997 年第 4 期。

重视教育，切实贯彻科教兴国战略，特别要重视高等教育，扩大高等教育的规模，加大对教育的投资。我与李老师的号召相应，也在90年代末提出了扩大高等学校招生规模，并提出在扩招后如何提高教育质量的问题。李老师提出了科教兴国战略的四大工程——人才工程、创新工程、网络工程、可持续发展工程。[①] 同时，论证了知识经济的预兆、特点与意义。[②] 李老师与其他学者对知识经济的研究，为学界、政界、实业界指明了中国经济、社会进一步发展的方向。我在此大潮裹挟下，也贡献出我对知识价值的研究。此呼彼应，配合默契。李老师作为优秀的大学校长，他对中国的教育改革独具慧眼。他指出知识经济必须以教育为中心，以大学为中心。[③] 作为迎接知识经济的重大决策，中国的教育必须进行十大转变：一是实现应试教育向素质教育的转变，二是从知识教育向智能教育转变，三是从专才教育向通才教育转变，四是实现文理分科向文理渗透的转变，五是从“教学问”和“知识”向“教学习”和“管理”转变，六是从传授教育向创新教育转变，七是从阶段教育向终身教育转变，八是使低层次教育向高层次教育转变，九是使教育经费从低增长向高增长转变，十是使办学模式从规模小、单一式向规模大、综合强转变。[④] 时至今天，李老师提倡的十大转变基本或即将变成现实。

伴随着现代科学技术与经济的高速发展，现代化也呈现出一系列负面影响，带来了一系列新问题，最突出的就是生态危机。面对关系着人类能否持续发展的大问题，李老师明确指出，高科技必须与高伦理相结合，同时诉诸立法，明确划清技术发明与应用的伦理与法律限度。我也长期教伦理学，但忽视了科技伦理问题。多亏了李老师拉着我和安维复一块撰著《现代科技伦理学》（山东人民出版社2003年版），才算为我补上了这一课。与此同时，李老师《论生态和谐伦理》（《济南大学学报》2003年第4期）的长篇论文更精彩，具体指出了现代化生产带来的大气污染、水体污染、森林危机、土壤退化、酸雨问题、物种濒危、声-电磁波污染、温室效应、臭氧层破坏等具体问题造成了生态危机。他还指出，有多少环境和生态问题，就有多少生态和谐伦理学的研究对象。此文主要论述了国际环境生态、政治生态、森林生态、土地生态、生物多样性生态、温室效应生态六方面的和谐伦理，同时提出了实践生态和谐伦理的一系列道德原则。

李老师的学术研究涉及的面是十分广阔的。其理论贡献既有重点，又

① 参见李庆臻：《重视科教兴国战略的四大工程》，《发展论坛》1999年第10期。

② 参见李庆臻：《论知识经济的预兆、特征和意义》，《文史哲》1998年第4期。

③ 参见李庆臻：《论“以教育为中心”的知识经济》，《齐鲁学刊》1999年第3期。

④ 参见李庆臻：《论教育的十大转变——迎接知识经济的重大决策》，《东岳论丛》1999年第1期。

是多方面的。除上述提到的外,还有一系列重大问题:

(1)自然科学与社会科学的融合。其论述可参见《现代自然科学与社会科学的融合》(《发展论坛》1995年第6期)、《自然·社会·生产力——再论自然科学与社会科学的融合》(《发展论坛》1995年第12期)。

(2)自然科学向哲学的转化。其论述可参见《论自然科学怎样向哲学转化》(《山东大学文科论文集刊》1981年第1期)。

(3)事物发展的动力。其论述可参见《关于正确认识事物发展的动力问题》(《文史哲》1979年第3期)。

(4)真理有无阶级性。其论述可参见《论科学、真理和阶级性》(《破与立》1979年第3期)。

(5)科学认识发展的渗透律。其论述可参见《论科学认识发展的渗透律》(《文史哲》1990年第6期)。

(6)科学技术与综合国力。其论述可参见《科学技术:现代综合国力强弱的重要标志》(《济南大学学报》1994年第2期)。

(7)韩国的科技立国战略。其论述可参见《韩国科技立国战略和对策》(《济南大学学报》1996年第2期)。

(8)现代科技与劳动方式的变革。其论述可参见《现代科技推动劳动方式变革》(《自然辩证法研究》1989年第2期)。

(9)脑力劳动在商品价值形成中的作用。其论述可参见李庆臻、张志辉《论脑力劳动在商品价值和使用价值形成中的作用》(《文史哲》1980年第3期)。

(10)自然辩证法对自然科学发展的作用。其论述可参见《论自然辩证法对自然科学发展的作用》(《文史哲》1983年第3期)。

认真研读李老师的论著可以看到:他具有广阔而深厚的哲学、自然科学、人文科学、历史学等丰富的文化素养,面对现实世界,坚持实事求是,坚持实证原则,言必有据。在现代化的历史潮流中,他总是高瞻远瞩,明确地认识和准确地把握到时代精神与时代发展的方向,站在高科技发展、知识经济等现代化的前沿,从理论与实践的统一中从事学术创造。他的理论视野总是那么广阔高远,反应总是那么敏锐及时,观点总是那么稳妥独到,论证总是那么犀利有力,不能不令人信服,不能不令人产生由衷的敬佩。李老师聪慧勤奋,文思敏捷,著作等身,其学术的影响力是巨大的,不愧为国家级有突出贡献的专家。作为学生,不能不为有这样的老师而自豪。

三

李老师对社会文化的另一重大贡献,是其长期的领导工作。

众所周知，新中国成立以来，知识分子命途多舛。老知识分子备受艰难困苦，年轻一代的知识分子也难以找到一个平静的书桌。改革开放以来，知识分子的处境稍有改善。在社会生活中，人们希望能遇到一个好领导，有一个好团队，有一批志同道合的同事、朋友。

对知识分子的处境，李老师十分熟悉。同时，他一步步走向领导岗位，更有深刻的理论和战略思考。他对人才问题、知识分子政策等的关注，贯穿在对现代化、科教兴国战略、知识经济等一系列科学研究中。1984年，他与胡孚琛先生一起撰文发表了《我国科技人才群落和人才流动》(《科学学与科学技术管理》1984年第7期)的专论。首先把这个关系着中国广大知识分子命运的对象，当成一个科学问题来研究。文章指出："科技人才也像生物一样受地区的限制和周围环境的影响并在相邻个体之间发生相互作用，因而在科技人才群落和生物群落之间进行某种社会生态学的类比是可行的。科技人才的群落学研究就是要探讨科技人才间的相互影响、群落的培植和生长的条件以及优秀人才的新陈代谢和各种外界'因子'的关系，以促使科技人才群落的茂盛生长。"从以教育为核心、以高科技为基础的现代化全局出发，站在人才群落学的高度，看待知识分子问题，必然高屋建瓴，真实正确。同时，还指出，工厂需要人才群落的创造、发明支持现代化的生产；科研机构需要群落由不同人才的相互补充，相互配合，相互激励，协同攻关；高校可以发挥人才的综合优势，使教学和科研相互促进，不断开拓综合学科、边缘学科的新领域；管理者需要以战略的眼光来调整和规划国内的科技人才群落。针对群落中出现的人才"密植"、"近亲繁殖"、"四代同堂"、良莠不齐、滥竽充数、吃大锅饭、"假牛皮衣"、"江湖学派"、"关系学家"等不正常现象，作者大声疾呼要加大人才的流动性。为此，他们在文章中指出，通过流动，才能利用自然淘汰的法则淘汰掉不称职人员，防止腐化作风的发生，加速群落的学术更新和人才更新，从而有利于新学科的建立，有利于进行跨学科的研究，有利于综合技术问题的解决，有利于杰出人才的脱颖而出。人才群落是一个开放系统，它需要在民主气氛下的广泛学术交流和人才流动。没有人才流动，人才群落的生命力就会窒息。

有了这样的人才思想，李老师在一步步走上大学校长岗位后，先后把其相关思想贯彻到青岛大学、烟台大学、济南大学的教学科研与管理运行中。通过组织系统的放大作用，李老师的现代化、科教兴国、知识经济、人才学等卓越思想，一步步落到实处。他一直注意延揽人才，筹建科技与教学队伍，组织起一系列人才群落，招徕了一系列优秀学者，给他们提供了施展才华、报效国家的良好条件，把教学、科研提到核心地位，努力提高第一线教学、科研人员的地位与待遇。他自己率先垂范，既运筹帷幄，组织领导学校的各项工作，又搞学术研究，在科研和领导岗位上不断建功立业，使自己成就为一个优秀的大学校长。

我也属于李老师关注的学生之一。李老师对我工作、生活上的关怀、照顾，是我没齿难忘的。他总是在我最困难、最需要帮助的关键时刻及时伸出援手。自1980年在山东自然辩证法研究会上见面后，差不多年年在研究会的学术会议上见面和畅谈。1987年7月中下旬，我到即墨县为培训中学教师的讲习班讲完课后，于8月1日专程去青岛大学拜访李老师。当时李老师在青岛大学任副校长，负责抓教学与科研工作。那一晚在李老师家中开怀畅谈。李老师谈及他的《大杠杆》的主要思想，谈及他的科学认识论思想等，给我留下了深刻的印象。我也谈及我提出的心理过程的“三环”模式等。这是一次思想上的深刻交流。李老师同时提出，欢迎我来青岛大学工作。如果能来，还可以把我在心理学界的朋友、同学、学生引进一批，在青岛大学筹建一个心理学系。对此，我非常动心。当天住在青岛大学招待所，反复思考，深感这的确是一个绝好的机会。但那一晚青岛大雾，湿度大得简直令人窒息，洗了的手绢第二天也没有干。这个十分偶然的事件对我的决策产生了负面影响。同时，考虑到我在曲阜师范学院刚刚晋升了副教授，骤然离去于心不忍，只能遗憾地放弃了这个机会。

此后，李老师调任烟台大学校长。我在曲阜师范大学的处境却越来越不妙了。1992年暑假，我就与李老师联系调往烟台大学事宜。李老师在信件和电话中，都表示热烈欢迎。12月份，李老师到曲阜参加山东省社科联的评奖会议。17日晚我去拜访他时，李老师希望我尽快办理调动手续，说烟大还有6套留给教授、副教授的住房。这次见面，加快了我办理调动的速度。1993年3月中旬，便来到了烟台大学，被安排在“科学认识与管理决策研究所”。在研究所一年多的时间，没有教学任务，专心致志地搞我的思维、逻辑、概念等研究，日子过得十分充实、愉快，头脑中经常思如泉涌。

可惜李老师于1994年初调往济南大学任校长，深怀依依不舍之情，再次与李老师告别。当年10月27日，我的长子贵海车祸去世，对我，对我们全家无疑是塌天大祸。悲痛之情无以言表。难耐的情感驱使我们离开了烟台大学，到哪里去呢？可去的地方不少，李老师对我深情的关怀，最让我动心。经过反复考虑后，最后选择了济南大学，在这里又与李老师一起工作了。

济南大学是由济南师专与济南职业大学合并而成的专科学校。用我老同学李传忠教授的话说：“李老师来以前，济南大学不知道科学研究为何物。”李老师到来后，大力招徕人才，调进了一批有德有才的学者，教学科研迅速起色，谈学问，论尖端，刻苦钻研，尊师重教逐渐成风。李老师自己也是以身作则，文章、著作不断发表、出版，而且多次获奖。特别是为教学科研人员提供的一系列优异条件，使学校面貌大变，为后来济南大学的大发展打下了坚实的基础。现在，济南大学已经成为二类大学，下辖学院近20个，几十个硕士学位授予点，并被确定为博士学位招生单位。学生总数已逾4万，教职工已过3000人。这与当年李老师和广大教职工打下基础息息相关。

李老师在领导工作与科学研究上，均硕果累累。在日常生活中，平易近人。他对门的邻居说，李校长真是个大好人，见了面总是笑嘻嘻的，客客气气。楼道里脏了，立即出来打扫。下了雪，就拿着铁锨来铲雪。我的老伴李焕娥比李老师年轻近20岁。李老师见了面总是叫她“老李”，使她很感亲切。李老师自己去图书馆查书报、借书，不让办公室人员办理。他积极参加老师们组织的太极拳、太极剑等集体活动，运动会上还穿上练功服参加表演。李老师喜爱京剧，倡导成立了济南大学京剧社。李老师年轻时是标准的美男子，而且才华横溢。李老师的夫人杨老师美貌端庄，贤淑温雅，相夫教子，尽心竭力。夫妻二人琴瑟和谐，相敬如宾，同甘共苦，相知相爱到白头。杨老师曾患股骨头坏死病，痛苦异常，西医认为必须动手术。李老师征询中医的意见，坚定了他保守治疗的决心。李老师遍访名医，加以精心治疗和护理。近20年过去了，杨老师的病情还算稳定，现在还可以旅游、散步。儿女、孙辈均已成才，家庭生活十分幸福。李老师的兴趣广泛，很有艺术眼光。他在摄影方面十分内行，作品非常精到，传神。偶尔写写散文，出手就是精品。他早早学会了运用计算机。上网，收发信件，手机通话，发短信等等，都运用自如。我作为李老师的老学生，到现在还不会用手机，说起来真有点汗颜。

退休后，见面少了，但经常在网上联系。李老师经常通过电子邮件寄来一系列保健、时政、文化、历史方面的资料，受益匪浅。如所赐《香蕉皮的妙用》，我们全家一直都在运用。逢年过节，经常首先给我打电话或来信问候。今年中秋，李老师又寄来名为贺中秋的小诗：“秋月何处升？升在我心中。心中有何物？满载友谊情。”李老师仅仅比我年长五岁，半个多世纪的交往，就应了多年师生成朋友的古语。与李老师的交往，时间漫长，形式丰富多彩，内容广阔深厚，情感真挚亲切，无话不谈，受益良多。李老师对于我，真是亦师亦友。用佛家的话说，这不就是缘分吗？

2014年9月10日于沪上

（作者系济南大学教授）

贺李庆臻老师八十寿辰

李传忠

李先生以人品与学问深得众弟子敬仰。余出身经济学(山东大学经济学专业65级),在李老师的引导与教诲下,半路出家,进自然辩证法学界,竟以此为业,糊口终生。在老师八十寿辰之际,于韶州东岳书斋,凑成七律一首,以谢恩师。

恨无妙言谢师恩,搜句觅词贺寿辰。
呕心治学六十载,沥血育徒三千人。
高风亮节誉学界,雄深雅健著鸿文①。
仁者乐山龟鹤寿,智者乐水返童真②。

(作者系韶州师范学院教授)

① 《新唐书·柳宗元列传》中,韩愈评柳宗元曰:"雄深雅健,似司马子长,崔、蔡不足多也。"后人以"雄深雅健"谓文章雄浑而深沉,典雅而有力。

② 《论语·雍也篇》载:"子曰:'智者乐水,仁者乐山;智者动,仁者静;智者乐,仁者寿。'"

坚信知识改变国运的学人[①]

安维复

我欣赏那些一生中做过许多大事的人，但我更尊重那些毕生都在追问一个问题、信守一个信念、呼号一种主张的人。李庆臻校长就是后者。

从学术角度看，李校长著作等身，或许他自己也认为他的研究遍及马克思经典著作研究、科学社会学、科技经济学、科学伦理学等领域。但我认为，他的所有著述、他在各个领域的研究，都在追问一个问题，都在坚守一个信念——知识，只有知识才能改变国运。

导语：坚守马克思科学传统的最后一人

自 1979 年进入吉林大学哲学系，特别是 1983 年跟随舒炜光先生读研究生始，导师就指定我们读李庆臻校长的著述；1986 年，来山东曲阜师范大学任教，开始接触李校长；1994 年，亲随李庆臻校长在济南大学工作直至 2000 年校长退休；而后我在上海工作，期间我们依然来往密切。屈指算来竟有 30 年。这 30 年，也正是我的学术生涯起步、奠基、发展、成型的重要时期。由于舒炜光先生英年早逝，李庆臻校长便成为我学术发展的引路人。在我的成长过程中，他花费了大量心血，此情此景难以忘怀；同时，由于在校长身边工

① 在山东工作期间，除了得益于李庆臻校长外，我在山东大学读博的导师赵明义教授也曾经对我影响至深，是我成长过程不能忘却的师友，待有机会另题。在这里，我特别感谢我在曲阜师范大学就职时期的仝素勤教授。当年，由于种种原因，我的毕业分配问题陷入困境，作为普通教师的仝素勤教授力荐曲师大党委接纳我及我的家人，并在其出任党委副书记期间对我给予了各种重要的关照。但遗憾的是，仝素勤教授不久就到聊城师范大学任校长，我是含着泪水护送仝校长至聊城的。若干年后，我们终于在济南重逢。仝素勤教授就任山东教育学院，我已经被李庆臻校长招至济南大学。在山东大学读博期间，我曾多次拜望仝素勤教授。每次拜望都有回家的感觉，赶上饭时就上桌，赶上有活就下手。对于仝素勤教授，我不能原谅自己的是，离开济南后竟失去了联系。最令我不能释怀的是，我不曾为仝素勤教授及其当年接纳我的曲阜师范大学做过一点像样的工作。此种愧疚常常萦绕于心，不敢面对。但不管怎么说，仝素勤教授是我人生履历中最为重要的关键人物之一。

作长达 6 年之久，几乎参与了校长在这一阶段的所有重要学术工作，因而可能也更熟悉校长的学术思想。值此校长 80 周年诞辰之际，感慨万千，难以尽书，特作感言，以谢师恩。

我们知道，在 20 世纪 70 年代到 90 年代，自然辩证法曾经是一个举足轻重的学科，但由于种种原因，作为一个学科的自然辩证法已经从研究生必修课蜕变为选修课，它在专业名录中也由自然辩证法变成科学技术哲学。全国众多从事自然辩证法的研究者，甚至包括有影响的重要专家，纷纷从这个领域转向其他相关领域，如有的转向了西方科学哲学研究（例如我的导师舒炜光先生等），有的转向了 STS（Science and Technology Studies 或者 Science, Technology and Societies）[①]，还有的转向了科技政策、技术创新理论，但更多的人依然在茫然地探索过程中。在这种"转向"过程，李校长依然坚守自然辩证法的马克思科学传统，坚信科学技术是社会革命的决定性力量，坚持传承并推进马克思的科学传统，坚持用马克思科学传统来审视中国和世界的发展。

然而这种坚守不是堂吉诃德与风车战斗，李校长试图重建一种新的马克思当代形象，唤醒被教科书体系淹没了的科学技术是推动历史真正动力的伟大论断，站在世界学术发展的高度重新诠释马克思科学传统的思想活力，论证马克思的科学传统可能是我们破解中国式发展道路的必经之路。

本文以为，尽管李校长著述等身，在马克思主义经典著作、科学社会学、技

---

① 对于 Science and Technology Studies 意义上的 STS，我国学界特别是自然辩证法理论界在如何翻译上也存在分歧。中国社会科学院、中国科学院、北京大学、清华大学、浙江大学、北京师范大学、东北大学、山西大学等重要学术机构及知名学者都有所言说。有人主张将 Science and Technology Studies 翻译为"科学技术元勘"，有人主张把 Science and Technology Studies 翻译为"科学技术论"，有人主张把 Science and Technology Studies 翻译为"科学技术学"。

关于 Science and Technology Studies 译名的争论是有意义的，不同的翻译方式也都各有合理性。正如有的学者所指出的那样，"科学技术元勘"强调了 STS 是对科学技术的再认识，是一种元研究，但"元勘"作为学科名称过于生僻，与我国学科目录上关于学科的称谓习惯不符。把 Science and Technology Studies 翻译为"科学技术论"，在意义上比较平易，难以与 Theories of Science and Technology 划分界限，而且"论"字的含义实在太宽泛，容易混淆具体认识与再认识之间的界限。从学科归属的角度看，将 Science and Technology Studies 译作"科学技术学"比较好一些，能够避免一些误解，但在逻辑上难以处理本学科与所包容的学科群之间的语义悖论，其中关系到 Science and Technology Studies 与自然辩证法、科技哲学、科技历史、科技社会学等诸多学科之间的归属问题。

我们以为，Science and Technology Studies 的关键是 Studies，而 Studies 关键在于我们用什么样的"研究纲领"来审视科学技术。国外同行有的用建构主义的一元论来研究科学技术，有的用理论与应用的二元论来研究科学技术，有的用观念、器物和价值的三元论来研究科学技术，有的用建构、语境、问题、民主的四元论来研究科学技术。这就是国外学界的 Studies 更富有思想的创造性。相比之下，关于 STS 的"元勘"与"学"和"论"之争，不在于如何翻译 Science and Technology Studies，而在于如何进行 Science and Technology Studies，在于如何创造自己的 Science and Technology Studies。

术经济学、科技伦理学等诸多领域都有建树，但绝不失一以贯之的思想灵魂，这就是源自马克思对科学技术在社会发展中的革命性力量，一种凭借知识变革社会的美好愿望，并为之奋斗一生的思想者。这与英国的D·贝尔纳极为相似，仅在这个意义上我们或许可以将李庆臻校长类比为中国的贝尔纳。

从经典著作起步

1979年，我考入吉林大学哲学系。1983年，跟随舒炜光先生进行科学哲学研究。① 在学习马克思恩格斯经典著作时找到当时几种参考资料，如中国人民大学辩证唯物主义与历史唯物主义教研室编辑的《〈反杜林论〉简释》（中国人民大学出版社1963年版）、中央党校编写组的《〈反杜林论〉提要与注释》（人民出版社1974年版）、山东大学出版的《〈反杜林论〉纲要和简释》（山东人民出版社1979年版）。后来，又看到《〈反杜林论〉释注》（山东人民出版社1982年版），知道了“李庆臻”的名字，但当时关注的只是这本书条理清晰，对基本概念的诠释准确，对重要难点重点问题的把握沉稳，对不同理解的评价公允客观。

如今看来，这部著述之所以能够经得起时间的检验，在于这部《〈反杜林论〉释注》具有如下几个特点：

第一，突破教条化的理解，恢复经典专家的本真思想。在当时特定的历史时期，将马克思恩格斯经典著作进行教条化的理解可能是个历史的无奈。

---

① 1983年开始追随舒炜光先生读自然辩证法专业研究生，我较为深入地接触到与李庆臻校长联系在一起的著述：《简明自然辩证法词典》（山东人民出版社1986年版）、《大杠杆——震撼社会的新技术革命》（山东大学出版社1986年版）等等。但真正使我认识庆臻校长本人学术思想的是舒炜光先生集全国综合大学精英编撰的《自然辩证法原理》和五卷本的《科学认识论》。

正是在这些享誉全国的著述编撰过程中，舒炜光先生对李庆臻校长的学术能力给予了高度评价。在《自然辩证法原理》一书的前言中，舒先生提及“山东大学的李庆臻同志……参加了本书的部分定稿工作”。据我所知，舒炜光先生的重要著述从来都是亲自定夺，极少交付他人定稿，李庆臻校长可能是为数不多的例外。

李庆臻校长全程参加了五卷本《科学认识论》的编撰工作。从一个学生的角度看，除了舒先生本人外，庆臻校长在编撰五卷本《科学认识论》上是投入精力最大的。由于舒先生英年早逝，先生在世时只完成了《科学认识论》的前两卷，后三卷基本上是在李庆臻校长的组织下完成的。使我最为难忘的是，舒先生病危时，曾特邀李庆臻校长面谈，托付《科学认识论》的未尽事宜，足见庆臻校长在舒先生心目中的地位。

也正是在这个过程中，我认识了山东籍的几位重要师长，除了李庆臻校长外，还有曲阜师范大学的仝素勤教授，山东大学的马来平教授以及诸多山东朋友，使我有机会遇见了我的恩师赵明义先生以及在山东大学做博士生和兼职教授的三年美好时光。这也注定了我在山东长达14年（从1987年10月到2000年9月）的学习和工作，也是我事业有成的第一次机遇。

李庆臻校长编撰的这部《〈反杜林论〉释注》在突破唯物论—唯心论、辩证法—形而上学对立的思想框架上作出了不少合乎经典作家本真意义的探索。例如，在对17～18世纪形而上学思想方式的评价问题上，李校长并不是简单地套用辩证法—形而上学的二分法，而是根据恩格斯的发展眼光，客观地评价了形而上学这种思想方式在近代科学革命过程中形成和发展的重要意义，并肯定了这种方法即使在辩证法的思维方式赢得胜利的今天依然不失其重要意义。“笛卡尔的解析几何、牛顿和莱布尼兹的微积分、牛顿的万有引力定律、开普勒定律、林耐的动植物分类等等都是这一时期的重要成就。当时自然科学的成就是与采用了特殊的方法分不开的。”[①]

第二，清晰完整的论证方式。哲学是一种论证(demonstration)。一种哲学劳作，不仅仅在于它的观点之新颖，更在于其论证之精微。在有关杜林对数学原理的看法上，李校长采用了如下论证方式：其一，数学公理与逻辑的同义反复[②]，已经取得了思想家的公认，并非杜林的新意。其二，即使最抽象的数学公理也根源于社会实践，因而杜林认为“数学公理具有绝对性”的观点是经不起推敲的。而且，数学公理是对真实世界的客观反映，离开客观世界来奢谈数学公理是没有意义的。其三，杜林在数学公理问题上前后矛盾。在他的《哲学教程》第一篇中，杜林认为数学公理是先验的；而在《哲学教程》的第二篇中，他又认为数学是完全经验性的。[③]

第三，对马克思恩格斯思想的延续与传播。自《〈反杜林论〉释注》出版以后，我们似乎鲜见李校长在马克思恩格斯经典著述阐释领域再有新作，而是转向了科学社会学、技术经济学和科技伦理学方面的探索。其实不然，任何一种探索都是某种学术信念的表达。仔细阅读李校长此后的学术著述，不论是《大杠杆》，还是《科技生产力论》，或者《科技伦理学》，都可以看到他对马克思恩格斯有关思想的继承与演绎。据不完全统计，在李校长在《大杠杆》中的第十三章《技术革命的前途——社会革命》中，引证马克思恩格斯语录达8处之多；在《科技生产力论》中，引证马克思恩格斯语录多达22处之多[④]；在《科技伦理学》中，辟有专章讨论“马克思主义科技伦理观的发展”。当然，问题不在于引证经典语录的多寡，而在于其中所承载的马克思主义科学观的基本精神，也就是李

① 山东大学《〈反杜林论〉释注》编写组编：《〈反杜林论〉释注》，山东人民出版社1982年版，第35页。

② “同义反复”(Tautology)是分析哲学或科学哲学特别是逻辑经验主义的重要范畴，一般指那些永真的逻辑真理，也就是两个字面上不同的词素具有相同或相等的语义，如“晨星”和“暮星”，L. L. 维特根斯坦和《逻辑—哲学论》的作者等等。

③ 山东大学《〈反杜林论〉释注》编写组编：《〈反杜林论〉释注》，第59页。

④ 见《科技生产力论》第12、15、16、17、18、19、20、21、22、23、24、25、26、97、100、101、108、124、133、134、136、204页等22处。

校长始终不渝地坚守的“科学技术作为社会革命的大杠杆”。

从这个角度看，李校长的学术路线与20世纪30年代的英国马克思主义者J. D. 贝尔纳极为相似。当年苏联学者B. 黑森将他的那篇经典论文《牛顿力学的经济根源》传到英国学界时，立即在英国的科学界引起巨大反响。J. D. 贝尔纳等开始研读马克思恩格斯的经典著作，写出了《科学的社会功能》和《历史上的科学》等辉煌巨著，创立了对当代科学社会学、科学史等领域都有重大影响的“贝尔纳主义”或“外史论派”。①

走向马克思传统的科学社会学

20世纪80年代中后期，在仝素勤教授的热心帮助下，我来到山东曲阜师范大学工作②，从而有机会多次面见李校长，近距离地感受他在学术上的探索；同时，李校长对我这个来自舒炜光先生门下的年轻人也十分关照，在成果评奖、课题申报等方面提供了许多难得的机会。

1985年，李庆臻校长等主持的《大杠杆》很快就在学界乃至社会各界引起了极大反响。同时，李校长在这一时期的作品包括《我国的科技人才群落

---

① 我指导的博士生王凤祥（现为贵州财经大学副教授）的博士论文就是《贝尔纳主义研究》。目前该生就这个选题已经发表了近10篇论文，成为这一领域研究的知名学者。

② 1987年10月，曲阜师范大学特别是仝素勤教授在我最困难的时候接纳了我，此情此景历历在目，终生不敢忘却。初到山东，初到曲阜师范大学，我陷入了思想困境。当时学校极其缺乏有关现代哲学特别是科学哲学的文献资料，我所在的政治系也没有科学哲学类的课程或研究条件。是继续搞科学哲学或自然辩证法，还是搞一些相对容易上手的时令学科？除了仝素勤教授鼓励我坚持舒炜光先生的治学路线外，李庆臻校长的一件事对我产生了重大影响。大约是在1988年，也就是我到曲阜师范大学的第二年，山东自然辩证法研究会的年会在我们曲阜师范大学召开。李校长一见面就对我说：“你的一篇论文获得了省教委的二等奖，我从你的文章中看到了舒先生的影子。”人在年轻时候特别是彷徨苦闷的时候，极其需要长者的指点，哪怕只有一句话。也许校长的这句话，他本人早已忘记，但在曲阜师范大学的特殊时期使我猛醒。我渐渐认识到，我的学术之根在于导师舒炜光先生开辟的科学哲学领域；离开了这个领域，我们将失去根本。从那次见面以后，我决定继续从事科学哲学研究。在这个过程中，仝素勤教授给予我莫大的支持和鼓励，至今难忘。我几乎查阅了曲阜师范大学图书馆所有的与科学哲学的外文文献。我收获最大的是曲阜师范大学图书馆工具书库藏书《大英百科全书》（*Britain Encyclopedia*）和《美国哲学百科全书》（*American Encyclopedia of Philosophy*），我认真总结了“科学哲学”“科学革命”等重要范畴及其最新研究动态。再有急需的资料就去山东大学查阅，甚至托师友到北京图书馆（后改为国家图书馆）和母校吉林大学查询。

1988年，我的一篇研究维特根斯坦的论文《元哲学与哲学》在《哲学研究》1988年第4期发表，其实该文只是舒先生《维特根斯坦哲学述评》某些方面的概括，或者用舒先生的观点解答这样一个问题：有没有元哲学？如果有，这种元哲学应该是什么？

李庆臻校长对这篇论文给予了肯定性的评价，因这篇论文及其他成果，推动我从讲师直接晋升为正教授。这是后话。

和人才流动》(《科学学与科学技术管理》1984 年第 7 期)、《学派争鸣对自然科学发展的推动作用》(《山东大学文科论文集刊》1982 年第 1 期)、《管理方法的制约要求》(《大动力——科学技术动力论》第 13 章)、《革命方式的变化》(《大动力——科学技术动力论》第 14 章)、《战争方式的发展》(《大动力——科学技术动力论》第 15 章)、《科技对社会发展阶段的制约作用》(《大协调——科学技术社会学》第 13 章)、《科技是社会主义发展阶段的决定因素》(《大协调——科学技术社会学》第 14 章)等等。

如何评估这一时期的学术探索？我们以为，李校长在《大杠杆》《大动力》和《大协调》等几部著述中所阐述的就是运用马克思主义科学观，特别是有关科学与社会之间关系的思想来搭建科学社会学的思想体系，也就是用马克思主义的科学观来回答社会结构、科学技术在社会中的地位和作用以及社会发展的动力等社会学理论问题，其实也就是马克思主义的科学社会学。理由如下：

第一，《大杠杆》在新的历史条件下阐发了马克思有关“科学作为社会革命的杠杆”的经典思想，奠定了社会发展以科技为动力这一最具马克思精神的判断。我们知道在社会发展动力问题上，有“挑战说”(如柯林伍德)、“整合说”(如帕森斯)、“文明说”(如 J. D. 贝尔纳)等。马克思用科技革命来解释社会历史的变迁，解答了马克思主义在社会发展问题上的独特看法。李校长等人的《大杠杆》，不仅继承了马克思主义经典作家在这一问题上的基本思想，而且还汲取现当代的新鲜材料进一步佐证了马克思恩格斯的有关判断。

第二，《大动力》是对《大杠杆》的深化和细化，进一步完善了《大杠杆》所提出理论命题。第一篇中的三章主要从理论上阐明系统动力观，强调科学技术是推动经济、深化发展的强大动力；第二篇中的第四、五、六、七、八章，主要讨论了科学技术与自然、社会之间的矛盾运动，也就是从对立到协调发展的新阶段；第三篇中的第九、十、十一、十二、十三、十四、十五和十六章，主要讨论科学技术如何引起生产方式和生活方式的改变。这些讨论延续了有关马克思恩格斯经典思想，但在视野、材料、布局等方面更为深远。

第三，《大协调》从《大杠杆》和《大动力》的外部主义(externalism)的科学社会学转向内在主义(internalism)的科学社会学，相当于西方学界正在流行的科学知识社会学(sociology of scientific knowledge)，也就是用马克思恩格斯的科学思想来诠释科学技术及其社会运行的微观机制。该书共分如下章节：自然界是科学技术的物质基础(第一章)，科技对自然界的长远影响(第二章)，科学技术的起源和发展(第三章)，科学和技术的相互作用(第四章)，科学技术体系结构(第五章)，科学技术的发展模式(第六章)，发动国家经济实力的源泉（第七章），我国科技发展的经验和战略（第八章），八十年代社会进步的象征（第九章），社会经济发展的物质基础（第十章），未来世界经济社会的支持（第十一章），认真对待高技术的社会问题（第十二章），科技对社会发展阶段的制约作用（第十三章），科技是社会主义发展阶段的决定因素（第十四章），科技进步扩大认识事业（第十五章），科技进步促进方法变革（第十六章），科技进步更新价值观念（第十七章），自然、科技、经济社会、人类的大协调（第十八章）等。从这些内容我们可以较为全面地领悟马克思主义科技社会学的整体构架和微观机制。

《大杠杆》《大动力》和《大协调》三部著述基本上完成了马克思主义科技社会学的中国化进程，相当于J.D.贝尔纳所撰写的《科学的社会功能》。

对于李校长的《大杠杆》有诸多好评，但在诸多好评中，钱学森的评价最为精到。钱老在1986年1月11日写给李校长的信中说："《大杠杆》比起时下流行的、中外关于新技术革命的书都更完全，所以是部好书。"

马克思科技生产力论的当代延伸

1994年，我辗转来到李校长刚刚任职的济南大学，直到2000年校长退休。在这6年中，我几乎全部参加了李校长重要学术活动，亲身经历了李校长从功成名就的科技社会学转向更有现实意义的科技经济学，也就是科技生产力论的研究。特别是我参与了《科技生产力论》的写作，期间获益[①]至今依然是我的一笔极其重要的宝贵精神财富，也基本奠定了我的学术格局和未来取向。

《科技生产力论》由四部分组成：第一篇，历史篇；第二篇，理论篇；第三篇，机制篇；第四篇，实践篇。李校长设计了全书的核心理念和总体框架并

---

① 就在我进入济南大学不久，在李校长支持下，我从讲师越过副教授直接破格晋升为教授，当时年仅34岁。对于这件事，李校长也刚到济南大学，可能面临着比我更大的压力，也许蒙受着任人唯亲的非议。其实李校长是极其认真地对待这件事的。在申报材料时，校长让我把所有发表论著的名录由他亲自审核（参与此事的还有李传忠教授），并比较了与我年龄相仿、在山东大学任职的有关人员的科研成果，发现我在任现职期间发表了26篇论文，有几篇发表在《哲学研究》（1988年4期）、《吉林大学文科学报》（1987年6期）、《自然辩证法研究》（1991年1期）、《哲学动态》（1990年3期）等刊物上，其中被《新华文摘》全文转载的有两篇，还有近半数的论文被《中国哲学年鉴》《哲学动态》《高校文科学报文摘》等转载或转摘。

也许在今天看来，这些所谓的成果是否具有教授的资格值得怀疑，但在当时条件下，这些文字还是有点说服力的。我想说的是，校长在这件事情上是严肃的。当然，我更想说的是，校长对我大胆破格提拔，给了我极大的鞭策。自晋升教授后，我不久就拿到了济南大学的第一个国家社科项目，有关成果发表在《中国社会科学》等重要刊物上。我也由此渐渐成为知名教授并活跃在全国的学术活动中。一个年轻人，在他尚未起步的时候就得到了支持，这个年轻人是幸运的；如果一个人，能够对年轻人尚待证明阶段就给予眷顾，至少证明这个人的眼光是独特的。

亲自撰写最重要的历史篇和理论篇，机制篇和实践篇则由我完成。这部著述其实也是对马克思科技生产力理论的继承与推进，在一定程度上代表了李校长在技术经济学特别是科技生产力理论方面的学术造诣。

第一，《科技生产力论》继承和发展了马克思的科技生产力理论。我们知道，马克思在他所创立的《资本论》中系统地阐述了他的劳动价值论，其中包括科技生产力论。但在马克思的《资本论》中，价值是由劳动(力)创造的，只不过在生产力构成中包含着技术要素(或称"技术构成")。马克思预言生产力中的科技因素将发挥越来越重要的作用。《科技生产力论》紧紧抓住了科技因素在生产力构成中日益取代了简单劳动要素，成为决定价值的决定性因素。①

第二，《科技生产力论》以马克思的科技生产力论为基础，但并没有中断科学技术和生产力发展的思想积淀，而是将"科技生产力论"奠基于人类历史发展的长河中去考量。在李校长亲自撰写的第一章，我们就回顾了F.培根"论知识就是力量"、魁奈"论科技促进经济发展"、亚当·斯密和大卫·李嘉图"论科技与经济增长"以及圣西门"论科技人员在社会生活中的地位"，等等。这样，我们所理解的"科技生产力论"就不仅仅是马克思主义经典作家的科学论断，而且还是人类文明发展的必然产物。这种历史考证的方法对我此后的学术风格产生了重大影响。

第三，《科技生产力论》尽可能汲取国内外相关研究的最新成果。李校长主持的《科技生产力论》坚持马克思在《资本论》中提出的基本理论——"科学技术是生产力"，但并不止步于马克思的固有逻辑，而是站在当代学术视野来兼容不同的相关探索，从而为我所用。例如，《科技生产力论》的第四章就专门讨论"国外学者论科技与生产力的关系"问题，提到熊皮特的"创新理论"、罗斯托的"经济成长理论"、加尔布雷斯的"知识要素理论"、丹尼尔·贝尔的以知识为中轴线的"文明理论"、托夫勒的"第三次浪潮"、奈斯比特的"知识生产理论"、堺屋太一的"知识决定论"、丹尼森的"增长理论"和库兹涅茨的"内涵增长理论"等，从而将马克思的生产力理论推进到当代思想的平台上。这种兼容国内外最新成果的研究方式大大扩展了我此后的学术视界。

《科技生产力论》出版以后，收到了学界的一致好评。中国社会科学院的李惠国先生、北京大学的孙小礼先生、中国人民大学的黄顺基先生、自然辩证法研究会的丘亮辉先生、山西大学的张家治先生等纷纷以各种方式盛

---

① 参见李庆臻等，"科技生产力论"山东大学出版社1998年版第六章"科学技术与生产力要素"，第七章"科学技术与生产率"，第八章"科学技术与商品价值"，第九章"科学技术与经济增长"，第十章"科学技术与综合国力"，第十一章"科学技术与现代化理论"。

赞此书在相关领域的重要意义。最近有幸在常州召开的"工程论坛"会议上偶遇李惠国先生，我们还曾提及此事。

我们以为，"科技生产力论"是马克思生产力理论在中国的延续与推进，也是马克思"科技是生产力"命题在当代条件下的深化与发展。李校长在《科技生产力论》中所体现的思想非常接近J.D.贝尔纳的"历史上的科学"，而J.D.贝尔纳的"历史上的科学"其实就是马克思的科技生产力理论在20世纪30年代的反响与再生。

师恩绵长，为学远图

追忆师恩的最好方式就是弘道致远。2000年，校长退休后我远赴上海工作，但一直与校长保持密切联系。两度上海之行，使我久久不能忘怀。但我深知，感恩的最好方式就是在校长开辟的学术道路上继续探索。

科学生产力论以及科学与社会的关系问题是李校长十分关注的一个课题。来到上海后，我又重拾这个问题，沿着校长开辟的道路继续探索。期间，我将《科技生产力论》撰写期间积累的思考写成《从国家创新体系看现代科技革命》，发表在《中国社会科学》2000年第5期；我先后承担了2004年的国家社科项目"索卡尔事件之后的社会建构主义研究"(04BZX019)和2008年国家哲学社会科学基金后期资助项目"社会建构主义——思想渊源、理论特征、分析工具与合理构建"(08FZX003)，出版了《技术创新的社会建构》(文汇出版社2003年版)、《社会建构主义的更多转向》(中国社会科学出版社2008年版)。同时，还带出了一批专事此项研究的博士生，如贵州财经大学的王凤祥博士就在"贝尔纳主义"问题上多有建树。

科学革命的研究将是科学哲学不可回避的重大问题。校长在科学革命研究上着墨甚多，硕果累累，曾嘱我科学哲学研究要有所突破必在科学革命，如他的"大杠杆系列"和"生产力系列"都是当代学界难以逾越的学术高峰。自进入华东师范大学以来，我的一个重要的学术旨趣就是立志重新思考科学革命问题，其基本的立足点就是将科学哲学与科学史结合起来，把科学哲学史(History of philosophy of science)①研究从国外学界引进到我国，主持了2012年的国家社科重点项目"西方科学哲学史研究"(12AZD070)和2014年国家重大招标课题"西方科学思想多语种文献编目研究"，培养了一批在国内已经崭露头角的博士生如王凤祥的"贝尔纳主义研究"、代利刚的"康德科学哲学"研究、崔璐在"科学仪器哲学"方面的研究等等。

站在国际学术前沿，一直是校长践行的学术风范。早在济南大学时，校长就曾鼓励我出国深造，但由于短视，更由于浮躁，我一直推脱着。直到2008年我以50岁"高龄"获得国家留学基金委资助，苦学半年通过英语水平测试，以高级访问学者身份赴澳大利亚进行合作研究。期间，领悟到做学问的真正方式，并研习了拉丁文、希腊文等西方古典语言。回国后又将注重外语的传统传承给我的学生。在我的博士生中，除了英语外，还要掌握德语或法语，并在古典语言拉丁语或希腊文中任选一门。我自己曾带领学生翻译了麻省理工学院教授布希亚瑞利的《工程哲学》(*Engineering Philosophy* by L. L. Bucciarelly)和UNSW的舒斯特教授编写的《科学史与科学哲学导论》(*An Introduction to History and Philosophy of Science* by J. A. Schuster)。

自从20世纪80年代在舒炜光先生门下读研究生起结识李校长，恍惚间30年过去了。校长已是耄耋之年，我也早已迈入"知天命"的岁月。人生有涯，岁月无痕，但校长给中国学界特别是给我个人留下的宝贵思想财富，才是真正永恒的华章。

对于我而言，李庆臻校长是那种一生只做一件事的人，那就是坚守、坚信知识可以改变国运。

2014年11月5日于华师大

(作者系华东师范大学教授)

---

① 1991年，在科学哲学诞生地的维也纳学派所在地创立了"维也纳学派国际研究会"(the International Institute Vienna Circle)，该学会的宗旨就是保存并开发维也纳学派在科学和公共教育方面的历史文献。更为重要的是，1996年4月19～21日第一届国际科学哲学史大会(1st International Society for History of Philosophy of Science)在弗吉尼亚工学院和州立大学举行，议题为《科学的哲学：新康德主义与科学哲学的诞生》(*Scientific Philosophy, Neo-Kantianism and the Rise of Philosophy of Science*)，会上正式成立的国际科学哲学史研究会(The International Society for the History of Philosophy of Science)标志着科学哲学史研究的兴起。自此以后，该学会每两年召开一次国际会议，2010年第八届大会的主要议题包括："普鲁克鲁斯对欧几里得《几何原本》第一卷的评论及其在近代的接受"(Proclus Commentary on the First Book of Euclid's Elements and its Reception in Early Modern Times)，"十八世纪思想中的莱布尼兹主义和反莱布尼兹主义"(Leibnizianism and Anti-Leibnizianism in 18th thought)等等。

写在李校长八十寿辰

张硕秋

每当走到舜耕校区的银杏林，我会想起儒雅、谦和的李庆臻校长。这片银杏林是他别出心裁的作品，也是校园最美景观之一。李校长经常用他酷爱的相机在银杏林里构图，定格美好记忆，包括我在内很多老师曾经成了那片美景中的主人公，其中珍藏了一份份金黄色银杏叶背景下校园秋色的生动回忆。

1994 年初，一位风度翩翩、颇有学者风范的长者出现在校园中，这就是我们的李庆臻校长。

我当时在人事处工作。在人事工作方面，李庆臻校长给我印象深刻的是他的人才观、成才观。他在识人、用人上有独到的见识，依凭历任多所高校校长的经验，提出了促进学校发展的人才工作思路，着手师资队伍的层次提升，实现了博士人数零的突破。从他引进第一位博士学位教师开始，不断地有兄弟高校的教授和博士来济南大学任职，从而提升了师资队伍的学历层次，改善了整体结构。

他利用多年高校工作积累的人脉资源，调动各方力量，支持学校的发展。尤其是学校编制和职称评审遇到瓶颈制约时，他亲自出面协调，为学校解难题，办实事。在李校长的领导下，学校的人事工作有了新的起色，学校也得到了发展。

对我影响深刻的还有他责权清晰、抓大放小的管理方法。人事工作中的一般事项，他充分放权给我们，让我们定夺。身处这样的环境中，的确锻炼了我的分析判断和解决问题的实际能力。现在回头反刍，感到受益匪浅。

在李庆臻校长领导下工作近五年，李庆臻校长在安排工作时从未与我促膝长谈。即使在 1997 年我成为全省高校最年轻的人事处长时，也是简明扼要地叮嘱几句。每次给李校长汇报工作，李校长也总是话不多，画龙点睛，一语中的。他将复杂问题简单化的处事方法深深地影响了我。我认为这应该与他对学术研究的执着深有关联。他对事物表象下本质性规律的探索，使他能比较容易把握本质、抓到要领。那段时间我也尝试把若干问题梳理调顺，进而掌握提纲挈领的工作方法，提升归纳概括的能力。

李庆臻校长是典型的学者型领导，他把学术研究与高等教育管理融合到实践之中。自然辩证法等领域卓越的研究、高等教育管理中的丰富实践在他身上实现了链接并轨，二者相得益彰、相映生辉。我敬佩李庆臻校长扎实的理论功底，特别是他运用科学的观点和方法处理和解决实践问题的能力。这也是我努力的目标和方向。

我在李庆臻校长领导下工作共事的时光中，受益颇多。此文也只是从千言收获中，择几点心得赘述以备忘。李庆臻校长知识渊博，德艺双馨。此次著书立作将个人辉煌生涯示于后来者，应该算是留给我们这些教育工作者的宝贵财富，也必将激励和鞭策我们把教书育人当成一生挚爱的事业来做。

（作者系济南大学副校长）

我所见闻的李庆臻校长

党明德

听说李庆臻校长的学生们要给李校长出文集，觉得很应该。李庆臻校长1958年北京大学哲学系毕业后历经山东大学、青岛大学、烟台大学、济南联合大学（后改为"济南大学"）四所高校，不谈本科生，就是研究生，也是"桃李满天下"。此外，他还是中央党校特聘的省部级领导干部学习班的导师。举行这类活动完全有条件，但他一直反对这样做。我虽然不是李校长的嫡派弟子，但有幸在他任济南联合大学校长期间担任了6年校长办公室主任和一年副校长，工作上多得指导，学术上多得指教，实际上比一个嫡传弟子受益还要大，于是在出文集的触动下，提起笔来很快就根据回忆写了一篇小文。不久，我去济南调他在济南联合大学的工作资料，档案室的杨丽娟馆长将当时校报中有关材料交给我。我比较仔细地翻阅了一篇，感到李校长大在济南联合大学是他一生工作单位的最后一站。他把一生做管理、做学问的经验都倾注到了济南联合大学。好多地方非常值得总结。我感到一草而就的文章并没有描绘出在济南联合大学任校长的真实面貌，于是就重新改变体例，专写李校长在济南联合大学的一段工作。

一、调任济南联合大学

李庆臻教授是1993年12月初从烟台大学校长任上调到济南联合大学的，来接替已经超期服役的老校长丁文方教授。当时，我是济南联合大学的校长办公室主任，与当时的副校长马庆水同志到烟台将李庆臻校长接到济南。此前只是与李校长谋面一次，感到是一位和蔼可亲的长者。实际上，在没有谋面前就对李校长早有耳闻，他是一个学问好、修养高、管理经验丰富的好领导。我在山东大学上学时，李庆臻校长即在山东大学任教，既担任着党委办公室主任兼校长办公室主任的行政工作，又担任着自然辩证法课程的教学科研任务。由于他没有给我们历史系上课，所以那时并不认识他。

听过他讲课的学生都说他的课讲得很好，所以也是我们期盼授课的老师。我在山东大学毕业后留校，在科学社会主义系担任中国政治思想史的教学任务，而后有幸多接触一些山东大学的事情。作为青年教师，留校后想把业务搞上去，一心钻研业务，对学校的事知之甚少。1984 年山东大学领导班子换届，大家推选校领导候选人。当时呼声最高的是李庆臻、赵明义、刘玉柱三位，赵是我们系的主任兼书记，刘是教务处长，三人的事迹也就在学校中传开了。那时我才知道李庆臻是北京大学毕业的，是钱学森自然辩证法培训班的第一批学员，是中国自然辩证法学术界的中坚力量，他撰写的《大杠杆》一书曾得到钱学森的高度评价。那时他是我们这帮年轻人心目中的榜样，真盼望这位才学兼长的老师担任山东大学的领导。山东省委组织部慧眼识才，将李庆臻调到青岛大学担任领导，给赵、刘二老师也作了适当安排，至今赵、刘二老师还是山东高校的名人。李庆臻所在的青岛大学是一所新成立的学校，既要白手起家建校，又要按照高校的规律办学。他担当了将一所新校理顺并使之成为一所正规大学的重任。经过一番努力，他颇受领导和教职工的欢迎。刚要松口气，刚刚诞生的烟台大学又需要领导，省委考虑到李庆臻教授有治理新大学的能力和经验，就派到烟台大学担任校长。李庆臻教授在烟台大学 4 年，将烟台大学治理得走上正轨以后，又受命来到济南联合大学担任校长。记得省委高校工委书记刘凤龙同志在宣读公布令时说："李庆臻同志担任过一个全国重点大学山东大学的办公室主任，治理过青岛大学、烟台大学两所省内新建的大学，具有丰富的领导经验。李庆臻同志是国家自然辩证法研究专家，具有深厚的学术功底。我们相信李庆臻同志会与党委、行政一班人团结一致，把济南联合大学搞好。"领导的信任和重托，使新到任的校长要面对济南联合大学的实际，拿出一个施政方略。那么，1993 年年底以前的济南联合大学是怎么样的一个情况呢？

济南联合大学由济南师专和济南职业大学于 1990 年春夏之交合并而成。济南职业大学是改革开放以后济南市创办的一所职业高等学校，领导、教师来自各行各业。对于济南师范专科学校，一般人都说建校于 1978 年。但真正追溯其历史还应该有两种说法：一是追溯到 1958 年，一是追溯到 1902 年。

作为同名的济南师范专科学校，确实于 1958 年诞生在济南，但当年就迁址到泰安市。同时，还将济南黎明中学也迁到泰安，作为济南师范专科学校的附属中学。这个济南师范专科学校成了泰安师范专科学校的前身，这个附属中学后来演变成泰山中学。但由于 1978 年在济南成立的师范专科学校没有借助于泰安师专的任何力量，所以 1978 年成立的济南师专从没有把历史上同名称的学校作为自己的前身。

把历史追溯到济南师范学校似乎有些牵强，但类似前例已经不少。如山东大学追溯到山东大学堂，济南联合大学与山东建材学院合校后成为济南大学，新的济南大学就可以追溯到山东建材学院的前身——山东建材职工学校。济南师范专科学校最初在济南师范学校内成立，第一届学生还在济南师范内招，济南师专的一些教师最早是从济南师范学校中抽调的，所以根据这些关系似乎也应把济南师专的历史追溯到1902年。但是，济南师范专科学校的领导乃至济南联合大学的领导并没有采取往前推的办法，而是实实在在地把济南师专建校史的起点定格为1978年。尽管济南师专、济南联合大学的领导没有把历史往前推，但应该说济南师范学校与济南师专乃至以后的济南联合大学或济南大学也有一定的关联，所以我觉得应该粗略说一下济南师范学校的辉煌历史，以审视济南近代教育环境。济南师范学校创建于1902年，是全国最早的师范学府之一，是山东师范教育的开端。济南师范学校培养了一大批优秀的人才，主要出名者有民国时期山东的“四大教育家”——鞠思敏、王祝晨、玉明信、范明枢；有中国共产党的缔造者之一、中共一大代表王尽美，革命先烈庄龙甲；有原中国人民解放军炮兵副司令员陈锐霆，中华人民共和国原外交部副部长王幼平、王若杰，原云南省委副书记马继孔，原河南省委副书记王树成，原陕西省副省长林茵如；有学者季羡林、邓广铭，诗人臧克家，作家王希坚、丁毅，表演艺术家项堃，海洋生态学家、水产学家朱树屏；有原云南大学校长李广田，原中国音乐学院院长安波等。学校还培养了众多优秀的教师和教育工作者。他们都是济南师范学校的光荣和骄傲，也是济南教育的光彩。济南大学也为此感到光彩。

由于济南师范学校历史悠久，传统良好，所以济南师范专科学校在济南师范校园内诞生，也在筹建期间吸收了一些骨干作为师专的教师。尽管如此，新建的济南师专还是一个白手起家的学校。成立不久，济南师专又搬到济南教育学院，然后就搬到济南十五中。济南十五中是解放初由当时的济南市长姚仲明所筹办的一所工人子弟中学转化而成，办学基础比较好。每搬一次，就能吸收所在单位的优秀教师，所以济南师范专科学校最早的师资来自师范学校、教育学院与后来的十五中以及社会上招聘来的师资。这些人是创业者，水平不低，但存在两个问题：一是不清楚高等学校管理规律，二是不清楚高等学校教师的科研职责。他们已经习惯于中学教育或者培训师资的工作，但对于如何研究各个知识点，如何搞创新性研究，他们基本上不习惯、不适应大学教师科学研究的任务。所以学校存在着一个如何从中学到大学转变的任务。济南师专创办时的领导与管理干部是从市教育部门择优抽调的，也没有高等教育管理的经验。1986年，山东省委、济南市委领导从山东大学抽调曾担任过多年教学系领导工作的丁文方同志，让他担任主要领导工作。作为校领导，丁校长一边抓基建，从师专所在的陈家楼跨越十几公里搬迁至舜耕路，一边探索如何从中学思维转变为高校思维。他两手抓，做了大量工作，还没有实行彻底转变的时候，省里决定将济南师专与济南职业大学合并。省政府行文上说将两校合并成立济南大学，教育部考虑到两校的实际，批准为"济南联合大学"，办学层次是"以专科为主，适当发展本科"，发展要求是"将来条件成熟时，去掉'联合'二字，改称'济南大学'"。根据这个文件，1990年6月6日济南联合大学召开成立大会，姜春云同志作为当时的省委书记亲自揭牌。

合校后的济南大学确实没有辜负省委领导的期望，于1991年借用山东师范大学的计划招收了中文本科，基本搭起了一个高校的架子。合校的喜悦与快速发展的愉悦，常常挂在人们的脸上，但却有一个老师未必觉察到的问题，就是办学时间短，经验不足。教师以中学教师为主体，虽然都是中学的教学骨干，还需要一个从中学教师到大学教师的升华；管理人员是从社会上各个单位抽调的，虽然个人素质很好，但绝大多数对管理大学的经验不足，所以亟待按照高校的管理特点来进行一次管理方面的洗礼。针对这种情况，李校长到任五个月后，提出了治校方略。

二、以环境育人

一般来讲，新校长上任要先抓制度，但是合校两年来制度刚刚定型，再抓就让大家感到迷茫了。李校长没有从制度切入，而是从思想工作开始，从抓环境建设入手。他在1994年4月的全校作思想宣传工会议和6月的全校行政管理干部会议上分别作报告，阐述了他从思想工作开始、从环境建设入手的工作思路。他说："我们的管理工作是系统工程，大体轮廓是：从横线上看，逐步抓三个环境建设，一是校园卫生环境建设，二是思想文化环境建设，三是教学工作环境建设。"他的环境概念涉及学校的八个方面。他是想通过环境熏陶人。他的环境建设的要求是使学校形成"民主稳定的政治环境、宽松和谐的人际环境、团结奋进的工作环境、勤奋刻苦的工作环境、严谨创新的治学环境、丰富多彩的文化环境、方便良好的生活环境、风光秀丽的校园环境"。环境建设比制度建设高明的地方在于：制度建设是被动的，用外在的动力促使人们变化；环境建设则是主动的，用内在的力量促使人们发生变化。因此，李庆臻校长的治学思路是新颖的，更具长效性。

为了推行环境建设方案，他特别强调了校园卫生环境建设。他说："校园绿化卫生环境反映我校教职工的道德情操和管理水平。环境美可以塑造心灵美，心灵美又可以创造环境美，所以校园绿化环境建设可以促进我们学校的进一步发展，我们有必要把环境卫生问题和校容问题结合起来。"他要求在管理中注意"三责五要"。"三责"是"贵于明责，贵于守责，贵于检查"。"五要"是"目标要高，要求要明，管理要严，检查要勤，赏罚要重"。我记得他经常身先士卒下基层去检查，发现了好多问题。我们学校的师生从农村来者比较多，好多没有良好的卫生习惯，乱丢废品现象时有发生，出现了好多卫生死角。他作为校长，发现问题后，亲自找到卫生区的负责人，召开现场会予以指导，还提出了达标要求，从而使学校的卫生大有改观。济南联合大学隶属于济南市，既没有青岛和烟台优越的地理条件和环境条件，经费又完全靠济南市划拨，比省属高校经费少。受经费的制约，合校之初，在丁校长的倡导下，采用了自己养树苗以植树造林美化学校的措施。因此，学校的整个绿化环境还处在一个粗放状态。李庆臻校长到任后强调以美丽的环境培育人，在原来树林茂密的基础上，加强了校园的景观建设，注意了名贵花木的种植，强化了校内花园建设，强化休闲场所建设。景观建设辅之以良好的卫生环境，使校园的环境有了大改观，学校也由此被评为济南市"花园式单位"了。每到秋季新生报名时，新生和家长一进门就走进了林荫大道。走到图书馆楼，望西南一望，塔松巍峨林立；望北一看，银杏林郁郁葱葱，一片繁茂景象。学生们感到选了一个读书的胜地，家长感到有流连忘返之感。

他抓工作细致，特别是思想工作他强调从细微处入手，特别强调注意学生公寓工作。他说："公寓是学生思想、学习、生活最集中的地方，但经常深入到公寓的干部却不多。在办公室里是很难了解到宿舍情况的，也很难找出办法来改善。公寓管理只有走进去，在实践中发现问题，才能想办法把公寓管理好。"在学校的号召下，许多辅导员就直接搬到公寓住起来，与学生长期在一起。同时，了解到学生的情况后，及时向学校领导汇报，把一切不良倾向、一切不安定因素及时解决在萌芽之中。

三、培养科研能力

高校教师与中学教师最大的一个区别就是科研能力的差别。一个中学教师只要能把教材和知识点吃透，能采用适应学生接受能力的教学方法就是好教师。一个大学教师则不同，关键在于培养学生的能力，特别是创新能力。对于一所新大学来说，最重要的任务就是要完成从教师向大师的转变。

要做到这一点，教师就应该具有科研能力。具有创新能力，这一点恰恰是中学不强调的，所以从中学来到大学工作的教师要实行这一关键性的转变，刚刚毕业的大学生分到高校也要完成从被动接受知识到创新研究的转变。李庆臻校长在北京大学当学生时就养成了良好的科研作风。他曾跟随钱学森学习，在山东大学时又是著名杂志《文史哲》的创办人之一，还是山东大学出版社的创办人。他撰写了许多有分量的论文和可以藏之名山的著作。他既能担当大学行政管理者的重任，又是当之无愧的学术带头人。他到济南大学最重要的一个贡献，就是使济南联合大学的教师走上了研究性教学的道路。1994 年 2 月，他刚到学校不到三个月，就在学校校报上发表文章《谈青年教师如何治学》，提出了十个方法，分别是：选题要准，境界要高，思路要宽，基础要厚，方法要活，角度要新，资料要丰，工具要锐，自信要强，实心要虚。1995 年 7 月 15 日，他在校报上以《治学之要，首要人才》为题，提出了"善聚人才，善育人才，善用人才"的思想。也就是从 1995 年开始，学校开始了一年一度的科研课题立项工作。尽管那时的科研立项在今天看来档次非常低，但那是济南大学科研立项的开端。通过连续几年的立项，大家开始展开科研课题的讨论，具有了科研思维。

在促进科研方面，他主要采取了三项措施：一是培养人才与引进人才并重。二是办好学报。三是联合搞科研和召开学术会议。通过会议交流，开阔学术视野。

济南联合大学刚刚建校时还没有将人才引进提到议事日程上，李校长到任后才制定了引进人才政策，利用省会城市有利的地理条件，大力从本科院校吸收人才。安维复老师被引进后，破格评为教授，是济南联合大学第一位拿到国家课题的教师。曹萌老师是第一个引进的博士，对济南联合大学的教师们攻读硕士、博士起了一定的促动作用。刘长明老师引进后，他在党中央提出建设和谐社会之前就把和谐作为研究课题，其成果连续两次被省社科评为二等奖，提高了济南联合大学文科的科研声誉。胡庆云被引进后，很快担任了物理系的副主任，为物理系本科的创办起了积极的作用。其他老师，如俞宪忠、苏永道、苏富忠等有的是引进的人才，有的是在我们学校成长起来的人才，他们一直发挥着科研骨干的重要作用。

学报是一个高校对外的窗口和门面。对于学报在学校中的地位，李庆臻校长比一般领导和一般老师更有切身之感。为了办好《济南大学学报》，引进了李传忠教授。李传忠教授是曲阜师范大学学报《齐鲁学刊》的主编。这个学报在全国高校中是比较出名的学报。将李传忠教授引进后不久，就安排他到《济南大学学报》编辑部担任主编，使我们的学报实现了由关系稿到学术稿的转变。编辑部从培养优秀稿源做起，不断培养教师的科研能力。1994 年以前，我们的学报从未被人大报刊资料索引等杂志转载过。从 1995 年李传忠任主编后，一些报纸杂志开始关注我们的学报，也开始转载我们学报的文章。我记得最清楚的一件事情就是，1998 年学报对校内稿源进行初审时，将青年教师李蕾的论文退稿；后来，编辑部将李蕾的论文再拿来研究，感到该文提出的论点好，论述有闪光点，但作者不会表达，于是委托李传忠与李蕾老师谈，指导她如何论述。在李传忠教授的帮助下，李蕾老师把论文修改完善后予以发表。文章一发出，就被人大复印资料全文复印。李蕾老师感动地说，在学报的指导下，我学会了写论文。她从此论文连篇发表，不几年就被评为教授。由于我们的学报坚持学术第一的原则，至今我们《济南大学学报》在高校还声誉很好，曾两次被评为 CSCI 来源期刊扩展版。

科研是需要经常切磋的，是需要联合攻关的。为此，李校长等一直寻求合作机遇。1994 年，济南市民李云溪先生提供了一个信息，说他的父亲是台中佛教莲社的创始人。他父亲的学生们想来大陆安葬其师，并想建一个纪念馆，定期开展儒学方面的学术活动。孙积汉书记曾在复旦大学哲学系担任过教员，与李庆臻校长一起研究了李云溪的父亲李炳南的学术思想，发现李炳南先生是一个以佛说儒的专家，学校可以从儒学研究角度开展合作研究，于是成立了济南大学儒学研究所。由于我在山东大学科学社会主义系讲授过中国政治思想史，所以委派我担任了济南大学儒学研究室主任，兼作些对台的学术交流工作。该室在党委行政领导下，不定期地开展学术交流，召开了两次大的学术会议：一次是与一个 18 人的美国巴哈伊代表团召开一次儒学与巴哈伊教学术研讨会。会前，大家几乎对巴哈伊教一无所知，就去请教当时《文史哲》主编、阿拉伯文化专家蔡德贵，并请蔡德贵教授与会并与我们共同研讨，会后将一组论文发表在《东岳论丛》上。蔡德贵教授由此为起点开始研究巴哈伊教。经过几年的研究，他把成果汇集在一起，出版了一部高质量的研究之作，被评为山东省社会科学一等奖。在这次巴哈伊与儒学比较讨论会召开后的第二年，我们又召开了一次国内的儒学论坛，中国社会科学院研究员孔繁、北京大学教授楼宇烈、山东大学教授蔡德贵、山东社会科学院儒学所所长陈其智研究员等与会。这对于济南联合大学的儒学研究起了很大的促进作用，所以直到目前，济南大学还是山东孔子学会的副会长单位。

由于李庆臻校长认真培育科研能力，所以自 1995 年以后名不见经传的济南联合大学在山东省社会科学评奖中开始崭露头角。当时济南市提出建立大学科技园的号召，李校长积极响应，号召理工科教师积极参与，也促进了理工科教师的科研工作。1998 年,钟康民副教授与郭培泉副教授的“端面顶尖”项目和朱海涛副教授的“香精调料”项目通过鉴定。后来,这两个项目都被推广到社会上,产生了一定的经济效益,并获得省自然科学方面的奖励。

抓联合办学,积极争取资金,积极开辟实习场地。当时的济南联合大学经费属于济南市调拨,比省属院校低一块。学校领导千方百计寻找财源,寻找合作对象,也为学生的实习基地开辟了一些场所。当时的合作对象主要是四家。

最早的合作对象是 90 年代济南的知名企业——三联集团。物理系主任王河教授牵头,学校领导们积极参与,与三联集团从资金、学生实习等各个方面合作,增强物理学科的教学与科研实力,所以物理学科比较早地办起了本科。

第二个联合办学的对象是香港金龙公司。该公司老板是胡国赞,他要到山东来寻找投资事项,也想办学。由省教育厅牵头,找到济南大学。在济南大学内设立金龙科技学院,为金龙公司培养人才。金龙科技学院于 1994 年建立,是一个虚二级实体。学院办公室设在校长办公室,由胡国赞任院长,我任副院长,共从福建招了三届学生,学校争取到金龙公司的投资费用 93 万元。

第三家是三株公司。三株公司是 1994 年左右在济南起家的一所民营企业,当时事业发展很快,人员膨胀也很快,深深感到人才缺乏,有强烈的培养人才的意愿。受党委、行政的委托,让我与三株公司董事长吴炳新谈判合作,结果双方合作成立了济南大学三株生物工程学院,由吴炳新任院长,三株口服液专利发明者王世荣、化学系主任宋永生和我任副院长。该合作项目先后争取到资金 132 万元,诞生了一个生物专业和一个生物实验室。济南大学与省医学科学院联合申报博士点,要建立一个医学与生命科学学院,就是以这个生物专业为基础建立起来的。

我国台湾佛教莲社是我们联合搞科研的对象。从字面上看,我国台湾佛教联社是一个佛教团体,实际上是一个引儒入佛、以佛说儒的社会团体。他的创始人是济南人李炳南,他的弟子几乎全是俗家弟子,在台湾遍布于高校、企业界、政界。李炳南先生去世后,他的弟子要把他的骨灰埋葬在济南,并希望有一所大学与之开展学术合作。由李炳南先生的儿子李云溪先生牵头,我们开始了与该组织的科研合作。学校与他们对应成立了济南大学儒学研究室,多次开展了大小规模不等的儒学与传统文化研讨会。我国台湾佛教莲社给济南大学投资 50 万元。我们利用与他们的关系开展一些儒学研究和对台联谊工作。

在这些联合办学中，我是作为具体负责人来参与的，具体聆听党委和校长指示，应该说李校长的苦衷和高超的领导艺术我是最有体会的。

四、抓后勤产业

在中央大办企业的浪潮中，各个学校都诞生了一批以解决家属子女就业问题为目标的产业。虽然暂时缓解了教职工子女的压力，由于没有科技手段作支撑，又由于在进人时没有或者难以进行认真考察，不几年就处于一种全面瘫痪状态，学校不得不背起了这个沉重的包袱，由学校财务给这些工人支付工资。上级财务部门来检查，每次都批评这是违反财经纪律的。刚建校时有诸多不便的条件，开始进校的第一批教师出门找不到路，找不到公共汽车，而且下雨天泥泞不堪。以孙积汉为党委书记，李庆臻为副书记、校长的党委看到了学校的发展前途，作出了周边开发的决定，由李校长和分管的马庆水副校长负责，制定了利用周边闲置资源进行开发的政策：学校出地、开发方出钱，产权归学校，允许建筑方利用房产经营，建筑费折合租赁费。开始的五年内，老师们看到周边有许多房产，而且也看到租赁方生意尚可，但学校没有收入，教师们以及一些领导干部老是埋怨校办产业有问题，学校还为此作了认真的解释。待李校长卸任的前一年，校办产业已经有能力承担其职工的工资了。他们利用这些资金，对校办产业工人进行了合理安排，终于使校办产业进入了正常循环状态。目前这些校办产业的工人大部分承担了学校后勤工作，但周边开发的收入却以每年百万元以上的收入支援着学校建设。

正因为学校逐渐走向正规，并且取得了比较辉煌的成绩，一些国家、省市领导人都来学校视察。来视察的领导有：全国政协副主席雷洁琼、原山东省副省长吴爱英、原济南市市长谢玉堂等。他们对济南联合大学的发展都给以充分肯定，并寄予厚望，并在力所能及的范围内给予了支持。

我是李校长担任校长时的校长办公室主任，又曾在李校长任上被提拔为副校长的，作为校长的助手工作过一年，前后直接在李校长关照下工作近七年，对校长最熟悉不过，也得李校长的关照最多。李校长的关照是多方面的。一则他是领导，教给我许多领导经验和工作方法。对于我起草的文件，李校长总是一字一句地认真修改，这对我的公文写作能力提升很大。他虽然没有给我们讲课，但绝对是我的师长，他的言传身教对我有很多的影响。在我们一起工作时，我总爱将自己写的论文送给他，请求指导。他看到我的论文草稿，就认真阅读，多次提出修改意见，对我科研能力的提高起了很大的作用；作为同事，他对我们家的生活也多有关照，平时经常问候，节日又多多问候。至今想起来，还时有暖流润身之感。总之，李校长与我既是领导与被领导关系，又是师友关系，他是我一生中遇到的又一个良师益友。为此，在听到李校长的学生们要给老师出文集之际，也赶忙草拟一拙文，希望将其挤进文集。

2014 年 7 月 3 日于济南

（作者系济南大学原副校长、教授）

银杏成林，绿树情怀

车 滨

李庆臻校长十分重视校园环境建设，对于校园的一草一木都倾注了心血。李校长精心规划设计的舜耕校区银杏树林休读点已成为师生读书休闲的好去处，成为舜耕校区一处亮丽的景观。徜徉其间，让人倍感亲切和自然。如今，我分管学校后勤工作。每当来到舜耕校区，便常常和从事后勤工作的同志们一起谈起当年李校长在校园环境建设中的点点滴滴。

听当年从事后勤工作的老同志讲，1999 年春季绿化时，李校长提议在图书馆旁种植一片银杏树林。李校长谈到，银杏树有植物活化石之称，它以挺拔秀丽、抗污染、不染虫、果实珍贵、生命力长而著称，是我国北方的珍贵树种。校园建设和绿化要着眼长远。栽植银杏树林既提升了校园绿化档次，丰富校园景观，又寓意着大学肩负着十年树木、百年树人的责任和使命。他的想法得到大家广泛的赞同。后勤等部门迅速行动起来，组织开展义务劳动，多方选苗，整地栽种，浇水养护。期间，李校长经常过问和调查银杏林建设情况，现场指导，亲自种树，保证了项目按时保质顺利完成。

建成的银杏林，占地面积 4000 余平方米，共栽植银杏树 150 余株。地被植草皮，东侧奇石高耸，似雄鸡唱晓。园内曲径环绕，石桌石凳齐全。春天嫩芽吐绿，夏天绿影婆娑，深秋黄金满天，整年绿草茵茵。徜徉其中，或小憩或晨读，或赏景或留影，无不令人心旷神怡。

李校长从领导岗位退下来后长期居住外地，每次回到学校，都到这片熟悉的银杏林转转。一树一木总关情，一片银杏林寄托着他的爱校情怀，体现了他的育人理念。

在几代济大人不懈努力下，如今的济南大学，校园面貌已发生了巨大的变化。中心校区有宽阔大气、端庄严谨的升华广场，有植物繁茂、四季盎然的紫兰苑，有秀美宁静、清新怡人的甲子湖。舜耕校区地处城市中心区域，典雅精致，有挺拔多彩的银杏林，有林荫道旁的参天老树，各种风格的园林小品遍布校园。绿色校园、景观校园已名副其实。2013 年，济南大学被国家绿委评为全国绿化先进单位。大家分享着校园的美丽景色,感受着她所承载得大学文化,不会忘记老领导、老同志们和对校园建设付出的心血。

(作者系济南大学党委副书记)

梦圆“三立”之路

刘长明

济南人李老庆臻者，吾之恩师也。师少好读书，天资聪颖，每躬耕学苑，辄以自律。师六岁入皇亭小学，继而就读旧东门小学，后入育英中学、实验中学，如鱼得水，屡屡拔得头筹。间或博览群书，初涉文艺理论和哲学。年方十九，考取北大，此后在哲学之海遨游。因学业突出，提前一年毕业，留校任教。初登讲坛，即获好评。期间，被选入中央党校学习自然辩证法，为日后成为该领域的领军人物打下基础。是时，成老仿吾执掌山大，求贤若渴，因爱师之才，派人进京与师长谈。师为之动，不久加盟山大；随后接掌青大、烟大、济大帅印。一路耕耘，收获无限。

往事如烟，抑或如山。如烟者，转瞬烟消；如山者，百代不朽。古之人曰：“太上有立德，其次有立功，其次有立言，虽久不废，此之谓三不朽。”恩师上寿之年，蓦然回首，“三立”之路清晰可见。

恩师之德，存乎心，发乎情，见于行，心口一如，言行不二。上德见于行，下德夸于口。与口是心非之鼠儒迥异，师之德尽彰显于行：作为儿子，师乃孝子；作为父亲，师乃慈父；作为丈夫，师乃可托付终身之伴侣；作为学生，师乃尊师楷模；作为老师，师集严师与慈父于一身；作为国民，师乃以国为重，为国奉献之典范。未见标榜，却一直在践行。“上德不德”——大哉，老子之言！是为立德。

恩师之事功业绩，彪炳创业之路：崭露头角于北大；初露锋芒于山大，以办公室主任之职办出版社，创文史哲研究所；而后接连在青大、烟大、济大领航，执掌帅印——“聚才为最”的治校方略，为青大发展奠定了人才基础；立足培养青年教师的思路，为烟大慧眼识得多方才俊；谋略全局的超前眼光，为济南大学蓄积了用之不竭的宝藏。譬如，“济南大学”四字，可谓金光闪闪，多一字则臃肿，少一字则难表意，然则为此四字，师可谓用心良苦。一个个学术领军人物，一个个学术制高点，一处处湖光楼影，刻下了恩师创业的丰碑。是为立功。

唐人孔颖达释“立言”为“言得其要，理足可传”。师之立言，领先时代，想人之未想，见人之未见，立意高远。《大杠杆》《大协调》《大动力》可谓神来之笔，部部是撬动时代的杠杆；《第一生产力论》《科技生产力论》《科技伦理学》堪称画龙点睛，篇篇站在学术前沿；科学与哲学、科技经济学、科技社会学、科技伦理学诸领域，处处撒下了恩师潜心拓荒的汗水；《哲理散文二十二篇》《哲理诗歌百首》更显仰观俯察之功，犹如诗词歌赋之哲学天籁。文以载道。师之所立之言，大道一以贯之。浏览足可传世的典藏，如闪亮珠玑，如引玉之“砖”，恒久光耀。师之文集，堪为哲人之绝唱，歌者之咏言，诗人之抒怀。是为立言。

恩师思想真谛，可六字以蔽之——立德、立功、立言。噫，吾之恩师，树德之大贤，治校之大匠，为学之大师。师之“三立”，超越个体生命而永生，耦合人生三不朽。

年轮如画，岁月如歌，然世人皆曰有不朽者。吾尝疑乎是，今观师之“三立”之路，谓为信然！

二零一四，岁在甲午，将迎师之上寿，杖国复杖朝，偶有所思，遂成联句以贺寿：“立德立功立言岁月之河三不朽，为人为校为学天地之间一完人。”

（作者系山东财经大学和谐发展研究中心主任、教授）

“学术共同体”的组织者和带头人

张长城

记得李庆臻教授一首诗：“日暮晚霞红，松古苍枝青。骥老奔蹄壮，鬓白步履轻。”这首诗拿来描绘李庆臻教授八十寿诞的形象和风彩，再准确、生动不过了。作为复合型专家，李庆臻教授在多个领域纵横驰骋，作出了多方面的优秀成果，创造过出色的业绩。许多挚友和同事都已有赞誉和祝词。而今天喜庆八十华诞之际，我只简述一下李庆臻教授在主持全国 14 所综合大学学术共同体的过程中所作出的重大贡献。

一、奔波筹划，结成联盟

在 20 世纪 80 年代初，随着改革开放的展开，科学的春天降临祖国大地。在理论、学术界，自然辩证法（后称“科学技术哲学”）的教学与研究方兴未艾，百家争鸣，各显其能。在许多综合大学的哲学专业中如何研究和讲授自然辩证法课程成为各校共同关心的问题。因此，一些综合大学的自然辩证法学者，例如，舒炜光、李庆臻、林立、杨敏才等，相互联系，酝酿联合开展自然辩证法的教学与研究。所以，到 1981 年，生机盎然的学术界便自发形成了一个民间的、横跨全国 11 所（后扩展为 14 所）综合大学科学技术哲学学术联盟，简称“学术共同体”。其主要成员是：吉林大学、山东大学、武汉大学、兰州大学、南京大学、四川大学、复旦大学、南开大学、厦门大学、湘潭大学、青岛大学、郑州大学等。著名哲学家舒炜光教授为学术带头人，任核心组组长以。李庆臻教授等任核心组副组长。但到了 1988 年 3 月，舒炜光教授不幸逝世，李庆臻教授就被推举为核心组组长和学术带头人了。他以广博的学识、深邃的思想、独到的见解、卓越的组织才能赢得了共同体成员的真诚信赖和拥护。但是，李庆臻教授十分谦虚，仍然尊重舒炜光教授生前制定的总体设计和研究方向，同时进一步充实和发展了共同体的研究任务和方向，扩展壮大了研究队伍与力量。

值得指出的是，这个“学术共同体”有一个突出特点，它是在没有行政机关授意设置，没有充分经费来源，没有功利可图和创收目的的情况下，由全国 14 所综合大学的许多自然辩证法学者自发凝聚起来的民间学术团体。它开拓创新，探索研究，达 15 年之久，并且硕果累累，在全国实属罕见。这不能不说，它是全体学术共同体成员忠于学术使命、甘于奉献精神、精诚合作以及探索真理的品格与李庆臻教授的组织才能和强大凝聚力相结合的伟大成果。

二、明确方向，巧妙动作

建立学术共同体之后，自然辩证法的教学与研究正处于众说纷纭、百花齐放的状态。当时争论、深刻探讨的主要问题是：什么是自然辩证法？自然辩证法能不能成为一个独立学科？怎样看待恩格斯的《自然辩证法》？……对于这些问题，撇开西方哲学否定自然辩证法的观点暂时不论，就从国内马克思主义理论界的认识也不一样。有的认为，自然辩证法原理加自然科学实例，这显然没有独立存在的必要。有的从自然科学哲学问题方面理解，如物理学的哲学问题、化学的哲学问题等。这样看来，有多少门自然科学就有多少门自然辩证法，也是不可能有统一完整的自然辩证法学科存在的。还有的坚称，恩格斯的《自然辩证法》的理论系统、概念、规律都不能改变等等。新建的学术共同体经过深入讨论后认为，自然辩证法的研究应当以学科建设为主攻方向，首先阐明自然科学的辩证法，并通过自然科学揭示自然界的辩证过程和辩证联系，进而建立自然辩证法的理论体系。为此，必须坚持恩格斯《自然辩证法》一书的基本思想和原则，站在 20 世纪科学技术革命的新高度，进行综合分析，概括总结出体现时代精神以及具有新形式和新内容的自然辩证法理论。它既不同于辩论唯物主义哲学，也不同于自然科学，更不同于西方科学哲学，应当是一个介于哲学与自然科学中间层次的全新的独立学科。这就是学术共同体选定的第一个研究方向。

在研究自然科学的辩证法的过程中，不可避免地遇到科学认识的本质和发展规律问题。舒炜光教授和共同体成员，经过广泛考察和冷静思考指出，20 世纪以来，科学技术的成就辉煌卓著，科学技术的威力和效果巨大而惊人，但是，科学是什么？科学技术为什么具有如此广泛显著的作用，却又促使人们回过头来对科学本身进行反思和考察？同时，人类认识的发展，现已进入到“科学认识”阶段。科学认识不同于常识、传说、神话等一般认识形式的新的认识形态。因此，把“科学认识”作为对象，进行深入系统的探索研究，建立科学认识论新学科，是哲学研究的新课题。这样，又给学术共同体提出了一个新的研究方向和目标。

有了研究课题和目标，还需要进行科学有效的协调引导。成员之间只有合作互动，才能攻克难关，完成研究任务。为协助舒炜光教授完成编写任务，李庆臻教授费尽心血，作出了艰苦不懈的努力。首先，他要求共同体成员治学严谨，善于创新。进行科学研究应当批判求实，独立思考，不能人云亦云，要敢于和善于拿出自己的观点。正是这样的思想原则指导下，学术共同体的成员齐心协力，苦心钻研，展开了自然辩证法原理和科学认识论等一系列理论创新工作。

其次，他提倡学术民主，不搞学霸作风，认真听取每个成员的意见。共同体几十个人，虽然志同道合，但由于思考问题的角度不同，掌握的事实材料不同，学识才能存在差别，对同一个学术问题观点见解产生分歧是很自然的事。有时大家争得面红耳赤，谁也不介意。特别是他很乐意并且提倡跟他辩论。他认为，只要不带心理偏见和个人感情，不同观点之间的争论有助于学术发展和个人提高。正是这种平等自由讨论，最后统一于真理的运行机制，保证了共同体的生机和活力。

李庆臻教授在主持共同体的过程中，还采取了一套灵活机动的操作方法。这就是在研究任务方面，采取分散负担、集零为整的方式，所以保证了共同体的科学研究有力、有序、有效地进行。

所谓研究任务的工程化的分解协同方法，就是对确定下来的研究项目，首先由主持人进行总体设计，提出目的要求、任务结构、工作流程和时间进度；经过大家讨论认同之后，再把任务分解为若干部分和方面；然后按照自愿认领的方式，达到各尽所能的合理分工。当然，各个部分和方面的研究，都离不开整体的目标要求，但要突出各部分的特有内容。对于流程进度和横向内容的边界也要协同衔接，不能掣肘断裂。这种操作方法在科学认识论的过程中体现得最为明显。

既然是学术共同体，开展学术活动就应当大家都出力，当然这也有利于推动本单位的科研活动。所以，参加单位都愿意实行轮流做东的办法，承办讨论会、定稿会、协调会等各种学术活动，分担部分经费。这样做，各单位都有机会作贡献，支援共同体，也有机会从中受益。因此，这个民间的学术共同体，才有可能在吉林、武汉、成都、青岛、海南、厦门、新疆、南京、云南、兰州等许多地方举办了几十次学术活动，影响遍及全国。

三、敢于创新，硕果累累

李庆臻教授主持共同体拼搏奋斗多年，兴致勃勃地把自己的智慧和才华跟全体成员的智慧和才华凝结在一起，创造了许多卓著的成果。这些成果，有的是共同体集体完成的，如《科学认识论》第一、二、三、四、五卷（吉林人民出版社 1986～1995 年版）；有的是共同体几个成员合作的，如《自然辩证法基础教程》（兰州大学出版社 1990 年版）；有的是共同体个别成员创作的，如《现代自然科学的哲学精神》（四川大学出版社 1997 年版）。但都属于学术共同体研究规划的内容。其中，最有价值的是：

（1）《自然辩证法原理》，1984 年出版，是我国科学技术哲学领域开创性的论著，它把恩格斯写的《自然辩证法》的基本原则和精神与现代自然科学的最新进展结合起来，批判地吸收西方科学的精华，总结概括出一整套崭新的理论和规律。第一，它的思路新。它不是直接面对自然界，谈自然观如何如何，跟哲学重复，而是直接面对自然科学的辩证法去提炼自然界的辩证法。第二，它的内容新。它提出的“结构与功能”“精确与模糊”等 12 对范畴以及和谐原理、守恒原理、方向原理、最优原理等四条规律，是自然辩证法的全新内容。第三，它的体系新。它以“人和自然界的关系为起点到自然界的主人作终点”，沿着人和自然的矛盾以及科学实践与科学理论的矛盾一条主线，富有逻辑地展开自然辩证法的全部内容，建立起一个系统完整、结构严密的理论体系。这在当时自然辩证法的论著中是独树一帜的。第四，在这套理论体系的基础上，自然辩证法作为独立的新学科也就可以确立了。

值得提出的是，《自然辩论证法原理》一书，揭示的“和谐原理”作为客观自然界的普遍规律，对于今天建设和谐社会也有一定的现实意义。这项成果善于创新，得到学术界好评，故获 1987 年国家教委优秀教材二等奖以及 1988 年吉林省首届社会科学优秀著作一等奖，并被列为国家推荐的研究生教材。

（2）《科学认识论》，这是一部宏伟少见的理论巨著。第一卷《科学认识论导论》，第二卷《科学认识发生论》，第三卷《科学认识形成论》，第四卷《科学认识发展论》，第五卷《科学认识价值伦》，总计 5 卷 76 章，164 万字。这项成果的新意在于：首先，站在西方科学哲学之上，用马克思主义唯物论和辩证法的立场观点，把科学认识作为人类认识的新形式、典型形式，进行系统、全面、深入的研究。它既不同于西方科学哲学，也不同于研究自然科学的认识论，起点高，角度独特。其次，内容新颖丰富，逻辑严密。第一卷，研究了科学认识的特征、科学认识的基本问题；第二卷，研究了科学认识发生的标志、特点、途径和程序，科学认识系统发生和个体发生的关系；第三卷，研究了科学认识的形成以及认识形成的动力规律、分化规律和合成规律；第四卷，研究了科学认识发展的动力和结构，提出科学认识发展的渗透律、重力律、加速律、相关律和优化律；第五卷，研究了科学认识的价值分析，分析了科学认识的认识价值、伦理价值、审美价值和特质价值等。全书建立起一系列新概念、新思想和新原理，是其他认识论著作所少见的。它由此登上了认识论的顶峰，标志着中国科学认识论新学科的诞生。1999 年，该著作获我国首届社会科学基金二等奖；1995 年，获全国高校人文社会科学优秀成果奖，即二等奖；1997 年，获吉林省优秀图书一等奖。

最后应该说，在完成这些著作的过程中，李庆臻教授都起了重要作用。他是共同体的组织者和带头人，对共同体的长期活动起了突出作用。这些作用，是他整个辉煌业绩的一个阶段、一个方面，但它是珍贵的、不可磨灭的，值得全体共同体成员永远铭记。

（作者系吉林省经济管理干部学院教授）

我和庆臻同志

林　江

祝贺《李庆臻文集》出版。

我与庆臻同志相识已经44年了。那是1970年，我从中共山东省委党校调省委宣传部工作（当时名称是“山东省革委政治部宣传组”）。庆臻同志是从山东大学借调到宣传部工作，不久即回校。我在宣传部工作期间，曾组织过几次学术活动，请他参加过。再后来我到省社联工作，接触的机会多了起来。他一直笔耕不止，我曾称他为“三快高手”，即构思快、写得快、成稿快的专家。他的作品受到广大读者的欢迎，社会上也给予高度评价。

庆臻同志很重视社科理论研究工作，许多成果产生广泛影响。其中，组织编写的《〈反杜林论〉释注》在1983年即获得第一次山东省社会科学优秀成果奖。国务院原副总理姜春云同志担任山东省委书记期间主编了《科学的世界观》一书，庆臻同志对此书的写作出版做了很多工作。该书曾被评为中宣部“五个一工程”优秀著作。庆臻同志出版了《大杠杆》《大动力》《大协调》《第一生产力论》《科技生产力论》《现代科技伦理学》六本书，在科技社会学、科技经济学、科技伦理学方面作出重要贡献。《大杠杆》得到钱学森高度评价，获国家教委优秀著作二等奖；《第一生产力论》获山东社科著作一等奖。

庆臻同志在青岛大学、烟台大学、济南大学担任校长期间，在教学、科研以及基建中多有建树，赢得广大师生敬重。庆臻同志是省社科联第二、三、四届委员会委员，是1985～1998年省社科界优秀成果奖评委会委员，他为全省社会科学的事业繁荣发展作出了重要贡献。最近，我还听到好消息，庆臻同志获得第八届（2014年度）省社会科学突出贡献奖殊荣。这个奖是对他几十年来进行理论研究、倾心社科事业发展的充分肯定和最好褒奖。

我相信《李庆臻文集》的出版，在社会上一定会产生巨大的反响。

我再次向李庆臻同志表示祝贺！

2014年10月20日于济南

（作者系山东省社科联第一至三届党组书记、副主席）

学生好友促我出文集(代后记)

我70岁的生日,是我的学生刘德久、党明德、苏富忠、郭佳新、袁文光,还有安维复给我过的。寿诞简朴、热闹、情浓,我很满意。由刘德久拟词,以袁文光、郭佳新、苏富忠、刘德久的名义,送我条幅,上写着对联:"智慧润泽杏坛树,才华直照桃梨园。"我很感动。老师能教出这样的学生,学生久不忘记教他的老师,能不叫人感动吗?学生给我过生日,是对我最好的回报,是给我的最珍贵的礼物,是我终生难忘的。那次,出席我的生日聚会的,还有倪明元、张全新。他们的参加,也给我的寿诞添加了光彩,我是很感谢他们的。

又过了8年,明年我就79岁。按北方风俗,我要过80岁生日。我还未想怎么过呢?因为还早,明年考虑不迟。今年夏天,天气最热之时,我去青岛,住女儿李泉家避暑。我在山大时的学生冯国荣去看我,手里拿着他出版的三本书,送给我,让我读读。我很喜欢这个学生,他在山大上学时,年纪最小,头脑聪明,十分机灵。后来,我到青岛大学任职,便调他进校,帮我搞宣传工作,主编刊物。他到青大后出了许多成果,写了不少书,是个才子。我调烟台大学之后,历届青大领导都很重用他。过了退休年纪,还搞研究室,带研究生。他来看我,我当然高兴。但他也是快70岁的人了。我在青岛住五楼,他来了,要爬楼,所以不如在楼下,找个阴凉,坐在路石畅谈,更觉亲热,更觉有趣。我一说,国荣说好,我俩就畅谈起来。他先谈了那三本书的内容,我听得入神,为有这个多产的学生感到骄傲。他话锋一转,冲口就说,校长你那么多成果。明年八十寿诞,应出文集,要出就出多卷文集。他一说,我一愣。出文集,还要出多卷文集。他说:"是啊,校长成果那么多,出多卷文集不成问题。出版问题,由我们这些学生负责。"我说:"我慎重考虑下再说。"我们又谈了别的,便在海边一家酒店吃饭。饭后,我送他上车。他上车后,回过身来,对我说,出文集的事,要早定下来。

又过了几天,我的学生刘德久及其夫人孙淑华也来到青岛,打电话告诉我要来看我,我特别高兴。德久是山东大学经济学专业毕业的,在山大我没直接教过他。他是学生干部，我是哲学教研室政治主任兼团总支书记。我与他多次接触，总的印象是：德久，稳重，多智，有才。毕业后分到山东人民出版社，当编辑，当编辑部主任，最后当山东人民出版社总编。我一生为师，不断出书，与德久联系最为密切。他编辑的图书，在全国都是有名的。我的书，如《〈反杜林论〉译注》《第一生产力论》就是通过他的手编辑出版的。这些书都曾获得山东省社科著作一等奖，但如果没他的支持，出版也不会这么顺利。因此，在出书问题上，我一直要感谢我的这个学生。他和国荣关系特别好，我们请国荣一起聚会。这次聚会，对出版我的文集起了决定作用。一是他俩主张，明年八十大寿，一定要出文集；二是我主张只出两卷——上卷和下卷。他俩也都表示同意。我想说经费问题由我筹办。他俩表示反对，都说给老师出书哪能叫老师出资，由我们学生负责。他们建议我应写个自传，我说我不写传，但有些事要写出来。我若不写出来，山大、青大、烟大、济大的许多事就说不明白。我要写就写个"一生诸事"吧，他俩都说好。这样书的框架也就基本定了。以后的事，就是把论著选出来，把"一生诸事"写出来。

为了写好"一生诸事"，必须广泛搜集材料。先通过青岛大学的老干部处张继顺处长联系档案室。我亲自去档案室，调阅1986～1990年的《青岛大学报》，把有关我的文章、报告、散文全复印下来。档案室的同志热情地帮助了我。

我在青大搜集材料时，烟大党委书记崔明德来电请我去烟大做客。此前因为怕麻烦烟大领导，我十年没去了。既然烟大领导邀请，我打算再去看看烟大，顺便把我在烟大的材料搜集一下。我把学生促我出文集，想搜集一些材料的事告诉了崔明德书记。崔一听，便高兴地说："这是大好事，应该出，应该出。需烟大做的事，您尽管管吩咐，我们一定做好。"我和夫人桂鸾在8月上旬去了烟台大学。党委书记崔明德、校长房绍坤以及原党委书记韩向利、校长郭明瑞都热情地接待了我们。谈及我要出文集的事，他们都很支持。崔书记还让袁兆军把我的照片找到，装订成一本大相册，题名《烟大记忆——献给李庆臻校长》，赠送给我。又让姚新喜、袁兆军把我作的报告以及文章全用硬盘录制下来，供我备用。

在山东大学，我通过李建军副书记，在山东大学档案室的帮助下，也搜集了不少材料。还通过《文史哲》的耿玉晶查阅了有关《文史哲》的材料。山东大学的老朋友李武林、谭鑫田等，也帮助我回忆过去的事情。这样的帮助，对我写好山东大学的一些事，是大有好处的。我应感谢这些帮助过我的同志。

济南大学副校长党明德和档案室主任杨丽娟，帮我搜集了我在济南大学的材料。他们提供了我在济大作的报告、写的文章以及我的照片，凡是与我相关的资料都搜集得很全、很细，对我写好济南大学的事大有帮助。为此，我十分感谢他们。

在青岛我每天沉迷于写作状态，每天写三五千字，一下子写了三十多篇。材料有了，文风来了，路子对了，写作就快了。

夏天渐去，秋天要来，我回到济南。我的好友刘长明知我回济，约我吃饭。他原是职业大学老师，到济大求职。我识其才，排除异议，把他调进济大。在济大时，我有约定，不吃教工请。他想请我，也未敢请。我退休后，长明被山东财经大学发现，调进山财大，建立了和谐发展研究中心，并成为山财大“231人才工程第一层次人才”。这次请我，我再拒绝，不近人情，只好应允。他来家请我时，要我约我的朋友一起参加。我便想起刘德久、孙淑华。我们五人就在山财大南门外的一家酒店就餐饮酒。德久和长明一见，互通姓名，互道关系，早已互知，遂成知己。席间，德久告诉长明，要给我出文集。长明听了，非常激动。说是大好事，早应如此。并说：“李校长也是我的恩师，老师出书也有我一份，到时候刘老师尽管说。”我给他谈了谈设想，又给他说了说进度。这次见面，他还赠我一本书，书名是《和谐假说》。我翻了翻，发现他下了很大工夫，也很有新意。

又过了半月，德久、淑华又要请我，因我家老杨腿脚不便，让我在家附近找个酒店，并请刘长明、党明德作陪。德久很豪爽，与明德、长明都喝了不少酒。这次宴请氛围很好，既欢快又热烈。主题就一个，如何给我出好文集。一方面，无论是上卷论著，还是下卷散文、诗歌以及“一生诸事”变成电子版很难；另一方面，选择哪家出版社也需要确定。经过讨论，电子版问题，长明、明德说交给他们就行。最后谈出版问题，大家都觉得山东大学出版社出版最好。后来我找到山东大学党委副书记李建军和山东大学出版社社长于良春商谈文集出版事宜，他们表示，您是我们的老领导，又是山大出版社的首任社长，出版您的文集是我们义不容辞的责任，请李老师放心，我们一定将其作为社里的重点书编好出好。出版社的领导和编辑对文集的出版还提出了具体的建议和意见。在此，我对他们的操劳和支持表示衷心的感谢！

我的文集约有百万余字，有60多万铅印稿，30万手写稿，把这些文字输入电脑变成电子版也是一个浩大工程。明德主动要求完成部分任务。明德已是副校长，再干那些琐事，我十分不忍。他说，没关系，我输入得很快，每天可三五千字。我把诗歌部分给了他。德久年过七十，身体也不那么好，我不忍心给他具体任务，叫他总体设计、总体把关。长明年轻，思维敏捷，笔头又快。他主动请缨，自告奋勇完成大部分任务。要不是长明，书稿转成电子版还不知遇到多少困难。后来，济大程新校长约我相聚。我去后谈到出文集的事。他很高兴，也很支持。我把手稿输入电脑困难之事告诉他。在座的办公室主任王志直截了当地说："老校长把任务给我，我找人完成，敬请放心。"他拿到我的手稿，便交给办公室打字员张素平。我的手稿字较潦草，识别困难。但素平克服困难，历经一个月，终于顺利地完成任务。我很感谢王志主任，感谢打字员张素平。在校正工作中，明德做了大量工作。他工作认真，对提高电子书稿的质量起了重要作用。刘长明负责大部分文稿的录入工作，他找到他的两个研究生：一个叫杨帆，负责手写书稿的录入，约20多万字；一个叫刘晨妮，负责纸质打印文稿的录入，约60多万字。他俩历时将近三个月的艰苦努力，终于完成电子输入版的工作。全书文稿由长明统稿，统稿后，交我审定。他做的工作最多，我感谢长明，也感激他的学生。但愿爱师尊师的传统在长明那里，在长明学生那里，代代相传，发扬光大。我的夫人杨桂鸾与我并肩奋战一生，听闻学生促我出文集非常高兴。为出文集，她翻箱倒柜，到处翻阅，广搜资料，各方奔走，广联友朋，积累材料，帮我理清思路，着实费了不少工夫。我的儿子李易帮我完成必要的校对工作和其他杂务，使我专心进行撰写。我的女儿李泉、李杨不在身边，一在青岛，一在日本，但很关心文集出版，经常来电话询问情况，打算出版后，多购些书，广赠亲友，以表孝心。刘德久、冯国荣虽一直住在青岛，无时无刻不牵挂文稿的录入和出版工作。他们一再表示，长明任务重，若有困难，可把部分交给他们完成。同时，还对书的设计和出版工作也不断与我商谈。说实在的，我文集的出版多亏我的学生，尤其是这两个老学生。最后，我还要特别感谢山东大学出版社及本书责任编辑姜明教授、李孝德老师，他们一丝不苟的态度和严谨的学术精神给我留下了深刻印象。因此，这本书名为《李庆臻文集》，实际上是集体的结晶。大家都付出劳动，人人都作出贡献。我感谢他们，感谢促我、帮我、助我出文集的我的学生和亲朋好友。

李庆臻

2015年2月

图书在版编目(CIP)数据

李庆臻文集:全2册/李庆臻著. —济南:山东大学出版社,2015.5
ISBN 978-7-5607-5273-0

Ⅰ. ①李… Ⅱ. ①李… Ⅲ. ①社会科学—文集 Ⅳ. ①C53

中国版本图书馆CIP数据核字(2015)第100469号

责任编辑:姜 明 李孝德
封面设计:牛 钧

出版发行:山东大学出版社
社 址 山东省济南市山大南路20号
邮 编 250100
电 话 市场部(0531)88364466
经 销:山东省新华书店
印 刷:山东新华印务有限责任公司
规 格:720毫米×1000毫米 1/16
50印张 12插页 892千字
版 次:2015年5月第1版
印 次:2015年5月第1次印刷
定 价:98.00元(全2册)